Deutsch · Ahrens | Deliktsrecht

Deliktsrecht

Unerlaubte Handlungen · Schadensersatz · Schmerzensgeld

Von
Dr. Dr. h.c. mult. Erwin Deutsch
Professor an der Universität Göttingen
Richter am OLG Celle a.D.

und
Dr. Hans-Jürgen Ahrens
Professor an der Universität Osnabrück
Richter am OLG Celle a.D.
Vizepräsident des Nieders. Landesjustizprüfungsamtes a.D.

6., vollständig überarbeitete und erweiterte Auflage

Verlag Franz Vahlen München 2014

Zitiervorschlag: *Deutsch/Ahrens* DeliktsR Rn.

www.vahlen.de

ISBN 978 3 8006 4758 3

© 2014 Verlag Franz Vahlen GmbH
Wilhelmstraße 9, 80801 München
Druck: Druckhaus Nomos, In den Lissen 12, 76547 Sinzheim

Satz: R. John + W. John GbR, Köln
Umschlagkonzeption: Martina Busch Grafikdesign, Homburg Kirrberg

Gedruckt auf säurefreiem, alterungsbeständigem Papier
(hergestellt aus chlorfrei gebleichtem Zellstoff)

Vorwort

Das Werk ist in früheren Auflagen unter dem Titel »Unerlaubte Handlungen, Schadensersatz und Schmerzensgeld« erschienen. Es richtet sich in erster Linie an Studenten, die diesem letzten Teil des »Besonderen Schuldrechts« entgegen seiner enormen Bedeutung im Rechtsleben oft nicht die gebotene Beachtung schenken. Dazu trägt bei, dass die außervertragliche Haftung bereits Teil einer notwendigen Spezialisierung ist. Sie tritt in der täglichen Praxis der Anwälte, Versicherungen und Gerichte deutlicher hervor als im gewöhnlichen Lehrangebot der Universitäten. Auch bei den Praktikern hat das Werk Beachtung gefunden.

Haftungsgrund und Haftungsumfang sind an ganz verschiedenen Stellen geregelt. Die Haftungstatbestände finden sich im Recht der unerlaubten Handlungen und in den Sondergesetzen der Gefährdungshaftung; die Zurechnung ist, wenn überhaupt, in den Bestimmungen über das Verschulden behandelt; die Haftungsvoraussetzungen der Rechtswidrigkeit und der Gefährdung sind als solche überhaupt nicht geregelt. Demgegenüber sind die Regeln über den Schaden und seinen Ersatz zunächst zu allgemein gefasst, sodass sie wegen der besonderen Anforderungen der außervertraglichen Haftung noch durch das Gesetz angepasst werden mussten. Über diesem diffusen Gesetzeszustand lagert sich ein weites Band von Richterrecht, welches Haftung und Schadensersatz fortentwickelt hat. So lässt sich am Recht der außervertraglichen Haftung die Methode der modernen Rechtsgewinnung feststellen. Der Übergang von der Interessenjurisprudenz zur Wertungsjurisprudenz zeigt sich deutlich im Schutzbereich der Norm. Interessenforschung, Zweckrationalität der Rechtsanwendung und Fernwirkung des Gesetzes verbinden sich zu einem komplexen Instrument, das allgemeine Anerkennung gefunden hat.

Seit dem Erscheinen der 5. Auflage ist das Haftungsrecht von der Rechtsprechung weiter ausgebaut worden. Die voll durchgesehene und erneut erweiterte Neuauflage berücksichtigt die Entwicklung bis Ende Oktober 2013.

Die Neuauflage wurde im ersten Teil (bis Rn. 327) vom Begründer des Werkes, Professor Deutsch, bearbeitet, der zweite Teil von Professor Ahrens.

Göttingen/Osnabrück, im November 2013 *Erwin Deutsch*

Hans-Jürgen Ahrens

Inhaltsübersicht

Vorwort	V
Inhalt	IX
Abkürzungen	XXIII
Literatur	XXIX

1. Teil. Allgemeine Lehren 1
§ 1 Schadenstragung und Schadenshaftung 1
§ 2 Aufbau der Verschuldenshaftung 6
§ 3 Tatbestand 11
§ 4 Verhalten: Handlung und Unterlassung 15
§ 5 Kausalzusammenhang und Adäquanz 20
§ 6 Sonderformen des Kausalzusammenhangs: mehrfache Kausalität, Unterbrechung des Kausalzusammenhangs, überholende Kausalität, rechtmäßiges Alternativverhalten 29
§ 7 Rechtswidrigkeit 37
§ 8 Rechtfertigung 42
§ 9 Schutzzweck und Schutzbereich der Norm 49
§ 10 Verschulden: Vorsatz und Fahrlässigkeit 53
§ 11 Verschuldensfähigkeit und subsidiäre Billigkeitshaftung 64
§ 12 Haftung mehrerer Personen: Täterschaft und Teilnahme 69
§ 13 Ausschluss und Herabsetzung der Haftung: Mitverschulden, Handeln auf eigene Gefahr, Freizeichnung, allgemeines Lebensrisiko 76

2. Teil. Haftungstatbestände 85

1. Abschnitt. Verschuldenshaftung 85
§ 14 Verletzung von Rechtsgütern und Rechten: § 823 Abs. 1 85
§ 15 Verletzung eines Schutzgesetzes: § 823 Abs. 2 100
§ 16 Sittenwidrige Schadenszufügung: § 826 109
§ 17 Verkehrspflichten 118
§ 18 Produzentenhaftung und Produkthaftung 130
§ 19 Äußerungsdelikte: § 824 und allgemeine Regeln 140
§ 20 Deliktisches Handeln im Internet 150
§ 21 Die verschuldensvermutenden Sondertatbestände: Gehilfenhaftung, Aufsichtshaftung, Gebäudehaftung: §§ 831, 832, 833 S. 2, 836 ff. .. 153
§ 22 Verletzung einer Amtspflicht und Staatshaftung: Art. 34 GG, § 839 .. 163
§ 23 Sachverständigenhaftung für unrichtige Gerichtsgutachten 170

2. Abschnitt. Gefährdungshaftung 174
§ 24 Theorie der Gefährdungshaftung 174
§ 25 Gefährdungshaftung wegen Tiergefahr: Tierhalter- und Jagdhaftung .. 180
§ 26 Gefährdungshaftung wegen Geschwindigkeit: Eisenbahn, Kraftfahrzeug, Luftfahrzeug 184
§ 27 Gefährdungshaftung wegen Energieentfaltung: Energieanlagen, Atomenergie 190
§ 28 Gefährdungshaftung wegen Wasserveränderung, Bergbau und industrieller Umweltbelastung 193

Inhaltsübersicht

§ 29 Gefährdungshaftung wegen Arzneimittelherstellung und Gentechnik ... 197

3. Abschnitt. Objektive Einstandshaftung 201
§ 30 Ausgleich trotz rechtmäßigen Eingriffs: Zivilrechtliche Aufopferung 201
§ 31 Selbstopferung 204

3. Teil. Rechtsfolgen der Haftung 207

**1. Abschnitt. Ersatz des Vermögensschadens und des immateriellen
      Schadens** 207
§ 32 Schadenszurechnung: haftungsausfüllende Kausalität und Schutzbereich
      der Ersatznorm 207
§ 33 Grundzüge des gesetzlichen Schadensersatzes 209
§ 34 Personenschaden 215
§ 35 Sachschaden 219
§ 36 Sonderformen der Schadensberechnung: Bedarf und Aufwendung,
      Familienplanung, Nutzungsausfall, Frustration, gemeiner Wert,
      Affektionsinteresse, Lizenzanalogie, Abwehrschaden 224
§ 37 Immaterieller Schaden 232
§ 38 Schmerzensgeld: Haftungsgrund 234
§ 39 Schmerzensgeld: Haftungsumfang und Haftungstypen 240
§ 40 Schmerzensgeld: Summen und Renten 248

2. Abschnitt. Abwehransprüche: Unterlassungs- und Beseitigungsklage 250
§ 41 Negatorische Maßnahmen: Erscheinung und Theorie 250
§ 42 Unterlassung und Beseitigung 252

3. Abschnitt. Prozess und Regress 255
§ 43 Beweis: Darlegungs- und Beweislast, Beweismaß und Schätzung;
      Zwangsvollstreckung 255
§ 44 Verjährung und Verwirkung 259
§ 45 Rückgriff: Privater Versicherer, öffentlicher Versicherungsträger,
      Arbeitgeber, Dienstherr 262

Sachregister 267

Inhalt

Vorwort V

Inhaltsübersicht VII

Abkürzungen XXIII

Literatur XXIX

1. Teil. Allgemeine Lehren 1

§ 1 **Schadenstragung und Schadenshaftung** 1
A. Arten der Schadenstragung 1
    I. Grundsatz: Schadenszuständigkeit des Rechtsgutträgers 1
    II. Zurechnung als Haftungsbegründung 2
    III. Subjektive und objektive Zurechnung 2
B. Gründe der Schadenshaftung 2
    I. Verschuldenshaftung 3
    II. Gefährdungshaftung 3
    III. Billigkeitshaftung 4
    IV. Aufopferung 4
    V. Selbstopferung 5

§ 2 **Aufbau der Verschuldenshaftung** 6
A. Normen und Aufbauschema 6
    I. Tatbestandsnorm und Rechtsfolgenorm 6
    II. Aufbaubildung 6
B. Aufbau des Haftungsgrundes 7
    I. Tatbestand 7
    II. Rechtswidrigkeit 7
    III. Verschulden 7
C. Ausnahmen vom Aufbauschema 8
    I. Schaden als Tatbestand 8
    II. Unabgegrenzte Tatbestände: Verschleifung von Tatbestand und Rechtswidrigkeit 8
D. Aufbau des Haftungsumfangs 9
    I. Schaden 9
    II. Schutzbereich 9
    III. Adäquanz 9
E. Mitverschulden 9

§ 3 **Tatbestand** 11
A. Bedeutung und Herkunft 11
    I. Tatbestand als Unrechtstypisierung 11
    II. Entwicklung der Tatbestandslehre 11
B. Merkmale der Tatbestandsbildung 11
    I. Generelle Merkmale 11
    II. Verletzungstatbestand und Verhaltenstatbestand 12
    III. Spezifische Tatbestandsmerkmale 12
    IV. Abgegrenzte und offene Tatbestände 12

C.	Indizierungswirkung der Tatbestandsmäßigkeit	13
	I. Indizierung der Rechtswidrigkeit	13
	II. Indizierung des Verschuldens	14

§ 4 Verhalten: Handlung und Unterlassung 15

A.	Verhalten als Grunderscheinung des Tatbestandes	15
	I. Verhalten und Zurechnung	15
	II. Typen des Verhaltens	15
B.	Handlung	16
	I. Theorie der Handlung	16
	II. Rechtlicher Handlungsbegriff	16
C.	Unterlassung	17
	I. Erscheinungsform der Unterlassung	17
	II. Gleichstellung der Unterlassung mit der Handlung	17
	III. Unterscheidung von Handlung und Unterlassung	18

§ 5 Kausalzusammenhang und Adäquanz 20

A.	Kausalität: Definition und Anwendungsform	20
	I. Der Begriff des Ursachenzusammenhangs	20
	II. Abgekürzter Kausalitätstest: nicht wegdenkbare Bedingung	20
B.	Besondere Erscheinungen der Kausalität	21
	I. Ursächlichkeit der Unterlassung	21
	II. Psychische Kausalität	21
C.	Ursachen der Haftung	22
	I. Kausalität der Verletzung und der Schädigung	22
	II. Haftungsbegründende Kausalität	22
	III. Haftungsausfüllende Kausalität	23
	IV. Bevorstehende Kausalität	23
D.	Adäquate Kausalität	24
	I. Äquivalenztheorie	24
	II. Adäquanztheorie	24
	III. Einzelauswirkungen der Lehre von der Adäquanz	25
	IV. Adäquanz und Schutzbereich der Norm	26
	V. Adäquanz und Verletzung einer Verhaltensnorm	27
	VI. Adäquanz und Gefährdungshaftung	27
	VII. Besondere Eigenschaften des Opfers und adäquate Kausalität	28

§ 6 Sonderformen des Kausalzusammenhangs: mehrfache Kausalität, Unterbrechung des Kausalzusammenhangs, überholende Kausalität, rechtmäßiges Alternativverhalten 29

A.	Mehrfache Kausalitäten	29
	I. Kumulative Kausalität	29
	II. Alternative Kausalität	29
	III. Addierte Kausalität	29
B.	Unterbrechung des Kausalzusammenhangs	30
	I. Terminologie und Abgrenzung	30
	II. Unterbrechung der psychischen Kausalität	30
	III. Unterbrechung durch Handlung oder Unterlassung	31
	IV. Theorie und Fallgruppen der Unterbrechung	32
C.	Überholende Kausalität (Reserveursache)	33
	I. Problemstand und Fallgruppen	33
	II. Lösungen in Lehre und Rechtsprechung	34
D.	Rechtmäßiges Alternativverhalten	34

		I. Typologie und Abgrenzung	34
		II. Rechtswidrigkeit und Normzweck	35
		III. Beweislast und Rechtsfolge	36

§ 7 Rechtswidrigkeit ... 37
A. Herkunft und Gesetzgebungsgeschichte ... 37
    I. Entwicklung ... 37
    II. Die Rechtswidrigkeit in den Materialien zum BGB ... 37
B. Definition und Quellen der Rechtswidrigkeit ... 37
    I. Begriffsbestimmung ... 37
    II. Quellen der Rechtswidrigkeit ... 38
C. Arten der Rechtswidrigkeit ... 38
    I. Gegenstand der Rechtswidrigkeit ... 38
    II. Erfolgsbezogene Rechtswidrigkeit ... 38
    III. Verhaltensbezogene Rechtswidrigkeit ... 39
    IV. Subjektiv gefärbte Rechtswidrigkeit ... 39
    V. Verhältnis der Rechtswidrigkeiten zueinander ... 39
D. Rechtswidrigkeit und Verhaltenslehre ... 40
    I. Rechtswidrigkeit der Handlung ... 40
    II. Rechtswidrigkeit der Unterlassung ... 40
    III. Widerrechtlichkeit eines Zustands ... 40
E. Inhalt des Rechtswidrigkeitsurteils ... 40
F. Beweislast ... 41

§ 8 Rechtfertigung ... 42
A. Rechtswidrigkeit und Rechtfertigung ... 42
    I. Grundsatz ... 42
    II. Rechtfertigung bei den Arten der Rechtswidrigkeit ... 42
    III. Beweislast ... 43
    IV. Übergreifende Wirkung der Rechtfertigungsgründe auf andere Rechtsgebiete ... 43
B. Abwehrrechte ... 44
    I. Notwehr ... 44
    II. Defensiver Notstand ... 45
C. Pflicht oder Recht zum Eingriff ... 45
    I. Eingriffspflicht ... 45
    II. Aggressiver Notstand ... 45
    III. Selbsthilfe ... 45
    IV. Wahrnehmung berechtigter Interessen ... 46
    V. Einwilligung ... 46
D. Konkrete Rechtfertigung ... 47
    I. Güterabwägung ... 47
    II. Allgemeiner Notstand ... 47
    III. Sozialadäquanz ... 48
    IV. Gutgläubiger Erwerb ... 48

§ 9 Schutzzweck und Schutzbereich der Norm ... 49
A. Geschichte und Terminologie ... 49
    I. Relativierung und Rechtswidrigkeit ... 49
    II. Herkunft ... 49
    III. Schutzzweck, Schutzbereich und Rechtswidrigkeitszusammenhang ... 50
B. Schutzzweck der Norm ... 50

C.	Schutzbereich der Norm	51
	I. Persönlicher Schutzbereich	51
	II. Sachlicher Schutzbereich	51
D.	Schutzbereich der Adäquanz	52

§ 10 Verschulden: Vorsatz und Fahrlässigkeit ... 53
A.	Vorsatz	53
	I. Bandbreite des Vorsatzbegriffs	53
	II. Definition des Vorsatzes	54
	III. Bezugspunkte des Vorsatzes	54
	IV. Irrtum	54
B.	Fahrlässigkeit	55
	I. Entwicklung und Definition	56
	II. Fahrlässigkeit als Sorgfaltsverstoß	56
	III. Äußere und innere Sorgfalt	56
	IV. Funktionale Merkmale der Fahrlässigkeit	58
	V. Objektiv geforderte und subjektiv mögliche Sorgfalt (Gruppen- und Einzelfahrlässigkeit)	58
	VI. Fahrlässigkeit und Irrtum	60
	VII. Übernahmeverschulden, einleitende Fahrlässigkeit	61
C.	Sonderformen der Fahrlässigkeit	61
	I. Grobe Fahrlässigkeit	61
	II. Konkrete Fahrlässigkeit	62
D.	Zufall und höhere Gewalt	63
	I. Zufall	63
	II. Höhere Gewalt und unabwendbares Ereignis	63

§ 11 Verschuldensfähigkeit und subsidiäre Billigkeitshaftung ... 64
A.	Zurechnung und persönliche Fähigkeit	64
	I. Zurechnungsfähigkeit	64
	II. Rechtsfolge der Zurechnungsunfähigkeit	64
B.	Typen der Zurechnungsunfähigkeit	64
	I. Kinder	64
	II. Jugendliche	65
	III. Geisteskranke	66
	IV. Bewusstlose	66
	V. Actio libera in causa	66
C.	Subsidiäre Billigkeitshaftung	67
	I. Tatbestandliche Voraussetzungen	67
	II. Billigkeitserfordernisse	67
	III. Anrechnung der Haftpflichtversicherung?	67
	IV. Analoge Anwendung der Billigkeitshaftung	68
	V. Feststellung der Billigkeitshaftung für die Zukunft	68

§ 12 Haftung mehrerer Personen: Täterschaft und Teilnahme ... 69
A.	Kausalität, Verschulden, Mitverantwortung	69
	I. Mitverantwortung und Gesamtschuld	69
	II. Ersetzung der Kausalität durch Verschulden	69
B.	Nebentäterschaft	70
	I. Voraussetzungen der Nebentäterschaft	70
	II. Rechtsfolgen und Ausgleich im Innenverhältnis	70
C.	Mittäterschaft	70
	I. Vorsätzliche Mittäterschaft	70
	II. Fahrlässige Mittäterschaft	71

D.	Teilnahme	71
	I. Anstiftung	71
	II. Beihilfe	71
	III. Nachtatliche Teilnahme	72
E.	Alternativtäterschaft	72
	I. Gegebenheiten und Funktionen	72
	II. Allgemeine Voraussetzungen	73
	III. Begriff der Beteiligung	73
	IV. Reihe von Verkehrsunfällen	73
	V. Verletzter ist nicht »Beteiligter«	74
	VI. Alternativtäterschaft und Adäquanz	74
	VII. Analoge Anwendung des § 830 Abs. 1 S. 2	74
F.	Rechtsfolge der Haftung mehrerer	75
	I. Gesamtschuldnerische Haftung	75
	II. Rückgriff im Gesamtschuldverhältnis	75

§ 13 Ausschluss und Herabsetzung der Haftung: Mitverschulden, Handeln auf eigene Gefahr, Freizeichnung, allgemeines Lebensrisiko 76

A.	Mitverschulden	76
	I. Entwicklung und Funktion	76
	II. Verschulden gegen sich selbst und Obliegenheitsverletzung	76
	III. Aufbau des »Mitverschuldens«; Tatbestand, Obliegenheitswidrigkeit, Verschulden	77
	IV. Mitwirkende Betriebsgefahr	78
	V. Kriterien der Abwägung beim Mitverschulden	78
	VI. Schutzbereich des Mitverschuldens	79
	VII. Rechtsfolge	79
	VIII. Rechtspolitik	79
B.	Handeln auf eigene Gefahr	80
	I. Entwicklung und Theorie	80
	II. Fallgruppen des Handelns auf eigene Gefahr	81
	III. Rechtsfolge	81
C.	Freizeichnung	81
	I. Grundsatz und gesetzliche Regelungen	82
	II. Freizeichnung durch Individualabrede	82
	III. Freizeichnung in allgemeinen Geschäftsbedingungen	82
	IV. Freizeichnung durch Anschlag, Schild oder Aufdruck	83
D.	Allgemeines Lebensrisiko	83

2. Teil. Haftungstatbestände 85

1. Abschnitt. Verschuldenshaftung 85

§ 14 Verletzung von Rechtsgütern und Rechten: § 823 Abs. 1 85
Vorbemerkung: Das Schadenrechtsänderungsgesetz von 2002 85

A.	Tatbestandsstruktur	86
B.	Rechtsgüter	86
	I. Leben	87
	II. Körper	87
	III. Gesundheit	89
	IV. Freiheit	89
C.	Eigentum und abgegrenzte absolute Rechte	90
	I. Eigentum	90

Inhalt

		II. Absolute sonstige Rechte	91
D.	Rahmenrechte		93
		I. Recht am eingerichteten und ausgeübten Gewerbebetrieb	94
		II. Persönlichkeitsrecht	95
		III. Informationelle Selbstbestimmung	99

§ 15 Verletzung eines Schutzgesetzes: § 823 Abs. 2 100
A. Begriff des Schutzgesetzes 100
   I. Gesetz 100
   II. Schutz eines anderen bezweckendes Gesetz 100
   III. Zivilrechtlicher Schutzcharakter 101
   IV. Persönlicher Schutzbereich 101
   V. Sachlicher Schutzbereich 102
B. Typen der Schutzgesetze 102
   I. Abstrakte Gefährdungsnormen 102
   II. Konkrete Gefährdungsnormen 103
C. Beispielsgruppen der Schutzgesetze 103
   I. Sicherheitsgesetze 103
   II. Straßenverkehrsregeln 103
   III. Strafgesetzbuch 104
   IV. Bürgerliches Gesetzbuch 104
   V. Gewerberecht und Sozialversicherungsrecht 104
D. Verschulden 105
   I. Schutzgesetzverletzung als Verschuldenshaftung 105
   II. Vorsatz und Schutzgesetz 105
   III. Verschuldensbezug 106
   IV. Äußere und innere Sorgfalt 106
   V. Objektive Fahrlässigkeit 107
E. Funktionen der Schutzgesetzverletzung 107
   I. Formale Funktionen 107
   II. Materiale Funktionen 107

§ 16 Sittenwidrige Schadenszufügung: § 826 109
A. Funktionen des § 826 109
   I. Generalklausel und Auffangtatbestand 109
   II. Besondere Zwecke: Überwindungsfunktion und
       Entwicklungsfunktion 109
B. Tatbestand des § 826 110
   I. Sittenwidriges Verhalten: Definition und Grundtypen 110
   II. Subjektives Merkmal der Sittenwidrigkeit 111
   III. Schadenszufügung und Schutzbereich 111
   IV. Subjektiver Tatbestand: Vorsatz 112
C. Fallgruppen 112
   I. Täuschung 112
   II. Kollusion zum Nachteil Dritter 113
   III. Gläubigergefährdung 113
   IV. Eingriff in die persönliche Rechtsstellung 113
   V. Unangemessene Äußerung 113
   VI. Treuwidrigkeit 114
   VII. Verleitung zum Vertragsbruch und Beihilfe zur Treuwidrigkeit ... 114
   VIII. Vereinssachen: Ungerechtfertigter Ausschluss, ungerechtfertigte
        Vereinsstrafe, ungerechtfertigte Nichtaufnahme in einen beruf-
        lichen oder sonst wesentlichen Verein 114

	IX. Missbrauch einer Monopolstellung	115
	X. Rechtsmissbrauch	115
	XI. Ausnutzung einer formalen Rechtsposition	115
	XII. Grob unfaire Maßnahme im Arbeitskampf	115
	XIII. Vorteilserlangung durch Verletzung von Berufs- bzw. Standesrecht oder sonstigen Sonderregeln	115
	XIV. Verletzung von Grundrechten	116
	XV. Existenzvernichtung	116
	XVI. Kapitalanlagevermittlung	116
	XVII. Brokerhaftung	116
D.	Rechtsfolgen	117
	I. Unterlassung und Schadensersatz	117
	II. Einwand der Sittenwidrigkeit (exceptio doli)	117

§ 17 Verkehrspflichten 118
A. Allgemeines 118
    I. Verkehrssicherungspflicht und Verkehrspflicht 118
    II. Standort und Funktionen der Verkehrspflicht 118
B. Theorie und Praxis der Verkehrspflicht 119
    I. Tatbestand der Verkehrspflichtverletzung 119
    II. Verschulden 120
    III. Fallgruppen der Verkehrspflichtverletzung 121
    IV. Missbrauch 125
    V. Haftung gegenüber unbefugten Benutzern 125
    VI. Gefahrhinweise statt Gefahrabwendung 126
    VII. Delegation, Entlastungsbeweis 126
    VIII. Streupflichten 126
    IX. Verkehrspflicht als Amtspflicht 127
C. Schutzbereich der Verkehrspflicht 128
D. Anschein der Kausalität 128
E. Einordnung der Verkehrspflicht 128
F. Haftpflichtige Unternehmensträger 129

§ 18 Produzentenhaftung und Produkthaftung 130
A. Grundlagen 130
    I. Name und Phänomenologie 130
    II. Entwicklung und Haftungsgründe 130
        1. Volkswirtschaftlicher Hintergrund 130
        2. Vertragshaftung 130
        3. Deliktshaftung nach § 823 Abs. 1 131
        4. Objektive Haftung: ProdHaftG 131
    III. Produktsicherheitsrecht 131
B. Haftung des Herstellers nach § 823 Abs. 1: Produzentenhaftung 132
    I. Tatbestand der Produzentenhaftung 132
    II. Typen der Produzentenhaftung 134
    III. Schutzbereich der Produzentenhaftung 135
C. Produkthaftungsgesetz 136
    I. Produkthaftung als allgemeines europäisches Recht 136
    II. Haftungsgrund 136
    III. Anspruchsberechtigter 137
    IV. Enthaftungsgründe 137
    V. Haftungsumfang 138
    VI. Zeitliche Grenzen 138

Inhalt

	VII. Konkurrenzen	138
D.	Arzneimittelhaftung	139

§ 19 Äußerungsdelikte: § 824 und allgemeine Regeln ... 140
A. Besonderheiten der Äußerungsdelikte ... 140
    I. Zusammenfassung als Äußerungsdelikt ... 140
    II. Schutzgüter: persönliches und geschäftliches Ansehen, Privatsphäre ... 140
    III. Tatsachenbehauptungen und Werturteile ... 141
    IV. Wahrnehmung berechtigter Interessen ... 141
    V. Bildnisschutz ... 142
B. Personbezogene Publikationen ... 143
    I. Beleidigung und üble Nachrede ... 143
    II. Persönlichkeitsrecht ... 143
    III. Kollektivbeleidigung ... 143
    IV. Behaupten und Verbreiten ... 144
    V. Sorgfalt der Recherche ... 144
C. Geschäftsbezogene Äußerungsdelikte ... 145
    I. »Kreditgefährdung«; Abgrenzung der Rechtsgrundlagen ... 145
    II. Erwerbsschädigung ... 146
    III. Wahrnehmung berechtigter Interessen ... 146
    IV. Warentest ... 147
    V. Wahre Tatsachenbehauptungen ... 147
D. Rechtsfolgen ... 147
    I. Abwehransprüche ... 147
        1. Unterlassung, Beseitigung ... 147
        2. Widerruf und eingeschränkter Widerruf ... 148
        3. Zeitungsanzeige ... 148
    II. Geldersatz ... 149
        1. Vermögensschaden, Bereicherungsausgleich ... 149
        2. »Schmerzensgeld« ... 149

§ 20 Deliktisches Handeln im Internet ... 150
A. Phänomenologie ... 150
B. Haftungsgrundlagen ... 150
C. Störerhaftung der Internetmediäre ... 151
    I. Verantwortlichkeit mittelbarer Verletzer ... 151
    II. Verkehrspflichtverletzung als dogmatische Erklärung ... 152
D. Haftungsprivilegierung ... 152

§ 21 Die verschuldensvermutenden Sondertatbestände: Gehilfenhaftung, Aufsichtshaftung, Gebäudehaftung: §§ 831, 832, 833 S. 2, 836 ff. ... 153
A. Grundlage und Ausgestaltung ... 153
B. Gehilfenhaftung ... 153
    I. Stellung im Gesetz und Parallelen ... 153
    II. Verrichtungsgehilfe ... 154
    III. Ausführung der Verrichtung ... 155
    IV. Widerrechtliche Schadenszufügung ... 155
    V. Entlastungsbeweise ... 155
    VI. Entlastungsbeweis bei verschärfter Haftung ... 157
    VII. Einschränkung des § 831 durch Versicherung und Freistellungsanspruch ... 157
    VIII. Vertragliche Übernahme ... 157

		IX. Aufsichtspflicht gemäß § 823 Abs. 1	158
		X. Analoge Anwendung des § 831	158
		XI. Rechtspolitik	158
	C.	Aufsichtshaftung	158
		I. Tatbestand der Aufsichtshaftung	159
		II. Entlastungsbeweis	159
		III. Grundsätzliches	160
	D.	Tieraufsichtshaftung	160
		I. Haustierhalterhaftung	160
		II. Tierhüterhaftung	160
	E.	Gebäudehaftung	161
		I. Tatbestand	161
		II. Entlastung	162

§ 22	Verletzung einer Amtspflicht und Staatshaftung: Art. 34 GG, § 839		163
A.	Systematik und Entwicklung		163
	I. Amtshaftung und Haftung des Staates		163
	II. Von der Beamtenhaftung zur Haftung der öffentlichen Hand		163
	III. Staatshaftungsgesetz		163
B.	Haftung für die Verletzung einer Amtspflicht		164
	I. Amtspflichtverletzung des § 839 als Blanketttatbestand		164
	II. Tatbestandsmerkmal Beamter		164
	III. Verletzung einer Amtspflicht		164
	IV. Schutzzweck und Schutzbereich der Amtspflicht		165
	V. Verschulden		165
C.	Ausnahmen von der Haftung		166
	I. Subsidiarität		166
	II. Vorrang des Rechtsweges		166
	III. Spruchrichterprivileg		167
	IV. Haftungsbeschränkung		167
D.	Haftung des Staates und Eigenhaftung		167
	I. Haftung nach Art. 34 GG		167
	II. Eigenhaftung des Beamten nach § 839		168
E.	Judikatives Unrecht bei der Anwendung von Unionsrecht		168

§ 23	Sachverständigenhaftung für unrichtige Gerichtsgutachten	170
A.	Entwicklung der Haftungsgrundlagen hin zu § 839a	170
B.	Rechtspolitische Probleme: Haftungswillkür, Immunität des Sachverständigen	171
C.	Beschränkung der Haftung auf Vorsatz und grobe Fahrlässigkeit	172
D.	Ausgestaltung des § 839a BGB	172

2. Abschnitt. Gefährdungshaftung ... 174

§ 24	Theorie der Gefährdungshaftung	174
A.	Entwicklung und Funktion	174
	I. Geschichte und Namensgebung	174
	II. Funktionen der Gefährdungshaftung	174
	III. Typen der Gefährdungshaftung	175
B.	Voraussetzungen der Gefährdungshaftung	176
	I. Positive Voraussetzungen	176
	II. Entbehrliche Merkmale	177
C.	Anordnung und Typologie der Gefährdungshaftungen	177

Inhalt

	I. Gesetzesvorbehalt und Analogieverbot	177
	II. Typologie der Gefahr	178
D.	Haftungsbeschränkung durch Höchstgrenzen	178
E.	Reform der Gefährdungshaftung	179

§ 25 Gefährdungshaftung wegen Tiergefahr: Tierhalter- und Jagdhaftung ... 180
- A. Tierhalterhaftung 180
  - I. Tier 180
  - II. Tierhalter 180
  - III. Tiergefahr 181
  - IV. Handeln auf eigene Gefahr 182
  - V. Sonderregeln 182
  - VI. Auffangtatbestand für residuale Tiergefahr: Verschuldenshaftung .. 182
- B. Wildschadenshaftung 183
  - I. Gefährdungshaftung für den Wildschaden 183
  - II. Jagdschaden 183

§ 26 Gefährdungshaftung wegen Geschwindigkeit: Eisenbahn, Kraftfahrzeug, Luftfahrzeug 184
- A. Haftung des Bahnbetriebsunternehmers 184
  - I. Schienenbahn oder Schwebebahn 184
  - II. Betriebsgefahr 184
  - III. Verletzung und Schaden 184
  - IV. Ausschlussgründe 185
- B. Haftung des Kraftfahrzeughalters 185
  - I. Entwicklung 185
  - II. Tatbestandsmerkmal: Kraftfahrzeughalter 186
  - III. Tatbestandsmerkmal: Bei dem Betrieb eines Kraftfahrzeugs 186
  - IV. Ausschlussgründe der Haftung 187
  - V. Haftung des Fahrzeugführers 187
  - VI. Haftungsumfang und Direktanspruch 187
- C. Haftung im Luftverkehr 188
  - I. Rechtsquellen 188
  - II. Gefährdungshaftung des Luftfahrzeughalters 188
  - III. Innenhaftung des Halters oder Frachtführers 189

§ 27 Gefährdungshaftung wegen Energieentfaltung: Energieanlagen, Atomenergie 190
- A. Konventionelle Energie: Elektrizität, Gas, Dampf usw. 190
  - I. Anlagenwirkungshaftung 190
  - II. Anlagenhaftung ohne Wirkung (Zustandshaftung) 190
  - III. Haftungsausschlüsse 190
  - IV. Umfang 191
- B. Atomenergie 191
  - I. Kernanlagenhaftung 191
  - II. Besitzerhaftung 191
  - III. Haftungsumfang 192

§ 28 Gefährdungshaftung wegen Wasserveränderung, Bergbau und industrieller Umweltbelastung 193
- A. Veränderung der physiologischen Beschaffenheit des Wassers, § 22 WHG 193
  - I. Umweltschutz durch Gefährdungshaftung 193

		II. Handlungshaftung	193
		III. Anlagenhaftung	193
		IV. Fallgruppen der Wasserhaftung	193
B.	Bergschadenshaftung		194
		I. Haftungsgrund	194
		II. Haftungsumfang	195
C.	Umwelthaftung		195
		I. Rechtsgrundlagen, Abgrenzung zum öffentlichen Recht	195
		II. Haftungsgrund	195
		III. Haftungsumfang	196

§ 29 Gefährdungshaftung wegen Arzneimittelherstellung und Gentechnik 197
A. Arzneimittelhaftung 197
    I. Hintergrund der Produzentenhaftung 197
    II. Entwicklungsfehler und Herstellungsfehler 197
    III. Instruktionsfehler 198
    IV. Kausalität, Informationspflichten 198
    V. Haftungsumfang 198
B. Gentechnikgesetz 199
    I. Gesetzesentwicklung 199
    II. Genehmigungserfordernisse 199
    III. Haftung 199

3. Abschnitt. Objektive Einstandshaftung 201

§ 30 Ausgleich trotz rechtmäßigen Eingriffs: Zivilrechtliche Aufopferung 201
A. Prinzip und aggressiver Notstand 201
    I. Grundsatz der Aufopferung 201
    II. Aggressiver Notstand, § 904 201
    III. Rechtsfolgen 202
B. Besondere gesetzliche Regelungen 202
C. Prinzip oder Aufzählung 203
    I. Einwirkungen auf Sachgüter 203
    II. Einwirkung auf die Person 203

§ 31 Selbstopferung 204
A. Erscheinung 204
B. Haftung aus Geschäftsführung ohne Auftrag 204
C. Anrechnung der Gefahr 205

3. Teil. Rechtsfolgen der Haftung 207

1. Abschnitt. Ersatz des Vermögensschadens und des immateriellen Schadens 207

§ 32 Schadenszurechnung: haftungsausfüllende Kausalität und Schutzbereich der Ersatznorm 207
A. Haftungsausfüllende Kausalität 207
    I. Kausalzusammenhang im Schadensrecht 207
    II. Adäquate Kausalität 207
B. Schutzbereich der Schadensersatznorm 208
    I. Schutzbereich welcher Norm? 208
    II. Genereller Schutzumfang der Ersatznorm 208

Inhalt

§ 33	**Grundzüge des gesetzlichen Schadensersatzes**	209
A.	Schaden	209
	I. Schadensdefinition	209
	II. Mittelbarer und unmittelbarer Schaden	210
	III. Verletzung und Schaden	210
B.	Differenzhypothese	211
	I. Vergleichung der Vermögensstände	211
	II. Sicherer Verlust oder Entgang einer Chance	211
C.	Naturalrestitution	212
D.	Geldersatz statt Naturalrestitution	212
	I. Nicht mögliche oder nicht genügende Naturalherstellung	212
	II. Personenverletzung und Sachbeschädigung	212
	III. Unverhältnismäßige Aufwendungen	213
	IV. Geldersatz nach Fristsetzung	213
E.	Vorteilsausgleichung	213
	I. Prinzip	214
	II. Nicht anzurechnende Vorteile	214
§ 34	**Personenschaden**	215
A.	Tod eines Menschen	215
	I. Tötungsschaden	215
	II. Schaden des Erben	215
	III. Angehörigenschaden	215
B.	Verletzung eines Menschen	216
	I. Heilungskosten	216
	II. Mehrbedarf	216
	III. Erwerbsschaden	217
	IV. Abhängigenschaden	217
	V. Anstößiger Erwerb	217
§ 35	**Sachschaden**	219
A.	Erscheinungsformen des Sachschadens	219
	I. Zerstörung der Sache	219
	II. Beschädigung der Sache	219
	III. Entziehung der Sache	219
	IV. Entwertungsschaden	220
	V. Ökologische Schäden	220
B.	Sachschaden und Interesse	220
	I. Neu für alt	220
	II. Mehrwertsteuer	221
C.	Ersatz des Sachwertes	221
D.	Reparaturkosten	221
E.	Insbesondere: Kfz-Schäden	221
	I. Mietwagen	221
	II. Reparatur und Ersatzbeschaffung	222
	III. Nutzungsausfall	223
	IV. Merkantiler Minderwert	223
§ 36	**Sonderformen der Schadensberechnung: Bedarf und Aufwendung, Familienplanung, Nutzungsausfall, Frustration, gemeiner Wert, Affektionsinteresse, Lizenzanalogie, Abwehrschaden**	224
A.	Bedarf und Aufwendung	224
B.	Familienplanungsschaden	224

		I. Unerwünschte Geburt (wrongful birth)	225

		I. Unerwünschte Geburt (wrongful birth)	225
		II. Unerwünschtes Leben (wrongful life)	226
		III. Unerwünschte Zeugung (wrongful conception)	227
C.	Nutzungsausfall		227
D.	Frustrationsschaden		228
E.	Gemeiner Wert und Affektionsinteresse		229
F.	Hilfsmethoden der Schadensberechnung: Lizenzanalogie, Herausgabe des Verletzergewinns		229
G.	Abwehrschaden		230

§ 37 Immaterieller Schaden 232
A. Grundsatz 232
    I. Vermögensschaden 232
    II. Nichtvermögensschaden 232
B. Naturalrestitution bei Nichtvermögensschaden 232
C. Naturalrestitution und Geldersatz 233

§ 38 Schmerzensgeld: Haftungsgrund 234
A. Herkunft und Name 234
B. Tatbestandserfordernisse 234
    I. Gesetzliche Regelung 234
    II. Erweiterung des Tatbestandes: Allgemeines Persönlichkeitsrecht . . 235
    III. Erweiterung des persönlichen Schutzbereichs: Schockschaden 236
C. Funktionen des Schmerzensgeldes 237
    I. Ausgleichsfunktion 237
    II. Genugtuungsfunktion 238
    III. Voraussetzungen der Genugtuung 238
    IV. Untrennbarkeit der Funktionen 238
D. Vererblichkeit des Schmerzensgeldanspruchs 238
E. Kein Schmerzensgeld beim Arbeitsunfall 239

§ 39 Schmerzensgeld: Haftungsumfang und Haftungstypen 240
A. Umfang des Schmerzensgeldes 240
    I. Billigkeitserhebliche Merkmale 240
    II. Anrechnung eines Mitverschuldens 241
    III. Mitverschulden des Getöteten und Schockschaden 241
B. Schadenstypen 242
    I. Tötung 242
    II. Verletzung des Körpers und der Gesundheit 242
    III. Freiheitsverletzung, sexuelle Selbstbestimmung 243
    IV. Schmerzensgeld bei ärztlicher Fehlbehandlung 243
    V. »Schmerzensgeld« bei Persönlichkeitsverletzung 244
C. Schmerzensgeld in Auffangfunktion zum materiellen Schaden 246
D. Herabsetzung der Genugtuung wegen Strafurteils oder Regressforderungen 246
E. Ersatz künftiger immaterieller Schäden 247

§ 40 Schmerzensgeld: Summen und Renten 248
A. Summen und Renten 248
B. Billige Entschädigung: Vergleichung mit anderen Urteilen und Inflation . 248
    I. Schmerzensgeldtabellen 248
    II. Bestimmter Klageantrag 249
    III. Merkmale der Verletzung 249
    IV. Zusammenspiel typologischer Merkmale 249

2. Abschnitt. Abwehransprüche: Unterlassungs- und Beseitigungsklage 250

§ 41 Negatorische Maßnahmen: Erscheinung und Theorie 250
A. Rechtsschutz und Rechtswidrigkeit 250
B. Anspruch oder Klage 251

§ 42 Unterlassung und Beseitigung 252
A. Unterlassungsanspruch 252
    I. Schutzumfang, Begehungsgefahr 252
    II. Rechtsfolge 253
B. Beseitigungsanspruch 253
    I. Voraussetzungen 253
    II. Rechtsfolge: Abgrenzung zum Schadensersatz 253
    III. Kosten der Beseitigung 254
    IV. Sonderproblem Ehrenschutz 254

3. Abschnitt. Prozess und Regress 255

§ 43 Beweis: Darlegungs- und Beweislast, Beweismaß und Schätzung; Zwangsvollstreckung 255
A. Darlegungs- und Beweislast 255
    I. Anspruchsgrundlage 255
    II. Einwendung 255
    III. Umkehr der Darlegungs- und Beweislast 256
    IV. Anscheinsbeweis 257
B. Regelbeweismaß 258
C. Schadensschätzung 258
D. Privilegierte Zwangsvollstreckung 258

§ 44 Verjährung und Verwirkung 259
A. Verjährung 259
    I. Verjährung des Deliktsanspruchs 259
    II. Konkurrenzen 260
B. Unzulässige Rechtsausübung 261
    I. Sonderregelungen: §§ 852, 853 261
    II. Verwirkung im Allgemeinen 261

§ 45 Rückgriff: Privater Versicherer, öffentlicher Versicherungsträger, Arbeitgeber, Dienstherr 262
A. Individualschaden und Sozialschaden 262
    I. Schadensübernahme durch Arbeitgeber usw. 262
    II. Zusammenführung von Verletzung und Schaden 263
B. Regress des Privatversicherers 263
C. Regress der Sozialversicherungsträger 264
    I. Originärer Regressanspruch der Berufsgenossenschaft 264
    II. Regress des Sozialleistungsträgers 264
        1. Legalzession, Kongruenz 264
        2. Haftungsersetzung durch Unfallversicherungsschutz ... 265
D. Rückgriff des Arbeitgebers und Dienstherrn 266

Sachregister 267

Abkürzungen

aA	andere Ansicht
Abs.	Absatz
A. C.	Appeal Cases
AcP	Archiv für die civilistische Praxis (Zeitschrift)
Ad Legendum	Studentische Zeitschrift der Universität Köln
AEUV	Vertrag über die Arbeitsweise der Europäischen Union
aF	alter Fassung
AG	Amtsgericht
AGB	Allgemeine Geschäftsbedingungen
AMG	Arzneimittelgesetz
AP	Arbeitsrechtliche Praxis (Zeitschrift)
AN	Arbeitnehmer
AnfG	Anfechtungsgesetz
ArbeitsG	Arbeitsgericht
Art.	Artikel
AtomG	Atomgesetz
ArztRecht	ArztRecht (Zeitschrift)
BAG	Bundesarbeitsgericht
BayObLG	Bayerisches Oberstes Landesgericht
BB	Betriebsberater (Zeitschrift)
BBergG	Bundesberggesetz
BBG	Bundesbeamtengesetz
Bd.	Band
BDSG	Bundesdatenschutzgesetz
BBodSchG	Bundesbodenschutzgesetz
betr.	betreffend
BeamtenG	Beamtengesetz(e)
BeamtVG	Beamtenversorgungsgesetz
BewG	Bewertungsgesetz
BGB	Bürgerliches Gesetzbuch
BGE	Entscheidungssammlung des Schweizerischen Bundesgerichts
BGH	Bundesgerichtshof
BGHSt	Entscheidungen des Bundesgerichtshofs in Strafsachen (Amtliche Sammlung)
BGHZ	Entscheidungen des Bundesgerichtshofs in Zivilsachen (Amtliche Sammlung)
BImSchG	Bundes-Immissionsschutzgesetz
BJagdG	Bundesjagdgesetz
BlfZürRspr	Blätter für Zürcherische Rechtsprechung
BNotO	Bundesnotarordnung
BSG	Bundessozialgericht
BT-Drs.	Bundestags-Drucksache
BVerfG	Bundesverfassungsgericht
BVerfGE	Entscheidungen des Bundesverfassungsgerichts
CDU	Christlich Demokratische Union Deutschlands
CFR	Common Frame of Reference

Abkürzungen

D.	Digesten
DAR	Deutsches Autorecht (Zeitschrift)
DB	Der Betrieb (Zeitschrift)
DDR	Deutsche Demokratische Republik
DFB	Deutscher Fußballbund
dh	das heißt
DIN	Deutsche Industrienorm
DJT	Deutscher Juristentag
DRiZ	Deutsche Richterzeitung
DVBl.	Deutsche Verwaltungsblätter (Zeitschrift)
EFZG	Gesetz über die Zahlung des Arbeitsentgelts an Feiertagen und im Krankheitsfall (zuvor: LohnfortZG)
EG	Europäische Gemeinschaft
EGBGB	Einführungsgesetz zum Bürgerlichen Gesetzbuch
EGMR	Europäischer Gerichtshof für Menschenrechte
EMRK	Konvention zum Schutz der Menschenrechte und Grundfreiheiten
EU	Europäische Union
EuGH	Europäischer Gerichtshof
EuZP	Zeitschrift für Europäisches Privatrecht
EuZW	Europäische Zeitschrift für Wirtschaftsrecht
evtl.	eventuell
f./ff.	folgend/fortfolgend
FamRZ	Zeitschrift für das gesamte Familienrecht
FS	Festschrift
GazPal.	Gazette du Palais (Zeitschrift)
GebrMG	Gebrauchsmustergesetz
GEMA	Gesellschaft für musikalische Aufführungs- und mechanische Vervielfältigungsrechte
GenTG	Gentechnikgesetz
GeschmMG.	Geschmacksmustergesetz
GesR	Gesundheitsrecht (Zeitschrift)
GG	Grundgesetz
GmbH	Gesellschaft mit beschränkter Haftung
GmbHG	Gesetz betreffend die Gesellschaften mit beschränkter Haftung
GoA	Geschäftsführung ohne Auftrag
GPSG	Geräte- und Produktsicherheitsgesetz
GRUR	Gewerblicher Rechtsschutz und Urheberrecht (Zeitschrift)
GRURInt	Gewerblicher Rechtsschutz und Urheberrecht Internationaler Teil (Zeitschrift)
GSG	Gerätesicherheitsgesetz
GVG	Gerichtsverfassungsgesetz
GWB	Gesetz gegen Wettbewerbsbeschränkungen
Hess	Hessen
HGB	Handelsgesetzbuch
hL	herrschende Lehre
hM	herrschende Meinung
HNO	Hals-Nasen-Ohren
HpflG	Haftpflichtgesetz
HWS	Halswirbelsäule

ICE	InterCityExpress
idF	in der Fassung
IntEncCompL	International Encyclopedia of Comparative Law
iSd	im Sinne des/der
iVm	in Verbindung mit
JA	Juristische Arbeitsblätter (Zeitschrift)
JBl.	Juristische Blätter (Zeitschrift)
JJ	Jherings Jahrbücher für Dogmatik des Rechts
JR	Juristische Rundschau (Zeitschrift)
Jura	Juristische Ausbildung (Zeitschrift)
JurJB	Juristenjahrbuch
JuS	Juristische Schulung (Zeitschrift)
JW	Juristische Wochenschrift
JZ	Juristenzeitung
Kfz	Kraftfahrzeug
KG	Kammergericht/Kommanditgesellschaft
KUG	Gesetz betreffend das Urheberrecht an Werken der bildenden Künste und der Photographie
KWG	Kreditwesengesetz
LG	Landgericht
Lkw	Lastkraftwagen
LM	Lindenmaier/Möhring u. a.; Nachschlagewerk des Bundesgerichtshofs
LFGB	Lebensmittel- und Futtermittelgesetzbuch
LohnfortZG	Lohnfortzahlungsgesetz
LuftVG	Luftverkehrsgesetz
LZ	Leipziger Zeitschrift für Handels-, Konkurs- und Versicherungsrecht
MarkenG	Markengesetz
MDR	Monatsschrift für Deutsches Recht (Zeitschrift)
MedR	Medizinrecht (Zeitschrift)
MMR	MultiMedia und Recht (Zeitschrift)
MÜ	Montrealer Übereinkommen
MuW	Markenschutz und Wettbewerb (Zeitschrift)
mwN	mit weiteren Nachweisen
NdsStrG	Niedersächsisches Straßengesetz
nF	neue Fassung
NJW	Neue Juristische Wochenschrift
NJW-RR	NJW-Rechtsprechungs-Report (Zeitschrift)
NZV	Neue Zeitschrift für Verkehrsrecht
OEG	Opferentschädigungsgesetz
ÖJZ	Österreichische Juristen-Zeitung
Österr.	Österreichisch
OG	Obergericht (Schweiz)
OGH	Oberster Gerichtshof (Österreich)
OGHZ	Entscheidungen des Obersten Gerichtshofs für die Britische Zone in Zivilsachen

Abkürzungen

OLG	Oberlandesgericht
PatG	Patentgesetz
PharmaR	Pharma Recht (Zeitschrift)
PflVG	Pflichtversicherungsgesetz
PHi	Haftpflicht international (Zeitschrift)
Pkw	Personenkraftwagen
ProdHaftG	Produkthaftungsgesetz
ProdSG	Produktsicherungsgesetz
PÜ	Pariser Atomhaftungs-Übereinkommen
Q. B.	The Law Reports, Queen's Bench Division
RabelsZ	Rabels Zeitschrift für ausländisches und internationales Provatrecht
RdW	Österreichisches Recht der Wirstchaft
Rec.Dal.Sir.	Recueil Dalloz-Sirey
Recht	Das Recht (Zeitschrift)
RG	Reichsgericht
RGSt	Entscheidungen des Reichsgerichts in Strafsachen (Amtliche Sammlung)
RGZ	Entscheidungen des Reichsgerichts in Zivilsachen (Amtliche Sammlung)
RHpflG	Reichshaftpflichtgesetz
Rn.	Randnummer
Rspr.	Rechtsprechung
RVgl HWB	Rechtsvergleichendes Handwörterbuch für das Zivil- und Handelsrecht des In- und Auslands
RVO	Reichsversicherungsordnung
s.	siehe
S.	Satz/Seite
SchÄndG	Schadensersatzänderungsgesetz von 2002
SchlH	Schleswig-Holstein
Schweiz.BGE	Entscheidungssammlung des Schweizerischen Bundesgerichts
Schweiz. O.R.	Schweizerisches Obligationenrecht
SeuffArch	Seufferts Archiv für Entscheidungen der obersten Gerichte in den deutschen Staaten
SGB	Sozialgesetzbuch
Sifa	Sicherheitsfahrschaltung
SJZ	Schweizerische Juristenzeitung
sog.	sogenannt
SortSchG	Sortenschutzgesetz
SPD	Sozialdemokratische Partei Deutschlands
SpuRt	Sport und Recht (Zeitschrift)
st.	ständiger
StGB	Strafgesetzbuch
StPO	Strafprozessordnung
StVG	Straßenverkehrsgesetz
StVO	Straßenverkehrsordnung
StVZO	Straßenverkehrs-Zulassungs-Ordnung
SZR	Schweizer Franken
TDG	Teledienstegesetz

TEE	Trans-Europ(a)-Express
TMG	Telemediengesetz
UmweltHG	Umwelthaftungsgesetz
UrhG	Urheberrechtsgesetz
USchadG	Umweltschadensgesetz
usw.	und so weiter
uU	unter Umständen
UWG	Gesetz gegen den unlauteren Wettbewerb
v.	versus/vor/vom/von
VersR	Versicherungsrecht (Zeitschrift)
vgl.	vergleiche
VGH	Verwaltungsgerichtshof
VO	Verordnung
VVG	Versicherungsvertragsgesetz
VW	Versicherungswirtschaft (Zeitschrift)
Warn. Rspr.	Warneyer, Die Rechtsprechung des Reichsgerichts
WHG	Wasserhaushaltsgesetz
W.L.R.	Weekly Law Reports
WpHG	Wertpapierhandelsgesetz
WRP	Wettbewerb in Recht und Praxis (Zeitschrift)
zB	zum Beispiel
ZEuP	Zeitschrift für Europäisches Privatrecht
ZfRV	Zeitschrift für Europarecht, Internationales Privatrecht und Rechtsvergleichung
ZGR	Zeitschrift für Unternehmens- und Gesellschaftsrecht
ZHR	Zeitschrift für das gesamte Handelsrecht und Wirtschaftsrecht
ZIP	Zeitschrift für Wirtschaftsrecht
ZRP	Zeitschrift für Rechtspolitik
ZStW	Zeitschrift für die gesamte Strafrechtswissenschaft
ZürchRspr	Blätter für Zürcherische Rechtsprechung
ZPO	Zivilprozessordnung
ZSchwR	Zeitschrift für Schweizerisches Recht
ZVersWiss	Zeitschrift für die gesamte Versicherungswissenschaft
zT	zum Teil

Literatur

Bamberger/Roth, H., Kommentar zum Bürgerlichen Gesetzbuch, 3. Aufl. 2012 (zit.: Bamberger/Roth/Bearbeiter)

Brox, H./Walker, W.-D., Allgemeines Schuldrecht, 37. Aufl. 2013

Brox, H./Walker, W.-D., Besonderes Schuldrecht, 37. Aufl. 2013

Brüggemeier, G., Haftungsrecht: Struktur, Prinzipien, Schutzbereich, 2006

v. Caemmerer, E., Wandlungen des Deliktsrechts. Hundert Jahre Deutsches Rechtsleben, Festschrift zum hundertjährigen Bestehen des Deutschen Juristentages, Bd. 2, 1960

Deutsch, E., Allgemeines Haftungsrecht, 2. Aufl. 1996

Enneccerus, L./Lehmann, H., Recht der Schuldverhältnisse, 15. Aufl. 1958

Erman, H., Handkommentar zum Bürgerlichen Gesetzbuch, 13. Aufl. 2011

Esser, J./Schmidt, E., Schuldrecht, Bd. I, Teilband 1, 8. Aufl. 1995; Teilband 2, 8. Aufl. 2000

Esser, J./Weyers, H.-L., Schuldrecht, Bd. II, Besonderer Teil, 8. Aufl. 2000

Fikentscher, W./Heinemann, A., Schuldrecht, 10. Aufl. 2006

Geigel, R., Der Haftpflichtprozess mit Einschluss des materiellen Haftpflichtrechts, 26. Aufl. 2011

Heck, P., Grundriß des Schuldrechts, 1929

Jauernig, O., Bürgerliches Gesetzbuch mit Erläuterungen, 15. Aufl. 2014 (zit. Jauernig/Bearbeiter)

Keuk, B., Vermögensschaden und Interesse, 1972

Kötz, H./Wagner, G., Deliktsrecht, 12. Aufl. 2013

Kupisch, B./Krüger, W., Deliktsrecht, 1983

Lange, H./Schiemann, G., Schadensersatz 3. Aufl. 2003

Larenz, K./Canaris, C.-W., Lehrbuch des Schuldrechts, Bd. 1: Allgemeiner Teil, 15. Aufl. (2013); Lehrbuch des Schuldrechts, Bd. 2: Besonderer Teil, 1. Halbband, 13. Aufl. 1986); Lehrbuch des Schuldrechts, Bd. 2: Besonderer Teil, 2. Halbband, 13. Aufl. 1994

v. Liszt, F., Die Deliktsobligationen im System des BGB, 1898

Medicus, D./Petersen, J., Bürgerliches Recht, 24. Aufl. 2013

Medicus, D./Lorenz, S., Schuldrecht I, Allgemeiner Teil, 20. Aufl. 2012; Schuldrecht II, Besonderer Teil, 16. Aufl. 2012

Mertens, Der Begriff des Vermögensschadens im Bürgerlichen Recht, 1967

Michaelis, Beiträge zur Gliederung und Weiterbildung des Schadensrechts, FS Siber (1943) 185

Münchener Kommentar, zum Bürgerlichen Gesetzbuch, Bd. 2, Schuldrecht, Allgemeiner Teil, 6. Aufl. 2012; Bd. 5, Schuldrecht, Besonderer Teil III, 6. Aufl. 2013

Palandt, O., Bürgerliches Gesetzbuch, 72. Aufl. 2013

Planck, G. Kommentar zum Bürgerlichen Gesetzbuch, Bd. II, Recht der Schuldverhältnisse, 4. Aufl., 1. Hälfte, Allgemeiner Teil (1914); 2. Hälfte, Besonderer Teil (1928)

Literatur

Rabel, E., Die Grundzüge des Rechts der unerlaubten Handlungen, Deutsche Landesreferate zum 1. Int. Kongreß für Rechtsvergleichung (1932)

Reichsgerichtsrätekommentar (RGRK), Das Bürgerliche Gesetzbuch, 12. Aufl. Band 2 Teile 5 und 6, 1989

Schlechtriem, P./Schmidt-Kessel, M., Schuldrecht, Besonderer Teil, 7. Aufl. 2014

Siber, H., Grundriß des deutschen Bürgerlichen Rechts, Bd. II, Schuldrecht, 1931

Soergel/Siebert, Bürgerliches Gesetzbuch, Bd. 12, Schuldrecht 10, 13. Aufl. 2005

v. Staudinger, J., Kommentar zum Bürgerlichen Gesetzbuch, §§ 241–243 (Bearbeitung 2009), §§ 249–254 (Bearb. 2005), § 823 A–D (Bearb. 2014), §§ 823 E–I, 824, 825 (Bearb. 2010), §§ 826–829, ProdHaftG (Bearb. 2009), §§ 830–838 (Bearb. 2012), §§ 839, 839a (Bearb. 2012), §§ 840–853 (Bearb. 2014)

v. Tuhr, A., Der Allgemeine Teil des Deutschen Bürgerlichen Rechts, Bd. II, 1914 ff.

Weyers, H.-L., Unfallschäden, 1971

Wussow, W., Unfallhaftpflichtrecht, 16. Aufl. 2014

Rechtsvergleichend:

v. Bar, C., Gemeineuropäisches Deliktsrecht, Bd. 1 (1996), Bd. 2 (1999)

Bünger, K., Schadensersatz (Inhalt und Umfang), in: Rechtsvergleichendes Handwörterbuch VI, 1938

Fleming, J. G., Law of Torts, 10. Aufl. 2011

Hausmaninger, H., Das Schadensersatzrecht der lex Aquilia, 5. Aufl. 1996

Koziol, H., International Encyclopedia of Comparative Law, Vol. XI Torts

Österreichisches Haftpflichtrecht, Bd. 1, 3. Aufl. 1997

Markesinis, B. S., The German law of torts, 4. Aufl. 2002

Markesinis, B. S., and Deakin's, S. F., Tort Law, 7. Aufl. 2012

Oftinger, K., Schweizerisches Haftpflichtrecht, Bd. 1, 5. Aufl. 1995

Oftinger, K./Stark, E., Schweizerisches Haftpflichtrecht, Bd. II 1–3, 4. Aufl. 1987–1991

Prosser, W. L./Keeton, W. P., Law of Torts, 5. Aufl. 1984

1. Teil. Allgemeine Lehren

§ 1 Schadenstragung und Schadenshaftung

Literatur: *Adams,* Das »Verursacherprinzip« als Leerformel, JZ 1989, 787; Bamberger/Roth/ Schubert § 249 Rn. 12; *F. Baur,* Entwicklung und Reform des Schadensersatzrechts, 1935; *Deutsch,* Das Recht der ungerechtfertigten Bereicherung und der unerlaubten Handlungen nach hundert Jahren, VersR 1996, 1309; *Gregor,* Das Bereicherungsverbot – Ausdruck der Trennung von Schaden und Haftung, 2012; *Kötz,* Ziele des Haftungsrechts, FS Steindorff, 1990, 643; *Kramer,* Das Prinzip der objektiven Zurechnung im Delikts- und Vertragsrecht, AcP 171 (1971), 422; *Larenz,* Hegels Zurechnungslehre und der Begriff der objektiven Zurechnung, 1927; *Laufs,* Unglück und Unrecht, Ausbau oder Preisgabe des Haftungssystems, 1994; *Michaelis* Beiträge zur Gliederung und Weiterbildung des Schadensrechts, FS Siber II, 1943, 185; *Rümelin,* Die Gründe der Schadenszurechnung und die Stellung des deutschen BGB zur objektiven Schadensersatzpflicht, 1896; *Schiemann,* Argumente und Prinzipien bei der Fortbildung des Schadensrechts, 1981; Soergel/*Spickhoff* Einleitung zu § 823 Rn. 12 ff.; *Taupitz,* Ökonomische Analyse und Handlungsrecht, AcP 196 (1996), 14; *M. Weber,* Idealtypus, Handlungsstruktur und Verhaltensinterpretation; Objektive Möglichkeit und adäquate Kausalität; in: Methodologische Schriften, 1968, 65, 130; *Wieacker,* Rechtswidrigkeit und Fahrlässigkeit im Bürgerlichen Recht, JZ 1957, 535.

Rechtsvergleichung – Rechtsangleichung – Reformvorschläge: *v. Bar,* Gemeineuropäisches Deliktsrecht, Bd. I 1996, Bd. II 1999; *van Dam,* European Tort Law, 2006; *Jansen,* Principles of European Tort Law?, Grundwertungen und Systembildung im europäischen Haftungsrecht, RabelsZ 70 (2006), 732; *Koziol,* Grundfragen des Schadenersatzrechts, 2010; *ders.* Außervertragliche Schuldverhältnisse im CFR, in: Schmidt-Kessel, Der gemeinsame Referenzrahmen, 2009, 93; Principles of European Tort Law (PETL) der European Group on Tort Law, Text und Commentary, 2005; Study Group on a European Civil Code, *v. Bar/Clive/Schulte-Nölke* (Hrsg.), Principles of European Law, Buch VI Non-contractual Liability Arising out of Damage caused to Another, 2009; *Schmidt-Kessel,* Reform des Schadenersatzrechts Bd. I, Europäische Vorgaben und Vorbilder, 2006; *Wurmnest,* Grundzüge eines europäischen Haftungsrechts, 2003; *Zimmermann* (Hrsg.), Grundstrukturen des Europäischen Deliktsrechts, 2003.

Speziell zu Österreich: *Griss/Kathrein/Koziol* (Hrsg.), Entwurf eines neuen österreichischen Schadenersatzrechts, 2006, korrigierte Fassung in JBl. 2008, 365. Gegenentwurf von *Reischauer/Spielbüchler/Welser* (Hrsg.), Reform des Schadenersatzrechts III, 2008. Dazu: *Koziol,* Schadenersatzreform: Der Gegenentwurf eines Arbeitskreises, JBl. 2008, 349; *Reischauer,* Schadenersatzreform – Verständnis und Missverständnisse, JBl. 2009, 405 und 484; *Taupitz/Pfeiffer,* Der Entwurf und der Gegenentwurf für ein neues österreichisches Schadenersatzrecht – eine kritische Analyse, JBl. 2010, 88.

Speziell zur Schweiz: *Widmer/Wessner,* Revision und Vereinheitlichung des Haftpflichtrechts, Vorentwurf eines Bundesgesetzes (abrufbar unter www.ejpd.admin.ch).

A. Arten der Schadenstragung

I. Grundsatz: Schadenszuständigkeit des Rechtsgutträgers

Auszugehen ist von dem Prinzip, dass der Inhaber eines Rechtsguts den daran entstehenden Schaden selbst zu tragen hat: *casum sentit dominus.* Die regelmäßige und jedenfalls erste Schadenszuständigkeit des Rechtsgutträgers ist in der Natur der Sache begründet. Wem das Gut zusteht, den trifft (zunächst) der Schaden. Dieser Schadenstragung als Regel steht die Schadensabnahme durch einen anderen als Ausnahme gegenüber. Mit der Charakterisierung als Ausnahme ist schon gesagt, dass die Schadens- 1 abnahme jeweils eines besonderen Grundes bedarf. Diesen Grund nennt man die Zurechnung.

II. Zurechnung als Haftungsbegründung

2 Zurechnung oder Zurechenbarkeit sind die allgemeinen Bezeichnungen für den rechtlichen Grund, um erlittenen Schaden auf einen anderen abzuwälzen. Voraussetzung ist zuerst, dass ein Schaden entstanden ist. Die Zurechnung bewirkt dann, dass dieser Schaden einer anderen Person angelastet wird. Die Zurechenbarkeit erfolgt grundsätzlich nur zum Verhalten einer Person. Die Schadenstragung im Haftungsrecht knüpft also an die Zurechnung zu einer individuellen Person und zu ihrem Verhalten an. Grund der Haftung ist nicht ein Vermögensgefälle, eine Versicherungsdeckung oder eine allgemeine soziale Erwägung. Die Zurechnung bezieht sich vielmehr auf das Verhalten einer Person.

3 Schadenshaftung ist im Grundsatz Verhaltenshaftung. Nur der Schaden wird abgenommen, der mit dem willensabhängigen Verhalten einer Person in Verbindung gebracht werden kann. Keine Haftung begründen Naturereignisse, nicht willensgesteuertes Verhalten, etwa Reflexe eines Menschen oder die Verletzung durch ein Tier, das nicht von einem Menschen gehalten wird. So hat der BGH eine im Ursprung ungeklärte Verletzung beim Kegeln nicht als Haftungsgrund angesehen. Zwar war durch die Kegelkugel das Gesicht einer Person getroffen worden. Es hatte sich jedoch nicht feststellen lassen, ob die Kugel bewusst geworfen oder nur als Reflexbewegung fortgestoßen worden war, als der Kegler einen Schlag in den Magen einstecken musste. Erste Voraussetzung des Ersatzanspruchs sei ein menschliches Tun, das der Bewusstseinskontrolle und Willenslenkung unterliege. Bewegungen, die unter physischem Zwang ausgeführt oder als Reflex durch fremde Einwirkung ausgelöst werden, seien keine Handlung. Der Verletzte trage aber die Beweislast dafür, dass er durch eine Handlung geschädigt worden sei.[1] Eine eingeübte oder automatisch ablaufende Angriffs- oder Abwehrbewegung stellt jedoch eine Handlung dar. So hat der BGH VersR 1968, 175 entschieden: Ein unkontrolliert nach hinten geführter Schlag ist eine vom Willen bestimmte Abwehrhandlung, nicht hingegen eine willenlose Reflexbewegung.

III. Subjektive und objektive Zurechnung

4 Subjektive Zurechnung ist gegeben, wenn dem Handelnden Tat und Tatfolgen persönlich angelastet werden können. Das ist bei Vorsatz und vorwerfbarer Fahrlässigkeit gegeben und spielt für das Schmerzensgeld und beim Mitverschulden eine erhebliche Rolle. Die Zurechnungsfähigkeit ist übrigens regelmäßig auf diese subjektive Zurechnung bezogen.
Objektiv zurechenbar ist eine Tat schon dann, wenn ein Geschehen oder ein Erfolg irgendwie auf den Willen einer Person zurückgeführt werden kann. Es genügt die allgemeine Verbindung mit dem Willen einer Person. Es gibt viele objektive Zurechnungen, die von der objektiv typisierten Fahrlässigkeit über die Gefährdungshaftung bis zur adäquaten Kausalität reichen.

B. Gründe der Schadenshaftung

5 Als Ausnahme vom Grundsatz der Sachzuständigkeit des Inhabers bedarf die Schadensersatzpflicht eines besonderen rechtlichen Grundes. Diese sog. Haftungsgründe sind entweder historisch gewachsen oder positiv-rechtlich konzipiert. Es gibt regel-

---
[1] BGHZ 39, 103; unterscheidend nach äußerer und innerer Ursache: BGH VersR 1986, 1241.

mäßige und ergänzende Haftungsgründe: Das Verschuldensprinzip drückt aus, dass stets für Vorsatz und Fahrlässigkeit, nicht aber für Zufall gehaftet wird. Deshalb setzt die ergänzende Haftung aus Gefährdung eine besondere gesetzliche Anordnung voraus, etwa die Haftung des Kfz-Halters oder des Arzneimittelherstellers.

I. Verschuldenshaftung

Die Verschuldenshaftung hat sich im römischen Deliktsrecht entwickelt. Nach dem Vorbild altrömischer Regelungen unterschieden schon die Zwölftafeln zwischen der überlegten und der unvorsätzlichen Tat. Die Weiterentwicklung vollzog sich im Recht der Sachbeschädigung. Die von der lex Aquilia (286 v. Chr.) aufgestellte Voraussetzung des *damnum iniuria datum* wurde in der Auslegung dahin verstanden, dass die Beschädigung durch schuldhaftes Tun zugefügt sein müsse. Das Verschulden (*culpa*) umfasste hier erstmals den Vorsatz (*dolus malus*) und Fahrlässigkeit (*neglegentia*). Für Zufall (*casus*) wurde nicht gehaftet.

Im geltenden Recht erscheint die Schuldhaftung zum Verschuldensprinzip gesteigert. Das Verschuldensprinzip hat zwei Funktionen. Positiv wirkt der Grundsatz dahin, dass stets für Verschulden, also für Vorsatz und Fahrlässigkeit eingestanden wird. Negativ ist die Funktion des Verschuldensprinzips insoweit, als nur für Verschulden, nicht aber schon für den schlechten Erfolg oder schon die Rechtswidrigkeit gehaftet wird. Das Verschuldensprinzip ist deutlich in den §§ 276, 823 ff. ausgesprochen.

Das Verschuldensprinzip beinhaltet eine Grundwertung: Im Widerstreit der Interessen an der Erhaltung der Rechtsposition und an der Freiheit zum Handeln wird die Handlungsfreiheit bevorzugt. Sie ist zum Entstehen menschlicher und sachlicher Werte erforderlich. Es ist die Bevorzugung des Werdenden vor dem Bestehenden. Der Freiheit bedarf der Mensch zur Entfaltung seiner Persönlichkeit, besonders zur Ausübung seines Berufs. Einen besonderen Bewegungsraum benötigt der junge Mensch zu seiner Entwicklung. Die Bevorzugung der Freiheit erfolgt auch nicht einseitig: Was einer Person auf der Güterseite genommen wird, ist ihr auf der Handlungsseite zurückzugeben.

Die Schuldhaftung setzt stets rechtswidriges Verhalten voraus. Der Grundsatz alterum non laedere wird durch den Ersatzanspruch bei Zurechnung des rechtswidrigen, weil verletzenden Verhaltens verwirklicht.

II. Gefährdungshaftung

Auch die Gefährdungshaftung bedeutet die Zurechnung zu einem Verantwortungsbereich. Für eine zu eigenem Nutzen geschaffene, unterhaltene oder kontrollierte Gefahrenquelle hat man insoweit einzustehen, als die Gefahr sich in einem Schaden realisiert. Vorausgesetzt ist eine übermäßige Gefahr, wie sie insbesondere von der modernen Technik bei hohen Geschwindigkeiten, der Ansammlung und Fortleitung von Energien sowie industrieller Umweltbelastung geschaffen wird.

Die Gefährdungshaftung ist also eine Reaktion des Rechts auf die Gefahren der Industriegesellschaft. Es handelt sich um eine gesteigerte soziale Verantwortung für die Kontrolle und Ausnutzung eines bestimmten Gefahrenbereichs. Zugleich wird über die Betriebskosten eine Prävention erzielt: Die für einen Dritten gefährliche Anlage soll nur dann betrieben werden, wenn dem Dritten der Schaden abgenommen wird, in dem sich die Gefahr niedergeschlagen hat. Wer also ein Kfz fahren will, muss die Versicherungsprämie für die Haftpflichtversicherung aufbringen können. Niemand soll auf Kosten anderer eine erhebliche Gefahr ausnützen.

Die Gefährdungshaftung beinhaltet nicht ein Einstehen für Unrecht. Der Betrieb einer Eisenbahn und eines Kraftfahrzeuges ist nicht an sich rechtswidrig. Zwar mögen einzelne Betriebsvorgänge, etwa zu schnelles Fahren, das Verdikt der Rechtswidrigkeit verdienen. Die Gefährdungshaftung ist aber an sich rechtswidrigkeitslos. Auch der Bienenflug ist trotz § 833 nicht rechtswidrig.²

Nach hM steht die Gefährdungshaftung als Ausnahme von der regelmäßigen Verschuldenshaftung unter Gesetzesvorbehalt. Zur Einführung der Gefährdungshaftung für ganz neue Risiken, etwa für die Gefahren der Gentechnologie, der Umweltbelastung und des Produktrisikos bedurfte es besonderer Gesetzgebung. Das ist die fortdauernde Reaktion auf ein Urteil des Oberappellationsgerichts München von 1861.³ Vor Einführung der Gefährdungshaftung für Eisenbahnen hatte das Gericht die Bahn für die Brandfolge des Funkenfluges haftbar gemacht, da »der Betrieb einer Eisenbahn durch Locomotiven notwendig und unzertrennlich eine kulpose Handlungsweise mit sich« führe. Die hier zum Ausdruck gebrachte Verschuldensfiktion erschien unerträglich. Jedoch hinkt die sondergesetzlich anzuordnende Gefährdungshaftung stets hinter der Entwicklung her, wie das Beispiel der Gasleitungen zeigt. Vor der gesetzlichen Haftungsanordnung im Jahre 1943 wurde für Leckstellen nur eingestanden, wenn sie fahrlässig nicht entdeckt worden waren.⁴

III. Billigkeitshaftung

8   Fehlt dem Täter die (subjektive) Zurechnungsfähigkeit, so ist er grundsätzlich nicht verantwortlich, §§ 827 f. Aus besonderem Grund kann er jedoch haftbar sein, dann nämlich, wenn die sog. Billigkeitshaftung nach § 829 eintritt. Dazu ist für gewöhnlich neben der rechtswidrigen Tatbestandsverwirklichung entweder ein Vermögensgefälle oder das Bestehen einer Versicherung aufseiten des Täters erforderlich. Die Billigkeitshaftung erfordert nicht einmal objektive Zurechenbarkeit. Wenn zB ein Kfz-Fahrer am Steuer einen Gehirnschlag erleidet, auf den Bürgersteig gerät und dort einen Fußgänger überfährt, haftet er nach § 829 (sogar auf Schmerzensgeld). Das gilt auch, wenn durch den Schlaganfall nicht nur die Zurechnungsfähigkeit, sondern auch die willensmäßige Steuerung des Verhaltens ausgeschlossen war.⁵

IV. Aufopferung

9   Von Aufopferungshaftung sprechen wir dann, wenn für den – ausnahmsweise – erlaubten Eingriff eine Art Entgelt gezahlt wird. Ist aus Gründen der Güterabwägung oder eines übergeordneten Interesses die Erlaubnis gegeben, das Gut eines anderen zu verletzen, so handelt der Verletzende nicht rechtswidrig. Allerdings wird ihm dann regelmäßig auferlegt, für das aufgeopferte fremde Interesse Schadloshaltung zu gewähren. Der Aufopferungsanspruch wird also dem Rechtsgutträger als Ausgleich für die aus besonderem Grund versagten Unterlassungsansprüche gewährt, etwa bei der Zerstörung einer Sache im aggressiven Notstand, § 904 S. 2, oder bei Zurücktreten eines privaten gegenüber einem öffentlichen Interesse. Das ist etwa anerkannt worden, als der völkerrechtlich vereinbarte Ausbau der Mosel zur schiffbaren Wasserstraße so großen Lärm verursachte, dass ein Hotel schließen musste. Da dem Inhaber der Abwehranspruch aus § 1004 versagt war, konnte er Schadloshaltung wegen Aufopferung verlangen.⁶

---

2 Anders BGHZ 117, 110.
3 SeuffArch 14 Nr. 228.
4 RGZ 63, 374.
5 BGHZ 23, 90.
6 BGH LM § 906 Nr. 22.

V. Selbstopferung

Die Selbstopferung, die vor allen Dingen im Straßenverkehr vorkommt, ist eine Erscheinung des Rechts der Geschäftsführung ohne Auftrag. Nach der Rechtsprechung führt derjenige ein Geschäft für einen anderen, der sich selbst, ohne einer Haftung zu entgehen, aufopfert, um den Schaden von dem anderen fernzuhalten. Wer also vor einem plötzlich in die Fahrbahn springenden Kind das Steuer herumreißt und den Wagen gegen einen Baum lenkt, konnte unter Geltung des § 7 StVG aF eine Entschädigung wegen Selbstopferung von dem Kind nach §§ 683, 670 verlangen. Allerdings musste er sich die abstrakte Gefahr des Kraftfahrens anrechnen lassen, sodass er nur die Hälfte des Schadens als Aufwendung ersetzt bekommt.[7] Zur aktuellen Rechtslage → Rn. 611.

10

---

7 BGHZ 38, 270.

§ 2 Aufbau der Verschuldenshaftung

Binding, Die Normen und ihre Übertretung, Bd. 1, 4. Aufl. 1922; *Deutsch,* System und Aufbau der Schadenshaftung im Deliktsrecht, FS F. Weber, 1975, 125; *Engisch,* Der Unrechtstatbestand im Strafrecht, FS 100 Jahre DJT, Bd. 1, 1960, 401; *Fabricius,* Zur Dogmatik des »sonstigen Rechts …«, AcP 160 (1961), 273; *Jhering,* Das Schuldmoment im römischen Privatrecht, 1867, in: Vermischte Schriften; *Gerda Müller,* Das reformierte Schadensersatzrecht, VersR 2003, 1; *Nipperdey,* Tatbestandsaufbau und Systematik der deliktischen Grundtatbestände, NJW 1967, 1985; *R. Schmidt,* Die Obliegenheiten, 1953; *Schmidt-Salzer,* Verschuldensprinzip, Verursachungsprinzip und Beweislastumkehr im Wandel der Zeitströmungen, FS Steffen, 1995, 429; *Wagner,* Schuldrechtsreform und Deliktsrecht, 2003; *Weitnauer,* Zum Schutz der absoluten Rechte, Karlsruher Forum 61, 28; *Wiethölter,* Der Rechtfertigungsgrund des verkehrsrichtigen Verhaltens, 1960.

A. Normen und Aufbauschema

I. Tatbestandsnorm und Rechtsfolgenorm

11 Die Verschuldenshaftung arbeitet mit zwei Normen, deren Zusammenspiel zur Haftung führt. Regelmäßig im Gesetz angeordnet ist die Rechtsfolgenorm, die bei einem bestimmten schuldhaft rechtswidrigen Verhalten Schadensersatz gewährt. Im BGB stillschweigend vorausgesetzt, oft aber etwa als Schutzgesetz in der StVO ausgesprochen ist die sog. Tatbestandsnorm. Diese untersagt entweder mittelbar durch die Schadensersatzanordnung etwa die fahrlässige Sachbeschädigung oder ausdrücklich, zB durch die StVO, das Rechtsüberholen. Die Tatbestandsnorm will schon die Verletzung des Rechtsguts verhindern. Sie verbietet daher dessen konkrete Gefährdung und bisweilen durch ein Schutzgesetz bereits eine abstrakte Gefährdung, etwa in der StVO. Die Tatbestandsnorm hat rechtsguterhaltende, also primäre Funktion.

Dagegen setzt die Rechtsfolgenorm erst ein, wenn die Tatbestandsnorm schuldhaft übertreten ist. Die Rechtsfolgenorm erfüllt ihr gegenüber eine sekundäre Funktion. Sie stellt den Gleichstand des Vermögens wieder her, indem sie die Schadensabnahme anordnet, wenn die Tatbestandsnorm in zurechenbarer Weise verletzt worden ist. Die Verpflichtung zum Schadensersatz bei einer Körperverletzung (§ 823 Abs. 1) enthält also die Tatbestandsnorm, den fremden Körper nicht übermäßig zu gefährden, sowie die Rechtsfolgenorm, den aus einer normwidrigen Verletzung entstandenen Schaden zu ersetzen.

II. Aufbaubildung

12 Die Haftungsnorm enthält eine Vielzahl von Merkmalen. Sie lassen sich grob in zwei Gruppen teilen: die den Haftungsgrund bildenden Merkmale einerseits und die Momente des Haftungsumfangs andererseits. Nehmen wir die Körperverletzung: Als haftungsbegründende Merkmale nennt § 823 Abs. 1: Verletzung des Körpers, Rechtswidrigkeit, Vorsatz oder Fahrlässigkeit. Als Rechtsfolge erscheint dann der Ersatz des daraus verursachten Schadens.

Es ist üblich, die haftungsbegründenden Merkmale nach dem aus der Geologie geläufigen Schichtbild zu gliedern. Auf der unteren Stufe steht der Tatbestand, darüber erhebt sich die Rechtswidrigkeit, und gewissermaßen den Gipfel bildet das Verschulden, nämlich Vorsatz oder Fahrlässigkeit, denen noch die Verschuldensfähigkeit zuzuzählen ist. Diese vertikale Schichtung erlaubt das Hervortreten der einzelnen Merkmale, ermöglicht eine präzisere Subsumtion und lässt die unterschiedlichen Wertungsmomente deutlicher werden.

Der Schichtaufbau selbst hat nur erkenntnistheoretische Funktion. Die an einzelner Stelle in ihm erkannten oder in ihm eingesetzten Bausteine stehen zunächst für sich. Aus ihrer Einordnung sollte man keine Schlussfolgerung für die Anwendung der Norm ziehen. Der Schichtaufbau ist zwar von der Haftungsnorm vorgegeben; die Einordnung der einzelnen Momente erfolgt aber zweckrational und hat für sich nur beschränkten Aussagewert. Aus der Einordnung der Finalität der Handlung in die Stufe des Tatbestands oder des Verschuldens (Vorsatz) kann also kein Schluss auf die Handlungslehre abgeleitet werden. Ebenso wenig ist die Einordnung der äußeren oder inneren Komponente der Sorgfalt in Rechtswidrigkeit oder Verschulden für die Fahrlässigkeit von Aussagewert.

B. Aufbau des Haftungsgrundes

I. Tatbestand

Auf der untersten Stufe der haftungsbegründenden Schichten steht der Tatbestand. Er enthält die Heraushebung eines privatrechtlich erheblichen Sachverhalts durch beschreibende Merkmale, die auch rechtlich vorqualifiziert sein können. Die Haftung wegen Körperverletzung beruht auf dem Tatbestand der »Verletzung des Körpers eines anderen«, § 823 Abs. 1. Die Tatbestandsbildung enthält eine Abstraktion des gegenständlichen Geschehens: Von der vorsätzlichen Stichverletzung bis zum Kraftverkehrsunfall mit Personenschaden wird alles von dem Begriff der tatbestandsmäßigen Körperverletzung umfasst.

II. Rechtswidrigkeit

Auf dem Tatbestand baut die Rechtswidrigkeit auf. Auf dieser zweiten Stufe des Schichtaufbaus wird über die Tatbestandsverwirklichung ein rechtliches Werturteil gesprochen. Der Sachverhaltsausschnitt wird negativ bewertet. Die Rechtswidrigkeit bezieht sich also auf den Tatbestand. Umgekehrt empfängt die Widerrechtlichkeit von manchen Tatbeständen Wertungsrichtlinien, da die Tatbestände regelmäßig unter dem Gesichtspunkt negativer Bewertung gebildet werden.

Der Tatbestand ist also Objekt der Wertung, die Rechtswidrigkeit Wertung des Objekts. Ein genügend abgegrenzter Tatbestand indiziert überdies die Rechtswidrigkeit und kehrt die Beweislast um. Derjenige, der einen abgegrenzten Tatbestand verwirklicht, etwa einen anderen körperlich verletzt, hat die Rechtfertigung seines Verhaltens zu beweisen. Tut er es nicht, steht die Rechtswidrigkeit fest. Tatbestand und Rechtswidrigkeit stehen darüber hinaus oft im Verhältnis von Grund und Folge: Der Tatbestand als regelmäßige Vertypung gegenständlicher Rechtswidrigkeit weist auf die Widerrechtlichkeit tatbestandsmäßigen Verhaltens hin. Die Ersatzpflicht für Körperverletzung deutet an, dass Körperverletzungen regelmäßig missbilligt werden.

III. Verschulden

Über die Rechtswidrigkeit erhebt sich als drittes Merkmal das Verschulden. Auf dieser letzten Stufe des Schichtaufbaus wird über die Zurechnung der negativ bewerteten Tat zur Verantwortung des Täters entschieden. Auch das Verschulden ist relativ: Es bezieht sich auf Tatbestand und Rechtswidrigkeit; es gibt kein Verschulden an sich.

Das Verschulden hat eine Voraussetzung: Die Zurechnungsfähigkeit, die etwa kleinen Kindern und Geisteskranken fehlt, §§ 827 f. Es tritt in zwei Erscheinungsformen auf: Vorsatz und Fahrlässigkeit, die an die bewusste und die unbewusste Tatbestandsverwirklichung anschließen.

16 Auch das Verschulden erfährt Impulse aus den früheren Stufen. Wegen des Erfordernisses einer Handlung auf der Tatbestandsebene darf man die Frage nach dem Vorsatz stellen, wegen der Widerrechtlichkeit die Frage nach dem Wissenmüssen. Je nach dem Tatbestand entscheidet sich, ob das Verschulden die Rechtsgutverletzung umfassen muss (so bei § 823 Abs. 1) oder nicht (so bei § 823 Abs. 2 iVm einem abstrakten Schutzgesetz). Wenn die StVO das Überholen an einer Einmündung untersagt, so ist das fahrlässige Übertreten der Norm genügend, auch wenn der Unfall unerwartet geschah.[1] Der Bezug von Vorsatz und Fahrlässigkeit auf die Rechtswidrigkeit bestimmt das Erfordernis des Unrechtsbewusstseins und grenzt den Irrtum ab. Je nach den Normvoraussetzungen kommt im Zivilrecht entweder, wie regelmäßig, die »Vorsatztheorie« oder in Ausnahmefällen die »eingeschränkte Schuldtheorie« zur Anwendung.

Das Verschulden bezieht sich nur auf die Merkmale des Tatbestandes, also regelmäßig nicht auf den Schaden, der nur objektive Voraussetzung der Rechtsfolge ist. Das gilt auch für die Schadenskausalität und den Schadensumfang. Es genügt also, dass ein Malermeister, der Koksöfen ohne Abzug zur Warmhaltung seiner Gesellen benutzte, Kenntnis davon haben konnte, dass eine Kohlenmonoxydvergiftung zur Gesundheitsverletzung führen kann. Die Tötung braucht als Schadensfolge nicht fahrlässig herbeigeführt, sondern nur adäquat kausal verursacht zu sein.[2]

C. Ausnahmen vom Aufbauschema

I. Schaden als Tatbestand

17 § 826 nennt die sittenwidrige, vorsätzliche Schadenszufügung als Haftungsgrund. Den Tatbestand bildet hier die Schadenszufügung. Während der Schaden sonst als objektive Rechtsfolgevoraussetzung angesehen wird, ist er im Rahmen des § 826 vorsatzabhängiges Tatbestandsmerkmal. Ebenso steht es im Bereich des Mitverschuldens im Hinblick auf eigenen Schaden, § 254. Das Verschulden, Vorsatz oder Fahrlässigkeit, hat sich hier auf die obliegenheitswidrige Schadenszufügung zu beziehen. Wenn also der Verletzte seine Wunde nicht versorgt und auf diese Weise verschlimmert, so hat er einen Teil seines Schadens selbst zu tragen.

II. Unabgegrenzte Tatbestände: Verschleifung von Tatbestand und Rechtswidrigkeit

18 Der trennende Schichtaufbau ermöglicht die Indikation der Rechtswidrigkeit durch Verwirklichung eines abgegrenzten Tatbestandes wie die Körperverletzung oder die Sachbeschädigung. Der Unterschied zwischen Tatbestand und Rechtswidrigkeit tritt zurück, wenn der Tatbestand zu allgemein oder zu undeutlich ist. Das ist bei zwei Fallgruppen gegeben: Es kann sich einmal um notwendigerweise unabgegrenzte Tatbestände handeln, wie im Bereich der Beschränkung der Willensbetätigung, etwa bei der sittenwidrigen Drohung oder der Nötigung. Daneben gibt es Tatbestände, die noch entwicklungsfähig sind und den für die Trennung von Tatbestand und Rechtswidrigkeit notwendigen Grad der Abgegrenztheit noch nicht erreicht haben. Das ist etwa beim allgemeinen Persönlichkeitsrecht und dem Eingriff in den eingerichteten und ausgeübten Gewerbebetrieb der Fall.[3] Hier hat jeweils eine Gesamtbetrachtung des Verhaltens und eine Abwägung der Interessen stattzufinden, die eventuell zur

---

1 BGH LM § 823 [Bf.] Nr. 10.
2 RGZ 69, 340.
3 BGHZ (GS) 164, 1 (3 f.).

positiven Feststellung der Rechtswidrigkeit führt. Ein unabgegrenzter Tatbestand indiziert die Rechtswidrigkeit also nicht; die Tatbestandsmäßigkeit kehrt nicht die Beweislast hinsichtlich der Rechtswidrigkeit um. Wer in den eingerichteten und ausgeübten Gewerbebetrieb des anderen eingreift, etwa durch Eröffnung eines Konkurrenzunternehmens im Nachbarhaus, handelt nicht indiziert rechtswidrig und braucht sich auch nicht zu entlasten.

D. Aufbau des Haftungsumfangs

I. Schaden

Die wesentliche Haftungsfolge stellt die Verpflichtung zum Schadensersatz dar. Entscheidende Merkmale des Ersatzes sind der Schaden, sein Umfang und seine Verursachung. Der Schaden selbst, sei er Vermögensschaden, sei er immaterieller Schaden, der zu einem Schmerzensgeld führen kann, bildet einen unbestimmten Rechtsbegriff. Was als Schaden zu verstehen ist, wird jeweils von der besonderen Haftungsnorm bestimmt. Das kann vom reinen Sachschaden über die Vermögensaufwendung bis zum Schmerzensgeld reichen. Der Schaden muss jedoch auf die Verletzung und das Verhalten zurückzuführen sein. 19

II. Schutzbereich

Über den Schaden erhebt sich der Schutzbereich der Norm. Nur der Schaden wird ersetzt, der im Schutzbereich der Norm gegen die Verletzung liegt. Damit wird die Haftung für alle Schadensfolgen eines rechtswidrigen Tuns, das *versari in re illicita* ausgeschlossen. Wird eine Seilbahn amtspflichtwidrig abgenommen und stürzt eine Gondel ab, haftet die Behörde den Insassen, nicht aber für den Betriebsausfallschaden des Unternehmens.[4] Der Schutzbereich nimmt auf die Tatbestandsnorm Bezug, umfasst aber auch die Rechtsfolgenorm. 20

III. Adäquanz

Allein der Schaden ist ersatzfähig, der adäquat kausal ist. Die Adäquität bildet ein normatives Merkmal, denn adäquat kausal sind nur die vom Standpunkt eines erfahrenen Beobachters generell den Eintritt des Schadens steigernden Ereignisse. Umgekehrt erscheinen als inadäquat ungewöhnliche, unter normalem Aspekt nicht zu erwartende Kausalverläufe. Die allgemeine Vorhersehbarkeit, die wir als Adäquanz bezeichnen, bezieht sich in erster Linie auf die Schadenskausalität, in manchen Bereichen jedoch auch auf den Schutzbereich der Norm. Ist er nicht vorhersehbar, weil die Verkehrsregelung etwa überraschend zum Schutz der Anlieger erfolgt, so wird auch nicht gehaftet. 21

E. Mitverschulden

Der Geschädigte, der den eigenen Schaden schuldhafterweise mit herbeiführt oder erhöht, bekommt keinen vollen Schadensersatz, § 254. Auch beim Mitverschulden lässt sich der Schichtaufbau durchführen. Das war solange nicht möglich, als nur zwei Merkmale zur Verfügung standen, nämlich der selbst zugefügte oder erhöhte Schaden einerseits und das Verschulden gegen sich selbst andererseits. Seitdem als fehlendes Bindeglied die der Rechtswidrigkeit parallele Obliegenheitsverletzung erkannt wurde, 22

---
4 BGH NJW 1965, 200.

ist auch hier der Dreieraufbau möglich. Tatbestand ist der eigene Schaden, anstelle der Rechtswidrigkeit erscheint die obliegenheitswidrige Zufügung des eigenen Schadens, wobei die Obliegenheit für die Verletzung eines Gebots im eigenen, aber in zweiter Linie auch im fremden Interesse steht. Verschulden ist wiederum Vorsatz bzw. Fahrlässigkeit, beide gerichtet gegen sich selbst.

§ 3 Tatbestand

Literatur: Beling, Die Lehre vom Verbrechen, 1906; *Bydlinski* (Hrsg.), Das Bewegliche System im geltenden und künftigen Recht, 1986; *Engisch,* Der Unrechtstatbestand im Strafrecht, FS 100 Jahre DJT, Bd. I, 1960, 401; *Frank,* Das Kausalgesetz und seine Grenzen, 1932; *ders.,* Das StGB für das Deutsche Reich, 18. Aufl. 1935, § 1 II; *Hanau,* Verrechtlichung, FS Deutsch, 1999, 959; *M. E. Mayer,* Der allg. Teil des deutschen Strafrechts, 2. Aufl. 1923; *Nipperdey,* Die Generalklausel im künftigen Recht der unerlaubten Handlungen, in: Grundfragen der Reform des Schadensersatzrechts, 1940, 36; *Rödig,* Erfüllung des Tatbestandes des § 823 Abs. 1 BGB durch Schutzgesetzverstoß, 1973; *Rohe,* Gründe und Grenzen deliktischer Haftung, AcP 201 (2001), 117; *Schweikert,* Die Wandlungen der Tatbestandslehre seit Beling, 1957.

A. Bedeutung und Herkunft

I. Tatbestand als Unrechtstypisierung

Als Tatbestand bezeichnen wir die tatsächliche Vertypung des Haftungsgrundes, also 23 etwa die Verletzung des Eigentums oder den Verstoß gegen ein Schutzgesetz, zB eine Geschwindigkeitsbeschränkung. Das Wort Tatbestand ist künstlich geprägt und nicht in die Umgangssprache eingegangen. Streicht man von den Haftungsvoraussetzungen das Verschulden, die Rechtswidrigkeit und schließlich den Schaden, so bleibt der Tatbestand übrig. Er ist ein Bestand tatsächlicher Voraussetzungen der Haftung, also der nicht weiter abstraktionsfähige, faktisch-typische Kern des Haftungsgrundes. Als solcher dient er wesentlich der Einordnung: Soll das tatsächliche Geschehen auf eine mögliche Rechtsfolge hin überprüft werden, so bildet der Tatbestand den Übergang vom konkreten Vorgang zur abstrakten Rechtsnorm. Wenn also jemand einen anderen verprügelt, mit dem Auto überfährt oder als Anstaltsleiter nicht verhindert, dass Insassen ausbrechen und andere angreifen, so ist der Einstieg in den Tatbestand der Körperverletzung gegeben.

II. Entwicklung der Tatbestandslehre

Der Tatbestand hat sich aus dem Begriff des *corpus delicti* entwickelt. Das *corpus delicti* 24 wurde vom Augenscheinsobjekt zum abstrakten Delikt vergeistigt und erhielt die neue Bezeichnung Tatbestand. Wenn man die Rechtswidrigkeit sowie das Verschulden subtrahierte, blieb der (engere) Tatbestand übrig. Der Tatbestand wurde so zur Plattform der anderen Merkmale Rechtswidrigkeit und Schuld. Man hat ihn auch als Konstitutionselement bezeichnet. Als solcher ist der Tatbestand vom Strafrecht zum Recht der unerlaubten Handlungen herübergewandert. Er lässt sich deutlich aus dem Wortlaut des § 823 Abs. 1 entnehmen.

B. Merkmale der Tatbestandsbildung

I. Generelle Merkmale

Der Tatbestand als Haftungstypus weist allgemeine Momente auf, die in jedem Fall 25 der Haftung gegeben sein müssen. Es handelt sich hierbei um die Grundelemente des Tatbestandes. Als solche Grundelemente kommen in Betracht: das menschliche Verhalten, die Kausalität und die Verletzung. Damit zeigt der Tatbestand einen Bezug zur Zurechnung. Nur ein menschliches Verhalten kann zugerechnet werden. Das Verhalten hat eine Verletzung hervorgebracht, weswegen Ersatz geschuldet wird, und die

Verbindung von Verhalten und Verletzung wird als Kausalität bezeichnet. Dabei werden in der Darstellung die generellen Merkmale Verhalten und Kausalität im Allgemeinen Teil behandelt. Die Verletzung dagegen ist für gewöhnlich so aufgespalten, dass sie zu der Bildung einer Vielzahl von Sondertatbeständen geführt hat.

II. Verletzungstatbestand und Verhaltenstatbestand

26 Das Grundschema der Haftung, nämlich dass ein Verhalten kausal zur Verletzung geführt hat, kann entweder auf der Verletzung oder auf dem Verhalten betont werden. Das Gesetz verwendet beide Betonungen: § 823 Abs. 1 setzt den Akzent auf die Verletzung, § 823 Abs. 2 auf das Verhalten. Verletzungstatbestände erscheinen umfassender: Jedwedes eine Verletzung herbeiführende Verhalten ist grundsätzlich tatbestandsmäßig. Demgegenüber erscheinen die Verhaltenstatbestände konkreter: Das haftbar machende Verhalten wird räumlich, zeitlich, gegenständlich genau umschrieben und damit aus der Vielzahl der Verhaltensweisen hervorgehoben. So spricht § 823 Abs. 1 von der Verletzung des Lebens und erfasst damit alle Verhaltensweisen, die kausal den Tod herbeiführen. Demgegenüber ergreift § 823 Abs. 2 nur das Verhalten, das ein Schutzgesetz verletzt, wobei dieses oft das Verhalten genau umschreibt, etwa durch ein Stoppschild das Anhalten eines Kraftfahrzeugs verlangt.

Erfolgsbetonte und verhaltensbetonte Tatbestände zu unterscheiden ist kein reiner Kunstgriff. Bisweilen fehlt es an besonderen Rechtsgütern, sodass das Vermögen allgemein nur gegen einzelne Handlungen geschützt werden kann, etwa in den §§ 826, 823 Abs. 2. Für gewöhnlich bedeutet der Übergang vom erfolgsbezogenen zum verhaltensbezogenen Tatbestand einen Fortschritt der Rechtsentwicklung durch Konkretisierung. Das prägt sich auch in der Rechtswidrigkeit und im Verschulden aus, die sich auf den Tatbestand beziehen. Wer die Höchstgeschwindigkeit bewusst überschreitet, verletzt schon vorsätzlich ein Schutzgesetz. Überfährt er dabei ein Kind, das unvorhergesehen auf die Straße läuft, mag er zusätzlich fahrlässig den Körper verletzen, § 823 Abs. 1. Er haftet jedoch schon wegen vorsätzlicher Tatbestandsverwirklichung. Auch das Entstehen neuer Versicherungsformen, wie der Berufshaftpflichtversicherung, zeigt, dass die Tendenz in Richtung auf Verhaltenstatbestände geht.

III. Spezifische Tatbestandsmerkmale

27 Der Tatbestand kann unterschiedlich ausgestaltet sein. Insbesondere können folgende Arten von Tatbestandsmerkmalen vorkommen:

- deskriptive Tatbestandsmerkmale, etwa Verletzung des Körpers oder der Gesundheit, § 823 Abs. 1;
- normative Tatbestandsmerkmale, wie etwa Verletzung des Eigentums oder eines Schutzgesetzes, § 823 Abs. 1, 2;
- verweisende Tatbestandsmerkmale, also solche, die in einen anderen Bereich des Rechts überleiten und dort ihre inhaltliche Auffüllung erfahren, etwa Verletzung des Eigentums oder eines sonstigen Rechts, § 823 Abs. 1;
- umfassend verweisende Tatbestandsmerkmale, die vollständig auf ein anderes Rechtsgebiet zur inhaltlichen Ausgestaltung verweisen, zB Blanketttatbestände, wie die Verletzung eines Schutzgesetzes oder einer Amtspflicht, §§ 823 Abs. 2, 839.

IV. Abgegrenzte und offene Tatbestände

28 Der Haftungstatbestand kann genau umschrieben oder als Rahmentatbestand in Umrissen gekennzeichnet sein. Die Ausgestaltung kann sich einmal aus der Natur der Sache, zum anderen aus der Rechtsentwicklung und schließlich auch aus der Einzelarbeit des Gesetzgebers ergeben. Es gibt Tatbestände, die sich nicht abgrenzen lassen, insbesondere solche, welche den Eingriff in die Willensbestätigung betreffen, wie Nötigung, Erpressung und arglistige Täuschung. Andere Tatbestände, etwa das allgemeine Persönlichkeitsrecht, sind nicht abgegrenzt, entwickeln aber immer wieder besondere Persönlichkeitsrechte, die dann als geschlossene Tatbestände erscheinen, wie etwa die unberechtigte Bild- oder Tonaufnahme. Unabgegrenzte Tatbestände erfüllen eine wichtige Funktion, denn das Rechtsleben führt zu neuen überraschenden Gestaltungen, denen die tatbestandliche Abgrenzung hilflos gegenübersteht. Bisweilen freilich hat auch der Gesetzgeber die notwendige Arbeit an der abschließenden Gestaltung des Tatbestandes unterlassen oder die Rechtsprechung sie noch nicht geleistet. Die Unterscheidung von abgegrenzten und offenen Tatbeständen ist für die Indizierung der Rechtswidrigkeit erheblich.

C. Indizierungswirkung der Tatbestandsmäßigkeit

I. Indizierung der Rechtswidrigkeit

Ein abgegrenzter Tatbestand, etwa die Verletzung des Körpers oder des Eigentums führt zu der sog. Indizierung der Rechtswidrigkeit: Die Verwirklichung des Tatbestandes legt ein rechtswidriges Verhalten nahe. Das wiederum bedeutet, dass der Verletzer die Rechtswidrigkeitsvermutung zu entkräften hat. Steht also der Tatbestand der Eigentums- oder Körperverletzung fest, so hat der Verletzer einen Rechtfertigungsgrund, etwa Notwehr oder Notstand darzutun. Nach den Regeln des Zivilrechts über Anspruchsgrundlage und Einwendung erscheint die Tatbestandsverwirklichung als Anspruchsgrundlage und der Rechtfertigungsgrund als Einwendung. Da der Anspruchsteller die Beweislast für die Anspruchsgrundlage, der Anspruchsgegner hingegen die Beweislast für die Einwendung trägt, ist der Verletzer mit dem Beweis für den Rechtfertigungsgrund belastet.

29

Die Beweislast für die Rechtfertigung ist oft prozessentscheidend. Schießt jemand seinem Mitzecher mit der Pistole in den Kopf und beruft sich auf Notwehr, so muss er die Notlage, insbesondere den Angriff beweisen. Gelingt es ihm nicht, ist er haftbar.[1] Ebenso trägt der operierende Arzt die Beweislast für die Einwilligung und Aufklärung des Patienten. Der operative Eingriff ist eine tatbestandsmäßige Körperverletzung, welcher der Rechtfertigung durch Einwilligung nach Aufklärung bedarf. Dies ist eine Einwendung, für die der Arzt die Beweislast trägt.[2]

Anders steht es mit den offenen Tatbeständen, insbesondere mit den Tatbeständen der Verletzung von Rahmenrechten, wie dem allgemeinen Persönlichkeitsrecht und dem eingerichteten und ausgeübten Gewerbebetrieb. Diese Tatbestände sind im Allgemeinen unabgegrenzt, dh so offen, dass ihre Verwirklichung kein Anzeichen für ein widerrechtliches Verhalten darstellt. Der Lehrer, der einem Schüler schlechte Noten gibt, oder der Geschäftsmann, dessen Anzeigenkampagne den Umsatz des Gegners halbiert, tangiert das Persönlichkeitsrecht und das Recht am Gewerbebetrieb. Aus diesen Verletzungen lässt sich aber beileibe nicht auf eine Widerrechtlichkeit schließen, denn im mitmenschlichen und geschäftlichen Verkehr sind adäquate Verletzungen hinzunehmen und werden toleriert.

---

[1] RGZ 159, 235.
[2] RGZ 68, 431.

II. Indizierung des Verschuldens

30 Ebenso wichtig ist die Wirkung des Verhaltenstatbestandes, die Schuld zu indizieren. Nach ständiger Rechtsprechung gilt für die Schutzgesetzverletzung des § 823 Abs. 2 die Regel, dass der Verstoß gegen ein Schutzgesetz, das ein bestimmtes Verhalten anordnet, die Vermutung auslöst, dass dies schuldhaft geschehen ist (BGHZ 51, 91). Das gilt nicht nur für Verhaltensnormen des § 823 Abs. 2, sondern ebenso gut für Verletzungen einer Verkehrs- oder Amtspflicht, die Verhaltensnormen entwickelt haben.

Den Grund für die Indizierung des Verschuldens ergibt die Fahrlässigkeitstheorie. Diese unterscheidet zwischen äußerer und innerer Sorgfalt. Erst wenn beide nicht gesetzt werden, handelt man fahrlässig. Ist die äußere Sorgfalt außer acht gelassen, dann hat der Täter darzutun, dass er wenigstens die innere Sorgfalt gesetzt hat. Fährt also der Kraftfahrer zu schnell, so kann er nachweisen, dass er infolge eines Krampfs den Fuß nicht hat vom Gashebel lösen können. Wenn nämlich der Tatbestand, wie bei den Verhaltenstatbeständen, die Verletzung der äußeren Sorgfalt, etwa als Verstoß gegen ein Schutzgesetz, zum Tatbestandsmerkmal macht, so indiziert die Verwirklichung dieses Tatbestandes den Rest des Verschuldens. Die Außerachtlassung der äußeren Sorgfalt durch Verletzung der Verhaltensnorm lässt dann darauf schließen, dass es auch an der inneren Sorgfalt gefehlt hat. Im Falle der Unaufklärbarkeit ist jedenfalls der Täter näher daran, die Aufklärung eines innerpersönlichen Vorgangs zu unternehmen.

Wenn eine Bauordnung vorschreibt, vor dem Beginn von Baggerarbeiten betroffene Kabel zu schützen, und ein Bagger mangels Schutz das Kabel zerreißt, ist die Verletzung der inneren Sorgfalt indiziert. »Ist wie hier ein objektiver Verstoß gegen ein Schutzgesetz festgestellt, so spricht die Vermutung dafür, dass es auch schuldhaft verletzt worden ist.« Nach Ansicht des Gerichts wäre der Baggerunternehmer entlastet gewesen, wenn ihm die Bauordnung ohne Verschulden unbekannt geblieben wäre.[3] Ein weiteres Beispiel bilden Vorschriften des Gesundheitsrechts. Liefert ein Impfstoffwerk unter Verletzung behördlicher Vorschriften unsterilen Impfstoff und wird dadurch ein Hühnervolk getötet, haftet der Arzneimittelhersteller aus vermutetem Verschulden. »Der das Schutzgesetz Übertretende muss Umstände dartun und beweisen, die geeignet sind, die Annahme seines Verschuldens auszuräumen«.[4] Keine Indizwirkung entfaltet ein abstraktes Schutzgesetz, das etwa wie § 5 Abs. 1 S. 1 LFGB lediglich das Herstellen und Inverkehrbringen gesundheitsschädlicher Lebensmittel verbietet. Erkranken die Gäste bei einem Hochzeitsessen an einer Salmonellenvergiftung, wird wegen Verletzung des Schutzgesetzes nicht die Beweislast hinsichtlich der Einhaltung der inneren Sorgfalt umgekehrt. Das Schutzgesetz beschränkte sich nämlich darauf, eine bestimmten Verhaltenserfolg zu verbieten.[5]

---

3 BGH NJW 1968, 1279.
4 BGHZ 51, 91.
5 BGH NJW 1992, 1042.

§ 4 Verhalten: Handlung und Unterlassung

Literatur: *Baumann*, Schuldtheorie und Verbotsirrtum im Zivilrecht, AcP 155 (1956), 495; *Enneccerus*, Allgemeiner Teil, 12. Aufl. 1928, §§ 128, 195; § 823 Rn. 40 ff.; Jauernig/*Teichmann* § 823 Rn. 40 ff.; *Larenz*, Rechtswidrigkeit und Handlungsbegriff im Zivilrecht, FS Dölle I, 1963, 169; *Münzberg*, Verhalten und Erfolg als Grundlage der Rechtswidrigkeit und Haftung, 1966; *Niese*, Die moderne Strafrechtsdogmatik und das Zivilrecht, JZ 1956, 457; *Eberhard Schmidt*, Der Arzt im Strafrecht, 1938; *Welzel*, Um die finale Handlungslehre, 1949; *E. Wolf*, Die Lehre von der Handlung, AcP 170 (1970), 181; *K. Wolff*, Verbotenes Verhalten, 1923.

A. Verhalten als Grunderscheinung des Tatbestandes

I. Verhalten und Zurechnung

Haftung bedeutet Zurechnung eines Geschehens zum Willen einer Person. Der Wille einer Person prägt sich regelmäßig in ihrem Verhalten aus. Das Verhalten bildet damit den Urgrund der Haftung und ist allgemeines Tatbestandsmerkmal. Das Prädikat des »Verhaltens« kommt nur dem Menschen zu. Der Mensch kann in die sozialen Zusammenhänge hineinwirken, was von der Verkehrsanschauung als Handlung bezeichnet wird. Sie erscheint in zwei Formen: Die Handlung kann entweder bewusstes und zweckgerichtetes oder unzweckhaftes, aber erfolgswirksames Verhalten sein. Als Beispiel nehme man die Schussverletzung: der Verletzer mag mit der Waffe auf den Verletzten gezielt haben oder aber er mag auf ein Tier geschossen haben, die Waffe mag losgegangen sein und einen Menschen getroffen haben. Andererseits mag der Mensch überhaupt nichts oder nichts Besonderes mit Bezug auf die Verletzung unternommen haben, was als Unterlassung bezeichnet wird. Die Unterlassung erhält ihren Akzent jedoch erst dadurch, dass etwas nicht getan worden ist. Dieses etwas muss vom Recht erwartet oder vorgeschrieben sein. Wer etwa seine Waffe herumliegen lässt, sodass sie in unbefugte Hände fällt, unterlässt die sichere Aufbewahrung.

31

II. Typen des Verhaltens

Menschliches Verhalten kann Bewegung oder Nichtbewegung, physisches oder psychisches Unternehmen, Tun oder Nichttun sein. Zunächst noch abstrahiert von den innermenschlichen Gegebenheiten unterscheiden wir Handlung und Unterlassung. Die Handlung wirkt in die sozialen Zusammenhänge hinein: Handlung ist Bewegung, Veränderung, Umgestaltung, Erneuerung, sei sie Verbesserung, sei sie Verschlechterung. Wer ein Auto fährt, eine medizinische Operation vornimmt, eine Sache übergibt, eine Fotografie macht, der handelt.

32

Im Gegensatz dazu steht das Unterlassen. Das Unterlassen erscheint einmal in absoluter Form, nämlich als Nichtstun. Wer sich weder bewegt, noch sonst etwas unternimmt, handelt nicht; vielmehr unterlässt er. Von diesem Überhaupt-nicht-Handeln unterscheiden wir eine andere Form des Nichthandelns, nämlich das Andershandeln: Wer etwas anderes tut, als von ihm erwartet wird, handelt zwar, kann zu gleicher Zeit aber auch unterlassen. Auch die Unterlassung kann also zielgerichtet sein. Rechtlich gesehen ist nicht das Nichtstun an sich, sondern das Nicht-etwas-Tun entscheidend. Der Kraftfahrer, der mit defekten Bremsen fährt und deshalb in der Gefahrensituation nicht rechtzeitig bremsen kann und einen anderen überfährt, handelt unter dem Aspekt des Fahrens, er unterlässt unter dem Aspekt, dass er nicht die Bremsen gepflegt hat. Es ist also nicht die äußere Finalität des Verhaltens, sondern die Erfolgsbezogenheit unter dem rechtlichen Aspekt der Verantwortung, welche die Schwierigkeiten der Einordnung des Verhaltens als Handlung oder Unterlassung ausmacht.

33 Man sollte indes den Unterschied zwischen Handlung und Unterlassung auch nicht überbetonen. Da regelmäßig die verletzende Handlung als rechtswidrig gilt, hingegen für die Zurechnung der Unterlassung die Nichtbeachtung einer Pflicht zum Handeln verlangt wird, ist es vorgekommen, dass man schwer zu beurteilende Verhaltensweisen eher dem Unterlassen als dem Handeln zugeordnet hat, um die Haftung von der Verletzung einer Rechtspflicht abhängig zu machen. So hat man früher ärztliche Kunstfehler stets als Unterlassen bezeichnet (*Eberhard Schmidt*). Auch ist das Abstellen der Beatmung eines hirntoten Patienten eher als Unterlassung denn als Handlung angesehen worden. Dieses Vorgehen manipuliert die Unterscheidung zwischen Handlung und Unterlassung im Hinblick auf das Bestehen einer Pflicht. Die Einordnung in die Kategorien Handlung und Unterlassung ist jedoch zunächst nach der äußeren Erscheinung, sodann nach der Auffassung des Verkehrs und schließlich unter besonderen tatbestandlichen Aspekten vorzunehmen.

B. Handlung

I. Theorie der Handlung

34 Der Rechtswissenschaft ist ein vorrechtlicher Handlungsbegriff vorgegeben. Dieser ist ein finaler: Das menschliche Verhalten als Handlung wird bewusst vom Zweck her gesteuert, wobei Nebenfolgen als bestimmt oder möglicherweise eintretend erscheinen. Dieser anthropologische Handlungsbegriff ist zwar im Recht grundsätzlich maßgebend, er kann jedoch unter dem besonderen Gesichtspunkt der Haftung für einzelne Verhaltensweisen verändert erscheinen: Bei Fahrlässigkeitsdelikten etwa ist die Finalität des Verhaltens juristisch irrelevant. Wer Sport betreibt und dabei sein Kleinkind so vernachlässigt, dass es sich verletzt, wird nicht unter dem Aspekt der finalen Sportausübung, sondern der Vernachlässigung rechtlich beurteilt.

35 Das Privatrecht geht von der Gleichwertigkeit der Interessen der beteiligten Parteien aus. Im Interesse der Gleichbehandlung ist es notwendig, in erheblichem Umfang die Finalbezogenheit der Handlung zu vernachlässigen. Im Privatrecht wird das schon an der Organtheorie deutlich, nämlich an der Eigenschaft der juristischen Person, handlungsfähig zu erscheinen. Die Vernachlässigung des Finalismus tritt weiterhin deutlich in der Rechtsgeschäftslehre hervor, wo auch Willenserklärungen, dh auf einen Rechtserfolg gerichtete Privatwillensäußerungen dort unterstellt werden, wo der Geschäftswille entweder fehlt oder durch einen Irrtum getrübt ist, zB bei Willensmängeln, Rechtsschein, handelsüblicher Bekanntmachung, beim Schweigen auf ein kaufmännisches Bestätigungsschreiben usw. Das gleiche gilt für das Haftungsrecht, das mit einem Handlungsbegriff arbeitet, der von der Verletzung des fremden Rechtsguts oder geschützten Interesses als Haftungsgrund ausgeht.

II. Rechtlicher Handlungsbegriff

36 Für das Haftungsrecht ist ein Handlungsbegriff nur dann tauglich, wenn er auf die Zurechnung eines rechtswidrigen, tatbestandsmäßigen Verhaltens zugeschnitten ist. Als solcher muss er einmal das Willensmoment enthalten, andernfalls kommt eine Zurechenbarkeit zum Willen nicht zum Ausdruck. Sodann muss er so generell gefasst sein, dass er als Bezugsgegenstand für alle Formen der Widerrechtlichkeit dienen kann. Der Handlungsbegriff soll also vorsätzliche Schadenszufügungen ebenso wie fahrlässige umfassen und sogar gefährliche Annäherungen ergreifen, die dem Bedrohten eine Notwehr ermöglichen. Schließlich muss er sich auch deutlich genug von der Unterlassung unterscheiden. Deshalb ist der Handlungsbegriff besonders tatbestandsbezogen zu formulieren: Handlung ist ein Verhalten, das die Verhaltensperson in die Nähe der Tatbestandsverwirklichung rückt. Diese Nähebeziehung wird am besten durch die Gefahr ausgedrückt. Wer durch sein Tun die Gefahr der Tatbestandsverwirklichung schafft, mag der Tatbestand die Verletzung eines Rechtsguts oder das Zuwiderhandeln gegen eine Norm enthalten, der handelt. Alles andere Verhalten ist Unterlassung. Damit ist der haftungsrechtliche Handlungsbegriff weitgehend vom finalen, anthropologischen Handlungsbegriff abgesetzt. Die Gefahr der Tatbestandsverwirklichung durch Tun entscheidet. Wer also ein Fahrzeug mit defekten Bremsen fährt, handelt ebenso wie derjenige, der eine falsche Spritze aufzieht und dem Patienten injiziert oder derjenige, der eine fehlerhafte Bilanz aufstellt.

C. Unterlassung

I. Erscheinungsform der Unterlassung

Auf den ersten Blick bildet die Unterlassung den Gegensatz zur Handlung. Allerdings steht nicht nur die Untätigkeit der Tätigkeit gegenüber. Der Unterschied reicht über das Tatsächliche bis in den Bereich der Wertung. Wer nichts unternimmt, die Hände in den Schoß legt oder das Auto in der Garage lässt, begründet dadurch zunächst keine Gefahr für Dritte. Aber auch wer etwas anderes unternimmt, als er tun sollte, unterlässt in Bezug auf das, was er vornehmen soll. Er mag nicht die Hände in den Schoß legen, aber eine Sicherung vernachlässigen. Er verreist etwa, obwohl er erst sein baufälliges Dach hätte sichern sollen. 37

II. Gleichstellung der Unterlassung mit der Handlung

Der Handelnde trägt die Gefahr an das Rechtsgut heran, der Unterlassende hingegen wendet eine Gefahr für das Gut nicht ab. Die Gefahr kann von der Natur ausgehen oder von einer dritten Person geschaffen sein. Eine Lawine kann auf die Straße niedergehen, oder ein kleines Kind kann auf die Straße laufen. Schließlich kann die Gefahr auch von dem jetzt Unterlassenden früher begründet worden sein, etwa wenn er eine Grube ausgehoben hat, sie aber dann nicht abdeckt. 38

Die Unterlassung wird nicht stets oder grundsätzlich der Handlung gleichgestellt. Bei der Handlung nehmen wir an, dass der Handelnde seine eigenen Interessen verfolgt und, wenn er damit eine Gefahr für einen Dritten schafft, sich auch im Ansatz haftbar machen kann. Bei der Unterlassung steht es anders. Derjenige, der gar nichts oder etwas Ungefährliches unternimmt, haftet wegen Unterlassung nur, wenn er eine Pflicht zum Tun verletzt hat.

Dabei braucht die Pflicht zum Handeln im Zivilrecht nicht notwendig eine Rechtspflicht zu sein. Das Erfordernis der Rechtspflicht im Strafrecht geht darauf zurück, dass wegen der verfassungsmäßigen Bestimmtheit der Strafbarkeit die Unterlassung der Handlung nur dann gleichgestellt werden kann. Im Zivilrecht genügt es jedoch, dass eine rechtliche oder in der Nähe des Rechts stehende ethische Pflicht zur Erfolgsabwendung bestanden hat. Diese Pflichten zum Handeln können einmal in allgemeinen oder besonderen Normen (etwa des Standesrechts) aufgestellt sein oder sich aus einem Status ergeben, zB von Eltern gegenüber Kindern oder von Arbeitnehmern gegenüber Arbeitgebern. Sie können sich weiter aus einer Gefahrsicherung ergeben, oft Garantenstellung genannt, obwohl es sich dabei um keine Garantie handelt. Als Quelle dieser Pflichten kommen Gesetz, Gewohnheitsrecht, Standesrecht, DIN-Normen, Vertrag oder auch das Vertrauen in Betracht. Ein Vertrag kann Grundlage einer deliktsrechtlichen Garantenstellung auch sein, wenn er nicht mit dem Geschädigten besteht.[1] Entscheidend ist, dass der Verkehr eine Pflicht zum Handeln annimmt.

39 Eine schwierige Frage stellt die Pflicht aus sog. vorangegangenem Tun oder Ingerenz, die eine Garantenstellung begründet. Ausgelöst wird diese Frage vom Verschuldenszusammenhang. Wer in früherer Zeit eine Handlung gesetzt hat, die schadensträchtig erscheint, ist haftbar, wenn dieses Verhalten schuldhaft in Bezug auf die schließliche Verletzung erscheint. Wo dieser Bezug zB wegen des Zeitablaufs nicht besteht oder sich jedenfalls nicht nachweisen lässt, wird ein Umweg über die Haftung für Unterlassen eingeschlagen. Hat man in der früheren Zeit eine Gefahr geschaffen, so erscheint man nunmehr verpflichtet, diese Gefahr zu beseitigen. Tut man das nicht, so haftet man aus zurechenbarem Unterlassen. Damit wird das Unterlassen zum tragenden Element des Verschuldenszusammenhangs zwischen der Tätigkeit in früherer und der Verletzung in späterer Zeit. Man nehme etwa die teilweise herausgeforderte Notwehrsituation: Wer eine Situation schafft, in der er von einem anderen angegriffen wird und diesen rechtmäßig in Notwehr verletzt, ist gehalten, den nunmehr Verletzten ärztlich versorgen zu lassen. Damit ist ohne auf den Rechtswidrigkeits- und Verschuldenszusammenhang einzugehen, der Bogen zwischen der auslösenden Situation der rechtmäßigen Notwehr und dem schließlichen Erfolg geschlagen. Man darf auch nicht vergessen, dass insofern die Beweislast eine erhebliche Rolle spielt, denn das zwischenzeitliche Geschehen mag unaufklärbar sein. Jedenfalls sollte das vorangegangene Tun nur mit Vorsicht angenommen werden, da unter dem Aspekt der Ingerenz, also der Schaffung einer Gefahr in vergangener Zeit ein Nichthandelnder relativ leicht haftbar werden kann.

III. Unterscheidung von Handlung und Unterlassung

40 Es hat vielfache Versuche gegeben, Handlung und Unterlassung voneinander abzugrenzen. Keiner ist endgültig überzeugend geblieben. Bei der Unterscheidung von Handlung und Unterlassung sollte deutlich beachtet werden, dass im Grundsatz die Haftung für Handeln strenger als die für Unterlassen ist, da die Unterlassung nur dann haftbar macht, wenn eine Pflicht zum Handeln besteht. Das gilt nicht für die Handlung. Man erweitert also die Haftung, wenn man die Handlung betont, und schränkt sie ein, wenn man in Zweifelsfällen eine Unterlassung annimmt.

Die Versuche, Handlung und Unterlassung zu trennen, sind stets unter einem bestimmten Aspekt vorgenommen worden, etwa dem der Finalität oder der Soziabilität des Handelns. Für das Haftungsrecht scheint mir nur ein Gesichtspunkt sinnvoll zu sein, der das ganze Haftungsrecht grundsätzlich durchzieht, nämlich der der Gefahr. Will man eine Manipulation unter dem Aspekt der Einordnung in Handlung oder Unterlassung vermeiden, sollte man mit dem Grundmoment der Haftung beginnen, nämlich der Gefahr. Alles Verhalten, das die Gefahr der Tatbestandsverwirklichung vergrößert, nämlich ein Risiko für das Rechtsgut oder die gesteigerte Möglichkeit der Normverletzung schafft, gilt als Handlung. Alles Verhalten, dem diese Eigenschaft abgeht, das also die bestehende Gefahr der Tatbestandsverwirklichung oder der Normverletzung nicht erhöht, ist Unterlassung. Dabei ist mir bewusst, dass auch der Begriff des Erhöhens schon ein normativer ist.

Unter diesem Aspekt lassen sich Handlung und Unterlassung für das Haftungsrecht relativ befriedigend trennen. Ein gefährdendes Vorgehen gilt als Handlung. Das Nichtstun oder das nicht gefährdende Verhalten ist Unterlassung. Der Kraftfahrer also, der mit untauglichen Bremsen fährt, handelt, denn er gefährdet Dritte. Wer ein plötz-

---

[1] BGH NJW 2000, 2741: Zerebrale Schädigung eines Säuglings unter der Geburt wegen verspäteter Beatmung infolge Abwesenheit des zum Dienst eingeteilten Krankenhausarztes.

lich entstandenes Loch auf seinem Grundstück nicht abdeckt, mag zwar Dritte gefährden, aber er tut nichts in dieser Richtung. Folglich unterlässt er. Der Arzt, der die Beatmung abstellt, scheint zunächst sowohl zu handeln als auch zu unterlassen: Er handelt insofern, als er die Sauerstoffzufuhr verhindert; er unterlässt insofern, als er keinen Sauerstoff mehr gibt. In Wirklichkeit gefährdet er das Leben des Patienten. Sollte der Patient aber schon tot oder jenseits jeder Rettungsaussicht sein, dann fehlt es entweder an der Verwirklichung des Tatbestands (Verletzung des Lebens) oder es liegt ein Rechtfertigungsgrund (Güterabwägung, zB Organtransplantation) vor. Unter dem Gefahrenaspekt handelt der Arzt in erster Linie.

§ 5 Kausalzusammenhang und Adäquanz

Literatur: *Bernert*, Die Leerformel von der Adäquanz, AcP 169 (1969), 421; *Brüggemeyer*, Prinzipien des Haftungsrechts, 1999, 39; *Bydlinski*, Probleme der Schadensverursachung, 1964; *v. Caemmerer*, Das Problem des Kausalzusammenhangs im Privatrecht, 1956; *Engisch*, Die Kausalität als Merkmal der strafrechtlichen Tatbestände, 1931; *Gottwald*, Kausalität und Zurechnung, Karlsruher Forum 1986, 3 ff.; *Grunsky*, Hypothetische Kausalität und Vorteilsausgleichung, FS Hermann Lange, 1993, 469; *Hanau*, Die Kausalität der Pflichtwidrigkeit, 1971; *Hart/Honoré*, Causation in the law, 2. Aufl. 1985; *Hart*, Causation and Remoteness of Damage, IntEncCompL XI 7 (1971); *Kahrs*, Kausalität und überholende Kausalität im Zivilrecht, 1969; *Hermann Lange*, Adäquanztheorie, Rechtswidrigkeitszusammenhang, Schutzzwecklehre und selbstständige Zurechnungsmomente, JZ 1976, 198; *Larenz*, Die Prinzipien der Schadenszurechnung, JuS 1965, 373; *ders.*, Zum heutigen Stand der Lehre von der objektiven Zurechnung, FS Honig, 1970, 79; *Schulin*, Der natürliche-vorrechtliche Kausalitätsbegriff im zivilen Schadensersatzrecht, 1976; *Stoll*, Kausalzusammenhang und Normzweck im Deliktsrecht, 1968; *Quentin*, Kausalität und deliktische Haftungsbegründung, 1994; *Richter*, Schadenszurechnung bei deliktischer Haftung für fehlerhafte Sekundärmarktinformation, 2012, 129; *Traeger*, Der Kausalbegriff im Straf- und Zivilrecht, 2. Aufl. 1929; *Weitnauer*, Kausalitätsprobleme in rechtsvergleichender Sicht, FS Wahl, 1973, 109.

A. Kausalität: Definition und Anwendungsform

I. Der Begriff des Ursachenzusammenhangs

41 Als Ursache wird jede Bedingung eines Nachteils angesehen (*Heck*). Dabei werden die Naturgesetze zugrunde gelegt, für welche die Wiederholbarkeit eines Vorgangs entscheidend ist. Für die Naturwissenschaft ist dann etwas ursächlich, wenn der Vorgang unter gleichbleibenden Umständen den Nachteil notwendig zur Folge hat. Die Prüfung der Kausalität besteht daher in der Vergleichung eines tatsächlich stattgefundenen Ablaufs mit einer Reihe äußerlich identisch gedachter Geschehensketten. Um die wirklichen Kausalzusammenhänge zu durchschauen, konstruieren wir unwirkliche (*Max Weber*). Wenn stets dasselbe Ergebnis eintritt, steht die Ursächlichkeit fest. Wissenschaftstheoretisch spricht man von der deduktiv-nomologischen Erklärung, kurz DN-Erklärung.

II. Abgekürzter Kausalitätstest: nicht wegdenkbare Bedingung

42 Den naturwissenschaftlichen Kausalitätsbeweis zu führen, ist aufwendig. Stattdessen gibt man sich in der Praxis regelmäßig mit einem abgekürzten Test zufrieden. Die Feststellung der Wiederholbarkeit wird auf zwei Reihen begrenzt. Aus der einen wird der haftungsbegründende Vorgang herausgenommen, in der anderen wird er belassen. Gelangt die hypothetisch verringerte Kette nicht zum nachteiligen Erfolg, dann erscheint uns der Vorgang als eine Bedingung. Wir fassen also beide Kausalreihen zusammen und fragen, ob das Verhalten oder die Verletzung hinweggedacht werden kann, ohne dass der Erfolg entfiele (*conditio sine qua non*). Kann man das Verhalten oder die Verletzung hinweg denken, ohne dass der Schaden entfiele, sind sie nicht kausal. Schießt jemand aus einer Pistole und fällt ein anderer um, so hat man den Schuss hinweg zu denken. Fällt der andere dennoch um, etwa weil er einen Herzinfarkt erlitten hatte, ist das Schießen nicht ursächlich gewesen.

Bei der Unterlassung muss umgekehrt gefragt werden, ob die erwartete Handlung nicht hinzugedacht werden kann, ohne dass der Erfolg entfiele. Es gilt die Regel *duplex negatio est affirmatio*.

Die Frage nach der *condicio sine qua non* als Abbreviatur der Naturgesetzlichkeit wirkt nur im Normalbereich der Kausalität. Sie versagt gegenüber einer Reserveursache, die anstelle der hinweggedachten Ursache tritt, sowie im Bereich der psychischen Kausalität, bei der man nur von Erwartungen, nicht von Sicherheiten sprechen kann. Für die Reserveursache ist auf den Grundsatz naturgesetzlicher Verbindung, für die psychische Kausalität auf Erwartungen bzw. Wahrscheinlichkeiten zurückzugehen. Eine Reserveursache wurde im Soldatenfall wirksam. Ein Soldat war mit zwei Kameraden in einem Jeep zu einem Fortbildungsunterricht gefahren. Entgegen dem Fahrbefehl, in dem seine Kameraden als Fahrer und Auswechselfahrer genannt waren, übernahm er das Steuer. Aufgrund einer plötzlichen unvorhersehbaren Vereisung der Straße überschlug sich der Wagen. Denkt man das Fahren des Soldaten hinweg, so hätte sich der Wagen auch überschlagen, wenn einer seiner beiden Kameraden am Steuer gesessen hätte. Diese Reserveursachen machen es unmöglich, mit dem Hinwegdenken des haftungsbegründenden Ereignisses zu arbeiten. Hier ist der Soldat ursächlich gewesen, da sein Verhalten nach den Naturgesetzen den Schaden herbeigeführt hat.[1]

43

Die Unsicherheit seelischer Verläufe zeigt der Fall BGHZ 93, 351: Nach einem Autozusammenstoß war der Mann einer schwangeren Frau drei Wochen bewusstlos. Die Schwangerschaft war bis dahin normal verlaufen; nun setzten Wehen ein, denen schließlich die Geburt eines hirngeschädigten Kindes folgte. Kausalzusammenhang ist zu bejahen, da wahrscheinlich ist, dass die Aufregung über den Unfall ihres Mannes Grund für die negative Entwicklung der Schwangerschaft war.

B. Besondere Erscheinungen der Kausalität

I. Ursächlichkeit der Unterlassung

Bei der Kausalität denkt man zunächst an die Auswirkung des Handelns. Eine Handlung setzt eine Ursachenkette in Bewegung oder führt sie weiter. Nach hL kann auch ein Unterlassen kausal sein. Das entspricht der Verkehrsauffassung, wonach das Offenlassen eines Lochs auf der Straße oder die Nichtversorgung eines anvertrauten Kleinkindes für die Körperverletzung der Passanten oder den Tod des Anvertrauten als wirksam angesehen werden.

44

Nach einer Mindermeinung kann streng genommen ein Unterlassen nicht kausal sein, da es nichts bewirke. Damit wird aber wohl eine Kraftvorstellung in den Kausalbegriff gelegt.

Die Schwierigkeit, das Unterlassen als ursächlich anzusehen, liegt weiter darin begründet, dass der Kreis der Nichthandelnden unabsehbar ist. Nehmen wir den Fall des Sturzes auf Glatteis. Alle Menschen haben an dieser Stelle nicht gestreut; die Bewohner der umliegenden Häuser hätten wenigstens die objektive Möglichkeit der Erfolgsabwendung durch Streuen gehabt. Verpflichtet dazu war aber nur der einzige Anlieger. Als kausal wird man nur die ansehen können, welche wenigstens die objektive Möglichkeit der Erfolgsabwendung hatten. Im Übrigen ist streitig, ob die Pflicht zur Erfolgsabwendung zusätzlich erst die Kausalität durch Unterlassen begründet oder erst bei der Widerrechtlichkeit der Unterlassung zu prüfen ist.

II. Psychische Kausalität

Verhalten auf der einen und Verletzung bzw. Schaden auf der anderen Seite können auch über die Psyche einer Person miteinander verbunden sein. Die psychische Ver-

45

---

[1] HessVGH JZ 1966, 576.

bindung kann aufseiten des Täters, aufseiten des Opfers oder über eine dritte Person bestehen. So kann jemand einen anderen veranlassen, eine Pistole zu ziehen und auf einen Vogelschwarm zu schießen, wobei ein Mensch getroffen wird,[2] es besteht eine doppelte psychische Kausalität bei Anstifter und Angestiftetem. Die Mitteilung vom Tod eines nahen Angehörigen verursacht eine Schockverletzung;[3] die psychische Kausalität liegt nur in der Person des Verletzten. Läuft einem Autofahrer plötzlich ein Kind in die Fahrbahn und reißt er das Steuer herum und fährt gegen eine Mauer,[4] so liegt psychische Kausalität in der Person des Autofahrers vor.

Es ist anerkannt, dass es psychisch vermittelte Ursächlichkeit gibt. Anstiftung, mittelbare Täterschaft und psychische Beihilfe basieren auf dieser Annahme. Das psychische Element führt jedoch zu einem eigenartigen Kausalverlauf, da man im psychischen Bereich nicht auf Naturgesetze zurückgehen, also weder auf die Wiederholbarkeit unter gleichen Bedingungen, noch auf das Hinwegdenken der entscheidenden Bedingung abheben kann. Man greift deshalb auf Erfahrungswerte und Wahrscheinlichkeiten zurück. Damit wird freilich die psychische Kausalität gelegentlich zu einer so dünnen Verbindung, dass es zur Unterbrechung des Kausalzusammenhangs kommen kann (→ Rn. 64).

C. Ursachen der Haftung

I. Kausalität der Verletzung und der Schädigung

46 Das Haftungsrecht arbeitet mit mehraktigen Tatbeständen. § 823 Abs. 1 gewährt bei schuldhafter Verletzung eines Rechtsguts Schadensersatz. Darin verbergen sich zwei Kausalitäten, nämlich die haftungsbegründende und die haftungsausfüllende Kausalität. Das Verhalten muss erstens die Verletzung herbeigeführt haben: die sog. haftungsbegründende Kausalität. Des Weiteren muss die Verletzung zu einem Schaden geführt haben: die sog. schadensbegründende oder haftungsausfüllende Kausalität. Der Unterschied beider Kausalbeziehungen ist erheblich. Die haftungsbegründende Kausalität gehört zum Tatbestand der Haftung; die haftungsausfüllende Kausalität ist dem Schaden zugeordnet.

II. Haftungsbegründende Kausalität

47 Erste Voraussetzung der Haftung ist, dass zwischen dem zuzurechnenden Verhalten und der Verletzung, sei es eines Rechtsguts, sei es eines Schutzgesetzes, Kausalzusammenhang besteht. Der haftungsbegründende Kausalzusammenhang gehört zum Tatbestand und wird als solcher normativ durch die weiteren Voraussetzungen der Rechtswidrigkeit und des Verschuldens eingeschränkt. Insbesondere muss die kausale Tatbestandsverwirklichung bei sorgfältigem Verhalten vorhersehbar gewesen sein. Aus diesem Grunde können wir an dieser Stelle mit dem allgemeinen Ursachenzusammenhang nach naturwissenschaftlichen Regeln arbeiten. Normative Einschränkungen, wie sie etwa die adäquate Kausalität vornimmt, sind für die haftungsbegründende Ursächlichkeit weder notwendig noch angebracht. Die Zurechnung erfolgt jedenfalls beim Verschulden, und die Fahrlässigkeit erscheint enger als die Adäquanz.

Studenten und Praktiker sind oft der Meinung, dass im Zivilrecht stets die adäquate Kausalität anzuwenden sei. In Bezug auf die haftungsbegründende Kausalität ist das nicht zutreffend, wenn auch wohl unschädlich. Ist der Verlauf ein überraschender, ist

---
[2] RGZ 166, 61.
[3] BGHZ 93, 351.
[4] LG Bückeburg DAR 1954, 297.

also der elektrische Funke auf das Podest der Ehrengäste übergesprungen und hat diese verbrannt oder hat das lammfromme Tier plötzlich die Eigenschaften einer Bestie angenommen, so fehlt es an der Fahrlässigkeit. Hier zusätzlich nach der allgemeinen Voraussehbarkeit, gemessen an dem Urteil eines Durchschnittsmenschen, zu fragen, bedeutet wenigstens eine Doppelung. Der Student sollte stets bedenken, dass er sich mit der Prüfung der Adäquanz der haftungsbegründenden Kausalität der besten Argumente begibt, die ihm später beim Verschulden fehlen werden.

III. Haftungsausfüllende Kausalität

Hat das Verhalten zu einer kausalen Rechtsverletzung geführt, so ist weiter erforderlich, dass zwischen der Verletzung und dem Schaden Kausalzusammenhang besteht. Wir sprechen hier von haftungsausfüllender Kausalität. Das Besondere der Haftungsausfüllung liegt darin, dass es nicht in den Tatbestandsaufbau (Tatbestand, Rechtswidrigkeit und Verschulden) eingegliedert ist. Die haftungsausfüllende Kausalität steht zwar unter dem Vorbehalt des Schutzbereichs der Norm, sie wird aber nicht wertend durch das Verschulden korrigiert. Nimmt man das ernst, so müsste der schuldhaft eine Verletzung Zufügende für allen daraus resultierenden, in Wirklichkeit eingetretenen, aber in der Praxis vielleicht überraschenden Schaden haften. Das wäre Übermaß und eine Anwendung der längst aufgegebenen Regel des *versari in re illicita*. Aus diesem Grunde wird im Bereich der haftungsausfüllenden Kausalität adäquater Ursachenzusammenhang verlangt. Adäquat heißt hier nichts anderes, als dass überraschende Verläufe ausscheiden und dass als Folge der Verletzung, gemessen an der Vorausschau eines normalen Menschen, der eingetretene Schaden zu erwarten war.

48

IV. Bevorstehende Kausalität

Versteht man den Ursachenzusammenhang als eine Wirkungsfolge, so scheint der Ausdruck bevorstehende Kausalität widersprüchlich zu sein. Wir bezeichnen damit jedoch Aufwendungen vor einer Verletzung, die für den Fall der Verletzung geschehen und dem Verletzer aufgebürdet werden könnten. Beispiele bilden die Vorhaltekosten großer Transportunternehmen, die wie städtische Fuhrparks mit Sicherheit damit rechnen können, durch Verkehrsunfälle Ausfälle zu erleiden, und dafür ein Reservefahrzeug vorhalten; die Unterhaltung der Überwachungsorganisation durch die GEMA, um Verletzungen der Aufführungsrechte aufzudecken; sowie die Aussetzung von Fangprämien zur Verhinderung von Ladendiebstählen. Die bevorstehende Kausalität ist unter Erwartungsaspekten und Wahrscheinlichkeiten zur Begründung der Haftung anerkannt, wenn sie konkret ist. Abstrakten Aufwendungen, die auf viele Möglichkeiten Bezug nehmen, fehlt die Individualisierung auf den einen Täter. Mangels eines Verteilungsmaßstabs können sie auch nicht anteilsweise zugerechnet werden. Allgemeine Abwehrkosten, etwa die Einrichtung einer Alarmanlage oder die Beschäftigung von Überwachungspersonal, sind dafür nicht konkret genug.

49

Zur Konkretheit als Zurechnungsvoraussetzung von Aufwendungen hat die Rechtsprechung eine nach Fallgruppen unterschiedliche Haltung eingenommen. So werden die Vorhaltekosten der Straßenbahn anteilig auf spätere Verletzer umgelegt.[5] Überführt die GEMA einen unerlaubten Musikbenutzer, kann sie die doppelte Tarifgebühr verlangen. BGHZ 59, 286 gibt diesen Zuschlag für die Überwachungsorganisation, ein eindeutig abstrakter Schaden. Erst im Bereich des Ladendiebstahls hat BGHZ 75, 230 auf die konkrete Aufwendung gesehen. So ist zwar die Fangprämie, nicht aber die Aufstellung von Fernsehüberwachungskameras usw. ersatzpflichtig.

---

5 BGHZ 32, 280.

1. Teil. Allgemeine Lehren

D. Adäquate Kausalität

Literatur: *Bernert,* Die Leerformel von der Adäquanz, AcP 169 (1969), 421; *Deutsch,* Begrenzung der Haftung aus abstrakter Gefährdung wegen fehlender adäquater Kausalität? JZ 1966, 556; *Huber,* Normzwecktheorie und Adäquanztheorie, JZ 1969, 677; *ders.* Verschulden, Gefährdung und Adäquanz, FS Wahl, 1973, 301; *Janssen,* Das Problem der Rechtswidrigkeit bei § 823 I, AcP 205 (2005), 79; *v. Kries,* Über die Begriffe der Wahrscheinlichkeit und Möglichkeit und ihre Bedeutung im Strafrecht, ZStW 9, 528; *Heinrich Lange,* Herrschaft und Verfall der Lehre vom adäquaten Kausalzusammenhang. AcP 156 (1957), 114; *Hermann Lange,* Empfiehlt es sich, die Haftung für schuldhaft verursachte Schäden zu begrenzen?, Verh. 43. DJT Bd. I, 1960; *Lanz,* Alternativen zur Lehre vom adäquaten Kausalzusammenhang, 1974; *Larenz,* Zum heutigen Stand der Lehre von der objektiven Zurechnung im Schadensersatzrecht, FS Honig, 1970, 79; *Schickedanz,* Schutzzwecklehre und Adäquanztheorie, NJW 1971, 916; *Schünemann,* Unzulänglichkeit der Adäquanztheorie?, JuS 1979, 19; *Saurlas,* Adäquanztheorie und Normzwecklehre bei der Begründung der Haftung nach § 823 Abs. 1 BGB, 1974; *Stoll,* Adäquanz und normative Zurechnung bei der Gefährdungshaftung, in: »25 Jahre Karlsruher Forum«, 1983, 184; *Traeger,* Der Kausalbegriff im Straf- und Zivilrecht, 2. Aufl. 1929; *Weitnauer,* Zur Lehre vom adäquaten Kausalzusammenhang, FS Oftinger, 1969, 321.

I. Äquivalenztheorie

50 Die Verletzung und der Schadenseintritt haben im Allgemeinen mehrere Ursachen. Grundsätzlich werden alle Ursachen als gleichwertig behandelt. Man spricht deshalb insoweit von der Äquivalenztheorie, weil man die gleichmäßige Behandlung aller kausalen Momente zugrunde legt. Naturwissenschaftlich gesehen ist die Äquivalenztheorie die gegebene. Grundsätzlich sind alle Ursachen für den Eintritt der Wirkung gleichermaßen bedeutsam. In der Rechtswissenschaft hat man aber stets versucht, unter Zurechnungsaspekten wesentliche von unwesentlichen Ursachen zu trennen. So wird zB im Ausland die unmittelbare und die mittelbare Bedingung auseinandergehalten, und im Sozialversicherungsrecht und Beamtenunfallrecht herrscht die Theorie der wesentlichen Bedingung vor. Auch die adäquate Kausalität stellt die wertende Heraushebung einer Ursache dar.

II. Adäquanztheorie

51 Die adäquate Kausalität wurde zuerst gegen Ende des vergangenen Jahrhunderts von dem Physiologen *v. Kries* entwickelt, der es unternommen hatte, die sog. erfolgsqualifizierten Straftatbestände einzuschränken. Damals war die vorsätzliche Körperverletzung mit Todesfolge mit einer Freiheitsstrafe von mindestens drei Jahren bedroht, § 226 StGB aF. Nach dem Wortlaut dieser Bestimmung führte jeder, auch der völlig unwahrscheinliche Todesfall als Folge einer Körperverletzung zu der Strafverschärfung, nach der Adäquanztheorie nur dann, wenn die Verletzung, vom Standpunkt des Täters betrachtet, generell geeignet erschien, den Erfolg herbeizuführen. Heute ist die Erfolgsqualifikation nur bei Fahrlässigkeit gegeben, § 18 StGB.

Es entbehrt nicht einer gewissen Ironie, dass die Lehre von der adäquaten Kausalität, die in der Rechtsprechung der Strafgerichte niemals erfolgreich gewesen ist, sich alsbald im Zivilrecht durchgesetzt hat. Auch hier hat sie Bedeutung dort gewonnen, wo die reine Kausalität zu enormen Zufallsbelastungen führen kann, also beim Schadensumfang, der nicht dem Verschuldensnexus untersteht.

52 Der gesicherte Anwendungsbereich der Lehre von der adäquaten Kausalität besteht im Bereich der haftungsausfüllenden Kausalität. Wird eine Verletzung schuldhaft und rechtswidrig herbeigeführt, dann ist nur der dadurch adäquat verursachte Schaden zu ersetzen. Es gibt zwei Formeln der Adäquanz: eine positive und eine negative. Bei der positiven wird die erhöhte Möglichkeit vorausgesetzt, bei der negativen die verringer-

te Möglichkeit als Ausschlussgrund anerkannt. Theorie und Praxis haben hier bisweilen gegensätzliche Positionen bezogen: Die Rechtsprechung hat gelegentlich mit hochtheoretischen Formeln gearbeitet, die Lehre hingegen stellt auf die allgemeine Lebenserfahrung ab. So liest man etwa, dass die Verantwortung des Ersatzpflichtigen für die durch ihn herbeigeführten, jedoch nicht verschuldeten ferneren Folgen da ende, wo die Folge so ungewöhnlich oder so entfernt sei, dass man mit ihr nach allgemeiner menschlicher Lebenserfahrung nicht rechnen konnte (*Larenz*). In BGHZ 3, 261 heißt es:

»Eine Begebenheit ist adäquate Bedingung eines Erfolges, wenn sie die objektive Möglichkeit eines Erfolges von der Art des eingetretenen generell in nicht unerheblicher Weise erhöht hat. Bei der dahinzielenden Würdigung sind lediglich zu berücksichtigen

a) alle zur Zeit des Eintritts der Begebenheit dem optimalen Beobachter erkennbaren Umstände,

b) die dem Setzer der Bedingung noch darüber hinaus bekannten Umstände. Diese Prüfung ist unter Heranziehung des gesamten, im Zeitpunkt der Beurteilung zur Verfügung stehenden Erfahrungswissens vorzunehmen« (Text von *Lindenmaier*).

Die Adäquanz enthält im Wesentlichen ein Wahrscheinlichkeitsurteil. Es kommt also darauf an, dass der Schadenseintritt die Folge einer durch die Verletzung gesteigerten Möglichkeit ist. Einfacher gesagt: Verhalten und Verletzung müssen diese Schadensfolge als nicht praktisch ausgeschlossen oder ganz unwahrscheinlich erscheinen lassen. Die Adäquanz ist Prognose, genauer eine nachträgliche Prognose. Als generelle Vorhersehbarkeit stellt sie eine Form der objektiven Zurechnung dar. Bei der Vorausschau kommt es auf das Urteil eines Durchschnittsmenschen an, der ungewöhnliche oder weit entfernte Folgen nicht mehr einkalkuliert.

III. Einzelauswirkungen der Lehre von der Adäquanz

v. Caemmerer hat festgestellt, dass das RG nur in weniger als zehn in der amtlichen Sammlung veröffentlichten Entscheidungen die adäquate Kausalität verneint hatte. Man hat die adäquate Kausalität überdies als »Leerformel« bezeichnet, die bereits in »Verfall« geraten sei. Nun ist es zutreffend, dass die Möglichkeiten der Haftungsbeschränkung durch die adäquate Kausalität für die Praxis überschätzt werden. Führt man jedoch die adäquate Kausalität auf ihren Kern, die wertende Beschränkung des haftungsausfüllenden Kausalzusammenhangs, zurück, so erfüllt sie nach wie vor eine sinnvolle Funktion.

Die Adäquanz ist typischerweise gegeben, wenn sich die Schadensfolge in derselben Richtung wie die Verletzung entwickelt. Dann liegt keinerlei Überraschung vor. Im Folgenden sollen einige typische Beispiele für die Bejahung und die Verneinung der adäquaten Kausalität in der Praxis aufgeführt werden. In einem Fall des RG war ein Mann beim Aussteigen aus der Straßenbahn durch einen Schuss, den ein Polizist auf einen flüchtigen Verbrecher abgefeuert hatte, am Arm getroffen worden. Ins Krankenhaus gebracht, steckte er sich an der dort herrschenden Grippe an und verstarb an einer im Anschluss an die Grippe aufgetretenen Brusthöhlenvereiterung. Der adäquate Kausalzusammenhang ist gegeben, denn in der Klinik war der Verletzte »der Gefahr der Ansteckung durch eine etwa dort auftretende Krankheit im besonderen Grade ausgesetzt«.[6] In einem weiteren Urteil des RG ging es um einen Mann, der elf Jahre zuvor durch die Eisenbahn so verletzt worden war, dass ihm ein Bein amputiert werden musste. Nun stürzte der Verletzte, wobei er sich das rechte Schulterblatt brach. Auch der Folgeunfall ist adäquat, »denn es war nach allgemeiner menschlicher Erfahrung immerhin mit der, wenn auch vielleicht nicht naheliegenden, Möglichkeit zu

---

6 RGZ 105, 264.

rechnen, dass der Kl. infolge der durch das Tragen eines künstlichen Beines bedingten verminderten Standsicherheit eher als andere Menschen und in schwerer Weise zu Fall kommen und sich dabei neue Verletzungen zuziehen werde«.[7]

55 Wesentlich seltener sind Urteile, in denen der adäquate Kausalzusammenhang ausdrücklich verneint wurde. Schäden als Folge von Verletzungen sind im Allgemeinen vorhersehbar. Um die adäquate Kausalität zu verneinen, muss es sich also um einen ungewöhnlichen, entweder entfernten oder überraschenden oder abweichenden Kausalverlauf handeln. So werden etwa ärztliche Kunstfehler bei der Behandlung einer Wunde als adäquate Folge der Verletzung angesehen, es sei denn, der Fehler ist so schwer, dass er unerwartet erscheint. Die Rechtsprechung hat von der Ablehnung der Adäquanz nur sporadisch Gebrauch gemacht. Einige Beispiele mangelnder Adäquanz mögen das verdeutlichen. Wird eine Frau von der Straßenbahn verletzt und operiert der Arzt irrtümlich eine Gebärmutterverlagerung, so trägt der Bahnunternehmer die Kosten der Operation und der Nachbehandlung. Man haftet nämlich auch für den durch eine irrige Diagnose oder eine unrichtige Behandlung verursachten Schaden, solange es sich nicht um einen besonders schwerwiegenden ärztlichen Kunstfehler handelt.[8] Hat ein Durchgangsarzt eine Fingerfraktur falsch eingerichtet, so ist die Durchtrennung der Beugesehnen bei einer handchirurgischen Nachoperation noch adäquate Folge. Das wäre nur zu verneinen, wenn kein innerer Zusammenhang bestehe oder so grob fahrlässig vorgegangen worden sei, dass gegen alle ärztlichen Regeln und Erfahrungen verstoßen werde.[9] Ein grober Fehler allein führt noch nicht zur Verneinung der adäquaten Kausalität bzw. zur Unterbrechung des Kausalzusammenhangs. Vielmehr darf der schwere Verstoß mit dem Anlass für die Erstbehandlung nicht in einem inneren Zusammenhang stehen und die an das ärztliche Verhalten zu stellenden Anforderungen müssen derart außer acht gelassen sein, dass der Schaden wertend allein dem zweiten Arzt zugeordnet werden muss.[10] Jedoch gelten nicht mit dem Unfall verbundene Behandlungen und ihre schlechten Folgen als inadäquat. Wird jemand wegen der Verletzung bei einem Verkehrsunfall operiert und dabei eine Anomalie entfernt, was zum Tod des Patienten führt, so ist der Unfall nur eine nicht adäquate Gelegenheitsursache.[11] Inadäquat ist auch eine allergische Reaktion auf ein Impfung, wenn diese nur gelegentlich der Behandlung einer nicht tetanusverdächtigen Stirnwunde erfolgt, um künftigen Infektionen vorzubeugen.[12]

IV. Adäquanz und Schutzbereich der Norm

56 Das Verhältnis von Adäquanz und Schutzbereich der Norm ist umstritten. Nach älterer Auffassung spielte der Schutzbereich der Norm keine Rolle, es kam nur auf die Adäquanz an. Eine modernere Ansicht behauptet, der Schutzbereich der Norm ersetze die Adäquanz. Eine vermittelnde, wohl vorherrschende Ansicht wendet Adäquanz und Schutzbereich der Norm nebeneinander an. Der letztgenannten Lehre ist zuzustimmen. Das Adäquanzurteil ist auf Erfahrungswissen gestützt und beruht auf der allgemeinen Vorhersehbarkeit von Schadensfolgen für einen normalen Menschen. Der Schutzbereich der Norm hingegen geht von der besonderen Voraussicht des Gesetzgebers aus, der eine Norm deswegen geschaffen hat, um bestimmte Schäden zu verhindern. Es handelt sich also um verschiedene Blickwinkel. Dabei kann die Adäquanz über den Schutzbereich hinausgehen, aber auch dahinter zurückbleiben. Es ist also re-

---

7 RGZ 119, 204.
8 RG JW 13, 322.
9 BGH NJW 1989, 767.
10 OLG Köln VersR 1994, 987.
11 BGH NJW 1957, 1475.
12 BGH LM § 823 [C] Nr. 28.

gelmäßig zu prüfen, ob der Schaden adäquat kausal verursacht ist und zusätzlich festzustellen, ob er im Schutzbereich der Norm liegt. Üblicherweise schränkt der Schutzbereich die Ersatzpflicht für adäquate Schäden ein. Jedoch kann ausnahmsweise der Schutzbereich der Norm so weit reichen, dass er sogar inadäquate Schäden umfasst. Das gilt etwa für den Schutzbereich des vom Dieb verletzten Eigentums: § 848 lässt nach vorherrschender Meinung den Dieb auch für den inadäquaten Schaden haften. Wenn also das gestohlene und irgendwo abgestellte Kfz auf unwahrscheinliche Weise zerstört wird, hat der Dieb dafür einzustehen, wenn nicht dem Eigentümer dasselbe widerfahren wäre. Wenn ein verschuldeter Auffahrunfall eine inadäquate seelische Störung hervorruft, weil beim Geschädigten seit früher Kindheit eine neurotische Fehlentwicklung bestand, haftet der Verletzer.[13]

V. Adäquanz und Verletzung einer Verhaltensnorm

Die adäquate Kausalität bezieht sich auf den Schaden. Der Schaden entsteht nicht selten an dem verletzten Rechtsgut, etwa an der beschädigten Sache. Die Verletzung des Rechtsguts lässt den Schaden am Rechtsgut selbst und die zu seiner Behebung aufgewendeten Kosten als naheliegend und daher adäquat erscheinen. Wenn es jedoch um eine Verhaltensnorm geht, die gemäß § 823 Abs. 2 als Schutzgesetz anzusehen ist, würde es den Schutzbereich der Norm zu sehr einengen, wollte man zusätzlich adäquate Kausalität verlangen. Wenn also ein Autofahrer entgegen der Norm »Tempo 50« zu schnell in der Stadt fährt und von ihm deswegen ein plötzlich unvorhersehbar in den Weg laufender Fußgänger verletzt wird, so haftet er wegen der Überschreitung des Schutzgesetzes. Jedoch könnte der Schaden des Verletzten inadäquat sein, da dieser Verlauf eher unwahrscheinlich erscheint. Um aber dem erweiterten Schutzbereich der Norm bei der Schutzgesetzverletzung Rechnung zu tragen, kann insoweit die Begrenzung durch die adäquate Kausalität nicht wirken. Es muss genügen, dass der Schaden im Schutzbereich der Verhaltensnorm liegt, dh von der Geschwindigkeitsbegrenzung hintangehalten werden sollte. Das ist der ausgesprochene Zweck von »Tempo 50«.

57

VI. Adäquanz und Gefährdungshaftung

Lange Zeit galt es als ausgemacht, dass auch bei der Gefährdungshaftung nur die adäquat kausal verursachte Verletzung und der ebenso herbeigeführte Schaden ersetzt wurde. Jedoch wurden bald Zweifel an der Beurteilung der Wahrscheinlichkeit aufgrund allgemeiner Lebenserfahrung laut. Bei der Schadenszufügung durch ein Tier oder durch ein Kfz kommt es jeweils auf die besondere Gefahr an, die mit der Gefährdungshaftung belegt worden ist. In Wirklichkeit ist also entscheidend, ob die Verletzung und der Schaden durch Verwirklichung der Gefahr hervorgerufen wurde, für welche die Gefährdungshaftung angeordnet war.

58

Nach BGHZ 79, 259 soll es nunmehr bei der Gefährdungshaftung überhaupt nicht mehr auf die Adäquanz ankommen. Wahrscheinlich geht die Kehrtwendung der Rechtsprechung zu weit. Meines Erachtens sollte auch im Rahmen der Gefährdungshaftung zwischen haftungsbegründender und haftungsausfüllender Kausalität unterschieden werden. Bei der haftungsbegründenden Kausalität kommt es darauf an, dass die Verletzung durch Verwirklichung der besonderen, mit der Gefährdungshaftung belegten Gefahr entstanden ist. Die besondere Gefahr des Tieres, etwa der Biss des Hundes oder der Tritt des Pferdes, muss sich in der Verletzung verwirklichen.

---

13 BGH VersR 1983, 750.

Was die auch bei der Gefährdungshaftung zu prüfende haftungsausfüllende Kausalität angeht, so kann man hier ebenso wie bei der Verschuldenshaftung auf die adäquate Kausalität rekurrieren. Ist die Verletzung durch Verwirklichung der besonderen Gefahr verursacht, so kommt es nunmehr darauf an, ob der Schaden adäquat kausal verursacht ist und im Schutzbereich der Norm liegt. Bei der adäquat kausalen Verursachung ist wiederum auf die allgemeine Vorhersehbarkeit für einen normalen Menschen abzustellen; für den Schutzbereich der Norm ist der Zweck der Gefährdungshaftung maßgebend. Wenn also der Jugendliche, der seinen Drachen an einer Drahtleine steigen lässt, mit der Elektrizitätsleitung in Berührung kommt und verletzt wird, so entscheidet ausschließlich der Schutzbereich der Gefährdungshaftung für elektrische Leitungen (§ 2 HpflG). Wenn er jedoch einen ganz unwahrscheinlichen Schaden erleidet, so ist es nicht mehr adäquat kausal, und die Ersatzpflicht entfällt.

VII. Besondere Eigenschaften des Opfers und adäquate Kausalität

59 Nach ständiger Rechtsprechung sind besondere, den Schaden erhöhende Eigenschaften des Opfers, etwa eine dünne Schädeldecke, Glasknochen oder eine besondere Allergieneigung adäquat. Wer einen Reiter derart zum Sturz bringt, dass dieser wegen besonders dünner Knochen erhebliche Verletzungen erleidet, haftet dafür. Rechtsprechung und hM halten solche Verletzungen sogar dann für adäquat kausal, wenn sie in weniger als 1:100.000 Geschehnissen erfolgen. Das widerspricht der Grundaussage der adäquaten Kausalität als allgemeine Vorhersehbarkeit. Der normale Mensch bezieht derart seltene Folgen in sein Kalkül nicht ein; sie sind also nicht allgemein vorhersehbar, somit nicht adäquat kausal. Dennoch sollten sie vom Täter ersetzt werden. Nach einem Satz von *Kegel* ist das Mitgefühl mit dem Opfer größer als das mit dem Täter. Man kann hinzufügen, der Täter ist regelmäßig versichert, das Opfer nur selten. Aus diesem Grunde gilt im deutschen Recht der Satz, dass der Schutzbereich der Norm auch inadäquate Schäden erfasst, die durch besondere persönliche Eigenschaften des Opfers entstehen. Wenn also das Opfer einer Körperverletzung an einer besonderen Disposition zu einer Hautkrankheit leidet und aus diesem Grunde längere Zeit arbeitsunfähig ist, hat der Täter den Schaden zu ersetzen, auch wenn diese Disposition nur äußerst selten vorkommt. Der Schutzbereich der Norm geht also der Adäquanz vor. Die Voraussicht des Gesetzgebers reicht weiter als die allgemeine Voraussehbarkeit des normalen Menschen.

§ 6 Sonderformen des Kausalzusammenhangs: mehrfache Kausalität, Unterbrechung des Kausalzusammenhangs, überholende Kausalität, rechtmäßiges Alternativverhalten

A. Mehrfache Kausalitäten

I. Kumulative Kausalität

Literatur: *Taupitz,* Proportionalhaftung zur Lösung von Kausalitätsproblemen, FS Canaris I, 2007, 1221.

Ein Ereignis geht regelmäßig auf eine Mehrzahl von Ursachen zurück. Es kann sein, dass mehrere Personen die Verletzung oder den Schaden verursacht haben, wobei jede voll kausal gewesen ist. Diese Kausalität kann gewissermaßen aufgereiht hintereinander geschehen, etwa wenn der eine die Waffe zur Verfügung gestellt und der andere damit geschossen hat. Es kann aber auch sein, dass zwei Handelnde jeder für sich Bedingungen gesetzt haben, welche unabhängig voneinander die Verletzung verursacht haben. Als Beispiel dafür lässt sich anführen, dass von zwei Unternehmen jedes für sich so viele Schadstoffe in einen Fluss abgibt, dass dort der Fischbestand vernichtet wird, wobei die Abgabe jedes einzelnen dafür genügt hätte. In diesen Fällen sind beide Kausalitäten voll zu berücksichtigen, jeder Handelnde ist voll kausal geworden, die Kausalität des anderen verdrängt nicht die des Erstgenannten. 60

II. Alternative Kausalität

Das tatsächliche Geschehen kann so unbestimmt abgelaufen sein, dass es möglich ist, dass die eine oder andere Person die Verletzung herbeigeführt hat, wobei unklar ist, auf wen die Verletzung zurückzuführen ist. In RGZ 58, 357 hatten zwei Täter Knallerbsen in einen Festsaal geworfen; ein Besucher wurde durch einen Explosivkörper am Auge verletzt. Jeder von beiden Werfenden konnte diese Ursache gesetzt haben. Die Alternativität ist kein Problem des Ursachenzusammenhangs selbst, sondern seines Beweises. Steht nicht fest, wer von zwei Personen die Verletzung herbeigeführt hat, so ist die Kausalität nicht bewiesen. Die alternativ möglichen Kausalitäten scheinen einander auszuschließen. Das Gesetz hat jedoch für den Fall mehrerer Haftpflichtiger einen besonderen Haftungsgrund geschaffen, die Alternativtäterschaft: Kann nicht festgestellt werden, wer von mehreren den Schaden verursacht hat, so haften alle als Gesamtschuldner, vorausgesetzt, dass jeder im Falle seiner Verursachung voll haftbar gewesen wäre, § 830 Abs. 1 S. 2. 61

III. Addierte Kausalität

Es kann auch sein, dass mehrere Kausalitäten zusammenwirken müssen, um den Erfolg herbeizuführen. Diese sog. addierte Kausalität betrifft nicht die zeitliche Aufeinanderfolge, sondern die gemeinschaftliche Wirkung auf der gleichen Stufe. Haben mehrere Personen aus einem Warenlager etwas gestohlen[1] oder mehrere Fabriken Schadstoffe in die Umwelt gelangen lassen, deren verbundene Wirkung erst zur Verletzung geführt hat, so ist jeder grundsätzlich nur nach dem Anteil seiner Kausalität verantwortlich. Es bedarf besonderer Regeln über die Mittäterschaft, Teilnahme oder 62

---

1 OLG Bamberg NJW 1949, 225.

Nebentäterschaft, um eine Gesamtschuld entstehen zu lassen. Solche Regeln finden sich in den §§ 830, 840.

B. Unterbrechung des Kausalzusammenhangs

Literatur: *Comes,* Zum Begriff des »gesteigerten Risikos« im Recht der unerlaubten Handlungen, NJW 1972, 2022; *Deutsch,* Regreßverbot und Unterbrechung des Haftungszusammenhangs im Zivilrecht, JZ 1972, 551; *Hanau,* Die Kausalität der Pflichtwidrigkeit, 1971; *Larenz,* Tatzurechnung und »Unterbrechung des Kausalzusammenhanges«, NJW 1955, 1009; *Mädrich,* Das allgemeine Lebensrisiko, 1980; *Niebaum,* Die Verfolgungsfälle und ihre Wertungskriterien, NJW 1976, 1673; *R. Weber,* Verfolgungsfälle: Objektive und subjektive Zurechnung, FS Steffen, 1995, 507; *Zimmermann,* Herausforderungsformel und Haftung für fremde Willensbetätigung nach § 823 I BGB, JZ 1980, 10.

I. Terminologie und Abgrenzung

63 Eine Wirkungskette, die zwischen Ursache und Erfolg besteht, kann nicht unterbrochen sein. Deshalb ist der Ausdruck »Unterbrechung des Kausalzusammenhangs« jedenfalls ungenau. Es wird jedoch das sog. Regressverbot anerkannt, wonach dem Zurückgehen im Rahmen der Kausalitätskette wertend Grenzen gezogen sein können. In Wirklichkeit handelt es sich also um eine Unterbrechung des Haftungszusammenhangs unter Zurechnungsaspekten; die Kausalität kann nicht unterbrochen werden.

Es gibt jedoch einen »Abbruch« des Ursachenzusammenhangs. Dieser Abbruch ist dann gegeben, wenn die Kausalkette nicht wirksam geworden ist, weil sie vor dem Erfolg umgeleitet oder abgebrochen wurde. Ein Fehler hat sich dann nicht aktualisiert, sondern ist im Bereich des Möglichen steckengeblieben.[2] Verabreicht jemand einem anderen eine giftige Speise, stirbt dieser aber bei einem Verkehrsunfall, bevor das Gift wirksam werden konnte, so ist der mit der giftigen Speise in Gang gesetzte Ursachenzusammenhang nicht zum Erfolg gelangt. Ob er haftungsrechtlich irgendeine Bedeutung hat, entscheidet sich unter dem Aspekt der Reserveursache bzw. der überholenden Kausalität. Der Abbruch der Kausalität ist jedoch an sich zu beachten.

II. Unterbrechung der psychischen Kausalität

64 Der Ansatzpunkt für die Unterbrechung des Haftungszusammenhangs ist die psychisch vermittelte Kausalität. Wie schon dargetan, ist der psychische Ursachenzusammenhang nichts Geringerwertiges, sondern nur etwas anderes als die naturgesetzliche Kausalität. Wegen seiner Eigenart gewährt er die Möglichkeit, bei einem besonders starken Dazwischentreten ein Regressverbot anzunehmen. Dabei kann die psychische Vermittlung durch das Opfer selbst oder durch einen anderen als den Täter geschehen. Es mag sein, dass das Opfer durch sein Verhalten dem Kausalzusammenhang eine besondere Ausrichtung gegeben hat, sodass eine eventuelle Anrechnung über das Mitverschulden (§ 254) nicht mehr ausreicht. Es kann auch sein, dass bei einer Kausalkette ein fremdes Dazwischentreten so kennzeichnend ist, dass nur dort die Haftung angesiedelt werden kann.

Zwei Beispiele aus der Rechtsprechung sollen die Problematik der Unterbrechung plastisch darstellen. In einem englischen Fall beauftragte ein Hauseigentümer einen Unternehmer, eine Akazie in seinem Garten zu fällen. Der Baum stürzte so unglücklich auf die Telefonleitung, dass die abgerissenen Drähte auf der Straße lagen. Ein neugieriger Zuschauer versuchte, die Drähte von der Straße zu entfernen, als ein Auto

---
2 BGH VersR 1986, 602.

mit überhöhter Geschwindigkeit nahte. Um sich nicht zu verletzen, warf sich der Zuschauer auf den Grasstreifen neben der Straße. Dabei platzte in seinem Rückgrat ein Tumor, wodurch der Kläger gelähmt blieb. Das untere Gericht hatte den Auftraggeber, den Unternehmer und den Fahrer des Kraftwagens zu Schadensersatz verurteilt. Das Berufungsgericht weist die Klage gegen den Auftraggeber ab: Dieser sei zwar kausal gewesen, hafte jedoch nicht für das Verschulden des Unternehmers, der nicht seinen Weisungen unterworfen gewesen sei.[3]

In einer Entscheidung des BGH ging es darum, dass einer Polizeistreife in Osnabrück die nicht vollständige Beleuchtung eines Autokennzeichens auffiel. Sie forderte den Fahrer zum Anhalten auf. Dieser fürchtete die Kontrolle, da ihm die Fahrerlaubnis entzogen war, und fuhr mit hoher Geschwindigkeit stadtauswärts. Die Funkstreife verfolgte den Fliehenden. In einer S-Kurve fuhr der Streifenwagen gegen einen Baum. Der flüchtende Fahrer wurde zum Schadensersatz verurteilt, jedoch ein Mitverschulden der Polizisten angerechnet. Nach Ansicht des BGH war die Ursächlichkeit nicht unterbrochen, denn die Flucht des Fahrers sei für die Verfolgung nicht gänzlich bedeutungslos gewesen, da die Polizisten berechtigt und verpflichtet gewesen seien, den Fahrer zu stellen.[4] Der Verletzte ist aber nicht gehalten, besondere Anstrengungen zu machen. Ist der Halter von Zuchtvieh rechtswidrig aus einer Herdbuchgenossenschaft ausgeschlossen worden und erhält er infolgedessen nach Einführung der Milchquotenregelung eine geringere Milchquote als nach dem bisherigen Bestand, so wird die Schadenszufügung nicht dadurch unterbrochen, dass der Halter es unterlassen hat, seinen Viehbestand mit Zuchtvieh anstelle der nicht mehr möglichen Erhöhung des Milchtierbestandes aufzustocken.[5]

Zur Unterbrechung kommt es jedoch, wenn der den Schaden herbeiführende Willensentschluss des Geschädigten von der vom Schädiger geschaffenen Gefahrenlage weit entrückt und in den Bereich des eigenen Lebensrisikos verlagert ist. So stand es in dem Fall, dass das Opfer eines Verkehrsunfalls den Beruf gewechselt, 18 Jahre dort mehr als in seiner früheren Stellung verdient und nun sich selbstständig gemacht hatte, wobei er wirtschaftlich gescheitert war.[6]

III. Unterbrechung durch Handlung oder Unterlassung

Für gewöhnlich wird der Zurechnungszusammenhang durch das Dazwischentreten eines anderen unterbrochen, der die Haftung auf sich zieht. Das Unterbrechen geschieht also typischerweise durch Handlung. Soweit jedoch der Verletzte den Haftungszusammenhang unterbricht, kommt auch eine Unterlassung in Betracht. Verweigert die Schwangere im Fall BGH NJW 1985, 671 eine zweite Abtreibung, nachdem die erste schuldhaft misslungen ist, so erhebt sich die Frage der Unterbrechung des Kausalzusammenhangs. Der BGH hat sie verneint, da die Schwangere wegen des erheblichen Fortschreitens der Schwangerschaft beachtliche Motive zur Nichtmitwirkung gehabt habe. Anders stand es im englischen Fall Regina v. Blaue.[7] Eine Zeugin Jehovas hatte nach einem Messerstich in die Lungengegend einen mit großer Wahrscheinlichkeit lebensrettenden Eingriff mit Bluttransfusion abgelehnt. Sie war gestorben und das Gericht hatte wegen Tötung verurteilt. Die unerwartete Nichtbehandlung unterbricht nicht den Kausalzusammenhang. Das Unterlassen hat jedoch in besonderem Maße die Haftungskonzentration auf sich zu ziehen: Nach BGH MDR 1995, 268 haftet die Herdbuchgenossenschaft, welche den Halter von Zuchtvieh rechtswidrig ausgeschlossen

65

---
3 *Salsbury v. Woodland* [1970] 1 Q. B. 324.
4 BGH JZ 1967, 639.
5 BGH NJW 1995, 126.
6 BGH VersR 1991, 1293.
7 *Regina v. Blaue* [1975] 1 W. L. R. 1411.

hat, auch für seine infolgedessen geringere Milchquote. Das Unterlassen des Aufstockens der Herde mit Milchkühen unterbricht nicht den Kausalzusammenhang.

IV. Theorie und Fallgruppen der Unterbrechung

66 Nach Rechtsprechung und hL kann ein vorsätzliches Dazwischentreten eines Dritten oder des Opfers, nicht jedoch das Verhalten eines Tieres[8] zur Unterbrechung des Haftungszusammenhangs führen. Weitere Voraussetzung ist jedoch, dass das Dazwischentreten nicht durch das vorhergehende Verhalten herausgefordert (*Larenz*) wurde. »Herausforderung« ist dann gegeben, wenn das Verhalten des Dritten auf der schon angebahnten Linie des Erstverhaltens liegt. Handelt es sich um eine Fortsetzung des ersten Verhaltens, so ist keine Unterbrechung gegeben. Nach der Rechtsprechung spielt auch die Gefahrerhöhung eine Rolle. Wenn durch das Erstverhalten eine Intervention herausgefordert wird, die besonders gefährlich erscheint, dann soll sie dem ersten Täter angerechnet werden. Die Gefahrerhöhung bildet eine Variante der Herausforderung, die besonders bei den sog. Verfolgungsfällen eine Rolle spielt.

67 In der Rechtsprechung haben sich eine Reihe von Fallgruppen der Unterbrechung herausgebildet. Der Haftungszusammenhang wird nicht unterbrochen, wenn der Intervenierende zu seiner Handlung verpflichtet war. Wenn also der Feuerwehrmann in das brennende Haus eilt und dort verletzt wird, haftet der Brandstifter. Begibt sich der Geistliche in eine Klinik, die unter Quarantäne steht, welche wegen des Einschleppens von Pocken notwendig geworden war, und zieht sich selbst die Pocken zu, so haftet der Einschleppende, weil der Geistliche eine moralische Verpflichtung erfüllt hat.[9]

68 Bei den Verfolgungsfällen ist das Merkmal der Herausforderung nicht besonders geeignet. Ein Straftäter, der vor der Polizei flieht, fordert stets die Verfolgung heraus. Auch besteht oft eine Pflicht zur Verfolgung. Allerdings muss man hier darauf achten, dass das Risiko der an sich rechtlich zulässigen Flucht nicht durch ein Übermaß der Haftung so hoch geschraubt wird, dass die Flucht praktisch »unmöglich« ist. In neuerer Zeit stellt die Rechtsprechung besonders auf das Verschulden des Fliehenden ab, dem entweder die Verfolgung unbekannt war[10] oder die mögliche Verletzung des Verfolgers vielleicht nicht bewusst sein musste. Das gilt insbesondere für Minderjährige und Personen, welche die Situation nicht übersehen.[11] BGHZ 132, 164 ist zur Haftung des Fliehenden zurückgekehrt, wenn der Schaden auf der gesteigerten Gefahrenlage beruht und die Risiken der Verfolgung nicht außer Verhältnis zu deren Zweck standen.

Aus der Judikatur sind drei Urteile wegweisend: Ein 16-jähriges Mädchen war von der Polizei zur Untersuchung in die Klinik gebracht worden. Sie floh über den feuchten Rasen, und ein Polizist, der ihr folgte, stürzte dabei und zog sich einen Muskelriss zu. Die Klage des Dienstherrn gegen das Mädchen wurde abgewiesen. Der Fliehende trage nicht das normale Risiko des Verfolgers, das bei der Verfolgung über eine Rasenfläche gegeben sei.[12] Ein Schwarzfahrer wurde vom Kontrolleur gefasst, floh über eine Treppe, der Kontrolleur folgte ihm und stürzte. Seiner Klage wurde im Wesentlichen stattgegeben. Im Bereich psychisch vermittelter Kausalität werde zwar bei Dazutreten eines selbstständigen Entschlusses des Verletzten oder eines Dritten nicht ohne Weiteres für alle Bedingungsfolgen gehaftet. Sogar wenn der Verfolger eine gesteigerte Gefahr gelaufen sei, fehle es an der Unterbrechung des Haftungszusammenhangs.[13] In

---

8 BGH VersR 1988, 640: Sprung von Schäferhund aus Auto.
9 BGHSt 17, 359.
10 BGH MDR 1991, 232.
11 BGH NJW 1976, 568.
12 BGH NJW 1971, 1982.
13 BGHZ 57, 25.

einem jüngeren Fall verlangte der Sozialversicherer eines Feuerwehrmannes vom Verursacher einer fahrlässigen Brandstiftung Schadensersatz. Der Feuerwehrmann hatte nach Ende der Arbeit die Schläuche aufgerollt, dabei war er mit dem linken Fuß umgeknickt und hatte eine Distorsion des schon durch frühere Verletzungen vorgeschädigten linken oberen Sprunggelenks erlitten. Die Klage wird abgewiesen, obwohl der Verletzte zu dem selbstgefährdenden Verhalten herausgefordert worden war; der Schaden ist jedoch nicht eine Folge der Gefahrsteigerung, in die der Verletzte durch die Herausforderung geraten ist.[14]

Eine weitere Fallgruppe bilden die sog. Grünstreifenfälle, bei denen nach einem schuldhaft herbeigeführten Verkehrsunfall andere Verkehrsteilnehmer nicht die Räumung der Unfallstelle abwarten, sondern auf dem Grünstreifen oder sonst unter Beschädigung der Straßenanlagen die Unfallstelle umfahren. Die Frage ist, ob der für den Verkehrsunfall Verantwortliche auch für die Exzesse der Wartepflichtigen einzustehen hat. Der BGH verneint den Haftungszusammenhang, da das Umfahren der Unfallstelle nicht herausgefordert war. Der Schutzbereich der Norm umfasst nicht den Schaden, der später an Rad- und Fußwegen entsteht.[15]

C. Überholende Kausalität (Reserveursache)

Literatur: *Bernert*, Rezension zu Kahrs, Kausalität und überholende Kausalität im Zivilrecht, AcP 173 (1973), 460; *v. Caemmerer*, Das Problem der überholenden Kausalität im Schadensersatzrecht, 1962; *Frank-Löffler*, Grundfragen der überholenden Kausalität, JuS 1985, 689; *Hanau*, Die Kausalität der Pflichtwidrigkeit, 1971; *Kahrs*, Kausalität und überholende Kausalität im Zivilrecht, 1969; *H. Lange*, Zum Problem der überholenden Kausalität, AcP 152 (1952/53), 153; *Larenz*, Zur Berücksichtigung hypothetischer Schadensursachen bei der Schadensermittlung, NJW 1950, 487; *Neumann-Duesberg*, Verneinung der überholenden Kausalität trotz hypothetischer Schadensursache, JR 1952, 225; *Niederländer*, Schadensersatz bei hypothetischen Schadensereignissen, AcP 153 (1952/53), 41; *ders.*, Hypothetische Schadensereignisse, JZ 1959, 617; *Wahle*, Die überholende Kausalität, Karlsruher Forum 1959, 58; *Zeuner*, Zum Problem der überholenden Kausalität, AcP 157 (1958/59), 441.

I. Problemstand und Fallgruppen

Eine Ursache kann zum Erfolg geführt haben, zugleich kann aber für denselben Erfolg eine weitere Ursache in Reserve gestanden haben. Dann erhebt sich die Frage, ob die erste oder die zweite oder beide Ursachen im Rechtssinne als zurechenbar anzusehen sind. Es handelt sich also der Sache nach um eine Konkurrenz einer wirklichen und einer hypothetischen Ursache. Als Beispiele nehme man an, dass bei einem Kraftverkehrsunfall ein Kotflügel beschädigt wird; bei der Fahrt zur Werkstatt fährt ein anderer Kraftfahrer auf den beschädigten Kotflügel noch einmal auf. Bei natürlicher Betrachtung meint man, die sich auswirkende Ursache allein berücksichtigen zu müssen. Die hypothetische Ursache ist nicht wirksam geworden und deshalb auch nicht zu berücksichtigen. Im Interesse der Versorgung des Opfers könnte man jedoch argumentieren, dass beide »Verursacher« als Gesamtschuldner haften sollten. Auch kann es so stehen, dass die Reserveursache nach der Verkehrsanschauung bereits mindernd auf das verletzte Rechtsgut eingewirkt hat, etwa wenn es sich um einen noch nicht ausgebrochenen, aber latent erheblichen Krankheitszustand handelt. Zwei markante Entscheidungen lassen die Problematik deutlicher werden. Der führende Fall ist in England entschieden worden.[16] Ein Fußgänger war von einem Auto am linken Bein

---

14 BGH VersR 1993, 843.
15 BGHZ 58, 162.
16 *Baker v. Willoughby* [1970] A. C. 467.

verletzt worden. Noch vor der Regulierung des Schadens erhielt der Fußgänger bei einem Raubüberfall auf seine Arbeitsstelle einen Schuss in das linke Bein, das deswegen amputiert werden musste. Statt eines steifen Beins trägt der Kläger nun eine Prothese. Das Argument der Versicherung, dass die Amputation die frühere Verletzung aufgesogen habe, wurde nicht anerkannt. Im Falle BGHZ 10, 6 ging es um den Direktor einer Zuckerfabrik, der auf Betreiben des Ortsgruppenleiters im Jahre 1944 entlassen worden war. Da der Direktor jedoch als alter Parteigenosse von den Alliierten im Jahre 1945 jedenfalls aus seiner Stellung entfernt worden wäre, wurde seine Klage gegen den Ortsgruppenleiter für die Zeit ab 1945 abgewiesen. Die Berücksichtigung des hypothetischen Ursachenzusammenhangs sei notwendig, da er schon zur Zeit des schädigenden Ereignisses an der Person des Beschädigten selbst bestanden habe.

II. Lösungen in Lehre und Rechsprechung

71 Während in der Rechtslehre viele Ansichten vertreten werden, die von der Nichtberücksichtigung der hypothetischen Ursache bis zur Gesamtschuld reichen, hat die Rechtsprechung eine restriktive Haltung eingenommen. Die hypothetische Ursache wird nur insoweit berücksichtigt, als es um laufende Leistungen in Form einer Rente wegen einer Personenverletzung geht. Wenn ein Kaminfeger von einem Lkw angefahren worden ist und es dadurch zu einer Arthrose und einem Ischias kam, die zwar anlagebedingt, aber erst durch den Unfall ausgelöst wurden, ist zwar grundsätzlich Schadensersatz zu zahlen. Was jedoch die Rentenansprüche für die Zukunft angeht, so kommt es darauf an, ob der Verletzte auch ohne Unfall arbeitsunfähig geworden wäre.[17] Bei diesen sog. Anlagefällen entscheidet also die Minderung des Schadens durch die abzusehende hypothetische Ursache. Neuerdings hat sich der BGH dafür ausgesprochen, den hypothetischen Kausalverlauf bei rechtmäßigem Alternativverhalten nur dann zu berücksichtigen, wenn die Ursächlichkeit der durchgeführten rechtswidrigen Handlung für den behaupteten Schaden festgestellt und mithin die Haftung grundsätzlich gegeben ist.[18]

D. Rechtmäßiges Alternativverhalten

Literatur: *v. Caemmerer,* Das Problem der überholenden Kausalität im Schadensersatzrecht, 1962; *Erb,* Rechtmäßiges Alternativverhalten ... im Strafrecht, 1991; *Gotzler,* Rechtmäßiges Alternativverhalten im haftungsbegründenden Zurechnungszusammenhang, 1977; *Hanau,* Die Kausalität der Pflichtwidrigkeit, 1971; *Keuk,* Vermögensschaden und Interesse, 1972, 59 ff.; *Kleewein,* Hypothetische Kausalität und Schadensberechnung, 1993, 177; *Larenz,* Präventionsprinzip und Ausgleichungsprinzip im Schadensersatzrecht, NJW 1959, 865; *Wissmann,* Die Berufung auf rechtmäßiges Alternativverhalten, NJW 1971, 549.

Rechtsvergleichend: *Grechenig/Stremitzer,* Der Einwand rechtmäßigen Alternativverhaltens – Rechtsvergleich, ökonomische Analyse und Implikationen für die Proportionalhaftung, RabelsZ 73 (2009), 336.

I. Typologie und Abgrenzung

72 Auf rechtmäßiges Alternativverhalten beruft man sich mit dem Vorbringen, dass sich der Schaden gleichermaßen bei rechtswidrigem oder auch bei rechtmäßigem Verhalten ereignet haben könnte. Es wird also nicht die Kausalität infrage gestellt, sondern vielmehr behauptet, dass die rechtswidrige Schadenszufügung deswegen nicht erheblich

---
17 RGZ 169, 117.
18 BGH NJW 2012, 850.

sei, weil sie ebenso rechtmäßig erfolgt sein könnte. Die Rechtswidrigkeit des Verhaltens wird also für unerheblich gehalten.

Als Fallgruppen des rechtmäßigen Alternativverhaltens kommen die Inanspruchnahme eines Grundstücks ohne erforderlichen, wohl aber möglichen öffentlich-rechtlichen Verwaltungsakt, die Ausrufung eines Streiks ohne Einhalten der tarifvertraglichen Wartefrist, die Vornahme einer Operation ohne Aufklärung des Patienten, die unberechtigte fristlose Kündigung anstelle der fristgemäßen Kündigung und die unrichtige Fälligkeitsbestätigung des Notars mit vorzeitiger Leistung in Betracht.[19] 73

Es ist heute anerkannt, dass überholende Kausalität und rechtmäßiges Alternativverhalten deutlich zu unterscheiden sind. Während die Reserveursache einen möglichen zweiten Kausalverlauf ins Spiel bringt, bedeutet der Einwand des rechtmäßigen Alternativverhaltens nichts anderes, als dass die Rechtswidrigkeit so geringfügig sei, dass es auf sie nicht ankomme. Das ist im sog. Löschteichfall[20] deutlich geworden: Eine Baufirma legte 1944 auf einem Trümmergrundstück einen Löschteich an, wozu sie vom Luftschutzleiter aufgefordert war. Eine behördliche Inanspruchnahme nach dem Reichsleistungsgesetz erging nicht, wäre aber leicht zu erhalten gewesen. Nach dem Krieg verlangt der Eigentümer die Beseitigung des Löschteichs. Die Baufirma wendet ein, dass derselbe Schaden entstanden wäre, wenn die Inanspruchnahmeverfügung ergangen wäre, also ein mögliches rechtmäßiges Alternativverhalten. 74

II. Rechtswidrigkeit und Normzweck

Der Einwand des rechtmäßigen Alternativverhaltens ist dann jedenfalls anzuerkennen, wenn es sich um eine unwesentliche und untergeordnete Förmlichkeit gehandelt hat, die nicht eingehalten worden ist. Dann liegt der Schaden nicht im Schutzbereich der verletzten Norm. Wenn also eine klinische Prüfung eines Arzneimittels vorgenommen worden ist, ohne dass die nach § 40 AMG erforderliche schriftliche Einwilligung eingeholt worden ist, wohl aber nach Aufklärung die mündliche Einwilligung des Probanden gegeben wurde, so ist ein Schadensersatzanspruch nicht gegeben. Die Schriftlichkeit dient nur Beweiszwecken. Auch die abredewidrige Ausfüllung eines Wechsels durch den ersten Nehmer kann ihm dann nicht entgegengehalten werden, wenn der Akzeptant ebenso bei abredegemäßer Vervollständigung verpflichtet gewesen wäre, etwa als Vorgesellschafter einer KG, die statt seiner auf dem Wechsel erscheinen sollte.[21] 75

Ganz anders aber steht es mit wesentlichen Förmlichkeiten, deren Zweck es ist, eine Entscheidung einer Behörde oder eines einzelnen zu veranlassen bzw. auf eine solche Entscheidung einzuwirken. Ist ein Verdächtiger ohne Haftbefehl festgehalten worden, so hat er einen Anspruch wegen rechtswidriger Freiheitsberaubung, auch wenn der Haftrichter normalerweise einen Haftbefehl ausgestellt hätte.[22] Ist der Patient nicht aufgeklärt worden, hätte ihn jedoch die Aufklärung in einen »echten Entscheidungskonflikt« gestürzt,[23] so steht ihm ein Schadensersatzanspruch zu, da er Überlegungen anstellen sollte. Der Einwand des rechtmäßigen Alternativverhaltens ist also nicht geeignet, Verfahrensgarantien und Entscheidungsspielräume auszuschalten. Werden sie nicht gewährt, so ist der dann eintretende Schaden typischerweise dem Verletzer zuzuweisen.

---

19 OGHZ 1, 308; BAG 6, 321; BGH JZ 1959, 773; BAG NJW 1984, 2846; BGH VersR 1986, 444.
20 OGHZ 1, 308.
21 BGH NJW 1985, 1957.
22 Österr. OGH JBl. 1982, 259.
23 BGH NJW 1984, 1394.

III. Beweislast und Rechtsfolge

76 Die Problematik des rechtmäßigen Alternativverhaltens wird oft aus dem materiellen Recht in das Prozessrecht verlagert. Bisweilen anerkennt die Rechtsprechung grundsätzlich die Möglichkeit der Befreiung durch rechtmäßiges Alternativverhalten, bürdet dafür aber dem Behauptenden die Beweislast auf. Regelmäßig wird er diesen Beweis nicht führen können, sodass es sich um eine *probatio diabolica* handelt. Dogmatisch zutreffend ist es dagegen, die Frage des rechtmäßigen Alternativverhaltens als ein Problem des Schutzbereichs der Norm zu sehen und weitgehend auf untergeordnete Förmlichkeiten einzuschränken. Freilich auch in diesem Bereich trägt der Behauptende die Beweislast, da es sich um einen Einwand handelt.

Greift der Einwand des rechtmäßigen Alternativverhaltens durch, ist nach der Rechtsprechung mangels Schadens kein Ersatzanspruch gegeben. Es gilt das Alles-oder-Nichts-Prinzip. Damit wird freilich der Gestaltung nicht Rechnung getragen, dass der Einwand auch bisweilen nur teilweise durchgreifen kann, weil Verfahrensgarantien und Entscheidungsspielräume gesichert werden sollen. In einem solchen Fall sollte der Ersatzanspruch ermäßigt werden. Das wird in der Rechtsprechung jedoch nicht anerkannt.

§ 7 Rechtswidrigkeit

Literatur: *v. Caemmerer*, Die absoluten Rechte in § 823 Abs. 1 BGB, Karlsruher Forum 61, 19; *Deutsch*, Fahrlässigkeit und erforderliche Sorgfalt, 1963, 2. Aufl. 1995, 433 ff.; *H. A. Fischer*, Die Rechtswidrigkeit mit besonderer Berücksichtigung des Privatrechts, 1911; *Günther*, Strafrechtswidrigkeit und Strafrechtsausschluß, 1983; *G. Hager*, Zum Begriff der Rechtswidrigkeit im Zivilrecht, FS E. Wolf, 1985, 133; *Janssen*, Das Problem der Rechtswidrigkeit bei § 823 I BGB, AcP 203 (2003), 79; *Jhering*, Das Schuldmoment im römischen Privatrecht, 1867; *Larenz*, Rechtswidrigkeit und Handlungsbegriff im Zivilrecht, FS Dölle I, 1963, 169; *Münzberg*, Verhalten und Erfolg als Grundlagen der Rechtswidrigkeit und Haftung, 1966; *Nipperdey*, Rechtswidrigkeit, Sozialadäquanz, Fahrlässigkeit, Schuld im Zivilrecht, NJW 1957, 1777; *ders.*, Rechtswidrigkeit und Schuld im Zivilrecht, Karlsruher Forum 59, 3; *Rother*, Die Begriffe Kausalität, Rechtswidrigkeit und Verschulden in ihrer Beziehung zueinander, FS Larenz, 1983, 538; *Steffen*, Verkehrspflichten im Spannungsfeld von Bestandsschutz und Haftungsfreiheit, VersR 1980, 409; *Stoll*, Zum Rechtfertigungsgrund des verkehrsrichtigen Verhaltens, JZ 1958, 137; *ders.*, Unrechtstypen bei Verletzung absoluter Rechte, AcP 162 (1963), 203; *Weitnauer*, Zum Schutz der absoluten Rechte, Karlsruher Forum 61, 28; *Wiethölter*, Der Rechtfertigungsgrund des verkehrsrichtigen Verhaltens, 1960; *Zeuner*, Bemerkungen zum Problem der Rechtswidrigkeit aus zivilrechtlicher Sicht, JZ 1961, 41; *Zielinski*, Handlungs- und Erfolgsunwert im Unrechtsbegriff, 1973; *Zippelius*, Die Rechtswidrigkeit von Handlung und Erfolg, AcP 157 (1958/59), 390.

A. Herkunft und Gesetzgebungsgeschichte

I. Entwicklung

Der Begriff Rechtswidrigkeit, der nur dem deutschen Rechtskreis eigen ist, wurde von *Jhering* im Jahre 1867 geprägt. Am Beispiel des Anspruchs des Eigentümers gegen den gutgläubigen unberechtigten Besitzer einer Sache und dem Anspruch des Bestohlenen gegen den Dieb entwickelte er die Trennung in zwei Arten der Rechtswidrigkeit, welche von ihm als objektive oder subjektive bezeichnet wurde. 77

II. Die Rechtswidrigkeit in den Materialien zum BGB

Die gesetzesvorbereitenden Kommissionen verwendeten die Rechtswidrigkeit bereits als vorgegebenen Strukturbegriff. Schon die erste Kommission unterschied drei Arten der Widerrechtlichkeit, nämlich das Handeln gegen ein absolutes Verbotsgesetz, die Verletzung des einem anderen zustehenden absoluten Rechts und den Verstoß gegen die guten Sitten. Von dieser Voraussetzung her ist die Einteilung in die drei Grundtatbestände des Deliktsrechts (Verletzung eines Rechtsguts, Verletzung eines Schutzgesetzes, sittenwidriges Verhalten) geschehen. 78

B. Definition und Quellen der Rechtswidrigkeit

I. Begriffsbestimmung

Rechtswidrig erscheint, was dem Recht widerspricht. Diese Definition ist beinahe tautologisch, jedoch nur beinahe, denn es ist nicht gesagt, ob es sich dabei um den Widerspruch zum objektiven Recht oder zu den subjektiven Rechten handelt. Widerrechtlich ist also einmal das Zuwiderhandeln gegen eine Norm, die ein räumlich-zeitlich-gegenständliches Verhalten untersagt, etwa die Überschreitung einer Höchstgeschwindigkeit oder das Fahren an verbotener Stelle. Ebenso ist widerrechtlich die Verletzung eines subjektiven Rechts, das dem Träger in seinem Interesse zugewiesen ist, 79 etwa die Verletzung eines Patents oder die Beschädigung einer Sache. Schließlich erscheint widerrechtlich auch ein Verhalten, das die Rechtsordnung wegen seines subjektiv anstößigen Charakters untersagt, etwa nötigendes oder sittenwidriges Verhalten in Kenntnis dieser Umstände.

II. Quellen der Rechtswidrigkeit

80   Rechtswidrig ist einmal das vom Gesetz namentlich für rechtswidrig Erklärte, etwa die verbotene Eigenmacht, § 858 Abs. 1. Sodann kann eine Norm ausdrücklich ein benanntes Verhalten gebieten oder verbieten, etwa das Verbot, ein Grundstück zu vertiefen, oder das Gebot, links zu überholen, §§ 909 BGB, 5 StVO. Ein weiteres Erkenntnismittel ist die Voraussetzung eines widerrechtlichen Verhaltens in den deliktischen Haftungstatbeständen des § 823 Abs. 1. Wenn dort die rechtswidrige Körperverletzung mit einer Ersatzpflicht belegt wird, so ist mittelbar die Verletzung des Körpers untersagt. Da ein Erfolg nicht untersagt werden kann, erscheint eine übermäßige Gefährdung der Person, die in dem Erfolg resultieren kann, nicht zulässig.

C. Arten der Rechtswidrigkeit

I. Gegenstand der Rechtswidrigkeit

81   Die Rechtsordnung richtet sich an den Menschen. Gebote und Verbote sind auf das menschliche Verhalten bezogen. Rechtswidrig kann deshalb nur ein menschliches Verhalten und nicht ein Erfolg oder ein Naturzustand sein, auch nicht der gefährdete Bienenflug.[1] Ein Gewitter, ein Verkehrsunfall oder ein blaues Auge sind nicht widerrechtlich. Rechtswidrig kann aber auch ein Verhalten sein, das den Erfolg oder Zustand herbeigeführt oder auf ihn nicht reagiert hat. Rechtswidrig ist es somit nicht nur, einen anderen zu überfahren, sondern ebenso, einen gefährlichen Zustand zu dulden, etwa ein Loch in der Straße, in das jemand stürzen kann.

II. Erfolgsbezogene Rechtswidrigkeit

82   Ein Verhalten kann deshalb widerrechtlich sein, weil es zu einem schädlichen Erfolg geführt hat. Das zu schnelle Fahren oder die Nichtabdeckung eines Lochs in der Straße haben zu einer Körperverletzung geführt. Rechtswidrig ist nicht die Körperverletzung, sondern das davor liegende gefährliche Verhalten, sei es Handlung, sei es Unterlassung. Es ist zu Recht darauf hingewiesen worden, dass nicht jede kausale Verknüpfung zu einem schädlichen Erfolg mit dem Urteil der Rechtswidrigkeit belegt werden sollte. Die gegenteilige Haltung würde bedeuten, dass man sogar weit vor der schädigenden Handlung liegende Ereignisse, etwa die Herstellung des in den Unfall verwickelten Autos, als rechtswidrig ansehen müsste. Um weitab liegendes Verhalten von vornherein auszuscheiden, ist die neuere Lehre dazu übergegangen, die erfolgsbezogene Rechtswidrigkeit funktionsgemäß zu beschränken. Rechtswidrig sind danach einmal unmittelbar bevorstehende Eingriffe, gegen die Notwehr oder sonstige, auch gerichtliche Abwehrmaßnahmen zulässig sind. Rechtswidrig sind weiterhin entfernt liegende oder mittelbare Eingriffe, aber nur dann, wenn das Höchstmaß der Sorgfalt außer acht gelassen worden ist. Wird ein Automobil mit einem Bremsfehler konstruiert, oder verkauft der Waffenhändler einem bekannten Messerhelden ein feststellbares Messer, so handeln sie rechtswidrig, wenn später die schlechten Bremsen zu einem Unfall führen oder das Messer zum Stechen benutzt wird. Stets ist aber darauf zu

---

[1] AA BGHZ 117, 110.

achten, dass nicht der Erfolg selbst, sondern das gefährliche Verhalten das Prädikat der Rechtswidrigkeit verdient.

III. Verhaltensbezogene Rechtswidrigkeit

Abgesehen von der Gefährdung eines Rechtsguts ist ein Tun oder Unterlassen auch dann rechtswidrig, wenn es einer Verhaltensnorm widerspricht. Ordnet das Recht selbst an, dass eine Person eine Handlung setzen oder unterlassen soll, so ist das Zuwiderhandeln widerrechtlich. Der Widerspruch zur Rechtsordnung ergibt sich so unmittelbar. Wer in der Stadt schneller als Tempo 50 fährt, wer im Halteverbot anhält, wer rechts überholt oder ohne Fahrerlaubnis fährt, handelt automatisch widerrechtlich. Dabei bedarf es entgegen mancher Ansicht nicht der Kenntnis oder des Erkennenkönnens der Norm oder ihres Eingreifens. Die verhaltensbezogene Rechtswidrigkeit stellt keine subjektiven Anforderungen. Das würde eine Übersteigerung bedeuten. Als Beispiel wird das Vorfahrtsschild behandelt, das von einem Möbelwagen verdeckt wird. Wenn ein Ortsfremder auf die Kreuzung zufährt und das Vorfahrtsschild nicht sehen kann, gilt es dennoch. Man hat zwar vorgetragen, dass der Mensch nur an eine Norm gebunden sein könne, deren Eingreifen er erkennt oder wenigstens erkennen kann. Jedoch wird von dieser Ansicht nicht genügend berücksichtigt, dass das Urteil der Rechtswidrigkeit auch zugunsten Dritter wirkt. Der Vorfahrtsberechtigte handelt rechtmäßig; der Wartepflichtige, der, sei es auch in Unkenntnis der Wartepflicht, auf die Kreuzung fährt, rechtswidrig; das ist Ausfluss des Vertrauensprinzips auf die Rechtswidrigkeit.

83

IV. Subjektiv gefärbte Rechtswidrigkeit

In einem engen Bereich kann die Rechtswidrigkeit auch eine subjektive Komponente aufweisen. Rechtswidrig ist dann nur ein Verhalten, das entweder vorsätzlich oder fahrlässig sowie die Umstände, welche die Rechtswidrigkeit begründen, kennend oder kennen müssend geschieht. Anwendungsbeispiele finden sich zB im Bereich der Anfechtung wegen widerrechtlicher Drohung, bei dem Schadensersatz wegen sittenwidrigen Verhaltens und im Bereich des gutgläubigen Erwerbs. Die subjektiv gefärbte Rechtswidrigkeit ist jedoch eine Ausnahme. So hat BGHZ 25, 217 darauf abgestellt, ob der Bankdirektor, welcher der Frau des Wechselreiters das Unterzeichnen einer Bürgschaftserklärung mit dem Hinweis auf die Strafbarkeit des Mannes nahelegte, die Widerrechtlichkeit dieses Verhaltens kennen musste. Im Bereich der Anfechtung wegen widerrechtlicher Drohung (§ 123) ist also das Kennenmüssen Voraussetzung der Widerrechtlichkeit.

84

V. Verhältnis der Rechtswidrigkeiten zueinander

Erfolgsbezogene, verhaltensbezogene und subjektiv gefärbte Rechtswidrigkeit kommen nebeneinander vor. Sie schließen einander nicht aus. Es wäre einseitig, nur die verhaltensbezogene oder nur die erfolgsbezogene Rechtswidrigkeit anzuerkennen, wie das gelegentlich in der Lehre geschieht. Ein Beispiel mag das belegen: Ein Kraftfahrer, der sich mit überhöhter Geschwindigkeit einer Kreuzung nähert und dort einen Unfall verursacht, handelt in mehrfachem Sinne rechtswidrig: Die überhöhte Geschwindigkeit widerspricht einer Verhaltensnorm, nämlich etwa Tempo 50 in der Stadt; die gefährliche Annäherung an den fremden Wagen ist unter dem Gesichtspunkt der Gefahr für ein konkretes Rechtsgut rechtswidrig. Sollte eine Rechtswidrigkeit ausfallen, so bleibt die andere.

85

So stand es im Falle BGH LM WaldschutzVO Nr. 1: Ein Landwirt hatte Unkraut auf seinem Acker verbrannt. Das Feuer griff auf einen Wald über, der 115 bis 160 m von der Feuerstelle entfernt war. Das OLG hatte die Haftung verneint, da der von der WaldschutzVO vorgeschriebene Mindestabstand von 100 m eingehalten war. Der BGH verurteilt wegen fahrlässiger Eigentumsverletzung, § 823 Abs. 1. Damit war ausgesprochen, dass auch ein Verhalten, das der WaldschutzVO entspricht, die jedes Feuer unter 100 m Entfernung vom Wald verbietet, wegen Eingriffs in das Eigentum rechtswidrig sein kann.

D. Rechtswidrigkeit und Verhaltenslehre

I. Rechtswidrigkeit der Handlung

86   Eine Handlung kann widerrechtlich sein, weil sie ein Rechtsgut gefährdet, weil sie einer Verhaltensnorm widerspricht oder weil sie subjektiv gefärbt ist. Die Handlung als Ausdruck der menschlichen Initiative kann also unter drei verschiedenen Aspekten negativ qualifiziert werden. Der Handlungsbegriff passt zu allen Arten der Rechtswidrigkeit.

II. Rechtswidrigkeit der Unterlassung

87   Die Unterlassung spielt im Zivilrecht eine erhebliche Rolle. Das Gebiet der Verkehrssicherungspflichten wird sogar von ihr beherrscht. Unterlassungen sind nach allgemeiner Ansicht nur dann widerrechtlich, wenn sie einer Pflicht zum Tun widersprechen. Damit gilt für Unterlassungen nur die verhaltensbezogene Rechtswidrigkeit. Dies wird von den Anhängern der ausschließlich handlungsbezogenen Widerrechtlichkeit häufig als Argument für ihre Lehre angeführt, zeigt aber nichts anderes, als dass die Unterlassungen besonderen Anforderungen bei der negativen Bewertung unterliegen.

III. Widerrechtlichkeit eines Zustands

88   Ein Erfolg, auch ein Zustand, kann nicht als solcher widerrechtlich sein. In der Praxis spielt aber die vom Zustand abgeleitete Widerrechtlichkeit eines Verhaltens eine erhebliche Rolle. Gefährliche Zustände verpflichten zur Beseitigung der Gefahr. Das gilt nicht nur für denjenigen, der das Kellerloch nicht abdeckt, sondern ebenso für denjenigen, der gutgläubig eine falsche verletzende Behauptung aufstellt, für die er sich zur Zeit der Äußerung auf Wahrnehmung berechtigter Interessen berufen konnte.[2] Beide sind zur Beseitigung des Zustandes verpflichtet. Festzuhalten bleibt aber, dass rechtswidrig nur das zustandserhaltende Verhalten, nicht aber der Zustand selbst sein kann.

E. Inhalt des Rechtswidrigkeitsurteils

89   Die Rechtswidrigkeit kann inhaltlich Verschiedenes aussagen: Sie kann als Bewertung eines Verhaltens, als Aufforderung zum richtigen Verhalten oder als wertneutrale Deklaration verstanden werden. Angesichts der Spannweite der Rechtswidrigkeit ist es nicht angemessen, in ihr ausschließlich die Bestimmung zum sach- oder normgemäßen Verhalten zu sehen. Ebenso wenig wäre die Rechtswidrigkeit zutreffend verstanden, wenn man sie als neutrale Deklaration ansähe. In Wirklichkeit handelt es sich um eine negative Bewertung, die freilich werttheoretisch nicht allein den Personunwert, sondern auch den Sachunwert erfasst. Die negative Bewertung steht also nicht in der Nähe des Vorwurfs, sondern in der Nähe der Abwertung wegen Schädlichkeit. Der Satz in BGHZ 24, 26, es gehe nicht an, ein Verkehrsverhalten, das den Ge- und Verbo-

---

2 BGH JZ 1960, 701.

ten der Verkehrsordnung voll Rechnung trage, trotzdem mit dem negativen Werturteil der Rechtswidrigkeit zu belegen, berücksichtigt nicht die Möglichkeit eines sachlichen Unwerts.

F. Beweislast

Die Rechtswidrigkeit ist Voraussetzung des deliktischen Anspruchs. Als solche ist sie im Bestreitensfalle grundsätzlich vom Anspruchsteller zu beweisen. In nicht seltenen Fällen legt jedoch die Tatbestandsmäßigkeit die Rechtswidrigkeit so nahe, dass die Beweislast für die »Nicht-Rechtswidrigkeit« dem Eingreifenden auferlegt wird. Wir sprechen dann von einem Rechtfertigungsgrund: Derjenige, der einen anderen verletzt, hat nachzuweisen, dass ihm ein Rechtfertigungsgrund, etwa Notwehr oder Wahrnehmung berechtigter Interessen, zur Seite steht. Um die Beweislast ging es auch in der berühmten Entscheidung BGHZ 24, 21: Ein Fahrgast war unter die anfahrende Straßenbahn geraten, als er die hintere Plattform des Motorwagens besteigen wollte. Er wurde schwer verletzt. Es ließ sich nicht mehr feststellen, ob er schon begonnen hatte einzusteigen, als der Schaffner das Abfahrtssignal gegeben hatte, oder ob er erst danach das Trittbrett bestiegen hatte. Im ersten Fall hätte der Schaffner ordnungswidrig gehandelt, da er nicht abklingeln durfte, solange noch ein Fahrgast einstieg. Umgekehrt hätte in der zweiten Fallgestaltung der Schaffner korrekt gehandelt, das Signal zur Abfahrt zu geben. Der Kläger verlangte Schmerzensgeld von der Bahngesellschaft. Dieser Anspruch war gemäß § 831 davon abhängig, dass der Schaffner den Schaden rechtswidrig zugefügt hatte. Erst dann trat die Vermutung des Verschuldens ein. Das OLG hatte die Bahngesellschaft verurteilt, da der Gehilfe den Fahrgast körperlich verletzt habe. Der Große Zivilsenat des BGH bestätigt das Urteil. Zwar handele nicht rechtswidrig, wer sich im Bahnverkehr ordnungsgemäß verhalte, jedoch gehe es hier um einen Rechtfertigungsgrund gegenüber der Verletzung, für den die Bahngesellschaft die Beweislast trage. Diesen Beweis habe sie nicht geführt. 90

§ 8 Rechtfertigung

Literatur: *Adomeit,* Wahrnehmung berechtigter Interessen und Notwehrrecht, JZ 1970, 495; *Arzt,* Willensmängel bei der Einwilligung, 1970; *Baumfalk,* Bildet die Wahrnehmung berechtigter Interessen (§ 193 StGB) einen Rechtfertigungsgrund auch im Zivilrecht?, 1963; *Deutsch,* Finalität, Sozialadäquanz und Schuldtheorie als zivilrechtliche Strukturbegriffe, FS Welzel, 1974, 227; *ders.,* Abwertende Medienkritik, FS Klingmüller, 1974, 49; *Eser,* Wahrnehmung berechtigter Interessen als allgemeiner Rechtfertigungsgrund, 1969; *Himmelreich,* Notwehr und unbewußte Fahrlässigkeit, 1971; *Hirsch,* Einwilligung und Selbstbestimmung, FS Welzel, 1974, 775; *Kirchhof,* Unterschiedliche Rechtswidrigkeiten in einer einheitlichen Rechtsordnung, 1978; *Larenz,* Methodische Aspekte der Güterabwägung, FS Klingmüller, 1974, 235; *Loos,* Zur Einschränkung des Notwehrrechts wegen Provokation, FS Deutsch, 1999, 233; *Münzberg,* Verhalten und Erfolg als Grundlagen der Rechtswidrigkeit und Haftung, 1966; *Ohly,* »Volenti non fit iniuria«, 2002; *Roxin,* Über die mutmaßliche Einwilligung, FS Welzel, 1974, 447; *E. Schmidt,* Wahrnehmung berechtigter Interessen ein Rechtfertigungsgrund?, JZ 1970, 8; Soergel/*Spickhoff* § 823 Rn. 13; *Spickhoff,* Gesetzesverstoß und Haftung, 1998; *Stoll,* Zum Rechtfertigungsgrund des verkehrsrichtigen Verhaltens, 1960; *Wiethölter,* Der Rechtfertigungsgrund des verkehrsrichtigen Verhaltens, 1960; *Zitelmann,* Ausschluß der Widerrechtlichkeit, AcP 199 (1999), 1.

A. Rechtswidrigkeit und Rechtfertigung

I. Grundsatz

91 Die Rechtfertigung stellt die Widerlegung der vorläufig angenommenen Rechtswidrigkeit dar. Ein Verhalten, das weder einer Norm widerspricht noch ein fremdes Interesse tangiert, ist weder rechtswidrig noch gerechtfertigt. Es ist einfach rechtmäßig. Die Rechtfertigung erscheint demgegenüber also als eine besonders vom Recht gebilligte Ausnahme von der angenommenen Rechtswidrigkeit.

Logisch gesprochen ist die Rechtfertigung gegenüber der Rechtswidrigkeit die Ausnahme von der Regel. Es gibt zwei Ausgestaltungen der Ausnahme: durch Übergang in das Spezielle oder durch Übergang in das Konkrete. So erscheinen auch die Rechtfertigungsgründe entweder als Spezialgestaltung, dh sie führen die Abstraktion der Rechtswidrigkeit weiter bis in ihr Gegenteil. Oder aber sie begegnen dem vorläufigen Verdikt der Rechtswidrigkeit durch einen Übergang ins Konkrete, in dem sich die Richtigkeit des Verhaltens herausstellt.

II. Rechtfertigung bei den Arten der Rechtswidrigkeit

92 Die Rechtfertigung ist gegenüber allen Formen der Rechtswidrigkeit möglich. Häufig wird sie jedoch bei der erfolgsbezogenen Rechtswidrigkeit angewendet. Das liegt daran, dass das Urteil der erfolgsbezogenen Rechtswidrigkeit besonders vorläufig und damit widerlegbar erscheint. Aber auch verhaltensbezogene Rechtswidrigkeiten können gerechtfertigt erscheinen. Der Arzt, der eine Geschwindigkeitsbeschränkung übertritt, um einem Todkranken zu helfen, hat ebenso einen besonderen Ausnahmegrund auf seiner Seite.[1] Allerdings dürfen dadurch andere Verkehrsteilnehmer nicht gefährdet werden.[2]

Schließlich kann in seltenen Fällen auch subjektiv gefärbtes Verhalten rechtmäßig erscheinen. Man denke etwa an eine an sich sittenwidrige Schädigung durch Äußerung in Wahrnehmung berechtigter Interessen, etwa die wissentliche Aufstellung einer fal-

---
[1] OLG Hamm NJW 1972, 1530.
[2] BayObLG VersR 1991, 1160.

schen Behauptung im Prozess, wenn flüssige Beweismittel fehlen. Die Wahrung berechtigter Interessen wird in zwei Gesetzen angesprochen: § 193 StGB und § 824 Abs. 2 BGB. Es ist also die These aufzustellen, dass die Rechtfertigung für alle drei Arten der Rechtswidrigkeit, erfolgsbezogene, verhaltensbezogene und subjektiv gefärbte Rechtswidrigkeit, in Betracht kommt.

III. Beweislast

Die Rechtfertigung ist eine Einwendung; also sollte derjenige die Beweislast tragen, der sich auf sie beruft. Die Beweisbelastung des Täters mit den Voraussetzungen der Rechtfertigung gilt grundsätzlich.[3] Beruft sich der Verletzer des Eigentums auf die Einwilligung des Besitzers, so hat der Störer den Beweis zu führen.[4] Ein Erdenrest bleibt jedoch zu tragen. Es begegnet Bedenken, wenn man bei der Rechtfertigung stets den Weg von der Verletzung zum Verhalten geht. Ein gutes Beispiel bildet die Notwehr. Wer die schwerste Verletzung zugefügt hat, wird regelmäßig in Anspruch genommen. Er hat dann die tatsächlichen Gegebenheiten seiner Verteidigung zu beweisen, also die Notwehrlage usw.

Wenn aber unklar ist, wer angegriffen hat, ist es nicht einfach zu begründen, jeweils den Zufüger der schwersten Verletzung mit dem Beweis der Notwehrsituation zu belasten. Der Handelnde blickt nicht zurück von der Verletzung, sondern er beugt der eigenen Verletzung vor.

Auch im Bereich der konkreten Rechtfertigungsgründe, wie etwa der Güterabwägung, vermischen sich die beiderseitigen Darlegungen, sodass nicht eine Partei die ganze Beweislast trägt. Wer sich auf Güterabwägung beruft, etwa um einen Eingriff in fremdes Eigentum oder eine Organtransplantation zu rechtfertigen, hat nur die ihm zugänglichen tatsächlichen Grundlagen darzulegen. Der Gegner hat gleichfalls Stellung zu nehmen. Die Billigkeitsregelung auf der materiellen Seite verhindert eine strengrechtliche Regelung im Prozessrecht.

IV. Übergreifende Wirkung der Rechtfertigungsgründe auf andere Rechtsgebiete

Stellt die Rechtfertigung die Widerlegung der angenommenen Rechtswidrigkeit dar, so müsste der in einem Rechtsgebiet, etwa im Zivilrecht, geregelte Rechtfertigungsgrund auf andere Rechtsgebiete, etwa das Strafrecht, abfärben. Die Einheit der Rechtsordnung scheint die übergreifende Wirkung zu fordern. Die Einheit der Rechtsordnung ist jedoch keine universelle. Vielmehr hängt die übergreifende Wirkung des Rechtfertigungsgrundes davon ab, ob das Verhalten besonders von der Rechtsordnung gestützt wird. Handelt es sich um eine Pflicht oder um eine so starke Befugnis, dass der Gesetzgeber sie als ausdrücklichen Rechtfertigungsgrund, etwa Notwehr oder Notstand, ausgestaltet hat, so wirken sie regelmäßig auch in andere Rechtsgebiete hinüber, etwa vom Strafrecht in das Zivilrecht. Handelt es sich jedoch nur um eine Befugnis, die rechtlich unvollkommen ausgestaltet ist, so wird sie im Allgemeinen nur im eigenen Rechtsgebiet Beachtung finden.

Wer ohne Genehmigung mit Erlaubnis des Eigentümers auf fremdem Grundstück baut, handelt rechtswidrig und gerechtfertigt zugleich: Die mangelnde Erlaubnis der Baubehörde und die Zustimmung des Eigentümers wirken nicht in das andere Gebiet hinein. Der Lehrer, der ein Kind mit Einwilligung der Eltern züchtigt, handelt öffentlich-rechtlich rechtswidrig, da das Züchtigungsrecht des Lehrers nicht anerkannt ist,

---
[3] BGHZ 24, 21.
[4] OG Zürich BlfZürRspr 85, 234.

zivilrechtlich ebenso rechtswidrig, da den Eltern kein Züchtigungsrecht, das sie auf den Lehrer übertragen könnten, zusteht, § 1631 Abs. 2 BGB.

B. Abwehrrechte

Literatur: *Kothe,* Die rechtfertigende Einwilligung, AcP 185 (1985), 105; *Ohly,* »Volenti non fit iniuria«, Die Einwilligung im Privatrecht, 2002; *Loos,* Zur Einschränkung des Notwehrrechts wegen Provokation, FS Deutsch, 1999, 233.

I. Notwehr

95 Schon das römische Recht kannte den Grundsatz: *Vim vi repellere licet.* Die Notwehr wird nach § 227 Abs. 2 definiert als »diejenige Verteidigung, welche erforderlich ist, um einen gegenwärtigen rechtswidrigen Angriff von sich oder einem anderen abzuwehren«. Die Notwehrlage ist gegeben, wenn eine konkrete Gefährdung eines Rechtsguts kurz bevorsteht oder die Verletzung geschieht bzw. noch nicht abgeschlossen ist. Sie darf zudem nicht gestattet sein. Die Notwehrreaktion besteht in einer Gegenmaßnahme, welche die Gefährdung ausschließt oder verringert. Sie hat angemessen zu sein:

So darf man den Raucher im Nichtraucherabteil nicht schlagen,[5] bei Gefährdung anderer Gäste hat der Gastwirt auf Schusswaffengebrauch zu verzichten.[6] Die Erfordernisse der Notwehr sind also objektiv definiert; die Verteidigung wird ebenso objektiv von der Eignung bestimmt. Die gesetzliche Umschreibung lässt die Probleme des provozierten Angriffs, der unverhältnismäßigen Abwehr, der Putativnotwehr und des Notwehrexzesses offen.

96 Der hervorgerufene Angriff, dem mit der Notwehr begegnet wird, bleibt rechtswidrig. Dennoch mag mangels Verschuldens eine Haftung ausscheiden. Die unverhältnismäßige Abwehr, etwa die Tötung dessen, der nur das Eigentum, nicht aber auch die Person oder die Persönlichkeit des Angegriffenen verletzt, ist grundsätzlich nicht zulässig. Persönlichkeitsgüter gehen Sachgütern vor. Das gilt freilich nicht, wenn der Angriff auch die Persönlichkeit des Verteidigers gefährdet, etwa im Falle des versuchten Raubs. Wenn also ein Räuber versucht, dem Angegriffenen die Armbanduhr zu entreißen, so darf sich dieser auch auf eine Weise wehren, die möglicherweise das Leben des Räubers verletzt. Die Putativnotwehr reicht in das Gebiet des Verschuldens hinein. Wer eine Notwehrlage annimmt, die in Wirklichkeit nicht gegeben ist, haftet nur dann nicht, wenn ihm insoweit keine Fahrlässigkeit zur Last fällt.[7] Wer also den nachts in das Haus einsteigenden Untermieter als Einbrecher abwehrt, hat darzutun, dass ihn kein Verschulden trifft. Ebenso wenig ist der Notwehrexzess, dh das Überschreiten der Grenzen der Notwehr gerechtfertigt. Er kann jedoch gelegentlich entschuldigt sein. Das setzt freilich voraus, dass die exzedierende Handlung nicht fahrlässig gesetzt wurde. Wer auf einen Angriff übermäßig reagiert, mag gelegentlich entschuldigt sein. Wer plötzlich durch einen Einbrecher erschreckt wird, mag sich seiner persönlichen Kräfte nicht erinnern, die Waffe ziehen und schießen. Gerechtfertigt ist dieses Verhalten nicht, freilich entschuldigt.

Notwehr darf auch zugunsten des Staates geübt werden;[8] jedoch von einem Privaten nur, wenn geschützte Individualinteressen angegriffen sind, also nicht durch Feilbieten pornographischer Schriften in einer Bahnhofsbuchhandlung.[9]

---

5 LG Berlin NJW 1978, 2243.
6 BGH VersR 1978, 1020.
7 BGH VersR 1987, 1133.
8 RGZ 117, 138.
9 BGHZ 64, 178.

II. Defensiver Notstand

Gemäß § 228 handelt derjenige rechtmäßig, der im defensiven Notstand eine fremde Sache beschädigt. Die Notstandslage setzt voraus, dass von der Sache selbst die Gefahr ausgeht, etwa ein Tier zu beißen oder ein Baum umzufallen droht. Die erlaubte Verteidigung besteht dann darin, dass die drohende Sache zerstört oder beschädigt wird. Vorausgesetzt ist darüber hinaus, dass der zu erwartende Schaden nicht außer Verhältnis zur Gefahr steht. Ist also der Hund wertvoll, die von ihm gefährdete Katze hingegen wertlos, so greift der Rechtfertigungsgrund nicht ein. In diesem Zusammenhang gibt es auch eine Sonderbestimmung für die Provokation: Gemäß § 228 S. 2 hat Ersatz zu leisten, wer die Notstandslage verschuldet hat. Wer also das Tier gereizt und dann im Notstand getötet hat, hat es zu bezahlen.

97

C. Pflicht oder Recht zum Eingriff

I. Eingriffspflicht

Die Pflichten zum Eingriff sind im Allgemeinen öffentlich-rechtlicher Natur. Sie berechtigen den Polizisten oder die Verwaltungsbehörde zur Festnahme bzw. zur Sicherstellung. Die öffentlich-rechtlichen Pflichten sind meist so exakt formuliert, dass sie privatrechtlichen Berechtigungen vorgehen; genauer: Sie rechtfertigen den Eingriff in die private Rechtsstellung. Eine haftungsbegründende Pflicht zur Durchbrechung der ärztlichen Schweigepflicht gegenüber dem gefährdeten Lebenspartner des uneinsichtigen, an AIDS erkrankten Patienten mit Rechtfertigung gem. § 34 StGB wird diskutiert im Anschluss an OLG Frankfurt/M. NJW 2000, 875.[10]

98

II. Aggressiver Notstand

§ 904 erlaubt, ein höherwertiges Rechtsgut auf Kosten des Eigentümers eines geringerwertigen Rechtsguts zu retten. Wiederum ist eine Güterabwägung vorausgesetzt, diesmal, dass das zu rettende Rechtsgut erheblich wertvoller erscheint. Man darf also Leben und Gesundheit auf Kosten von Sachen retten und besonders wertvolle Sachen gegenüber minderwertigen Sachen erhalten. Der vom Unwetter überraschte Wanderer darf die Hütte aufbrechen, zu Löschzwecken darf man fremdes Wasser verwenden. Dort wird den in aggressiven Notstand zur Rettung seines höherwertigen Gutes die Schadloshaltung für das zurückgetretene Gut auferlegt.

99

III. Selbsthilfe

Gemäß § 229 ist die Selbsthilfelage gegeben, wenn der Eigenmächtige einen gerichtlich durchsetzbaren, privatrechtlichen Anspruch hat und obrigkeitliche Hilfe nicht rechtzeitig zu erlangen ist. Ohne sofortiges Eingreifen muss weiter die Gefahr bestehen, dass die Verwirklichung des Anspruches vereitelt oder wesentlich erschwert wird. Beispiele sind etwa die Gefahr, dass ein Zechpreller sich entfernt, oder ein Schuldner, der eine Körperverletzung begangen hat, sich ins Ausland zurückzieht. Die Selbsthilfemaßnahme besteht in der Festnahme einer Person oder Wegnahme einer Sache. So kann der Mieter eines Parkplatzes den dort unberechtigt Parkenden abschleppen lassen, nicht aber das Auto zurückbehalten.[11]

100

---

10 M. Bespr. *Spickhoff* NJW 2000, 848.
11 OG Zürich BlfZürRspr 85, 235.

Außerdem muss sofort der entsprechende staatliche Akt, etwa Arrest, beantragt werden. Die irrtümliche Annahme der Selbsthilfesituation macht den Handelnden jedenfalls haftbar, § 231.

IV. Wahrnehmung berechtigter Interessen

101 Die Wahrung berechtigter Interessen wird in drei Gesetzen angesprochen: §§ 193 StGB, 824 Abs. 2 BGB, 4 Nr. 8 UWG. Ansatzpunkte sind Ehrenschutz und Persönlichkeitsrecht: Unrichtige herabsetzende Behauptungen sind zulässig, wenn sie im »Eifer des Gefechts« oder nicht ohne Anlass gemacht werden. Allerdings hat man ein eigenes anerkanntes Interesse zu verfolgen, etwa sich gegen einen Vorwurf zu verteidigen oder als Massenmedium zu berichten. Wesentlich ist weiter ein subjektives Moment, denn die Zulässigkeit ist davon abhängig, dass der Pflicht zur Nachforschung genügt worden ist. Ohne eine Überprüfung darf man ehrverletzende Behauptungen nicht aufstellen. Es handelt sich hierbei um einen subjektiv gefärbten Rechtfertigungsgrund, dh die Pflicht zur Nachforschung beherrscht nicht unwesentlich diese Form der Rechtfertigung.

102 Es ist streitig, ob die Wahrung berechtigter Interessen schon den Tatbestand, erst die Rechtswidrigkeit oder schließlich die Schuld ausschließt. Für die Einordnung ist entscheidend, auf welchen Tatbestand sich die Wahrung berechtigter Interessen bezieht. Als abgegrenzte Tatbestände kommen die Beleidigung als Schutzgesetzverletzung (§§ 823 Abs. 2 BGB, 185 f. StGB) und die Verletzung besonderer Persönlichkeitsrechte in Betracht. Umgekehrt kann aber auch das (unabgegrenzte) allgemeine Persönlichkeitsrecht angesprochen sein. Die Wahrung berechtigter Interessen schließt die Rechtswidrigkeit aus, wenn sie nicht schon bei der Begründung der Rechtswidrigkeit Verwendung gefunden hat. Regelmäßig ist auf Tatbestandsebene für die Wahrung berechtigter Interessen wenig Platz; auf der Verschuldensebene würde nur der geschützt, der ein eigenes berechtigtes Interesse verfolgt, nicht Dritte, die auf seiner Seite mitwirken. Deshalb erscheint es zutreffend, die Wahrnehmung berechtigter Interessen nach wie vor hauptsächlich als Rechtfertigungsgrund zu behandeln.

V. Einwilligung

103 Die Einwilligung ist Rechtfertigungsgrund: *volenti non fit iniuria*. Sie wirkt nur gegenüber der Verletzung von Rechtsgütern, die zur Disposition des Inhabers des Rechtsguts stehen. Es handelt sich dabei ausschließlich um private Rechtsgüter. Beispiele sind etwa das Eigentum oder, freilich beschränkt, die körperliche Integrität gegenüber ärztlichen Eingriffen. § 228 StGB zieht eine auch für das Zivilrecht erhebliche Grenze: Die gegen die guten Sitten verstoßende Einwilligung ist unwirksam, zB die Extraktion von Zähnen ohne medizinische Indikation.[12]

104 Besonders problematisch ist die Einwilligung, wenn zugleich ein privates Gut und ein öffentliches Interesse tangiert werden. Die Zustimmung rechtfertigt dann nur, wenn das private Interesse überwiegt. Ein gutes Beispiel ist die Befreiung von der ärztlichen Schweigepflicht. Der Patient hat an der Vertraulichkeit seiner Angaben ein überwiegendes persönliches Interesse. Der Ärztestand insgesamt hat an der Geheimhaltung gleichfalls ein Interesse, das jedoch zweitrangig ist.

105 Die Einwilligung entfaltet ihre rechtfertigende Wirkung erst, wenn sie sich auf die Rechtsgutverletzung bezieht, nicht aber schon bei einem Einverständnis mit Handlungen, die nicht auf den Eingriff in das Schutzgut abzielen.[13] Eine haftungsrechtlich eigenständige Fallgruppe ist die Beteiligung an sportlichen Kampfspielen, für die ver-

---

12 BGH NJW 1978, 1206.
13 BGH NJW-RR 1995, 857: gegenseitiges Ins-Wasser-Stoßen spielender Jugendlicher.

bindliche Regeln gelten, die auf den Schutz der körperlichen Unversehrtheit der Spieler ausgerichtet sind.

Die Einwilligung reicht weit, nämlich von der einfachen Lizenz im Patentrecht bis zur Zustimmung der Eltern zu der Teilnahme des Kindes an der Kontrollgruppe bei einem klinischen Versuch. Sie ist kein Rechtsgeschäft, da sie keine Willensäußerung darstellt, die sich auf einen Rechtserfolg bezieht. Vielmehr handelt es sich nur um eine einfache Rechtshandlung, für welche die besonderen Voraussetzungen des Rechtsgeschäfts nicht gelten, andernfalls müsste man auf künstliche Weise die Sonderregeln für Wirksamkeit, Nichtigkeit oder Vernichtungsmöglichkeit des allgemeinen Teils durch Auslegung oder teleologische Reduktion unanwendbar machen. Nicht wirksam ist die Einwilligung, wenn sie infolge Täuschung oder Zwang abgegeben wird. Der einfache Irrtum beeinträchtigt nicht die Freiwilligkeit.[14]

D. Konkrete Rechtfertigung

I. Güterabwägung

Der Schutz der Rechte und Rechtsgüter wird von der erfolgsbezogenen Rechtswidrigkeit nur insoweit wahrgenommen, als nicht eine Güterabwägung in eine andere Richtung deutet. Ausgangspunkt der Abwägung ist stets eine Kollision von Gütern und Interessen. Wenn die gegenüberstehenden Güter und Interessen gegeneinander abgewogen werden, gewinnt das höherwertige Rechtsgut. Leben und Gesundheit überwiegen gegenüber einem Vermögenswert, etwa einer Sache. Bei gleichwertigen Gütern versagt die Güterabwägung: Leben und Gesundheit verschiedener Personen sind gleichwertig. Man wird also einen Blutspender, der sich weigert, nicht zwangsweise zum Spenden des Bluts für einen in höchster Lebensgefahr Schwebenden heranziehen dürfen.

Soweit die Güterabwägung eingreift, wird dem Verlierer regelmäßig unter dem Aspekt der zivilrechtlichen Aufopferung eine Schadloshaltung geschuldet. Die Güterabwägung erfolgt nämlich nicht endgültig: Zwar hat das geringerwertige Gut zurückzutreten; der Träger des Vermögens, dem das geringerwertige Gut zuzurechnen ist, hat aber einen Anspruch darauf, dass sein Vermögen erhalten bleibt. Aus diesem Grunde ist ein Ausgleichsanspruch wegen zivilrechtlicher Aufopferung gegeben. Der Gesetzgeber hat diesen Anspruch beispielsweise in § 904 S. 2 ausgeprägt.

II. Allgemeiner Notstand

Der allgemeine Notstand ergänzt die Güterabwägung für die handlungsbezogene Rechtswidrigkeit. Die Verhaltensnorm gilt von vornherein nur für die vom Gesetz vorausgesetzte Situation. Für die abnorme Sachlage trifft das Verhaltensgebot nur bedingt zu. Bei Gefahr kann das Gebot zurücktreten oder sich in sein Gegenteil verkehren. Hat der Arzt auf dem Weg zum Opfer eines Herzinfarktes die Geschwindigkeitsbegrenzung überschritten, so handelt er nicht gegenüber der öffentlich-rechtlichen Norm rechtswidrig. Statt rechts hat man links zu fahren, wenn ein anderes Fahrzeug auf die Gegenseite geraten ist. Eine kostenlose Abgabe von Arzneimitteln durch einen pharmazeutischen Hersteller unmittelbar an Kinderärzte im Rahmen eines Forschungsprojekts zur Senkung der Zahl kindlicher Spülmittelvergiftungen dient konkret der Gesundheitsvorsorge; zurückzutreten hat der Existenzschutz der Apotheken durch Beachtung des Apothekenmonopols, der sehr abstrakt ebenfalls dem Gesundheitsschutz dient.[15] Für den allgemeinen Notstand gilt die Regel: Not kennt kein Gebot.

---

14 BGH NJW 1964, 1777.
15 Vgl. BGH NJW 2000, 864 – Giftnotruf-Box.

III. Sozialadäquanz

109 Sozialadäquat sind Handlungen, die sich »völlig innerhalb des Rahmens der geschichtlich gewordenen sozialethischen Ordnung des Gemeinschaftswesens bewegen und von ihr gestattet werden« (*Welzel*). Bis heute ist der Standort der Sozialadäquanz unbestimmt und zweifelhaft geblieben. Man hat sowohl die Tatbestandsmäßigkeit als auch die Rechtswidrigkeit sozialadäquaten Verhaltens verneint.

Je nach Stellenwert haben einzelne Ausformungen der Sozialadäquanz im Zivilrecht Anerkennung oder Ablehnung erfahren. Nicht anzuerkennen sind Sozialadäquanzen, welche an die Sorgfalt oder die Verhaltensnormmäßigkeit anschließen. Folgende anerkannte Formen der Sozialadäquanz gibt es:

– Geringfügigkeit: *Minima non curat praetor*: Die allerkleinste Beeinträchtigung ist rechtlich unerheblich. Sozial anerkannte Einschränkungen in der Bewegungsfreiheit in Verkehrsmitteln, etwa Straßenbahnen oder Flugzeugen, gelten nicht als Freiheitsberaubung. Für geringfügige Kratzer am Auto hat der Chauffeur dem Arbeitgeber nicht aufzukommen.[16]
– Brauchtum bzw. Herkommen: Beeinträchtigungen geringfügiger Art eines anderen, etwa der Diebstahl eines Maibaums oder die Störung der Nachtruhe durch explodierende Raketen während der Sylvesternacht[17] werden von der Verkehrsanschauung hingenommen. Sie sollten rechtmäßig sein.
– Rechtsstaatliche Verfahren: Die Einleitung eines gerichtlichen oder behördlichen Verfahrens, das mit rechtsstaatlichen Garantien ausgestaltet ist, erscheint grundsätzlich sozialadäquat und nicht rechtswidrig. Eine Ausnahme gilt nur für die ständige, vorsätzliche Verfolgung eines anderen, die als sittenwidrig erscheint, § 826. In der Praxis handelt es sich im Wesentlichen um drei Verfahren: Die Einleitung eines Strafverfahrens durch Strafanzeige bis hin zum Klageerzwingungsverfahren ist zulässig, da die Staatsanwaltschaft und das Gericht rechtsstaatlichen Erwägungen folgen.[18] Für die Anzeige sexuellen Missbrauchs gegen den Arzt, die sich nicht verifizieren lässt, braucht die Patientin nicht Schadensersatz nach den §§ 823 Abs. 2 BGB, 186 StGB zu leisten.[19] Ebenso wenig ist der Antrag auf Konkurseröffnung rechtswidrig, da das Gericht eine rechtsstaatliche Barriere gegenüber unrechtmäßigen Anträgen darstellt.[20] Gleichermaßen ist die Klage auf Schadensersatz wegen unberechtigter Patent- oder Gebrauchsmusterverwarnung nicht gegeben, da es sich hierbei um die Einleitung eines rechtsstaatlichen Verfahrens handelt.[21]

IV. Gutgläubiger Erwerb

110 Die Vorschriften des Sachenrechts für den gutgläubigen Erwerb enthalten einen subjektiv qualifizierten konkreten Rechtfertigungsgrund. So hat im Rahmen des Grundstücksrechts der Vorsatz, in dem Recht der beweglichen Sachen auch die grobe Fahrlässigkeit schädliche Wirkung, §§ 892, 932. Es wird zwar kein Eingriffsrecht gewährt, jedoch wird der Erwerb kraft Rechtsscheins durch den Gesetzgeber bevorzugt. Wesentlich dafür ist das subjektive Merkmal des guten Glaubens.[22]

---

16 ArbeitsG Zürich BlfZürRspr 88, 175.
17 BGH VersR 1985, 1093.
18 BGH NJW 1965, 294.
19 BVerfG NJW 1987, 1929.
20 BGHZ 36, 18.
21 AA BGHZ 38, 200.
22 Vgl. BGH JZ 1956, 490.

§ 9 Schutzzweck und Schutzbereich der Norm

Literatur: *Bötticher,* Zur Ausrichtung der Sanktion nach dem Schutzzweck der verletzten Privatrechtsnorm, AcP 158 (1959), 385; *Brandt-Brandes,* Die Beweislast für die Kausalität der Pflichtverletzung …, VersR 1991, 1109; *Bydlinski,* Probleme der Schadensverursachung, 1964; *v. Caemmerer,* Die Bedeutung des Schutzbereiches einer Rechtsnorm für die Geltendmachung von Schadensersatzansprüchen aus Verkehrsunfällen, DAR 1970, 283; *Deutsch,* Schutzbereich und Tatbestand des unerlaubten Heileingriffs im Zivilrecht, NJW 1965, 1985; *ders.,* Schutzbereich und wesentliche Bedingung im Versicherungs- und Haftungsrecht, MDR 1979, 536; *Ehrenzweig,* System des österreichischen allgemeinen Privatrechts, Bd. II 1, 1920; *Esser,* Kausalitätsbegriff und Rechtswidrigkeitszusammenhang, Karlsruher Forum 1959, 20; *Hanau,* Die Kausalität der Pflichtwidrigkeit, 1971; *Karolus,* Funktion und Dogmatik der Haftung aus Schutzgesetzverletzungen, 1995; *Hermann Lange,* Adäquanztheorie, Rechtswidrigkeitszusammenhang, Schutzzwecklehre und selbstständige Zurechnungsmomente, JZ 1976, 198; *Larenz,* Zum heutigen Stand der Lehre von der objektiven Zurechnung im Schadensersatzrecht, FS Honig, 1970, 79; *Rother,* Haftungsbeschränkung im Schadensrecht, 1965; *Schickedanz,* Schutzzwecklehre und Adäquanztheorie, NJW 1971, 916; *E. Schmidt,* Normzweck und Zweckprogramm, FS Esser, 1975, 139; *Sourlas,* Adäquanztheorie und Normzwecklehre bei der Begründung der Haftung nach § 823 Abs. 1 BGB, 1974; *Stoll,* Kausalzusammenhang und Normzweck im Deliktsrecht, 1968; *G. Wolf,* Der Normzweck im Deliktsrecht, 1962.

A. Geschichte und Terminologie

I. Relativierung und Rechtswidrigkeit

Rechtswidriges Verhalten macht bei Verschulden haftpflichtig. Die Rechtswidrigkeit begründet nicht nur den Ersatzanspruch, sondern begrenzt zugleich seinen Umfang. Der Satz »Haftung für alle Folgen rechtswidrigen Verhaltens« (*versari in re illicita*) gilt nicht mehr. Wer eine Norm übertritt, hat nicht mehr für allen daraus erwachsenden Schaden einzustehen. Vielmehr gilt es, das Schadensersatzrecht an die verletzte Norm anzupassen. Wir sprechen insoweit vom Schutzzweck und Schutzbereich der Norm, bisweilen vom Rechtswidrigkeitszusammenhang, heute auch vom Zurechnungszusammenhang. **111**

II. Herkunft

Die Normzwecklehre wird aus zwei Quellen gespeist. Die Anwendung des § 823 Abs. 2 hat alsbald deutlich gezeigt, dass die Verletzung eines Schutzgesetzes nur Ersatz für den Schaden gewährt, gegen den die Norm Schutz bieten wollte. Berühmt dafür ist der Kegeljungenfall geworden.[1] Entgegen einem Kinderarbeitsverbot war ein noch nicht 14-jähriger Junge nach 20 Uhr mit dem Aufsetzen von Kegeln beschäftigt worden. Durch eine verfrüht geschobene Kugel wurde er verletzt. Seine Klage auf Schadensersatz gegen den Wirt wurde abgewiesen, da das Kinderarbeitsverbot nur Unfälle verhüten soll, die durch Übermüdung oder Überanstrengung, nicht aber durch gefährliches Spiel, das jederzeit möglich ist, entstehen. **112**

Auf der anderen Seite ist in Österreich die Lehre vom Schutzbereich der Norm entwickelt worden, zuerst durch *Armin Ehrenzweig* im Jahre 1920. In der Theorie hat sich diese Ansicht bald durchgesetzt, da Schutzzweck und Schutzbereich der Norm auf einem festen methodischen Fundament ruhen: Sie ergeben sich unmittelbar aus dem Gebot der teleologischen Gesetzesauslegung. **113**

---

1 LG Hannover Recht 1910, 36.

III. Schutzzweck, Schutzbereich und Rechtswidrigkeitszusammenhang

114 In der juristischen Literatur, bisweilen auch in der Rechtsprechung werden die drei genannten Bezeichnungen synonym benutzt. Dogmatisch korrekt erscheint es jedoch, jedem Begriff einen besonderen Anwendungsbereich zuzuteilen. So sollte vom Schutzzweck nur gesprochen werden, wenn es darum geht, dass eine Norm ein ziviles Interesse durch eine Schadensersatzpflicht wahrnimmt. Der Schutzbereich hingegen setzt schon den privatrechtlichen Schutzzweck der Norm voraus und verfeinert ihn noch. Erforderlich ist nämlich weiter, dass der Schaden im persönlichen und sachlichen Schutzbereich liegt: Einmal muss der Verletzte durch die Norm vor diesem Schaden persönlich geschützt werden. Sodann hat der eingetretene Schaden von der Norm verhindert werden sollen. Sofern Schutzzweck und Schutzbereich vorliegen, ist auch der Rechtswidrigkeitszusammenhang zwischen der Verletzung und dem Schaden gegeben. Der Rechtswidrigkeitszusammenhang ist also eine übergeordnete Bezeichnung, sowohl den Schutzzweck als auch die verschiedenen Schutzbereiche umfassend.

B. Schutzzweck der Norm

115 Die Feststellung des zivilrechtlichen Schutzzwecks der Norm ist dort erforderlich, wo Verhaltensnormen aus anderen Rechtsgebieten in das Haftungsrecht transponiert werden. Das ist vor allen Dingen im Rahmen der Schutzgesetzverletzung des § 823 Abs. 2 und der Staatshaftung, § 839 BGB, Art. 34 GG der Fall. Bei eigentlichen Haftungsgründen wie § 823 Abs. 1 ist der zivilrechtliche Schutzzweck evident. Allerdings stehen Nebenklagekosten außerhalb des Schutzzwecks der Schadentragungsnorm des § 823. Ihre Erstattung kann deshalb nicht verlangt werden.[2]

116 Entscheidend ist, dass die Norm einen privaten Schutzzweck aufweist. Sie muss also ein privates Rechtsgut oder Interesse wahrnehmen. Es ist aber nicht erforderlich, dass dieser Zweck der einzige oder der erste Zweck der Norm ist. Vielmehr genügt es, dass die Norm in erster Linie öffentliche Aufgaben erfüllt, wenn sie wenigstens in zweiter Linie eine private Ausrichtung aufweist. Es muss aber eine haftungsrechtliche Aufgabe wahrgenommen sein. Daran fehlt es, wenn in einem Kaufhaus ein autogenes Schweißgerät entgegen der Unfallverhütungsvorschrift unverschlossen aufbewahrt wird und frühmorgens ein Lehrling das Gerät eigenmächtig in Betrieb setzt, sodass das Kaufhaus abbrennt.[3] Ebenso steht es, wenn ein Bauunternehmer eine Straßenbaustelle entgegen der Straßenverkehrsordnung nicht absperrt und deswegen ein Mopedfahrer der Baustelle nahe kommt, als eine Druckleitung einer mit Pressluft betriebenen Maschine platzt. Der von einer platzenden Leitung ausgehenden Gefahr soll nicht durch die StVO entgegengewirkt werden.[4] Auch Naturereignisse begründen keine Haftung, sofern nicht eine Verkehrssicherungspflicht besteht. Wenn etwa eine Frau bei einem Waldspaziergang von einem herabfallenden Ast getroffen und schwer verletzt wird, haftet der Eigentümer des Waldes nach dem BGH nicht. Waldtypische Gefahren sind Naturereignisse, an die sich keine Haftung anschließt, eine Verkehrssicherungspflicht besteht nämlich nicht für einen Wald eines Naherholungsgebiets.[5]

117 Auch kann eine exklusive Sonderregelung das Deliktsrecht unanwendbar erscheinen lassen. So sind familienrechtliche Pflichten nur dort sanktioniert und fallen nicht unter den Schutzzweck der privaten Haftung. Aus diesem Grunde hat der betrogene Ehe-

---

2 OLG Schleswig VersR 94, 831.
3 BGH VersR 1969, 827.
4 BGH MDR 1974, 745.
5 BGHZ 195, 30.

mann, der die Ehelichkeit eines Kindes wirksam angefochten hat, keinen deliktischen Anspruch gegen den Erzeuger wegen der Anfechtungskosten.[6]

C. Schutzbereich der Norm

I. Persönlicher Schutzbereich

Hat eine Norm überhaupt einen zivilrechtlichen Schutzzweck, so ist weiter erforderlich, dass der Verletzte zu dem geschützten Personenkreis gehört. Nur dann kann der Verletzte Schadensersatz verlangen. Im Rahmen des § 823 Abs. 1 sind nur die Träger der dort genannten Rechte und Güter in den persönlichen Schutzbereich der Norm einbezogen. Der dritten Personen erwachsende Schaden fällt grundsätzlich aus dem Schutzbereich der Norm heraus, sofern nicht der Gesetzgeber, wie beim Angehörigenschaden (§ 844), ausdrücklich einen Anspruch gewährt. Bei Schutzgesetzen kommt es darauf an, dass schon die Verhaltensnorm zugunsten des Geschädigten erlassen worden ist. So ist das Parkverbot vor Ein- und Ausfahrten auch zum Schutz der Anlieger vorgesehen.[7] Geschwindigkeitsbeschränkungen werden regelmäßig auch zum Schutze von Fußgängern erlassen.[8] Die Haftung aus § 826 wegen Konkursverschleppung bei einer Aktiengesellschaft erstreckt sich nicht auf die Anleger, die während der Verschleppungszeit alte Aktien von Dritten erwerben, wohl aber auf Erwerber neuer Aktien aus einer Kapitalerhöhung.[9]

118

Im Bereich der Staatshaftung (§ 839 BGB, Art. 34 GG) wird der individuelle Schutzzweck der Norm bisweilen zum Schutz der staatlichen Fiskalinteressen verneint. Mit dieser Wirkung hat der BGH die Versicherungsaufsicht nur als im Allgemeininteresse eingerichtet angesehen.[10] Nachdem das Gericht der parallel zu sehenden Bankenaufsicht einen individuellen Schutzzweck zugemessen hatte,[11] hat der Gesetzgeber mit § 6 Abs. 3 KWG klargestellt, dass das Bundesaufsichtsamt seine Aufgaben nur im öffentlichen Interesse wahrnimmt.

119

II. Sachlicher Schutzbereich

Hat die Norm einen zivilen Schutzzweck und gehört der Verletzte zu den geschützten Personen, so muss sich weiterhin sein Schaden im sachlichen (oder gegenständlichen) Schutzbereich der Norm befunden haben. Es wird nur der Schaden ersetzt, der sich als Verwirklichung des Risikos darstellt, das die Norm in Grenzen halten wollte. Das ist weniger erheblich im Rahmen des § 823 Abs. 1, bei dem Folgeschäden aus der Rechts(gut)verletzung regelmäßig im Schutzbereich liegen, als bei §§ 823 Abs. 2, 839 in Verbindung mit Verhaltensnormen als Schutzgesetzen oder Amtspflichten. So verbietet § 909 die übermäßige Vertiefung eines Grundstücks und ist ein Schutzgesetz zwar auch zugunsten entfernter Nachbarn. Sein Schutzbereich ist indes auf Schäden beschränkt, die aus einer Veränderung des Bodens seines Grundstücks entstehen. Deshalb fallen Risse am Gebäude eines entfernten Nachbarn aus dem sachlichen Schutzbereich heraus, die durch den Einsturz des Nachbarhauses wegen Vertiefung entstehen.[12] Auch die Kosten einer Nebenklage im Strafverfahren stehen außerhalb des

120

---

6 BGHZ 57, 229.
7 LG München I NJW 1974, 2288.
8 BGH VersR 1972, 558.
9 BGHZ 96, 231.
10 BGHZ 58, 96.
11 BGH VersR 1984, 777.
12 BGHZ 12, 75.

1. Teil. Allgemeine Lehren

Schutzzwecks der Schadentragungsnorm des § 823. Ihre Erstattung kann deshalb nicht verlangt werden.[13]

121 Ein weiteres Beispiel bildet die Eisenbahnbetriebsgefährdung (§§ 315, 316 StGB). Sie schützt die Gesundheit und das Eigentum der Fahrgäste und der Bundesbahn, nicht aber die allgemeinen Vermögensbelange der Bundesbahn. So kann die Bahn nicht die Kosten verlangen, die sie einer Berufsgenossenschaft ersetzt hat, die Arbeitnehmer versorgt, welche auf der Heimfahrt von der Arbeit durch Verschulden eines Kfz-Fahrers unter die Bahn gekommen waren.[14] Erleidet der Kraftfahrer nach dem Unfall, den der andere durch Vorfahrtsverletzung verursacht hat, einen Schlaganfall, da er sich über Beschuldigungen aufregt, so fehlt es am Zurechnungszusammenhang mit der Betriebsgefahr, § 7 StVG.[15]

D. Schutzbereich der Adäquanz

122 Die Adäquanz stellt ein Wahrscheinlichkeitsurteil zur Zeit der Handlung dar, während der Schutzbereich der Norm auf die allgemeine Voraussicht des Gesetzgebers in früherer Zeit abstellt. Schutzbereich und Adäquanz sind aufeinander bezogen: Nur der Schaden ist zu ersetzen, der adäquat kausal verursacht ist und im Schutzbereich der Norm liegt. Dabei kann der Schutzbereich gegenüber der adäquaten Kausalität einschränkend, aber auch erweiternd wirken. Die Haftung des Diebs für den Verlust der gestohlenen Sache nach § 848 umfasst auch die inadäquaten Folgen. Das ist eine Auswirkung des erweiterten Schutzbereichs der Norm (→ Rn. 56).

---

13 OLG Schleswig VersR 1994, 831.
14 BGHZ 19, 114.
15 BGH VersR 1989, 923.

§ 10 Verschulden: Vorsatz und Fahrlässigkeit

Literatur: *v. Caemmerer,* Das Verschuldensprinzip in rechtsvergleichender Sicht, RabelsZ 42, 5; *Deutsch,* Zum Begriff der Fahrlässigkeit im Obligationenrecht, FS Max Keller, 1989, 105; *Fellmann,* Verschuldensbegriff im Deliktsrecht, ZSchwR 106 (1987), 339; *Jhering,* Das Schuldmoment im römischen Privatrecht, 1867; *Karollus,* Funktion und Dogmatik der Haftung aus Schutzgesetzverletzung, 1992, 208; *Wahl,* Das Verschuldensprinzip im künftigen Schadensersatzrecht, in: Reform des Schadensersatzrechts, 1940, 17; *Weyl,* System der Verschuldensbegriffe, 1905; *Zacher,* Verschulden im Sozialrecht, FS Weidner, 1983, 171; *Zeuner,* Gedanken über Bedeutung und Stellung des Verschuldens im Zivilrecht, JZ 1966, 1.

Wie die Materialien zum BGB zeigen und die Systematik des Gesetzes erkennen lässt, geht das Schuldrecht davon aus, dass Verschulden in zwei Formen vorkommt, nämlich als Vorsatz und Fahrlässigkeit. Der Vorsatz stellt das Willenselement in den Vordergrund; die Fahrlässigkeit knüpft an die Sorgfaltsverletzung an. Der Vorsatz ist nicht definiert; die Fahrlässigkeit wird als Außerachtlassung der im Verkehr erforderlichen Sorgfalt umschrieben, § 276. **123**

A. Vorsatz

Literatur: *Baumann,* Schuldtheorie und Verbotsirrtum im Zivilrecht?, AcP 155 (1955), 495; *Benitz,* Schadenszurechnung bei qualifiziertem Verschuldenserfordernis, 1973; *Geilen,* Strafrechtliches Verschulden im Zivilrecht?, JZ 1964, 6; *Mayer-Maly,* Rechtsirrtum und Rechtsunkenntnis als Probleme des Privatrechts, AcP 170 (1970), 133; *Rümelin,* Das Verschulden im Straf- und Zivilrecht, 1909.

I. Bandbreite des Vorsatzbegriffs

Im zivilen Haftungsrecht reicht der Vorsatz von der Absicht über den Normaltypus des Vorsatzes bis hin zum bedingten Vorsatz. Der absichtlich Handelnde wünscht nicht nur die Verletzung, sondern auch den weiteren Erfolg, etwa den Schaden. Der *dolus directus* richtet sich auf die Verletzung bzw. die Übertretung der Verhaltensnorm. Der Eventualdolus bezieht die Verletzung mit in den Plan ein, wenn auch zögernd. Der BGH hat entschieden, dass bedingt vorsätzlich auch derjenige handelt, welcher sich wenigstens mit dem Erfolg abfindet.[1] **124**

Anders als im Strafrecht spielt im Zivilrecht der Unterschied von Vorsatz und Fahrlässigkeit eine untergeordnete Rolle. Deshalb kommt es auf die Abgrenzung zwischen dem bedingten Vorsatz und der bewussten Fahrlässigkeit nur selten an. Ein Beispiel bildet § 826: hier genügt bedingt vorsätzliche, nicht aber fahrlässige Schadenszufügung. Wer im Jahre 1944 den Nachbarn denunziert, der nunmehr in Haft seine Möbel bei einem Bombenangriff nicht retten kann, schuldet gemäß § 826 Schadensersatz nur, wenn er sich bewusst war, dass der Nachbar die Sachen verlieren könnte und diesen Erfolg für den Fall seines Eintretens gebilligt hat.[2] Allerdings genügt es nicht, »wenn er die Umstände gekannt hat, in denen der Verstoß liegt, oder wenn er mit der Möglichkeit gerechnet hat, dass solche Umstände vorliegen könnten« (so aber BGHZ 8, 393). **125**

---

1 BGH VersR 2013, 1062.
2 BGH NJW 1951, 596.

1. Teil. Allgemeine Lehren

II. Definition des Vorsatzes

126 Vorsätzlich handelt, wer im Bewusstsein des Handlungserfolgs und in Kenntnis der Rechtswidrigkeit des Verhaltens den Erfolg in seinen Willen aufgenommen hat. Mindestvoraussetzung des Vorsatzes ist, dass der Handelnde sich den Erfolg als möglich vorgestellt und für den Fall des Eintretens in ihn eingewilligt hat. Der Vorsatz enthält das Element der Auflehnung gegen die Rechtsordnung; deswegen muss grundsätzlich auch die Widerrechtlichkeit bekannt sein. Der Vorsatz ist die hauptsächliche Ausprägung der Finalität. Wer dem Satz *alterum non laedere* bewusst zuwiderhandelt, sollte vollen Schadensersatz und das höchste Schmerzensgeld schulden. Allerdings gibt es auch hier in seltenen Fällen den Schuldausschließungsgrund der Unzumutbarkeit rechtmäßigen Verhaltens, etwa unter besonderen Umständen nicht für das Ministerium für Staatssicherheit der früheren DDR zu arbeiten.[3]

III. Bezugspunkte des Vorsatzes

127 Der Vorsatz ist ein relativer Begriff. Es gibt keinen Vorsatz an sich. Der Vorsatz bezieht sich einmal auf den Tatbestand. Dabei kommt es wesentlich darauf an, ob es sich um einen Verhaltensnormtatbestand oder einen Verletzungstatbestand handelt. Es macht einen Unterschied, ob sich der Wille billigend auf eine Körperverletzung oder nur auf eine Geschwindigkeitsübertretung richtet. So lassen sich in der Praxis häufiger vorsätzliche Verletzungen von Verhaltensnormen als von Rechtsgütern feststellen. Wegen Vorsatzes haftet, wer einen Polizisten auffordert, ohne Erlaubnis mit seiner Pistole in einen Krähenschwarm zu schießen. Der Polizist stolperte, dabei löste sich ein Schuss und traf einen Umstehenden (RGZ 166, 61). Vorsätzlich wird die Dienstpflicht durch einen Polizisten verletzt, der entgegen der ihm bekannten Dienstvorschrift die Pistole im Aufenthaltsraum entlädt, sodass ein Kollege getroffen wird.[4]

128 Der Vorsatz bezieht sich jedoch grundsätzlich nicht nur auf den Tatbestand, sondern als relativer Begriff auch auf die Rechtswidrigkeit. Mit *dolus malus* handelt nur, wer sowohl die Tatbestandsverwirklichung als auch die Rechtswidrigkeit erkannt hat. Die Problematik des Bezugs auf die Rechtswidrigkeit wird beim Irrtum bedeutsam. Schließlich kann die Haftungsnorm vorsehen, dass der Vorsatz den Schaden umfasst. Das ist kraft Gesetzes bei § 826 der Fall[5] und wird zur Einschränkung des Rückgriffs der Sozialversicherung praktiziert. So haftete eine Schülerin, die einen Mitschüler an den Haaren durch die Klasse zieht, nicht für die Krankenhauskosten, da sie ihn zwar verletzen, nicht aber durch ein Kopfschwartenhämatom krankenhausreif machen wollte, § 640 RVO, jetzt: § 110 SGB VII.[6] Ebenso hat jetzt das BAG entschieden.[7] Es ging um einen sechzehn Jahre alten Lehrling, der trotz Verbots einen Gabelstapler zu fahren, mit diesem beim Ausfahren aus der Lagerhalle gegen das nicht vollständig geöffnete Sektionaltor gestoßen war. Zwei Segmente sowie die Zugeinrichtungen des Tores waren beschädigt worden. Der Schaden betrug 6.900 DM. Nach dem BAG führt ein vorsätzlicher Pflichtverstoß nur dann zur vollen Haftung des Arbeitnehmers, wenn auch der Schaden vom Vorsatz erfasst ist.

IV. Irrtum

129 Der Irrtum schließt den Vorsatz aus, denn der Irrende handelt nicht bewusst. Das gilt jedenfalls für den Irrtum über den Tatbestand. Wenn also ein Mensch für einen Stein

---

3 BGH VersR 1995, 99 (102).
4 BGHZ 34, 375.
5 Dazu: BGH NJW-RR 2000, 393 (394) – Programmsperre.
6 BGHZ 75, 328.
7 AP § 611 BGB, Haftung des Arbeitnehmers Nr. 122 zu jetzt § 110 SGB VII.

gehalten und auf diesen Stein geschossen wird, liegt keine vorsätzliche Verletzung des Körpers vor.

Problematisch ist der Verbotsirrtum. Die Frage geht dahin, ob derjenige, der sich über die Rechtswidrigkeit seines Verhaltens geirrt hat, wegen Vorsatz haftet oder nicht. Nach der Vorsatztheorie schließt der Rechtsirrtum den Vorsatz aus; der Schuldtheorie zufolge ändert der fahrlässige Verbotsirrtum nichts an der vorsätzlichen Begehungsweise, allerdings werden die Voraussetzungen anerkannter Rechtfertigungsgründe regelmäßig zum Tatbestand geschlagen, sog. eingeschränkte Schuldtheorie. Klärt also ein Arzt den Patienten über das Risiko einer Operation nicht auf, weil er schuldhaft meint, er sei nicht zur Aufklärung verpflichtet, so handelt er nach der Schuldtheorie vorsätzlich mit Bezug auf die Körperverletzung, nach der Vorsatztheorie nur fahrlässig.

130

Die traditionelle Lehre des Zivilrechts steht auf dem Standpunkt der Vorsatztheorie.[8] Neuerdings ist auch vorgetragen worden, dass das Zivilrecht wie § 17 StGB generell zu der Schuldtheorie übergehen sollte. In Wirklichkeit sollte man der zivilrechtlichen Methodenlehre folgend die besonderen Zwecke und Funktionen der Vorsatznorm entscheiden lassen. Nur an Vorsatz wird in folgenden Rechtsfolgen angeknüpft:

131

Gemäß § 276 Abs. 3 kann die Haftung dem Schuldner nicht im voraus erlassen werden. Grund dafür ist, dass der Gläubiger nicht der Willkür des Schuldners ausgesetzt sein soll. Hält der Schuldner sein Verhalten für zulässig, ist Willkür nicht gegeben. § 276 Abs. 3 folgt also der Vorsatztheorie.

Nach § 393 ist die Aufrechnung gegen eine Forderung aus einer vorsätzlich begangenen unerlaubten Handlung nicht zulässig. Niemand soll in vorsätzlicher Weise ein fremdes Recht verletzen können. Die Vorschrift dient der Sanktionierung der Norm; also folgt sie der Vorsatztheorie.

§ 823 Abs. 2 transponiert Schutzgesetze in das Haftungsrecht. Soweit sie nur vorsätzlich übertreten werden können, löst erst Vorsatz den Ersatzanspruch aus. Die Bestimmung des Vorsatzes entnehmen wir aber dem Recht, aus dem das Schutzgesetz stammt. Handelt es sich um ein strafrechtliches Schutzgesetz, so folgt es der Schuldtheorie. Die im fahrlässigen Verbotsirrtum begangene Verletzung gilt also als vorsätzlich zugefügt.[9]

§ 892 erlaubt die unvorsätzliche Verletzung des Grundstückseigentums durch gutgläubigen Erwerb. Haftungsrechtlich handelt es sich um einen subjektiv gefärbten Rechtfertigungsgrund. Ist die tatsächliche Unrichtigkeit dem Erwerber bekannt, handelt er vorsätzlich. Irrt sich der Erwerber jedoch über eine Rechtsfrage, so handelt er nicht vorsätzlich; er hat keine Kenntnis.

B. Fahrlässigkeit

Literatur: *Bokelmann*, Grobe Fahrlässigkeit, 1973; *Brodmann*, Über die Haftung für Fahrlässigkeit, insbesondere über die Haftung des Schiffers, AcP 99 (1906), 327; *Deutsch*, Die Fahrlässigkeit im neuen Schuldrecht, AcP 202 (2002), 889; *ders.*, Fahrlässigkeit und erforderliche Sorgfalt, 1963, 2. Aufl. 1995, 463; *ders.*, Der Begriff der Fahrlässigkeit im Obligationenrecht, FS Keller, 1989, 105; *ders.*, Die Fahrlässigkeit als Außerachtlassung der äußeren und inneren Sorgfalt, JZ 1988, 993; *ders.*, Sorgfalt und Übernahmeverschulden, VersR 2012, 1193; *Engisch*, Untersuchungen über Vorsatz und Fahrlässigkeit im Strafrecht, 1930; *Geilen*, Strafrechtliches Verschulden im Zivilrecht?, JZ 1964, 6; *Hoffmann*, Die Abstufungen der Fahrlässigkeit in der Rechtsgeschichte, 1968; *U. Huber*, Fahrlässigkeit und Voraussehbarkeit, FS Heimpel III, 1972, 440; *ders.*, Zivilrechtliche Fahrlässigkeit, FS E. R. Huber, 1973, 253; *Koziol*, Objektivierung des Fahrlässigkeitsmaßstabs im Schadensersatzrecht?, AcP 196 (1996), 593; *Larenz*, Über Fahrlässigkeitsmaßstäbe im Zivilrecht, FS Wilburg, 1965, 119; *ders.*, Zum heutigen Stand der Lehre von der objektiven Zurechnung im Schadensersatzrecht, FS Honig, 1970, 79; *Rähl*, Zur Abgrenzung der groben von der einfachen Fahrlässigkeit, JZ 1974, 521; *Rother*, Die Begriffe Kausalität, Rechtswidrigkeit und Verschulden in ihrer

---
8 BGH VersR 1984, 1071.
9 BGH NJW 1985, 134.

Beziehung zueinander, FS Larenz, 1983, 537; *Rümelin,* Das Verschulden im Straf- und Zivilrecht, 1909; *Spickhoff,* Folgenzurechnung im Schadenersatzrecht, Karlsruher Forum 2007, 7; *Welzel,* Fahrlässigkeit und Verkehrsdelikte. Zur Problematik der fahrlässigen Delikte, 1961.

Rechtsvergleichend: *Deutsch,* Professional negligence: A comparative view, Victoria University of Wellington Law Review 1990, 287; *Gauch-Schluep* Schweiz. O. R. II 5 Rn. 2725; *Keßler,* Die Fahrlässigkeit im nordamerikanischen Deliktsrecht, 1932; *Lawson,* Negligence in the civil law, 1950.

I. Entwicklung und Definition

132 Die Fahrlässigkeit hat sich aus der *lex Aquilia,* einem römischen Volksgesetz des Jahres 286 v. Chr. entwickelt. Dort war von *damnum iniuria datum* die Rede, später sprach man von *neglegentia,* was wir mit Fahrlässigkeit übersetzen. Als Maßstab für die außer Acht gelassene Sorgfalt wurde das Verhalten des *bonus pater familias* genommen. So hat auch der erste Entwurf zum BGB definiert: »Fahrlässigkeit liegt vor, wenn nicht die Sorgfalt eines ordentlichen Hausvaters angewendet wird«. Später hat man anstelle der Sorgfalt des ordentlichen Hausvaters die »übliche Sorgfalt« gesetzt. Ein großer Schritt wurde jedoch getan, als bei der abschließenden Beratung von der »im Verkehr erforderlichen Sorgfalt« die Rede war. Damit sollte dem eingerissenen Schlendrian vorgebeugt und die Sorgfalt in das soziale Umfeld gestellt werden. Das ist im Fall BGHZ 8, 138 deutlich geworden: Ein Dentist arbeitete mit einer ungesicherten Nervnadel. Die Nadel entglitt seinen Fingern und wurde vom Patienten verschluckt. Das Gericht hatte davon auszugehen, dass erfahrene Zahnärzte üblicherweise mit ungesicherten Nervnadeln arbeiten. Dennoch urteilt der BGH, es werde nicht die übliche, sondern die erforderliche Sorgfalt verlangt, die eine Behandlung mit ungesicherten Kleininstrumenten in der Mundhöhle ausschließe.

133 Allerdings ist die Rechtsprechung gelegentlich zur »üblichen Sorgfalt« zurückgekehrt, etwa in BGH JZ 1971, 63. Dort ging es um einen Kommafehler in einem medizinischen Nachschlagewerk, der zu einem Infusionszwischenfall geführt hatte. Das Gericht erlaubt es dem Verleger, das Korrekturlesen dem Verfasser aufzuerlegen. Bei der Frage nach der im Verkehr erforderlichen Sorgfalt habe eine allgemeine Verkehrsübung nur insoweit außer Betracht zu bleiben, als sie sich als Missbrauch darstelle.

II. Fahrlässigkeit als Sorgfaltsverstoß

134 In § 276 Abs. 2 wird als Fahrlässigkeit die Außerachtlassung der im Verkehr erforderlichen Sorgfalt umschrieben. Diese Definition ist bis auf den heutigen Tag deswegen lebenskräftig geblieben, weil sie unvollständig, normativ und sozialbezogen ist. Die Fahrlässigkeit nimmt allerdings auf einen Begriff Bezug, der vom Gesetzgeber vorgefunden wurde, nämlich die Sorgfalt.

III. Äußere und innere Sorgfalt

135 Die Sorgfalt bildet ein Verhaltensprogramm (*Heck*). Es zerfällt in eine innere und eine äußere Komponente. Die äußere Sorgfalt besteht in sachgemäßem Verhalten. Sachgemäß ist ein Verhalten dann, wenn entweder bei §§ 823 Abs. 2, 839 das von der Verhaltensnorm verlangte Verhalten gesetzt wird oder bei § 823 Abs. 1 der für das Rechtsgut erforderliche Umgang mit der Gefahr erfolgt. Gesetze und Rechtsverordnungen können auch hier die Sorgfalt konkretisieren, doch enthalten sie im Allgemeinen kein abschließendes Verhaltensprogramm, sondern sind ergänzungsbedürftig.[10] Äußerlich sorgfältig handelt also, wer die Höchstgeschwindigkeit einhält oder ein Loch über dem Keller abdeckt.

---

10 BGH VersR 1987, 102.

§ 10 Verschulden: Vorsatz und Fahrlässigkeit

Demgegenüber stellt die innere Sorgfalt einen intellektuell-emotionalen Vorgang dar, der aus mehreren Teilen zusammengesetzt sein kann. Die innere Sorgfalt bezieht sich auf die Erkenntnis der möglichen Tatbestandsverwirklichung, gemessen am Maßstab der objektiven Typisierung. Man hat Aufmerksamkeit anzuwenden, um Verkehrsschilder zu entdecken, ein spielendes Kind an der Straße zu bemerken oder zu vermeiden, trotz fortdauernden Rotlichts der Ampel versehentlich wieder anzufahren.[11] Die innere Sorgfalt bezieht sich jedoch auch auf das Erbringen der äußeren Sorgfalt. Man muss sich so einrichten, dass man das äußerlich sorgfältige Verhalten setzen kann. Man hat etwa Übermüdung oder Fahruntüchtigkeit[12] zu berücksichtigen. **136**

Fahrlässigkeit ist nur gegeben, wenn sowohl die äußere als auch die innere Sorgfalt verletzt worden ist. Wird trotz gegenteiliger Bemühung die äußere Sorgfalt eingehalten, fährt also der sonst rasende Postschaffner mit dem Elektrokarren gezwungenermaßen nicht mehr als 50 km/h in der Stadt, so liegt keine Fahrlässigkeit vor. Wenn umgekehrt zwar nicht die äußere Sorgfalt, wohl aber die innere Sorgfalt gesetzt ist, so fehlt es ebenso an der Fahrlässigkeit. Das ist etwa der Fall bei dem Augenarzt, dem trotz richtiger innerer Haltung die Hand zittert, der aber vorher weder getrunken noch Tennis gespielt hat. Ebenso steht es bei der nächtlichen Kollision zweier Schiffe, nachdem die Trosse zu dem geschleppten Schiff gebrochen war. Es ist erforderlich, auf einem unbemannten, geschleppten Fahrzeug Fahrtstörungslichter zu setzen, nur war dies zur Unfallzeit nicht bekannt.[13] Arbeitnehmer, die dem Aufruf der Gewerkschaft folgend streiken und diese Arbeitskampfmaßnahme irrtümlich für rechtmäßig halten, haben im Allgemeinen die innere Sorgfalt eingehalten, da sie auf die Auskunft der Gewerkschaft vertrauen durften. **137**

Wird die äußere Sorgfalt außer acht gelassen, liegt schon ein Pflichtverstoß vor. Regelmäßig spricht dann die Erfahrung dafür, dass auch die innere Sorgfalt verletzt ist. Je nach der Stärke der verletzten Norm wird dann entweder die Beweislast hinsichtlich der inneren Sorgfalt umgekehrt bzw. es spricht der Anschein auch für die innere Unsorgfalt. Der Verletzte braucht also grundsätzlich nur die Verletzung der äußeren Sorgfalt zu behaupten und zu beweisen. Dann hat der Verletzer darzutun, dass er innerlich sorgfältig gehandelt hat oder muss jedenfalls den Anschein mangelnder innerer Sorgfalt erschüttern.[14] Dazu ist der Verletzer auch regelmäßig eher in der Lage, handelt es sich doch um einen internen Vorgang. Eine vorgeformte Entschuldigung enthält die Berufung auf das Kollegialprivileg: ein Beamter oder Rechtsanwalt handelt nicht fahrlässig, wenn ein Kollegialgericht sein Verhalten (etwa in erster Instanz) für richtig oder rechtmäßig gehalten hat.[15] **138**

Die objektiv typisierte Sorgfalt findet nicht nur bei der äußeren Sorgfalt sondern auch bei der inneren Sorgfalt Anwendung. Man hat sich also soweit als möglich anzustrengen, um die Situation zu erkennen und würdigen zu können. Vor allem darf man nicht die innere Sorgfalt mit der subjektiv möglichen Sorgfalt verwechseln. Das würde bedeuten, dass man bei der Anwendung auf die äußere Sorgfalt dann den objektiv typisierten Maßstab der Fahrlässigkeit zum ersten Mal anwenden muss.[16] **139**

---

11 OLG Hamm VersR 1995, 92.
12 BGH VersR 1988, 909.
13 BGHZ 64, 149.
14 BGH VersR 1986, 766.
15 BGH VersR 1988, 38 – Zwangsvollstreckung; OLG München VersR 1987, 208 – Anwalt beurteilt Passivlegitimation falsch; OLG Köln VersR 1986, 495 – Verkehrssicherheit; BGH VersR 2008, 503 f. – Änderung der Rechtsprechung hinsichtlich der Zutrittssperre für Spieler in eine Spielbank, entschuldbarer Rechtsirrtum.
16 So aber *Wagner* in: Das neue Schuldrecht in der Praxis, 2003, 203, 222 f.

IV. Funktionale Merkmale der Fahrlässigkeit

140 Die Fahrlässigkeitsdefinition als Außerachtlassung der im Verkehr erforderlichen Sorgfalt ist unvollständig, normativ und sozialbezogen. Das ist nunmehr zu erläutern. Unvollständig ist die Fahrlässigkeitsdefinition deshalb, weil offengeblieben ist, auf welche Norm sich die erforderliche Sorgfalt bezieht. Es handelt sich um die Tatbestandsnorm, die je nach Fassung des Tatbestandes die Verletzung eines Rechtsguts oder eines Verhaltensgebots ergreifen kann. Dem entspricht heute die Regelung der §§ 280 Abs. 1 S. 1, 823 Abs. 1 BGB. Dadurch, dass die äußere Sorgfalt entweder starr oder beweglich sein kann, erhält die »erforderliche Sorgfalt« erhebliche Lebenskraft.

141 Die fahrlässigkeitsvermeidende Sorgfalt ist weiter normativ ausgerichtet. Sorgfältig ist nur das Verhalten, das dem erwarteten Standard der Erfolgsverhinderung entspricht. Die Sorgfalt hat also moderne Formen der Gefahrbekämpfung mit einzubeziehen. Kaufhäuser müssen heutzutage Sprinkleranlagen haben; ein Arzneimittel muss nicht nur gut entwickelt (Fall Vioxx), sondern auch auf Neben- und Wechselwirkungen geprüft sein (Fall Linday); in einem Bus muss zur Verhinderung von Fahrgastschäden bei plötzlichem Bremsen eine Sperre vor dem Fenster eingebaut sein.[17]

142 Schließlich ist die erforderliche Sorgfalt auch sozialbezogen, wie die Worte »im Verkehr« zeigen. Der Gesetzgeber wollte nichts Unmögliches verlangen; es sollte nur die normale Vorsicht gelten. So hat auch der BGH mehrmals entschieden, dass kein Übermaß an Sorgfalt verlangt werde, vielmehr der Handelnde nach den tatsächlichen Umständen zu beurteilen sei. So war es nicht fahrlässig, wenn gleich nach Kriegsende bei einer Röntgen-Reihenuntersuchung im Ruinenkeller eine Verwechslung geschah.[18]

V. Objektiv geforderte und subjektiv mögliche Sorgfalt (Gruppen- und Einzelfahrlässigkeit)

143 Anders als das Strafrecht setzt die Haftung regelmäßig keine Vorwerfbarkeit voraus. Im Zivilrecht wird regelmäßig ein Verhalten als fahrlässig angesehen, das den objektiv-typisierten Anforderungen der erforderlichen Sorgfalt nicht entspricht. Die Fahrlässigkeit ist meist entscheidende Voraussetzung eines Ersatzanspruchs und als solche zum Ausgleich der Interessen von Schädiger und Geschädigtem vorgesehen. Im Allgemeinen gilt also im Zivilrecht die Gruppenfahrlässigkeit, bei dem der Sorgfaltsstandard im sog. engeren Verkehrskreis der Verhaltensperson zugrunde gelegt wird.

144 Der objektiv-typisierte Fahrlässigkeitsmaßstab[19] geht vom Grundsatz der »objektiven Übernahme« aus: Von jedermann wird grundsätzlich erwartet, dass er die Sorgfalt setzt, die der Verkehr an seiner Stelle erwartet. Zu diesem Zweck werden sog. Verkehrskreise nach Berufsgruppen und Gefahrbereichen gebildet. Derjenige, der im Beruf auftritt, hat die Sorgfalt eines ordentlichen Berufsangehörigen zu setzen, also etwa die eines ordentlichen Kaufmanns (§ 347 HGB), die Sorgfalt eines Architekten, eines Facharztes,[20] eines Tankwagenfahrers[21] usw. Dabei ist jedoch nicht stets das von einem Fachmann unter normalen Umständen erwartete Sorgfaltsmaß gefordert, vielmehr kommt es darauf an, wie der Fachmann unter diesen besonderen Umständen gehandelt hätte. Vom Arzt, der im Notfall handelt, etwa als Passant mit einem Taschenmesser einen Luftröhrenschnitt bei einem Erstickenden durchführt, wird, ganz abgesehen von § 680, nicht das normale ärztliche Verhalten verlangt. Auch ein Sorgfaltsabfall, et-

---

17 LG Göttingen NJW 1960, 2242.
18 BGH NJW 1961, 600.
19 BGH NJW 2001, 1786.
20 BGH NJW 2000, 2737.
21 BGH NJW 1995, 1150.

wa des sonst tüchtigen Verkehrsteilnehmers kann entschuldigt sein. Erleidet der Berufskraftfahrer am Steuer einen Herzinfarkt, den er nicht durch Überanstrengung herbeigeführt und nicht hat voraussehen können, handelt er nicht fahrlässig.[22] Auch nach spezifischen Gefahren werden Verkehrskreise gebildet. Derjenige, der ein Feuer anzündet, Auto fährt oder ein Flugzeug steuert, hat die Sorgfalt zu setzen, die im Verkehr erwartet wird, damit die Gefahr möglichst kontrolliert wird und sich nicht verwirklicht oder ausbreitet. Es kommt also stets auf das Auftreten im Berufskreis oder in einer Gefahrensituation an. Die normalen Fähigkeiten werden erwartet, besondere persönliche Fertigkeiten sind darüber hinaus einzusetzen. Ein Kraftfahrer hat normales Sehvermögen aufzuweisen, will er am Verkehr teilnehmen. Auch ein unerkannter Augenfehler entschuldigt nicht.[23] Nimmt aber der Elektriker eine defekte Lampe als Patient mit ins Krankenhaus, an der sich ein Mitpatient verletzt, so wird er nicht nach dem Standard der Elektriker behandelt; wohl aber wird ihm seine besondere Kenntnis angerechnet.[24] Ein Grundeigentümer muss wissen, dass Eibenzweige für Nachbars Kühe giftig sind,[25] aber nicht, dass auf die Straße geleitetes Abwasser zur Schneezeit einen Hohlraum unter der Eisdecke bilden, in den ein Lkw einbricht.[26] Auch ohne berufliche Voraussetzungen oder besondere Gefahr hat man eine Mindestsorgfalt zu setzen. Wer etwa beim Hinabgehen einer normalen Treppe stolpert und hinfällt und dabei eine andere Person verletzt, hat die im Verkehr erforderliche Sorgfalt nicht beachtet, weil er entweder seinen Schritten nicht die nötige Aufmerksamkeit geschenkt oder sich beim Stolpern nicht hinreichend am Treppengeländer festgehalten hat.[27]

Es gibt auch Ausnahmen von der objektiverforderlichen Sorgfalt. Alte Leute und Jugendliche werden nicht den normalen Sorgfaltsanforderungen unterworfen. Auf alte Leute hat man Rücksicht zu nehmen, was im Verkehr auch regelmäßig anerkannt wird. Kinder und Jugendliche bedürfen eines Spielraums, um durch Versuch und Irrtum zu lernen. Man kann sie nur für die Sorgfalt eines Jugendlichen, nicht für die eines Erwachsenen verantwortlich machen. So sind Siebenjährige zwar bedingt deliktsfähig (§ 828), haften aber nur für die Außerachtlassung der alterstypischen Sorgfalt. Ein Siebenjähriger hat so Rad zu fahren, dass er nicht mit einem anderen kollidiert.[28] Es ist ihm jedoch nicht zuzumuten, nicht hinter seinem Ball her auf die Fahrbahn zu laufen.[29] Ein elfjähriger Seifenkistenrennfahrer schuldet dem Veranstalter nach § 426 keinen Gesamtschuldnerausgleich, obwohl er im Zielbereich die Herrschaft über sein Fahrzeug verloren und Zuschauer verletzt hatte.[30] Für das Fußballspiel von Kindern und Jugendlichen auf einer Wiese gelten grundsätzlich die vom DFB für organisierte Wettkämpfe aufgestellten Fußballregeln.[31]   **145**

Nach § 828 Abs. 2 ist der Jugendliche, der nicht das zehnte Lebensjahr vollendet hat, für einen Schaden, den er bei einem Unfall mit einem Kfz usw. einem anderen zufügt, nicht verantwortlich. Die Rechtsprechung hat hier eine teleologische Reduktion vorgenommen, dh eine Rücknahme des Wortlauts der Norm hinter ihren Zweck. Vorauszusetzen ist,[32] dass es sich um eine typische Überforderungssituation des Kindes   **146**

---
22 BAG AP – § 611 BGB-Haftung des AN Nr. 16.
23 BGH JZ 1968, 103.
24 BGH VersR 1956, 618.
25 OLG Köln VersR 1991, 1296.
26 BGH LM § 823 [Eb] Nr. 1.
27 OLG Köln MDR 1994, 561.
28 BGH VersR 1970, 467.
29 BGH VersR 1970, 374.
30 OLG Karlsruhe VersR 1995, 187.
31 OLG Düsseldorf NJW-RR 2000, 1116.
32 BGH VersR 2008, 701.

durch die spezifischen Gefahren des motorisierten Verkehrs handelt. So haftet etwa ein Jugendlicher, der mit einem Kickboard oder Fahrrad gegen ein ordnungsgemäß geparktes Kfz gestoßen ist und es beschädigt hat, nach den allgemeinen Regeln.[33]

147 Nach dem Zweck der Norm kann es auch auf die Verletzungen der subjektiv-individuellen Sorgfalt ankommen. Das ist dann der Fall, wenn nach der Ordnungsaufgabe und dem Zweck der Norm die Rechtsfolge die Person selbst berührt. Sie ist dann nur zu dem Verhalten verpflichtet, das ihr möglich ist. Es gilt der Satz *ultra posse nemo obligatur*. Körperliche, intellektuelle und emotionale Fähigkeiten werden nur insoweit vorausgesetzt, als sie bestehen. Diese subjektive Fahrlässigkeitsauffassung kommt zum Zuge beim Schmerzensgeld in der Genugtuungsfunktion,[34] bei der Abwägung von Verschulden und Mitverschulden (§ 254), bei der Herabsetzung des Unterhalts wegen sittlichen Verschuldens (§ 1611) und bei der Entziehung des Pflichtteils wegen schuldhafter Verfehlung (§ 2333). Radelt ein Zehnjähriger blindlings auf die Straße, kommt eine völlige Freistellung des Halters des Kfz, das ihn erfasst, wegen Mitverschuldens des Jungen nur ausnahmsweise in Betracht: das grob verkehrswidrige Verhalten eines altersmäßig in den Straßenverkehr noch nicht voll integrierten Kindes muss dann altersspezifisch subjektiv besonders vorwerfbar sein.[35] Übrigens hat der Fachmann, etwa der Arzt, besondere Fähigkeiten und Kenntnisse einzusetzen,[36] da er insoweit keinen Freiraum braucht.

VI. Fahrlässigkeit und Irrtum

148 Die Fahrlässigkeit ist ein relativer Rechtsbegriff, es gibt keine Fahrlässigkeit an sich. Sie bezieht sich auf den Tatbestand und die Rechtswidrigkeit. Normalerweise wird bei Aufwendung der inneren Sorgfalt der Irrtum vermieden. Jedoch kann ein Irrtum über tatsächliche Voraussetzungen oder rechtliche Bewertungen auch bei Aufwendung normaler innerer Sorgfalt unvermeidbar sein. Ist dies der Fall, dann ist auch die Fahrlässigkeit ausgeschlossen. So kann es etwa bei dem Irrtum eines Arztes über den Umfang der Aufklärungspflicht stehen, wenn er das Bedürfnis des Patienten, informiert zu werden, in entschuldbarer Weise falsch einschätzt. Man darf sich jedoch nicht dumm stellen: Auch ein erwerbsunfähiger Blinder, der eine Pension nebst einem Zuschlag bezieht, hat in Erfahrung zu bringen, dass der Zuschlag nach seiner Verehelichung wegfällt. Jedermann ist verpflichtet, sich von den ihn nach seinem Lebenskreis betreffenden Rechtsvorschriften Kenntnis zu verschaffen.[37]

149 Das RG hat früher die entschuldigende Wirkung des Rechtsirrtums erheblich eingeschränkt. Das war eine Spätfolge des Satzes *error iuris nocet*. Ein Beleg dafür ist RGZ 156, 120: Der Unfallversicherer verweigerte irrtümlich die Zahlung, da Selbstverstümmelung angenommen wurde. Der Versicherer hatte jedoch den Irrtum verschuldet, da er nichts zur Aufklärung des Falls unternommen hatte. Heute werden der Tatbestands- und der Rechtswidrigkeitsirrtum gleichgestellt.

150 Wird also die Rechtsprechung hinsichtlich der Ausschließung von gesperrten Spielern geändert und lässt die Spielbank nach früherer Ansicht den Gesperrten noch in dem Zeitraum zu den Automaten ein, so handelt sie im entschuldbaren Rechtsirrtum.[38] Im Falle OLG München GesR 2006, 524 ging es darum, ob bei dem Opfer eines Selbstmordversuchs mit apallischem Syndrom das Vormundschaftsgericht eingeschaltet

---

33 BGHZ 161, 180.
34 BGHZ 18, 149 – Großer Senat.
35 BGH VersR 1990, 535.
36 BGH NJW 1987, 1479.
37 Österr. OGH ÖJZ 1994, 698.
38 BGH VersR 2008, 503 f.

werden musste oder nicht. Da die Rechtsprechung eines Strafsenats und eines Zivilsenats davon abwich, ob stets ein Vormundschaftsgericht eingeschaltet werden musste, war ein unvermeidlicher Rechtsirrtum gegeben.

Sofern allerdings die Rechtsansicht, auf die man vertraut, in einem Prozess richterlich verworfen worden ist, trägt man das Risiko des weiteren Irrtums, auch wenn man in die höhere Instanz geht. Man hat den Verlust des Prozesses einzukalkulieren. Anders steht es bei ungeklärten Rechtsfragen. Als in den fünfziger Jahren des letzten Jahrhunderts das Überspielen auf Tonträger gesetzlich noch nicht geregelt war, durfte der Hersteller an seiner irrigen Rechtsansicht, die Aufnahme geschützter Musik sei keine Verletzung des Urheberrechts, bis zu einem klärenden Urteil des BGH festhalten.[39]

151

VII. Übernahmeverschulden, einleitende Fahrlässigkeit

Die Fahrlässigkeit wird meist zur Zeit der Verletzung bestehen, sie kann aber auch schon in einem früheren Stadium gegeben sein. Es ist anerkannt, dass derjenige fahrlässig handelt, der sich in eine Situation begibt, die er nicht meistern kann. Vorausgesetzt ist, dass er die Gefährlichkeit der Situation erkennt: Wer keine Fahrerlaubnis hat oder fahruntüchtig ist und sich dennoch ans Steuer setzt, haftet für Fahrfehler, auch wenn er sie im späteren Zeitpunkt nicht mehr zu vertreten haben sollte. Man nennt diese Zurückbeziehung des Sorgfaltsverstoßes das Übernahmeverschulden oder die einleitende Fahrlässigkeit. Ein gesetzliches Beispiel enthält die Haftung für die eigene Trunkenheit, die zivilrechtliche *actio libera in causa* (§ 827 S. 2).

152

C. Sonderformen der Fahrlässigkeit

I. Grobe Fahrlässigkeit

Die gesteigerte Fahrlässigkeit nennt man grobe Fahrlässigkeit, *culpa lata, gross negligence, faute lourde*. Sie wird dort vorausgesetzt, wo nur besonders elementare Fehler zu einer Rechtsfolge führen sollen, etwa bei der Notgeschäftsführung (§ 680), beim Fund (§ 968), beim Gläubigerverzug (§ 300), bei der Schenkung (§ 521) und bei der Leihe (§ 599). Auch der Rückgriff gegen den Beamten oder Arbeitnehmer sowie die Freistellung des Sachversicherers wegen Obliegenheitsverletzung (§ 61 VVG) ist von grober Fahrlässigkeit abhängig.

153

Die Herabsetzungen der Haftung im Vertragsrecht werden für gewöhnlich in das Deliktsrecht übernommen. Andernfalls würde die Haftungsbeschränkung leerlaufen. Der Notgeschäftsführer etwa, der eine Sache des Geschäftsherrn leicht fahrlässig beschädigt, würde sonst nach Deliktsrecht schon für jede Fahrlässigkeit haften, obwohl ihm das Privileg nach § 680 zusteht.[40] Ebenso ist der Schenker für Schäden durch die geschenkte Sache gemäß § 521 nur bei grober Fahrlässigkeit haftbar.[41] Haftungen des gerichtlichen Sachverständigen sind von grober Fahrlässigkeit abhängig, § 839a.[42]

154

Nach der Rechtsprechung ist grobe Fahrlässigkeit gegeben, wenn eine Doppelformel erfüllt ist.[43] Ihr erster Teil knüpft an den Vorsatzverdacht an, wenn gefragt wird, ob das unbeachtet gelassen wurde, was im gegebenen Fall jedem hätte einleuchten müssen. Es handelt sich um die alte Formel *Ulpians: non intellegere quod omnes intellegunt*

155

---

39 BGHZ 17, 266.
40 BGH NJW 1972, 475.
41 BGH VersR 1985, 278.
42 Vgl. auch BAG AP § 166 BGB Haftung des Arbeitnehmers Nr. 122.
43 BGHZ 10, 14.

(D. 50, 16, 213, 2). Im zweiten Teil der Formel wird danach gefragt, ob die erforderliche Sorgfalt nach den gesamten Umständen in ungewöhnlich großem Maße verletzt wurde. Ähnlich hieß es in E I § 144 Abs. 2, dass »die Sorgfalt eines ordentlichen Hausvaters in besonders schwerer Weise vernachlässigt wird«.

156 Die Doppelformel ist nur wegen ihrer Weite und Unbestimmtheit in den mannigfachen Anwendungsbereichen verwendbar. Grobe Fahrlässigkeit liegt in Wirklichkeit dann vor, wenn elementare Vorsichtsmaßregeln außer Acht gelassen wurden, im Volksmund, wenn ein »dicker Hund« gegeben ist. So fehlt es etwa am guten Glauben für den Rechtsscheinerwerb (§ 932), wenn Anlass besteht, Erkundigungen einzuziehen oder sonst nachzuforschen. Ebenso ist die Fahrlässigkeit als grob anzusehen, wenn eine Banknotensendung in einem grobmaschigen Jutesack im normalen Frachtraum eines Flugzeugs befördert und dort gestohlen wird.[44] Beinhaltet die grobe Fahrlässigkeit eine subjektive Komponente? Sie ist jedenfalls dort vorausgesetzt, wo nur ein persönlich vorwerfbares Verhalten zur Rechtsfolge führt, vor allem wo der Regress gegen den Beamten, Arbeitnehmer oder Versicherungsnehmer bzw. der Versicherungsschutz von der groben Fahrlässigkeit abhängt. So haftet etwa der Grundbuchrichter trotz eines Fehlers dem Dienstherrn mangels grober Fahrlässigkeit nicht, wenn subjektive Umstände in der Person dagegen sprechen, etwa seine Unfähigkeit zur Entscheidung der Rechtsfrage und der Geisteszustand, in den er durch seine Auffassung der rechtlichen Lage versetzt wurde.[45]

157 Die Privilegierung der Haftung nur für grobe Fahrlässigkeit aus persönlichen Gründen wird noch dadurch verstärkt, dass sich das Verschulden oft noch nicht nur auf die Verletzung, sondern auch auf den Schaden bezieht. Nach BGHZ 75, 328 haftete der Schüler dem Sozialversicherungsträger, der den Mitschüler nach einer Verletzung versorgt hat, nur, soweit er den Schaden, etwa eine Krankenhausbehandlung, vorsätzlich oder grob fahrlässig herbeigeführt hat.[46] Nach § 110 Abs. 2 SGB VII braucht sich das Verschulden jetzt nur noch »auf das den Versicherungsfall verursachende Handeln oder Unterlassen zu beziehen«. Das BAG ist jedoch nach wie vor der Überzeugung, dass ein Pflichtverstoß nur zu einer Haftung führt, wenn auch der Schaden vom Vorsatz erfasst ist.[47] Allerdings kann der Sozialversicherungsträger nach billigem Ermessen auf den Ersatzanspruch ganz oder teilweise verzichten (vgl. § 76 Abs. 2 Nr. 3 SGB IV[48]).

158 Im Versicherungsvertragsrecht bahnt sich eine neue Entwicklung zur groben Fahrlässigkeit an. In vielen Bereichen ist das Bestehen der Versicherung oder der Rückgriff des Versicherers davon unabhängig, dass keine grobe Fahrlässigkeit vorliegt. Im VVG 2008 wird ausdrücklich davon gesprochen, dass es zum Eintritt dieser Rechtsfolge auf die Schwere des Verschuldens ankommt. Nach der Begründung zum VVG soll entscheidend sein, »ob die grobe Fahrlässigkeit im konkreten Falle nahe beim bedingten Vorsatz oder im Grenzbereich zur einfachen Fahrlässigkeit liegt«.

II. Konkrete Fahrlässigkeit

159 Gelegentlich wird vertraglich und deliktisch nur gehaftet, wenn die Sorgfalt außer acht gelassen wurde, welche man in eigenen Angelegenheiten anzuwenden pflegt. Diese *diligentia quam in suis* wird verlangt von Gesellschaftern, Ehegatten, Eltern gegenüber dem Kind, unentgeltlichen Verwahrern und Vorerben, §§ 708, 1359, 1664, 2131.

---

44 Schweiz. BGE 93 II 345.
45 RG JW 24, 1977; BGH NJW 1996, 2227.
46 Zu § 110 SGB VII bestätigt in OLG Celle VersR 1999, 1550.
47 AP § 611 BGB Nr. 122, mit zust. Anm. *Deutsch*.
48 Dazu *Ahrens* VersR 1997, 1064.

Bei grober Fahrlässigkeit wird allerdings stets gehaftet, § 277. Der konkurrierende Deliktsanspruch ist ebenso beschränkt.

Die eigenübliche Sorgfalt deckt sich nicht mit der subjektiv-individuellen Sorgfalt nach der subjektiven Fahrlässigkeitstheorie. Die eigenübliche Sorgfalt bezieht nämlich auch den eingerissenen Schlendrian ein. Die Haftung nur für konkrete Fahrlässigkeit beruht deswegen auf einem rechtspolitisch überholten Ansatz. In der Praxis wird auf die absolute Grenze der groben Fahrlässigkeit abgestellt. Zumindest wird dem Verletzer der Beweis dafür aufgebürdet, dass er in eigenen Angelegenheiten weniger sorgfältig ist.

Von der Rechtsprechung wird bereits bei Verletzungen im Straßenverkehr die Haftungsbeschränkung auf eigenübliche Sorgfalt nicht mehr angewandt. Im Straßenverkehr soll grundsätzlich für jede Fahrlässigkeit gehaftet werden. Die Haftungsbeschränkungen beziehen sich nämlich nur auf Vermögensangelegenheiten. Hinter dieser Argumentation steht wohl auch die Tatsache, dass der Kraftfahrer regelmäßig haftpflichtversichert ist. Führend sind die folgenden Entscheidungen: Vier Personen mieteten ein Kfz und schlugen die Kosten wett. Der unerfahrene Fahrer hatte gerade erst den Führerschein gemacht. Er verursachte einen vermeidbaren Zusammenstoß. Dabei wurden die anderen Mitfahrer verletzt. Der Sozialversicherungsträger verlangt seine Aufwendungen von dem Fahrer und seiner Versicherung, die einwenden, der Fahrer habe die eigenübliche Sorgfalt angewendet. Der BGH wendet § 708 nicht im Straßenverkehr an.[49] Das gilt auch für § 1359, der nur den häuslichen Bereich bei intakter Ehe betrifft. Auf die geringere eigenübliche Sorgfalt kann sich also nicht die Frau berufen, die trotz erhobener Scheidungsklage den Pkw des Mannes benutzt und beschädigt.[50]

D. Zufall und höhere Gewalt

I. Zufall

Als zufällig bezeichnen wir eine Verletzung, die weder vorsätzlich noch fahrlässig zugefügt wurde. Der Schaden fällt nach der Sachzuständigkeit dem Träger des Rechtsguts zur Last. Wo das Verschulden fehlt, herrscht der Zufall. Diese von der Abwesenheit des Verschuldens definierte Freizone wird neuerdings auch eigentypisch umschrieben. Das allgemeine Lebensrisiko darf man anderen nicht im Wege der Haftung aufbürden.

II. Höhere Gewalt und unabwendbares Ereignis

Die höhere Gewalt (*vis maior, force majeure, act of God*) und das unabwendbare Ereignis sind der gesteigerte Zufall. Genauer: höhere Gewalt und unabwendbares Ereignis bilden den Zufall bei der objektiven Haftung, insbesondere bei der Gefährdungshaftung. Dabei wird die höhere Gewalt nach der objektiven Theorie definiert. Es muss sich um ein von außen her kommendes Ereignis handeln, dem auch durch ein hohes Maß an Vorsicht nicht zu begegnen war.[51] Mit dem »von außen her kommenden Ereignis« wird ein Fehler im Betriebsablauf ausgeschlossen.

---

49 BGHZ 46, 313.
50 BGHZ 53, 352.
51 RGZ 101, 94.

§ 11 Verschuldensfähigkeit und subsidiäre Billigkeitshaftung

Literatur: *Birr,* Die Haftung Minderjähriger im Zivilrecht, 2005; *Bucher,* Verschuldensfähigkeit und Verschulden, FS Pedrazzini, 1990, 288; *Deutsch,* Zurechnungsfähigkeit und Verschulden, JZ 1964, 86; *Grüneberg,* Die (Mit-)Haftung von Kindern und Jugendlichen bei Verkehrsunfällen, NJW 2013, 2705; *Kilian,* Die deliktische Verantwortlichkeit Minderjähriger nach § 828 BGB n.F., ZGR 2003, 168; *ders.,* Die deliktische Verantwortlichkeit Minderjähriger nach § 828 BGB, ZGS-Praxisforum 2003, 168; *E. Lorenz,* Einfluss der Haftpflichtversicherung auf die Billigkeitshaftung nach § 829 BGB, FS Medicus, 1999, 353; *Scheffen,* Reformvorschläge zur Haftung von Kindern und Jugendlichen, VersR 1995, 237; *Waibel,* Die Verschuldensfähigkeit des Minderjährigen im Zivilrecht, 1970; *Wille/Bettge,* Empirische Untersuchungen zur Deliktsfähigkeit nach § 828 BGB, VersR 1971, 878; *Scheffen,* Schadensersatzansprüche bei Beteiligung von Kindern und Jugendlichen an Verkehrsunfällen, VersR 1987, 116.

A. Zurechnung und persönliche Fähigkeit

I. Zurechnungsfähigkeit

164 Die Zurechnung stellt die Verbindung zwischen dem Willen des Verletzers und der Verletzung bzw. dem Schaden her. Die Zurechenbarkeit bildet die Grundvoraussetzung der Haftung. Die Zurechnungsfähigkeit ist das persönliche Erfordernis der Zurechnung bei der Verschuldenshaftung, § 827 f.

165 Bei der Gesetzgebungsgeschichte hielt man sich an das strafrechtliche Vorbild und ging begriffslogisch vor, etwa wenn gesagt wurde, dass unwillkürliche Handlungen als juristische Handlungen nicht in Betracht kommen oder dass die Willensfähigkeit für das Kindesalter verneint werde. Die Gesetzesformeln betonen das intellektuelle Moment, vernachlässigen aber das voluntative. Das geht auf das Vorbild des Strafgesetzbuchs von 1871 und seine Quelle, nämlich den Code penal, zurück. Die Fähigkeit, das Unrecht der Tat einzusehen und nach dieser Einsicht zu handeln, erscheint nicht im Gesetzestext.

II. Rechtsfolge der Zurechnungsunfähigkeit

166 Ist der Schadensstifter nicht zurechnungsfähig, so entfällt nicht etwa jeder Anspruch, vielmehr haftet er nach den Grundsätzen der Billigkeit, § 829. Mit dieser Herabsetzung der Haftung des Zurechnungsunfähigen auf das von der Billigkeit geforderte Maß hält sich unser Recht etwa in der Mitte des internationalen Spektrums. Dieses reicht von der vollen Entschuldigung der geistig Behinderten und der Kinder bis zur Nichtberücksichtigung dieser persönlichen Besonderheit.

B. Typen der Zurechnungsunfähigkeit

I. Kinder

167 Gemäß § 828 Abs. 1 sind Kinder bis zum vollendeten siebten Lebensjahr für einen von ihnen zugefügten Schaden nicht verantwortlich. Die Haftung für Vorsatz und für Fahrlässigkeit ist ebenso ausgeschlossen wie ein Mitverschulden oder ein Handeln auf eigene Gefahr.

II. Jugendliche

Jugendliche von sieben bis 18 Jahren sind für Verletzungen nicht verantwortlich, wenn sie bei Begehung der schädigenden Handlung nicht die zur Erkenntnis der Verantwortlichkeit erforderliche Einsicht haben, § 828 Abs. 2. Damit ist eine bedingte Zurechnungsfähigkeit des Jugendlichen ausgesprochen, die von der individuellen Verstandsentwicklung abhängig ist. Ist die Einsicht vorhanden, so besteht die volle Haftung; fehlt die Einsicht, so ist der Jugendliche zurechnungsunfähig. Eine verminderte Zurechnungsfähigkeit ist nicht vorgesehen. Im Zweifel wird angenommen, dass der Jugendliche zurechnungsfähig ist; ihn trifft also die Beweislast für die fehlende Einsicht. **168**

Die Einsicht ist dann gegeben, wenn der Jugendliche nach seinem Entwicklungsstand von der rechtlichen Verantwortlichkeit weiß und diese auf den aktuellen Fall projizieren kann. Dabei genügt die Kenntnis irgendeiner rechtlichen Sanktion. Anders als im Strafrecht ist es nicht Voraussetzung der Zurechnungsfähigkeit, dass der Jugendliche fähig ist, nach dieser Einsicht zu handeln. Dieses volitive Element wird erst im Rahmen der Fahrlässigkeit geprüft.[1] **169**

Nach ständiger Rechtsprechung ist die Gruppenfahrlässigkeit bei Jugendlichen nach ihrem Altersstandard zu bestimmen.[2] Es kommt also darauf an, ob in intellektueller und emotionaler Hinsicht von einem Jugendlichen dieser Altersgruppe ein anderes Verhalten zu erwarten war. In diesem Bereich können also auch mangelnde Willenskraft, Spieltrieb und Gefahrunempfindlichkeit berücksichtigt werden. So können sogar 15-jährige Jungen nicht stets dem Spieltrieb widerstehen, etwa wenn sie mit fast grünen Tomaten von Jüngeren beworfen werden, diese auffangen und wieder zurückwerfen.[3] Ebenso steht es beim Ritterspiel Zwölfjähriger, bei dem ein Junge von einem geworfenen Holzstück getroffen wird. Zwar ist der Täter deliktsfähig, denn er kann die Gefahr erkennen. Er hat aber nicht die alterstypische Sorgfalt zwölfjähriger Jungen außer Acht gelassen, die dem Anreiz solcher Spiele nicht widerstehen können. Allerdings wird auch hier die Billigkeitshaftung nach § 829 analog angewandt.[4] **170**

Nach § 828 Abs. 2 BGB ist derjenige, der das siebente, aber noch nicht das zehnte Lebensjahr vollendet hat, für den Schaden, den er bei einem Unfall mit einem Kfz, einer Schienenbahn oder einer Schwebebahn einem anderen zufügt, nicht verantwortlich. Mit dieser Reform wird ein lange gehegter Wunsch Wirklichkeit, wonach Kinder frühestens mit Vollendung des zehnten Lebensjahrs imstande sind, die besonderen Gefahren des motorisierten Straßenverkehrs zu erkennen und sich mit diesen Erkenntnissen entsprechend zu verhalten. Leider hat der Gesetzgeber diese Erkenntnis auf den Straßenverkehr beschränkt, obwohl er andernorts auch Anwendung findet. Der BGH hat diese Bestimmung jedoch einer teleologischen Reduktion unterzogen. Wenn sich keine typische Überforderungssituation des Kindes durch die spezifischen Gefahren des motorisierten Verkehrs realisiert hat, greift die Haftungsprivilegierung nicht ein. Das Kind, das mit einem Kickboard oder einem Fahrrad gegen ein ordnungsgemäß geparktes Kfz gestoßen ist, haftet.[5] Dabei wird nicht zwischen dem fließenden und dem ruhenden Verkehr unterschieden. Es muss aber eine Überforderung des Kindes durch die Schnelligkeit, die Komplexität oder die Unübersichtlichkeit der Abläufe **171**

---
1 BGH MDR 1984, 40.
2 BGHZ 161, 180 (184); Beispiel aus dem Straßenverkehr: OLG Naumburg NJW-RR 2013, 1187 (1188).
3 BGH LM § 828 Nr. 1.
4 BGHZ 39, 281; zum SchÄndG-E 2002: *Steffen*, Zur Haftung von Kindern im Straßenverkehr, VersR 1998, 1449.
5 BGHZ 161, 180.

des motorisierten Verkehrs gegeben sein.[6] Der Verletzte hat zu seiner Entlastung darzulegen und zu beweisen, dass es sich der Jugendlichen nicht in einer, nach den Umständen des Falles, typische Überforderungssituation des Kindes durch die spezifischen Gefahren des motorisierten Verkehrs befunden hat.[7]

III. Geisteskranke

172 Befindet sich der Handelnde in einem die freie Willensbestimmung ausschließenden Zustand krankhafter Störung der Geistestätigkeit, so ist er zurechnungsunfähig, § 827 S. 1. Hiervon werden die Fälle dauernder oder vorübergehender geistiger oder seelischer Abartigkeit erfasst, welche die Psyche erheblich beeinträchtigen. Sowohl die hochgradige Störung der Denktätigkeit als auch die der Willensbildung gehören hierher. Zurechnungsunfähig können sein: Schizophrene, Manisch-Depressive, Personen im Wahnzustand aufgrund einer Vergiftung oder hohen Fiebers, Imbezile und Idioten. Die Denkfähigkeit bzw. Willensbildung muss entscheidend betroffen sein; eine bloße Minderung der Geistes- oder Willenskraft reicht nicht aus. Die erfolgte Entmündigung wegen Geisteskrankheit legt die Zurechnungsunfähigkeit nahe, ist jedoch nicht bindend. Es ist auch möglich, dass der Handelnde nur partiell zurechnungsunfähig ist, etwa sich in einem Wahn gegenüber bestimmten Personen oder Tieren befindet.

IV. Bewusstlose

173 Der Bewusstlose oder im Bewusstsein erheblich Getrübte ist gleichfalls zurechnungsunfähig, § 827 S. 1. Auf den Grund kommt es dabei nicht an: Berauschung, hypnotischer Zustand, schwere Übermüdung oder Schlaf sind mögliche Ursachen. Die Promillegrenzen für die Fahruntüchtigkeit gelten nicht für die Zurechnungsunfähigkeit. Auch hier ist wie bei der Geisteskrankheit der Handelnde gehalten, die Bewusstlosigkeit zu beweisen.[8]

V. Actio libera in causa

174 § 827 S. 2 erweitert den Grundsatz der *actio libera in causa*, wonach man für Verschulden in einem früheren Zeitpunkt dann haftet, wenn man sich vorsätzlich oder fahrlässig im Hinblick auf die Verletzung zurechnungsunfähig gemacht hat. Im Haftungsrecht gilt darüber hinaus, dass der Täter, der sich durch geistige Getränke oder ähnliche Mittel, etwa Rauschgift, in einen vorübergehenden Zustand der Zurechnungsunfähigkeit versetzt hat, für einen Schaden in gleicher Weise verantwortlich ist, wie wenn ihm Fahrlässigkeit zur Last fiele. Die Verantwortlichkeit tritt nur dann nicht ein, wenn er ohne Verschulden in diesen Zustand geraten ist. Diese Regel stellt eine beinahe unwiderlegliche Vermutung der Fahrlässigkeit auf. Nach dem Willen des Gesetzgebers sollte eine Haftung für den eigenen gefährlichen Zustand statuiert werden. Nur wer nachweisen kann, dass man ihm heimlich ein Schlafmittel in den Kaffee geschüttet oder dass ihn der Arzt nicht über die berauschende Wirkung eines Medikaments unterrichtet hat, fällt nicht unter die Haftung. Auf Vorsatz wird § 827 S. 2 nicht ausgedehnt; insoweit gilt die allgemeine Regel der *actio libera in causa*. Wer seinen Vertragspartner im Trunk verprügelt, ist dessen Rücktritt dann nicht wegen § 827 S. 2 ausgesetzt, wenn der Rücktritt nach dem Vertrag Vorsatz voraussetzt.[9] Übrigens gilt die erweiterte *actio libera* auch im Vertragsrecht, § 276 Abs. 1 S. 3. Mietet etwa eine Fir-

---

[6] BGHZ 161, 180.
[7] BGH NJW 2009, 3231; das BVerfG hat diese Rechtsprechung verfassungsrechtlich grundsätzlich gebilligt, BVerfG NJW 1998, 3558.
[8] BGH VersR 1986, 1241.
[9] BGH LM § 827 Nr. 2.

ma für ihre Arbeiter eine Baracke und zündet sie ein volltrunkener Arbeiter absichtlich an, so hat die Mieterin wegen Vorsatz des betrunkenen Erfüllungsgehilfen zu haften.[10] Es handelt sich hier um den echten Fall der *actio libera in causa*.

C. Subsidiäre Billigkeitshaftung

Literatur: *Böhmer,* Anwendung von § 829 BGB bei außerdeliktischen Schadensersatzfällen, NJW 1967, 865; *Geilen,* Beschränkte Deliktsfähigkeit, Verschulden und Billigkeitshaftung (§ 829 BGB), FamRZ 1965, 401; *Heinsheimer,* Die Haftung Unzurechnungsfähiger nach § 829 BGB, AcP 95 (1904), 234; *Höchster,* Grenze der Haftung Unzurechnungsfähiger (§ 829 BGB), AcP 104 (1909), 427; *Kerschner,* Freiwillige Haftpflichtversicherung als »Vermögen« ... ÖJZ 1979, 282; *Koebel,* Billigkeitshaftung von Kindern und Jugendlichen, NJW 1956, 969; *Lehnertz,* Die Bedeutung des Bestehens einer Haftpflichtversicherung für den Billigkeitsanspruch gem. § 829 BGB, VersR 1974, 940; *E. Lorenz,* Billigkeitshaftung und Haftpflichtversicherung, VersR 1980, 697; *ders.,* Einfluß der Haftpflichtversicherung auf die Billigkeitshaftung nach § 829 BGB, FS Medicus, 1999, 353; *Rümelin,* Die Billigkeit im Recht, 1921; *Wilts,* Analoge Anwendung des § 829 BGB?, VersR 1963, 1098.

Die Zurechnungsunfähigkeit als rein subjektiver Entschuldigungsgrund führt nicht automatisch zur vollständigen Befreiung von der Haftung. Vielmehr bleibt der Verletzer im Rahmen der Billigkeit weiter zum Ersatz verpflichtet, § 829. Je nachdem kann die Verpflichtung voll, zum Teil oder überhaupt nicht bestehen. 175

I. Tatbestandliche Voraussetzungen

Die Billigkeitshaftung tritt nur ein, wenn ein in den §§ 823 bis 826 bezeichneter Fall vorliegt. Es muss eine tatbestandsmäßige, rechtswidrige Verletzung gegeben sein. Sodann muss entweder Vorsatz oder Fahrlässigkeit vorliegen. Die Haftung darf nur deswegen ausscheiden, weil aus subjektiven Gründen entweder die Zurechnungsfähigkeit nicht gegeben oder die Gruppenfahrlässigkeit Jugendlicher oder alter Personen zu verneinen ist. Die subsidiäre Billigkeitshaftung greift also nur ein, um eine Entschuldigung aus rein subjektiven Gründen teilweise wieder auszugleichen. 176

II. Billigkeitserfordernisse

Die Ersatzpflicht besteht insoweit, als es die Billigkeit nach den Umständen, insbesondere nach den Verhältnissen der Beteiligten verlangt. Dabei spricht das Gesetz nicht von Schadensersatz, sondern von »Schadloshaltung«, was auf einen geringeren als den vollen Ersatz hindeutet. In der Praxis entscheidet das Vermögensgefälle, man sieht also auf die Wohlhabenheit des Täters im Verhältnis zum Opfer. Das deckt jedoch nur einen Teil des notwendigen Billigkeitsausgleichs ab. 177

III. Anrechnung der Haftpflichtversicherung?

Die Haftpflichtversicherung soll das Vermögen vor Inanspruchnahme schützen. Sie sollte daher nur die bestehende Haftung abnehmen, aber keine Haftung begründen. Die deutsche Rechtsprechung folgt dieser Grundhaltung. Allerdings vernachlässigt sie die besondere Lage versicherter Jugendlicher. Nach richtiger Ansicht und internationaler Tendenz ist das Bestehen einer Haftpflichtversicherung für den Zurechnungsunfähigen, insbesondere eine Familienhaftpflichtversicherung für den Jugendlichen, ein Vermögensgegenstand und deswegen anzurechnen.[11] 178

---

10 BGH LM § 827 Nr. 1.
11 So österr. OGH JBl. 1982, 149.

179 Früher hatte der BGH die Haftpflichtversicherung zwar nicht auf den Grund der Billigkeitshaftung, wohl aber auf den Umfang angerechnet.[12] Danach steigerte eine Haftpflichtversicherung das schon bestehende Billigkeitsgefälle, löste es aber nicht aus. Das Gericht hat diese Ansicht jedoch später eingeschränkt, soweit es sich um eine freiwillige Haftpflichtversicherung handelt. Im Falle BGHZ 76, 279 hatte ein Frührentner in geisteskrankem Zustand vorsätzlich Feuer gelegt und dadurch andere Hausbewohner verletzt. Der Billigkeitsanspruch wurde auch daraus hergeleitet, dass nach dem Ableben des schuldunfähigen Schädigers sein Vermögen, ein kleines Eigenheim, nicht mehr für seinen angemessenen Unterhalt erforderlich war. Jedoch dürfte ein freiwilliger Haftpflichtversicherungsschutz des Schädigers nicht zur Zubilligung von Beträgen führen, die dessen finanzielle Möglichkeiten sonst schlechthin überschreiten würden. Erhält der Verletzte aufgrund der pflichtversicherten Gefährdungshaftung vollen Ersatz seines materiellen Schadens, so kommt ein Schmerzensgeld nach § 829 nur in Betracht, wenn die Billigkeit es erfordert, ihm über den materiellen Schadensausgleich hinaus die immaterielle Unbill zu entgelten.[13]

IV. Analoge Anwendung der Billigkeitshaftung

180 Nach hM ist § 829 auch auf das Mitverschulden des § 254 anzuwenden. Hat also ein zurechnungsunfähiger oder jugendlicher Verletzer seinen Schaden sorgfaltswidrig mit herbeigeführt, so kann er unter Umständen keinen vollen Schadensersatz verlangen, wenn die Billigkeit gegen die völlige Nichtanrechnung der schuldlosen Obliegenheitsverletzung spricht. Das ist etwa der Fall, wenn eine alte Dame mit panischer Angst vor Tieren vor einem Hund überstürzt flieht und sich dabei beide Beine bricht. In der panischen Flucht liegt ein Mitverschulden, das jedoch wegen partieller Zurechnungsunfähigkeit nicht voll, sondern nur im Rahmen der Billigkeit zum Teil angerechnet wird, §§ 254, 827 S. 1, 829.[14]

V. Feststellung der Billigkeitshaftung für die Zukunft

181 Fehlt es jedoch an einem Vermögensgefälle, kann Klage auf Feststellung der künftigen Verbindlichkeit erhoben werden. Die Ausgleichspflicht aus Billigkeit kann auch später entstehen. Das gilt sogar für das Mitverschulden nach § 254.[15]

---

12 BGHZ 23, 90.
13 BGHZ 127, 186.
14 OLG Nürnberg NJW 1965, 694.
15 BGHZ 37, 102.

§ 12 Haftung mehrerer Personen: Täterschaft und Teilnahme

Literatur: *Adam,* § 830 Abs. 1 S. 2 BGB und die Gefährdungshaftung, VersR 1995, 1291; *Ballerstedt,* Zur zivilrechtlichen Haftung für Demonstrationsschäden, JZ 1973, 105; *Bauer,* Die Problematik gesamtschuldnerischer Haftung trotz ungeklärter Verursachung, JZ 1971, 4; *Benicke,* Deliktische Haftung mehrerer nach § 830 BGB, Jura 1996, 127; *Bodewig,* Probleme alternativer Kausalität bei Massenschäden, AcP 185 (1985), 506; *Brambring,* Mittäter, Nebentäter, Beteiligte und die Verteilung des Schadens bei Mitverschulden des Geschädigten, 1973; *Brehm,* Zur Haftung bei alternativer Kausalität, JZ 1980, 585; *Bydlinski,* Mittäterschaft im Schadensrecht, AcP 158 (1959/60), 410; *ders.,* Aktuelle Streitfragen um die alternative Kausalität, FS Beitzke, 1979, 3; *Deutsch,* Das Verhältnis von Mittäterschaft und Alternativtäterschaft im Zivilrecht, JZ 1972, 105; *ders.,* Die dem Geschädigten nachteilige Adäquanz, NJW 1981, 2731; *Diederichsen/Marburger,* Die Haftung für Demonstrationsschäden, NJW 1970, 777; *Eibner,* Die deliktische Haftung von Nebentätern bei Mitverschulden des Geschädigten, JZ 1978, 50; *Gernhuber,* Haftung bei alternativer Kausalität, JZ 1961, 148; *Hein,* Neutrale Beihilfe im Zivilrecht, AcP 204 (2004), 761; *Heinze,* Zum Haftungsgrund des § 830 I 2 BGB, FS Elsner, 1972, 128; *Jung,* Die sogenannte Gesamtursache, AcP 170 (1970), 426; *Keuk,* Die Solidarhaftung der Nebentäter, AcP 168 (1968), 175; *Klinkhammer,* Die Kausalitätsvermutung des § 830 I 2 BGB bei potentieller Selbstverursachung, NJW 1972, 1917; *Kluge,* Alternative Kausalität, 1973; *T. Müller,* Haftung von Erst- und Zweitschädiger bei ungeklärtem Kausalverlauf, NJW 2002, 2841; *Ries,* Zur Haftung der Nebentäter nach § 830 und § 840 BGB, AcP 177 (1977), 543; *Weckerle,* Die deliktische Verantwortlichkeit mehrerer, 1974.

A. Kausalität, Verschulden, Mitverantwortung

I. Mitverantwortung und Gesamtschuld

182 Kausalität und Verschulden sind die Zentralbegriffe des Haftungsrechts. Für die verschuldete kausale Verletzung wird auf Ersatz des kausalen Schadens gehaftet. Nicht selten sind für eine Verletzung oder einen Schaden mehrere Personen kausal bzw. verantwortlich. Dann lautet der Grundsatz: Die Beteiligten verdrängen einander nicht, sondern haften nebeneinander. Die mehrfache Haftung stellt für den Verletzten eine höhere Sicherung dar. Schwierigkeiten bereitet einmal das Prinzip der Gewinnabwehr und zum anderen das der Verteilung im Innenverhältnis. Obwohl mehrere für Verletzung und Schaden verantwortlich sind, soll der Geschädigte nicht mehr als einmal Ersatz erhalten. Aus diesem Grunde sind die Haftungen so zurückzunehmen, dass eine Gesamtschuld entsteht. Sie ergibt zu gleicher Zeit die Möglichkeit, im Innenverhältnis eine Ausgleichung anzuordnen, wenn einer der mehreren allein oder überwiegend herangezogen wurde.

II. Ersetzung der Kausalität durch Verschulden

183 Jeder der mehreren Verantwortlichen kann voll kausal gewesen sein. Es ist jedoch auch möglich, dass jemand, der auf die fremde Verletzung hingewirkt hat, nicht voll oder nicht mit Sicherheit kausal gewesen ist. Eine unklare Aufforderung oder eine in ihrer Auswirkung undeutlich gebliebene Hilfe mögen sich nicht voll oder sicher ausgewirkt haben. Nach § 830 BGB können nicht vorhandene oder unsichere Kausalität durch ein gemeinsames Verschulden ersetzt werden. Mittäter, Anstifter und Gehilfen haften als Gesamtschuldner auf vollen Schadensersatz, wobei ihnen die kausalen Anteile der anderen zugerechnet werden.

1. Teil. Allgemeine Lehren

B. Nebentäterschaft

I. Voraussetzungen der Nebentäterschaft

184 Gemäß § 840 Abs. 1 haften als Gesamtschuldner diejenigen, welche für den aus einer unerlaubten Handlung entstandenen Schaden nebeneinander verantwortlich sind. Fährt jemand betrunken Motorrad und auf ein unbeleuchtet abgestelltes Fahrzeug auf, sodass der Soziusfahrer verletzt wird, sind beide Halter Nebentäter.[1] Vorausgesetzt ist dabei, dass jeder Verantwortliche voll kausal gewesen ist. Auszugehen ist im Übrigen von der Erkenntnis, dass jeder als Täter einer unerlaubten Handlung zu betrachten ist, der den Tatbestand rechtswidrig und schuldhaft verwirklicht, der zum Schaden führt. Das ist der Standpunkt des extensiven Täterbegriffs. Auf seinem Hintergrund ist die Nebentäterschaft nur dadurch definiert, dass zwei oder mehr Personen für denselben Schaden haften. Jeder Nebentäter muss also den Erfolg herbeigeführt haben und dafür eigenständig haftbar sein. Dabei können die Beteiligten entweder von verschiedenen Seiten herkommen oder nacheinander gewirkt haben. Wird ein Fußgänger in aufeinanderfolgenden Jahren von einem Pkw und einem Lkw angefahren, so sind die Halter Nebentäter, wenn die Schadensanfälligkeit (1. Unfall) den Dauerschaden (2. Unfall) begünstigt hat.[2] Die Vorschrift über die Nebentäterschaft verbindet alle Mitkausalen, gleichgültig, ob sie voneinander gewusst haben oder voneinander wissen konnten. § 840 ergreift überdies außer der Verschuldenshaftung auch die Gefährdungshaftung und andere objektive Haftungen. Das wird in dem Urteil RG Warn. 1930 Nr. 108 deutlich: Aus einem inzwischen aufgehobenen Arrest war vollstreckt worden. Zugleich war das gepfändete Kfz unsachgemäß verwahrt und beschädigt worden. § 840 Abs. 1 wird auf die Amtshaftung und die objektive Haftung des Arrestgläubigers gemäß § 940 ZPO angewendet. Staat und Gläubiger sind Nebentäter.

II. Rechtsfolgen und Ausgleich im Innenverhältnis

185 Die Nebentäter werden der gesamtschuldnerischen Mithaftung und der Ausgleichung im Innenverhältnis unterworfen. Die Nebentäter haften zunächst als Gesamtschuldner, dh grundsätzlich jeder auf das Ganze, § 421. Das Einstehen mehrerer erhöht die Bonität der Forderung des Verletzten. Es gibt auch teilweise Nebentäterschaften, wenn sich die Kausalitäten nur beschränkt decken. Bei unterschiedlich umfangreicher Kausalität kann zu einem Teil eine Gesamtschuldnerschaft, zum anderen eine Einzelschuldnerschaft bestehen. Der Nebentäter haftet nur für den eigenen Tatbeitrag, ihm werden die Kausalitäten der anderen nicht zugerechnet.[3]

C. Mittäterschaft

I. Vorsätzliche Mittäterschaft

186 § 830 Abs. 1 übernimmt die Formulierung des damaligen Strafrechts, wonach Mittäterschaft gegeben ist, wenn mehrere durch eine gemeinschaftlich begangene unerlaubte Handlung einen Schaden verursacht haben. Die Schwere des Vorsatzes überdeckt mögliche Zweifel an der Kausalität.

---

[1] BGHZ 12, 213.
[2] BGH LM § 840 Nr. 7a; BGH NJW 2002, 504.
[3] BGH NJW 1988, 1719.

II. Fahrlässige Mittäterschaft

HM und Rechtsprechung folgen der strafrechtlichen Theorie: Mittäterschaft ist nur vorsätzlich begehbar.[4] Das ist wegen der verschiedenen Zwecke der Bestrafung und Haftung nicht notwendig und nur deswegen tragbar, weil man das fahrlässige Zusammenwirken in den Bereich der Nebentäterschaft und der Alternativtäterschaft verweist.

187

Von den Funktionen der Haftung gesehen, besteht kein Bedenken, auch fahrlässige Mittäterschaft anzuerkennen. Notwendig sind Kausalität und Verschulden, das bezogen auf den Ursachenzusammenhang auch geringe Zweifel an voller Kausalität aufwiegen kann. Das ist die Funktion der Mittäterschaft. Vorausgesetzt ist daher, dass das Zusammenwirken in der Weise geschieht, dass Sorgfaltspflichten verletzt werden, welche die Handelnden gemeinschaftlich oder in Beziehung zueinander treffen. Man denke an den Fall, dass mehrere Bauarbeiter einen Balken vom Dach auf die Straße werfen, ohne sich zu vergewissern, dass unten kein Passant geht. Ein weiteres Beispiel bildet der Fehler des medizinischen Hilfspersonals, den der Arzt bei der Überprüfung nicht bemerkt. Wird dem Arzt fahrlässig die falsche Spritze gereicht, die er ohne Nachprüfung schuldhaft verwendet, so haften Schwester und Arzt dem Patienten als fahrlässige Mittäter.

188

D. Teilnahme

I. Anstiftung

Nach § 830 Abs. 2 stehen Anstifter und Gehilfen Mittätern gleich. Das Haftungsrecht geht von einem extensiven Täterbegriff aus und will mit der vollen Haftung von Anstiftern und Gehilfen mögliche Zweifel an der Kausalität beseitigen. Anstiftung ist dann gegeben, wenn ein anderer zur Tat bestimmt wird. Wichtig ist, dass die Motivation des Ausführenden wesentlich beeinflusst ist, etwa ein Kunde von der Bank zu unberechtigtem Widerspruch gegen eine Einzugsermächtigung veranlasst wird.[5] Anstiftung wird begrifflich vorsätzlich begangen. Dabei genügt es, wenn zur Verwirklichung eines Verhaltenstatbestandes veranlasst wird: Wer einen Polizisten überredet, entgegen einem Verbot in der Öffentlichkeit zu schießen, haftet als Anstifter auch dem getroffenen Zuschauer.[6]

189

II. Beihilfe

Von Beihilfe sprechen wir dann, wenn jemand den Täter körperlich oder geistig unterstützt hat. Der Kausalbeitrag des Gehilfen ist bisweilen unklar oder jedenfalls nicht voll gegeben; man denke etwa an Handreichungen, Auskunftserteilungen oder Schmierestehen. Wer etwa ein Pulver liefert, das nur bei Verletzung eines Patents für ein Schweißverfahren benutzt werden kann, begeht Beihilfe, nicht Anstiftung, da es an der Tatbestimmung fehlt.[7] Nach hM kann Beihilfe nur vorsätzlich geleistet werden. Die Funktion des Haftungsrechts erlaubt jedoch die Anerkennung einer fahrlässigen Beihilfe, wenn eine Pflicht besteht, die Hilfe nicht zu gewähren. Die Beihilfe kann auch psychisch geleistet werden, eine Teilnahme, welche an die Anstiftung heranreicht. Dafür reicht die bloße Anwesenheit bei der rechtswidrigen Tat eines anderen nicht aus.[8]

190

---

4 BGHZ 137, 89.
5 BGH NJW 1987, 2370.
6 RGZ 166, 61.
7 RGZ 101, 136.
8 OLG Karlsruhe NJW-RR 2013, 1180 (1181).

Werden aus einem Haus Steine geworfen, haften alle Hausbesitzer wegen psychischer Beihilfe, wenn sie entgegen der polizeilichen Aufforderung am Ort verblieben sind.[9] Ebenso haften alle Besetzer eines Ladekrans, aus deren Mitte heraus der Kran mit Farbparolen beschriftet worden ist.[10]

III. Nachtatliche Teilnahme

191 Anstiftung und Beihilfe müssen begrifflich vor bzw. während der Tat geschehen sein. Die nachträgliche Unterstützung wirkt sich nicht kausal aus. Jedoch wird die nachtatliche Teilnahme durch zwei Schutzgesetze, nämlich die Straftatbestände gegen Begünstigung und Hehlerei, teilweise abgedeckt, §§ 257, 259 StGB. Ihr Schutzbereich ist jedoch auf den neuerlichen Eingriff in das Rechtsgut beschränkt, umfasst also nicht den früher verursachten Schaden, den die Vortat angerichtet hatte. Dazu die beiden führenden Entscheidungen: Ein Ehemann hatte sechs gestohlene Volkswagen verkauft. Die Frau hatte den Verkauf der beiden letzten Wagen gefördert. Das Gericht verurteilt die Frau wegen Beihilfe zum Betrug zum Schadensersatz, jedoch nur bezüglich der beiden Wagen.[11] Ein Deutscher übergab in Oberschlesien zwei deutschen Kriegsgefangenen ein Paket mit Bargeld, das diese unter Umgehung der polnischen Enteignung in den Westen bringen sollten. Beide teilten sich das Geld. Der eine wurde wegen Unterschlagung, der andere wegen Hehlerei zu Strafe verurteilt. Beide werden vom BGH als Mittäter der Unterschlagung angesehen.[12]

E. Alternativtäterschaft

I. Gegebenheiten und Funktionen

192 Die am häufigsten angewandte Norm über Täterschaft und Teilnahme des Zivilrechts ist die Alternativtäterschaft, § 830 Abs. 1 S. 2. Alternative Täter werden Mittätern gleichgestellt. Vorausgesetzt ist, dass sich nicht ermitteln lässt, wer von mehreren Beteiligten den Schaden durch seine Handlung verursacht hat. Es muss sich also um mehrere Beteiligte handeln, von denen jeder kausal gewesen sein kann, aber nur der eine oder andere kausal gewesen ist. Das interferierende Ereignis in Form der sich gegenseitig verdrängenden Kausalität ist Voraussetzung der Alternativtäterschaft.

193 Hauptzweck dieser Norm ist, dem Geschädigten aus einer Beweisnot zu helfen. Da das Mitgefühl mit dem Opfer größer als mit dem Täter ist, werden die möglicherweise Kausalen zu einer Gesamtschuldnerschaft zusammengeschlossen, §§ 830 Abs. 1 S. 2, 840 Abs. 1. Zu gleicher Zeit soll aber auch die Forderung des Opfers durch eine Vermehrung der Zahl der Schuldner sicherer werden. Die mehreren Schuldner sollen im Innenverhältnis grundsätzlich ausgleichungspflichtig sein. Wenn also zwei Gäste Knallerbsen auf einer Abendveranstaltung werfen und ein Geschoß im Auge eines dritten Gastes explodiert,[13] haftet jeder der Werfer als Gesamtschuldner, wenn sich nicht feststellen lässt, von wem die verletzende Knallerbse stammt. Im Innenverhältnis hat jeder die Hälfte zu tragen, weshalb es leichter fällt, dem alternativ Kausalen die Haftung für unsichere Kausalität aufzuerlegen.

---

9 BGHZ 63, 124.
10 OLG Celle NJW-RR 1999, 102.
11 BGH LM § 823 (Be) Nr. 4.
12 BGHZ 8, 288.
13 RGZ 58, 357.

II. Allgemeine Voraussetzungen

§ 830 Abs. 1 S. 2 setzt voraus, dass jeder der Beteiligten ein Verhalten gesetzt hat, das ihn zum Ersatz des ganzen Schadens verpflichtet, wenn die Ursächlichkeit für Verletzung und Schaden nicht durch das Verhalten des anderen gestört wäre. Der andere muss ebenso haftbar, aber ebenso wenig sicher kausal sein. Vorausgesetzt ist, dass jeder Beteiligte voll haftbar ist, also tatbestandsmäßig, rechtswidrig und objektiv schuldhaft gehandelt hat. Hat jedoch ein Alternativtäter rechtmäßig oder sorgfältig gehandelt, so scheidet er aus dem Zusammenspiel der möglichen Kausalitäten aus. Haben etwa der Jagdpächter und der Jagdaufseher auf einen Wilderer geschossen, der während der Schonzeit im Revier angetroffen wurde, und lässt sich nicht feststellen, wer von den Schützen getroffen hat, so kommt eine Haftung nicht in Betracht. Der Waffengebrauch des Aufsehers war nämlich rechtmäßig. Damit entfällt auch die Haftung des Pächters.[14] Die Alternativtäterschaft wird auch bei vermuteter Verschuldenshaftung und bei Gefährdungshaftung angewandt. Gehen mehrere Droschkenpferde durch, wobei ein unerkanntes Pferd einen Fußgänger verletzt, haften die Halter nach § 833.[15]

194

III. Begriff der Beteiligung

Der »Beteiligte« ist der Zentralbegriff der Alternativtäterschaft. Die Rechtsprechung verlangte lange Zeit einen tatsächlich einheitlichen, örtlich und zeitlich zusammenhängenden Vorgang, der sich aus mehreren selbstständigen unerlaubten Handlungen zusammensetzt und in dessen Bereich der rechtswidrige, schädigende Erfolg fällt. Typischer Fall ist der Sturz auf dem eisglatten Gehweg an der Grenze zweier Grundstücke, deren Eigentümer gleichermaßen nicht gestreut hatten.[16] Der BGH hat jedoch diese Anforderungen gelockert. Es reicht schon aus, wenn ein Fußgänger in derselben Nacht von mehreren Pkw überfahren wird und man die Verletzung nicht einzeln zuweisen kann.[17] Auch genügt es, wenn das Unfallopfer auf dem Weg ins Krankenhaus erneut verletzt wird und man nicht feststellen kann, auf welchen Unfall die Verletzung zurückgeht.[18] Schließlich haftet auch bei einer Steinschlacht Minderjähriger dem Verletzten derjenige, welcher auf seiner Seite mitgefochten hat.[19] Damit sind die Voraussetzungen weitgehend ausgehöhlt, was den zeitlichen, örtlichen und einheitlichen Zusammenhang des Vorgangs angeht.

195

IV. Reihe von Verkehrsunfällen

Sind im Straßenverkehr mehrere Unfälle nacheinander geschehen, so kommt oft eine Anwendung des § 830 Abs. 1 S. 2 in Betracht. Wegen der Pflichtversicherung des Kraftfahrzeughalters fällt übrigens die Zusammenfassung mehrerer Verletzungskomplexe leicht. Wenn also ein Verkehrsteilnehmer, der nach einem Zusammenstoß zweier Motorroller auf der Fahrbahn liegt, von einem Lkw überrollt wird und sich nicht feststellen lässt, bei welchem Unfall die schwere Verletzung eingetreten ist, so haften Roller- und Lkw-Halter gleichermaßen.[20] Wird jemand beim Autostop möglicherweise nachts mehrmals überfahren, so haftet für die ungeklärt ursächliche Verletzung auch der letzte Fahrer.[21] Wird ein Unfallopfer auf der Fahrt in die Klinik wegen eines Unfalls des

196

---

14 BGH LM § 830 Nr. 2.
15 BGHZ 55, 96.
16 BGHZ 25, 271.
17 BGHZ 33, 286.
18 BGHZ 55, 86.
19 BGH LM § 830 Nr. 8.
20 BGH LM § 830 Nr. 12.
21 BGHZ 33, 286.

Krankenwagens noch einmal verletzt, so haften der Verursacher des ersten und des zweiten Unfalls als Alternativtäter.[22]

V. Verletzter ist nicht »Beteiligter«

197 Dem allgemeinen Vorgehen nach müsste die Alternativtäterschaft analog auch auf das Mitverschulden angewandt werden. Aus konstruktiven Gründen hat sich der BGH dem stets widersetzt: Eine Beweiserleichterung für den Verletzten sei nicht notwendig, wenn er möglicherweise den Schaden selbst herbeigeführt habe. Warum nur der voll Anspruchsberechtigte die Beweiserleichterung auf seiner Seite hat, bleibt dabei offen. Seinen Anteil im Innenverhältnis müsste sich der »alternativ kausale Verletzte« stets anrechnen lassen. So stand es im Fall BGHZ 60, 177: Ein Autofahrer war nach einem möglicherweise selbst verschuldeten Unfall auf die Fahrbahn geschleudert und dort vom Omnibus überfahren worden. Da der Kraftfahrer seinen Schaden möglicherweise selbst herbeigeführt habe, verdiene er keine Beweiserleichterung.

VI. Alternativtäterschaft und Adäquanz

198 Besonders unglücklich erscheint die Rechtsprechung zum Verhältnis von adäquater Kausalität und Alternativtäterschaft. Ausgangspunkt ist der Gedanke, dass bei schuldhafter Herbeiführung des ersten Unfalls die Möglichkeit eines zweiten Unfalls adäquat kausal erscheinen kann. Bei ungeklärter Zuteilung des Schadens zum ersten oder zum zweiten Unfall soll der Erstverursacher voll haften und keine zweifelhafte Kausalität vorliegen, da ihm auch der zweite Unfall zuzurechnen ist.[23] Diese eher konstruktive Überlegung ist aus mehreren Gründen nicht schlüssig. Die verschiedenen Beteiligten haben keinerlei Ausgleichsmöglichkeit untereinander; ist gar der zuerst Haftende nicht versichert, kann der Geschädigte eine peinliche Einbuße erleiden. Man denke etwa an einen Radfahrer, der einen Fußgänger angefahren und auf die Straße geschleudert hat, wo dieser von einem Autofahrer noch einmal überfahren wird. Es ist unklar, ob dessen Beinbruch auf den unversicherten Radfahrer oder den pflichtversicherten Kraftfahrer zurückzuführen ist. Den Radfahrer ausschließlich haften zu lassen, da es adäquat kausal ist, dass ein auf der Straße Liegender wiederum überfahren wird, verfehlt die Ordnungsaufgabe des Haftungsrechts, nämlich dem Opfer eine sichere Versorgung zu gewähren.

VII. Analoge Anwendung des § 830 Abs. 1 S. 2

199 Die Rechtsprechung hat die gesamtschuldnerische Haftung von Alternativtätern stets als Ausnahme angesehen und eine Analogie verweigert. In zweierlei Hinsicht ist sie geprüft worden. Einmal geht es um ungeklärte Tatbeiträge bei schwer überschaubaren Situationen, etwa wenn mehrere Teilnehmer an einer Großdemonstration für Schäden haftbar gemacht werden, an denen sie nur möglicherweise beteiligt waren, so ist § 830 Abs. 1 S. 2 nicht anwendbar. Er ist nicht geschaffen, um den Geschädigten aus seiner Beweisnot über die Kausalität der Tatbeiträge mehrerer Beteiligter herauszuhelfen.[24] Der zweite Bereich betrifft die Haftung nach Marktanteilen. In den USA wird bei Schäden durch einen unerkannten Stoff, etwa ein Arzneimittel, der von einer beschränkten Anzahl von Herstellern auf den Markt gebracht wird und bei dem alle Hersteller haftbar sind, ein Einstehenmüssen nach Marktanteilen angenommen, wenn nicht der Hersteller nachweist, dass sein Arzneimittel die Verletzung nicht herbeige-

---

22 BGHZ 55, 86.
23 BGHZ 67, 14; 72, 356.
24 BGHZ 89, 400.

führt hat.²⁵ Die Regeln über die Alternativtäterschaft des deutschen Rechts sind für diese Fallgruppen nicht zugeschnitten.

F. Rechtsfolge der Haftung mehrerer

I. Gesamtschuldnerische Haftung

Haften mehrere, sei es als Mittäter, Alternativtäter, Teilnehmer oder Nebentäter, so sind sie Gesamtschuldner, § 840 Abs. 1. Der Zweck der Anordnung der Gesamtschuldnerschaft ist ein doppelter. Man hat dabei die Außenwirkung und die Innenwirkung zu unterscheiden. Als Außenwirkung ist die Verbesserung der Position des Verletzten festzustellen. Er hat statt eines Verpflichteten nunmehr mehrere Anspruchsgegner. Die Bonität seines Anspruchs steigt dadurch. Die Innenwirkung ist auf die Verteilung der Belastung im Verhältnis zueinander ausgerichtet. Grundsätzlich haben die mehreren Gesamtschuldner den Schaden zu teilen. Sie werden also irgendwie anteilig entlastet.

200

II. Rückgriff im Gesamtschuldverhältnis

Nach § 426 sind die Gesamtschuldner im Verhältnis zueinander zu gleichen Anteilen verpflichtet, soweit nicht ein anderes bestimmt ist. Kann von einem Gesamtschuldner der auf ihn entfallende Betrag nicht erlangt werden, so ist der Ausfall von den übrigen zur Ausgleichung verpflichteten Schuldnern zu tragen. Neben diesem originären Ausgleichsanspruch des § 426 Abs. 1 steht der übergegangene Anspruch nach § 426 Abs. 2. Soweit nämlich ein Gesamtschuldner den Gläubiger befriedigt und von den übrigen Schuldnern Ausgleichung verlangen kann, geht die Forderung des Gläubigers gegen die übrigen Schuldner auf ihn über.

201

Grundsätzlich haften also die Gesamtschuldner nach Köpfen. Jedoch kann in ihrem Verhältnis zueinander ein anderes bestimmt sein. Die andersartige Bestimmung kann ausdrücklich durch Vertrag oder Gesetz erfolgen. Noch viel häufiger wird dies von der Rechtsprechung dadurch angenommen, dass die Mitverschuldensabwägung des § 254 analog angewendet wird.²⁶ Danach ist zu ermitteln, ob der Schaden überwiegend durch den einen oder anderen Gesamtschuldner verursacht oder verschuldet worden ist. Das Ergebnis der Abwägung kann dazu führen, dass ein Gesamtschuldner im Innenverhältnis leistungsfrei ist.²⁷ Das ist zB der Fall bei paralleler Haftung von Vorsatz- und Fahrlässigkeitstätern, wenn man hier überhaupt eine Gesamtschuld annehmen will. Besondere Probleme wirft die Mitverursachung des Gläubigers auf, die dann zu schwierigen Problemen der Gesamtabwägung und Einzelabwägung führt.²⁸ Übrigens werden für mehrere Beteiligte im Innenausgleich auch Einheitsquoten gebildet, die sog. Haftungseinheit bzw. Tatbeitragseinheit etwa für Geschäftsherrn und Verrichtungsgehilfen²⁹ oder Halter und Fahrer des gleichen Fahrzeugs.³⁰

202

---

25 *Sindell v. Abott Lab.* PharmaR 1981, 300.
26 RGZ 75, 251.
27 BGH NJW 1980, 2349.
28 Vgl. BGHZ 30, 211.
29 BGHZ 6, 26.
30 BGH NJW 1966, 1262.

§ 13 Ausschluss und Herabsetzung der Haftung: Mitverschulden, Handeln auf eigene Gefahr, Freizeichnung, allgemeines Lebensrisiko

A. Mitverschulden

Literatur: *Aumann,* Das mitwirkende Verschulden in der neueren juristischen Dogmengeschichte, 1964; *Deutsch,* Einschränkung des Mitverschuldens aus sozialen Gründen?, ZRP 1983, 137; *Honsell,* Die Quotenteilung im Schadensersatzrecht, 1977; *Lechner,* Die Grundvoraussetzungen für die Anrechnung eines Drittmitverschuldens nach 254 BGB, 1966; *Lepa,* Inhalt und Grenzen der Schadensminderungspflicht, DRiZ 1994, 161; *Looschelders,* Die Mitverantwortlichkeit des Geschädigten im Privatrecht, 1999; *Medicus,* Zum Schutzzweck schadensabwehrender Pflichten oder Obliegenheiten, FS Niederländer, 1991, 329; *Messer,* Haftungseinheit und Mitverschulden, JZ 1979, 385; *Rother,* Haftungsbeschränkung im Schadensrecht, 1965; *R. Schmidt,* Die Obliegenheiten, 1953; *Venzmer,* Mitverursachung und Mitverschulden im Schadensersatzrecht, 1960; *Weidner,* Die Mitverursachung als Entlastung des Haftpflichtigen, 1970; *Wochner,* Einheitliche Schadensteilungsnorm im Haftpflichtrecht, 1972.

Rechtsvergleichend: *Keller,* Mitverschulden als Generalklausel und als Spezialkorrektur von Einzelhaftungsnormen im deutschen, schweizerischen und französischen Recht, 1965; *Magnus,* Drittmitverschulden im deutschen, englischen und französischen Recht, 1974.

I. Entwicklung und Funktion

203 Hat bei der Entstehung des Schadens ein Verschulden des Beschädigten mitgewirkt, so hängt die Verpflichtung zum Ersatz sowie der Umfang des zu leistenden Ersatzes von den Umständen, insbesondere davon ab, inwieweit der Schaden vorwiegend von dem einen oder dem anderen Teil verursacht oder verschuldet worden ist, § 254 Abs. 1. Das Mitverschulden des Geschädigten wird also in grundsätzlich gleicher Weise angerechnet wie das haftungsbegründende Verschulden. § 254 enthält eine Billigkeitsnorm: Dem für den eigenen Schaden mitverantwortlichen Verletzten fällt unzulässige Rechtsausübung zur Last, wenn er vollen Ersatz vom dritten Verletzer fordert.

204 Das Mitverschulden hat sich sowohl im römischen als auch im englischen Recht als Ausschluss der Haftung im Falle der Kulpakompensation bzw. der *contributory negligence* entwickelt. Im 19. Jahrhundert hat sich dann das Konzept der Abwägung beim Mitverschulden durchgesetzt: Es führt grundsätzlich zur Schadensteilung; nur bei besonders durchschlagendem Mitverschulden kommt es zum Ausschluss der Haftung. Heute beginnt das Mitverschulden eine soziale Komponente anzunehmen: Gegenüber einem pflichthaftpflichtversicherten Schädiger wird in einer Reihe europäischer Staaten nur noch grobe Fahrlässigkeit (Schweden) oder unentschuldbares Mitverschulden (Frankreich) angerechnet.

II. Verschulden gegen sich selbst und Obliegenheitsverletzung

205 Lange Zeit ist theoretisch erörtert worden, ob im Rahmen des § 254 echtes Verschulden oder nur »ein Verschulden gegen sich selbst« verlangt werde. Dieses Verschulden gegen sich selbst erscheint gleichermaßen als Vorsatz oder Fahrlässigkeit ausgestaltet. Der Bezugspunkt des Verschuldens ist jedoch ein anderer: Da es nicht rechtswidrig ist, sich selbst zu schädigen, scheint es kein echtes, also auf eine widerrechtliche Tatbestandsverwirklichung gerichtetes Verschulden zu sein, sondern nur eben ein »Verschulden gegen sich selbst«.

Diese eher unfruchtbare Diskussion um den Bezug des Mitverschuldens rückte durch die Entdeckung der Obliegenheitsverletzung (*Reimer Schmidt*) in den Hintergrund. Mit dieser dem Versicherungsrecht entstammenden Figur wurde das fehlende Bindeglied zwischen Tatbestand und Verschulden bei § 254 entdeckt. Das mitwirkende Verschulden bezieht sich zwar nicht auf eine Rechtswidrigkeit, wohl aber auf eine Obliegenheitswidrigkeit. Rechtspflicht und Obliegenheit werden deutlich voneinander getrennt: Eine Obliegenheit ist ein Verhaltensprogramm mit einer Verbindlichkeit minderen Grades, das vor allem im eigenen und nur in zweiter Linie im Interesse eines Dritten aufgestellt worden ist und das bei Verletzung zwar zur Einbuße einer Rechtsposition, nicht aber zu einer Ersatzpflicht führt. Obliegenheiten gibt es im bürgerlichen Recht auch an anderen Stellen, etwa wenn bei schuldhaftem Zögern das Anfechtungsrecht entfällt, § 121 Abs. 1. Beim Mitverschulden unterscheiden wir zwei Obliegenheiten. Die Schadensverhinderungsobliegenheit ist in § 254 Abs. 1 aufgestellt. Jedermann ist grundsätzlich verpflichtet, normale Sorgfalt aufzuwenden, um Schaden von sich fernzuhalten. Tut er es nicht, kann er seinen Schaden nicht voll auf einen dritten Schädiger überwälzen. Die Schadensminderungsobliegenheit ist in § 254 Abs. 2 angesprochen, wenn davon die Rede ist, dass der Schuldner es unterlassen hat, den Schaden abzuwenden oder zu mindern. Auch nachdem durch einen Dritten der Schaden herbeigeführt worden ist, hat der Verletzte normale Anstrengungen zu unternehmen, um den Schaden gering zu halten. Er kann das Schadenspotenzial nicht auf Kosten eines Dritten weiterwuchern lassen. Der Motorradfahrer hat einen Helm zu tragen,[1] der Kraftfahrer hat angeschnallt zu sein,[2] der Fußgänger hat den Zebrastreifen zu benutzen.[3] Ist aber die Verletzung eingetreten, so hat der überfahrene Fußgänger sich ärztlich behandeln zu lassen, der Kraftfahrer ist gehalten, sein Automobil wieder herzustellen usw. Der BGH lässt ein Mitverschulden unberücksichtigt, wenn ein Verschulden nur gesetzlich vermutet wird.[4]

206

III. Aufbau des »Mitverschuldens«; Tatbestand, Obliegenheitswidrigkeit, Verschulden

Auch das Mitverschulden lässt einen Schichtaufbau zu, nämlich in Tatbestand, Obliegenheitswidrigkeit und Verschulden. Der Tatbestand besteht zwar in einer Generalklausel: § 254 spricht nur vom Schaden. Man ist also generell gehalten, den eigenen Schaden zu verhindern bzw. nicht groß werden zu lassen. Die Generalklausel erlaubt es auch, schärfere tatbestandsmäßige Zuschnitte aus dem Bereich des eigentlichen Haftungsrechts zu übernehmen. So gelten die verschärften Haftungen der Schutzgesetzverletzung des § 823 Abs. 2 im Rahmen des § 254 ebenso, wie die Billigkeitshaftung nach § 829 angewandt wird. Tatbestandsmäßig bildet § 254 ein Spiegelbild der Haftung: Nach dem Gleichbehandlungsgrundsatz sollen Schädiger und Geschädigter gleichgestellt sein.

207

Auf den verwirklichten Tatbestand bezieht sich die Obliegenheitswidrigkeit. Sie ist der Rechtswidrigkeit vergleichbar. Die Obliegenheit ist eine Rechtspflicht minderen Grades, die bei zurechenbarer Verletzung zu (teilweiser) Verwirkung führt. Auch bei der Obliegenheitswidrigkeit gibt es Formen der Rechtfertigung: Notwehr und Notstand gelten ebenso wie die Sozialadäquanz. Wer also in Notwehr einen anderen verletzt und sich dabei, ohne übereifrig zu sein, die Hand bricht, kann diesen Schaden vom anderen ersetzt verlangen und braucht sich keinen Abzug gefallen zu lassen. Als Mitverschulden kommen Vorsatz und Fahrlässigkeit in Betracht. Die vorsätzliche Selbst-

208

---
1 BGH VersR 1983, 440.
2 BGHZ 74, 25; BGH VersR 2012, 772.
3 BGH MDR 1977, 485.
4 BGH NJW 2012, 2425.

schädigung ist selten; sie kommt jedoch als bewusste Schutzgesetzverletzung (zB Nichttragen der vorgeschriebenen Schutzkleidung) vor. Die Fahrlässigkeit ist die gegebene Form des Mitverschuldens. Auch hier gilt der objektive Fahrlässigkeitsbegriff: Jedermann kann nur dann Schadensersatz verlangen, wenn er für das eigene Gut die im Verkehr objektiv erwartete Sorgfalt aufgewendet hat. Sofern freilich später eine Abwägung des beiderseitigen Verschuldens stattfindet, wird auch das subjektiv-individuelle Können in die Betrachtung einbezogen. Da es sich um Verschulden handelt, gelten auch die Regeln über die Zurechnungsfähigkeit entsprechend, §§ 827 f. BGB.[5]

IV. Mitwirkende Betriebsgefahr

209 Der Begriff »Verschulden des Beschädigten« in § 254 ist nicht wörtlich zu nehmen. Vielmehr ist es allgemeine Ansicht, dass dem Mitverschulden die mitwirkende Betriebsgefahr an die Seite zu stellen ist. Der Verletzte muss sich also auch eine Gefährdung seines Guts anrechnen lassen, die gegenüber Dritten eine Gefährdungshaftung auslösen würde. Es wird also nicht jede abstrakte Mitgefährdung angerechnet, sondern nur die vom Gesetz mit einer objektiven Haftung belegte Betriebsgefahr, zB die des Kfz-Halters, des Tierhalters usw. Die Anrechnung der mitwirkenden Betriebsgefahr beruht auf dem Grundsatz der Gleichbehandlung: Verschulden und Gefährdungshaftung sind die beiden Säulen unseres Haftungssystems. Beide sollten deshalb auch die Mithaftung tragen. Während die Gerichte zunächst die mitwirkende Betriebsgefahr nur gegenüber der Gefährdungshaftung selbst angerechnet hatten, ist es heute allgemeine Praxis, die Betriebsgefahr auch gegenüber der reinen Verschuldenshaftung in Anrechnung zu bringen.[6] So wird etwa üblicherweise beim Unfall des Kraftfahrzeughalters ein Viertel für mitwirkende Betriebsgefahr abgezogen. Eine gesteigerte Betriebsgefahr, etwa eine Doppelhaltestelle einer Straßenbahn, fällt doppelt ins Gewicht. Treffen Verschulden und Betriebsgefahr zusammen, so werden beide kumulativ berücksichtigt. Das gilt für beide Seiten: Kollidiert der zu schnell fahrende Kfz-Halter mit dem sorglos die Straße überquerenden Reiter, so wird jedem sein Verschulden und die Gefahr des Autos und des Pferdes zur Last gelegt.

210 Gegenüber einer objektiven Haftung wird auch die schuldlose Mitverursachung angerechnet, wenn sie nicht in der Verwirklichung einer Betriebsgefahr besteht. Das gilt etwa für die Haftung aus Selbstopferung im Straßenverkehr bei höherer Gewalt[7] oder für den negatorischen Anspruch gemäß § 1004.[8]

V. Kriterien der Abwägung beim Mitverschulden

211 Der Wortlaut des § 254 Abs. 1, der nur auf die vorwiegende Verursachung abstellt, ist nicht mehr repräsentativ. Nach der heute vorherrschenden Rechtsprechung und Lehre kommt es zwar in erster Linie auf die vorwiegende Verursachung, in zweiter aber auf die Zurechnung (Verschulden bzw. Betriebsgefahr) und ihren Grad an.[9] Unter vorwiegender Verursachung versteht man die Verwirklichung einer größeren Gefahr, die manchmal auch als gesteigerte Adäquanz bezeichnet wird. In der Praxis noch wichtiger ist die Abwägung nach Zurechnungsgraden: Gegenüber Vorsatz wird Fahrlässigkeit im Allgemeinen nicht angerechnet;[10] grobes Verschulden und ein gesteigertes Be-

---

5 BGHZ 24, 325.
6 BGHZ 6, 319.
7 BGHZ 38, 270.
8 BGH WPM 1964, 1103.
9 RGZ 1969, 57.
10 BGH VersR 1958, 672.

triebsrisiko überwiegen deutlich leichtes Verschulden, verdrängen es jedoch nicht ganz. Abspringen von einem fahrenden Zug kann ein so hohes Mitverschulden sein, dass die Betriebsgefahr der Bahn zurücktritt.[11] Soweit Verschulden und Gefährdungshaftung auf einer oder beiden Seiten zusammenkommen, werden sie kumuliert berücksichtigt.[12] Stößt etwa ein Radfahrer schuldhaft mit einem ebenso schuldhaft handelnden Kraftfahrzeughalter zusammen, so hat sich der Radfahrer zwar sein Mitverschulden anrechnen zu lassen, für den Kraftfahrer zählen aber dessen Verschulden und die Betriebsgefahr.

VI. Schutzbereich des Mitverschuldens

Nicht jedes Selbstverschulden führt zur Herabsetzung des Anspruchs, sondern nur ein Verhalten, das den Schaden verringert hätte. Genauer gesagt, der Schaden muss im Verhinderungsbereich der Obliegenheit gelegen sein. Der Ersatzanspruch des Kfz-Insassen, der nicht angegurtet war, darf nur insoweit gemindert werden, als das Angurten den Schaden verhindert hätte.[13] Bei seitlichem Überschlagen des Unfallfahrzeugs wirkt sich das Nichtangurten möglicherweise nicht aus.[14]   212

VII. Rechtsfolge

Wie es einer Billigkeitsnorm entspricht, gibt es für das Mitverschulden keine feststehende Rechtsfolge. Das Mitverschulden und die mitwirkende Betriebsgefahr können entweder so gering sein, dass sie überhaupt nicht berücksichtigt werden. Sie können aber auch derart überwiegen, dass sie allein das Geschehen gestalten, also jeden Anspruch ausschließen. Schließlich können sie den Anspruch zum Teil, etwa zu einem Viertel oder zur Hälfte, ausschließen, wenn sie zwar zum Schaden mitgewirkt, aber nicht bei seiner Entstehung im Vordergrund gestanden haben. In der Praxis wird dann der Schaden nach Bruchteilen dem einen oder anderen zugewiesen, etwa dem Verletzer zu 3/4 und dem Verletzten wegen leichter Fahrlässigkeit oder mitwirkender Betriebsgefahr zu 1/4. Im Bereich der Schadensminderungsobliegenheit werden auch subjektive Kriterien berücksichtigt. So geht ein Rechtssatz dahin, dass man sich zur Minderung des Schadens einer zumutbaren Operation zu unterziehen hat. Der Eingriff muss einfach und gefahrlos sein, darf keine besonderen Schmerzen bereiten und sichere Aussicht auf Heilung oder wesentliche Besserung bieten.[15] Die Rechtsprechung neigt aber dazu, die Operationsverweigerung zu entschuldigen, offenbar weil hier höchstpersönliche Momente betroffen sind. Jedenfalls hat man es dem Operationsverpflichteten als Entschuldigung angerechnet, dass er sich wegen Schwangerschaft seiner Frau oder mangels Willenskraft nicht in die Klinik begeben hatte.[16]   213

VIII. Rechtspolitik

Der entwicklungsgeschichtliche Weg des Mitverschuldens hat vom anfänglichen Ausschluss des Anspruchs durch die Kulpakompensation zur Abwägung im heutigen Recht geführt. Mittlerweile erscheinen schon wieder strengrechtliche Grenzen am Horizont. In manchen europäischen Ländern sind entweder durch Gesetzgebung oder Rechtsprechung gegenüber dem mitverschuldeten Personenschaden und gegenüber einer pflichtversicherten Verletzung absolute Grenzen gezogen worden. Entweder   214

---

11 KG VersR 1976, 93.
12 BGH NJW 1966, 1211.
13 BGH VersR 1980, 824.
14 OLG Hamm VersR 1987, 206.
15 BGH VersR 1987, 408.
16 RGZ 139, 135.

wird, wie in Schweden, nur das schwere Verschulden des Verletzten berücksichtigt, oder es wird, wie in Frankreich, gegenüber der Haftung des Kraftfahrzeughalters nur noch unentschuldbares Verhalten als Mitverschulden angerechnet. Damit ist die soziale Komponente des pflichtversicherten Haftungswesens wirksam geworden. Sollte wirklich eine zufällige Unüberlegtheit des Ernährers der Familie, der etwa 50 m vom Zebrastreifen entfernt die Straße überschritten hat und von einem Automobil getötet worden ist, dazu führen, dass Witwe und Kinder als Versorgung jahrelang nur 3/4 bekommen? Wird an dieser Stelle nicht die spiegelbildliche Anrechnung des Mitverschuldens zum Übermaß? Nach meiner Auffassung könnte man schon nach geltendem Recht diese Schräglage dadurch berichtigen, dass die Versicherungssituation bei der Abwägung berücksichtigt wird. Sofern der Verletzer, wie stets beim Verkehrsunfall, haftpflichtversichert ist, sollte der nicht gegen Unfall versicherte Geschädigte sich nur grobes Verschulden anrechnen lassen müssen.

B. Handeln auf eigene Gefahr

Literatur: *Stoll,* Das Handeln auf eigene Gefahr, 1961; *ders.,* Handeln des Verletzten auf eigene Gefahr als Argument gegen die Haftung, FS 50 Jahre BGH, 2002, 223.

I. Entwicklung und Theorie

215 Das Handeln auf eigene Gefahr stellt einen ungesetzlichen Begriff dar, der in Voraussetzungen und Folgen unbestimmt und schillernd ist. Wörtlich genommen deutet er daraufhin, dass man ausschließlich auf eigene Gefahr handelt und nicht auf fremde Gefahr, selbst wenn man kraft fremden Verschuldens einen Schaden erleidet. Das Handeln auf eigene Gefahr ist in unbestimmter Weise der Einwilligung verwandt. So hat das RG angenommen, dass ein Handeln auf eigene Gefahr als Einwilligung in die Verletzung durch empfangsbedürftige Willenserklärung erfolgen müsse. Daraus folgte, dass es bei einem Minderjährigen der Zustimmung des gesetzlichen Vertreters bedarf.[17] Diese Konstruktion erscheint in doppelter Weise unbefriedigend, denn der auf eigene Gefahr Handelnde willigt zunächst nicht in die Verletzung, sondern nur in die Gefährdung ein; dann aber ist die Konstruktion einer empfangsbedürftigen Willenserklärung eindeutig Übermaß.

216 Einwilligung kann einmal die Einwilligung in die Verletzung darstellen und ist dann ein Rechtfertigungsgrund. Es kann aber auch in die Gefährdung eingewilligt werden mit der Hoffnung, dass die Gefährdung sich nicht verwirklichen möge. Diese Einwilligung in die Gefährdung ist das Handeln auf eigene Gefahr. Sie schließt nicht die Widerrechtlichkeit des Eingriffs aus. Sie hindert jedoch den Verletzten, den vollen Schaden geltend zu machen. In dieser Weise ist sie wie § 254 auf den Grundsatz des *venire contra factum proprium* gestützt und findet damit ihre Grundlage im Billigkeitsrecht.

217 Dementsprechend hat der BGH im Jahre 1961 das Handeln auf eigene Gefahr in die richtige Bahn gelenkt.[18] Um mit dem Ergebnis zu beginnen: Das Handeln auf eigene Gefahr wurde nicht mehr als Haftungsausschlussgrund verstanden, sondern in Parallele zum Mitverschulden dem § 254 und seiner Abwägung unterworfen. Zu gleicher Zeit wurde eine Abkehr von der rechtsgeschäftlichen Grundlage vollzogen und das Handeln auf eigene Gefahr von den Verschuldenserfordernissen abhängig gemacht, dh altersmäßig der Zurechnungsfähigkeit des § 828 angepasst, womit auch Jugendliche auf eigene Gefahr handeln können.

---

17 RGZ 141, 262; 145, 390.
18 BGHZ 34, 355.

II. Fallgruppen des Handelns auf eigene Gefahr

In der Rechtsprechung haben sich typische Fallgruppen des Handelns auf eigene Gefahr herausgebildet, nämlich die Teilnahme an Fahrten, der Besuch von gefährlichen Veranstaltungen sowie das Betreten eines fremden Grundstücks oder einer fremden Anlage. Neuerdings ist noch die Teilnahme an einem Sportgeschehen hinzugekommen. Dabei steht das Handeln auf eigene Gefahr im Allgemeinen am Beginn der Gefährdung. Es stellt gewissermaßen das Übernahmeverschulden dar, da man später im Allgemeinen der Gefährdung kaum noch entrinnen kann. Die drei folgenden Entscheidungen zeigen die Reichweite dieses Instituts. Im Falle RG JW 1908, 744 hatte ein Passant den Weg über einen Lagerplatz abgekürzt und war in einen offenen Ladeschacht gestürzt. Nach dem Gericht handelt auf eigene Gefahr, wer vom öffentlichen Weg abweicht; er hat keinen Anspruch. In der führenden Entscheidung BGHZ 34, 355 hatte nach der Schule ein Berufsschüler, der keine Fahrerlaubnis hatte, das Steuer übernommen. Ein Mitfahrer wurde erheblich verletzt. Da er aber die Gefahr erkannt habe, liege ein Handeln auf eigene Gefahr vor, das den Abwägungsgrundsätzen des § 254 zu unterstellen sei. Die Gefahr darf jedoch vom Haftenden nicht in Abrede gestellt werden, wie in BGH VersR 1959, 107 geschehen: Auf einem Jahrmarkt hatte ein Journalist eine Freifahrt auf einem Rotor mitgemacht. Als dieser langsamer wurde, drückte er seinen Oberkörper von der sich drehenden Wand weg und stürzte nach unten. Weder führt die Freifahrt zu einer Freistellung, noch liegt ein Handeln auf eigene Gefahr vor, da dem Journalisten mitgeteilt worden war, das Abstoßen von der Trommel bedeute keine Gefährdung. Auch das Handeln auf eigene Gefahr ist durch Schutzbereichserwägungen beschränkt: Es muss sich die besondere Gefahr verwirklicht haben. Wird bei einer Fuchsjagd ein Reiter durch ein anderes Pferd verletzt, ohne dass sich die Gefahrensituation der Fuchsjagd ausgewirkt hat, bleibt die Haftung bestehen.[19]

218

III. Rechtsfolge

Die Rechtsfolge des Handelns auf eigene Gefahr ist eine Abwägung nach den Grundsätzen des § 254. Das Handeln auf eigene Gefahr kann so deutlich geschehen, dass jeder Anspruch gegen den Verletzenden ausgeschlossen ist. Auf der anderen Seite kann das Handeln auf eigene Gefahr gegenüber einem hochgefährlichen Verhalten oder einem erheblichen Verschulden so zurücktreten, dass es unbeachtlich ist. Im Regelfall wird jedoch das Handeln auf eigene Gefahr dazu führen, dass der Schadensersatzanspruch herabgesetzt wird.

219

C. Freizeichnung

Literatur: *Deutsch*, Freizeichnung von der Berufshaftung, VersR 1974, 301; *Holländer*, Freizeichnung bei unerlaubten Handlungen, RVgl HWB III 539; *Kiendl*, Haftungsfreizeichnung für Personenschäden in Verbraucherverträgen, ZfRV 1994, 138; *v. Savigny*, System des heutigen römischen Rechts V, 1841, S. 475; *Schiemann*, Haftungsbeschränkungen, Karlsruher Forum 1999; *Schmidt-Salzer*, Formularmäßige Haftungsfreizeichnungen und Anspruchspauschalierungen, NJW 1969, 289.

Rechtsvergleichend: *Stoll*, Die Gültigkeit haftungsausschließender oder haftungsbeschränkender Klauseln nach deutschem Recht, in: Deutsche Zivil- und Kollisionsrechtliche Beiträge zum IX. Int-KongreßRvgl, 1974, 1.

---

19 BGH VersR 1992, 371.

I. Grundsatz und gesetzliche Regelungen

220 *Savigny* hat das Deliktsrecht für zwingendes Recht gehalten, was vertragliche Einschränkungen ausschloss. § 276 Abs. 3 verbietet, dem »Schuldner« die Haftung wegen Vorsatz im Voraus zu erlassen. Trotz der offensichtlichen Ausrichtung auf den Vertrags-»schuldner« hat die hL diese Bestimmung auf die Deliktshaftung verallgemeinert und daraus den Gegenschluss gezogen, dass alle anderen Einschränkungen erlaubt seien. Erst das AGB-Gesetz hat formularmäßige Beschränkungen der Haftung für grobe Fahrlässigkeit für nichtig erklärt. Für manche Gefährdungshaftungen, etwa die der Eisenbahn, der Elektrizitäts- und Gaswerke sowie für das Halten eines Kraftfahrzeuges oder Luftfahrzeuges, ist das Abbedingen der Haftung durch Vertrag untersagt, §§ 7 HPflG, 8 a Abs. 2 StVG, 49 LuftVG. Da diese Haftungen auf Vermögensschäden beschränkt waren, hatte das vor 2002 die kuriose Folge, dass der Anspruch auf Schmerzensgeld abdingbar blieb.

II. Freizeichnung durch Individualabrede

221 Die Vertragsfreiheit erlaubt es grundsätzlich, auf eine gesetzliche Haftung durch Vertrag zu verzichten. Der Vertrag kann auch stillschweigend geschlossen sein, etwa für leichte Fahrlässigkeit bei der Probefahrt eines Kaufinteressenten,[20] oder für einfaches Verschulden eines Sportpiloten, der den Flugschein erst vor kurzem erworben hatte und den man auf einem Flug begleitet hatte.[21] Richtet ein Mieter leicht fahrlässig einen Brandschaden an, so ist der Anspruch der Feuerversicherung ausgeschlossen (BGHZ 145, 393). Vorausgesetzt ist, dass die Freizeichnung nicht für Vorsatz erfolgt und den guten Sitten entspricht. Mit dem vertraglichen Abbedingen der Haftung willigt man nicht etwa in die Verletzung ein, sondern übernimmt nur das Risiko des Schadenseintritts, vergleichbar dem Handeln auf eigene Gefahr mit Ausschluss der ganzen Haftung. Die Freizeichnung stellt einen vertraglichen Verzicht auf eine eventuelle künftige Forderung dar. Sie erfolgt durch Willenserklärung und bedarf der Geschäftsfähigkeit. Dennoch sind Missbräuche nicht ausgeschlossen. Bei einer künftigen gesetzlichen Regelung sollte man darauf achten, dass ein Abbedingen der Haftung nur im Rahmen des Austauschverhältnisses berücksichtigt wird. Die Freizeichnung sollte also nicht rechtstechnischer Zusatz, sondern Kostenelement beim ausgehandelten Vertrag sein. Neuerdings zeichnet sich in der Praxis die Tendenz ab, Freizeichnungen für grundlegende Verpflichtungen der Sicherheit nicht zuzulassen.[22] Eine EU-Richtlinie über missbräuchliche Klauseln in Verbraucherverträgen v. 5.4.1993 untersagt in einem Anhang Haftungsausschlüsse und Haftungsbegrenzungen für Personenschäden, soweit sie nicht in besonderen Verhandlungen ausbedungen worden sind. Diese Richtlinie ist für die Bundesrepublik in das AGB-Gesetz umgesetzt worden, das nunmehr in den §§ 305 ff. aufgegangen ist. Ob die Richtlinie zutreffend umgesetzt worden ist, bleibt zweifelhaft, da die deutsche Regelung nur allgemeine Geschäftsbedingungen betrifft. Jedenfalls sind Haftungsausschlüsse, die gegen das EU-Recht verstoßen, nach § 138 sittenwidrig und nichtig.

III. Freizeichnung in allgemeinen Geschäftsbedingungen

222 Die §§ 305 ff. schränken Freizeichnung der vertraglichen Haftung auf mehrfache Weise ein. Generell ist nach § 309 Nr. 7 der Ausschluss oder die Begrenzung der Haftung für einen Schaden, der auf einer grob fahrlässigen Vertragsverletzung usw. beruht, unwirksam. Das gilt auch für deliktische Verletzungen. Des Weiteren sind Freizeichnun-

---

20 BGH JZ 1980, 275.
21 LG Frankfurt VersR 1994, 1485.
22 BGH VersR 1986, 766.

gen unwirksam, die den anderen Teil entgegen Treu und Glauben unangemessen benachteiligen. Eine Freizeichnung in einer überraschenden Klausel ist gleichfalls nicht wirksam, § 305 c. Im Wesentlichen bleibt festzustellen, dass §§ 305 ff. das Verbot der Haftungsfreizeichnung für Vorsatz des § 276 Abs. 3 auf grobe Fahrlässigkeit erweitern, § 309 Nr. 7. Damit wird auch in unordentlicher Weise das Recht der Europäischen Richtlinie umgesetzt, das auf alle Abreden, nicht nur auf die AGB, zutrifft. Es führt über § 138 BGB (Verstoß gegen die guten Sitten) zur Nichtigkeit. Das Abbedingen der Haftung des Krankenhauses verstößt gegen Standesrecht und ist sittenwidrig, § 138.[23] Die Freizeichnung von jeglicher Haftung bei einem Springreitturnier ist nach §§ 309 Nr. 7 lit. a und b, 305 unwirksam.[24]

IV. Freizeichnung durch Anschlag, Schild oder Aufdruck

Nicht selten wird eine Freizeichnung dadurch versucht, dass bei einer öffentlichen Veranstaltung die Haftung durch Anschlag, auf einem angebrachten Schild oder durch Aufdruck, etwa auf der Eintrittskarte, abgelehnt wird. Dieser Ausschluss ist als solcher nur wirksam, wenn er zu einer vertraglichen Vereinbarung wird. Dazu ist es erforderlich, dass der Eintretende von diesem Anschlag oder Aufdruck Kenntnis nimmt und sich mit ihm stillschweigend einverstanden erklärt. Mit Sehbehinderten, der deutschen Sprache nicht mächtigen Ausländern, beschränkt Geschäftsfähigen und Unaufmerksamen wird es keinesfalls zu einer solchen Abrede kommen. Im Übrigen gelten auch insoweit §§ 305 ff., wonach überraschende Klauseln, unangemessene Benachteiligungen und Haftungseinschränkungen für grobe Fahrlässigkeit unwirksam sind. Von der Einhaltung normaler Verkehrssicherungen, etwa der Verankerung eines Badefloßes, kann sich ein Veranstalter nicht durch Aushang befreien.[25]

223

Ein solcher Anschlag oder Aufdruck vermag aber andere als rechtsgeschäftliche Wirkung zu entfalten. Soweit er einen Hinweis auf die Gefahr beinhaltet, kann der Ansatz zu einem Handeln auf eigene Gefahr darin liegen, dass der Besucher in Kenntnis der Warnung an der Veranstaltung teilnimmt. Das Schild oder der Aufdruck schließt also entgegen seinem Wortlaut die Haftung nicht stets aus, sondern leitet bei Hinweis auf das Risiko zu einem Handeln auf eigene Gefahr über.

224

D. Allgemeines Lebensrisiko

Literatur: *Deutsch*, Das allg. Lebensrisiko als negativer Zurechnungsgrund, FS Jahr, 1993, 251; *Mädrich*, Das allgemeine Lebensrisiko, 1980.

In den letzten Jahrzehnten ist die Rechtsprechung dazu übergegangen, besondere Folgen einer grundsätzlichen Haftung wegen allgemeinen Lebensrisikos einzuschränken. So hat man die Verteidigerkosten,[26] die allgemeinen Verwaltungskosten beim Ladendiebstahl,[27] die zweite Berufsänderung nach einer Verletzung[28] nicht zu den ersatzfähigen Kosten gerechnet. In der Literatur sind diese unter dem Aspekt des »allgemeinen Lebensrisikos« zusammengefasst und erörtert worden.

225

Versuche, diese Haftungsbeschränkung durch Rückgriff auf die adäquate Kausalität oder den Schutzbereich der Norm zu erklären, sind fehlgeschlagen. Man wird daher

226

---

23 OLG Stuttgart NJW 1979, 2355.
24 BGH NJW 2011, 139.
25 BGH VersR 1982, 492.
26 BGHZ 27, 140.
27 BGHZ 75, 230.
28 BGH VersR 1991, 1293.

wohl nicht umhin können, das »allgemeine Lebensrisiko« als Grund der Haftungsbeschränkung anzuerkennen. Darunter könnte man etwa noch die normale psychische Belastung beim Schockschaden,[29] das Risiko der Eheauflösung durch Eingriff eines Dritten,[30] sozialadäquate Schäden wie den Konkursantrag (jetzt Insolvenzantrag)[31] und die Strafanzeige[32] rechnen müssen. Allerdings gibt es eine Ausnahme: wird die Verwirklichung des allgemeinen Lebensrisikos durch eine vorsätzliche, sittenwidrige Schädigung ausgelöst, tritt die Haftung nach § 826 ein.[33]

---

29 BGHZ 56, 163; 93, 351.
30 BGHZ 7, 30; 29, 65.
31 BGH JZ 1963, 18.
32 BVerfG NJW 1987, 1929.
33 BGHZ 80, 235 (die künftige Ehefrau hatte schriftlich versichert, die Kinder stammen nur von dem künftigen Ehemann).

2. Teil. Haftungstatbestände

1. Abschnitt. Verschuldenshaftung

§ 14 Verletzung von Rechtsgütern und Rechten: § 823 Abs. 1

Literatur: *v. Bar,* Probleme der Haftpflicht für deliktsrechtliche Eigentumsverletzungen, 1992; *v. Caemmerer,* Die absoluten Rechte in § 823 Abs. 1, Karlsruher Forum 61, 19; *Canaris,* Die Verdinglichung obligatorischer Rechte, FS Flume I, 1978, 371; *ders.,* Der Schutz obligatorischer Forderungen nach § 823 I BGB, FS Steffen, 1995, 85; *Deutsch,* Freiheit und Freiheitsverletzung im Haftungsrecht, FS Hauß, 1978, 43; *ders.,* Das Eigentum als absolutes Recht und als Schutzgegenstand der Haftung, MDR 1988, 441; *ders.,* Das »sonstige Recht« des Sportlers aus der Vereinsmitgliedschaft, VersR 1991, 837; *Ehrenzweig,* Psychoanalyse im Recht, JBl. 1952, 263; *Fabricius,* Zur Dogmatik des »sonstigen Rechts« gemäß § 823 Abs. 1, AcP 160 (1961), 273; *Fraenkel,* Tatbestand und Zurechnung bei § 823 Abs. 1 BGB, 1979; *Gsell,* Deliktsrechtlicher Eigentumsschutz bei „weiterfressendem" Mangel, NJW 2004, 1913; *Habersack,* Die Mitgliedschaft – subjektives und »sonstiges Recht«, 1996; *Jayme,* Die Familie im Recht der unerlaubten Handlungen, 1971; *Löwisch,* Der Deliktsschutz relativer Rechte, 1970; *Medicus,* Besitzschutz durch Ansprüche auf Schadensersatz, AcP 165 (1965), 115; *ders.* Die Forderung als »sonstiges Recht« nach § 823 Abs. 1 BGB, FS Steffen, 1995, 333; *Möschel,* Der Schutzbereich des Eigentums nach § 823 I BGB, JuS 1977, 1; *Otte,* Schadensersatz nach § 823 Abs. 1 BGB wegen Verletzung der »Forderungszuständigkeit«?, JZ 1969, 253; *Müller,* Das reformierte Schadensersatzrecht, VersR 2003, 1; *Rosenbach,* Eigentumsverletzung durch Umweltveränderung, 1997; *Schiemann,* Das sonstige Recht – Abschreckendes oder gutes Beispiel für ein europäisches Deliktsrecht, FS Deutsch II, 2009, 907, *Schramm,* Das Anwartschaftsrecht als Schutzobjekt des § 823 Abs. 1 BGB, NJW 1966, 2153; *Spickhoff,* Der Schutz von Daten durch das Deliktsrecht, in: Leible/Lehmann/Zech, 2011, 233; *Smid,* Zur Dogmatik der Klage auf Schutz des »räumlich-gegenständlichen Bereichs« der Ehe, 1983; *Weitnauer,* Zum Schutz der absoluten Rechte, Karlsruher Forum 61, 28; *Tettinger,* Weiterfresser vs. Nacherfüllung, JZ 2006, 642.

Rechtsvergleichend: *v. Caemmerer,* Wandlungen des Deliktsrechts, FS 100 Jahre DJT Bd. II, 1960, 49.

Vorbemerkung: Das Schadenrechtsänderungsgesetz von 2002

Literatur: *G. Müller,* Zum Entwurf eines Zweiten Gesetzes zur Änderung schadensersatzrechtlicher Vorschriften, ZRP 1998, 258; *Thüsing,* Das Schadensrecht zwischen Beständigkeit und Wandel, ZRP 2001, 126.

Das Gesetz betrifft am eindringlichsten das Rechtsfolgensystem: Der Schmerzensgeldanspruch wird auf die Gefährdungshaftungstatbestände außerhalb des BGB sowie auf Vertragsansprüche ausgedehnt. Voraussetzung ist eine Verletzung des Körpers, der Gesundheit, der Freiheit oder der sexuellen Selbstbestimmung. Die generelle Anordnung dieser Rechtsfolge wird unter Aufhebung des § 847 in § 253 Abs. 2 getroffen; auf ihn verweisen die jeweiligen Gefährdungshaftungstatbestände. In § 249 wird die Abrechnung von Sachschäden geändert; wird nach Beschädigung einer Sache die Reparatur nicht ausgeführt, sondern nur der dafür erforderliche Geldbetrag liquidiert, ist der auf die Reparaturkosten entfallende Umsatzsteueranteil nicht zu erstatten. 227

Die Grundlagen der Haftung sind jedoch ebenfalls betroffen. Bei unvorsätzlich herbeigeführten Unfällen von Kindern unter zehn Jahren, die sich im Straßen- und Bahnverkehr ereignen, wird sowohl deren Eigenhaftung ausgeschlossen als auch die Anrechnung eines Mitverschuldens (§ 828 Abs. 2 nF). Eingeführt wird mit § 839a die Haftung 228 gerichtlicher Sachverständiger für Gutachten, die vorsätzlich oder grob fahrlässig unrichtig erstattet worden sind. Damit wird eine Differenzierung der bisherigen Rechtslage beseitigt, die eine Haftung nur aus § 823 Abs. 2 und aus § 826 kannte. Als Schutzgesetz wurden die §§ 154, 163 StGB angesehen, sodass es im Bereich der fahrlässig falschen Begutachtung auf den gerechtigkeitsindifferenten Umstand der Vereidigung des Sachverständigen ankam. Grundlegend umgestaltet wird § 825; Beeinträchtigungen der sexuellen Selbstbestimmung, die durch Drohung oder Arglist bewirkt werden, begründen nunmehr geschlechtsneutral einen Ersatzanspruch. Die antiquierte Altfassung der Norm hätte aufgehoben werden können, weil die Einordnung der Verletzungshandlung als Verletzung des allgemeinen Persönlichkeitsrechts und die Anwendung des § 823 Abs. 2 in Verbindung mit strafrechtlichen Schutzgesetzen ausreichen. Vermieden werden sollten jedoch falsche gegenteilige Schlussfolgerungen.

229 Die Gefährdungshaftungen des Kraftfahrzeughalters nach § 7 Abs. 1 StVG und des Bahnbetriebsunternehmers nach § 1 Abs. 1 HpflG enden nicht mehr, wenn das Unfallereignis für sie unabwendbar ist (so bis zum Inkrafttreten des SchÄndG: § 7 Abs. 2 StVG, § 1 Abs. 2 S. 2 HpflG), sondern reichen bis an die Grenze höherer Gewalt. Das darin offenbar werdende Verständnis von der Relation der Haftungsfilter »unabwendbares Ereignis« und »höhere Gewalt« zueinander entspricht der aktuellen Rechtspraxis, nicht aber dem historischen Verständnis der Merkmale. Zugleich wird der Schutz der Kraftfahrzeughalterhaftung zugunsten unentgeltlich beförderter Fahrzeuginsassen ausgedehnt und es werden die Haftungshöchstsummen der Gefährdungshaftungen auf angehobenem Niveau vereinheitlicht. In der Arzneimittelhaftung des § 84 AMG soll die Ursächlichkeit eines bestimmten Arzneimittels für den eingetretenen Schaden durch eine Vermutung leichter feststellbar gemacht werden.[1]

A. Tatbestandsstruktur

230 § 823 Abs. 1 begründet den deliktischen Schutz von Gütern und Rechten. Ihre Verletzung wird zum Haftungstatbestand erhoben. Dabei geht das Gesetz im Hinblick auf Güter und Rechte verschieden vor: Die Rechtsgüter, nämlich Leben, Körper, Gesundheit und Freiheit werden abschließend aufgezählt. Der Güterschutz ist also endlich. Die Zahl der Güter kann nicht durch Analogie vermehrt werden. Dagegen sind die aufgezählten Rechte ergänzungsfähig ausgestaltet. Das Gesetz nennt das Eigentum und sonstige Rechte nach Art des Eigentums. Als solche sonstigen Rechte kommen einmal absolute Rechte in Betracht, die wie das Eigentum Schutz gegen jedermann genießen und deren Wirkungsbereich vom Gesetz abgegrenzt ist. Solche Rechte sind etwa das Pfandrecht, das Jagdrecht und das Urheberrecht. Darüber hinaus werden als sonstige Rechte auch Rahmenrechte angesehen, die erst in der Rechtsanwendung ihre tatbestandliche Abgrenzung erfahren, wie das Recht am Gewerbebetrieb und das allgemeine Persönlichkeitsrecht.

B. Rechtsgüter

231 Als Rechtsgüter bezeichnen wir die vitalen Lebensinteressen der Menschen, die zwar absolut, dh gegenüber jedermann geschützt, aber nicht als absolute Rechte ausgestaltet sind. Das ist deswegen unterblieben, weil sie grundsätzlich nicht übertragbar sind.

---

1 Zuerst ist es anders gekommen: LG Berlin NJW 2007, 3582; besser dann BGH NJW 2008, 2994: Aufhebung von LG Berlin und KG m. zust. Anm. *Deutsch*.

Diese Lebensgüter sind von der Natur der Sache her dem Träger des Gutes zugewiesen und können nicht an einen anderen weitergegeben werden.

I. Leben

Das menschliche Leben ist das höchste Rechtsgut schlechthin. Es ist grundgesetzlich gesprochen unverletzbar, Art. 2 GG. Die Tötung verletzt das Leben. Eine Einwilligung in die Tötung ist grundsätzlich unbeachtlich (arg. § 216 StGB: Tötung sogar auf Verlangen strafbar). Die moderne Medizin, insbesondere die Intensivbehandlung, hat jedoch drei Erscheinungen entstehen lassen, bei welchen der unbedingte Lebensschutz eingeschränkt erscheint: die Sterbehilfe einerseits und das Patiententestament sowie den Patientenvertreter andererseits. 232

Auch im Zivilrecht ist die Beihilfe zum Selbstmord kein Haftungsgrund, sei es wegen mangelnder Haupttat, sei es wegen überwiegenden Selbstverschuldens. Jedoch ist die bestimmende Einflussnahme auf eine andere Person, die diese gebietend zur Selbsttötung veranlasst, als Tötung in Täterschaft aufzufassen. Erlaubt ist hingegen die angemessene passive Sterbehilfe. Verweigert ein geistig alerter Kranker die Intensivbehandlung, so handelt der Arzt nicht widerrechtlich, der ihn nur mit stabilisierenden und schmerzlindernden Medikamenten behandelt. Das gilt auch, wenn die Weigerung etwa als sog. Patiententestament früher abgefasst war und der Kranke – jetzt bewusstlos – seine Ansicht nicht geändert hat. Darüber können Angehörige Auskunft geben. Hat der jetzt bewusstlose Kranke einen Vertreter im Persönlichkeitsrecht bestellt, so kann dieser anstelle des Patienten in hoffnungslosen Situationen die Beschränkung der Behandlung anordnen. Bei schwersten prämortalen Zuständen darf der Schmerzlinderung willen zugleich das Leben verkürzt werden, sogar in nur vermuteter Einwilligung des Patienten, den man mit der Wahrheit nicht konfrontieren kann. Wünscht jemand zu sterben und wird er entgegen seinem Wunsch behandelt, so wird nicht sein Leben verletzt. Es kann freilich eine Freiheitsberaubung oder eine Persönlichkeitsverletzung vorliegen, wenn kein Recht zur Behandlung gegeben war. 233

II. Körper

Auch die körperliche Unversehrtheit wird grundgesetzlich garantiert. Als Verletzung des Körpers sehen wir den äußeren Eingriff in die körperliche Integrität an. Der Begriff »Körper« reicht aber nicht in die dauerhaft vom Körper getrennten Teile. Wird also eingefrorenes Sperma schuldhaft vernichtet, liegt keine Körperverletzung vor.[2] In der praktischen Anwendung lassen sich typische Fallgruppen ausmachen. Beispiele sind: Verkehrsunfall und Verletzung der Verkehrssicherungspflicht einerseits, Schläge, Züchtigung und medizinischer Eingriff andererseits. Für die letztgenannten Gruppen bewussten Handelns ist genauer auf die Rechtfertigung einzugehen. 234

Die Züchtigung eines Minderjährigen stellt eine tatbestandsmäßige Körperverletzung dar. Sie ist seit der Änderung des § 1631 Abs. 2 im Jahre 2000 selbst bei einer maßvollen Züchtigung durch die Eltern nicht mehr von deren Personensorgerecht gedeckt. Eine Züchtigung kraft einer Amtspflicht, etwa durch einen Lehrer, oder aufgrund Geschäftsführung ohne Auftrag durch einen Fremden wird nicht anerkannt. 235

Der ärztliche Eingriff gilt rechtstechnisch als tatbestandsmäßige Verletzung des Körpers. Jede invasive Maßnahme durchbricht die körperliche Integrität. Zu ihrer Rechtfertigung bedarf sie der Zustimmung des Patienten oder des Sorgeberechtigten. Oft wird die Einwilligung vom Patienten dadurch schlüssig erteilt, dass er an der Behand- 236

---

2 AA BGHZ 124, 52.

lung mitwirkt. Die Zustimmung ist kein Rechtsgeschäft, sondern schließt als Einwilligung die Rechtswidrigkeit aus. Es gelten nicht die exakten Grenzen der Geschäftsfähigkeit. Es genügt, dass der Patient nach seiner geistigen und sittlichen Reife die Bedeutung und Tragweite des Eingriffs und seiner Gestattung zu ermessen vermag. So ist im Allgemeinen ein Jugendlicher etwa schon ein Jahr vor Volljährigkeit zustimmungsfähig.[3] Ist der Patient bewusstlos, so wird mit der vermuteten Einwilligung analog § 683 gearbeitet. Gerechtfertigt ist dann der medizinische Eingriff, wenn er im objektiv verstandenen Interesse und im primär subjektivakzentuierten wirklichen oder mutmaßlichen Willen des Patienten liegt.

237 Die Zustimmung ist nur wirksam, wenn der Patient weiß, worin er einwilligt. Soweit der Patient nicht schon Kenntnis hat, ist ihm diese durch Aufklärung zu vermitteln. Es handelt sich hierbei um die Mitteilung von der Art der Operation und weiter um die Aufklärung über das Risiko des Eingriffs. Grundsätzlich ist der Patient über typische bzw. nicht unerhebliche Risiken des Eingriffs aufzuklären. In diesem Zusammenhang ist dem Kranken oft auch der wahrscheinliche Verlauf der Krankheit in behandelter und unbehandelter Form mitzuteilen. Sofern es zu der Abwägung der Risiken notwendig ist, muss ihm auch die Diagnose eröffnet werden. In besonderen Ausnahmefällen kann wegen Gefährdung des Patienten (Krebsdiagnose) oder naher Angehöriger (psychische Erkrankung) die Diagnose oder der erwartete Verlauf verschwiegen werden. Umgekehrt stellt eine brutale Übermaßaufklärung für sich eine Körperverletzung dar und erreicht regelmäßig auch nicht das Ziel der Aufklärung.

238 Fehlt es an der notwendigen Einwilligung oder unterbleibt die Aufklärung, so trägt der Arzt das Risiko des schlechten Ausgangs der Behandlung, dh, er haftet wegen schuldhafter Körperverletzung auf Schadensersatz und Schmerzensgeld. Zwar liegt insoweit auch eine Persönlichkeitsverletzung vor, sie wird jedoch durch die Körperverletzung aufgezehrt. Für das Vorhandensein von Einwilligung und Aufklärung trägt der Arzt die Beweislast, da es sich um eine Einwendung handelt.[4] Fehlt es an der Aufklärung, kann der Behandelnde sich darauf berufen, dass der Patient auch im Fall einer ordnungsgemäßen Aufklärung in die Maßnahme eingewilligt hätte.[5]

239 Hauptgebiet der Arzthaftung in der Praxis ist die fahrlässige Körperverletzung durch »Kunstfehler« des Arztes. Dabei handelt es sich um nichts anderes als medizinisch sorgfaltswidriges Verhalten. Es kann durch Tun (falscher Schnitt, Übermaß an Medikamenten) oder Unterlassen (falsche Diagnose, Weigerung des Hausbesuches trotz übernommener Behandlung) gesetzt werden. Die Fehlerhaftigkeit stempelt es zum Haftungsgrund, denn die Einwilligung rechtfertigt nur das fehlerfreie Vorgehen.

240 Eine Verletzung des Körpers kann auch durch eine Handlung in früherer Zeit begangen werden, selbst wenn der Verletzte um diese Zeit noch nicht geboren oder noch nicht einmal erzeugt war. Die Möglichkeit gestreckter Tatbestandserfüllung erlaubt den Schutz auch des noch nicht existierenden Lebens und Körpers. So hat BGHZ 58, 48 den Anspruch eines Kindes auf Schadensersatz gutgeheißen, das durch einen Verkehrsunfall seiner Mutter im sechsten Monat der Schwangerschaft verletzt worden war. BGHZ 8, 243 hat der Klage eines mit Lues geborenen Kindes stattgegeben, dessen Mutter noch vor seiner Erzeugung in der Klinik durch Bluttransfusion infiziert worden war.

---

3 Vgl. BGHZ 29, 33.
4 RGZ 68, 431.
5 § 630 Abs. 2 S. 2 BGB nF.

III. Gesundheit

Als Verletzung der Gesundheit wird die Störung innerer Lebensvorgänge, die Beeinträchtigung des physiologischen und psychischen Zusammenspiels im Körper des Menschen angesehen. Normalerweise führt die Verletzung des Körpers auch zu einer Verletzung der Gesundheit. Dann wird entweder von Körper- und Gesundheitsverletzung gemeinschaftlich gesprochen oder genauer die Gesundheitsverletzung als von der Körperverletzung aufgezehrt angesehen. Sie fallen dann nämlich nahezu zusammen, und die äußere Verletzung hat den Vortritt. 241

In einem nicht unerheblichen Bereich stellt jedoch die Gesundheitsverletzung einen eigenständigen Tatbestand dar. Die Fallgruppen reichen von der Vergiftung über die Ansteckung mit AIDS oder andere Schwächungen der Immunabwehr, etwa durch Vergabe zu weitreichender oder falscher Medikamente, den Psychoterror bis hin zum sog. Schockschaden. Um eine Verletzung der somatischen Gesundheit ging es in BGH NJW 1982, 699: Eine Infusionslösung war durch einen Bazillus verunreinigt worden. Sie löste Schüttelfrost, hohes Fieber sowie Beklemmungsbeschwerden bei der Patientin aus. Die Gesundheitsverletzung bestand in einem septischen Schock, der zur Intensivbehandlung Anlass gab. Ein Beispiel der Verletzung nur der psychischen Gesundheit bildet BGHZ 56, 163: Eine Frau hatte eine seelische Erschütterung dadurch erlitten, dass ihr der tödliche Unfall des Ehemannes mitgeteilt wurde. Eine Verletzung der Gesundheit der Frau ist nach dem BGH dann gegeben, wenn die seelische Erschütterung über die gesundheitlichen Beeinträchtigungen hinausgeht, denen nahe Angehörige bei Todesnachrichten erfahrungsgemäß ausgesetzt sind. Der Schutzzweck deckt nur Gesundheitsbeschädigungen, die nach Art und Schwere diesen Rahmen überschreiten (gesteigerte Schockanfälligkeit). 242

Es ist angemessen, bei der Gesundheitsverletzung zwischen der Verletzung der somatischen Gesundheit und der psychischen Gesundheit zu unterscheiden. Die Verletzung der somatischen Gesundheit, etwa eine Vergiftung, ist ein abgegrenzter Tatbestand, dessen Verwirklichung die Rechtswidrigkeit nahelegt. Ist jedoch die psychische Gesundheit verletzt worden, so handelt es sich um einen unabgegrenzten Tatbestand, bei dem die Widerrechtlichkeit durch Abwägung im Einzelfall festgestellt werden muss. Die Verschiedenheit von somatischer und psychischer Gesundheit und ihre abweichende Behandlung ergeben sich unschwer aus der unterschiedlichen medizinischen Feststellbarkeit und den durchaus abweichenden Folgen je nach der Individualperson. 243

IV. Freiheit

Die von § 823 Abs. 1 geschützte Freiheit ist die körperliche Bewegungsfreiheit. Die allgemeine Handlungsfreiheit, also die Befugnis, nach eigenem Gutdünken zu handeln, wird nicht wahrgenommen; sie wird vielmehr im Rahmen des allgemeinen Persönlichkeitsrechts geschützt. Die Verletzung der körperlichen Bewegungsfreiheit bildet einen abgeschlossenen Tatbestand. Anders als im Strafrecht macht auch die fahrlässige Freiheitsverletzung schadensersatzpflichtig. In der Praxis spielen insbesondere drei Fallgruppen eine Rolle: Das Einsperren einer Person, um eigene Zwecke zu verfolgen, mögen sie finanzieller oder sexueller Art sein; die übermäßige Fixierung eines Geisteskranken in einer Anstalt;[6] die Veranlassung der behördlichen Festnahme oder Verwahrung einer Person in rechtsstaatswidriger Weise.[7] 244

---

[6] BGH LM § 823 (Ab) Nr. 1.
[7] BGH LM § 823 (Ab) Nr. 2.

C. Eigentum und abgegrenzte absolute Rechte

I. Eigentum

245 Das Eigentum ist das einzige benannte absolute, subjektive Recht des § 823 Abs. 1. Eigentum ist im Sinne des Sachenrechts gebraucht: Eigentum besteht nur an einer Sache, also einem »körperlichen Gegenstand«, § 90. Dem Eigentümer steht die umfassende Berechtigung an dem körperlichen Gegenstand zu, sodass er mit der Sache frei umgehen, andere davon ausschließen und darüber verfügen kann, § 903. Allerdings verpflichtet auch das Eigentum (Art. 14 GG), was sich zB in den nachbarrechtlichen Vorschriften und im Immissionsschutz ausprägt. Die Verletzung des Eigentums kann auf verschiedene Weise geschehen. Es kann die Sache entzogen, auf die Sachsubstanz eingewirkt, die Funktion des Eigentums gestört oder die Zuordnung zum Eigentümer aufgehoben werden. Im Einzelnen geht es um Folgendes:

– Sachentziehung: Das Recht zum Besitz bildet die Hauptbefugnis des Eigentümers. Wird der Besitz dauernd oder vorübergehend entzogen, so ist das Eigentum betroffen. Im Eigentümer-Besitzer-Verhältnis gelten jedoch die Sonderregeln der §§ 987 ff.
– Substanzverletzung: Wird die Sache körperlich beeinträchtigt, also zerstört oder beschädigt, ist auch das Eigentum als rechtliche Sachherrschaft verletzt. Die Sachbeschädigung bildet die häufigste Eigentumsverletzung, etwa durch Fahrzeugkollision im Straßenverkehr. Es sind aber auch unbewegliche und belebte Sachen geschützt. So haftet der Unternehmer, der Linienbusse über eine Forststraße fahren lässt, für die Schäden am Straßenbett.[8] Ebenso schuldet das Chemieunternehmen dem Imker Ersatz, dessen Bienen durch arsenhaltigen Rauch eingegangen waren.[9]
– Funktionsverletzung: Benutzung und Genuss der Sache sind weitere Befugnisse des Eigentümers. Sie werden beeinträchtigt dadurch, dass sich die Sache nicht der Verkehrserwartung entsprechend entwickeln oder genutzt werden kann. Für den Funktionsschutz ist die anerkannte Erwartung entscheidend, rein subjektiv-individuelle Wertschätzungen bleiben außer Betracht. Eine Eigentumsverletzung bildet das Verderben von Hühnereiern im Brutapparat, weil durch unsachgemäßes Baumfällen eine Freileitung und damit die Stromzufuhr unterbrochen wurde.[10] Ebenso wird die Funktion eines Motorschiffs gestört, wenn es wegen Brückensicherungsarbeiten lange Zeit einen Stichkanal (»Fleet«) nicht verlassen kann, nicht aber die Gebrauchsfähigkeit einer Schute, welche eine Mühle am Stichkanal nicht erreichen konnte.[11] Die Funktion des Hauseigentums wird beeinträchtigt, wenn wenige Meter vom Schlafzimmer entfernt ein Tennisplatz betrieben wird.[12] Ebenso steht es mit der nachhaltigen Beeinträchtigung von Wasserrohren durch ein nicht ausreichend geruchs- und geschmacksneutrales Gewindeschneidemittel, die nur durch erheblichen Aufwand und unter Einsatz chemischer Mittel beseitigt werden kann.[13]
– Zuordnungsverletzung: Die im Eigentum ausgedrückte rechtliche Sachherrschaft kann nicht zuletzt durch Aufhebung oder Beeinträchtigung der Zuordnung betroffen sein. Das kann durch die Ermöglichung des gutgläubigen Erwerbs des Eigentums oder eines Pfandrechts ebenso geschehen wie durch Herbeiführung des originären Eigentumserwerbs etwa durch Verbindung oder Vermischung, §§ 946 ff. So haftet der Erwerber unberechtigt bezogenen Treibstoffs, der mangels guten Glaubens nicht nach § 932 erworben hatte, jedoch das Eigentum infolge Vermischung

---

8 BGH LM § 823 (Da) Nr. 5.
9 RGZ 159, 68.
10 BGHZ 41, 123.
11 BGHZ 55, 153.
12 BGH NJW 1983, 751.
13 BGH VersR 1995, 348.

mit eigenen Beständen gemäß § 948 erlangt hatte, wegen Eigentumsverletzung auf Ersatz.[14] Gerechtfertigt handelt dagegen der gutgläubige Erwerber, etwa der nur leicht fahrlässig das mangelnde Eigentum des Veräußerers nicht Erkennende. § 932 geht insoweit § 823 Abs. 1 als Sonderregelung vor.[15]

Der Schutzbereich des Eigentums ist in verschiedener Hinsicht beschränkt. Besonders deutlich ist das im Eigentümer- und Besitzerverhältnis: Befindet sich der Verletzer im Besitz der Sache, an welcher die Eigentumsverletzung geschieht, dann besteht eine Vindikationslage, und es greifen grundsätzlich die Bestimmungen der §§ 987 ff. als Sonderregelung ein. Schadensersatz nach § 823 Abs. 1 wird dann nur im Falle von drei Gegenausnahmen geschuldet: bei Besitzerwerb durch verbotene Eigenmacht oder strafbarer Handlung (§ 992) und im Falle des Fremdbesitzerexzesses, also wenn der unrechtmäßige Besitzer sogar sein angenommenes Besitzrecht überschreitet, etwa der Mieter, der vom Nichteigentümer gemietet hat, in der Wohnung Federvieh hält. Auch die Mängelhaftung beim Kauf- bzw. Werkvertrag schränkt den Schutzbereich des deliktischen Eigentumsschutzes ein. Wird ein Bauwerk mangelhaft errichtet, so ist weder das Grundeigentum betroffen noch bestand jemals Eigentum an mangelfreiem Bauwerk.[16] Dasselbe gilt, wenn der erworbene unbebaute Boden mit Material aufgefüllt war, dessen Volumenveränderung ein später errichtetes Gebäude beschädigt.[17] Wenn eine Sache nach ihrem Erwerb infolge eines fehlerhaft konstruierten oder mit Herstellungsfehler versehenen Einzelteils beschädigt wird, besteht der Deliktsanspruch nur soweit sich der Schaden nicht mit dem Unwert deckt, welcher der Sache wegen ihrer Mangelhaftigkeit von Anfang an anhaftete. Anderenfalls nämlich greift das Kaufrecht ausschließlich ein.[18] 246

Auch der Eigentümer einer unter Eigentumsvorbehalt veräußerten Sache und der Sicherungseigentümer haben wegen Verletzung des Eigentums dem Grunde nach einen Anspruch auf Ersatz. Die Schadensersatzforderung ist jedoch dem Umfang nach beschränkt. Sie können Ersatz an sich selbst nur insoweit fordern, als ihr Eigentum noch valutiert ist. Soweit der Wert der verletzten Sache wirtschaftlich dem anderen zusteht, müssen sie entweder den Schaden im Drittinteresse liquidieren oder auf Leistung an den Dritten klagen. 247

II. Absolute sonstige Rechte

Als »sonstige Rechte« schützt § 823 Abs. 1 zunächst diejenigen, welche vom Recht nach Art des Eigentums ausgestaltet sind. Dieser Ergänzungsbegriff nimmt also Bezug auf Herrschaftsrechte, denen eine Ausschlussfunktion zukommt. Gegenstand der Herrschaft kann eine Sache, aber auch ein unkörperliches Gut, etwa eine Erfindung oder ein Werk der Literatur, und schließlich eine Person sein, etwa ein Kind, das der elterlichen Sorge unterliegt. 248

Sonstige Rechte nach Art des Eigentums sind zunächst die beschränkten dinglichen Rechte, seien es Nutzungsrechte,[19] seien es Sicherungsrechte. Eigentlich sind Dienstbarkeit und Pfandrecht Ausschnitte aus dem Eigentum. Der Architekt, der die schon gemäß § 94 wesentliche Bestandteile gewordenen Dächer von Neubauten bei Vermögensverfall des Bauherrn abtragen lässt, verletzt das »sonstige Recht« des Grund- 249

---

14 BGHZ 56, 73; BGH NJW 1996, 1535.
15 BGH JZ 1956, 490.
16 BGHZ 39, 366.
17 BGH VersR 2001, 462 – Elektroofenschlacke.
18 BGHZ 86, 256; 117, 183; 138, 230.
19 BGH NJW-RR 2012, 1048 Rn. 8: beschränkte persönliche Dienstbarkeit betreffend Gasfernleitung.

schuldgläubigers.[20] Dingliche Aneignungsrechte, etwa das Jagdrecht und Fischereirecht, sind gleichfalls dinglich geschützt. So kann der Jagdpächter von dem Wilderer Ersatz für den Wildbretwert verlangen. Dagegen fällt der Preis für auszusetzendes Jungwild nur dann unter den Schutzbereich der Norm, wenn durch die Wilderei der Wildbestand an sich gefährdet ist.[21]

250 Auch die Anwartschaft als »wesensgleiches Minus« des Eigentums ist deliktisch geschützt. Sie richtet sich sowohl gegen Dritte als auch gegen den Vorbehaltsverkäufer und Eigentümer. Sofern dieser jedoch vom Kaufvertrag zurücktritt und die Anwartschaft zum Erlöschen bringt (§ 455), handelt er rechtmäßig. Im Übrigen ist aber der Eigentumsanwartschaftsinhaber gegen Sachentzug ebenso wie gegen Beeinträchtigungen der Substanz, der Funktion und der Zuordnung geschützt.[22]

251 Der Besitz ist ein sonstiges Recht mit eng umschriebenem Schutzbereich. Er wird vom Deliktsrecht nur soweit wahrgenommen, als der Schutz des Sachenrechts reicht. Das gilt für den Grund ebenso wie für den Umfang der Haftung. Der unmittelbare Besitz gewährt gegen den Störer auch einen Deliktsanspruch. Der Eigentümer eines Parkplatzes kann vom Fremdparker die Abschleppkosten verlangen,[23] soweit die Kosten nicht überhöht angesetzt werden.[24] Dem berechtigten Besitzer von Baumaschinen, die infolge einer zweitägigen Blockade nicht einsetzbar sind, stehen Ersatzansprüche gegen die Demonstranten zu.[25] Der mittelbare Besitz ist aber nicht gegenüber dem unmittelbaren Besitzer wirksam. Wer eine gemietete Sache befördern lässt, die auf dem Transport beschädigt wird, hat keinen Ersatzanspruch gegen den Transportunternehmer, da er als mittelbarer Besitzer gegen den unmittelbaren auch keine Besitzschutzrechte hat.[26]

252 Immaterialgüterrechte wie das Patent, Gebrauchsmuster, Urheberrecht und Leistungsschutzrecht, etwa des ausübenden Künstlers, sind sonstige Rechte. Es handelt sich um absolute Rechte, welche dem Inhaber eine Herrschaft über ein unkörperliches Gut, nämlich die Erfindung, das Werk oder die Leistung einräumen.

253 Bei Familienrechten ist zu unterscheiden: Die elterliche Sorge stellt ein sonstiges Recht dar, dessen Verletzung zum Schadensersatz verpflichtet. Wird also das Kind entführt und hat man erhebliche Kosten, es wieder aufzufinden, sind diese zu ersetzen.[27] Auch wird nach ständiger Praxis der räumlich-gegenständliche Bereich der Ehe deliktisch geschützt. So kann ein Ehegatte verlangen, dass nicht der andere einen Ehestörer in der Ehewohnung oder dem gemeinsam betriebenen Geschäft unterbringt.[28] Nach ständiger Rechtsprechung gibt es jedoch kein »sonstiges Recht« auf den ungestörten Fortbestand der ehelichen Gemeinschaft. Dagegen werden zwei Begründungen angeführt: Einmal könne ein Dritter die aus der Ehe sich ergebenden Pflichten nicht verletzen, und die Rechtsfolgen der Pflichtverletzung durch den anderen Ehegatten seien im Familienrecht abschließend geregelt. So haben die Gerichte die Klage der Ehefrau gegen den Mann, der mit der Geliebten zusammenlebte,[29] ebenso abgewiesen wie das

---

20 BGHZ 65, 211.
21 BGH LM § 823 (F) Nr. 10.
22 BGHZ 55, 20.
23 BGHZ 181, 233 Rn. 16 und 19; BGH NJW 2012, 528 Rn. 6.
24 BGH NJW 2012, 300 Rn. 20: Bereicherungsanspruch gegen Grundstückseigentümer nach Auslösung des Fahrzeugs beim Abschleppunternehmen.
25 BGHZ 137, 89.
26 BGHZ 32, 194.
27 BGHZ 111, 168.
28 BGHZ 6, 360; BGH LM § 823 (Af) Nr. 2.
29 RGZ 151, 159.

Schadensersatzverlangen gegen den Dritten, mit dem der Partner die Ehe gebrochen hatte.[30]

Was den Schaden angeht, der durch die Geburt eines von einem Dritten gezeugten Kindes entsteht, so hat die Praxis geschwankt. Unter dem Aspekt des § 823 Abs. 1 hat man dem Mann verwehrt, von der Frau die Kosten der Anfechtung der Ehelichkeit eines Ehebruchskindes ersetzt zu verlangen.[31] Jedoch gewährt man in gravierenden Fällen gemäß § 826 Abhilfe: So hat die Frau, die dem späteren Ehemann vor der Eheschließung vorspiegelt, dass nur er als Vater des von ihr erwarteten Kindes in Betracht kommt, dem Mann die erbrachten Unterhaltsleistungen zurückzuzahlen, da sie sittenwidrig gehandelt hat.[32]

254

Gestaltungsrechte stellen keine sonstigen Rechte dar, denn sie gewähren keine Herrschaft, sondern greifen mit Einmalwirkung in eine Rechtsbeziehung gestaltend ein. Auch das Forderungsrecht gibt dem Inhaber grundsätzlich weder über den Schuldner noch über die Leistung eine Herrschaft. Forderungsrechte sind also hinsichtlich des Leistungsgegenstandes und der Leistungsperson nicht sonstige Rechte. Soweit freilich die Forderung einem bestimmten Gläubiger zugeordnet ist, beherrscht er diese Rechtsbeziehung. Er kann das Recht geltend machen, darüber verfügen und ist weitgehend gegen gutgläubigen Erwerb geschützt. Die Zuordnung der Forderung zum Vermögen des Trägers hat absoluten Charakter und ist deshalb als sonstiges Recht anzuerkennen. Sie kann jedoch nur dadurch verletzt werden, dass die Zuordnung selbst aufgehoben wird. Das ist nur durch gutgläubigen Erwerb möglich, der jedoch bei Forderungen selten eine Rolle spielt, vor allem im Wertpapierrecht vorkommt.

255

Mitgliedschaftsrechte werden gleichfalls als sonstige Rechte angesehen. Das gilt nicht nur für Anteile an einer juristischen Person des Handelsrechts, sondern vor allen Dingen auch für die Mitgliedschaft in einem Sportverein. Nach BGH NJW 1990, 2877 hat ein Vereinsmitglied einen Schadensersatzanspruch aus § 823 Abs. 1, wenn der Vereinsvorstand ihn regelwidrig nicht an einer Sportveranstaltung teilnehmen lässt. Hier war durch eine falsche Auskunft die Mitgliedschaft in einem Verein in ihrem Kern betroffen gewesen und der Anspruch wurde auch gegen das Vorstandsmitglied persönlich gewährt.

256

Der BGH hat der Eintragung eines Domainnamens keinen rechtlichen Schutz zuerkannt.[33]

D. Rahmenrechte

Das BGB hat die fahrlässige Schadenszufügung nicht zum Tatbestand erhoben: Bei *damnum absque iniuria* wird eine *actio culpae* nicht gewährt. Es hat sich jedoch in der Rechtspraxis als notwendig erwiesen, bestimmte, nicht von einem ausdrücklichen Tatbestand benannte schuldhafte Schadenszufügungen mit einer Ersatzpflicht zu belegen. Die Rechtsprechung hat hierfür zwei Rahmenrechte geschaffen, nämlich das Recht am Gewerbebetrieb und das allgemeine Persönlichkeitsrecht. Beide werden als sonstige Rechte angesehen.

257

---

30 BGH LM § 823 (Af) Nr. 3.
31 BGH NJW 1957, 670.
32 BGH NJW 1981, 1445.
33 BGH NJW 2012, 2038.

I. Recht am eingerichteten und ausgeübten Gewerbebetrieb

Literatur: *Buchner,* Die Bedeutung des Rechts am eingerichteten und ausgeübten Gewerbebetrieb, 1971; *Fikentscher,* Das Recht am Gewerbebetrieb (Unternehmen) als »sonstiges Recht« im Sinne des § 823 Abs. 1 BGB ..., FS Kronstein, 1967, 261; *Frähter,* Das Recht am eingerichteten und ausgeübten Gewerbebetrieb, 1972; *Kohthaas,* Der Eingriff in den eingerichteten und ausgeübten Gewerbebetrieb, 1974; *Preusche,* Unternehmensschutz und Haftungsbeschränkung im Deliktsrecht, 1974; *Schippel,* Das Recht am eingerichteten und ausgeübten Gewerbebetrieb, 1956; *Schrauder,* Wettbewerbsverstöße als Eingriffe in das Recht am Gewerbebetrieb, 1970; *Taupitz,* Haftung für Energieleiterstörungen durch Dritte, 1981; *Wiethölter,* Zur politischen Funktion des Rechts am eingerichteten und ausgeübten Gewerbebetrieb, Kritische Justiz 1970, 121; *Zeuner,* Linien der Entwicklung des Rechts am Gewerbebetrieb, des allgemeinen Persönlichkeitsrechts und der Verkehrssicherungspflichten, 25 Jahre Karlsruher Forum, 1983, 196.

258 Anstoß zur Bildung des Rechts am eingerichteten und ausgeübten Gewerbebetrieb hat die unberechtigte Schutzrechtsverwarnung gegeben. Der Produzent, der seine Konkurrenten unter Hinweis auf ein nicht bestehendes oder nicht so weitreichendes Patent oder Gebrauchsmuster zur Einstellung der Produktion nötigte, wurde zum Ersatz dieses Ausfalls verurteilt.[34] Damit wurde zum ersten Mal eine Norm anerkannt, die bereits bei fahrlässiger Verletzung besonderer, in einem Unternehmen zusammengefasster Vermögensinteressen einen Anspruch auf Schadensersatz gab.

259 Das RG hatte die fahrlässige Vermögensverletzung an stringente Voraussetzungen geknüpft: Der Eingriff hatte unmittelbar in den Bestand eines eingerichteten und ausgeübten Gewerbebetriebs zu geschehen. Somit umfasste der Schutzbereich nur schwerste Verletzungen bestehender Gewerbe. So blieb für lange Zeit neben der unberechtigten Schutzrechtsverwarnung der Boykott der einzige wesentliche weitere Unterfall der Verletzung des Gewerbebetriebs. Der BGH hat später auf das Bestandserfordernis verzichtet und genügen lassen, dass einzelne Ausstrahlungen des Gewerbebetriebs verletzt wurden.[35]

260 Der Tatbestand besteht heute im unmittelbaren oder betriebsbezogenen Eingriff in den eingerichteten und ausgeübten Gewerbebetrieb. Statt des unsicheren und unbestimmten Unmittelbarkeitserfordernisses wird heute eher Betriebsbezogenheit verlangt. Nicht betriebsbezogen sind Verletzungen anderer Personen oder Institutionen sowie entfernte Ereignisse. Sonst würde der persönliche oder der sachliche Schutzbereich zu weit gezogen. Wird also der Betriebsinhaber oder werden Mitarbeiter getötet oder verletzt, so ist der Betrieb nur mittelbar verletzt, mag der Schaden in einem Personalengpaß oder im Betriebsausfall wegen Beerdigungsfeierlichkeiten bestehen.[36] Zerreißt ein Bagger das Stromkabel und tritt wegen Stromausfalls eine Produktionsunterbrechung ein, so liegt nur ein mittelbarer Eingriff in den produzierenden Betrieb vor, unmittelbar ist allerdings das Stromversorgungsunternehmen betroffen.[37] Wird ein Fernsehbeitrag über eine Appartement-Hotelanlage ausgestrahlt, greift dies nicht in den Gewerbebetrieb des Reiseveranstalters ein, der für die Anlage ein Belegungsrecht hat.[38] Bejaht wurde die Betriebsbezogenheit für die namentliche Nennung von Unternehmen in einer privaten Liste angeblicher Schuldner, die als »Schuldnerspiegel« im Internet abrufbar ist.[39]

261 Der Eingriff in den Gewerbebetrieb bildet zwar einen offenen Tatbestand; es haben sich jedoch in der Praxis typische Fallgruppen herauskristallisiert. Hier eine ungefähre

---

34 RGZ 58, 24.
35 BGHZ 3, 270.
36 BGHZ 7, 30; OLG Hamburg VersR 1967, 666.
37 BGHZ 29, 65.
38 BGHZ 138, 311.
39 OLG Rostock ZIP 2001, 793.

Aufzählung: unberechtigte Schutzrechtsverwarnungen,[40] die besonders gravierende Folgen haben, wenn sie gegenüber Kunden des Konkurrenten ausgesprochen werden;[41] negative Werturteile, etwa in einem Warentest[42] oder bei der Abwicklung von Kfz-Haftpflichtschäden über Autovermieter;[43] Boykottaufforderung;[44] Mitteilung wahrer Tatsachen, die aus dem Zusammenhang gerissen einen ungünstigen Schluss über einen anderen erlauben, zB Aufnahme in Liste der »langsamen Zahler«;[45] Erweiterungen des im UWG und anderen Sondergesetzen gewährten Schutzes des Gewerbebetriebs, etwa wegen Verwechselungsgefahr[46] und unfaire vergleichende Werbung auch außerhalb des geschäftlichen Wettbewerbs, etwa unter Gewerkschaften.[47]

Das Recht am eingerichteten und ausgeübten Gewerbebetrieb wird auch verfassungsrechtlich geschützt. Es unterfällt der Eigentumsgarantie des Art. 14 GG. Bis auf den heutigen Tag fraglich ist die Ausdehnung dieses Rahmenrechts auf die Bereiche der freien Berufe und den Arbeitsplatz. Nach dem Grundgedanken des beschränkten Schutzes verfestigter Vermögensinteressen sollte die Ausdehnung möglich sein, etwa bei Verrufserklärung durch eine Berufsvereinigung oder Verlust des Arbeitsplatzes durch Gerüchteverbreitung. Ebenso ist das Fischereirecht als sonstiges Recht gegenüber dem Betrieb einer Bootsanlegerstelle geschützt.[48]

262

Der Große Zivilsenat[49] hat daran festgehalten, dass der rechtswidrige und schuldhafte Eingriff in das Recht am eingerichteten und ausgeübten Gewerbebetrieb zum Schadenersatz verpflichtet. Gegenstand war wiederum eine »unberechtigte Schutzrechtsverwarnung« und es ging darum, dass der Hersteller einer Sanitärarmatur als dreidimensionale Marke vom Beklagten Unterlassung verlangte. Während des Rechtsstreits wurde die Löschung der Klagemarken ausgesprochen. Auf die Widerklage wird der Schutz des Rechts am eingerichteten und ausgeübten Gewerbebetrieb aufrechterhalten.

263

II. Persönlichkeitsrecht

Literatur: *Brandner,* Das allgemeine Persönlichkeitsrecht in der Entwicklung durch die Rechtsprechung, JZ 1983, 689; *Buschmann,* Zur Fortwirkung des Persönlichkeitsrechts nach dem Tode, NJW 1970, 2081; *v. Caemmerer,* Der privatrechtliche Persönlichkeitsschutz nach deutschem Recht, FS v. Hippel, 1967, 27; *Ehmann,* Zur Struktur des allgemeinen Persönlichkeitsrechts, JuS 1997, 193; *v. Gamm,* Persönlichkeitsschutz und Massenmedien, NJW 1979, 513; *Helle,* Besondere Persönlichkeitsrechte im Privatrecht, 1991; *Hubmann,* Das Persönlichkeitsrecht, 2. Aufl. 1967; *Jarras,* Das allgemeine Persönlichkeitsrecht im GG, NJW 1989, 857; *Landwehrmann,* Freizeitbeeinträchtigungen und allgemeines Persönlichkeitsrecht, NJW 1970, 1867; *Gerda Müller,* Möglichkeiten und Grenzen des Persönlichkeitsrechts, VersR 2000, 797; *Reinhardt,* Das Persönlichkeitsrecht in der geltenden Rechtsordnung, 1931; *Schwerdtner,* Das Persönlichkeitsrecht in der deutschen Zivilrechtsordnung, 1977; *Simon,* Das allgemeine Persönlichkeitsrecht und seine gewerblichen Erscheinungsformen, 1981; *Wagner,* Prominente und Normalbürger im Recht der Persönlichkeitsverletzung, VersR 2000, 1305.

Rechtsvergleichend und historisch: *Schmelzeisen,* Zur Geschichte des Persönlichkeitsschutzes, FS Nastelski, 1969, 216; *Sólyom,* Die Persönlichkeitsrechte. Eine vergleichend-historische Studie über ihre Grundlagen, 1984.

---

40 BGHZ 38, 200.
41 BGH NJW-RR 1998, 331.
42 OLG Celle NJW 1964, 1804.
43 BGH NJW 1999, 279.
44 BGHZ 24, 200.
45 BGHZ 8, 142.
46 BGHZ 28, 320.
47 BGHZ 42, 210 – ÖTV.
48 BGH VersR 2007, 1281.
49 BGHZ 164, 1.

264 Besondere Persönlichkeitsrechte sind seit langem aufgrund ausdrücklicher Sondernormen anerkannt. Es sind das Namensrecht (§ 12), das Recht am eigenen Bild (§§ 22 ff. KUG[50]), das Urheberpersönlichkeitsrecht (§§ 12 ff. UrhG) und aufgrund einer Gesetzesanalogie zu diesen besonderen Persönlichkeitsrechten das Recht an der Lebensgeschichte, die nicht ohne Erlaubnis oder sonst nur bei Personen der Zeitgeschichte ausgebreitet werden darf, und das Recht am Charakterbild, das etwa durch verdeckte psychologische Versuche verletzt wird, zB durch Aufnahme der Reaktion auf einen gestellten Unfall. Als besondere Begehungsform der Verletzung des Persönlichkeitsrechts nennt § 825 die Bestimmung zu sexuellen Handlungen durch Hinterlist, Drohung oder Missbrauch eines Abhängigkeitsverhältnisses als weiteren Anspruchsgrund. Dieser Tatbestand schützt seit dem Jahre 2002 nicht nur Frauen, sondern auch Männer (zB hinsichtlich der Unterhaltspflicht für ein Kind) und trifft auch den Fall der Erzwingung ehelichen Verkehrs.

265 Das allgemeine Persönlichkeitsrecht hat sich erst spät entwickelt. Der Schutz der Ehre, der im ersten Entwurf zum BGB enthalten war, ist als solcher nicht in das Gesetz aufgenommen worden. Durch diese Entscheidung des Gesetzgebers fühlte sich die Rechtsprechung lange gehindert, ein allgemeines Persönlichkeitsrecht mit dem darin eingeschlossenen Schutz der Ehre anzuerkennen. Der einzige Weg, der damals gangbar erschien, war eine vorsichtige Analogie zu den besonderen Persönlichkeitsrechten. Die beiden führenden Entscheidungen hatte der letzte deutsche Kaiser veranlasst. So wurde dem Verleger von Bismarcks »Gedanken und Erinnerungen« erlaubt, Briefe Wilhelms II. abzudrucken, die dieser bei Bismarcks Entlassung geschrieben hatte. Die Briefe seien keine Werke der Literatur und deshalb nicht urheberrechtlich geschützt. Ein persönlichkeitsrechtlicher Schutz von Briefen wurde nicht anerkannt.[51] Erfolg hatte der Kaiser gegen Erwin Piscator, der in einem Bühnenstück Wilhelm II. bühnenmäßig dargestellt hatte. Das Gericht sah hierin eine Verletzung des Rechts am eigenen Bilde. Da Wilhelm jedoch eine »Persönlichkeit der Zeitgeschichte« darstellte, erschien diese Verletzung grundsätzlich gerechtfertigt. Sein Bild war jedoch verfälscht, weswegen er einen Anspruch auf Unterlassung hatte.[52]

266 Unter Berufung auf die Art. 2 iVm Art. 1 GG haben die Gerichte seit den fünfziger Jahren des letzten Jahrhunderts ständig ein allgemeines Persönlichkeitsrecht anerkannt. Unter dem Eindruck der Beschränkung der freien Entfaltung der Persönlichkeit in der totalitären Zeit erschien die Anerkennung eines allgemeinen Persönlichkeitsrechts auch im Deliktsrecht notwendig. Ein Referentenentwurf, welcher das allgemeine Persönlichkeitsrecht und seine Grenzen in das BGB aufnehmen sollte, wurde Ende der fünfziger Jahre des letzten Jahrhunderts vorgelegt, aber auf Drängen der Presse nicht weiter verfolgt.

267 Das Persönlichkeitsrecht ist das Recht auf Achtung und Nichtverletzung der Person sowohl in ihrem unmittelbaren Dasein als auch in ihren einzelnen Erscheinungsformen. Wegen der Unabgrenzbarkeit dieses Tatbestands einerseits und der häufigen in der modernen Gesellschaft zu tolerierenden Tangierung von Persönlichkeitsinteressen andererseits kann hier eine normale Subsumtion unter einen Tatbestand mit Ausnahmeprüfung der Rechtfertigung nicht vorgenommen werden. Die Rechtspraxis arbeitet mit Präjudizien, wie schon die Erscheinung belegt, dass Entscheidungen zum Persönlichkeitsrecht regelmäßig mit Namen versehen und wie Rechtsquellen zitiert werden (»Schachtbrief«, »Herrenreiter«, »Alte Herren«).[53] Methodisch angemessen, weil den Weg vom billigen zum strengen Recht gehend, ist es, durch Sachverhaltsvergleichung

---

50 BGH NJW 2000, 2201 – Der blaue Engel.
51 KG MuW 20/21, 251.
52 KG JW 1928, 363.
53 BGHZ 13, 334; 26, 349; 31, 308.

Fallgruppen zu bilden, um in ihrem Rahmen den Tatbeständen der besonderen Persönlichkeitsrechte nahezukommen.

Die Rechtsprechung hat zwei wesentliche Schritte bei der Anerkennung und Ausgestaltung des Persönlichkeitsrechts gemacht. Zur Haftungsbegründung wird eine Güter- und Interessenabwägung vorgenommen, wobei die Interessen des Verletzten ebenso wie die des Verletzers und der Öffentlichkeit einschließlich der Wahrung berechtigter Interessen (§ 824 Abs. 2) berücksichtigt werden. Die Nichterweislichkeit der Wahrheit einer nachteiligen Äußerung, in der es um eine die Öffentlichkeit wesentlich berührende Angelegenheit geht, berechtigt nicht zur Untersagung.[54] Das Abdrucken einer presserechtlichen Berichtigung als Leserbrief tangiert das Interesse des Erklärenden in ungerechtfertigter Weise, der keine persönliche Stellungnahme abgegeben hat.[55] Auch darf bei der Darstellung der Dimission eines Mitglieds einer Burschenschaft nicht das Tatsachenmaterial so einseitig ausgewertet werden, dass ein negativentstelltes Bild eines anderen Mitglieds entsteht. Das folgt aus der Güter- und Interessenabwägung.[56] Sodann gewährt der BGH bei besonders schwerer Verletzung des Persönlichkeitsrechts oder wegen schweren Verschuldens einen Anspruch auf Schmerzensgeld in der Genugtuungsfunktion. Dabei wird die Beschränkung des immateriellen Schadensersatzes auf ausdrücklich genannte Fälle in § 253 aF als durch Art. 2 GG überholt angesehen.[57] Die Klage auf Verhängung einer Genugtuung hat in der Praxis das Strafverfahren wegen Beleidigung und übler Nachrede in Massenmedien zurückgedrängt. Diese nach BGHZ 26, 349 sog. Herrenreiterdoktrin ist verfassungsrechtlich zulässig.[58] Sie soll nicht nur einen Ausgleich für die Verletzung, sondern auch eine Forderung deswegen geben, um den gestörten Rechtsfrieden wieder herzustellen und den schweren Rechtsbruch zu sühnen. So stand es mit dem Herrenreiter, dessen Turnierfoto ohne Erlaubnis zur Werbung für ein Stärkungsmittel verwendet wurde.

Auch das Rahmenrecht »Allgemeines Persönlichkeitsrecht« ist für die Rechtsanwendung nur durch eine Typenbildung zu erfassen. Die Typenbildung ist jedoch nicht abschließend. Neben den bisherigen Typen werden sonstige Persönlichkeitsverletzungen anerkannt werden; auch können neue Typen entwickelt werden. Bislang sind folgende Verletzungstypen herausgearbeitet worden: Veröffentlichung von Briefen, vertraulichen Aufzeichnungen und Telefongesprächen;[59] heimliche Bildaufnahme innerhalb der Privatsphäre,[60] zB eines Wachkomapatienten auf dem Krankenlager;[61] heimliche Tonbandaufnahme,[62] auch von Theateraufführungen;[63] Erwähnung eines Namens oder eines Bildes in der Werbung;[64] ehrenrührige oder das Ansehen gefährdende Presseveröffentlichungen;[65] Bildfälschungen mit Signatur;[66] Verbreitung eines erfundenen Interviews einer Person der Zeitgeschichte;[67] schützenswerte Privatsphäre einer Person der Zeitgeschichte, wenn diese sich in örtliche Abgeschiedenheit zurückgezogen

---

54 BGHZ 139, 95 – IM Sekretär.
55 BGHZ 13, 334.
56 BGHZ 31, 308.
57 BGHZ 35, 363.
58 BVerfGE 34, 269.
59 BGHZ 13, 334 – Schachtbrief; BGHZ 24, 72 – ärztliches Attest; BGHZ 73, 120 – abgehörtes Telefongespräch.
60 BGHZ 24, 200.
61 OLG Karlsruhe NJW-RR 1999, 1699.
62 BGHZ 27, 284.
63 BGHZ 33, 20 – Figaros Hochzeit.
64 BGHZ 30, 7 – Kukident; BGHZ 35, 363 – Ginseng-Wurzel.
65 BGHZ 31, 308 – Alte Herren; BGHZ 36, 77 – Waffenhändler; BGHZ 39, 124 – Ausgemolkene Ziege.
66 BGHZ 107, 384 – Emil Nolde.
67 BGHZ 128, 1 – Caroline.

hat;[68] Verdachtsberichterstattung[69] in Abgrenzung zur unvollständigen und damit den Aussageinhalt verändernden Berichterstattung.[70]

270 Eine notwendige und wünschenswerte Entwicklung stellt der Übergang vom allgemeinen Persönlichkeitsrecht zu besonderen Persönlichkeitsrechten dar. Nur auf diese Weise kommt es zur Bildung abgegrenzter Tatbestände, deren Verwirklichung die Rechtswidrigkeit indiziert und die Beweislast umkehrt. So sind die heimliche Tonbandaufnahme, die heimliche Bildaufnahme in der Privatsphäre und die nicht erweislich wahre herabsetzende Behauptung schon heute abgegrenzte Tatbestände geworden, deren Verwirklichung die Rechtswidrigkeit nahelegt und die Beweislast verschiebt. Nur durch Bildung von besonderen Persönlichkeitsrechten kann die auf diesem Gebiet besonders dringliche Rechtssicherheit gefördert werden. Unter diesem Aspekt ist es bedauerlich, dass das BVerfG gelegentlich durch Anwendung der Verfassung Einzelauslegungen im Bereich der Persönlichkeitsverletzungen vornimmt.[71] Damit wird der Übergang vom Generellen ins Spezielle durch den vom Generellen ins Konkrete ersetzt. Das aber sollte Aufgabe der Instanzgerichte sein.

Die Wirklichkeit bietet ein eher verworrenes Gebiet. Nicht selten hat das BVerfG eingegriffen und auch Urteile des BGH aufgehoben. Einen traurigen Höhepunkt bildet die Entscheidung des Europäischen Gerichtshofs für Menschenrechte, der wiederum eine Entscheidung des BVerfG aufgehoben hat, zum Schutz der »Reichen und Schönen«. Hauptpersonen waren dabei Caroline von Monaco und ihr prügelnder Ehemann.

271 Das Persönlichkeitsrecht steht nicht nur der seienden Person zu, sondern ebenso auch der werdenden und der vergangenen. Das postmortale Persönlichkeitsrecht dient dem Andenken des Verstorbenen und wird etwa durch eine verzerrende Darstellung verletzt.[72] Der Schutzbereich ist grundsätzlich derselbe wie beim Lebenden, wenn er auch nicht so intensiv sein mag, wie sich aus der Möglichkeit der Organtransplantation aufgrund einer Güterabwägung ergibt.[73] Geschützt werden auch kommerzielle Interessen.[74] Das nachwirkende Persönlichkeitsrecht wird von den nahen Angehörigen wahrgenommen, wenn es nicht ausdrücklich von der Person auf eine andere übertragen worden ist, was etwa durch einen Brief oder auch durch ein Testament geschehen kann.[75] Das nachwirkende Persönlichkeitsrecht ist übergegangenes Recht des Verstorbenen und nicht eine originäre Befugnis der Angehörigen.[76] Wenn also der Verstorbene seinen Leichnam der Anatomie vermacht hat, können seine Angehörigen das nicht rückgängig machen.

272 Noch um Anerkennung ringt das Persönlichkeitsrecht des werdenden Lebens. Auch der nasciturus sollte Anspruch auf Anerkennung seiner werdenden Persönlichkeit haben. Das spielt etwa im Bereich des *wrongful life* eine Rolle: der Befugnis der Eltern, einen schwergeschädigten *foetus* durch Abtreibung nicht zur Welt kommen zu lassen. Verletzt der Arzt seine Mitteilungspflicht, die ihm auch gegenüber dem Kind obliegt, dann haftet er auch wegen Verletzung des werdenden Persönlichkeitsrechts,[77]

---

68 BGHZ 131, 332 – Caroline.
69 BGH NJW 2000, 1036.
70 BGH NJW 2000, 656.
71 BVerfGE 54, 208 – Böll.
72 BGHZ 50, 133 – Mephisto.
73 LG Bonn VersR 1970, 715.
74 BGH NJW 2000, 2195 – Marlene Dietrich.
75 BGHZ 15, 249 – Cosima Wagner.
76 So aber in der Schweiz. BGE 101 II 177.
77 Anders, den Anspruch nur der Eltern, nicht des Kindes bejahend BGHZ 86, 240; OGH JBl. 99, 593.

wie hier die *Assemblée plénière* der *Cour de Cassation* in Paris in dem berühmten Fall Perruche.[78]

III. Informationelle Selbstbestimmung

Literatur: *Damm*, Persönlichkeitsrecht und Persönlichkeitsrechte, FS Heinrichs, 1998, 115; *Deutsch*, Haftung für unerlaubte bzw. fehlerhafte Genomanalyse, VersR 1991, 1205; *ders.*, Medizinische Genetik und Genomanalyse, VersR 1994, 1; *Präve*, Das Recht des Versicherungsnehmers auf geninformationelle Selbstbestimmung, VersR 1992, 279; *Wiese*, Genetische Analysen und Rechtsordnung unter besonderer Berücksichtigung des Arbeitsrechts, 1994.

Nach Anerkennung des Grundrechts auf informationelle Selbstbestimmung ist dieses als sonstiges Rahmenrecht zu schützen. Das wird insbesondere bei der Ausforschung von Personen im Bereich der medizinischen Datenerhebung und bei der Genomanalyse der Fall sein. Der nicht gestattete und auch nicht sonst medizinisch angezeigte HIV-Test verletzt dieses Recht. Auch eine nicht gestattete Genomanalyse, etwa auf eine Erbkrankheit, eine Disposition in Bezug auf den Arbeitsschutz oder zum Zwecke der Verwandtschaftsfeststellung verletzt dieses Grundrecht und macht schadensersatzpflichtig. 273

---

78 Cour de Cassation GazPal 2007, 37 ff., auch in VersR 2008, 995 f.

§ 15 Verletzung eines Schutzgesetzes: § 823 Abs. 2

Literatur: *Ahrens,* Allgemeines und besonderes Deliktsrecht, Ad Legendum 2011, 169; *Canaris,* Schutzgesetze – Verkehrspflichten – Schutzpflichten, FS Larenz, 1983, 27; *Detmold,* Der Begriff des Schutzgesetzes im § 823 des Bürgerlichen Gesetzbuchs, FS Regelsberger, 1901, 317; *Deutsch,* Schutzgesetze aus dem Strafrecht, VersR 2004, 137; *Dörner,* Zur Dogmatik der Schutzgesetzverletzung, JuS 1987, 522; *Honsell,* Der Verstoß gegen Schutzgesetze im Sinne des § 823 Abs. 2 BGB, JA 1983, 101; *Karollus,* Funktion und Dogmatik der Haftung aus Schutzgesetzverletzung, 1992; *Knöpfle,* Zur Problematik der Beurteilung einer Norm als Schutzgesetz im Sinne des § 823 Abs. 2 BGB, NJW 1967, 697; *Kramer,* Schutzgesetze und adäquate Kausalität, JZ 1976, 338; *Rödig,* Erfüllung des Tatbestandes des § 823 Abs. 1 BGB durch Schutzgesetzverstoß, 1973; *Sack,* Produzentenhaftung nach § 823 Abs. 2 BGB i.V.m. § 3 UWG?, BB 1974, 1369; *Schmiedel,* Deliktsobligationen nach deutschem Kartellrecht, 1. Teil 1974; *Karsten Schmidt,* Deliktsschutz durch Verwaltungshandeln – Praxis und Dogmatik der »Schutzverwaltungsakte« im Rahmen des § 823 Abs. 2 BGB, FS Zeuner, 1994, 259; *Weitnauer,* § 823 Abs. II BGB und die Schuldtheorie, JZ 1963, 631; *Spickhoff,* Gesetzesverstoß und Haftung, 1998; *Wiethölter,* § 823 Abs. II BGB und die Schuldtheorie, JZ 1963, 205.

274 Schadensersatz schuldet, wer schuldhaft ein Gesetz verletzt, das den Schutz eines anderen bezweckt, § 823 Abs. 2. Es handelt sich um einen normativ-verweisenden Tatbestand, der vom Schutzgesetz ausgefüllt wird. Gesetze, die den Schutz eines anderen bezwecken, können im Zivilrecht ebenso wie im Strafrecht und öffentlichen Recht aufgestellt sein. So dient der zivilrechtliche Nachbarschutz (§§ 905 ff.), die Straftatbestände zum Schutz des Vermögens (§§ 263 ff. StGB) und der öffentlich-rechtliche Immissionsschutz (BImSchG) gleichermaßen dem Schutz eines anderen.

A. Begriff des Schutzgesetzes

I. Gesetz

275 Gesetz ist jede Rechtsnorm, Art. 2 EGBGB. Erforderlich und genügend ist ein Gesetz im materiellen Sinne, sei es die Verfassung, sei es ein Bundes- oder Landesgesetz, sei es eine gesetzlich ermächtigte Rechtsverordnung.[1] Auch Gewohnheitsrecht gilt als Gesetz. Nach hM muss das Gesetz bereits im Augenblick des Verstoßes bestanden haben. Damit wird die nachträgliche Aufstellung gewohnheitsrechtlich entstandener Schutzgesetze nicht zugelassen. Stattdessen arbeitet die Rechtsprechung mit der Verletzung von Verkehrspflichten, die sie freilich § 823 Abs. 1 zuordnet.

II. Schutz eines anderen bezweckendes Gesetz

276 Das Gesetz hat zivilrechtlichen Schutzcharakter zu tragen: Es muss den Verletzten schützen, und der durch die Verletzung hervorgerufene Schaden muss im Schutzbereich der Norm liegen. In der Wortwahl des § 823 Abs. 2 hat der Gesetzgeber zum ersten Mal das moderne haftungsrechtliche Denken nach dem Schutzzweck angedeutet. Über den Wortlaut hinaus hat diese Bestimmung die Entwicklung der Haftung durch die Herausarbeitung von Schutzbereichen nachhaltig beeinflusst. Überdies beinhaltet die Schutzgesetzverletzung eine besondere Anwendung des Gedankens der Wertungsjurisprudenz, da der Ersatz auf den bezweckten Schutz beschränkt wird.

---
1 BGH VersR 1987, 1014: SchlH GaragenVO.

III. Zivilrechtlicher Schutzcharakter

Von einem Schutzgesetz kann nur gesprochen werden, wenn eine Norm entweder ursprünglich zivilrechtlich ist oder wenigstens zivilrechtlich umgeformt wird sowie deliktischen Schutz gewährt. Das ist dann gegeben, wenn die Norm den Schutz einzelner oder einzelner Mitglieder einer genannten Gruppe ausschließlich oder vorrangig bezweckt. Aber auch wenn das Gesetz zunächst die Allgemeinheit schützen will, kommt es immer noch als Schutzgesetz infrage, soweit es neben dem Interesse der Allgemeinheit auch den Schutz des Einzelnen oder eines besonderen Personenkreises im Auge hat. Der Zweck ist subjektiv zu verstehen, es kommt also nicht auf die Auswirkung des Gesetzes, sondern auf den intendierten Gesetzeszweck an.

277

Verfolgt ein Gesetz ausschließlich andere als privatrechtliche Schutzzwecke oder stehen diese Zwecke doch ganz im Vordergrund, so handelt es sich um kein Schutzgesetz. Das ist etwa der Fall, wenn die Norm in erster Linie die Ordnung im Staatsganzen wahrnehmen will. Oft wird auch eine allgemeine Aufgabe durch ein Gesetz erfüllt, dessen Befolgung im Ergebnis auch dem Einzelnen von Vorteil ist. Diese weitere Wirkung stempelt es jedoch noch nicht zum Schutzgesetz.

278

Einige Beispiele aus der Rechtsprechung mögen das erläutern. Das Verbot der Strafvereitelung (§ 258 StGB) soll die Rechtspflege, aber nicht die Opfer des Straftäters schützen.[2] Die Strafandrohung des § 317 StGB gegen die Störung von Fernmeldeanlagen ist nicht im Interesse einzelner Fernsprech- oder Fernschreibkunden erlassen, deren Anschluss durch Umstürzen eines Mastes als Folge eines Verkehrsunfalls unterbrochen war.[3] Urkundenfälschung (§ 267 StGB) ist kein Schutzgesetz,[4] wohl aber Subventionsbetrug (§ 264 StGB) und Veruntreuung von Sozialversicherungsbeiträgen (§ 266a StGB).[5] Die Normen, welche Spielbanken verpflichten, Ortsansässigen oder Minderbemittelten den Zutritt zu versagen, enthalten nur eine Verpflichtung gegenüber der Allgemeinheit.[6] Anders steht es, wenn der Spieler auf seinen Antrag hin an der Spielbank gesperrt worden ist.[7] Auch verbotene Eigenmacht ist ein Schutzgesetz: Wenn ein Fahrzeug unbefugt auf einem Privatgrundstück abgestellt wird, können die Abschleppkosten als Schadensersatz verlangt werden.[8]

279

IV. Persönlicher Schutzbereich

Handelt es sich um ein deliktsrechtlich erhebliches Schutzgesetz, so ist weiter erforderlich, dass der Anspruchsteller zum Kreis der geschützten Personen gehört. Es gibt keinen umfassenden zivilrechtlichen Schutzbereich, sondern nur einzelne Personen oder Mitglieder von Personengruppen, deren Interessen deliktsrechtlich wahrgenommen werden. So sind etwa Bauarbeiter durch die Bestimmung geschützt, dass ohne baupolizeiliche Genehmigung nicht gebaut werden darf,[9] soll den Eigentümer, nicht aber sonstige Verkehrsteilnehmer schützen.[10] Die Vorschrift gegen die unzulässige Vertiefung eines Grundstücks (§ 909) schützt nur den unmittelbaren Nachbarn. Wird ein Grundstück übermäßig vertieft und wird dadurch nicht nur das unmittelbare Nachbargrundstück, sondern auch ein an dieses angrenzendes Grundstück beeinträchtigt,

280

---

2 BGH LM § 832 Nr. 6.
3 BGH MDR 1977, 655.
4 BGH VersR 1987, 683.
5 BGH VersR 1989, 262; 1991, 1378.
6 OGH JBl. 1977, 205.
7 BGH VersR 2008, 503.
8 BGH NJW 2009, 2530 Rn. 16 und 19; BGH NJW 2012, 528 Rn. 6.
9 BGH LM § 823 (Bb) Nr. 1). § 248b StGB: unbefugte Benutzung eines Kfz.
10 BGHZ 22, 293.

so gehört der weitere Nachbar nicht zum Kreis der geschützten Personen,[11] ebenso wenig wie der Käufer eines Grundstücks,[12] wohl aber der Anwartschaftsberechtigte.[13]

V. Sachlicher Schutzbereich

281 Der Unfall und der daraus entstehende Schaden müssen im sachlichen Schutzbereich der Norm liegen. Die Schutznormen ergreifen nicht jedes beeinträchtigte Interesse, sondern wollen den Verletzten nur gegen bestimmte Einbußen sichern. Nur soweit eine solche Einbuße eintritt, wird auch Schadensersatz geschuldet. So wird etwa durch das Pflanzenschutzgesetz Schutz vor gefährlichen Nebenwirkungen des Pestizids gewährt, nicht aber vor Folgen mangelnder Wirksamkeit des Pflanzenschutzmittels.[14] Ein Jugendlicher, dem im Widerspruch zum Jugendschutzgesetz Alkohol ausgeschenkt worden ist und der sich nachher durch eine Übermutstat selbst verletzt, erleidet einen Schaden, der jedoch nicht im Schutzbereich des Jugendschutzgesetzes liegt, der nur Verletzungen als typische Folge von Alkoholgenuss umfasst.[15] Wenn ein Bauunternehmer eine Baustelle normwidrig nicht absperrt und kennzeichnet, und durch Platzen einer Druckleitung ein ungewarnter Passant zu Schaden kommt, so liegt der Schaden gleichwohl nicht im Schutzbereich der Norm, da die Verpflichtung zur Absperrung und Kennzeichnung nicht diesen Unfällen vorbeugen soll.[16]

B. Typen der Schutzgesetze

I. Abstrakte Gefährdungsnormen

282 Der Haftungsbereich des Deliktsrechts wird durch § 823 Abs. 2 erheblich ausgedehnt, soweit als Schutzgesetze abstrakte Gefährdungsnormen erlassen worden sind. Abstrakte Gefährdungsnormen sind Verhaltensnormen, die ein bestimmtes räumlich, zeitlich und gegenständlich umschriebenes Verhalten verlangen, um einer vom Gesetzgeber vorausgesehenen Gefahr entgegenzuwirken. Sicherheitsnormen und Straßenverkehrsregeln sind typische abstrakte Gefährdungsnormen. Wenn im Straßenverkehr das Fahren auf der rechten Seite oder durch ein Stoppschild das Anhalten vorgeschrieben ist, so soll damit allgemein der Sicherheit des Straßenverkehrs gedient werden. Werden diese Normen übertreten, ist der Haftungsgrund der Verletzung des Schutzgesetzes grundsätzlich gegeben. Bei abstrakten Gefährdungsnormen genügt es, dass sich das Verschulden auf die Verletzung der Verhaltensnorm bezieht.[17] Die Verletzung eines Rechts oder Rechtsguts braucht nicht vorhergesehen zu werden. Ja, es gibt Schutzgesetze, die, wie etwa Betrug und Erpressung, reine Vermögensinteressen schützen. Wegen des verkürzten Verschuldensbezugs auf die Übertretung des Schutzgesetzes sind vorsätzliche Verletzungen relativ häufig und schnell gegeben. Dafür zwei Beispiele: Bewahrt jemand entgegen dem Sprengstoffgesetz in seinem Keller Sprengstoff auf und kommt es zu einer Explosion, so liegt schon mit dem verbotenen Aufbewahren der Sprengstoffkapseln eine vorsätzliche Schutzgesetzverletzung vor.[18] Hat der Fahrer eines Treckers keine Fahrerlaubnis und verkehrswidrig einen Radfah-

---

11 BGHZ 12, 75.
12 BGHZ 103, 39.
13 BGH NJW 1991, 2019.
14 BGH VersR 1981, 636.
15 BGH MDR 1978, 918.
16 BGH MDR 1974, 745.
17 BGH VersR 1987, 1014.
18 BGH LM § 823 (Bf) Nr. 4.

rer überfahren, ist schon die vorsätzliche Verletzung der Vorschrift, nur mit einer Fahrerlaubnis ein Kraftfahrzeug zu steuern, der Haftungsgrund.[19]

II. Konkrete Gefährdungsnormen

Eine ganze Reihe von Schutzgesetzen verbietet erst die konkrete Gefährdung eines Rechtsguts oder Interesses. Zur konkreten Gefährdung ist erforderlich, dass man sich in übermäßiger, nicht vom Recht oder der Verkehrsanschauung zugelassener Art und Weise einem fremden konkreten Rechtsgut nähert. Das Verbot gefährlichen Verhaltens im Straßenverkehr (§ 1 Abs. 2 StVO) gehört ebenso hierher wie die Normen des StGB gegen fahrlässige Tötung, fahrlässige Körperverletzung oder vorsätzliche Sachbeschädigung (§§ 222, 229, 303 StGB). Im Allgemeinen deckt sich der Schutzbereich einer konkreten Gefährdungsnorm, bezogen auf eine Person oder Sache, mit dem Haftungsumfang des § 823 Abs. 1. Wenn also jemand einen anderen im Straßenverkehr fahrlässig körperlich verletzt hat, so sind sowohl § 823 Abs. 1 (Körperverletzung) als auch §§ 823 Abs. 2, 229 StGB (fahrlässige Körperverletzung) grundsätzlich anwendbar. Jedoch sollte wegen des identischen Schutzbereichs die Haftung aus der erst in das Haftungsrecht importierten konkreten Gefährdungsnorm nach § 823 Abs. 2 gegenüber der originären Haftungsnorm des § 823 Abs. 1 subsidiär sein.

283

C. Beispielsgruppen der Schutzgesetze

I. Sicherheitsgesetze

Zunehmend werden in Gesetzen abstrakte Sicherheitsnormen zum Schutze einzelner aufgestellt. Beispiele liefern das Gesetz über technische Arbeitsmittel und Verbraucherprodukte (GPSG) und das Arzneimittelgesetz. Allerdings sind die Unfallverhütungsvorschriften der Berufsgenossenschaften keine Schutzgesetze.[20] Zwischen Arbeitgeber und Arbeitnehmer wäre ohnehin ein Anspruch wegen Personenschadens praktisch wegen §§ 104 f. SGB VII ausgeschlossen. Der mangelnde Schutzcharakter zeigt sich auch, wenn durch Verletzung einer Unfallverhütungsvorschrift eine betriebsfremde Person verletzt worden ist, etwa eine Futterluke nicht gesichert und es dadurch zu einem Absturz gekommen ist.[21]

284

II. Straßenverkehrsregeln

Die Straßenverkehrsregeln, mögen sie im StVG erlassen, in der StVO oder StVZO durch den Verordnungsgeber statuiert oder durch Verkehrszeichen gesetzt sein, bilden im allgemeinen Schutzgesetze. So sind Geschwindigkeitsbeschränkungen[22] und das Rechtsfahrgebot[23] typische Schutzgesetze. Was den persönlichen Schutzbereich angeht, so wird von den Straßenverkehrsregeln zunächst der Verkehrsteilnehmer geschützt. Dazu gehören auch Fußgänger, die etwa durch Halten in der Verbotszone beim Überqueren der Fahrbahn behindert werden[24] oder vom Einsatzfahrzeug der Polizei, das zwar das Blaulicht, nicht aber das Horn eingeschaltet hatte und so ein Stoppschild überfuhr, erfasst werden.[25] Auch Anlieger werden geschützt. So ist ein Halteverbots-

285

---

19 BGH LM § 823 (Bf) Nr. 9
20 BGH VersR 1982, 501.
21 OLG München VersR 1976, 585.
22 BGH VersR 1972, 558: 30 km/h an einer Baustelle.
23 OLG Celle VersR 1981, 80.
24 BGH VersR 1983, 438.
25 OLG Düsseldorf VersR 1978, 744.

zeichen ein Schutzgesetz zugunsten des Bauunternehmers, der dort am nächsten Tag mit der Arbeit beginnen will, aber erst Stunden später anfangen kann, weil jemand dort parkt.[26]

III. Strafgesetzbuch

286 Für den Schutzcharakter der Strafnorm kommt es darauf an, ob die Norm nur die öffentliche Ordnung oder ein privates Interesse schützen soll. Nur wenn das private Rechtsgut deutlich wahrgenommen wird, ist auch ein Schutzgesetz gegeben. So sind die Straftatbestände gegen die Verletzung von Leben, Körper, Eigentum und Vermögen zum Schutz des Einzelnen aufgestellt. Soweit jedoch der ungestörte Gang der Rechtspflege gesichert wird, liegt kein Schutzgesetz zugunsten eines Privaten vor. Besonders deutlich wird der Zweckunterschied im Bereich von Begünstigung, Strafvereitelung und Hehlerei. Begünstigung[27] und Hehlerei sind Schutzgesetze zugunsten des betroffenen Einzelnen, §§ 257, 259 StGB. § 266 StGB kann insbesondere im Gesellschaftsrecht Bedeutung erlangen.[28] Die Norm gegen die Strafvereitelung ist hingegen nur im Allgemeininteresse erlassen. Beschränkt ist auch der persönliche Schutzbereich der falschen Anschuldigung: Der Verdächtigte soll geschützt werden, nicht aber seine Angehörigen, die etwa wegen einer Durchsuchung aufgrund einer falschen Anschuldigung einen Nervenzusammenbruch erleiden.[29] Für den gerichtlich beeideten Sachverständigen beinhaltet die Erstattung eines fahrlässig falschen Gutachtens keinen Verstoß gegen die Eidesnorm, §§ 79 StPO, 410 ZPO.[30] Keinen Schutzzweck entfalten Strafnormen gegenüber dem Täter, der sie zusammen mit anderen übertreten hat. Es wäre widersinnig anzunehmen, der Gesetzgeber wolle eine Person schützen und für den Fall, dass sie sich nicht schützen lässt, bestrafen. Aus diesem Grunde wären Preisstopverordnungen[31] und die Festentgeltvorschrift des Güterkraftverkehrsgesetzes[32] keine Schutzgesetze.

IV. Bürgerliches Gesetzbuch

287 Auch eine Reihe von Bestimmungen des Zivilrechts sind als Schutzgesetze anzusehen. Besonders deutlich wird das im Sachenrecht, vor allem im Nachbarrecht, etwa in den Normen gegen Vertiefung oder unerlaubte Eigenmacht, §§ 909, 858.[33]

Nach ständiger Rechtsprechung stellen familienrechtliche Normen jedoch keine deliktsrechtlich erheblichen Schutzgesetze dar. Wegen ihres besonderen persönlichen Charakters sind die Rechtsfolgen abschließend im Familienrecht aufgezählt.[34] Aus diesem Grunde kann ein Ehegatte weder den anderen Ehegatten noch einen Dritten wegen Ehebruchs oder anderer ehestörender Verfehlungen auf Schadensersatz in Anspruch nehmen.

V. Gewerberecht und Sozialversicherungsrecht

288 Vorschriften der Gewerbeordnung und gewerberechtliche Vorschriften enthalten nicht selten Schutzgesetze. Auf diese Weise können sie im Rechtswege auch von Einzelnen

---

26 LG München I NJW 1983, 288.
27 BGH MDR 1968, 573.
28 BGH NJW 1999, 2817.
29 LG Hamburg NJW 1969, 615.
30 BGH MDR 1968, 398; BGHZ 42, 313.
31 BGH LM § 823 (Bf) Nr. 6.
32 BGH JZ 1964, 426.
33 BGHZ 12, 75; 20, 169.
34 BGHZ 23, 215; 80, 235.

geltend gemacht werden. So sind Schutzgesetze zugunsten der Gläubiger bzw. Wettbewerber: die Bestimmung, wonach ausländische juristische Personen vor Eröffnung des Betriebs eines Gewerbes im Inland der Genehmigung bedürfen[35] oder die Norm, welche den Vertrieb von Heilmitteln Apotheken vorbehält. Ein Drogist, der Spalttabletten feilhält, verletzt dieses Schutzgesetz.[36] Bisweilen wird auch der persönliche Haftungsbereich genauer beschrieben. So ist der Straftatbestand des Vorenthaltens von Arbeitnehmerbeiträgen zur Sozialversicherung durch den Arbeitgeber (§ 266a StGB) Schutzgesetz zugunsten des Sozialversicherungsträgers.[37] Verpflichtet wird jedoch auch der Arbeitgeber bzw. Geschäftsführer einer GmbH persönlich.[38] Die Insolvenzantragspflicht des § 64 GmbHG ist nicht Schutzgesetz, weil die Gläubigerstellung für Beitragsansprüche nicht auf der Versäumung der Antragspflicht, sondern auf dem Bestehen eines versicherungspflichtigen Beschäftigungsverhältnisses beruht.[39] Hat der GmbH-Geschäftsführer die Sozialversicherungsbeträge nicht abgeführt, so ist er persönlich nach § 266a StGB als Schutzgesetz haftbar. Ändert die Rechtsprechung den Umfang der Kontrollpflicht für ausgeschlossene Spieler auch auf Automatenspielsäle, so darf bis zum Bekanntwerden dieser Rechtsprechung auf die alten Regeln vertraut werden, welche die Automatenspielsäle ausnahmen.[40] Ebenso ist den Pflegepersonal eines komatösen Patienten nachgesehen, wenn es angesichts des Gegensatzes des Straf- und Zivilsenats gegenüber der Einschaltung des Vormundschaftsgerichts zur Sterbehilfe von der Anrufung des Gerichts absieht.[41]

D. Verschulden

I. Schutzgesetzverletzung als Verschuldenshaftung

§ 823 Abs. 2 S. 2 macht deutlich, dass die reine Übertretung des Schutzgesetzes zur Haftung nicht ausreicht. Die Schutzgesetzverletzung bildet keine objektive Haftung oder Gefährdungshaftung. Wenn nach dem Inhalt des Schutzgesetzes ein Verstoß gegen dieses auch ohne Verschulden möglich ist, so tritt die Ersatzpflicht nur im Falle des Verschuldens ein. Es gibt allerdings heute nur noch wenige Schutzgesetze, die ohne Verschulden übertreten werden können. 289

II. Vorsatz und Schutzgesetz

Das Schutzgesetz kann so gefasst sein, dass es nur vorsätzlich verletzt werden kann. Das gilt vor allem für Schutzgesetze des StGB. So kann Ersatz wegen Erpressung durch eine Unterhaltsvereinbarung nur verlangt werden, wenn der volle sachliche und persönliche Tatbestand des § 253 StGB gegeben ist.[42] Übrigens wird die Abgrenzung des Vorsatzes aus diesem Rechtsgebiet übernommen, zB die Behandlung des Verbotsirrtums nach der Schuldtheorie im Strafrecht. Bei der Nötigung (§ 240 StGB) als Strafgesetz genügt es, dass der Täter bei Anspannung seines Gewissens das Bewusstsein hätte haben können, Unrecht zu tun. Aktuelles Unrechtsbewusstsein ist nicht erforder- 290

---

35 BGH MDR 1973, 1014.
36 BGHZ 23, 184.
37 BGHZ 134, 304; BGH NJW 1997, 133.
38 BGH VersR 1969, 637; 1981, 529.
39 BGH NJW 1999, 2182.
40 BGH VersR 2008, 503.
41 OLG München GesR 2006, 527.
42 RGZ 166, 40.

lich.⁴³ Meines Erachtens ist jedoch die Vermeidbarkeit nach dem objektiv-typisierten Sorgfaltsmaßstab zu beurteilen, da es um Schadensersatz geht.⁴⁴

Wenn als Schutzgesetz eine strafrechtliche Norm in Betracht kommt, dann wird auch aus dem Strafrecht die Definition des bedingten Vorsatzes übernommen. Danach reicht es jetzt aus, dass der Täter sich mit dem Erfolg abfindet oder dass er die Sache aus Gleichgültigkeit in Kauf nimmt.⁴⁵

291 Es ist jedoch möglich, dass das Schutzgesetz zwar vorsätzlich und fahrlässig verletzt werden kann, aber die besondere Sanktion, etwa eine Nebenstrafe, nur bei vorsätzlicher Übertretung verwirkt ist. Dann gilt das Vorsatzerfordernis nur für die besondere Rechtsfolge; die Schutzgesetzverletzung ist auch bei Fahrlässigkeit möglich. Wenn also § 22 KUG das Recht am eigenen Bild schützt und § 33 KUG die vorsätzliche Verletzung mit Strafe bedroht, so ist nur die Strafsanktion vom Vorsatz abhängig. Wer fahrlässig das Bild eines anderen ohne Einwilligung öffentlich zur Schau stellt, wird zwar nicht bestraft, haftet aber wegen Schutzgesetzverletzung auf Schadensersatz.⁴⁶ Wann Vorsatz Voraussetzung der Schutznormverletzung selbst und wann er nur Erfordernis der besonderen Rechtsfolge ist, wird durch Auslegung ermittelt. Schutzbereich und intendierte Sanktion geben den Ausschlag.

III. Verschuldensbezug

292 Wie § 823 Abs. 2 S. 2 erkennen lässt, bezieht sich das Verschulden nur auf die Verletzung des Schutzgesetzes selbst. Je nachdem, ob es sich dabei um eine abstrakte oder eine konkrete Gefährdungsnorm handelt, ist das Verschulden auf ein reines Verhalten oder auf die Minimierung einer Gefahr bezogen. Wegen des verkürzten Verschuldensbezugs ist bei abstrakten Gefährdungsnormen relativ leicht Fahrlässigkeit, ja sogar Vorsatz gegeben, da das Eingreifen der Norm und das Nichtsetzen des geforderten Verhaltens regelmäßig erkennbar ist oder erkannt wird, etwa im Falle einer Geschwindigkeitsüberschreitung.

IV. Äußere und innere Sorgfalt

293 Das vom Schutzgesetz geforderte Verhalten stellt die äußere Sorgfalt dar. Durch eine abstrakte Gefährdungsnorm setzt der Normgeber das geforderte Verhalten selbst fest. Ähnliches gilt aber auch im Wege der Umsetzung für die konkrete Gefährdungsnorm, bei welcher der angemessene Umgang mit der Gefahr verlangt wird. Bei der Schutzgesetzverletzung braucht also auf der dritten Stufe, nämlich beim Verschulden, nur noch die Außerachtlassung der inneren Sorgfalt geprüft zu werden. Die Verletzung der äußeren Sorgfalt steht bereits fest.

294 Wegen der Aufnahme der Verletzung der äußeren Sorgfalt in den Tatbestand, dessen Vorliegen der Verletzte zu beweisen hat, wird im Allgemeinen die Verletzung der inneren Sorgfalt vermutet, wenn ein Tatbestand einer abstrakten Gefährdungsnorm verwirklicht ist.⁴⁷ Nach der Rechtsprechung wird das (übriggebliebene) Verschulden, also die Außerachtlassung der inneren Sorgfalt, angenommen, wenn erst das Schutzgesetz verletzt ist. Das geht auf das Zusammenspiel von äußerer und innerer Sorgfalt zurück.

---

43 BGH JZ 1963, 218.
44 Offen gelassen in BGH VersR 1984, 1071.
45 BGH VersR 2013, 160, 162.
46 RG JW 29, 2257 Nr. 4.
47 BGHZ 116, 104.

Je nach der Stärke der Norm ist die Annahme vom Anscheinsbeweis bis zur Umkehr der Beweislast ausgestaltet.[48]

V. Objektive Fahrlässigkeit

Für die Haftung nach § 823 Abs. 2 genügt objektiv typisierte Fahrlässigkeit. Auch soweit ein strafrechtliches Schutzgesetz übernommen wird, löst schon die Außerachtlassung der objektiv erforderlichen Sorgfalt die Haftung aus. Wie auch sonst ist die Vorwerfbarkeit nicht Voraussetzung des Gesetzesverstoßes, sondern das Erfordernis der besonderen Rechtsfolge, zB der Bestrafung. So hat schon das RG entschieden, dass geschäftliche Ungewandtheit, niedriger Bildungsgrad und Zeitmangel sowie andere in der Person liegende Gründe einen Hauseigentümer nicht entschuldigen können, wenn dieser ein Eisengitter über einem Lichtschacht vorschriftswidrig nicht befestigt.[49]

295

E. Funktionen der Schutzgesetzverletzung

I. Formale Funktionen

– Übergang vom subjektiven Recht zum objektiven Recht: § 823 Abs. 1 schützt Rechtsgüter und absolute Rechte vor Verletzung. § 823 Abs. 2 erweitert diesen Schutz insoweit, als Verletzungen objektiver Rechtsnormen Gegenstand der Tatbestandsverwirklichung sind.
– Umformungscharakter: § 823 Abs. 2 transponiert Schutznormen aus anderen Rechtsgebieten in das Haftungsrecht. Damit dient diese Bestimmung der rationellen und ökonomischen Gesetzgebung, denn § 823 Abs. 2 ersetzt eine Vielzahl einzelner Haftungstatbestände. Die Aufgabe der Abgrenzung des Tatbestands wird im Bereich des Schutzzwecks und des Schutzbereichs erfüllt.

296

II. Materiale Funktionen

– Schutzgegenstand: privates Interesse. Während § 823 Abs. 1 nur benannte Rechtsgüter und absolute Rechte schützt, nennt § 823 Abs. 2 nicht den Schutzgegenstand. Eine Mindermeinung verlangt, dass auch in diesem Falle ein Rechtsgut oder ein subjektives Recht verletzt sein müsse. Die Mehrheit und die Rechtsprechung lassen als Schutzgegenstand jedes private Interesse genügen. Damit wird auch in diesem Bereich das Vermögen generell geschützt. Insoweit ist aber besonders auf den Schutzbereich zu achten.
– Vorverlegung des Schutzes: Während aus § 823 Abs. 1 nur konkrete Gefährdungsnormen entwickelt werden, wird im Rahmen des § 823 Abs. 2 oft bereits die abstrakte Gefährdung als Schutzgesetz herangezogen. Dadurch wird der Schutz der Güter und Interessen regelmäßig vorverlegt. Wer etwa bei Nacht und verlassener Straße die Höchstgeschwindigkeit überschreitet und dabei einen unerkennbar auf die Straße laufenden Betrunkenen überfährt, haftet wegen Verletzung der abstrakten Gefährdungsnorm.
– Verkürzter Verschuldensbezug: Das Verschulden richtet sich bei § 823 Abs. 2 auf die Verletzung des Schutzgesetzes. Wenn das Schutzgesetz schon eine abstrakte Gefährdung verbietet, ist bereits die vorsätzliche oder fahrlässige Übertretung der abstrakten Gefährdungsnorm zur Haftung ausreichend. Damit wird die Zurechnung oft auf einen früheren Zeitpunkt vorverlegt.

297

---

48 Zuletzt BGH VersR 1985, 452.
49 RG JW 13, 373.

– Vermutung des Verschuldens: Ist ein abstraktes Schutzgesetz verletzt, das ein bestimmtes Verhalten fordert, so ist die äußere Sorgfalt außer acht gelassen. Die nun noch erforderliche Verletzung der inneren Sorgfalt liegt nahe, sodass der Verletzer Umstände darlegen und beweisen muss, welche die Annahme seines Verschuldens ausräumen.[50] Da es sich um innere Vorgänge handelt, ist er auch besser in der Lage, sich zu entlasten. Dazu gehört etwa der Nachweis, dass die etwaige Unkenntnis des Schutzgesetzes nicht auf Fahrlässigkeit beruht.[51]

298 – Beweiserleichterung hinsichtlich der Schadenskausalität: Grundsätzlich trägt der Anspruchsteller die Beweislast für die anspruchsbegründenden Tatsachen. Dazu gehört auch, dass die Verletzung des Schutzgesetzes zu dem Schaden geführt hat, dessen Ersatz verlangt wird. Wenn jedoch der Schaden im Verhinderungsbereich oder Schutzbereich des Schutzgesetzes liegt, kommt man beweismäßig dem Verletzten entgegen. Nach der Rechtsprechung spricht die Lebenserfahrung dafür, dass der Gesetzesverstoß für den Schaden ursächlich geworden ist. Die Rechtsprechung kehrt deshalb entweder die Beweislast um oder arbeitet doch mit einem Anscheinsbeweis hinsichtlich der Schadenskausalität.[52] Dem Verletzer wird der Beweis der Nichtursächlichkeit auferlegt, wenn der Norminhalt zugleich die Vermeidung einer unklaren Beweislage umfasst. Hat also der Inhaber einer Wasserversorgungsanlage entgegen der TrinkwasserVO keine Untersuchungen des Wassers vorgenommen und bleibt das Maß der Schadstoffe deswegen unklar, so hat er zu beweisen, dass die zulässigen Grenzwerte nicht überschritten waren.[53] Im Allgemeinen arbeitet die Praxis mit dem Anscheinsbeweis. Aus der Erfahrung, dass die Erfüllung der Schutznorm diese Art der Verletzung verhindert hätte, wird *prima facie* auf den Rechtswidrigkeitszusammenhang geschlossen.[54] Dazu zwei Beispiele: Fährt jemand auf einem geliehenen Fahrrad mit mangelhafter Bremse und kommt es zu einem Unfall, bei dem nicht feststeht, ob er auf der Unaufmerksamkeit des Fahrers oder der schadhaften Bremse beruht, haftet der Entleiher. »Soll ein vom Gesetz vorgeschriebenes Verhalten eine bestimmte Gefahrmöglichkeit herabsetzen und steht im Einzelfall fest, dass sowohl gegen dieses Gesetz verstoßen worden ist, als auch die bekämpfte Gefahr sich verwirklicht hat, so spricht allerdings die Lebenserfahrung dafür, dass der Gesetzesverstoß für den Schaden ursächlich geworden ist.«[55] Oder stellt der Fahrer den Lkw, der wegen Treibstoffmangels nicht weiterkommt, nicht scharf rechts ab und hat sich im Anschluss an einen solchen Verstoß ein Auffahrunfall, also eben das ereignet, was das Schutzgesetz zu verhüten bestimmt ist, dann spricht für die Ursächlichkeit des Gesetzesverstoßes nach ständiger Rechtsprechung der Beweis des ersten Anscheins.[56] Der praktische Unterschied zwischen beiden Lösungen liegt in der Möglichkeit der Widerlegung. Die ernsthafte Möglichkeit eines anderen Verlaufs als des typischen lässt bereits den Anschein entfallen; bei der Umkehr der Beweislast muss der volle Gegenbeweis geführt werden.

---

50 BGHZ 51, 91; BGH NJW 1992, 1042.
51 BGH VersR 1956, 158.
52 Grundsätzlich BGH VersR 1985, 452.
53 BGH NJW 1983, 2935.
54 BGH NJW 1988, 1383: Schlägerei, § 227 StGB, und schwere Folge.
55 BGH VersR 1968, 1144.
56 BGH VersR 1969, 715.

§ 16 Sittenwidrige Schadenszufügung: § 826

Literatur: *Arzt*, Die Ansicht aller billig und gerecht Denkenden, 1962; *Deutsch*, Entwicklung und Entwicklungsfunktion der Deliktstatbestände, JZ 1963, 385; *Friedrich*, Der Vertragsbruch, AcP 178 (1978), 468; *v. Godin*, Über den Verstoß gegen die wettbewerbsrechtlichen guten Sitten, GRUR 1966, 127; *Grunwald*, Sittenwidrigkeit, Rechtswidrigkeit und dolus malus, 1974; *Haberstumpf*, Die Formel vom Anstandsgefühl aller billig und gerecht Denkenden ...,1976 (besprochen von *Arzt* AcP 178 (1978), 582); *Häsemeyer*, Schadenshaftung im Zivilrechtsstreit, 1979; *Kraft*, Interessenabwägung und gute Sitten im Wettbewerbsrecht, 1963; *Krasser*, Der Schutz vertraglicher Rechte gegen Eingriffe Dritter, 1971; *Lammel*, Zur Auskunftshaftung, AcP 179 (1979), 337; *Mayer-Maly*, Rechtsirrtum und Rechtsunkenntnis, AcP 170 (1970), 133; *ders.*, Das Bewußtsein der Sittenwidrigkeit, 1971; *ders.*, Was leisten die guten Sitten?, AcP 194 (1994), 105; *ders.*, Die guten Sitten als Maßstab des Rechts, JuS 1986, 596; *Mertens*, Deliktsrecht und Sonderprivatrecht, AcP 178 (1978), 227; *Richter*, Schadenszurechnung bei deliktischer Haftung für fehlerhafte Sekundärmarktinformation – Zur Exegese des § 826, 2012; *Rümker*, Gläubigerbenachteiligung durch Gewährung und Belassung von Krediten, ZHR 143, 195; *Sack*, Der subjektive Tatbestand des § 826 BGB, NJW 2006, 945; *Schricker*, Gesetzesverletzung und Sittenverstoß, 1970; *K. Simitis*, Gute Sitten und Ordre public, 1960; Staudinger/*Oechsler* (2013) § 826 Rn. 20 ff.; *Steindorff*, Die guten Sitten als Freiheitsbeschränkung, Summum ius, summa iniuria, Tübinger rechtswissenschaftliche Abhandlungen Bd. 9, 58, 1963; *Teubner*, Standards und Direktiven in Generalklauseln, 1971; *Wieacker*, Rechtsprechung und Sittengesetz, JZ 1961, 337; *M. Wolf*, Der Ersatzberechtigte bei Tatbeständen sittenwidriger Schädigung, NJW 1967, 709.

A. Funktionen des § 826

I. Generalklausel und Auffangtatbestand

299 § 826 enthält die eigentliche Generalklausel des Deliktsrechts, da jeder in sittenwidriger Weise vorsätzlich zugefügte Schaden ersetzt wird. Es gibt also nicht, wie in § 823, die Beschränkung auf Verletzungen des Rechtsguts, subjektiven Rechts oder Schutzgesetzes. Eine Generalklausel wie § 826 läuft zwei gegensätzliche Gefahren: Unbestimmtheit oder spätere Kurskorrektur. Die Generalklausel kann so unbestimmt sein, dass sie der Rechtsanwendung Rätsel aufgibt. Umgekehrt kann sie auf späteren Stufen des Schichtaufbaus übermäßige Einschränkungen erfahren, welche ihren Grundcharakter verfälschen. § 826 ist der zweiten Gefahr zum Opfer gefallen, denn es wird nur der vorsätzlich zugefügte Schaden ersetzt, und das Merkmal der Sittenwidrigkeit wird restriktiv interpretiert. So ist § 826 eher zum Auffangtatbestand geworden.

II. Besondere Zwecke: Überwindungsfunktion und Entwicklungsfunktion

300 Das Verhältnis der Sittenwidrigkeit zur Rechtswidrigkeit ist ambivalent: Bisweilen wird die Sittenwidrigkeit als ein Mehr gegenüber der Rechtswidrigkeit, bisweilen aber auch als ein Weniger angesehen. Das ist nicht verwunderlich, denn in verschiedenen Anwendungsbereichen hat die Sittenwidrigkeit eine die Rechtswidrigkeit entweder beschneidende oder ergänzende Funktion. Die Überwindungsfunktion wird in dem Satz deutlich, dass eine formale Rechtsposition nicht in sittenwidriger Weise ausgenutzt werden darf. Die Sittenwidrigkeit überwindet die rechtliche Befugnis. Diese Sittenwidrigkeit stellt besondere Anforderungen. Sie sind zB gegeben, wenn ein erschlichenes oder treuwidrig erwirktes Urteil vollstreckt werden soll. So wird ein Unterhaltsurteil sittenwidrig ausgenutzt, wenn es unter Annahme unrichtiger Erfordernisse ergangen ist.[1]

---
1 BGHZ 26, 391.

301 In der Entwicklungsfunktion erscheint die Sittenwidrigkeit als werdende Rechtswidrigkeit. Ist ein Verhalten so neu und eine Schadenszufügung noch nicht vom Gesetzgeber als rechtswidrig abgestempelt, so greifen wir nicht selten auf die Sittenwidrigkeit zurück. Es bedarf der moralischen Erregung und des besonderen Unwerturteils der Sittenwidrigkeit, um das neue Verhalten als unzulässig zu brandmarken. Das lässt sich besonders gut im gewerblichen Rechtsschutz zeigen. Dort wird regelmäßig eine Ausnutzung einer fremden Leistung (»Trittbrettfahren«) erst als sittenwidrig angesehen, um später gesetzlich verboten zu werden. So geschehen mit dem Nachpressen von Schallplatten,[2] der Übertragung von Opernaufführungen im Rundfunk[3] und der Aufnahme des Vortrags eines Kabarettisten durch den Rundfunk.[4] Noch im Stadium der Sittenwidrigkeit befindet sich die Nachahmung der Stoffmuster von Modehäusern.[5] Enthält ein Forschungsprotokoll einen »Maulkorb«, dh dürfen die Forscher ihre Forschungsergebnisse nicht ohne Zustimmung des Sponsors veröffentlichen, so liegt ein Verstoß gegen die Art. 2 Abs. 1, 5 Abs. 3 GG und damit Sittenwidrigkeit vor.

B. Tatbestand des § 826

I. Sittenwidriges Verhalten: Definition und Grundtypen

302 Den Tatbestand bildet zunächst ein Verhalten, das gegen die guten Sitten verstößt. Was damit gemeint ist, ist bis heute unklar geblieben. Man hat früher die gute Sitte entweder mit Moral gleichgesetzt oder umgekehrt soziologisch als Normalverhalten verstanden. Das RG hat beide Gesichtspunkte verbunden und als Maßstab das »Anstandsgefühl aller billig und gerecht Denkenden« gewählt.[6] Diese viel angegriffene Formel wird heute wegen möglicher Missverständnisse kaum noch verwendet.[7] Schaut man in die Materialien, so stellt man fest, dass ursprünglich von »illoyalem« Verhalten die Rede war, das von dem lateinischen Wort »legalis« abstammt. Das sittenwidrige Verhalten gehört also eher zum rechtlichen als zum außerrechtlichen Bereich. Entsprechend ihren Funktionen bezeichnet die gute Sitte entweder die Grundsätze des Zusammenlebens in einem zivilisierten Staat oder das ungeschriebene, aus der Interessenforschung zu gewinnende Recht. Der Richter braucht nicht eine Idealperson mit seinen Vorstellungen auszustatten, sondern er kann selbst sagen, was er für unbedingt rechtens hält.

303 Das Gesetz verwendet an mehreren Stellen das Zusammenspiel von Rechtswidrigkeit und Sittenwidrigkeit, wie es im Deliktsrecht in den §§ 823, 826 hervortritt. Das ist geschehen bei Nichtigkeit der Rechtsgeschäfte (§§ 134, 138), beim Anspruch auf Herausgabe der ungerechtfertigten Bereicherung, wenn der Zweck einer Leistung in der Art bestimmt war, dass der Empfänger durch die Annahme gegen ein gesetzliches Verbot oder gegen die guten Sitten verstoßen hat (§ 817), und schließlich bei der Nichtanwendung ausländischen Rechts aufgrund der Vorbehaltsklausel des internationalen Privatrechts (früher Art. 30 EGBGB). Dieser ist im Jahre 1986 durch einen neuen Art. 6 EGBGB ersetzt worden, der anstelle der Sittenwidrigkeit die Formel setzt, dass ausländisches Recht nicht anzuwenden ist, »das mit wesentlichen Grundsätzen des deutschen Rechts offensichtlich unvereinbar ist ... insbesondere ..., wenn die Anwendung mit den Grundrechten unvereinbar ist«. Es hat den Anschein, als würde der Begriff der

---

2 RGZ 73, 294.
3 BGHZ 33, 20.
4 BGHZ 39, 352.
5 BGHZ 60, 168.
6 RGZ 48, 114.
7 So aber BGHZ 129, 138 (172).

wesentlichen Grundsätze des Rechts, insbesondere der Grundrechte, an die Stelle der guten Sitte treten. Zu beachten ist, dass Art. 6 EGBGB gemäß Art. 3 EGBGB unter dem Vorbehalt der Geltung vorrangigen Unionsrechts steht, das allerdings in seiner derzeitigen Regelung in Art. 21 Rom I-VO und Art. 26 Rom II-VO seinerseits auf den ordre public des Gerichtsstaates Bezug nimmt.

Sittenwidrig sind im Wesentlichen drei Grundtypen des Verhaltens: Täuschung, unangemessene Einflussnahme auf den Willen und übermäßige Einwirkung auf eine Rechtsstellung. Wird Kreditbetrug begangen bzw. geschieht eine Kollision mit einem anderen oder wird eine Person bedroht oder kraft eines Monopols ausgeschaltet bzw. in einen für sie wesentlichen Verein nicht aufgenommen, ist die Sittenwidrigkeit gegeben. Die Typisierung macht auch die Nähe des § 826 zur Anfechtung nach § 123 deutlich. 304

II. Subjektives Merkmal der Sittenwidrigkeit

Das sittenwidrige Verhalten ist kein objektives Geschehen allein. Nur der handelt sittenwidrig, der auch in gewisser Weise mit seiner Person an der Verwerflichkeit des Verhaltens teilnimmt. Nach manchen Irrfahrten der Rechtsprechung hat sich heute die Ansicht herauskristallisiert, dass es genügt, dass der sittenwidrig Handelnde Kenntnis der Umstände hat, die sein Verhalten zum sittenwidrigen stempeln.[8] Es genügt, dass er den faktischen Bereich in sein Wissen aufgenommen hat; ein Irrtum, mag er auch noch so entschuldbar sein, befreit ihn nicht. Wer also eine Modeneuheit kopiert, handelt sittenwidrig, mag er noch so sehr an seine Befugnis glauben, die Kenntnis der Neuheit und der Übernahme genügt. 305

III. Schadenszufügung und Schutzbereich

§ 826 schützt jedes Interesse, mag es vermögensrechtlicher oder ideeller Natur sein. Unter Schaden ist also nicht nur die Vermögenseinbuße, sondern auch der immaterielle Schaden zu verstehen. Einen materiellen Schaden verursacht der Kaufmann, der sein Geschäft überträgt, um sich vermögens- und einkommenslos zu machen und auf diese Weise Unterhaltsansprüche nicht befriedigen zu müssen. Wer an dieser Übertragung teilnimmt, handelt sittenwidrig und hat den Unterhaltsberechtigten für den entgangenen Unterhalt zu entschädigen.[9] Jedoch muss das sittenwidrige Verhalten kausal für den Schaden gewesen sein, wofür der Verletzte die Beweislast trägt. Das war im Falle BGH LM § 826 (Gi) Nr. 14 nicht gelungen: Ein Bankprokurist hatte seine Frau verlassen und war mit seiner Geliebten zusammengezogen. Eine vom Arbeitgeber abgeschlossene Lebensversicherung war auf den Inhaber der Police ausgestellt, die Geliebte. Der Ehemann starb. Die Witwe klagt gegen die Geliebte. Das Gericht weist die Klage schon deswegen ab, da der Schaden nicht festgestellt sei. Es sei nicht dargetan, dass der Erblasser seiner Ehefrau die Lebensversicherung zugewandt habe. Sie hätte auch in den Nachlasskonkurs fallen können. 306

Nach früherer Meinung war § 826 nicht durch Schutzbereichserwägungen beschränkt: *Fraus omnia corumpit*. Jedoch ist die Rechtsprechung dazu übergegangen, in einzelnen Beziehungen persönliche Schutzbereiche herauszuarbeiten. Führend dafür ist BGHZ 96, 231: Die Haftung aus § 826 wegen missbräuchlicher Verwendung einer Kapitalerhöhung zur Konkursverschleppung steht nur den Erwerbern der neuen Aktien aus der Kapitalerhöhung zu. Nicht im Schutzbereich der Norm liegt der Schaden von Anliegern, die während der Verschleppungszeit (alte) Aktien der Gesellschaft von Dritten erwerben und dafür einen nach Lage des Unternehmens zu hohen Preis zahlen. Der 307

---

8 RGZ 159, 227.
9 BGH LM § 826 (Ge) Nr. 2.

Schutzbereich ist aber nicht insoweit beschränkt, als § 817 S. 2 etwa Anwendung finden könnte. Danach hätte der selbst sittenwidrig handelnde Geschädigte keinen Anspruch. Der sittenwidrigen vorsätzlichen Schädigung gegenüber fällt sogar die grobe Fahrlässigkeit nicht anspruchsmindernd ins Gewicht.[10]

IV. Subjektiver Tatbestand: Vorsatz

308 Die Schadenszufügung muss vorsätzlich geschehen sein. Daraus ergibt sich ein Doppeltes. Der Vorsatz bezieht sich nur auf den Schaden, nicht auf die Sittenwidrigkeit. Für diese genügt Kenntnis der tatsächlichen Umstände, welche das Unwerturteil stützen.

309 Eine vorsätzliche Schadenszufügung ist auch gegeben, wenn nur bedingter Vorsatz vorliegt. Es reicht also aus, dass der Täter den Schaden vorausgesehen und für den Fall seines Eintritts in seinen Willen aufgenommen hat. Die hohe Barriere der vorsätzlichen Schadenszufügung wird so wenigstens bis zum *dolus eventualis* gesenkt. Das ist im Urteil BGH LM § 826 (Gc) Nr. 1 deutlich geworden. Ein Wohnungsinhaber war aufgrund einer Denunziation im Jahre 1944 inhaftiert worden und hatte deswegen bei einem Luftangriff seine Sachen nicht vor Brandbomben retten können. Die Schadensersatzpflicht hängt davon ab, dass der Denunziant bei seiner Anzeige die Möglichkeit des Sachverlusts kannte und er diesen in seinen Willen aufgenommen hat. Ebenso haftet ein Steuerberater wegen eines unrichtigen Testats dritten Kreditgebern nur, wenn er sich vorstellte, dass das Testat bei Kreditverhandlungen verwendet wurde.[11]

C. Fallgruppen

310 Aus der Vielzahl von sittenwidrigen Verhaltensweisen haben sich in der Rechtsprechung einzelne Fallgruppen herausgeschält, die jeweils eigentypische Schwerpunkte aufweisen. Es sind die folgenden:

I. Täuschung

311 Täuschungen allgemein, sei es des Vertragspartners, sei es eines Dritten sind sittenwidrig. Irreführung, Hinterhältigkeit und Doppelspiel sind ethisch verwerflich und deshalb im Rechtsverkehr unzulässig. Beispiele sind: Vorspiegelung geringerer als der gefahrenen Kilometerzahl beim Verkauf eines Pkw;[12] Schweigen auf Anfragen, ob eine Unterschrift auf einem Wechselformular in Ordnung geht;[13] unrichtige Auskunft einer Bank über einen Kunden;[14] unrichtig testierte Jahresabschlüsse durch Wirtschaftsprüfer;[15] Ausstellung eines Dienst- oder Arbeitszeugnisses, in dem wesentliche Vorfälle, etwa ein Diebstahl, verschwiegen werden;[16] wider besseres Wissen aufgestellte konkludente Behauptung der Leistungsfähigkeit einer GmbH durch deren Geschäftsführer gegenüber Vertragspartnern;[17] Verschleierung des Verlustrisikos bei Terminoptionsgeschäften.[18] Besonderheiten gelten für die Verteidigung in einem kontradiktorischen Rechtsstreit, weil das Gericht die Rechtslage zu prüfen hat und der Prozessgegner sich

---

10 BGH VersR 1992, 106.
11 BGH VersR 1987, 262.
12 BGH LM § 826 (E) Nr. 2.
13 BGHZ 47, 110.
14 BGH LM § 826 (Gb) Nr. 9.
15 BGH NJW 1973, 321.
16 BGH NJW 1970, 2291.
17 BGH ZIP 1992, 694.
18 BGHZ 124, 151 (162).

im Verfahren selbst hinreichend wehren kann. Kenntnis der materiellen Unrichtigkeit des eigenen Prozessvortrags und bedingter Vorsatz bezüglich des Schadens des Prozessgegners reichen deshalb für die Anwendung des § 826 allein nicht aus; vielmehr müssen besondere Umstände hinzutreten.[19]

II. Kollusion zum Nachteil Dritter

Bei diesem Unterfall der Täuschung werden Unwahrhaftigkeit und Irrtumserregung noch durch das konspirative Element verstärkt: Zwei oder mehr Personen verbinden sich, um einen anderen durch Täuschung zu schädigen, wie in dem Fall, dass in Übereinstimmung mit dem Kreditsuchenden die falsche Auskunft erteilt wurde, dass ein Eigentumsvorbehalt nicht mehr bestehe, obwohl er aufrechterhalten war.[20] **312**

III. Gläubigergefährdung

Es handelt sich um eine durch schlüssiges Verhalten erfolgte Täuschung, die meistens dadurch geschieht, dass bei der Stützungsaktion eines angeschlagenen Unternehmens nach außen hin die volle Betriebs- und Kreditfähigkeit aufrecht erhalten erscheint. In Wirklichkeit lässt sich aber das stützende Unternehmen alle wesentlichen Vermögenswerte des Schuldners übertragen. Die Gläubigergefährdung ist eine »Untergeneralklausel«, die wegen ihrer schwachen Konturen schwer anwendbar ist. Das zeigen die folgenden Urteile. BGH LM § 138 (Cb) Nr. 5: Ein Großgläubiger hatte sich sämtliche Werte eines konkursreifen Unternehmens übertragen lassen, und später blieben die übrigen Gläubiger unbefriedigt. Sie können Ersatz nach § 826 verlangen. BGH LM § 826 (Gd) Nr. 22: Eine Bank, die einer Gesellschaft Kredit gewährt hat, die nunmehr konkursreif ist, braucht diesen Kredit nicht zu kündigen oder einem Dritten, der sich an der Gesellschaft beteiligen will, nicht die schwierigen wirtschaftlichen Verhältnisse mitzuteilen. Eine weitere Form der Gläubigergefährdung bildet die unzeitige Überweisung, zB BGH NJW 1963, 1872: Eine Bank hatte einen Überweisungsauftrag durch Gutschrift auf das Konto der Bank eines Empfängers ausgeführt, obwohl mit dem Zusammenbruch der Empfängerbank zu rechnen war und auch die überweisende Bank nicht mehr an eine Sanierung glaubte. In der Vollstreckungsvereitelung durch Vermögensübertragung des Schuldners kann eine sittenwidrige Benachteiligung liegen, selbst wenn derartige Rechtshandlungen nach dem AnfG angreifbar sind.[21] **313**

IV. Eingriff in die persönliche Rechtsstellung

Im sozialen Umgang sind zwar Kritik und Auseinandersetzung regelmäßig sozialadäquat und damit erlaubt. Es gibt allerdings Formen des Angriffs gegen einen anderen, die grundrechtswidrig erscheinen. Maßlose Verfolgung oder haltlose Äußerungen sind sittenwidrig. Hier ein typischer Blumenstrauß der Praxis: BGH LM § 826 (Gc) Nr. 3: Politische Denunziation im Jahre 1944; RGZ 79, 22: Erstreckung des Verrufs, den eine Standesorganisation über einen Arzt verhängt hatte, auf dessen Assistenten; RGZ 72, 176: Ein Psychiater hatte jemanden für geisteskrank erklärt, den er nicht einmal untersucht hatte. **314**

V. Unangemessene Äußerung

Grundsätzlich dürfen wahre Äußerungen gemacht werden. Unter außerordentlichen Umständen hat man jedoch auf andere Rücksicht zu nehmen, um Bloßstellungen zu **315**

---
19 BGH NJW 2003, 1934 (1935); 2004, 446 (447).
20 BGH LM § 826 (Gb) Nr. 5.
21 BGH VersR 2000, 1553.

vermeiden. So ist sittenwidrig die Mitteilung einer »wahren Tatsache«, die ohne zwingenden Grund und anstandswidrig erfolgt, weil die Reaktion unangemessen sein wird. Hier drei Beispiele: BGH LM § 826 (Gb) Nr. 3: Mitteilung durch einen Metzger an die Presse, dass der Sohn seines Konkurrenten unter dem Verdacht der Maul- und Klauenseuche erkrankt sei; BGH LM § 826 (Gc) Nr. 2: Scheinheilige Anfrage an die Hausbank eines Schuldners nach der Adresse eines Zweigbetriebes, um die Bank auf dessen Schulden hinzuweisen; BGH LM § 826 (Gc) Nr. 3: Erstattung einer Strafanzeige unter Mitteilung des objektiv wahren Sachverhalts (abfällige Äußerung über das politische System im Jahre 1944), die zu rechtsstaatswidriger Verfolgung führt.

VI. Treuwidrigkeit

316 Die Treuepflicht soll den Verpflichteten zu besonders vorsichtigem und schonendem Umgang mit fremden Gütern und Interessen bewegen. Wird sie grob verletzt, ist Sittenwidrigkeit gegeben. Beispiele bilden die leichtfertige Erstattung eines unrichtigen Gutachtens[22] oder die treuwidrige Verwertung fremder Geschäftsgeheimnisse.[23]

VII. Verleitung zum Vertragsbruch und Beihilfe zur Treuwidrigkeit

317 Schuldrechte können nur vom Schuldner, nicht von dritten, am Schuldverhältnis Unbeteiligten verletzt werden. Ein Dritter handelt jedoch sittenwidrig, wenn er den Schuldner zum Vertragsbruch verleitet, dh in besonders einflussnehmender Weise, etwa durch das Versprechen einer überhöhten Gegenleistung,[24] anstiftet. Veranlasst der Zweitkäufer den Eigentümer eines Grundstücks zum nochmaligen Verkauf durch das Versprechen, ihn von den Ansprüchen des Erstkäufers freizustellen, schuldet er dem Erstkäufer Ersatz nach § 826.[25] Sittenwidrig ist auch die reine Beihilfe zur Vertragsverletzung, wenn der Schuldner einer Treuepflicht zuwider handelt und der Gehilfe dies weiß. Etwa wenn treuhänderisch gehaltenes Vermögen an jemanden zur Sicherheit für eine persönliche Schuld des Treuhänders übertragen wird und der Empfänger von der Treuhand wusste.[26]

VIII. Vereinssachen: Ungerechtfertigter Ausschluss, ungerechtfertigte Vereinsstrafe, ungerechtfertigte Nichtaufnahme in einen beruflichen oder sonst wesentlichen Verein

318 Die Vereinszugehörigkeit, dem Deutschen an sich wesentlich, ist bisweilen von erheblichem beruflichen und persönlichen Interesse. Ausschlüsse, Vereinsstrafen oder Nichtaufnahmen sind stets als sittenwidrig angesehen worden, wenn wesentliche Verfahrensregeln missachtet werden, etwa kein rechtliches Gehör gewährt wird. Aber auch materiell unbegründete Maßnahmen dieser Art sind unzulässig, wenn es sich um einen Berufsverband handelt. Das zeigen folgende Urteile: RGZ 107, 386: Ausschluss eines Arztes aus dem Verein der Kassenärzte ohne Grund; BGH LM § 38 Nr. 3: Unberechtigte Ablehnung eines Wiederaufnahmeantrags in den Berufsboxverband, der als Monopolverein eine Verpflichtung zur Aufnahme hatte; BGH MDR 1980, 736: grundlose Sperre der Teilnahme an Funkzentrale durch Verein der Besitzer von Taxen. Ergänzend ist § 20 Abs. 6 GWB zu beachten.

---

22 BGH LM § 826 (Gb) Nr. 4.
23 BGH NJW 1977, 1062.
24 BGH NJW-RR 1999, 1186.
25 BGH NJW 1981, 2184.
26 BGHZ 12, 308.

IX. Missbrauch einer Monopolstellung

Zwar herrscht grundsätzlich Vertragsfreiheit. Rechtliche und regelmäßig auch faktische Monopole unterliegen jedoch dem Kontrahierungszwang. Sie dürfen den Abschluss des Vertrages nur aus wichtigem Grund ablehnen, sonst handeln sie sittenwidrig. Der Ersatz besteht dann im Abschluss des Vertrags. So stand es mit der Händlerorganisation in BGH MDR 1967, 985, die dahin wirkte, dass nicht der Organisation angehörende Mitbewerber von Lieferungen einer Versorgungsdienststelle ausgeschlossen wurden. Ebenso muss ein Elektrizitätsversorgungsunternehmen mit dem Konkursverwalter einen Lieferungsvertrag abschließen. Es ist sittenwidrig, wenn sich das E-Werk weigert, falls nicht der Insolvenzverwalter auch die vor Insolvenzeröffnung aufgelaufenen Zahlungen erbringt.[27]

319

X. Rechtsmissbrauch

Der Rechtsmissbrauch ist die älteste Form sittenwidrigen Verhaltens. Der Einwand sittenwidrigen Verhaltens, die *exceptio doli* des römischen Rechts, ist das Mittel der Wahl zur Ausschaltung des Rechtsmissbrauchs. Heute werden Rechtsmissbrauch und unzulässige Rechtsausübung verschmolzen und nebeneinander § 242 und § 826 angewandt.

320

XI. Ausnutzung einer formalen Rechtsposition

Gegenüber formalen Rechtsstellungen kommt die Überwindungsfunktion der Sittenwidrigkeit zum Zuge. Hauptbeispiel ist der Anspruch auf Herausgabe und Nichtverwendung eines erschlichenen Urteils. Insoweit reicht § 826 weiter als die Gründe der Wiederaufnahme des Verfahrens, die nicht geschmeidig genug sind; durchbrochen wird die Rechtskraft von Vollstreckungstiteln einschließlich Vollstreckungsbescheiden in schwerwiegenden, eng begrenzten Ausnahmefällen.[28] Beispiele: Behauptete Erschleichung eines Urteils, das die Nichtigkeit eines Vertrages feststellt;[29] Erschleichung eines Unterhaltsurteils durch Anstiftung eines Zeugen zu einer falschen Aussage;[30] Prozessbetrug des Zedenten und Rechtsvorgängers des Klägers.[31]

321

XII. Grob unfaire Maßnahme im Arbeitskampf

Eine streikähnliche Aktion oder ein Streik selbst kann die Regeln des Arbeitskampfes so schwer verletzen, dass er als sittenwidrig anzusehen ist. Dazu gehören nicht nur Grundregeln, sondern auch besonders unangemessene Wirkungen, etwa der »Dienst nach Vorschrift« ausgerechnet der Fluglotsen.[32]

322

XIII. Vorteilserlangung durch Verletzung von Berufs- bzw. Standesrecht oder sonstigen Sonderregeln

Die guten Sitten sind als Generalklausel ein Einfallstor für nicht haftungsrechtliche Regelungen, die im besonderen Bereich aufgestellt, aber keine Schutzgesetze sind. Werden diese Regelungen zur Erlangung eines besonderen Vorteils übertreten, so liegt oft in der Schwere der Übertretung zugleich ein Sittenverstoß. So ist es ein sittenwidriger Vorteil, wenn jemand durch untertarifliche Zahlungen oder Erschleichung der Gemeinnützigkeit sich gegenüber anderen einen Wettbewerbsvorteil verschafft. Eben-

323

---

27 BGH LM KO § 17 Nr. 3.
28 BGH NJW 1999, 1257, 1258 mwN.
29 BGH NJW 1964, 1672.
30 BGH LM § 826 (Fa) Nr. 7.
31 BGHZ 50, 115.
32 BGHZ 70, 277.

so ist es unzulässig, dass unter Missachtung besonderer Berufs- und Standesregeln Kunden oder Arbeitnehmer abgeworben werden, etwa der Berufsordnungen der Ärzte oder Anwälte.

XIV. Verletzung von Grundrechten

324 Als Generalklausel nehmen die guten Sitten die grundrechtliche Ordnung in besonderem Maße in sich auf und transponieren sie in das Zivilrecht. Das gilt auch für § 826. Aus diesem Grunde ist das Verhalten, das eine grundrechtlich geschützte Position eines anderen verletzt, stets sittenwidrig.

XV. Existenzvernichtung

325 Auch dadurch, dass ein Unternehmen durch übermäßige Entnahmen in die Insolvenz getrieben wird und ein Mitgesellschafter gleichfalls existenzvernichtend bedroht ist, ist der Haftungstatbestand des § 826 gegeben.[33]

XVI. Kapitalanlagevermittlung

Literatur Bankenhaftung bei Immobilienkapitalanlagen: *Richter,* Schadenszurechnung bei deliktischer Haftung für fehlerhafte Sekundärmarktinformation, 2012; *Spickhoff,* FS Gauweiler, 2009, 669.

325a Wenn eine Bank dem Kunden hoch riskante Kapitalanlageformen vorschlägt, etwa Optionsgeschäfte oder Auslandsanleihen, so ist bei fehlerhafter genauer Beratung die Haftung für vorsätzliche sittenwidrige Schädigung gegeben. Das gilt auch für die Nichtbenennung versteckter, dem Anleger nicht erkennbarer Vertriebsprovisionen, die negativen Einfluss auf die Werthaltigkeit der vom Anleger erworbenen Anlage haben,[34] oder heimliche Rückvergütungen auf Vertriebsprovisionen, die das Empfehlungsinteresse verfälschen.[35] Die Rechtsprechung dazu ist fast unübersichtlich differenziert.[36] In einer ganzen Reihe von Entscheidungen hat der BGH 2008 die Haftung nach § 826 bejaht, wenn der Anlageberater vorsätzlich eine anleger- und objektwidrige Empfehlung abgibt und die Schädigung des Anlegers zumindest billigend in Kauf nimmt.[37] Auch die Haftung der Bank für Zertifikate von Lehman Brothers tritt nur ein, wenn eine Aufklärungspflicht verletzt war;[38] sie lässt sich nicht auf § 823 Abs. 2 stützen, weil die Verhaltens-, Organisations- und Transparenzpflichten der §§ 31 ff. WpHG als Teil des Aufsichtsrechts der Bundesanstalt für Finanzdienstleistungen keine Schutzgesetze darstellen.

XVII. Brokerhaftung

325b Ein ausländischer Broker beteiligt sich bedingt vorsätzlich an einer vorsätzlichen sittenwidrigen Schädigung von Kapitalanlegern durch einen inländischen Terminoptionsvermittler, wenn er diesem ohne Überprüfung seines Geschäftsmodells bewusst und offenkundig den unkontrollierten Zugang zu ausländischen Börsen eröffnet.[39]

---

33 BGHZ 173, 246.
34 BGHZ 158, 110 (118); 191, 119 Rn. 39; Verfassungsbeschwerde nicht zur Entscheidung angenommen: BVerfG ZIP 2013, 2049 (beide BGH-Entscheidungen zur Vertragshaftung).
35 BGHZ 170, 226 Rn. 22; 191, 119 Rn. 40: zur Vertragshaftung, mit Differenzierung zu Eigengeschäften der Bank.
36 Die Rechtsprechung ist umfassend und gut dargestellt bei Bamberger/Roth/*Spindler* § 826 Rn. 73 ff.
37 Vgl. nur BGH NJW 2008, 1734 Rn. 29: zu leichtfertigen Empfehlungen.
38 BGH Urt. v. 17.9.2013 – XI ZR 332/12.
39 BGH VersR 2011, 750.

Weiß der Broker, dass der Vermittler von Kunden Gebühren erhebt, die die Optionsgeschäfte praktisch chancenlos machen, so ist Gehilfenvorsatz zu bejahen.[40]

D. Rechtsfolgen

I. Unterlassung und Schadensersatz

Sittenwidriges Verhalten ist verboten; es besteht ein Anspruch darauf, es zu unterlassen bzw. seine Auswirkungen zu beseitigen. Ein typisches Beispiel ist der Anspruch auf Unterlassung der Zwangsvollstreckung aus einem sittenwidrig erschlichenen Urteil.[41] Darüber hinaus schuldet der sittenwidrig Handelnde Ersatz des vorsätzlich angerichteten Vermögens- und Nichtvermögensschadens. Bei Sittenwidrigkeit gibt es Schmerzensgeld, vorausgesetzt, dass eine Verletzung des Körpers, der Gesundheit, der Freiheit oder der sexuellen Selbstbestimmung vorliegt, § 253 Abs. 2.

326

II. Einwand der Sittenwidrigkeit (exceptio doli)

Die Sittenwidrigkeit kann auch als Gegenmittel gegen einen Anspruch, nämlich als Einwendung, benutzt werden. Einem Anspruchsteller kann entgegengehalten werden, dass sein Verhalten sittenwidrig war oder ist. An die Zeitbeziehung knüpft an die Unterscheidung in den Einwand der gegenwärtigen Sittenwidrigkeit (*exceptio doli generalis*) und der früheren Sittenwidrigkeit (*exceptio doli specialis*). Von früherer Sittenwidrigkeit spricht man dann, wenn das Recht bereits auf unzulässige Weise erworben, etwa die formale Rechtsposition erschlichen wurde. Dem durch Prozessbetrug erschlichenen Urteilsanspruch setzt man die *exceptio doli specialis* entgegen. Der Einwand der gegenwärtigen Arglist bezieht sich darauf, dass die Ausnutzung der früher erlangten Rechtsposition nunmehr sittenwidrig sei. Ein wesentlicher Fall ist die Verwirkung eines Rechts, etwa durch längere Nichtausübung, die beim Verpflichteten eine Erwartung begründet hat.[42] An dieser Stelle besteht der Übergang zur unzulässigen Rechtsausübung.

327

---

40 BGH NJW-RR 2011, 551.
41 BGHZ 26, 391; BGH NJW 1999, 1257.
42 Vgl. BGHZ 26, 52.

§ 17 Verkehrspflichten

Literatur: *v. Bar,* Verkehrspflichten, 1980; *ders.*, Entwicklung und Entwicklungstendenzen im Recht der Verkehrs(sicherungs)pflichten, JuS 1988, 169; *Canaris,* Schutzgesetze – Verkehrspflichten – Schutzpflichten, FS Larenz, 1983, 27; *Deutsch,* Das Organisationsverschulden des Krankenhausträgers, NJW 2000, 1745; *Edenfeld,* Grenzen der Verkehrssicherungspflicht, VersR 2003, 272; *Hofacker,* Die Verkehrssicherungspflicht, 1929; *Huber,* Verkehrspflichten zum Schutz fremden Vermögens, FS v. Caemmerer, 1978, 359; *Kleindieck,* Deliktshaftung und juristische Person, 1997; *Libertus,* Zivilrechtliche Haftung und strafrechtliche Verantwortlichkeit bei unbeabsichtigter Verbreitung von Computerviren, MMR 2005, 507; *Mertens,* Deliktsrecht und Sonderprivatrecht, AcP 178 (1978), 227; *Raab,* Die Bedeutung der Verkehrspflichten und ihre systematische Stellung im Deliktsrecht, JuS 2002, 1041; *Schlund,* Verkehrssicherungspflicht auf öffentlichem Grund, 4. Aufl. 2006; *Steffen,* Verkehrspflichten im Spannungsfeld von Bestandsschutz und Handlungsfreiheit, VersR 1980, 409; *Vollmer,* Haftungsbefreiende Übertragung von Verkehrssicherungspflichten, JZ 1977, 371; *Voss,* Die Verkehrspflichten, 2007; *Weller,* Die Haftung von Fußballvereinen für Randale und Rassismus, NJW 2007, 960.

Rechtsvergleichend: *v. Caemmerer,* Wandlungen des Deliktsrechts, FS 100 Jahre DJT Bd. II, 1960, 49; *Haesner,* Die Haftung bei widerrechtlichem Verweilen des Verletzten im Gefahrenbereich im US-amerikanischen Deliktsrecht, 1983; *U. Hübner,* Die Haftung des Gardien im französischen Zivilrecht, 1972.

A. Allgemeines

I. Verkehrssicherungspflicht und Verkehrspflicht

328 Die §§ 823 ff. nennen den Begriff der Verkehrspflicht nicht. Er hat sich in der Rechtsprechung zuerst zum Unterlassen von Sicherungen, später auch zur Haftung für Handeln entwickelt. Man hat die Verkehrspflichten als Wildwuchs im System des BGB bezeichnet; die Praxis hat sie jedoch als notwendige Ergänzung der Deliktstatbestände angesehen. Das kennzeichnende Merkmal »Verkehr« stammt nicht etwa aus § 276, sondern aus dem Übertretungstatbestand des § 367 Nr. 12 StGB aF. Dieser handelte von Orten, an welchen Menschen »verkehren« und an denen eine Gefahr für andere entstehen kann. Hat lange Zeit die strafrechtliche Herkunft noch das Wort »Verkehrssicherungspflicht« belastet, so wird heute mehr und mehr der umfassendere Begriff »Verkehrspflicht« verwendet. Diese Wortwahl ist angemessen, da nicht nur Sicherungen, sondern auch andere Maßnahmen Inhalt der Pflicht sein können.

II. Standort und Funktionen der Verkehrspflicht

329 Über Standort und Funktionen der Verkehrspflicht herrscht Streit. Bei einem von der Praxis geschaffenen Institut ist das durchaus zu erwarten. Einig ist man sich darüber, dass die Verkehrspflichten eine zentrale Bedeutung für die Unfallhaftpflicht in einem modernen Industriestaat haben. Sicher ist auch, dass sie die Haftung gegenüber den engen Tatbeständen der §§ 823 ff. erweitern. Bei der Verkehrspflicht handelt es sich nicht um eine dem anglo-amerikanischen Recht vergleichbare Ausformung eines »Delikt negligence« (*v. Caemmerer*); mit diesem Namen wird im Ausgangspunkt nur die Garantenpflicht zum Schutz der Rechtsgüter des § 823 Abs. 1 vor Eingriffen durch Unterlassen bezeichnet. Die Verkehrspflicht deckt also gewissermaßen nur die weiche Unterseite des § 823 Abs. 1 ab und bildet keinen eigenständigen Tatbestand, welcher der Schutzgesetzverletzung des § 823 Abs. 2 an die Seite zu stellen ist. Die Entwicklung der Verkehrspflichten hat für die Haftung und das Haftungsrecht wesentliche Bedeutung gehabt: Sie führte zu einer erheblichen Erweiterung der Haftung, da nunmehr eine Fast-Generalklausel für Sicherungsnachlässigkeiten entstand. Aber auch

diese steht unter dem Vorbehalt der Zurechnung: Nicht jede neue technische Sicherung braucht sofort eingesetzt zu werden.

B. Theorie und Praxis der Verkehrspflicht

I. Tatbestand der Verkehrspflichtverletzung

Wer eine Gefahr für andere schafft oder unterhält, ist verpflichtet, alle geeigneten und zumutbaren Maßnahmen zu ergreifen, um die Gefahr unter Kontrolle zu halten und möglichst die Verwirklichung der Gefahr zu verhindern. Die Schaffung und Unterhaltung der Gefahr kann sich aus der Eröffnung eines Verkehrs, aus dem Betreiben einer Gaststätte oder einer Sportstätte, aus einem Forschungsvorhaben oder auf andere Weise ergeben. Die Verkehrspflicht hat generalklauselartigen Charakter. Die Verpflichtung tritt automatisch kraft Deliktsrechts ein. Sie kann aber auch durch Gesetz oder Satzung auferlegt oder konkretisiert werden. Hier sind insbesondere Verkehrspflichten mit Bezug auf Straßen nach den Landesstraßengesetzen und die Überwälzung der Streupflicht durch kommunale Satzungen auf Straßenanlieger für die Bürgersteige zu nennen. 330

– Merkmal der Gefahr: Die Gefahr, welche die Verkehrspflicht nach sich zieht, kann eine abstrakte oder konkrete sein. Verkehrspflichten sind zunächst als Pflichten für konkrete Gefahren entwickelt worden, zuerst für eine vereiste und unbeleuchtete Treppe, die für Fußgänger bestimmt war.[1] Später hat man auch gegenüber abstrakten Gefahren Abwehrmaßnahmen verlangt, etwa bei einem schmalen Radweg, der an den Fahrdamm grenzt, Gegenverkehr nicht zugelassen.[2] Die Verkehrspflicht trifft zwar oft den Eigentümer, ist aber nicht vom Eigentum abhängig. Entscheidend ist die Schaffung, Erhaltung und Kontrolle der Gefahr. Aus diesem Grunde trifft den Veranstalter, nicht allein den Eigentümer einer Sportstätte die Haftung für die Verwirklichung der Gefahren einer Veranstaltung, etwa einen ins Publikum geschossenen Eishockeypuck.[3] Tiefbauunternehmer müssen sich vor Durchführung von Erdarbeiten an öffentlichen Straßenflächen nach der Existenz und dem Verlauf unterirdisch verlegter Versorgungsleitungen erkundigen.[4] 331
– Erforderlichkeit der Maßnahme: Das notwendige Verhalten ist auf Kontrolle und Abwendung der Gefahr gerichtet. Es reicht von Sicherungsmaßnahmen, etwa dem Streuen einer vereisten Straße, der Errichtung einer Plexiglaswand in einem Eisstadion und dem Abdecken einer Grube bis zur Befestigung von Gebäudeteilen. Bisweilen genügt auch ein Hinweis, falls der Bedrohte dann die Gefahr geringhalten kann. Das ist etwa der Fall bei den Hinweisschildern im Straßenverkehr, etwa auf Wildwechsel oder Flugverkehr, oder bei der Warnung von Fahrgästen im Bahnhof vor einem durchfahrenden oder einfahrenden Zug. Der Hinweis muss allerdings genügend deutlich sein und ernst gemeint erscheinen: Ein festgeschraubtes Schild »Vorsicht frisch gebohnert« entfaltet keine Wirkung. Anhaltspunkte für das nach der Verkehrsauffassung Gebotene liefern die für die betroffenen Kreise geltenden anerkannten Regeln der Technik, wie sie sich unter anderem in DIN-Normen spiegeln,[5] sofern sie nicht veraltet sind. 332

Gelegentlich kann eine Gefahr so groß oder so unkontrolliert erscheinen, dass sie nicht geschaffen werden darf. Experimente im Bereich der Gentechnologie etwa, bei denen

---
1 RGZ 54, 53.
2 BGH NJW 1958, 545.
3 BGH NJW 1984, 801.
4 BGH NJW 1996, 387.
5 BGH NJW 1997, 582 (583).

die Möglichkeit der Erzeugung unbekannter, letaler oder kanzerogener Mikroorganismen besteht, verstoßen schlechthin gegen die Verkehrspflicht.

333 – Zumutbarkeit der Maßnahme: Verkehrspflichten verlangen nichts Unmögliches. Die Maßnahme muss persönlich und wirtschaftlich zumutbar sein. So wird von Eigentümern nicht verlangt, dass sie bei Schneefall und Glätte noch während der Nacht räumen oder streuen. Vielmehr brauchen sie es erst bei Tag zu tun. Die Zumutbarkeit spielt insbesondere eine Rolle, wenn technische Standards verfeinert worden sind. So sind Anti-Blockiersysteme in Kraftfahrzeugen noch Zusatzausstattung gegen Aufpreis. Irgendwann ist aber auch der Zeitpunkt erreicht, ab dem eine nach dem alten Stand der Technik noch verkehrssichere Anlage umgerüstet werden muss. Allerdings steht die Zumutbarkeit auch in Beziehung zur Größe der Gefahr und zur Verletzungswahrscheinlichkeit. Ist die Sicherung wirtschaftlich nicht zumutbar, kann die ungesicherte Gefährdung unzulässig sein.

334 – Verletzung durch Unterlassen oder auch Handeln? Verkehrspflichten werden im Allgemeinen durch Unterlassen verletzt. Das kommt daher, dass sie sich ursprünglich aus den Garantenpflichten zum Schutz der Rechtsgüter des § 823 Abs. 1 entwickelt haben. Die Unterlassung von Sicherungen, etwa die Befestigung des Kellergitters, das Streuen des vereisten Gehwegs oder die Dämmung von scharfkantigen Skiliftstützen, ist eine typische Verletzung einer Handlungspflicht durch Unterlassen. Darüber hinaus kann auch das Zuwiderhandeln gegenüber einer Unterlassungspflicht, also ein Handeln verkehrspflichtwidrig sein, etwa die Schaffung einer unkontrollierbaren Gefahr.

335 – Geschützte Interessen: Verkehrspflichten schützen nicht nur die Rechtsgüter und Rechte des § 823 Abs. 1, sondern auch sonstige Interessen. Diese müssen freilich vom Recht als deliktisch schutzwürdig anerkannt sein. Das Vermögen wird nicht durch Verkehrspflichten geschützt. Nach der Rechtsprechung wird zB für die verfehlte Anlageempfehlung nur aufgrund Vertrages, etwa zwischen einem Börsendienst und dem Abonnenten[6] oder zwischen Anlageberater und Investor oder Bank gehaftet. Diese sog. Prospekthaftung hätte sich bei anderer rechtlicher Konstruktion auch auf die Verletzung von Verkehrspflichten stützen lassen, wenn man nämlich die Verkehrspflichten als Fall des § 823 Abs. 2 eingeordnet hätte.

II. Verschulden

336 Die Verletzung der Verkehrspflicht bildet einen Tatbestand der Verschuldenshaftung. Die Einstandspflicht setzt also Verschulden voraus. Als solches kommen Vorsatz und Fahrlässigkeit in Betracht. Das Verschulden bezieht sich auf den Tatbestand der Verletzung der Verkehrspflicht: Der Verpflichtete muss vom Bestehen der Verkehrspflicht Kenntnis haben können und auch die Umstände voraussehen, unter denen die Verkehrspflicht eintritt. Daran kann es vor allem fehlen, wenn sich die Anforderungen verschärft haben. Wenn zu Beginn der achtziger Jahre des letzten Jahrhunderts ein Schleppliftunternehmer scharfkantige Liftstützen abdämmen musste, soweit sie in den Übungshang integriert sind, brauchte dies ein Verpflichteter uU im Jahre 1981 noch nicht zu wissen.[7] Sofern die Verkehrspflicht schon einer abstrakten Gefährdung entgegenwirkt, richtet sich das Verschulden nur auf das Bestehen und die Verletzung der abstrakten Gefährdungsnorm. Aus bekannt gewordenen Unfällen und der Analyse ihrer Ursachen müssen Konsequenzen für die Zukunft gezogen werden; die einzuhaltenden Standards sind neu auszurichten. Eine nicht völlig auszuschließende Gefährdung, die nur unter besonders eigenartigen und entfernt liegenden Umständen in eine

---

[6] BGHZ 70, 363.
[7] BGH VersR 1985, 64.

Verletzung umschlagen kann, verlangt keine Schutzmaßnahme; der Geschädigte hat den Schaden dann selbst zu tragen.[8]

Ist die Verkehrspflicht objektiv nicht eingehalten, so ist die äußere Sorgfalt außer acht gelassen. Die Verschuldensprüfung bezieht sich dann nur noch auf die innere Sorgfalt, dh das Erkennen und die Zumutbarkeit der Erfüllung der Verpflichtung. Aus diesem Grunde ist bei den Verkehrspflichten, ebenso wie bei den Schutzgesetzen, mit der Verwirklichung des Tatbestandes eine Vermutung der Außerachtlassung auch der inneren Sorgfalt gegeben, die je nach der Stärke der Pflicht die Beweislast umkehrt oder den Anschein des Verschuldens begründet.[9] Der mit der Verkehrspflicht Belastete hat darzutun, dass er aus besonderen Gründen der Verpflichtung nicht nachzukommen brauchte oder nicht nachkommen konnte. Wenn etwa eine Stadt an einer Kreuzung widersprüchliche Signale installiert und es zum Zusammenstoß kommt, hat sie die Darlegungs- und Beweislast dafür, dass sie an der Verletzung der Verkehrspflicht kein Verschulden trifft. Dies erfordert den Nachweis einer technischen Konstellation, in der ein Schuldvorwurf ausscheidet.[10] Allerdings wird diese Haftung oft schon aus dem Ordnungsrecht fließen.[11] 337

III. Fallgruppen der Verkehrspflichtverletzung

– Straße: Wer den Verkehr auf einer Straße eröffnet, haftet für deren verkehrssicheren Zustand. Dazu gehört, dass bei einer Landstraße kein Bodenbelag besteht, der bei Nässe zu außergewöhnlicher Fahrbahnglätte führt.[12] Auch muss ein erkennbar schadhafter Straßenbaum gestützt oder gefällt werden.[13] Allerdings kommt es auf die Umstände an: die Großglocknerstraße braucht nicht vollständig gegen herabstürzende Felsbrocken gesichert zu werden.[14] Straßenbäume müssen regelmäßig einer äußeren Zustandsprüfung unterworfen werden, nicht aber vorbeugend schlechthin aus der Nähe von Straßen entfernt werden.[15] Tiefe Schlaglöcher auf stark befahrenen Straßen müssen abgesichert werden; das Aufstellen eines allgemeinen Warnschildes ist unzureichend.[16] 338

– Wege und Zugänge: Wer den Verkehr auf einem Weg oder einem Zugang eröffnet oder zulässt, hat für die notwendige und zumutbare Sicherheit zu sorgen. Der Umfang der Maßnahmen hängt von der Gefahr und der Erwartung des Verkehrs, also vor allem der Benutzer ab. So ist ein Gehweg mit abstumpfenden Mitteln nach Raureifbildung innerhalb angemessener Zeit zu streuen.[17] Das Schild »Bei Glatteis nur gestreute Wege benutzen« reicht zur Enthaftung nicht aus.[18] Ein Fleischerladen ist mehrmals täglich zu fegen, damit ein Sturz auf einer Wurstpelle vermieden wird.[19] Jedoch braucht der Inhaber eines Blumengeschäfts nicht ständig den Boden sauber und trocken zu halten, damit Kunden nicht durch nasse Blätter gefährdet werden;[20] häufiger hingegen ist der Boden eines Supermarktes auf herumliegende Obst- oder 339

---

8 BGH NJW 2007, 1683 (1684): Brückenschaden infolge Brandes eines darunter abgestellten Heuwagens.
9 BGH VersR 1986, 766.
10 OLG Düsseldorf VersR 1977, 823.
11 BGHZ 99, 249: »feindliches Grün« als rechtswidrige Maßnahme.
12 BGH VersR 1968, 1090.
13 OLG Bamberg VersR 1978, 1171: 200-jährige Linde.
14 OGH ÖJZ 1979, 185.
15 BGH NJW 2004, 1381.
16 OLG Jena MDR 2013, 91.
17 BGH VersR 1970, 1130.
18 OGH ÖJZ 1969, 182.
19 BGH VersR 1968, 993.
20 OLG Hamburg VersR 1972, 650.

Gemüsereste zu kontrollieren.²¹ Der Besitzer eines Stauwehrs muss bei Hochwassergefahr für eine rechtzeitige Öffnung sorgen.²²

340 – Eisenbahn und Nahverkehr: Die Bundesbahn hat gegen die typischen Gefahren der schnellen Beförderung, des eiligen Aussteigens und der Menschenansammlungen Vorsorge zu treffen. Allerdings darf auch diese Pflicht nicht überspannt werden und muss im Rahmen des Zumutbaren bleiben. So verletzt die Bundesbahn mit der Verwendung sich langsam schließender automatischer Türen nicht die Verkehrspflicht.²³ Auch wenn vorher schon in einer Kurve ein TEE-Unfall geschehen war, braucht die Bundesbahn nicht in kürzester Frist alle gefährlichen Stellen mit einem Sifa-System auszurüsten.²⁴ Bei einem Linienbus reicht ein doppeltes Sicherungssystem mit Lichtschranke und Hohlprofilgummi aus, die das Schließen der Bustüren abbrechen können.²⁵

341 – Sport: Wer eine Sportstätte unterhält oder eine Sportveranstaltung abhält, hat gegen die damit verbundenen Gefahren Vorsorge zu treffen. So hat eine Gemeinde eine empfohlene Tourenskiabfahrt besonders zu sichern;[26] der Veranstalter eines Flugtags hat dafür Sorge zu tragen, dass Teilnehmer nicht ein fremdes Grundstück zertrampeln;[27] der Sprung in eine Grube auf einer Fitnessanlage muss gesichert sein;[28] der Betreiber eines Freibades muss eine Badeaufsicht organisieren, damit Ertrinkende rechtzeitig bemerkt werden.[29] Allerdings gibt es auch hier Grenzen: Ein Tennisclub braucht den Platz nicht bei geringer Feuchtigkeit zu sperren oder kleine Baumteile zu entfernen, damit Spieler auf der Schattenseite nicht ausrutschen.[30] Der Betreiber eines Hallenbades muss keine baulichen oder betrieblichen Vorkehrungen treffen, die das Entstehen von Wasserpfützen auf dem Hallenboden verhindern, sofern eine normale Trittsicherheit besteht.[31] Entspricht ein Spielgerät in einem Freizeitpark seiner Konstruktion nach gem. einer Zertifizierungsbescheinigung den Sicherheitsstandards des Geräte- und Produktsicherheitsgesetzes (vor 2004: GSG), spricht dies für die konstruktive Fehlerfreiheit und die Einhaltung der Verkehrspflicht des Parkbetreibers.[32] Alkoholgenuss begründet nicht schlechthin die Haftung für einen Sturz beim Tanzen.[33] Der Veranstalter eines Motorradrennens muss Sicherheitszonen einrichten, die die Zuschauer auf Abstand halten.[34] Beim Bergwandern auf schmalen Hangwegen darf die Absturzgefahr für Mitwandernde nicht erhöht werden.[35] Im Schwimmbad kann ein Schwimmer gehalten sein, sich vom Sprungbereich eines Sprungturms fernzuhalten.[36] Bei Sportwettkämpfen richten sich die Anforderungen nach den Regelwerken der jeweiligen Sportart.[37]

---

21 OLG Köln VersR 1999, 861.
22 BGH VersR 2006, 665.
23 OLG Karlsruhe VersR 1978, 768.
24 BGH VersR 1978, 1163.
25 OLG Nürnberg VersR 1995, 233.
26 BGH JZ 1982, 293.
27 BGH JuS 1980, 373.
28 OGH JBl. 1980, 590.
29 BGH VersR 2000, 984; OLG Koblenz NJW-RR 2001, 318.
30 OLG München VersR 1981, 887.
31 OLG Celle NJW-RR 2000, 244.
32 OLG Celle NJW 2003, 2544.
33 OLG Celle MDR 2002, 1124.
34 OLG Rostock MDR 2005, 394.
35 OLG Stuttgart NJW 2007, 1367: Mitreißen eines Dritten durch abstürzende Person, die Halteseil nicht nutzte.
36 OLG Stuttgart VersR 2011, 1535.
37 BGH NJW 2010, 537 Rn. 10.

Bei gemeinsamer sportlicher Betätigung ist zu bedenken, ob nicht ein Haftungsausschluss greift.[38] 342

– Sonstige Veranstaltungen: Auch andere Veranstaltungen müssen nach Möglichkeit 343
sicher ablaufen. Dabei kommt es auf die besonderen Gefahren der Veranstaltung, die Erwartung, aber auch die Kenntnisse der Teilnehmer an. So ist die Notwendigkeit des Schusswaffengebrauchs in einer Diskothek gering zu halten.[39] Der Inhaber eines Einkaufszentrums hat die Verkehrspflicht, herumstehende Einkaufswagen auf dem Parkplatz einzusammeln, damit durch sie keine Fahrzeuge beschädigt werden.[40] Der Parkettboden eines Saales, in dem eine Karnevalssitzung stattfindet, darf nicht zu glatt sein.[41] Allerdings braucht bei einer organisierten Betriebsbesichtigung nicht darauf geachtet zu werden, dass sich kein Teilnehmer von der Besuchergruppe entfernt.[42] Ebenso wenig haftet nach Genehmigung und vorschriftsmäßiger Bekanntmachung eines Stapellaufs der Schiffseigner für die Folgen des Wasserschwalls.[43] Übermäßige Lautstärke eines Rockkonzerts mit der Folge eines Hörsturzes kann den Veranstalter haftbar machen,[44] ebenso der Schuss in einer Theateraufführung.[45] Wer an Sylvester Raketen abschießt, darf sich grundsätzlich auf ihr ordnungsgemäßes Funktionieren verlassen;[46] eine atypische Flugbahn muss nicht einkalkuliert werden.[47] Nicht überzeugend ist die These, die Anforderungen an die Verkehrssicherungspflicht beim Abbrennen von Feuerwerkskörpern sei in der Sylvesternacht herabgesetzt.[48] Schussgeräusche während einer Treibjagd begründen keine Haftung gegenüber einem Reiter, dessen erschrecktes Pferd scheut.[49]

– Öffentlich zugängige Plätze (Kirchen, Friedhöfe, Gaststätten): Auch hier ist typi- 344
schen Benutzern und Anliegern gegenüber auf Verkehrssicherung zu achten. Dabei kommt es auf die Art des Verkehrs an, so dürfen zB vor Schaufenstern wegen der Ablenkung der Aufmerksamkeit nur geringe Unebenheiten auf dem Gehweg sein. Die geforderte Maßnahme muss allerdings im Rahmen des Zumutbaren bleiben. Eine Kirchengemeinde hat im Spätherbst die von der Kirche herabführenden Treppenstufen zur Zeit des Sonntagsgottesdienstes von nassem Herbstlaub freizuhalten.[50] Der Eigentümer eines Friedhofs hat darauf zu achten, dass Grabsteine nicht umstürzen können.[51] Zigarren- und Zigarettenasche darf bei einem Hotelbetrieb nicht in den Abfalleimer geschüttet werden, damit kein Brand entsteht.[52] Dass ein Tanzparkett glattgebohnert ist, verletzt noch nicht die Verkehrspflicht, wohl aber, dass es durch ungleichmäßiges Auftragen von Bohnermasse oder ungenügendes Einbohnern an einzelnen Stellen besonders glatt und glitschig ist.[53] Allerdings braucht für eine Bar kein Rausschmeißer angestellt zu werden. Der Barinhaber haf-

---

38 BGH NJW 2008, 1591; OLG Nürnberg SpuRt 2008, 210: wasserskilaufende Eheleute, §§ 1359, 277 BGB.
39 BGH MDR 1978, 1013.
40 AG Aachen VersR 1976, 300.
41 OLG Köln VersR 1992, 112.
42 BGH VersR 1978, 721.
43 LG Aurich MDR 1975, 490.
44 BGH NJW 2001, 2019.
45 Verfehlt aA BGH NJW 2006, 610.
46 BGH MDR 1986, 42.
47 OLG Brandenburg VersR 2006, 1701.
48 OLG Jena NJW-RR 2008, 831.
49 BGH NJW-RR 2011, 888 Rn. 13.
50 OLG Karlsruhe VersR 1978, 876.
51 BGH VersR 1968, 378; aA OLG Brandenburg NJW 2004, 2103: Alleinverantwortung des Grabnutzungsberechtigten.
52 BGH VersR 1978, 869.
53 OLG Bremen VersR 1972, 984.

tet nicht für Folgen von Messerstichen von Gast zu Gast.⁵⁴ Den Arbeitgeber trifft für berechtigterweise auf das Betriebsgelände verbrachte Sachen seiner Arbeitnehmer, etwa deren auf einem Parkplatz abgestellte Pkw, eine deliktische Verkehrssicherungspflicht; sie geht aber nicht so weit, den von einem Fremdunternehmer im Rahmen von Erhaltungsarbeiten versprühten Lacknebel von den Pkw fernzuhalten.⁵⁵

345 – Treppe, Haus und Garten: Hier genügen die dem geringeren Verkehr angepassten Sicherungsmaßnahmen. Daher überwiegen in der Praxis die ablehnenden Entscheide. So erfordert eine Treppe von vier Stufen grundsätzlich keinen Handlauf;⁵⁶ ein Gartenbesitzer braucht einen Draht, der von einem Holzpfosten absteht und an der Grenze zu einem anderen Garten steht, nicht alsbald zu befestigen;⁵⁷ auch ist es nicht verkehrspflichtwidrig, eine 5–6 cm tiefe Mulde an der Vorderfront eines Wohnhauses zu belassen.⁵⁸ Der Vermieter einer Wohnung muss den Glasausschnitt von Zimmertüren nicht mit Sicherheitsglas nachrüsten lassen, weil der Mieter Kleinkinder hat.⁵⁹ Hingegen haftet der Vermieter einer brandgefährdeten Halle gegenüber dem bei der Brandbekämpfung verletzten Feuerwehrmann, wenn die Halle zur Nutzung für Kfz-Reparaturen mit Schweißarbeiten vermietet wurde.⁶⁰

346 – Spielplätze, Freizeitparks: Die Verkehrspflicht ist hier dem besonderen Risiko der Benutzung durch junge Personen anzupassen. Dabei ist auch der Gefahr durch möglichen Missbrauch entgegenzuwirken. Daher ist ein Ballspielplatz für Kinder so zu sichern, dass in der Nähe liegende Gebäude nicht durch Bälle beschädigt werden und auch das Zurückholen der Bälle durch Kinder keinen Schaden hervorruft.⁶¹ Jedoch wird eine gewisse Gefahr in Kauf genommen, besonders bei einem Abenteuerspielplatz.⁶² Springt gar ein Erwachsener von der Brücke eines Abenteuerspielplatzes, besteht keine Pflicht zur Abwehr von Gefahren, die offensichtlich erkennbar sind.⁶³ Der Betreiber eines für Kinder bestimmten Sessellifts in einem Vergnügungspark muss nicht damit rechnen, dass sich eine erwachsene Aufsichtsperson während eines Zwischenaufenthalts in halber Fahrthöhe an den Sessel hängt, um ein fünfjähriges Kind am vorzeitigen Ausstieg zu hindern.⁶⁴ Überzogen ist das Verlangen, der Betreiber einer Kart-Bahn müsse dafür sorgen, dass Besucherinnen ihr Langhaar vor Fahrtbeginn hochbinden.⁶⁵

347 – Berufliche (gewerbliche) Sphäre: Der Betreiber eines Pflegeheims muss Stürze nicht schlechthin abwenden, sondern die Handlungsfreiheit der Bewohner in die Abwägung einbeziehen.⁶⁶ Windbruchholz darf nicht überlang gelagert werden, damit Forstschäden durch ausschwärmende Borkenkäfer verhindert werden.⁶⁷ Betriebsfremde Personen müssen uU stärker geschützt werden als Betriebsangehörige, für deren Schutz in erster Linie Unfallverhütungsvorschriften bestimmt sind, ohne dass damit jedoch abschließende Verhaltensanforderungen fixiert werden.⁶⁸ Ein Tiefbauunternehmer muss sich vor Grabungsarbeiten nach der Existenz und dem Verlauf

---

54 KG VersR 1972, 157.
55 BAG NJW 2000, 3369.
56 OLG Koblenz VersR 1981, 559.
57 OLG Karlsruhe VersR 1980, 951.
58 BGH VersR 1968, 68.
59 BGH NJW 2006, 2326.
60 BGH NJW 1996, 2646.
61 OLG Hamm VersR 1977, 970.
62 BGH MDR 1979, 45.
63 LG Hannover VersR 1983, 765.
64 OLG Celle NJW-RR 2005, 755.
65 OLG Saarbrücken NJW-RR 2005, 973.
66 BGH NJW 2005, 1937.
67 OLG Hamm NJW-RR 2008, 265.
68 BGH NJW-RR 2003, 1459, 1460: geschleudertes Kantholz im Sägewerk.

unterirdisch verlegter Versorgungsleitungen erkundigen, soweit Anhaltspunkte für deren Existenz bestehen.[69] Der Herausgeber eines Juristenkalenders hat die Angabe von Fristen nicht im Interesse der Leser vor Druckbeginn Korrektur zu lesen.[70] Die Eisenbahnstrukturreform mit der darauf beruhenden Trennung von Fahrbetrieb und Infrastruktur ändert nichts an der vertraglichen und deliktischen Pflicht des Bahnbetriebsunternehmers, die vom Fahrgast zu betretenden Bahnhöfe und Bahnsteige verkehrssicher zu halten.[71]

IV. Missbrauch

Der Missbrauch eines Gegenstandes löst im Allgemeinen keine Haftung wegen verletzter Verkehrspflicht aus. Anders steht es jedoch, wenn die Gefahr darin besteht, dass der Gegenstand zweckwidrig verwendet wird und der Benutzer oder Dritte gegen Missbrauch geschützt werden müssen.[72] Dabei kommt es darauf an, dass man die Möglichkeit des Missbrauchs erkennen kann, was oft erst nach den ersten Mitteilungen möglich ist. So haftet ein Drogist, wenn er Jugendlichen zur gleichen Zeit Schwefel und Unkraut-Ex verkauft, welche diese zu Sprengstoff vermischen, der sie bei vorzeitiger Explosion verletzt.[73] Ebenso wenig darf man giftige Pflanzen anbauen, wenn man erkennen kann, dass sie von Tieren auf der benachbarten Weide gefressen werden.[74] Natronlauge darf man nicht in einer Bierflasche aufbewahren, damit sie nicht infolge einer Verwechselung getrunken wird. Die Beschriftung »Lauge« reicht nicht aus, da sie erfahrungsgemäß nicht gelesen wird.[75] Vor der Inhalation eines technischen Lösungsmittels zur Berauschung braucht erst gewarnt zu werden, wenn der Missbrauch offenbar ist.[76] Die Risikovorkehrungen für die Benutzung einer Schwimmbadröhrengroßrutsche müssen berücksichtigen, dass Kinder und Jugendliche dazu neigen, Vorschriften und Anordnungen zu missachten und sich unbesonnen zu verhalten.[77]

348

V. Haftung gegenüber unbefugten Benutzern

Der persönliche Schutzbereich der Verkehrspflicht besteht im Allgemeinen nicht gegenüber Unbefugten. Der Einbrecher, der auf der Treppe stürzt, oder der aus dem Garten Gewiesene, der zurückkehrt und sich dort verletzt, hat keinen Anspruch. Gegenüber Jugendlichen oder geistig enthemmten Benutzern ist jedoch die Verteidigung der mangelnden Befugnis regelmäßig nicht zulässig. Vielmehr besteht ihnen gegenüber bisweilen sogar eine gesteigerte Verkehrspflicht. So muss eine Gemeinde einen Hochspannungsmast so aufstellen, dass ein neunjähriger Junge ihn nicht ohne Weiteres erklettern kann;[78] ein Internatsträger hat die Verpflichtung, Treppen gegen das gefährliche Hinunterrutschen von Schülern auf dem glatten Geländer zu sichern;[79] eine Stadtgemeinde muss Baustellen besonders sichern, die wegen archäologischer Funde einen besonderen Reiz auf Unbefugte ausüben.[80]

349

---

69 BGH NJW-RR 2006, 674 Rn. 8.
70 Str.; dazu OGH JBl. 2010, 300, 301.
71 BGH NJW 2012, 1083 Rn. 12: zur Vertragshaftung.
72 BGHZ 139, 43 (47) – Tolle Biene.
73 BGH VersR 1973, 32.
74 AA OLG Düsseldorf NJW 1975, 739.
75 BGH NJW 1968, 1182.
76 BGH VersR 1981, 957.
77 BGH VersR 2004, 657; NJW-RR 2005, 251.
78 OLG Zweibrücken NJW 1977, 111.
79 BGH VersR 1980, 648.
80 OLG Düsseldorf VersR 1977, 1011.

VI. Gefahrhinweise statt Gefahrabwendung

350 Bei geringeren Gefahren genügt oft der Hinweis auf die Möglichkeit der Verletzung zur Erfüllung der Verkehrspflicht. So genügt, dass vor Kopfsprüngen in das Nichtschwimmerbecken gewarnt wird.[81] Größere Gefahren erfordern jedoch eine weitergehende Aktivität. Tritt auf einer Landstraße bei nassem Wetter eine außergewöhnliche Glätte auf, sind bauliche Maßnahmen angezeigt. Das Schild »Schleudergefahr« reicht nicht aus.[82] Ebenso wenig genügt die Aufschrift auf einer Bierflasche »Vorsicht Lebensgefahr, Lauge«.[83] Das Blitzpfeilkennzeichen an einem abgestellten Güterwaggon, dessen Steigleiter spielende Kinder zum Klettern anlockt, warnt nicht ausreichend vor der Gefahr durch Stromüberschlag in der Nähe der Oberleitung.[84] Die Ablehnung einer Haftung durch Anschlag ist unbeachtlich und wirkt höchstens als Grundlage des Handelns auf eigene Gefahr.

VII. Delegation, Entlastungsbeweis

351 Verkehrspflichten werden nicht selten vertraglich von anderen übernommen. Sofern der Verpflichtete der Pflicht entweder wegen hohen Alters oder Ortsabwesenheit nicht nachkommen kann, ist das angemessen. Im Falle der Nichterfüllung der Verkehrspflicht haftet dann grundsätzlich nur der Übernehmende.[85] Im Übrigen ist es schwer, den Entlastungsbeweis gemäß § 831 für den mit der Erfüllung der Verkehrspflicht betrauten Gehilfen zu führen. Der Geschäftsherr hat den Gehilfen genau zu belehren[86] und muss sich über die Erfüllung der Verkehrspflicht besonders informieren. Eine Delegation wird häufig durch kommunale Satzung begründet, wenn Streupflichten für Bürgersteige auf Anlieger abgewälzt werden. Der Eigentümer des anliegenden Grundstücks kann die öffentlich-rechtliche Pflicht vertraglich auf seinen Mieter übertragen. Befreiende Wirkung hat dies nach typischem Satzungsinhalt nur, wenn die Zustimmung der Gemeinde eingeholt wurde.[87] Mangels befreiender Wirkung reduziert sich im Falle tatsächlicher Übernahme der Pflicht die originäre Reinigungspflicht auf eine Überwachungspflicht.[88] Bei vertraglicher Übernahme ist die tatsächliche Übernahme für den Übernehmer pflichtenbegründend, nicht die rechtsgeschäftliche Wirksamkeit des Vertrages mit dem Primärsicherungspflichtigen.[89] Vertragliche Übernahmen der Sicherungspflichten werden in der Regel in Werkverträgen über Grundstücksarbeiten zwischen Straßenbaulastträger und Tiefbauunternehmer vereinbart. Auch dann trifft den Straßenbaulastträger eine Pflicht zur Überwachung der Baustelle (Absperrung, Beleuchtung). Kritischer Punkt ist oftmals eine Sicherungslücke nach Auftragsende.

VIII. Streupflichten

352 Typische Verkehrspflicht wegen Eröffnung eines Verkehrs oder wegen der bloßen Sachherrschaft über einen räumlich-gegenständlichen Bereich ist die Streupflicht bei Glätte des eigenen Grundstücks. Ereignet sich ein Glätteunfall innerhalb der zeitlichen Grenzen der gesetzlich angeordneten Streupflicht, indiziert dies die Verletzung einer

---

81 BGH NJW 1980, 1159.
82 BGH VersR 1968, 1090.
83 BGH NJW 1968, 1182.
84 BGH VersR 1995, 672.
85 BGH NJW 1972, 1321.
86 BGH VersR 1969, 518. Zur Übertragung von Winterdienstpflichten: OLG Hamm NJW 2013, 1375.
87 BGH NJW 1972, 1321 (1322); 1990, 111 (112).
88 BGH NJW 2008, 1440 (1441); OLG Schleswig NJW-RR 2012, 1049.
89 BGH NJW 2008, 1440 (1441); OLG Schleswig MDR 2012, 646.

deliktischen Streupflicht.⁹⁰ Bei einer Veränderung der Gefahrenlage (Nachlassen der abstumpfenden Wirkung des Streugutes, Verschlechterung der Wetterlage) im Laufe eines Tages kann es trotz anfänglicher Erfüllung der Streupflicht geboten sein, erneut zu streuen.⁹¹

Die Verantwortlichkeit für den im Eigentum der Gemeinde stehenden Bürgersteig trifft den Anlieger nicht nach § 823 Abs. 1. Dessen Haftung kann nur nach § 823 Abs. 2 iVm einer kommunalen Straßenreinigungssatzung begründet werden, die zum Streuen verpflichtet.⁹² Es handelt sich um eine Pflicht zur sog. »polizeimäßigen« Reinigung,⁹³ die inhaltlich mit der Reinigungspflicht (Streupflicht) aufgrund der allgemeinen Verkehrssicherungspflicht nach § 823 Abs. 1 übereinstimmt.⁹⁴ 353

Außergewöhnliche Glätteverhältnisse erfordern besonders intensive Streumaßnahmen. Eine bloße Verminderung der Glätte reicht als Wirkungsgrad aus und muss zu erreichen versucht werden. Der Pflichtige darf die Hände nicht in den Schoß legen, nur weil keine völlige Gefahrbeseitigung eintritt.⁹⁵ Streumaßnahmen sind allerdings nicht geboten, wenn sie von vornherein erfolglos und deshalb unsinnig sind, etwa weil Starkregen, der auf gefrorenen Boden trifft und »Blitzeis« auslöst, das Streugut wegspült. Für die Beachtung des Einwands, Streuen wäre sinnlos geblieben, gelten strenge Anforderungen.⁹⁶ 354

IX. Verkehrspflicht als Amtspflicht

Für öffentliche Straßen, zu denen auch ihre Bürgersteige gehören, trifft den Straßenbaulastträger die Verkehrssicherungspflicht.⁹⁷ Er ist rechtlich und tatsächlich zur Gefahrenabwehr in der Lage. Fallen Kostentragung und Verwaltung auseinander, kommt es auf die Verwaltungszuständigkeit für die tatsächliche Unterhaltung an.⁹⁸ Für Gemeindestraßen sind die Gemeinden sicherungspflichtig.⁹⁹ Begründet wird die Straßenbaulast durch den förmlichen Akt der Widmung für den öffentlichen Verkehr. 355

Die Landesstraßengesetze haben die Verkehrssicherungspflicht öffentlich-rechtlich ausgestaltet (so § 10 Abs. 1 NdsStrG). Pflichtverletzungen machen daher nach § 839 BGB iVm Art. 34 GG haftbar, was sich nach § 71 Abs. 2 Nr. 2 GVG auf die Zuständigkeit des Eingangsgerichts auswirkt. Insgeheim haben die Länder auf die Subsidiaritätsklausel des § 839 Abs. 1 S. 2 gehofft. Dieser versteckten Entlastung der öffentlichen Hand hat der BGH einen Riegel vorgeschoben und die Subsidiaritätsklausel insoweit unter Berufung auf den Grundsatz gleichmäßiger Haftung teleologisch reduziert.¹⁰⁰ Die Subsidiarität besteht aber fort für angrenzende Haftungsbereiche, etwa die Verkehrsregelungspflicht. 356

Im Falle einer Organleihe, bei der ein Organ eines Hoheitsträgers beauftragt wird, im Aufgabenbereich eines anderen Hoheitsträgers tätig zu werden, kommt es für die Haf- 357

---

90 BGH NZV 2001, 78.
91 OLG Celle NJW-RR 2003, 1536.
92 OLG Celle VersR 1998, 604; NJW-RR 2003, 1536.
93 BGH VersR 1997, 311.
94 Vgl. BGHZ 118, 368 (373); OLG Celle VersR 1998, 604.
95 OLG Celle VersR 1998, 604.
96 BGH NJW 1993, 2802 (2803).
97 BGHZ 14, 83 (85).
98 BGHZ 24, 124 (130 und 132 f.).
99 BGH NJW 1967, 246 (247).
100 BGHZ 123, 102.

tung im Außenverhältnis darauf an, wer den Gefahrenzustand faktisch hat andauern lassen, obwohl er der Gefahrenlage begegnen konnte.[101]

C. Schutzbereich der Verkehrspflicht

358 Aus der Verletzung einer Verkehrspflicht hat nur derjenige einen Anspruch, der durch die Verkehrspflicht geschützt ist. Auch muss der Schaden in dem durch die Verletzung der Verkehrspflicht vorgesehenen Schutzbereich aufgetreten sein. Insofern ist die Verletzung der Verkehrspflicht der Verletzung eines Schutzgesetzes an die Seite zu stellen. Wenn also ein Erwachsener ein unsicheres Treppengeländer herunterrutscht und sich verletzt, fehlt es am persönlichen Schutzbereich. Ein Treppengeländer braucht nur gegen Herabrutschen durch Jugendliche geschützt zu werden.[102] Ereignet sich beim Aussteigen aus dem Autoscooter ein Unfall, liegt er nicht im Schutzbereich des Fehlens von Sicherheitsgurten.[103] Inlineskater dürfen zwar den Gehweg benutzen, genießen aber Schutz nur wie Fußgänger.[104] Der Produzent von Industrieabfällen haftet auf Verhinderung von Umweltgefahren, muss aber nicht aus Delikt für Aufwendungen aufkommen, die aus einer Entsorgungsverfügung der Ordnungsbehörde resultieren.[105]

D. Anschein der Kausalität

359 Ist eine Verkehrspflicht verletzt worden, so haftet der Verletzer für allen daraus entstandenen Schaden. Nach den allgemeinen Regeln über die Beweislast hat der Verletzte den Beweis der Kausalität zu führen. Jedoch kommt ihm der Anscheinsbeweis dann zugute, wenn der Schaden im Schutzbereich der Verkehrspflicht liegt. Sollte die Verkehrssicherung gerade diesen Schaden verhindern, dann spricht der Anschein dafür, dass der im Zusammenhang mit der Verletzung der Verkehrspflicht eingetretene Schaden auf ihre Verletzung zurückzuführen ist. Es muss nun also der Verkehrssicherungspflichtige dartun, dass die ernsthafte Möglichkeit eines anderen Verlaufs besteht. Steht eine Verletzung der Streupflicht fest, spricht dies für die Kausalität der Pflichtverletzung für einen Glatteissturz.[106]

E. Einordnung der Verkehrspflicht

360 Die Verkehrspflicht ist bei der Auslegung des § 823 Abs. 1 entstanden. Beachtet man jedoch ihre Funktionen, steht sie § 823 Abs. 2 – der Schutzgesetzverletzung – wesentlich näher. Mit dem Schutzgesetz teilt sie den Schutz der Interessen, nicht nur der Rechte und Rechtsgüter des § 823 Abs. 1; das Bestehen von Pflichten, die einer abstrakten oder einer konkreten Gefährdung entgegenwirken sollen; den verkürzten Verschuldensbezug, der sich nur auf die Verletzung der Verkehrspflicht richtet; die Vermutung der Außerachtlassung der inneren Sorgfalt bei Verletzung der Pflicht; den Anschein der Kausalität, wenn der Schaden im Verhinderungsbereich der Pflicht liegt. Überspitzt könnte man sagen, dass die Verkehrspflicht ein vom Richter nach dem Unfall anerkanntes ungesetzliches Schutzgesetz darstellt.

---

101 BGH VersR 2006, 803 (804).
102 OLG Celle VersR 1983, 1163.
103 BGH MDR 1977, 483.
104 OLG Celle NJW-RR 1999, 1187.
105 BGH NJW 2006, 3628 Rn. 13.
106 BGH NJW 1984, 432 (433).

F. Haftpflichtige Unternehmensträger

Die personalisierte Haftung des Deliktsrechts wird bei Verkehrspflichtverletzungen **361**
ohne nähere Zurechnungsüberlegungen Unternehmensträgern als »deren« Verantwortlichkeit zugeordnet. Allenfalls noch nominell wird dies über § 31 als Organisationspflichtverletzung eines Organwalters konstruiert, was theoretisch eine Entlastungsmöglichkeit eröffnen würde. Die natürliche Person des Organwalters kann auch persönlich haften, etwa der Geschäftsführer einer GmbH.[107]

---

107 OLG Stuttgart NJW 2008, 2514.

§ 18 Produzentenhaftung und Produkthaftung

Literatur: *Burckhardt,* Das Ende kostenloser Nachrüstung beim Rückruf von Produkten?, VersR 2007, 1601; *Bodewig,* Der Rückruf fehlerhafter Produkte, 1999; *Canaris,* Die Produzentenhaftung in dogmatischer und rechtspolitischer Sicht, JZ 1968, 494; *Deutsch,* Der Schutzbereich der Produzentenhaftung, JZ 1989, 465; *Diederichsen,* Die Haftung des Warenherstellers, 1967; *Ficker,* Produkthaftung als Gefährdungshaftung, FS v. Caemmerer, 1978, 343; ; *Foerste/v. Westphalen,* Produkthaftungshandbuch, 3. Aufl. 2012; *G. Hager,* Fehlerbegriff, Entwicklungsrisiko. ... PHI 1991, 2; *Heßeler/Kleinhenz,* Der kaufrechtliche Anspruch auf Schadensersatz für Weiterfresserschäden, JuS 2007, 706; *Katzenmeier,* Entwicklungen des Produkthaftungsrechts, JuS 2003, 943; *Kötz,* Ist die Produkthaftung eine vom Verschulden unabhängige Haftung?, FS W. Lorenz, 1991, 109; *Kullmann/Pfister/Stöhr/Spindler,* Produzentenhaftung, Loseblattwerk (Stand: 2013); *Lenz,* Produkthaftung, 2014; *Schaub,* Europäische Produkthaftung: Wie weit reicht die Harmonisierung heute?, ZEuP 2011, 41; *Wandt,* Internationale Produkthaftung, 1995.

Rechtsvergleichend: *v. Marschall,* Die Produkthaftpflicht in der neueren Rechtsprechung der USA, 1975; *v. Caemmerer,* Products Liability, FS Rheinstein II, 1969, 659; *W. Lorenz,* Einige rechtsvergleichende Bemerkungen zum gegenwärtigen Stand der Produzentenhaftpflicht im deutschen Recht, RabelsZ 1970, 14; *Schmidt-Salzer,* Produkthaftung im französischen, belgischen, deutschen, schweizerischen, englischen, kanadischen, US-amerikanischen Recht sowie in rechtspolitischer Sicht, 1975.

Produktsicherheit: *Klindt,* Das neue Geräte- und Produktsicherheitsgesetz, NJW 2004, 465; *Littbarski,* Das neue Geräte- und Produktsicherheitsgesetz: Grundzüge und Auswirkungen auf die Haftungslandschaft, VersR 2005, 448; *Marburger,* Produktsicherheit und Produkthaftung, FS Deutsch, 1999, 271; *Molitoris/Klindt,* Produkthaftung und Produktsicherheit – Ein aktueller Rechtsprechungsüberblick, NJW 2008, 1203.

A. Grundlagen

I. Name und Phänomenologie

362 Die Haftung des Herstellers einer Ware, die entweder von ihm selbst an den Endverbraucher oder über den Handel vertrieben wird, nennt man entweder Produzentenhaftung oder – nach amerikanischem Vorbild – Produkthaftung. Das Wort Produzentenhaftung weist auf eine persönliche Verantwortung des Produzenten, also auf eine Pflichtverletzung hin. Produkthaftung schließt an das fehlerhafte Erzeugnis an und deutet eher eine objektive Haftung an.

II. Entwicklung und Haftungsgründe

1. Volkswirtschaftlicher Hintergrund

363 Die Produzentenhaftung ist ein Kind des 20. Jahrhunderts. Sie ist die haftungsrechtliche Folgerung aus der Industrialisierung. Je mehr man sich auf die sichere Konstruktion und Herstellung in einem Unternehmen verlässt, desto abhängiger ist man beim Gebrauch von der Erfüllung der Sicherungsaufgabe des Herstellers. Dazu kommt, dass der Vertrieb der Ware in einer Verteilungskette oft über Groß- und Einzelhandel erfolgt, bei der einzelne Teile oft unbekannt bleiben. Die Herstellerhaftung soll die Anonymisierung der Verteilungskette aufheben.

2. Vertragshaftung

364 Eine vertragliche Haftung des Herstellers kommt nur in Betracht, wenn der Verletzte sein Vertragspartner ist oder wenigstens in den Schutzbereich des Vertrages einbezo-

gen ist. Gegenüber Außenstehenden trägt die vertragliche Anspruchsgrundlage nicht. Der Hauptfall vertraglicher Produzentenhaftung ist BGHZ 64, 46: Ein Friseur benutzte viele Jahre lang ein in Großpackungen vom Hersteller bezogenes Haartonikum. Wegen Überempfindlichkeit erlitt er eine Hauterkrankung und musste seinen Beruf aufgeben. Eine vertragliche Herstellerhaftung ist gegeben, wenn der Produzent verpflichtet war, auf allergische Reaktionen hinzuweisen.

3. Deliktshaftung nach § 823 Abs. 1

Die Normen des Deliktsrechts sind ebenso wenig auf die Produzentenhaftung zugeschnitten. Als allgemeine Haftungsgrundlage kommt die Verschuldenshaftung nach § 823 Abs. 1 wegen Verletzung einer herstellerspezifischen Verkehrspflicht in Betracht, die von der Rechtsprechung durch die Umkehr der Beweislast hinsichtlich der Pflichtverletzung erleichtert worden ist. Steht der Fehler, nämlich ein verkehrswidriger sicherheitsrelevanter Zustand des Produkts fest, dann hat sich der Produzent zu entlasten, dh darzutun, dass er den Fehler nicht voraussehen oder vermeiden konnte. Die Leitentscheidung bildet BGHZ 51, 91: Ein Tierarzt impfte Hühner gegen Hühnerpest. Einige Tage danach brach die Hühnerpest aus. Die Viren waren nicht genug abgetötet gewesen. Der Hühnerhalter hat gegen das Herstellungswerk einen deliktischen Schadensersatzanspruch, da der Produzent nicht dargetan hat, dass ihn kein Vorwurf der Herstellung der fehlerhaften Ware trifft. Auch Kleinbetriebe werden dieser beweislich verschärften Haftung unterworfen.[1]

365

4. Objektive Haftung: ProdHaftG

Seit dem 1.1.1990 tritt zu der vertraglichen und deliktischen Produzentenhaftung ein Sondergesetz über die Produkthaftpflicht, das sog. Produkthaftungsgesetz, das auf einer EG-Richtlinie beruht. Es führt eine jedenfalls dem Namen nach verschuldensunabhängige Haftung ein, die allerdings einen Selbstbehalt vorsieht. Auslöser der Haftung ist der Fehler des Produkts und der davon hervorgerufene Schaden des Verbrauchers.

366

III. Produktsicherheitsrecht

Sicherheitsrechtliche Anforderungen an Produkte regelt das Produktsicherheitsgesetz (ProdSG) v. 8.11.2011 (zuvor: Geräte- und Produktsicherheitsgesetz (GPSG) vom 6.1.2004), das die 2. EG-Produktsicherheitsrichtlinie 2001/95/EG geändert durch VO (EG) Nr. 596/2009 (Anhang 5.8), umsetzt. Daneben gilt die VO (EG) Nr. 765/2008. Während das Produkthaftungsrecht nach einem Unfall für den Schadensausgleich sorgt und dadurch indirekt vortatlich wirkende Standards setzt, setzt das Produktsicherheitsrecht früher an und will präventiv auf die Durchsetzung von Sicherheitsstandards hinwirken. Es bildet zum einen die Grundlage für öffentlich-rechtliche behördliche Überwachungsmaßnahmen und konkretisiert zum anderen die Sicherheitsanforderungen, die der Hersteller einzuhalten hat. Auf der Ermächtigungsgrundlage des § 8 ProdSG können Verordnungen erlassen werden, die einzelne Standards für wichtige Produktgruppen des Arbeits- und Privatlebens festlegen, etwa für elektrische Betriebsmittel, Maschinen, Spielzeug, Freizeitgeräte, Gasverbrauchsgeräte oder Fahrstühle.

367

§ 6 ProdSG legt Pflichten für das Inverkehrbringen von Verbraucherprodukten fest. Dem Verwender müssen Informationen gegeben werden, die er zur Vermeidung von Schadensfällen benötigt. Gefahrlose Benutzung setzt voraus, dass der Hersteller mit

368

---

[1] BGH NJW 1992, 1039.

Blick auf die bestimmungsgemäße Verwendung und eine vorhersehbare Fehlanwendung eine Gefahranalyse vornimmt, die Alterung, Abnutzung und Verschleiß des Verbraucherprodukts in die Bewertung einbezieht. Anzugeben sind die verantwortlichen Personen, etwa Hersteller oder Importeur. Die verantwortlichen Wirtschaftsteilnehmer müssen bereits beim Inverkehrbringen organisieren, wie sie auf später erkennbar werdende Produktgefahren reagieren wollen. Stichprobenhafte Kontrollen von Serienprodukten sind ebenso durchzuführen wie eine Prüfung von Verbraucherbeschwerden. Festgelegt werden in § 7 und § 20 ProdSG die Voraussetzungen für die Verwendung des unionsrechtlich vorgegebenen CE-Zeichens und des Zeichens »Geprüfte Sicherheit« (GS). Unsichere Verbraucherprodukte sind zurückzurufen, was gegebenenfalls gegen einen zögerlichen Hersteller oder Importeur behördlich erzwungen werden kann.

369 Das ProdHaftG bleibt grundsätzlich unberührt. Unionsrechtlich noch ungeklärt ist, ob bzw. unter welchen Voraussetzungen es den Hersteller entlastet, wenn er öffentlich-rechtliche Sicherheitsstandards eingehalten hat. Vorzugswürdig ist die Ansicht, das Vorliegen eines Produktfehlers nicht mit diesen Standards gleichzusetzen, sodass im Einzelfall eine schärfere Haftung in Betracht kommen kann. Die öffentlich-rechtlichen Pflichten, die das ProdSG den verantwortlichen Wirtschaftsteilnehmern auferlegt, kommen als Haftungsgrundlage nach § 823 Abs. 2 in Betracht, weil die einschlägigen Normen des ProdSG oder der auf seiner Grundlage erlassenen Verordnungen individualschützende Zwecke verfolgen. Je dichter und konkreter öffentlich-rechtliche Sicherheitsnormen formuliert und erlassen werden, desto mehr verschiebt sich die Haftung von § 823 Abs. 1 oder vom ProdHaftG zu § 823 Abs. 2, weil der in den Fehlerbegriff einfließende Sicherheitsstandard dann nicht richterrechtlich fixiert werden muss. Hat zB der Importeur einer aus China stammenden Tapetenkleistermaschine deren Vereinbarkeit mit den anerkannten Regeln der Technik schuldhaft nicht stichprobenartig untersucht, haftet er für einen bei der Gerätereinigung eingetretenen Unfall schon aus diesem Grunde.[2]

370 Die CE-Kennzeichnung und eine vom Hersteller ausgestellte EU-Konformitätserklärung, mit der die Erfüllung grundlegender Sicherheitsanforderungen bescheinigt wird, haben innerhalb der EU den Zweck, die freie Warenzirkulation zu gewährleisten. Deshalb darf ein Importeur von Produkten, die in einem anderen EU-Land in Verkehr gegeben wurden, nur verpflichtet werden, die Existenz des CE-Zeichens und der Konformitätsbescheinigung zu prüfen. Hingegen darf er durch nationales Recht nicht verpflichtet werden, die Sicherheitsanforderungen selbst zu überprüfen; entspricht das Produkt den Anforderungen nicht, darf der Importeur dafür weder straf- noch zivilrechtlich verantwortlich gemacht werden.[3] Im Übrigen dürfen die Mitgliedstaaten die Rechtsfolgen aber autonom bestimmen.[4]

B. Haftung des Herstellers nach § 823 Abs. 1: Produzentenhaftung

I. Tatbestand der Produzentenhaftung

371 In § 823 Abs. 1 hat die Rechtsprechung einen Tatbestand der Produzentenhaftung wegen Verletzung einer herstellerspezifischen Verkehrspflichtverletzung verankert. Er lautet: Der Hersteller einer Ware, die fehlerhaft erscheint, haftet auf Ersatz des da-

---

2 BGH NJW 2006, 1589 – noch zum GSG.
3 EuGH NJW 2006, 204 Rn. 53 – Yonemoto.
4 EuGH NJW 2006, 204 Rn. 58.

durch verursachten Schadens, wenn er nicht beweist, dass er den Fehler bzw. seine Auswirkung nicht verhindern konnte.

– Hersteller: Haftbar ist der Produzent. Als solcher kommt derjenige in Betracht, der den Gegenstand in seiner schließlichen Gestalt herstellt, mag er auch wesentlich aus Teilen bestehen, die Zulieferer beigebracht haben. Produzent ist übrigens auch der Zulieferer. Nicht als Produzenten anzusehen sind Importeure und sonstige Quasihersteller, welche ein fremdes Produkt unter eigenem Namen vermarkten. Die Vertriebsgesellschaft trifft regelmäßig nur eine Überwachungspflicht.[5] Die Produzentenhaftung respektiert die Funktionsunterschiede von Herstellung und Handel. 372

– Fehler: Der Kernbegriff der Produzentenhaftung ist der Fehler. Als Fehler wird die ungenügende Beschaffenheit der Ware angesehen, sodass sie für den vorgesehenen Zweck nicht oder nur mit Gefahr für den Erwerber oder andere eingesetzt werden kann. Der Fehler ist also eine Abweichung von der Normalbeschaffenheit. Die zu erfüllenden Sicherheitserwartungen sind grundsätzlich identisch mit denen nach § 3 ProdSG[6] (dazu nachfolgend → Rn. 390). Ein schadenstiftendes Naturprodukt, zB Tabak,[7] fällt nicht unter den Fehlerbegriff. 373

– Pflichtverletzung/Verschulden: Die deliktische Produzentenhaftung ist verschuldensgebundene Haftung. Konnte der Hersteller den Fehler nicht erkennen oder verhindern, so haftet er nicht. Platzt ein runderneuerter Flugzeugreifen, welcher nach dem Stand der Technik bearbeitet worden ist, fehlt es am Verschulden.[8] Die fehlende Verantwortung wird beim sog. Entwicklungsfehler besonders deutlich: Dann ist ein zunächst taugliches Produkt erst mit der Zeit fehlerhaft geworden. So stand es mit dem Pflanzenschutzmittel, das wegen einer Mutation der Erreger plötzlich unwirksam wurde. Da der Hersteller diese Mutation nicht voraussehen oder verhindern konnte, war er von Haftung frei.[9] 374

– Kausal- und Rechtswidrigkeitszusammenhang: Der Fehler muss für den Schaden ursächlich geworden sein. Ebenso muss der Geschädigte zu den Personen gehören, welche gegen die Folge des Fehlers geschützt werden sollen. Schließlich muss der Schaden im Schutzbereich des Gebots der Fehlerfreiheit liegen. Dazu gehört bei mit Breitbandantibiotika vermischtem Fischfutter auch der Schaden aus der Beschlagnahme von Futtermitteln.[10] 375

– Beweislast: Die Beweislast bei der Produzentenhaftung ist verschieden gestaffelt: Der Verletzte trägt die Beweislast für den Fehler und seine Auswirkung im Schaden. Ihm kommen jedoch Beweiserleichterungen zu Hilfe. Der Produzent hat sich nämlich bei gegebener Fehlerhaftigkeit hinsichtlich des Verschuldens zu entlasten.[11] Das gilt auch für die notwendige, aber unterlassene Instruktion.[12] Auch wird die typische Auswirkung des Fehlers in diesem Schaden zum Gegenstand eines Anscheinsbeweises. Liegt der Schaden typischerweise im Verhinderungsbereich der fehlerfreien Herstellung bzw. Vermarktung, so spricht der Anschein dafür, dass der Schaden auf den Fehler zurückzuführen ist. Das gilt auch für den Instruktionsfehler, jedoch besteht oft eine tatsächliche Vermutung, dass ein geeigneter Hinweis befolgt worden wäre.[13] 376

---

5 BGH VersR 1981, 779; NJW 1994, 517.
6 BGH NJW 2009, 1669 Rn. 6 – Kirschtaler; BGH NJW 2009, 2952 Rn. 12 – Airbag.
7 OLG Frankfurt NJW-RR 2001, 1471.
8 OLG Köln VersR 1985, 747.
9 BGHZ 80, 186.
10 BGHZ 105, 346.
11 BGHZ 51, 91; BGH NJW 1999, 1028.
12 BGH VersR 1990, 99.
13 BGH VersR 1992, 99; MDR 1999, 611: fehlender Hinweis auf Gefahr des Dauernuckelns durch Hersteller von Flaschen mit Schnullern.

II. Typen der Produzentenhaftung

377 – Konstruktionsfehler: Der Entwurf der Ware hat mit der vom Verkehr geforderten Fehlerfreiheit zu erfolgen. Das beinhaltet nicht allein die theoretische Konstruktion, sondern umfasst auch ihre Erprobung unter den zu erwartenden Bedingungen. So ist etwa ein Arzneimittel in den üblichen Teststufen vom Pilotprojekt bis zum Feldversuch zu entwickeln. Wird diese Sorgfalt nicht angewandt und verwirklicht sich der Entwicklungsfehler in einem Schaden, ist Haftung gegeben. So darf etwa ein Klapphocker nicht mit nur einer Feststelleinrichtung konstruiert werden. Bricht ein Sitzender mit dem Hocker zusammen, haftet der Hersteller für die Verletzung.[14] Allerdings darf kein Übermaß verlangt werden; der Stand der Technik bildet jedenfalls die Haftungsgrenze. Stößt etwa ein Trecker gelegentlich durch den Auspuff glühende Kohleteilchen aus, welche einen Wald in Brand setzen, fehlt es am Fehler.[15]

378 – Fabrikationsfehler: Auch bei der Herstellung der Ware hat die erforderliche Sorgfalt zu walten. Das bedeutet, dass schon der Produktionsweg sicher gestaltet wird. Außerdem hat eine Endkontrolle stattzufinden. Pfusch gehört nicht auf den Markt, weil er Abnehmer und Dritte gefährdet. Ist ein Schwimmerschalter defekt und führt zu einem Brand von Schmutzöl, kann das auf unzureichender Fabrikation beruhen.[16] Das gleiche gilt für einen Septum-Meißel, der bei einer HNO-Operation sieben Monate nach Lieferung bricht.[17] Haftpflichtig ist auch ein Abfüller von Flaschen, der keine Berstdrucksicherung durchführt.[18] Der Verwender von Mehrwegflaschen hat diesen Befund zu sichern, sonst trifft ihn die Last, den Beweis der Drucksicherheit zu führen.[19] Das Explosionsrisiko von Flaschen infolge für den Händler nicht erkennbarer Haarrisse fällt nur in den Verantwortungsbereich des Herstellers und darf nicht über die Entwicklung von Verkehrspflichten auf den Einzelhändler ausgedehnt werden, etwa durch eine angesichts von Aufwand und möglicher Risikominderung unzumutbare Pflicht zur Kühlung bei sommerlichen Temperaturen.[20]

379 – Instruktionsfehler: Der Produzent hat oft seiner Ware Beschreibungen und Hinweise mit auf den Weg zu geben. Diese sollen auch vor konkreten Gefahren warnen. Ein Instruktionsfehler kann im mangelnden oder ungenügenden Hinweis oder im unverständlichen Technikerdeutsch liegen (»den Nippel durch die Lasche ziehen«). So hat der Hersteller des Kurznarkotikums »Estil« deutlich darauf hinzuweisen, dass es nicht verwendet werden darf, wo Vene und Arterie dicht beieinanderliegen, etwa in der Ellenbeuge.[21] Ebenso hat der Fabrikant eines Zementreinigungsmittels auf dem Behälter anzuzeigen, dass es Säure enthält, die auch gasförmig Metall angreifen kann.[22] Hersteller und Vertreiber von Flaschen mit Schnullern haben auf die Gefahr des Dauernuckelns und möglicher Zahnschäden hinzuweisen.[23] Allerdings braucht nicht vor Alltagsgefahren gewarnt zu werden. Daher hat ein Grillgerätehersteller nicht die Pflicht, davor zu warnen, Grillkohle mit Brennspiritus zu übergießen.[24] Dasselbe gilt für leicht wahrnehmbare gefährliche Betriebsteile einer

---

14 OLG Celle VersR 1978, 258.
15 BGH VersR 1971, 453.
16 BGHZ 67, 359.
17 OLG Düsseldorf NJW 1978, 1693.
18 OLG Frankfurt VersR 1985, 890.
19 BGHZ 104, 323; 129, 353.
20 BGH NJW 2007, 762 Rn. 15.
21 BGH NJW 1972, 2217.
22 OLG Celle VersR 1985, 949.
23 BGH MDR 1999, 611.
24 OLG Koblenz VersR 1981, 740.

Kreissäge oder Brotschneidemaschine, denen die Messer in einem Papierreißwolf aber nicht gleichstehen sollen.[25]
- Produktbeobachtungspflicht/Produktrückruf: Den Hersteller trifft die Pflicht, das auf dem Markt befindliche Produkt auf mögliche gefährliche Entwicklungen hin zu beobachten. Er hat es dann eventuell zurückzurufen oder wenigstens vor dieser Gefahr zu warnen. Das gilt etwa für Arzneimittel oder Impfstoffe, aber auch für Kraftfahrzeuge. Der Hersteller von Bausätzen für Überrollbügel ist nach Aufdeckung eines möglichen Fehlers verpflichtet, in neuen Einbauanleitungen deutlich auf die richtige Montageart aufmerksam zu machen.[26] Unterschieden werden die passive Beobachtung, bei der nur Beanstandungen überprüft werden müssen, und die aktive Beobachtung, die zur Beschaffung und Auswertung gezielt gesuchter Informationen und zum Aufbau einer dafür geeigneten Betriebsorganisation zwingt.[27]

380

Die Beobachtung des in Verkehr gegebenen Produkts durch passive oder aktive Informationssammlung wäre für die Benutzer ausgelieferter Produkte wertlos, wenn der Hersteller nicht auch ihnen gegenüber reagieren müsste. Die Instruktionspflichten werden zu einer zivilrechtlichen Warnpflicht nach Inverkehrgabe erweitert, beschränken sich darauf aber nicht, wenn Warnungen nicht ausreichen, um Benutzer ausreichend zu schützen. Dann besteht eine Pflicht zum Rückruf oder Nachrüstung.[28] Das öffentlich-rechtliche Produktsicherheitsrecht des ProdSG (→ Rn. 367) besteht neben dem Haftungsrecht; die Behörden können den Hersteller und den Verwender unsicherer Produkte zu Rückrufaktionen verpflichten. Darauf lassen es die Hersteller in der Regel nicht ankommen. Nehmen die Händler oder gewerbliche Verwender (»Wirtschaftsakteure«) die Rückrufmaßnahmen vor, stellt sich die Beurteilung der Rückrufverpflichtung indirekt bei der Verteilung der Rückruf- und Nachrüstkosten im Regresswege. Dasselbe gilt für das Verhältnis von Haupthersteller zum Zulieferer eines verarbeiteten gefährlichen Vorprodukts. Umstritten ist, ob der Erwerber des Endprodukts eine kostenfreie Nachrüstung nach Deliktsrecht verlangen kann. Der BGH hat eine verkappte Deckung des vertraglichen Äquivalenzinteresses durch das Deliktsrecht der Produzentenhaftung abgelehnt.[29]

381

- Sicherung gegen Missbrauch oder Sabotage: Grundsätzlich ist der Hersteller nicht verpflichtet, seine Ware gegen Missbrauch oder Sabotage zu sichern. Nur wo entweder eine deutliche abstrakte Gefahr oder bestimmte Hinweise vorliegen, kann sich eine solche Pflicht ergeben. So hat der Hersteller giftiger Stoffe die Behältnisse kindersicher zu verpacken und mit einer Warnung zu versehen. Besteht die Gefahr, dass ein öffentlich verkauftes Schmerzmittel mit Gift versetzt wird, ist der Hersteller verpflichtet, Packungen zu verwenden, die anzeigen, dass sie ungeöffnet sind.

382

III. Schutzbereich der Produzentenhaftung

- Wirksamkeit: Der Fehler der Ware kann entweder darin bestehen, dass sie Sicherheitsrisiken beinhaltet, die sich verwirklichen. Neben diesem begleitenden Fehler kann auch die Benutzung der Ware selbst gestört oder unmöglich sein. Prototyp ist das zwar unschädliche, aber unwirksame Medikament. § 84 AMG lässt die Gefährdungshaftung nur bei Neben- und Wechselwirkungen eintreten. Für die allgemeine verschuldensabhängige Produzentenhaftung kommt es auf die Mindesterwartung des Verkehrs und damit auf den Typ der Ware an, ob die Wirksamkeit in den Schutzbereich der Fehlerhaftung fällt. Wird das Produkt nur wegen einer angenommenen Wirksamkeit erworben, wie das bei Klebemitteln, Impfstoffen oder Des-

383

---
25 BGH NJW 1999, 2815.
26 BGH VersR 1986, 653.
27 BGH NJW 1994, 517; NJW-RR 1995, 342; OLG Frankfurt NJW-RR 2000, 1268.
28 BGHZ 179, 157 Rn. 11 ff. – Pflegebetten = JZ 2009, 905 m. krit. Anm. *Wagner*.
29 BGHZ 179, 157 Rn. 19.

infektionsmitteln der Fall ist, so haftet der Hersteller für die nicht eingetretene Wirkung. Klebt der »Klebstoff« nicht,[30] fehlt dem »Impfstoff« die immunisierende Wirkung oder mindert das »Desinfiziens« in keiner Weise die Infektiosität, ist Erwerb und Anwendung des Produkts total verfehlt. Es sollte gehaftet werden.

384 – Kaufvertraglicher Schutz des Käufers einer Ware: Die Produzentenhaftung wegen Konstruktions- oder Fabrikationsfehlers eines Einzelteils kann auch vom Käufer einer Anlage geltend gemacht werden. Allerdings ist diese Haftung von der Gewährleistung aus dem Kaufvertrag abzugrenzen. Ersatzpflichtig ist nur der Schaden, der über den Unwert hinausgeht, welcher der Sache wegen ihrer Mangelhaftigkeit von Anfang an angehaftet hat. Die Deliktshaftung wird durch das Leistungsstörungsrecht nicht modifiziert. Das gilt etwa für den Fall, dass ein fehlerhafter Gaszug eines Pkw zum Auffahrunfall führt[31] oder dass ein Dieselmotor beschädigt wird, weil ein schlecht konstruiertes Ölablaufrohr gebrochen war.[32]

385 – Prozesskosten: Die Produzentenhaftung kann so weit reichen, dass sie dem Abnehmer einen Anspruch auf Ersatz von Kosten gibt. War die Ware mangelhaft und wird der Abnehmer zur Unterlassung der Benutzung verurteilt, so kann er die Kosten des Rechtsstreits liquidieren.[33]

C. Produkthaftungsgesetz

I. Produkthaftung als allgemeines europäisches Recht

386 Aufgrund einer Richtlinie des Rates der Europäischen Gemeinschaft von 1985 ist 1990 das Produkthaftungsgesetz (ProdHaftG) in Kraft getreten. Mit diesem Gesetz ist die Verpflichtung zur Umsetzung der Richtlinie in nationales Recht erfüllt worden. Gleiche Umsetzungen sind in allen Ländern der EG erfolgt. Die Richtlinie wird auch in Nicht-EG-Staaten als Vorbild betrachtet.

II. Haftungsgrund

387 Die Ersatzpflicht tritt für die verletzenden Folgen eines Fehlers ein, der einem Produkt anhaftet. Im Einzelnen hat dieser zunächst verschuldensunabhängige Haftungsgrund folgende Voraussetzungen:

388 – Produkt: Darunter ist jede bewegliche Sache zu verstehen, auch wenn sie Teil einer anderen Sache ist, sowie ausnahmsweise Elektrizität, etwa für den Fall der Geräteschädigung durch Überspannung. Landwirtschaftliche Naturprodukte, die nicht einer ersten Verarbeitung[34] unterzogen worden sind, und Jagderzeugnisse sind ausgenommen, § 2 ProdHaftG.

389 – Hersteller: Wer das Endprodukt, einen Grundstoff oder ein Teilprodukt hergestellt hat, ist haftbar, ebenso derjenige, der eine Bezeichnung angebracht hat, die ihn als Hersteller ausgibt, § 4 ProdHaftG. Auch Quasi-Hersteller sind haftbar sowie Importeure. Quasi-Hersteller ist, wessen Name auf dem Produkt oder seiner Verpackung mit Zustimmung dieses Unternehmers angebracht wurde.[35] Zum Ersatz verpflichtet ist auch der Lieferant, wenn der Hersteller des Produkts nicht festgestellt werden kann und er innerhalb eines Monats seinen Lieferanten nicht genannt hat. Dadurch

---

30 BGHZ 50, 200.
31 BGHZ 86, 256.
32 BGH VersR 1985, 837.
33 OGH JBl. 1983, 253.
34 So bei Cevapcici aus Hackfleisch mit einem Knochenstück, LG Kleve NJW-RR 2011, 1473.
35 BGH NJW 2005, 2695.

soll einer Verschleierung der Identität des tatsächlichen Herstellers entgegengewirkt werden.[36] Weitergehend darf der Lieferant nicht haftbar gemacht werden.[37] Mehrere Hersteller haften als Gesamtschuldner, § 5 ProdHaftG. Hersteller ist auch der sog. Assembler, der von verschiedenen Fremdproduzenten Teile zu einem eigenständigen Produkt zusammenbaut. Wird der Zusammenbau jedoch mit einfachen Handgriffen und ohne Spezialwerkzeug bewirkt, wozu auch ein Laie imstande ist, ist der zusammenbauende Unternehmer kein Hersteller.[38] Der Kreis der nach dem ProdHaftG haftenden Personen ist durch das Gemeinschaftsrecht abschließend festgelegt.[39]

- Fehler: Ein Produkt hat einen Fehler, wenn es nicht die Sicherheit bietet, die berechtigterweise erwartet werden kann, § 3 ProdHaftG. Dabei entscheiden die Umstände, insbesondere die Darbietung, der Gebrauch, mit dem gerechnet werden kann, und der Zeitpunkt, in dem das Produkt in Verkehr gebracht wurde. Dazu gehört die Größe der Gefahr.[40] Anzulegen ist ein Standard, der auf das objektiv zugängliche Gefahrenwissen anstellt.[41] Ein Produkt, das in Baumärkten zur Selbstinstallation angeboten wird, hat den Sicherheitserwartungen von Heimwerkern zu entsprechen.[42] Vor einer fachwidrigen Installation unter Missachtung der Installationsanleitung besteht kein Schutz.[43]

390

Der Geschädigte muss im Prozess den Produktfehler, den Schaden, den Ursachenzusammenhang und die Herstellereigenschaft des Anspruchsgegners darlegen und beweisen.[44]

391

III. Anspruchsberechtigter

Wird durch den Fehler des Produkts jemand getötet, der Körper oder die Gesundheit verletzt oder eine Sache beschädigt, so ist dem Verletzten der daraus entstehende Schaden zu ersetzen, § 1 ProdHaftG. Im Falle der Sachbeschädigung muss eine andere Sache als das fehlerhafte Produkt beschädigt und die Sache für den privaten Ge- oder Verbrauch bestimmt bzw. verwendet worden sein. Das ProdHaftG erweist sich hierin als eine ausgesprochene Regelung des Verbraucherschutzes. Reine Vermögensschäden werden nicht ersetzt. In Betracht kommt bei Ausschluss des ProdHaftG die Produzentenhaftung nach § 823 Abs. 1.[45]

392

IV. Enthaftungsgründe

Nach dem Katalog des § 1 Abs. 2 ProdHaftG ist die Ersatzpflicht des Herstellers ausgeschlossen, wenn er eine Reihe von Enthaftungsgründen dartut und im Bestreitensfalle beweist. Es sind die folgenden:

393

- Produkt nicht in Verkehr gebracht;
- Fehler erst nach Inverkehrbringen entstanden, etwa wenn eine Flasche fehlerfrei hergestellt und abgefüllt erst auf dem Transport unsicher wird;
- Produkt nicht für den Verkauf oder Vertrieb hergestellt;

---

36 BGH NJW 2005, 2695 (2697).
37 EuGH NJW 2006, 1409 Rn. 34 und 37 – Bilka.
38 OGH ÖJZ 2007, 288: Glasplatte und Tischgestell.
39 EuGH NJW 2006, 825 Rn. 35 – O'Byrne/Sanofi Pasteur.
40 BGH NJW 2009, 1669 Rn. 8 – Kirschtaler: Kirschkern im Kuchen hinnehmbar; BGH NJW 2009, 2952 Rn. 18 – Airbag.
41 BGHZ 181, 253 = NJW 2009, 2952 Rn. 27 f. – Airbag; BGH VersR 2013, 469 Rn. 9 – Heißwassergerät.
42 BGH VersR 2013, 469 Rn. 12.
43 BGH VersR 2013, 469 Rn. 14.
44 BGH NJW 2005, 2695 (2696) – Grillanzünder.
45 So im Fall des leckenden Ölkanisters, OLG Saarbrücken NJW-RR 2013, 271.

- Fehler geht auf zwingende Rechtsvorschriften zurück (Gesetze im materiellen Sinn, nicht DIN-Normen);
- Fehler unerkennbar: Dieser Haftungsausschlussgrund rückt das Einstehenmüssen nach dem ProdHaftG in die Nähe der Verschuldenshaftung. Im Einzelnen kommt es darauf an, dass der Fehler nach dem Stand der Wissenschaft und Technik in dem Zeitpunkt, in dem der Hersteller das Produkt in den Verkehr brachte, nicht erkannt werden konnte, § 1 Abs. 2 Nr. 5 ProdHaftG. Damit ist die innere Sorgfalt in Bezug auf die Sicherheitserwartung angesprochen. Wenn also ein elektrisches Gerät Strahlungen aussendet, die gesundheitsschädlich sind, was aber zum Zeitpunkt des Inverkehrbringens objektiv noch unbekannt war, ist dieser Beweis geführt. Zweck dieser Regelung ist es, die Haftung für Entwicklungsrisiken auszuschließen. Aus diesem Grunde greift der Haftungsausschluss nur bei einem Konstruktionsfehler, nicht bei einem Fabrikationsfehler.[46]

V. Haftungsumfang

394 Nach dem ProdHaftG wird nicht nur der materielle Schaden ersetzt; seit 2002 gibt es gem. § 8 S. 2 ProdHaftG auch Schmerzensgeld. Ein Mitverschulden oder eine zurechenbare Mitverursachung des Verletzten wird angerechnet. Der Höchstbetrag der Haftung beträgt 85 Mio. EUR. Bei der Sachbeschädigung hat der Verletzte einen Selbstbehalt in Höhe von 500 EUR.

VI. Zeitliche Grenzen

395 Erlöschen des Anspruchs: Zehn Jahre nach dem Inverkehrbringen des Produkts geht der Anspruch unter, es sei denn, dass Klage erhoben ist. In Verkehr ist das Produkt gebracht, wenn es den vom Hersteller eingerichteten Prozess der Herstellung verlassen hat und in einen Prozess der Vermarktung eingetreten ist; das kann mit der Übergabe an eine 100% Vertriebstochtergesellschaft mit Sitz im Ausland zutreffen.[47]

396 Verjährung: Der Anspruch verjährt drei Jahre nach dem Zeitpunkt, in dem der Ersatzpflichtige von dem Schaden, dem Fehler und der Person der Ersatzpflichtigen Kenntnis erlangt hat oder hätte erlangen müssen.

VII. Konkurrenzen

397 Als Sondergesetz ist das ProdHaftG mannigfachen Konkurrenzen ausgesetzt.

- Zivilrechtliche und sondergesetzliche Produkthaftung: Es gilt Anspruchskonkurrenz, dh beide Haftungsgründe kommen nebeneinander in Betracht, § 15 Abs. 2 ProdHaftG. Der EuGH hat Art. 13 der Richtlinie, also die dem § 15 Abs. 2 ProdHaftG zugrunde liegende Norm des Gemeinschaftsrechts, dahin ausgelegt, dass er nationale vertragliche oder außervertragliche Haftungen nicht ausschließt, sofern diese für verdeckte Mängel oder für Verschulden auf anderen Grundlagen beruhen,[48] mögen sie auch die Haftungsstrenge des ProdHaftG übernehmen.[49] Sie dürfen auch denjenigen Wirtschaftsteilnehmer verantwortlich machen, für den das ProdHaftG nicht anwendbar ist. Während das ProdHaftG in manchem die Haftung erleichtert, etwa hinsichtlich des Herstellers, geht das Deliktsrecht in den Rechtsfolgen weiter. Wird der Selbstbehalt ausgeschaltet oder über die Höchstgrenzen hinausgegangen, ist das zivile Haftungsrecht gefragt.

---

46 BGHZ 129, 353.
47 EuGH NJW 2006, 825 Rn. 27 und 30 – O'Byrne/Sanofi Pasteur.
48 EuGH NJW 2006, 1409 Rn. 47 mwN – Bilka.
49 EuGH EuZW 2009, 501 Rn. 30 – Moteurs Leroy Somer.

– Arzneimittelhaftung: Nach § 15 Abs. 1 ProdHaftG bleibt die Arzneimittelhaftung dem AMG ausschließlich überlassen. Damit weicht das ProdHaftG von Art. 13 EG-Richtlinie ab, wonach 1985 bestehende besondere Haftungsregelungen unberührt bleiben. Das kann für den Fall bedeutsam werden, dass durch ein Arzneimittel nicht der Patient, sondern ein Dritter geschädigt wird, etwa wenn der Patient unter Einfluss des Arzneimittels gefährlich Auto fährt. § 84 AMG greift insoweit nicht ein; daher bleibt es trotz der Kanalisierung in § 15 ProdHaftG bei Art. 13. Die EG-Richtlinie erlaubt hier eine Haftung nach Produkthaftungsregeln. Allerdings ist das AMG im Jahre 2002 geändert worden. Ob §§ 84 Abs. 2 und 84a AMG mit Art. 13 der Richtlinie vereinbar sind, hat der EuGH auf Vorlage des BGH (Art. 267 AEUV) zu entscheiden.[50] **398**

– Gentechnische Ereignisse: Produkte, die gentechnisch veränderte Organismen enthalten oder aus solchen bestehen, unterfallen nicht der Haftung nach dem GenTG, sondern einer verschärften Produkthaftung, § 27 Abs. 2 GenTG. Insbesondere gilt die Haftung auch für landwirtschaftliche Naturprodukte und die Verteidigung der Nichterkennbarkeit des Fehlers nach dem Stand der Technik und Wissenschaft ist ausgeschlossen. Bei gentechnologischen Produkten wird auch für den Entwicklungsfehler gehaftet. **399**

– Vertragsrecht: Die Änderungen des Verjährungsrechts anlässlich der Schuldrechtsreform von 2002 haben die Konkurrenz (kauf-)vertraglicher und deliktischer Ansprüche nicht gegenstandslos werden lassen. Die Verjährungsfristen der § 199 Abs. 1 und § 438 Abs. 1 Nr. 3 weichen voneinander ab. Damit besteht die Problematik des »Weiterfresser«-Schadens fort. **400**

D. Arzneimittelhaftung

§ 84 AMG statuiert eine Gefährdungshaftung für Entwicklungs- und Produktionsfehler sowie eine Art Verschuldenshaftung für Instruktionsfehler bei Arzneimitteln (näher dazu → Rn. 588 f.). Führt ein Arzneimittel bei bestimmungsgemäßem Gebrauch (also nicht bei einer Überdosis von Schlafmitteln) zu schädlichen Wirkungen, die über ein nach den Erkenntnissen der medizinischen Wissenschaft vertretbares Maß hinausgehen und ihre Ursache im Bereich der Entwicklung oder der Herstellung haben, so haftet der Hersteller auf Schadensersatz. Die Vertretbarkeit ist nach dem Zeitpunkt des Inverkehrbringens und der Verletzung zu bemessen. Eine seltene Überreaktion auf eine Impfung gehört nicht hierher, da sie nicht Ursache im Bereich der Entwicklung oder Herstellung hat.[51] Die Feststellung des Schadenseintritts als Folge der Arzneimitteleinnahme soll mithilfe der kaum verstehbaren Vermutung des § 84 Abs. 2 AMG erleichtert werden.[52] Entspricht die Gebrauchsinformation zur Zeit des Inverkehrbringens des Arzneimittels nicht den Erkenntnissen der medizinischen Wissenschaft, so ist gleichfalls eine Haftung gegeben. Bei einem Medikament, das in dramatischen Situationen (Asthma-Anfall) genommen werden soll, ist auch deutlich vor der Gefahr eines exzessiven Gebrauchs zu warnen.[53] **401**

Die Arzneimittelhaftung setzt sich auch gegenüber gentechnologisch hergestellten Arzneimitteln durch. Auch insoweit hat der Gesetzgeber eine Kanalisierung im Rahmen des § 84 AMG vorgesehen, § 37 Abs. 1 GenTG. **402**

---

50 BGH VersR 2013, 904 Rn. 6.
51 OLG Celle VersR 1983, 1143.
52 Dazu BGH NJW 2008, 2994 m. Anm. *Deutsch* – VIOXX I; BGH NJW 2013, 2901 Rn. 11 ff. – VIOXX II.
53 BGHZ 106, 273.

§ 19 Äußerungsdelikte: § 824 und allgemeine Regeln

Literatur: *Ahrens,* Vergleichende Bewertung von Universitätsdienstleistungen – Neue Anwendungsbereiche der Warentestrechtsprechung, FS Ullmann, 2006, 565; *Assmann/Kübler,* Testhaftung und Testwerbung, ZHR 142, 413; *Canaris,* Gewinnabschöpfung bei Verletzung des allgemeinen Persönlichkeitsrechts, FS Deutsch, 1999, 85; *Deutsch,* Abwertende Medienkritik, FS Klingmüller, 1974, 49; *Erlanger,* Die Gewinnabschöpfung bei Verletzung des allgemeinen Persönlichkeitsrechts, 2001; *Frassek/Strank,* Die Grenzen der Bildberichterstattung über Prominente in den Medien (Deutschland, Frankreich, England) ZEuP 2012, 587; *Götting/Schertz/Seitz,* Handbuch des Persönlichkeitsrechts, 2008; *Grimm,* Die Meinungsfreiheit in der Rechtsprechung des BVerfG, NJW 1995, 1697; *Greve/Schärdel,* Der digitale Pranger – Bewertungsportale im Internet, MDR 2008, 644; *Helle,* Zivilrechtlicher Schutz von Persönlichkeit, Ehre und wirtschaftlichem Ruf im Privatrecht, 1999; *v. Köller,* Meinungsfreiheit und unternehmensschädigende Äußerungen, 1971; *Kübler,* Öffentliche Kritik an gewerblichen Erzeugnissen und beruflichen Leistungen, AcP 172 (1972), 177; *Messer,* Der Anspruch auf Geldersatz bei Kreditgefährdung …, FS Steffen, 1995, 347; *Müller,* Der Schutzbereich des Persönlichkeitsrechts im Zivilrecht, VersR 2008, 1141; *Reinhardt,* Zivilrechtlicher Schutz des Ansehens und berechtigte Interessenwahrung, FS Heinrich Lange, 1970, 195; *Sack,* Das Recht am Gewerbebetrieb, Geschichte und Dogmatik, 2007; *E. Schmidt,* Wahrnehmung berechtigter Interessen ein Rechtfertigungsgrund?, JZ 1970, 8; *Schricker,* Öffentliche Kritik an gewerblichen Erzeugnissen und beruflichen Leistungen, AcP 172 (1972), 203; *Siemes,* Gewinnabschöpfung bei Zwangskommerzialisierung der Persönlichkeit durch die Presse, AcP 201 (2001), 201; *Stegmann,* Tatsachenbehauptung und Werturteil in der deutschen und französischen Presse, 2004.

A. Besonderheiten der Äußerungsdelikte

I. Zusammenfassung als Äußerungsdelikt

403 Die Zusammenfassung mehrerer Tatbestände als »Äußerungsdelikte« schließt an die Besonderheit der Herabsetzung einer Person durch Sprache oder Zeichen als Mittel der Kommunikation an. Das Recht gewährleistet jeder Person Wahrheit und Maß bei Äußerungen durch Dritte. Der Mensch wird also gegenüber unwahren bzw. maßlosen Äußerungen geschützt. Daneben hat der Schutz vor Verfolgung durch zudringliche Bildreporter (»Paparazzi«) eigenständige Bedeutung erlangt.

II. Schutzgüter: persönliches und geschäftliches Ansehen, Privatsphäre

404 Die herabsetzenden Äußerungen berühren entweder die persönliche Sphäre, als deren Schutzgut das Persönlichkeitsrecht oder die Ehre angesehen wird. Soweit die Äußerung den geschäftlichen Bereich betrifft, sind der geschäftliche Ruf, der goodwill bzw. die Kreditwürdigkeit als geschütztes Gut anzusehen. Ein Beispiel für die Verletzung des privaten Ansehens liefert das Urteil BGHZ 37, 187: Eine Frau behauptete, der Direktor einer Schule habe ihr auf einem internationalen Pädagogenlehrgang die Ehe versprochen. Ein typisches Beispiel der Geschäftsschädigung ist die Behauptung eines Sachverständigen, die von einer Firma gelieferte Klimaanlage sei ein »Schmarrn«.[1]

405 Verbale Äußerungen sind nicht die einzige Form der Beeinträchtigung. Bildveröffentlichungen insbesondere der Unterhaltungspresse (»Yellow Press«) können als solche oder in Verbindung mit Bildunterschriften negativ wirken. Stärker sind indes die Auswirkungen der ausspionierenden Beobachtung des gesamten Lebens durch Fotojournalisten, die auf ihren Schnappschuss warten und das Opfer zu permanenter Selbstkontrolle zwingen, wenn es nachteilige Veröffentlichungen vermeiden will. In

---

1 BGH JZ 1966, 28.

dem Maße, in dem die Bildpublikation unterdrückt werden kann, sinkt das Beobachtungsinteresse der Fotografen.

III. Tatsachenbehauptungen und Werturteile

406 Der Unterschied zwischen der Behauptung einer Tatsache und einem Werturteil ist wesentlich für die Äußerungsdelikte[2] und wird deshalb vom BVerfG nachgeprüft.[3] Sie werden hinsichtlich der Zulässigkeit und des Beweises unterschiedlich behandelt. Werturteile sind Ausdruck der Meinungsfreiheit, die freilich ihre Grenze an unsachlicher und Schmähkritik[4] findet. Schmähkritik ist eher auf Privatfehden beschränkt, in denen die Diffamierung einer Person im Vordergrund steht.[5] Zutreffende Behauptungen sind schon, weil sie wahr sind, grundsätzlich zulässig. Ausnahmen gibt es nur im Bereich der sittenwidrigen Schädigung. Tatsachenbehauptungen sind dem Wahrheitsbeweis zugängig. Der Beweis der Wahrheit ist erbracht, wenn der Betroffene wegen der behaupteten Tat rechtskräftig verurteilt worden ist, § 190 S. 1 StGB. Diese Regel gilt im Zivilrecht ebenso[6] wie die Beweisregel des § 186 StGB, die dem Äußernden den Nachweis der Wahrheit zuschiebt.[7]

407 Werturteile hingegen, mögen sie sich auf Tatsachenbehauptungen stützen oder nicht, sind weder verifizierbar noch falsifizierbar.[8] Aus diesem Grunde bildet die Herabsetzung durch Werturteil einen unabgegrenzten Tatbestand, dessen Rechtswidrigkeit besonders festgestellt werden muss. Im Gegensatz dazu ist die unwahre Behauptung ein abgegrenzter Tatbestand, der erst der Rechtfertigung durch die Lehre vom herausgeforderten Gegenschlag oder von der Wahrung berechtigter Interessen bedarf. Ein Beispiel des Gegenschlags enthält BGH MDR 1967, 753: Ein schwedischer Film mit dem Titel »Chance« war in Deutschland wenig verändert unter der verheißenderen Überschrift »Die Nächte der Birgit Malmström« in die Kinos gekommen. In einer Besprechung hatte gestanden, der Film sei »stark geschnippelt«. Obwohl diese Tatsachenbehauptung unrichtig war, wurde die Klage abgewiesen. Die Diskrepanz zwischen dem Filmtitel und dem Filminhalt legte nämlich die Annahme nahe, dass etwas fehle. Die Grenze des Werturteils zeigt BGH NJW 1968, 644 auf: Hier hatte eine Illustrierte einen Bericht über Jackie Onassis als Originalbericht angekündigt. Gegen den Vorwurf eines Konkurrenten, der Bericht sei eine Fälschung, darf nicht geschrieben werden, der Vorwurf sei »unwahr, böswillig und leichtfertig erhoben«. Dieses Urteil zeigt, dass auch bei Werturteilen die Abwägung hinsichtlich der Zulässigkeit unter Berücksichtigung der tatsächlichen Grundlage zu erfolgen hat.

IV. Wahrnehmung berechtigter Interessen

408 Aus der mangelnden Absolutheit des Rechtsguts und der Notwendigkeit, maßvolle Eingriffe in die Persönlichkeit und den Gewerbebetrieb zuzulassen, ergibt sich der Rechtfertigungsgrund der Wahrnehmung berechtigter Interessen, §§ 193 StGB, 824 Abs. 2 BGB, 4 Nr. 8 UWG. Der Rechtssatz lautet: Eine nach Erfüllung der Nachforschungspflicht aufgestellte falsche Behauptung ist zulässig, sofern mit ihr ein berechtigtes Interesse wahrgenommen wird. Das wahrgenommene Interesse kann ein eigenes sein, wie etwa bei einer Prozessbehauptung. Ebenso kann das Interesse des

---
2 BGHZ 132, 13, 21; BVerfGE 82, 272; BVerfG NJW 1996, 1529.
3 BVerfG NJW 2012, 1643 Rn. 35 mwN.
4 OLG Hamm NJW-RR 1995, 1114: »Charakterschwein«.
5 BVerfGE 93, 266 (294); BVerfG NJW 2003, 961 (962); 2012, 1643 Rn. 40.
6 BGH VersR 1985, 1143.
7 BGHZ 132, 13.
8 Zur Mischung und Abgrenzung OLG Nürnberg NJW-RR 2003, 40: tierquälerische Großbestände; BGH NJW 2002, 1192 – Zuschussverlag: »Käse-Vergleich«.

Empfängers die Falschbehauptung rechtfertigen, etwa wenn er in verkehrsüblicher Weise vor einem anderen gewarnt wird. Es gibt auch das öffentliche Interesse, welches unter anderem von den Medien wahrgenommen wird. So darf etwa eine Wochenschrift über die sog. Cellulitis-Kur als Missbrauch auf dem Heilmittelsektor berichten.[9] Die Behauptung darf jedoch nicht das wahrgenommene Interesse überschreiten.[10] Sodann darf man nicht Behauptungen ins Blaue hinein aufstellen. Der Behauptende hat vielmehr einer Nachforschungspflicht zu genügen.[11] Diese ist eine Sorgfaltspflicht und je nach wahrgenommenem Interesse unterschiedlich weitreichend. Wird eine Ware in einem Test negativ beurteilt, muss sie genau untersucht worden sein. In einer reinen Berichtssendung ist die Pflicht herabgesetzt. Wird etwa von einer stromlosen Teppichkehrmaschine behauptet, sie zerpflücke jeden Teppich, genügt es zur Rechtfertigung, wenn das Fernsehen eine Hauswirtschaftslehrerin befragt hatte.[12]

409 Schutz durch Art. 2 Abs. 1 GG genießen Äußerungen, die im engsten Familienkreis oder zwischen anderen besonders vertrauten Personen fallen.[13]

V. Bildnisschutz

410 Dem Schutz abgebildeter Personen dienen Regeln, die als Restbestand des Urheberrechtsgesetzes für Werke der bildenden Künste (KUG) von 1907 erhalten geblieben sind, einem der beiden Vorläufergesetze zum geltenden UrhG. § 22 KUG schützt das Bild als besonderes Persönlichkeitsrecht, indem es dessen Verbreitung oder Veröffentlichung grundsätzlich von einer Einwilligung des Abgebildeten abhängig macht. Durchbrochen wird die Grundregel in § 23 KUG unter anderem für Bildnisse aus dem Bereich der Zeitgeschichte. Allerdings dürfen auch dort berechtigte Interessen des Abgebildeten nicht verletzt werden. Ergänzend gilt das in § 823 Abs. 1 verankerte allgemeine Persönlichkeitsrecht. Die Rechtsprechung befolgt ein abgestuftes Schutzkonzept.[14] Der Begriff des Zeitgeschehens ermöglicht die Rechtfertigung der Abbildung durch ein echtes Informationsinteresse der Allgemeinheit. Was von öffentlichem Interesse ist, darf die Presse innerhalb eines durch die Meinungsäußerungs- und Pressefreiheit gewährleisteten Spielraums nach publizistischen Kriterien entscheiden, wobei unterhaltende Beiträge nicht ausgenommen sind.[15] Der Persönlichkeitsrechtsschutz hinsichtlich Bild- und Wortberichterstattung reicht unterschiedlich weit.[16]

---

9 BGH MDR 1969, 651.
10 OLG Koblenz NJW-RR 2008, 1316 (1317): Vorwurf des sexuellen Missbrauchs eines Kindes gegenüber Arbeitgeber des Verdächtigen durch Großeltern.
11 BGHZ 132, 13 (24) = NJW 1996, 1131 – Lohnkiller.
12 BGH JZ 1967, 94.
13 BVerfG NJW 1995, 1015.
14 BGHZ 171, 275 Rn. 9 – Winterurlaub; BGH NJW 2012, 762 Rn. 8 f. – Vernissage; BGH NJW 2012, 763 Rn. 23 – Inka Bause; BGH NJW 2012, 3645 Rn. 26 – Comedy-Darstellerin; BGH NJW 2013, 2890 Rn. 10 – Eisprinzessin Alexandra; BGH NJW 2013, 3029 Rn. 7 – Teilnehmerin an Mahnwache.
15 BGH NJW 2008, 3134 Rn. 15 f., 23 – Heide Simonis; BGH NJW 2008, 3138 Rn. 14 ff. – Sabine Christiansen; BGH NJW 2008, 3141 Rn. 25 – Caroline III. Zur Abwägung von Art. 10 EMRK und Art. 8 EMRK bei Bildberichterstattung EGMR NJW 2012, 1053 Rn. 108 ff.
16 BVerfG NJW 2011, 740 Rn. 52; 2012, 756 Rn. 19.

B. Personbezogene Publikationen

I. Beleidigung und üble Nachrede

Die Strafbestimmungen gegen Beleidigung und üble Nachrede sind als Schutzgesetze anzusehen (§§ 823 Abs. 2 BGB, 185 f. StGB). Wer eine nicht erweislich wahre Tatsache behauptet oder eine Beleidigung vornimmt, haftet auf Schadensersatz und Schmerzensgeld. Die Belastung des Behauptenden mit dem Wahrheitsbeweis ist nur wegen der Ausnahme der Wahrung berechtigter Interessen erträglich und stößt auf verfassungsrechtliche Grenzen. So schuldet eine Anzeigerstatterin nach §§ 823 Abs. 2 BGB, 186 StGB keinen Ersatz, wenn offen bleibt, ob ein Arzt eine Patientin sexuell missbraucht hat.[17]

411

II. Persönlichkeitsrecht

Wie oben dargestellt, wird das allgemeine Persönlichkeitsrecht als sonstiges Recht aufgrund der Verfassung geschützt, Art. 2 Abs. 1 GG, § 823 Abs. 1 BGB. Das allgemeine Persönlichkeitsrecht des Zivilrechts hat einen größeren Umfang als die Verfassungsverbürgung des Art. 2 Abs. 1 GG, die im Lichte des Art. 1 Abs. 1 GG auszulegen ist. Der Unterschied zeigt sich etwa beim postmortalen Persönlichkeitsrecht, das in Art. 2 Abs. 1 GG nicht verankert ist. Die Rechtswidrigkeit ist durch eine Güter- und Interessenabwägung positiv festzustellen. Der Persönlichkeitsrechtsschutz ist auch durch Art. 8 EMRK gewährleistet.[18] Daraus ergeben sich Rechtsschutzmöglichkeiten zum Europäischen Gerichtshof für Menschenrechte und Entscheidungskonflikte wegen unterschiedlicher Abwägungsergebnisse zwischen BVerfG und EGMR.[19]

412

Das Persönlichkeitsrecht wird in den Medien durch Äußerungen verletzt, etwa den falschen Bericht über einen katholischen Geistlichen, dem intime Beziehungen zu einer verheirateten Frau vorgeworfen werden,[20] oder eben durch Bilder. Eine neue Bedrohung erwächst dem Normalbürger durch Bewertungen seiner Person, die im Internet verbreitet werden. Meinungsäußerungen im Internet haben Prangerwirkung und sind nicht wie das flüchtig gesprochene Wort, selbst wenn es über die Tagespresse verbreitet wird, bis zur Grenze der Schmähkritik hinzunehmen. Die Skala der Äußerungen reicht vom Schuldnerspiegel im Internet[21] bis zur Lehrerbewertung durch Schüler.[22]

413

III. Kollektivbeleidigung

Verletzungsfähig ist grundsätzlich nur eine natürliche oder juristische Person. Sofern Gruppen herabgesetzt werden, ist ein Anspruch des Einzelnen nur gegeben, wenn er als Mitglied dieser Gruppe deutlich in Erscheinung tritt. Dazu muss die Gruppe homogen sein und ein besonderes Schutzinteresse aufweisen. Das ist bejaht worden für die Anerkennung des Verfolgten-Schicksals der Juden,[23] nicht aber für die Darstellung von Frauen als bloßes Sexualobjekt in einem Magazin.[24]

414

---

17 BVerfG NJW 1987, 1929.
18 Zur Wortberichterstattung EGMR NJW-RR 2011, 981; NJW 2013, 768; 2013, 771.
19 Zur Bereinigung des Konflikts EGMR NJW 2004, 2647 Rn. 72 iVm NJW 2005, 2480; BVerfG NJW 2008, 1793 Rn. 52 f., 67 ff.
20 BGH VersR 1988, 405.
21 BVerfG MMR 2002, 89.
22 BGHZ 181, 328 – spickmich.de.
23 BGH VersR 1980, 44.
24 LG Hamburg NJW 1980, 56.

IV. Behaupten und Verbreiten

415 Tathandlungen des Äußerungsdelikts sind das Behaupten und das Verbreiten, also die Kundgabe als eigene Ansicht oder die Weitergabe einer fremden Ansicht. Eine Distanzierung von der verbreiteten Fremdäußerung wirkt nicht entlastend, es sei denn sie wird nur zitiert, um eine eigene Stellungnahme abzugeben. Aus Drittquellen stammende Informationen (Pressemitteilungen, Interviews, Meldungen von Nachrichtenagenturen) dürfen aber nach Prüfung auf einen Mindestbestand an Beweistatsachen für den Wahrheitsgehalt weiterverbreitet werden.[25] Eine rhetorische Frage dient als unechte Frage der subtilen Vermittlung eines Aussagegehalts, etwa in der Schlagzeile der »Bild«-Zeitung: »X im Bett mit Caroline? In einem Playboy-Interview antwortet er eindeutig zweideutig«.[26]

416 Äußerungen sind zur Ermittlung ihres objektiven Sinngehalts auszulegen. Dabei kommt es auf den sprachlichen Kontext an, der für die Leser, Hörer oder Zuschauer erkennbar ist; Einzelaussagen können »zwischen den Zeilen« stehen.[27] Bei mehrdeutigen Äußerungen verlangt das BVerfG eine rechtsfolgenbezogene Differenzierung der Auslegung: Wird die Verurteilung zu einer nachtatlichen Sanktion wie Schadensersatz aber auch zu Widerruf oder Berichtigung beantragt, soll zur Vermeidung einschüchternder Wirkungen eine Auslegung der streitigen Äußerung im Sinne einer rechtswidrigen Deutungsvariante unterbleiben, wenn eine Deutung im Sinne einer rechtmäßigen Äußerung nicht ausgeschlossen werden kann.[28] Dem in die Zukunft gerichteten Unterlassungsanspruch kann der Äußernde hingegen dadurch ausweichen, dass er sich eindeutig ausdrückt und damit klarstellt, welcher Äußerungsinhalt der rechtlichen Prüfung zugrunde zu legen ist.[29] Damit hat das BVerfG seine dem BGH vorgegebene »Variantenlehre« eingeschränkt, wenn auch im Hinblick auf den Beseitigungsanspruch nicht weit genug. Verfehlt ist die Zielverwirklichung durch Vorgaben für die Auslegung; die Ausrichtung des Verschuldensmerkmals auf die intellektuellen Fähigkeiten des Äußernden würde völlig ausreichen.

417 Zulässig ist eine Verdachtsberichterstattung.[30] Sie betrifft eine Tatsache, deren Wahrheitsgehalt noch ungewiss ist. Erforderlich ist eine vollständige Berichterstattung, die dem Leser auch entlastende Umstände mitteilt.[31] Der Äußernde muss die Richtigkeit in zumutbarer Weise überprüfen und seinen Kenntnisstand darüber zutreffend mitteilen.[32] Bloße Gerüchte dürfen nicht verbreitet werden.[33] Im Interesse effektiver Rechtsschutzgewährung dürfen Äußerungen in einem gerichtlichen Verfahren nicht unterbunden werden.[34]

V. Sorgfalt der Recherche

418 Die Sorgfaltspflicht betrifft die Recherche und richtet sich regelmäßig auf Ermittlung der tatsächlichen Grundlagen. Dabei darf man sich nicht ohne Weiteres auf Dritte verlassen, wohl aber auf Verlautbarungen amtlicher Stellen.[35] Die Äußerungsdelikte ent-

---

25 BVerfG NJW 1999, 1322 (1324) – Helnwein; BverfG NJW 2007, 2686 – Porsche-Aktionär.
26 BGH NJW 2004, 1034.
27 BGH NJW 2006, 601 Rn. 14 und 16 – Erzbistum.
28 BVerfG NJW 2006, 207 Rn. 33 – »IM-Sekretär« Stolpe; BVerfG NJW 2006, 3769 (3773) – Babycaust.
29 BVerfG NJW 2006, 207 Rn. 34.
30 BGH NJW 2000, 1036.
31 BGH NJW 2006, 601 Rn. 19.
32 BVerfG NJW 2007, 2686 (2687).
33 OLG Brandenburg NJW-RR 2002, 1269.
34 BGH NJW 2012, 1659 Rn. 7 (st. Rspr.).
35 BGH NJW 2013, 790 Rn. 30 – Verdachtsberichterstattung über Stasi-Tätigkeit.

halten ein Moment der Risikohaftung, das nicht auf einen Dritten abgewälzt werden kann. So hat die CDU sich zu vergewissern, dass die Personen, die in einer Wahlbroschüre abgebildet sind, dieser Maßnahme zugestimmt haben, was für einen SPD-Angehörigen nicht ohne Weiteres zutrifft.[36] Ein Verlag, der ein möglicherweise ehrverletzendes Buch herausbringt, kann sich nicht dadurch entlasten, dass er einen Rechtsanwalt zur Inhaltskontrolle einschaltet. Diese Pflicht ist von einem Organ der Verlagsgesellschaft selbst zu erfüllen.[37] Die Sorgfaltspflicht betrifft sowohl das Rechtswidrigkeitsurteil (mit Konsequenzen für die Abwehransprüche) als auch das Verschulden als Voraussetzung der Schadensersatzrechtsfolge.

C. Geschäftsbezogene Äußerungsdelikte

I. »Kreditgefährdung«; Abgrenzung der Rechtsgrundlagen

Die vorsätzliche Behauptung einer unwahren Tatsache, welche den Kredit eines anderen zu gefährden geeignet ist, wird von § 187 StGB als Schutzgesetz erfasst. § 824 lehnt sich an diese Rechtsnorm an, wie schon der Text anzeigt (»auch dann«). Er erweitert den Schutz vor Kreditgefährdung auf fahrlässige Behauptungen und verbreitert den Tatbestand auf »sonstige Nachteile für Erwerb und Fortkommen«. Das lässt sich zu einem Schutz wirtschaftlicher Interessen[38] oder der wirtschaftlichen Wertschätzung[39] zusammenfassen.

419

Der Tatbestand des § 824 verlangt eine unwahre Tatsachenbehauptung, als deren Unterfall die Verbreitung erscheint. Werturteile und wahre Tatsachenbehauptungen werden also nicht erfasst; sie unterfallen dem Unternehmensschutz des § 823 Abs. 1.[40] So sind die Angaben »massive Zahlungsverzüge« und Zahlungsweise »langsam und schleppend« durch eine Wirtschaftsauskunftei als Werturteile angesehen worden.[41] Bei der Prüfung des Unternehmensschutzes fällt ins Gewicht, dass ein möglichst hohes Maß an – auf zutreffender Tatsachengrundlage erteilten – Informationen der Marktteilnehmer über marktrelevante Faktoren für die Funktionsfähigkeit des Wettbewerbs bedeutsam ist.[42] Zwei weitere Anspruchsgrundlagen stehen im Sonderdeliktsrecht des UWG bereit, nämlich der Schutz vor unwahren geschäftsschädigenden Tatsachenbehauptungen (sog. »Anschwärzung«) nach § 4 Nr. 8 UWG und vor herabsetzenden oder verunglimpfenden wahren Tatsachenbehauptungen sowie Werturteilen nach § 4 Nr. 7 UWG, jeweils durch eine unlautere geschäftliche Handlung. Das UWG lässt strenger haften als das allgemeine Deliktsrecht, woran trotz Zweifeln, die das BVerfG mit der Benetton-Rechtsprechung erzeugt hat, festzuhalten ist.[43] Äußerungen der Presse und des Fernsehens, die einen publizistischen Zweck verfolgen und keine redaktionelle Werbung für ein Unternehmen zulasten eines anderen Unternehmens darstellen, unterliegen allein der Kontrolle nach dem BGB.

420

---

36 BGH NJW 1980, 994.
37 BGH NJW 1980, 2810.
38 Vgl. BGH VersR 1989, 298.
39 BGH NJW 2006, 830 Rn. 93 – Kirch.
40 BGH NJW 2006, 830 Rn. 93 f. – Kirch; BGH NJW 2011, 2204 Rn. 9 und 13 – Bonitätsbeurteilung.
41 BGH NJW 2011, 2204 Rn. 11 mit 17.
42 BVerfGE 105, 252 (265 f.) – Glykol; BVerfG NJW-RR 2004, 1710 (1711) – gerlach-report; BGH NJW 2011, 2204 Rn. 20 f.
43 Dazu *Ahrens* JZ 2004, 763 (765 f.).

II. Erwerbsschädigung

421 Die behauptete oder verbreitete Tatsache muss sich mit dem Verletzten befassen oder doch wenigstens in enger Beziehung zu ihm stehen. Wer unrichtig schreibt, dass die Kirchen einer Stadt ihre elektronischen Orgeln durch Pfeifenorgeln ersetzen wollten, verletzt nicht den Marktführer der betroffenen Branche,[44] wohl aber verletzt der Filmkritiker den Inhaber des Alleinvertriebsrechts eines Films.[45] Ebenso wenig wird ein Werkshändler einer Automarke durch einen falschen Bericht über Gebrauchtwagen dieser Marke verletzt.[46] Durch diese Rechtsprechung ist eine der »Unmittelbarkeit« des Eingriffs in einen Gewerbebetrieb bei § 823 Abs. 1 vergleichbare Voraussetzung in den § 824 eingeführt worden. Würde man keinen unmittelbaren Bezug verlangen und eine reflexartige Betroffenheit genügen lassen, wäre das Risiko einer Fehlbehauptung viel zu weit gezogen. Allerdings braucht der Verletzte im Fernsehbericht nicht namentlich genannt zu werden, wenn er nur aus den Umständen für einen Teil des Adressatenkreises identifizierbar ist.[47] Verletzter kann auch eine juristische Person sein.[48]

422 Die Behauptung muss unrichtig sein. Unrichtig ist die falsche Behauptung, aber auch der unzutreffende Verdacht oder die Erwägung einer solchen Möglichkeit, jedenfalls wenn sie dem Empfänger wie eine Behauptung erscheint. Dazu rechnen etwa verzerrende oder irreführende Vergleiche.[49] Die Behauptung muss nachweislich »der Wahrheit zuwider« aufgestellt sein. Wohlgemerkt, der Verletzer hat nicht etwa den Wahrheitsbeweis zu führen, sondern der Verletzte muss die Unrichtigkeit dartun.[50]

423 Die Schadensersatzhaftung setzt Verschulden voraus. Dabei bezieht sich die Fahrlässigkeit nach dem Wortlaut des § 824 nur auf die Unwahrheit. Die Eignung zu Kredit- und Erwerbsschädigung braucht nur objektiv gegeben zu sein. Im Übrigen steckt ein weiteres Stück Fahrlässigkeit in der Verletzung der Informationspflicht des § 824 Abs. 2; der Handelnde muss in zumutbarem Umfang die Richtigkeit der Information nachprüfen.

III. Wahrnehmung berechtigter Interessen

424 Für den Fall der unwissentlichen Falschinformation stellt § 824 Abs. 2 einen besonderen Rechtfertigungsgrund der Wahrnehmung eines berechtigten Interesses auf. Er ist ein Unterfall der allgemeinen Rechtfertigung wegen Wahrung berechtigten Interesses und dient der Erhaltung der Meinungsfreiheit und der freien Berufsausübung. Nicht jede unrichtige Behauptung soll zum Schadensersatz verpflichten, wenn die Unrichtigkeit bei Einsatz der objektiv typisierten Sorgfalt nicht erkennbar war. Vielmehr wird derjenige, der ein berechtigtes eigenes oder fremdes Interesse wahrnimmt, dadurch privilegiert, dass ihm ein subjektiv fundierter Rechtfertigungsgrund zur Seite gestellt wird. Vorausgesetzt ist allerdings, dass er seiner Nachforschungspflicht genügt hat, die je nach Schwere der Behauptung und dem Grad des wahrgenommenen Interesses unterschiedlich ausgestaltet sein kann.

---

44 BGH NJW 1963, 1871.
45 BGH VersR 1989, 298.
46 BGH VersR 1964, 1268.
47 BGH NJW 1992, 1312.
48 Vgl. zu § 823 Abs. 1 BGH NJW 2006, 601.
49 BGHZ 42, 210: Vergleich von Leistungen der Gewerkschaften für ihre Mitglieder.
50 BGH MDR 1974, 921: Memoiren des Reichskanzlers Brüning.

IV. Warentest

Von einem Warentest sprechen wir, wenn eine unabhängige Instanz, etwa die Stiftung Warentest, eine oder mehrere Waren vergleichend auf ihre Qualität prüft. Der Warentest beruht auf Tatsachenfeststellungen, die schließlich in einem benoteten Werturteil (»zu empfehlen«, »abzuraten«) Ausdruck finden, das auch verkürzt als »Testkompass« erscheinen kann. Bestimmend ist jedoch das Werturteil, weshalb die Rechtsprechung den Warentest in der Regel nicht § 824, sondern dem Unternehmensschutz des § 823 Abs. 1 unterstellt.[51] Ausnahmsweise ist darin eine Tatsachenäußerung zu sehen, etwa wenn es um Produktmerkmale mit objektivierbarem Gehalt geht.[52] Dieses Regel-Ausnahme-Verhältnis ist nicht überzeugend für ein volkswirtschaftliches Instrument, das Markttransparenz auf Grundlage einer objektivierten tatsächlichen Wertungsbasis schaffen soll. Eine Kontrolle nach § 823 Abs. 1 erzielt der BGH im Rahmen der Prüfung, ob das Testergebnis eine sachlich vertretbare Schlussfolgerung darstellt. Die Testuntersuchungen müssen neutral, objektiv und sachkundig durchgeführt werden.[53] Die erforderliche Sorgfalt beim Warentest setzt eine umfassende Prüfung des Produkts durch geeignete Prüfer und mittels eines anerkannten Prüfverfahrens voraus, deren richtige Ergebnisse in das Werturteil einfließen müssen. Die tatsächliche Grundlage der Bewertung hat sorgfältig gelegt zu werden; so dürfen nicht ähnlich klingende Supermärkte beim Preisvergleich zusammengefasst werden.[54] Zwar hat der Tester einen Freiraum der Bewertung.[55] Jedoch darf nur aufgrund ausführlicher und wiederholter Prüfung ein Urteil gefällt werden; ein einmaliges Geschehen darf nicht zu einem negativen Werturteil führen. So darf aufgrund einmaligen Bremsversagens nicht eine ganze Serie eines Automobils als ungeeignet bezeichnet werden.[56]

425

V. Wahre Tatsachenbehauptungen

Inwieweit wahre Tatsachenbehauptungen geschäftlicher Art nach § 823 Abs. 1 unterdrückt werden können, ist ungeklärt. BGH (VI. Zivilsenat) und BVerfG haben die öffentliche Lehranalyse öffentlich zugänglicher Jahresabschlüsse von Unternehmen durch einen Würzburger Hochschullehrer als nicht durch die Meinungsäußerungs- und Wissenschaftsfreiheit gedeckten Eingriff in das Persönlichkeitsrecht des Unternehmensträgers – man beachte das Abweichen vom Unternehmensschutz – angesehen.[57] Diese Entscheidungen sind zur Recht kritisch aufgenommen worden.[58]

426

D. Rechtsfolgen

I. Abwehransprüche

1. Unterlassung, Beseitigung

Wichtiger als der vom Gesetz allein vorgesehene Schadensersatzanspruch ist die Abwehr drohender künftiger Beeinträchtigungen durch wiederholende oder erstmals bevorstehende Äußerung. Dem dient das Unterlassungsbegehren. Ebenfalls zukunfts-

427

---

51 BGHZ 65, 325 – Skibindungen; BGH NJW 1987, 2222 – Komposthäcksler; BGH NJW 1997, 2593 – PC-Drucker.
52 BGH NJW-RR 2002, 1679.
53 BGH NJW 1997, 2593.
54 BGH VersR 1986, 368.
55 BGHZ 65, 325 – Skibindungen.
56 OLG Celle NJW 1964, 1804.
57 BGH NJW 1994, 1281 (1282); BVerfG NJW 1994, 1784.
58 So auch XI. Zivilsenat, BGH NJW 2006, 830 Rn. 100 – Kirch.

gerichtet ist die Beseitigung weiterwirkender Störquellen, insbesondere durch Neutralisierung in die Welt gesetzter Behauptungen mittels geeigneter und erforderlicher Maßnahmen. Beide Rechtsfolgen sind seit langem rechtsfortbildend anerkannt. Beseitigend wirkt der Widerruf. Eine Gegendarstellung in einer Zeitungsanzeige oder unter Ausnutzung eines entsprechenden medienrechtlichen Behelfs ermöglicht demgegenüber zwar einen öffentlichen Gegenschlag des Betroffenen, stellt aber nur die Publikation seiner eigenen Sicht dar. Das Beseitigungsmittel der Urteilspublikation nach Vorgaben des Gerichts (Tenor, Gründe des Urteils) hat sich in Deutschland trotz grundsätzlicher Einigung nicht durchgesetzt. Sowohl Unterlassung als auch Beseitigung (mit allen Maßnahmen) werden verschuldensunabhängig gewährt, setzen also nur ein Rechtswidrigkeitsurteil voraus. Das Zitieren des § 1004 BGB in analoger Anwendung ist entbehrlich, obwohl auch vom BGH häufig praktiziert, weil die Rechtsfortbildung nicht auf einer Einzelanalogie beruht.

2. Widerruf und eingeschränkter Widerruf

428 Ein absoluter Widerruf kann von Äußernden nur verlangt werden, wenn es sich bei den beanstandeten Äußerungen um eine zugegeben oder nachweislich unwahre Tatsachenbehauptung gehandelt hat. Soweit nur die Wahrheit der herabsetzenden Behauptung nicht erwiesen ist, was nach dem Tatbestand der üblen Nachrede (§§ 186 StGB, 823 Abs. 2) ausreicht,[59] wäre es Übermaß, den Äußernden zum Widerruf schlechthin zu verurteilen. Vielleicht ist ja die Behauptung wahr und es fehlt nur an liquiden Beweismitteln. In der Praxis kommt dann nur die Verurteilung zu einem eingeschränkten Widerruf in Betracht. Darunter versteht man die Erklärung, dass die Behauptung nicht aufrecht erhalten werde. Allerdings dürfen keine ernsthaften Anhaltspunkte für die Wahrheit des Vorwurfs bestehen,[60] auch darf der Vorgang sich nicht nur persönlich unter den Parteien abgespielt haben.[61] Der Widerruf kommt auch in Betracht, wenn der ursprünglich gegebene Rechtfertigungsgrund der Wahrung berechtigter Interessen nach besserer Tatsachenkenntnis weggefallen ist.[62]

429 Der Widerruf soll effektiv sein, aber nicht demütigend eingesetzt werden.[63] Umstritten ist die Art der Zwangsvollstreckung: § 887 ZPO ermöglicht die Ersatzvornahme, § 888 ZPO setzt eine höchstpersönliche Handlung voraus, die im Hinblick auf Art. 2 Abs. 1 GG verfassungsrechtlich unbedenklich ist. Ist die unwahre Tatsachenbehauptung auf der Titelseite einer Illustrierten erfolgt, so ist der Widerruf auf der Titelseite zu veröffentlichen. Die Druckanordnung des Widerrufs muss geeignet sein, bei dem Leser den Grad der Aufmerksamkeit zu erzeugen, den die bekämpfte Behauptung beansprucht hat; sie muss aber noch ausreichend Raum für Hinweise auf andere Heftbeiträge lassen.[64] Dasselbe gilt für den Abdruck einer Gegendarstellung.[65]

3. Zeitungsanzeige

430 Zur Schadensminderung eines Äußerungsdelikts ist häufig alsbaldiges Handeln erforderlich. Daher hat die Rechtsprechung widerlegende Zeitungsanzeigen des Verletzten für zulässig gehalten, sofern sie inhaltlich angemessen sind. Der Verletzer hat die Kosten der Anzeige als Schaden zu ersetzen. So kann der Hersteller einer Alkohol ent-

---

59 BGH NJW 1996, 1131 (1133) – Lohnkiller.
60 BGHZ 69, 181.
61 BGHZ 37, 187 – Heiratsversprechen.
62 BGH JZ 1960, 701.
63 Vgl. BGHZ 89, 201 f.
64 BGHZ 128, 1 – Caroline; BVerfGE 97, 145 (152 ff.) = NJW 1998, 1381 – Caroline und van Almsick.
65 BVerfGE 97, 145 (152 ff.).

haltenden Zahnpasta durch Anzeige in der ihn angreifenden Zeitung der Behauptung entgegentreten, durch die Verwendung der Zahnpasta würde beim Verkehrstest auf Alkohol eine Verdachtsmöglichkeit entstehen.[66]

II. Geldersatz

1. Vermögensschaden, Bereicherungsausgleich

Zu ersetzen ist der materielle Schaden, zu dem auch Rechtsverfolgungskosten und die Kosten der Selbstbeseitigung (soweit erforderlich) gehören. Grundlage ist der verschuldensgebundene Schadensersatzanspruch. In Betracht kommt auch ein Anspruch aus Eingriffskondiktion, berechnet nach einer fiktiven Lizenz;[67] für ihn wird die Gewinnabschöpfung als Anspruchsinhalt diskutiert. 431

2. »Schmerzensgeld«

Bei Äußerungsdelikten wird nicht nur materieller Schadensersatz, sondern auch eine Geldentschädigung (»Schmerzensgeld«) für immaterielle Beeinträchtigung geschuldet (auch → Rn. 718). Sie soll den Schutzauftrag aus Art. 1 und Art. 2 Abs. 1 GG gewährleisten.[68] Voraussetzung dafür ist eine schwere Verletzung oder das erhebliche Verschulden beim Äußerungsdelikt.[69] Praktische Anwendungsfälle sind vor allem persönlichkeitsverletzende Angriffe in der Presse oder im Rundfunk. Erfolgt der Einbruch in das Persönlichkeitsrecht des Betroffenen vorsätzlich mit dem Ziel der Auflagensteigerung und Gewinnerzielung, gebietet es der Gedanke der Prävention, die Gewinnerzielung als Bemessungsfaktor in die Entscheidung über die Höhe der Geldentschädigung einzubeziehen.[70] Zwischen dem Schutz durch Widerruf und der Geldentschädigung besteht eine Wechselwirkung: Eine Geldentschädigung gibt es nicht, wenn der Widerruf ausreicht,[71] was bei Bildveröffentlichungen von vornherein nicht möglich ist. 432

---

66 BGHZ 70, 39.
67 BGHZ 81, 75 (81) – Carrera; BGH NJW 2013, 793 Rn. 42 – Playboy am Sonntag.
68 BGHZ 160, 298.
69 BGHZ 35, 363; BGH NJW 1996, 1131, 1135; BVerfG NJW 2004, 591 (592).
70 BGHZ 128, 1 – Caroline I; BGHZ 160, 298 (302) – Caroline II.
71 Vgl. BGH NJW 1996, 1131 (1135); BGHZ 160, 298 (303).

§ 20 Deliktisches Handeln im Internet

Literatur: *Ahrens* in: Gloy/Loschelder/Erdmann, Wettbewerbsrecht, 4. Aufl. 2010, § 69; *ders.*, Störerhaftung als Beteiligungsform im Deliktsrecht, FS Canaris I, 2007, 3; *ders.*, 21 Thesen zur Störerhaftung im UWG und im Recht des Geistigen Eigentums, WRP 2007, 1281; *Gounalakis/Klein*, Zulässigkeit von personenbezogenen Bewertungsplattformen, NJW 2010, 566; *Leistner*, GRUR 2006, 801; *Spindler/Leistner*, GRURInt 2005, 773; *Spindler/Schuster*, Recht der elektronischen Medien, 2. Aufl. 2011; *Wiese*, Bewertungsprotale und allgemeines Persönlichkeitsrecht, JZ 2011, 608.

A. Phänomenologie

433 Das Internet ist ein Medium, das nicht nur sozial erwünschte Kommunikation ermöglicht und volkswirtschaftliche Wertschöpfung positiv fördert, sondern auch rechtswidriges Verhalten begünstigt. Über Blogs und anderer Webseiten werden haftbarmachende Äußerungen verbreitet; auf Internetplattformen können Produkte vertrieben werden, die Sonderschutzrechte des gewerblichen und geistigen Eigentums, zB Marken- oder Urheberrechte, verletzen oder die gegen Strafvorschriften zB des Jugendschutzrechts verstoßen. Spezielle Software zum Peer-to-Peer-Austausch von Dateien begünstigt das Kopieren urheberrechtlich geschützter Werke.[1]

434 Das Aufspüren der unmittelbaren Täter ist mühselig und wird durch überzogene Datenschutzregelungen behindert; die Verfolgung mit Unterlassungs- und Schadensersatzansprüchen bleibt deshalb oftmals ineffektiv. Mehr Erfolg verspricht ein Vorgehen gegen die Internetprovider, ohne deren Vermittlungsleistung der Informations- und Leistungsaustausch nicht stattfinden könnte.

B. Haftungsgrundlagen

435 Die Verbreitung unrichtiger Tatsachenbehauptungen oder schmähender Werturteile über das Internet ist in gleicher Weise ein Äußerungsdelikt wie bei der Verbreitung in den traditionellen Medien der Presse oder des Fernsehens.[2] Gehaftet wird also nach § 823 Abs. 1 oder § 824. Die Abgabe von Werturteilen über Privatpersonen erhält durch die Verbreitung im Internet eine andere Qualität als die flüchtige mündliche Äußerung im privaten Gespräch, selbst wenn die Webseite nur einem begrenzten Kreis von Nutzer zugänglich ist, etwa den Schülern einer Schule, das Internet wirkt wie ein moderner Pranger. Zudem »vergißt« es nichts, selbst wenn der Eintrag scheinbar gelöscht ist. Begünstigt wird die Verbreitung schmähender Äußerungen durch eine Heckenschützenmentalität, die sich im Dunkel der Identitätsverschleierung entwickelt. Deshalb muss die Güterabwägung zugunsten der betroffenen Person und ihres Persönlichkeitsrechts ausfallen. Dies gilt auch für Äußerungen über Personen wegen ihrer beruflichen Funktion, etwa die anonyme Bewertung von Lehrern in der Art einer Testbeurteilung. Dies hat der BGH im Fall spickmich.de[3] unzureichend gewürdigt. Das Ausspähen von Daten kann über § 823 Abs. 2 BGB iVm § 202a StGB haftbar machen; zu ersetzen sind Aufwendungen für Aufklärung und Abwehr.[4]

436 Tatbestände des Sonderdeliktsrechts werden durch geschäftliche Handlungen verwirklicht: § 14 Abs. 2 Nr. 1 MarkenG, wenn gefälschte Markenware angeboten wird,

---
1 ZB Musikdateien, OLG Hamburg NJW-RR 2006, 1054 – Cybersky.
2 Vgl. BGH NJW 2007, 2558 – Rumtrauben.
3 BGHZ 181, 328.
4 OLG Celle NJW-RR 2011, 1047.

etwa gefälschte Rolexuhren;⁵ § 97 Abs. 1 UrhG, wenn Raubdrucke, unerlaubte Konzertmitschnitte oder Musikdateien angeboten werden; § 4 Nr. 11 UWG iVm Vorschriften des Jugendmedienstaatsvertrages, wenn Verkäufer ohne ausreichende Altersverifikation Pornodateien zum Herunterladen bereithalten.⁶

C. Störerhaftung der Internetmediäre

I. Verantwortlichkeit mittelbarer Verletzer

Das deliktische Verhalten der unmittelbaren Täter wird durch die organisatorisch-technische Hilfe Dritter ermöglicht: den Zugang zum Internet verschaffen Internet-Provider, das Filesharing urheberrechtliche geschützter Musik setzt spezielle Software für den Austausch der Dateien voraus. Effektiv lassen sich derartige Rechtsverletzungen bekämpfen, wenn auch die Leistungsmittler auf Unterlassung und Beseitigung in Anspruch genommen werden können. Deren Haftung ist über § 830 Abs. 2 zu bejahen, wenn sie vorsätzlich Unterstützung gewähren (näher: → Rn. 149). Daran fehlt es jedoch, wenn zB ein Internetauktionshaus wie eBay ein fremdes Angebot zum Verkauf gefälschter Waren in seine Webseite aufnimmt.⁷ Die Rechtsprechung hat sich mit derartigen Fallkonstellationen schon vor der Erfindung des Internet sowohl bei Verletzung der Rechte des gewerblichen und geistigen Eigentums als auch bei Rechtsverstößen von Anzeigenkunden beschäftigt.

437

Entwickelt wurde die Rechtsfigur des Störers als einer speziellen Form akzessorischer Beteiligungshaftung jenseits des § 830 Abs. 2 für Abwehransprüche. Sie hängt davon ab, dass sich der unmittelbare Verletzer rechtswidrig verhält. Die vom unvorsätzlich handelnden Störer durch technisch-organisatorische Hilfeleistungen willentlich geschaffene erhöhte Gefahr einer Rechtsverletzung des unmittelbaren Täters begründet eine verschuldensunabhängige Abwehrverantwortlichkeit des Störers, wenn er nicht vorbeugend in zumutbarer Weise das Verhalten des unmittelbaren Verletzers rechtlich kontrolliert und damit eine Prüfungspflicht verletzt hat. Zumindest muss der Störer nach Kenntnisnahme von der Rechtswidrigkeit Gegenmaßnahmen ergreifen und zB den fremden Internetbeitrag von seiner Webseite entfernen.⁸ Die Presse muss Verdachtsmomenten nachgehen, die darauf hindeuten, dass die bei der Redaktion aufgegebene Familienanzeige über eine angebliche Verlobung oder einen Todesfall ein schlechter Scherz ist (§ 823 Abs. 1) oder eine geschäftliche Anzeige irreführende Werbung (§ 5 UWG) enthält.

438

Andere Personen werden ebenfalls als mittelbare Verletzer für Internethandlungen diskutiert. Zu weit geht es, Eltern erwachsener Kinder für Urheberrechtsdelikte haften zu lassen, weil sie den elterlichen WLAN-Anschluss nicht gesperrt haben. Überzogen ist auch eine Haftung der Eltern minderjähriger Kinder für deren Urheberrechtsverletzungen nach § 832 Abs. 1.⁹

439

---

5 BGHZ 158, 236 – Internet-Versteigerung I; BGH NJW 2007, 2636 – Internet-Versteigerung II; BGH NJW-RR 2008, 1136 – Internetversteigerung III.
6 BGH NJW 2008, 258 Rn. 35 – Jugendgefährdende Medien bei eBay.
7 BGH NJW 2007, 2636 – Internet-Versteigerung II; BGH NJW 2008, 758 Rn. 21 – Jugendgefährdende Medien bei eBay.
8 BGH VersR 2013, 771 Rn. 30.
9 AA LG München I MMR 2008, 619: Computer als gefährlicher Gegenstand, Notwendigkeit belehrender Einweisung gegenüber 17-jähriger Schülerin; Verneinung einer Gehilfenhaftung des Vaters für Download der 17-jährigen Tochter durch OGH ÖBl. 2008, 256. Zur Belehrung durch die Eltern im Hinblick auf § 832 → Rn. 464.

II. Verkehrspflichtverletzung als dogmatische Erklärung

440 Im Jahre 2007 hat der BGH die Störerhaftung dogmatisch zutreffend als Verkehrspflichtverletzung gedeutet.[10] Umstritten ist, ob damit zugleich der Weg bereitet werden soll, von einer besonderen Beteiligtenhaftung für Abwehransprüche zu einer täterschaftlichen Haftung des unvorsätzlich handelnden mittelbaren Verletzers überzugehen, die dann auch Schadensersatzansprüche begründet. Dies würde sich insbesondere im Sonderdeliktsrecht auswirken, weil dann sämtliche Voraussetzungen täterschaftlicher Begehung nicht nur in der Person des unmittelbaren, sondern auch des mittelbaren Verletzers vorliegen müssten, was nach bisheriger Rechtsprechung nicht der Fall ist.

D. Haftungsprivilegierung

441 Die periodische Presse darf als bloßer Kommunikationsträger nicht schlechthin für Rechtsverstöße in den Anzeigen ihrer Kunden, also für deren Fremdbeiträge, verantwortlich gemacht werden; anderenfalls würde die unter Zeitdruck stehende Pressearbeit in mit Art. 5 Abs. 1 GG unvereinbarer Weise stranguliert. Der Pressefreiheit wird dadurch Rechnung getragen, dass die pressespezifischen Prüfungspflichten als das die Rechtswidrigkeit konstituierende Merkmal moderat gehandhabt werden.[11]

442 Auch die Internet-Provider werden von übermäßiger Haftung freigehalten, wenn sie lediglich als Übermittler fremder Informationen tätig werden (Host- und Access-Provider im Unterschied zu für den Inhalt verantwortlichen Content-Providern). Gesetzliche Privilegierung enthalten für sie die §§ 7 ff. TMG (vor 2007: TDG), zurückgehend auf die EU-Richtlinie über elektronischen Geschäftsverkehr. Daneben kommt die Störerhaftung für Abwehransprüche zum Einsatz.[12] Von der Verantwortlichkeit für den Inhalt einer Website ist der Betreiber einer Suchmaschine nicht befreit, wenn dem Aufruf eines Namens im Wege einer Autocomplete-Funktion negativ konnotierte Suchergänzungen zugefügt werden, die auf dem Suchverhalten anderer Nutzer beruhen, etwa der Begriff »Betrug«.[13] Eine Einschränkung der Haftung als Täter oder als Störer für die Verbreitung der Persönlichkeitsverletzung ergibt sich dann aber im Rahmen der Güterabwägung, die zur Gewinnung des Rechtswidrigkeitsurteils erforderlich ist.[14] Eine eigene Rechtswidrigkeitsprüfung muss der Betreiber erst vornehmen, wenn er Kenntnis von einer Beanstandung erhält. Dieselben Grundsätze gelten für einen Hostprovider, der für die Äußerungen Dritter einen Blog unterhält.[15] Gleiche Maßstäbe haben der EuGH[16] und der BGH[17] für Markenrechtsverletzungen entwickelt.

---

10 BGH NJW 2008, 758 Rn. 37 f. – Jugendgefährdende Medien bei eBay; dort: wettbewerbsrechtliche Verkehrspflicht; zum Jugendschutz nachfolgend OLG München WRP 2008, 1471 – Affiliate-Werbung.
11 Näher: *Ahrens* in: Gloy/Loschelder/Erdmann, Handbuch des Wettbewerbsrechts, 4. Aufl. 2010, § 69 Rn. 73 f.
12 BGH NJW 2004, 3102 (3104) – Internetversteigerung I; BGH GRUR 2011, 152 Rn. 26 und 45 – Kinderhochstühle im Internet; BGHZ 191, 19 Rn. 20 – Stiftparfüm.
13 BGH VersR 2013, 771 Rn. 20 m. Bespr. *Gounalakis* NJW 2013, 2321 und *Körber/Jochheim* WRP 2013, 1015.
14 BGH VersR 2013, 771 Rn. 21 und 29.
15 BGH VersR 2012, 114 Rn. 22 und 24.
16 EuGH Rs. C-324/09, GRUR 2011, 839 Rn. 119 – L'Oreal/EBay.
17 BGHZ 191, 19 Rn. 22 ff. – Stiftparfüm.

§ 21 Die verschuldensvermutenden Sondertatbestände: Gehilfenhaftung, Aufsichtshaftung, Gebäudehaftung: §§ 831, 832, 833 S. 2, 836 ff.

A. Grundlage und Ausgestaltung

In den §§ 831 ff. regelt der Gesetzgeber qualifizierte Sondertatbestände, in denen die Beweislast hinsichtlich des Verschuldens umgekehrt ist. Normalerweise gehört es zum Verschuldensprinzip, dass dem Verletzer das Verschulden nachgewiesen wird, denn der Verletzte trägt das Unaufklärbarkeitsrisiko für anspruchsbegründende Tatsachen. Der juristische Schritt der Umkehr der Beweislast liegt in der Ausgestaltung des Nichtverschuldens als rechtshindernder Einwand. Man hat diese Tatbestände als Sonderregeln der Verkehrspflichten angesehen oder den Gefährdungshaftungstatbeständen an die Seite gerückt. In der Tat findet sich in ihrer Mitte ein echter Gefährdungshaftungstatbestand, nämlich die Tierhalterhaftung, § 833 S. 1. Jedoch enthalten die Sondertatbestände keine Gefährdungshaftung, sondern schließen nur an eine kontrollierte Gefahr die Umkehr der Beweislast hinsichtlich des Verschuldens an. Dabei ist fraglich, ob der Verletzte immer noch die Außerachtlassung der äußeren Sorgfalt dartun muss und nur die innere Sorgfaltswidrigkeit vermutet wird, wie es bei der Verkehrspflichtverletzung der Fall ist. Diese Frage wird sich nur für den einzelnen Tatbestand beantworten lassen. In Parallele zu den Verkehrspflichten gilt sodann für die Sondertatbestände der Grundsatz, dass ein Schaden, der im Verhinderungsbereich der im Tatbestand angesprochenen Pflicht liegt, anscheinsmäßig als vom Verpflichteten verursacht angesehen wird.

443

Dem Lernverständnis dient es, die rechtshindernden Tatbestandsmerkmale als (positive) Haftungsvoraussetzungen zur formulieren und sich dann zu verdeutlichen, zu welchen Merkmalen der auf Haftung in Anspruch Genommene den Tatsachenstoff darlegen und beweisen muss.

B. Gehilfenhaftung

Literatur: *Baur,* Zur dogmatischen Einordnung der Haftung für Verrichtungsgehilfen, Karlsruher Forum 1962, 14; *Erdsiek,* Die Problematik des § 831 und seine Einwirkung auf unsere Vertrags- und Amtshaftung, JurJB 8 (1967/68), 36; *Heiss,* Der dezentralisierte Entlastungsbeweis und die Versuche zu seiner Überwindung, 1969; *Helm,* Rechtsfortbildung und Reform bei der Haftung für Verrichtungsgehilfen, AcP 166 (1966), 389; *Hyoung Seok Kim,* Die deliktische Gehilfenhaftung im europäischen Vergleich, ZEuP 2013, 263; *Niethammer,* Entwicklung der Haftung für Gehilfenhandeln, 1973; *Seiler,* Die deliktische Gehilfenhaftung in historischer Sicht, JZ 1967, 525; *Steindorff,* Repräsentanten- und Gehilfenversagen und Qualitätsregelungen in der Industrie, AcP 170 (1970), 93.

Rechtsvergleichend: *E. Wagner,* Gehilfenhaftung im Deliktsbereich de lege lata und de lege ferenda, ÖJZ 2007, 755.

I. Stellung im Gesetz und Parallelen

Die Schadensersatzpflicht besteht gemäß § 831 für denjenigen, der einen anderen zu einer Verrichtung bestellt, wenn der andere in Ausführung der Verrichtung einem Dritten widerrechtlich Schaden zufügt. Dieser Tatbestand ist seiner Natur nach eine Norm aus dem Bereich der Täterschaft und Teilnahme. Der räumliche Zusammenhang

444

mit § 830 ist nicht zufällig. Das prägt sich auch darin aus, dass der Herr für eigenes, freilich vermutetes Verschulden haftet.

445 Die Gehilfenhaftung kommt auch an anderen Stellen vor. Es kann sich handeln um die Haftung des Herrn anstelle des Gehilfen, wie in der Haftung für den Erfüllungsgehilfen nach § 278. Hier haftet der Herr für das Verschulden des Gehilfen, aber im Rahmen der Sonderrechtsbeziehung, die die Anspruchsgrundlage bildet, ausschließlich. Das Handelsrecht kennt für den Frachtvertrag (§ 428 HGB) und den Speditionsvertrag (§ 462 HGB) eine darüber hinausgehende Haftung für die eigenen »Leute« (betriebsangehörige Mitarbeiter) und daneben eine Einstandspflicht für andere Personen, zu denen auch Subunternehmer gehören; auf ein Verschulden dieser Personenkreise kommt es nicht an, was konsequent die verschuldensunabhängige Haftung des Herrn verlängert. Eine weitere Sonderform der Haftung für Dritte enthalten das UWG und einige Gesetze zum Geistigen Eigentum. Deren sonderdeliktsrechtliche Abwehransprüche sind gegen den Unternehmensinhaber für Rechtsverletzungen seiner Mitarbeiter und (selbstständigen) Beauftragten gerichtet (§ 8 Abs. 2 UWG, § 99 UrhG, § 44 GeschmMG). Bei der Verletzung von Marken, geschäftlichen Bezeichnungen und geographischen Herkunftsangaben gilt dieselbe Regelung, wird aber weitgehend ohne Entlastungsmöglichkeit auch auf den Schadensersatzanspruch erstreckt, sofern die Angestellten oder Beauftragten schuldhaft gehandelt haben (§§ 14 Abs. 7, 15 Abs. 6, 128 Abs. 3 MarkenG).

Ausgehend von der Grundannahme der Haftung für die Teilnahme wird in § 831 aus rechtswidrig tatbestandsmäßigem Verhalten des Gehilfen auf eine eigene unerlaubte Handlung aus Verschulden des Herrn geschlossen. In dem »doppelstöckigen« Tatbestand haftet der Geschäftsherr für eine eigene deliktische Pflichtwidrigkeit.

II. Verrichtungsgehilfe

446 Die Gehilfenhaftung greift nur ein, wenn ein anderer zu einer Verrichtung bestellt worden ist. Als Verrichtung kommt jede Tätigkeit für einen anderen in Betracht. Bestellt wird der Gehilfe regelmäßig durch Rechtsgeschäft; es reicht jedoch eine tatsächliche Einordnung, etwa als beim Bau helfender Nachbar aus. Die Bestellung wird daran deutlich, dass eine Person den Weisungen einer anderen unterworfen ist; der Geschäftsherr muss die Tätigkeit des Handelnden jederzeit beschränken oder entziehen oder nach Zeit und Umfang bestimmen können.[1] Die Auswahl und ihre Fortdauer in der Überwachung setzen voraus, dass der Herr auf die Handlungsweise des Gehilfen Einfluss nehmen kann. Gehilfen sind daher Arbeitnehmer, aber auch Generalvertreter und sogar selbstständig Tätige, sofern sie weisungsunterworfen sind. So hat der Klient für den Anwalt einzustehen, der versehentlich gegen den Namensvetter des Schuldners die Zwangsvollstreckung betrieben hat.[2] Allerdings ist der Tiefbauunternehmer nicht Gehilfe, wenn der Auftraggeber sich nur die Oberleitung des Baus vorbehalten hat. Es fehlt dann an der Weisungsbefugnis im Einzelfall.[3] Die selbstständig eine Geburt betreuende Hebamme wird Gehilfin, sobald ein Arzt hinzukommt und die Behandlung übernimmt.[4] Der im Rahmen einer Zwangsvollstreckung pflichtwidrig handelnde Gerichtsvollzieher ist kein Gehilfe des Vollstreckungsgläubigers,[5] ebenso wenig der Zeitungsbote, der bei Krankheit aushilft, im Verhältnis zum regulären Zeitungsausträger.[6]

---

1 BGH NJW 2009, 1740 Rn. 11: vertretender Notdienstarzt; BGH VersR 2013, 203 Rn. 15 f.
2 BGH LM § 823 [Hb] Nr. 5.
3 BGH LM § 823 [E] Nr. 6.
4 BGHZ 129, 6.
5 BGH NJW-RR 2009, 658 Rn. 14.
6 OLG Hamm NJW-RR 2010, 242.

III. Ausführung der Verrichtung

Der Gehilfe handelt in Ausführung der Verrichtung, wenn er bei einer im inneren Zusammenhang mit seinem Aufgabenbereich stehenden Tätigkeit Schaden zufügt. Auszugehen ist also vom Pflichtenkreis des Gehilfen; diesem Kreis sind dann die mit ihm verbundenen Tätigkeiten zuzurechnen. Beziehen Abbrucharbeiter versehentlich einen nicht zum Abbruch bestimmten Gebäudeteil in ihre Arbeit ein[7] oder wirft der Aufseher mit Bauholz nach spielenden Kindern, trifft aber einen anderen,[8] geschieht dies in Ausführung der Verrichtung. Nicht gehaftet wird für Schädigungen bei Gelegenheit der Verrichtung. Solche *ultra-vires-Handlungen* sind insbesondere Diebstähle und Spritztouren, soweit nicht eine besondere Pflicht zu ihrer Verhinderung besteht. Erschwindelt der beauftragte Verkäufer ein Finanzierungsdarlehen oder nimmt ein Fahrer entgegen dem Verbot einen Bekannten mit,[9] geschieht dies nur bei Gelegenheit.[10] Wenn jedoch ein Aufseher, der Diebstähle verhindern soll, diese selbst vornimmt oder sie wenigstens nicht verhindert, liegt schon »Ausführung« vor.[11]

447

IV. Widerrechtliche Schadenszufügung

Der Gehilfe muss den ganzen Tatbestand eines allgemeinen oder besonderen Delikts erfüllt haben. § 831 verweist insoweit auf die §§ 823 ff. Daneben wird noch »gegenständliche Rechtswidrigkeit« gefordert,[12] dh adäquate Kausalität und besondere subjektive Qualifikationen müssen vorliegen. Die Haftung des Gehilfen selbst muss bis in die Rechtswidrigkeit und die subjektiven Tatbestandsmerkmale gegeben sein. Jedoch ist ein Verschulden des Gehilfen nicht erforderlich, um die Haftung des Herrn auszulösen. Bei objektiv fehlerfreiem, also sachgerechtem Verhalten, für das auch der Geschäftsherr selbst bei eigenem Handeln nicht haften würde, ist § 831 nicht anzuwenden.[13]

448

V. Entlastungsbeweise

Es wird vermutet, dass derjenige, der sich eines anderen als Verrichtungsgehilfen bedient, bei der Auswahl und Überwachung und, soweit zutreffend, bei der Beschaffung von Arbeitsmaterial oder der Leitung der Arbeit fahrlässig gehandelt hat. Das Gesetz erlaubt dem Herrn jedoch nachzuweisen, dass eine eigene Pflichtwidrigkeit nicht gegeben ist oder sich jedenfalls bei der Rechtsverletzung nicht ausgewirkt hat. Überspielt wird der Entlastungsbeweis durch eine Direkthaftung aus § 823 Abs. 1, wenn der Gehilfe das Unternehmen in seinem Aufgabenbereich repräsentiert, sodass ihm pflichtgemäß die Stellung eines Organs (§ 31) einzuräumen gewesen wäre, für das es anders als bei § 831 keine Entlastungsmöglichkeit gibt.[14]

449

Folgende Arten des Entlastungsbeweises kommen in Betracht:

– Sorgfalt bei Auswahl und regelmäßiger Überwachung: Die Vermutung mangelnder Auswahl und Überwachung besteht bei jeder Schadenszufügung durch den Gehilfen. Welche Anforderungen an die Person des Verrichtungsgehilfen zu stellen sind, bestimmt sich nach seinem Pflichtenkreis und den näheren Umständen. So genügt

450

---

7 BGHZ 11, 151.
8 BGH MDR 1955, 282.
9 BGH NJW 1965, 391.
10 OLG Hamm NJW-RR 2010, 454: Sexualstraftat durch Schaustellergehilfen nach Volksfestende.
11 BGHZ 11, 151.
12 RG Warn.Rspr. 2009 Nr. 98.
13 BGH NJW 1996, 3205.
14 BGH VersR 1996, 469.

die langjährige vollständige Pflichterfüllung durch einen Chefarzt.[15] Auch braucht der Arbeitgeber nicht darauf zu achten, dass der von ihm herangezogene Bauunternehmer genügende Mittel hat bzw. haftpflichtversichert ist,[16] je gefährlicher die Verrichtung ist, desto höhere Anforderungen sind zu stellen. Der entscheidende Zeitpunkt ist einmal die Auswahl; ihn greift § 831 heraus. Sodann wird eine fortwirkende Überwachung gefordert. Ein Lokführer, der einen Unfall verursacht hat, war nicht genügend überwacht, wenn dieser schon früher eine Weiche aufgeschnitten, ein Signal überfahren und einen Rangierer getötet hatte.[17]

451 Der sog. dezentralisierte Entlastungsbeweis ist bisweilen für Großbetriebe anerkannt worden. Durch die Auswahl und Überwachung eines neuen Verrichtungsgehilfen auf jeder Stufe des Betriebs ist nach der Rechtsprechung eine Delegation der Verantwortlichkeit möglich. Wenn etwa ein Gutsherr einen Verwalter bestellt, und dieser einen Arbeiter beauftragt, ist ein zweimaliger Entlastungsbeweis möglich.[18] Das Übermaß dieser Entlastung erweckt jedoch Bedenken; es kommt in der heutigen Rechtspraxis offenbar nicht mehr vor.

452 – Sorgfalt bei Arbeitsmitteln und Leitung: In der modernen technischen Gesellschaft setzt der Einsatz von Gehilfen regelmäßig voraus, dass diese auch an die Hand genommen und angeleitet werden. Eine Leitungspflicht ist zB dann gegeben, wenn eine besondere Aufsicht gegen den Diebstahl eingerichtet wird. Oft wird auch der Schaden durch ein Arbeitsmittel in der Hand des Gehilfen angerichtet. Dann kann uU angenommen werden, dass die Geräte unzureichend oder fehlerhaft sind. Nach der Rechtsprechung muss allerdings ein Anhaltspunkt für diese Möglichkeit bestehen. Hierfür genügt der ungünstige Eindruck eines Fahrzeugs auf einen Polizeibeamten.[19] Ein infolge Baumaßnahmen nicht ordentlich arbeitendes Narkosegerät begründet gleichfalls die Beweislastumkehr.[20]

453 – Unerheblichkeit sorgfaltswidrigen Verhaltens: Der zweite Entlastungsbeweis geht dahin, dass der Schaden auch bei Anwendung der zur Auswahl, Überwachung, Leitung und Beschaffung notwendigen Sorgfalt entstanden wäre. Es geht hier um die Entkräftung der Vermutung des Verschuldenszusammenhangs. Sie ist auf doppelte Weise möglich. Der Geschäftsherr kann entweder beweisen, dass die Verletzung ebenso eingetreten wäre, wenn er einen anderen sorgfältig ausgesuchten und überwachten Verrichtungsgehilfen betraut hätte. Hier wird eine hypothetische Ursache berücksichtigt. So stand es in BGHZ 12, 94: Masten einer Telefonleitung lagen auf der Straße. Der Entlastungsbeweis ist geführt, wenn der Betriebswart der Post sich so verhalten hat, wie es jede mit Sorgfalt ausgewählte Person getan hätte. Sodann kann der Geschäftsherr beweisen, dass er bei Aufwendung der in Wirklichkeit unterbliebenen Sorgfalt in der Auswahl zum gleichen Ergebnis gekommen wäre, dh denselben Gehilfen beauftragt hätte. Leidet etwa ein Sicherungsposten der Bahn unter Ohnmachtsanfällen, mag er bei Einbeziehung dieser Erkenntnis dennoch als Gehilfe geeignet sein.[21]

454 – Keine Entlastung, wenn ein anderer als der angenommene Fehler zur Schädigung führt: Nach der Rechtsprechung ist nicht vorausgesetzt, dass vollständiger Verschuldenszusammenhang zwischen der vermutet fehlerhaften Auswahl, Überwachung oder Leistung einerseits und der Schädigung andererseits besteht. Hierin zeigt sich eine deutliche Annäherung an die Gefährdungshaftung: Der Geschäftsherr trägt nicht nur das Risiko der Unaufklärbarkeit des Gehilfenverhaltens, son-

---

15 BGHZ 1, 383.
16 BGHZ 12, 75.
17 BGH LM BGB § 831 [Fa] Nr. 5 a.
18 BGHZ 4, 1.
19 BGH VersR 1953, 117.
20 OLG Hamm VersR 1980, 585.
21 BGH LM BGB § 831 [Fa] Nr. 6.

dern auch das Risiko der andersartigen Auswirkung seiner Sorgfaltswidrigkeit. Das zeigt das Urteil RG JW 1920, 492 deutlich. Hier war es zu einem Unfall durch Versagen des Straßenbahnfahrers gekommen. Der Entlastungsbeweis scheiterte an mangelnder Überwachung, da die Straßenbahn oft zu schnell gefahren war. Dabei bestand das Versagen des Führers nicht in zu schnellem Fahren.

VI. Entlastungsbeweis bei verschärfter Haftung

Trifft den Geschäftsherrn eine verschärfte Verschuldenshaftung, insbesondere wird das Verschulden vermutet, liegt eine gesteigerte Verschuldensvermutung vor. Mit Recht erschwert die Praxis hier den Entlastungsbeweis. Auf dem Umweg über die Entlastung für einen Gehilfen soll die verschärfte Haftung nicht schnell leerlaufen. Das gilt für die   455

– Produzentenhaftung: Ist durch einen bei der Herstellung einer Ware entstandenen Fehler ein Schaden verursacht worden, dann hat der Hersteller darzulegen und zu beweisen, dass der Verrichtungsgehilfe den Mangel nicht verursacht haben kann. Das ist für die Explosion eines Feuerwerkskörpers entschieden worden, der fehlerhaft produziert war.[22]
– Übertragung einer Verkehrspflicht: Die Verkehrspflicht trifft grundsätzlich denjenigen, der eine Gefahr schafft oder kontrolliert. Überträgt er die Erfüllung der Pflicht auf einen anderen ohne ersichtlichen Grund (das wäre etwa hohes Alter oder Ortsabwesenheit), so wird eine strenge Überwachung verlangt, etwa bei der Übertragung der Streupflicht.[23]   456

VII. Einschränkung des § 831 durch Versicherung und Freistellungsanspruch

Die mit der Entlastungsmöglichkeit belastete Gehilfenhaftung in der gesetzlichen Fassung wird jedoch in weiten Anwendungsbereichen nicht mehr praktisch. Soweit die Betriebshaftpflichtversicherung sowohl den Arbeitgeber als den Arbeitnehmer deckt, läuft die Entlastung regelmäßig leer. Ein Entlastungsbeweis ist nämlich jedenfalls sinnlos, wenn der Gehilfe selbst haftet. Anstelle des entlasteten Geschäftsherrn hätte der Versicherer dann für den Gehilfen einzutreten. Im Übrigen hat der Arbeitnehmer einen Freistellungsanspruch gegen den Arbeitgeber, sofern der Arbeitnehmer nicht vorsätzlich gehandelt hat,[24] doch gibt es selbst bei Vorsatz hinsichtlich der Pflichtverletzung Ausnahmen, weil der Vorsatz auf den Schadenseintritt gerichtet sein muss.[25] Bei grober Fahrlässigkeit ist eine Abwägung im Einzelfall erforderlich. Dabei ist die früher geforderte Gefahrneigung der Arbeit für die Gewichtung der Abwägungsfaktoren im Rahmen einer Abwägung nach § 254 von Bedeutung.[26] Der Arbeitgeber hat also im Gegensatz zum Wortlaut des obsoleten § 840 Abs. 2 dem Arbeitnehmer die Haftung abzunehmen. Der Freistellungsanspruch führt regelmäßig dazu, dass der Arbeitgeber sich gar nicht erst zu entlasten versucht (→ Rn. 775).   457

VIII. Vertragliche Übernahme

Der gleichen Vermutungshaftung unterliegt derjenige, welcher anstelle des Geschäftsherrn die Auswahl, Überwachung, Leitung oder Beschaffung durch Vertrag über-   458

---
22 BGH NJW 1973, 1602.
23 BGH LM § 823 [Eb] Nr. 2.
24 BAG NJW 1990, 468; NZA 2002, 612.
25 BAG NJW 2003, 377 (379).
26 BGH NJW 1994, 856.

nimmt, § 831 Abs. 2. Vorausgesetzt ist ein gültiger Vertrag, eine Geschäftsführung ohne Auftrag soll nicht ausreichen. Ein Beispiel bildet BGH VersR 1960, 371: Der Chefarzt haftet für die seiner Überwachung und Beaufsichtigung unterstellte Schwester.

IX. Aufsichtspflicht gemäß § 823 Abs. 1

459 Neben § 831 kann der Geschäftsherr auch unmittelbar nach § 823 Abs. 1 haften. Schon nach allgemeinem Deliktsrecht kann ihn eine Sicherungspflicht treffen, welche den Einsatz von Gehilfen umfasst. Die Direkthaftung des Geschäftsherrn ist auf der einen Seite weiter und auf der anderen Seite enger als die Eintrittspflicht nach § 831. Die haftungsauslösende Handlung des Herrn braucht nämlich nicht allein in Auswahl, Überwachung, Leitung und Beschaffung zu bestehen. Auf der anderen Seite sind aber die nachgewiesene Pflichtverletzung des Herrn und der Verschuldenszusammenhang erforderlich.

X. Analoge Anwendung des § 831

460 Die deliktische Gehilfenhaftung findet auch im Rahmen des § 254, also beim Mitverschulden Anwendung. Die ständige Rechtsprechung geht dahin, dass bei einer Haftung außerhalb eines Vertragsverhältnisses eine Mithaftung nach den deliktischen Regeln für einen Gehilfen des Verletzten eintritt.[27]

461 Gemäß § 990 haftet der Besitzer für den Verlust und die Verschlechterung der Sache, wenn er beim Besitzerwerb nicht in gutem Glauben war. Erfolgt der Besitzerwerb durch Besitzdiener, so wendet die Rechtsprechung auf diesen Realakt gewöhnlich § 831 analog an. Allerdings wird die Beweislastumkehr nicht mit übernommen.[28] Hatte indes der Besitzdiener völlig freie Hand beim Erwerb, wird die unbedingte Haftung für den Vertreter nach § 166 analog herangezogen.[29]

XI. Rechtspolitik

462 Die Ausgestaltung der Gehilfenhaftung als vermutete Verschuldenshaftung des Herrn ist unbefriedigend geblieben. Ihr wird zu häufige Entlastung und Abschieben der prozessualen Ermittlung auf einen Nebenschauplatz, nämlich Auswahl und Überwachung, vorgeworfen. Der Referentenentwurf von 1967 hatte vorgesehen, § 831 durch eine § 278 nachgebildete unbedingte Haftung des Herrn für das Verschulden des Gehilfen abzulösen. Das ist eine eminent praktikable Lösung, die auch im englischen und französischen Recht durchgeführt worden ist. Zweifelhaft bleibt, ob die allgemeine Einstandspflicht nicht nur für ein Erwerbsgeschäft, sondern auch für den privaten Haushalt angemessen ist. Sodann könnte man zögern, dem Verletzten abweichend von § 831 das volle Risiko der Unaufklärbarkeit des Gehilfenverschuldens zuzuweisen.

C. Aufsichtshaftung

Literatur: *Albilt*, Haften Eltern für ihre Kinder?, 1987; *Bernau*, Die Aufsichtshaftung der Eltern nach § 832 – im Wandel, 2005; *Foerste*, Haftet die Gesellschaft für Erziehungsfehler?, NJW 1995, 2605; *Fuchs*, Die deliktsrechtliche Verantwortung der Eltern für Schäden von und an Kindern im Straßenverkehr, NZV 1998, 7; *Haberstroh*, Haftungsrisiko Kind – Eigenhaftung des Kindes und elterliche Aufsichtspflicht, VersR 2000, 806.

---

27 BGH NJW 1979, 973.
28 BGHZ 16, 259.
29 BGHZ 32, 53.

Rechtsvergleichend: *Aden,* Die Haftung der Eltern für die unerlaubten Handlungen ihrer Kinder im französischen und deutschen Recht, 1972; *Mellech,* Eltern haften für ihre Kinder!?, Aufsichtshaftung nach deutschem und französischem Recht, ZfRV 2008, 135.

I. Tatbestand der Aufsichtshaftung

Die widerrechtliche Schadenszufügung durch eine minderjährige oder entmündigte Person macht den Sorgepflichtigen grundsätzlich haftpflichtig, § 832 Abs. 1 S. 1. Zu diesem Personenkreis zählen Eltern, Vormund, Pfleger sowie, da sie die Führung der Aufsicht durch Vertrag übernommen haben, gemäß § 832 Abs. 2, Inhaber von Heimen oder Internaten oder Betreiber einer Kindertagesstätte.[30] Personen, die nur tatsächlich die Aufsicht übernehmen, etwa Nachbarn oder Großeltern, fallen nicht darunter. Der zu Beaufsichtigende muss, ebenso wie der Gehilfe in § 831, den Tatbestand eines Deliktes adäquat kausal und rechtswidrig verwirklicht haben.

463

II. Entlastungsbeweis

Der Aufsichtspflichtige kann sich entlasten, wenn er dartut, dass er seiner Aufsichtspflicht genügt hat oder wenn der Schaden auch bei gehöriger Aufsichtsführung entstanden sein würde, § 832 Abs. 1 S. 2. Angesichts der Tatsache, dass oft beide Eltern einem Beruf nachgehen und die Erziehung heute freier gestaltet ist, dürfen die Anforderungen an den Entlastungsbeweis eher gering sein. Jedoch darf nicht jede Aufsicht gefehlt haben. Die notwendigen Maßnahmen differieren nach der Art der Gefahr und der Person des zu Beaufsichtigenden (Alter, Eigenart und Charakter[31]). Gefährliche Spiele, etwa Pfeil und Bogen sind zu verbieten und das Verbot ist auf seine Einhaltung hin zu überwachen. Im Übrigen haben sich Eltern davon zu überzeugen, dass das Kind den Umgang mit einem gefährlichen Spielzeug technisch und emotional beherrscht. So dürfen Eltern einem Minderjährigen nicht ein Gewehr überlassen, ohne ihm zu untersagen, auch nur im Scherz auf Menschen zu zielen und abzudrücken.[32] Auch wenn der Vater Pfeil und Bogen einmal zerbrochen hatte, hat er bei späterem erneuten Auftauchen von Pfeil und Bogen das Verbot zu erneuern.[33] Bei besonderer Gefahr kann die vom Aufsichtspflichtigen geschuldete Sorgfalt weit reichen. Wenn eine Entmündigte sich von der Nachbarin verfolgt glaubt, kann ein Ortswechsel nötig sein, um Beschimpfungen zu vermeiden.[34] Jedenfalls darf man nicht ein Feuerzeug auf dem Tisch liegen lassen, wo es ein unbeaufsichtigter vierjähriger Junge zum Spielen findet.[35] Einem Sechsjährigen braucht nicht das Verbot vermittelt zu werden, er dürfe nicht beim Spiel mit Feuer mitwirken,[36] doch kann die Zündelneigung eines Zehnjährigen eine engmaschige Überwachung gebieten.[37] Ein im 17. Lebensjahr stehende Jugendlicher bedarf mangels zuvor beobachteter Verhaltensauffälligkeiten nur noch einer sehr eingeschränkten Aufsicht.[38] Sieben bis zwölfjährige Kinder sollen über die Gefährdung durch die Schlägerbewegung beim Minigolfspiel aufgeklärt werden müssen.[39] Ein normal entwickeltes 13-jähriges Kind müssen die Eltern über die Rechtswid-

464

---

30 BGH NJW 2013, 1233 Rn. 12 f.
31 BGH NJW 2009, 1952 Rn. 8; 2009, 1954 Rn. 8.
32 BGH VersR 1962, 157.
33 BGH FamRZ 1964, 505.
34 BGH LM § 832 Nr. 8.
35 OLG Düsseldorf VersR 1992, 310 f.
36 BGHZ 111, 282.
37 BGH NJW 1996, 1404; siehe ferner BGH NJW 1997, 2047.
38 OLG Celle FamRZ 2000, 1214: Explosion einer selbstgebauten Rohrbombe bei der Sylvesterfeier.
39 So OLG Frankfurt NJW-RR 2008, 975.

III. Grundsätzliches

465 Die rechtspolitische Bedeutung des § 832 ist zweifelhaft. Wer kraft Gesetzes die Aufsicht zu führen hat, sollte nicht stets noch mit einer besonderen Haftung belegt werden. Hinter § 832 verbarg sich früher der Zugriff auf das Familienvermögen, eine Funktion, die heute wegen der Schadensstreuung durch die Haftpflichtversicherung weggefallen ist. Die Bestimmung sollte abgeschafft werden.

466 Das häufig anzutreffende Schild »Eltern haften für ihre Kinder« ist als solches unzutreffend. § 832 enthält eine Verschuldenshaftung; die Eltern haften nur für eigenes, jedoch vermutetes Verschulden. Sie haften weder für die Tat, noch für das Verschulden ihrer Kinder.

D. Tieraufsichtshaftung

I. Haustierhalterhaftung

467 Die Gefährdungshaftung des § 833 S. 1 wurde im Jahre 1908 durch Einfügung des S. 2 in § 833 auf sog. Luxustiere beschränkt. Auch wenn sich die tatsächlichen Verhältnisse seither geändert haben, verstößt die Haftungsprivilegierung nicht gegen Art. 3 Abs. 1 GG.[41] Verwirklicht sich die Tiergefahr durch ein Haustier, das dem Beruf, der Erwerbstätigkeit oder dem Unterhalt des Tierhalters zu dienen bestimmt ist, dann haftet er nur aus vermutetem Verschulden, § 833 S. 2. Als Haustiere sind jedenfalls landwirtschaftliche Tiere anzusehen. Im Übrigen kommt es auf die Zweckbestimmung an. Ein Wachhund einer Wach- und Schließgesellschaft dient Erwerbszwecken, der eines Privatmannes nicht. Hält ein Landwirt mehrere Katzen, obwohl eine ausreicht, dienen sie nicht seinem Erwerb.[42] Bienen sind keine Haustiere.[43]

468 Zugelassen ist ein doppelter Entlastungsbeweis. Die Vermutung des Verschuldens und des Verschuldenszusammenhangs kann widerlegt werden, wenn der Tierhalter bei Beaufsichtigung des Tieres die im Verkehr erforderliche Sorgfalt beobachtet hat oder der Schaden auch bei Anwendung dieser Sorgfalt entstanden sein würde. Läuft ein Hütehund vor ein Motorrad, da er dem Pfiff des Schäfers nicht gehorchte, hatte aber der Hund die Eignungsprüfung für Hütehunde bestanden, gilt der Entlastungsbeweis als erbracht.[44] Die Tieraufsichtshaftung beruht auf der Vermutung verletzter Verkehrspflicht. Hat also ein Haustier nach Entlaufen Schaden angerichtet, muss der Halter beweisen, dass ihn hinsichtlich des Entlaufens kein Verschulden trifft.[45]

II. Tierhüterhaftung

469 Wird die Führung der Aufsicht über das Tier durch Vertrag übernommen, so trifft die gleiche vermutete Verschuldenshaftung den Tieraufseher, § 834.

---

40 BGH GRUR 2013, 511 Rn. 21 f. – Morpheus.
41 BGH VersR 2009, 1275 Rn. 5 f.; Fortsetzung des Verfahrens durch OLG Schleswig NJW-RR 2011, 1398.
42 LG Ravensburg VersR 1986, 823.
43 RGZ 141, 407; 158, 391.
44 BGH LM § 833 Nr. 2.
45 BGH JZ 1966, 30.

E. Gebäudehaftung

§§ 836 f. machen den Besitzer eines Gebäudes, § 838 den Gebäudeunterhaltspflichtigen haftpflichtig, wenn sich die typische Gefahr eines Gebäudes durch Einsturz oder Ablösung verwirklicht. Diese Normen gehören zu speziellen Verkehrssicherungspflichten gegen die Auswirkung der Schwerkraft. Haftpflichtig sind der Eigenbesitzer nach § 836 Abs. 3, der frühere Eigenbesitzer nach § 836 Abs. 2, der neben dem jetzigen Besitzer haftet, und der Fremdbesitzer des Gebäudes oder Werks nach § 837, sowie schließlich der vertraglich Unterhaltspflichtige, § 838.

I. Tatbestand

Ausgangspunkt ist der Einsturz eines Gebäudes oder eines anderen mit einem Grundstück verbundenen Werkes bzw. die Ablösung von Teilen eines Gebäudes oder eines Werkes. Dadurch muss ein Mensch verletzt oder eine Sache beschädigt worden sein. Schließlich hat der Einsturz oder die Ablösung die Folge fehlerhafter Errichtung oder mangelhafter Unterhaltung zu sein.

Ein Gebäude oder ein Teil eines Gebäudes sind Bauwerke, also Häuser, auch Ruinen und Teile von Häusern, wie Dachziegel, Balkone, Fahrstühle oder ein für Bauarbeiten vorübergehend angebrachtes Baugerüst.[46] Ein Werk ist ein besonderer, nach den Regeln der Kunst oder Erfahrung mit dem Erdkörper verbundener Gegenstand. Hierzu gehören Grabsteine,[47] Wasserleitungen,[48] Brücken und fest verschraubte Duschkabinen,[49] nicht aber Brückentrümmer, die im Bachbett einen Aufstau bilden,[50] ebenso wenig Schnee, der vom Dach stürzt.[51] Auch muss der Schwerkraft nicht genügend entgegengewirkt sein; positives Tun, etwa das Niederreißen durch Abbruchunternehmer, fällt nicht unter § 836.[52]

Das Gefahrmoment der Gebäudehaftung kommt im Einsturz oder der Ablösung zum Vorschein. Sie müssen Folge fehlerhafter Errichtung oder mangelhafter Unterhaltung sein. Diese braucht nicht den einzigen Grund darzustellen, andere können hinzukommen. So ist mit Witterungseinflüssen wie zB einer Sturmböe,[53] nicht aber mit außergewöhnlichen Naturereignissen, etwa mit Erdbeben, oder mit Kriegseinflüssen zu rechnen. Ein Hochwasser ist ein normales Naturereignis. Nach einer gewissen Zeit muss aber die Auswirkung auch außerordentlicher Ereignisse durch Erhaltungsmaßnahmen aufgefangen werden. Bleibt nach einem Bombenangriff von einem Haus nur die Giebelmauer übrig, so tritt § 836 noch nicht ein. Wird aber die Mauer jahrelang der Witterung ausgesetzt und stürzt sie dann ein, liegt mangelhafte Unterhaltung vor.[54]

Der Verletzte hat lediglich die objektive Fehlerhaftigkeit des Werkes sowie deren Ursächlichkeit für den Schadenseintritt darzulegen und zu beweisen.[55]

---

46 BGH NJW 1999, 2593; OLG Stuttgart NJW-RR 2010, 451 (452): eigenmächtiger Gerüstumbau durch Handwerker.
47 BGH NJW 1977, 1392.
48 RGZ 133, 1.
49 BGH VersR 1985, 666.
50 BGH NJW 1961, 1670.
51 BGH NJW 1955, 300.
52 BGH NJW 1979, 309.
53 BGH NJW 1999, 2593 (2594).
54 BGH LM § 836 Nr. 4.
55 BGH NJW 1999, 2593.

II. Entlastung

475 § 836 nennt nur den Entlastungsbeweis der tatsächlich erbrachten Sorgfalt. Sie ist gesetzt, wenn der Besitzer erkennbare Mängel hat beseitigen lassen und die übliche Pflege aufgewandt hat. Dabei legt die Rechtsprechung im Allgemeinen einen strengen Maßstab an. Die Beauftragung eines Architekten allein befreit nicht von der Pflicht, bekannte Mängel zu beseitigen, wenn eine bombengeschädigte Mauer auf einen Laden stürzt.[56] Auch wenn eine Hausruine an einer verkehrsreichen Straße ständig beobachtet wird, kann es an der fehlenden statischen Untersuchung liegen, wenn sie ungesichert bei starkem Sturm einstürzt.[57] Gefahrbringende Fehler müssen durch wiederkehrende kontrollierende Untersuchungen ermittelt werden, etwa durch jährliches Rütteln an Grabsteinen.[58]

476 Nach hM wird dem Besitzer ebenso der zweite, sonst übliche Entlastungsbeweis gewährt, nämlich dass der Schaden auch bei Anwendung der im Verkehr erforderlichen Sorgfalt entstanden wäre. Hätte etwa die regelmäßige Überprüfung eines Denkmals seine Baufälligkeit nicht enthüllt, so sind die Unterlassung der Überprüfung und der Einsturz des Denkmals kein Grund für die Gebäudehaftung.

---

[56] BGHZ 1, 103.
[57] BGH LM § 836 Nr. 5.
[58] BGH NJW 1971, 2308.

§ 22 Verletzung einer Amtspflicht und Staatshaftung: Art. 34 GG, § 839

Literatur: *Ahrens,* Haftung für Justizunrecht, FS Deutsch II, 2009, 701; *Baldus/Grzeszick/Wienhues,* Staatshaftungsrecht, 4. Aufl. 2013; *Durner,* Grundfälle zum Staatshaftungsrecht, JuS 2005, 793; *Ehlers,* Die Weiterentwicklung des Staatshaftungsrechts durch europäisches Gemeinschaftsrecht, JZ 1996, 776; *Futter,* Die Subsidiarität der Amtshaftung-Instrument der Haftungslenkung, 1974; *Gehre,* Die Entwicklung der Amtshaftung in Deutschland seit dem 19. Jahrhundert, 1958; *Kreft,* Öffentlich-rechtliche Ersatzleistungen, 2. Aufl. 1998, Reprint 2012; *Ossenbühl/Cornils,* Staatshaftungsrecht, 6. Aufl. 2013; *Scheuing,* Haftung für Gesetze, FS Bachof, 1984, 343.

A. Systematik und Entwicklung

I. Amtshaftung und Haftung des Staates

Die Amtshaftung betrifft das rechtswidrige und schuldhafte Verhalten eines Beamten in seinem Bereich, § 839. Sie wird durch Art. 34 GG grundsätzlich dem Staat auferlegt. Die Staatshaftung ist gegenüber der Amtshaftung das umfassendere Gebiet. Sie betrifft auch Entschädigungen für Enteignungen, Aufopferungen und parallele enteignende und enteignungsgleiche Eingriffe. Soweit vom »Staat« die Rede ist, sind damit schlechthin dienstherrnfähige öffentlich-rechtliche Körperschaften gemeint, also auch Kommunen, denen die Staatsqualität fehlt. 477

II. Von der Beamtenhaftung zur Haftung der öffentlichen Hand

Der Gesetzgeber des BGB hatte, vom Konzept der individuellen Verantwortlichkeit ausgehend, den Beamten für fehlerhaftes Verhalten persönlich haftbar gemacht. Das BGB kennt keine Staatshaftung, sondern nur in § 839 eine Beamtenhaftung. Erst die Verfassungen, zuerst Art. 131 Weimarer Reichsverfassung, dann Art. 34 GG, haben die Haftung des Beamten grundsätzlich auf den Staat übergeleitet. Der Rückgriff gegen den Beamten, nach Art. 34 S. 2 GG nur bei Vorsatz und grober Fahrlässigkeit gegeben, blieb vorbehalten. 478

III. Staatshaftungsgesetz

Das Staatshaftungsgesetz von 1981 ist vom BVerfG für verfassungswidrig und nichtig erklärt worden. Es sollte die Staatshaftung einheitlich regeln. Seine Grundsätze sind noch heute interessant. Der rechtswidrige Grundrechtseingriff löste eine objektive Haftung aus; alle anderen Amtspflichtverletzungen führten zum Schadensersatz aus vermutetem Verschulden, wobei freilich mit der Pflichtverletzung schon die Außerachtlassung der äußeren Sorgfalt feststand. Soweit es um eine Teilnahme am Privatrechtsverkehr ging, blieb es bei der normalen Verschuldenshaftung mit Beweislast des Verletzten, nämlich bei Verletzungen der Verkehrssicherungspflicht, bei der Beförderung, bei der ärztlichen oder zahnärztlichen Behandlung usw. Allerdings waren die Beamten und Angestellten des Staates von der unmittelbaren Haftung freigestellt. An ihrer Stelle haftete der Träger, der bei Vorsatz und grober Fahrlässigkeit Regress nehmen konnte. Im Jahre 1994 hat der Bund die konkurrierende Zuständigkeit auf dem Gebiet der Staatshaftung erhalten, Art. 74 Abs. 1 Nr. 25 GG. Gleichwohl ist kein neuer Versuch zur Schaffung eines Staatshaftungsgesetzes unternommen worden. Das Staatshaftungsgesetz der DDR gilt nach dem Einigungsvertrag mit Einschränkungen in den neuen Bundesländern als Landesrecht fort.[1] 479

---

1 BGHZ 166, 22.

B. Haftung für die Verletzung einer Amtspflicht

I. Amtspflichtverletzung des § 839 als Blanketttatbestand

480 § 839 enthält einen weiteren allgemeinen Tatbestand des Deliktsrechts, auch wenn nur Beamte und über Art. 34 GG der Staat ersatzpflichtig werden können. Im Übrigen ist der Tatbestand des § 839 der Schutzgesetzverletzung des § 823 Abs. 2 vergleichbar, da mit dem Merkmal Amtspflicht gleichfalls eine Verweisung ausgesprochen ist. Wie das Schutzgesetz erhält die Amtspflicht eine privatrechtliche Ausrichtung dadurch, dass sie »einem Dritten gegenüber obliegen« muss. Die Amtspflicht kann sowohl einer konkreten als auch einer abstrakten Gefahr für private Rechtsgüter entgegenwirken. Schließlich sind parallele Beweiserleichterungen wie beim Schutzgesetz anerkannt. Steht die Außerachtlassung der äußeren Sorgfalt, etwa durch Verfehlung einer Amtspflicht zu einem bestimmten Verhalten fest, wird das Verschulden vermutet. Soll die Amtspflicht einem bestimmten Schaden entgegenwirken, so wird angenommen, dass ein solcher Schaden durch die verletzte Amtspflicht entstanden ist, wenn nicht ein atypischer Verlauf dargetan wird.

II. Tatbestandsmerkmal Beamter

481 Die Eigenhaftung des § 839 ergreift Beamte im staatsrechtlichen Sinne; Angestellte und Arbeiter im öffentlichen Dienst haften bei privatrechtlichem Handeln nach den §§ 823 ff. und bei hoheitlichem Handeln, soweit es ausnahmsweise nicht unter Art. 34 GG fällt, nach § 839. Für die Haftung des Staates nach Art. 34 GG gilt ein haftungsrechtlicher Beamtenbegriff; es genügt ein »anvertrautes öffentliches Amt«, auch als Verwaltungshelfer, etwa Schülerlotse. Hoheitliche Funktionen üben auch die sog. beliehenen Unternehmer aus. Beamte im Sinne dieser Vorschrift sind auch Richter. Für Notare gilt eine eigenständige Haftungsnorm, § 19 BNotO, die sich an § 839 anlehnt. Das Rettungswesen kann landesrechtlich öffentlich-rechtlich organisiert sein, sodass der Notarzt für Behandlungsfehler nach Amtshaftungsgrundsätzen gegenüber dem Patienten nicht persönlich haftet;[2] der Notarztdienst als Bestandteil des Rettungswesens ist allerdings von dem ambulanten Notfall- und Bereitschaftsdienst zu unterschieden, den die Kassenärztlichen Vereinigungen und die Ärztekammern organisieren, um die sprechstundenfreien Zeiten niedergelassener Ärzte zu überbrücken.

III. Verletzung einer Amtspflicht

482 Amtspflichten bilden das öffentlich-rechtliche Verhaltensprogramm für den Beamten. Solche Pflichten werden in Gesetzen, aber auch in Dienst- und Verwaltungsvorschriften festgelegt. Sie folgen auch aus allgemeinen beamtenrechtlichen Grundsätzen.

483 Für die Amtshaftung besonders wichtig ist, dass der Beamte grundsätzlich verpflichtet ist, eine unerlaubte Handlung im Sinne der §§ 823 ff. zu vermeiden.[3] Eine Tötung, Körperverletzung, Sachbeschädigung, Verletzung des Persönlichkeitsrechts durch unberechtigte öffentliche Mitteilungen oder sonstige Informationen unter Verstoß gegen die Pflicht zur Verschwiegenheit, Schutzgesetzverletzung oder ein sittenwidriges Verhalten des Beamten sind also stets eine Verletzung der Amtspflicht. Neben materiellrechtliche Verhaltensnormen treten Vorschriften über die Form des Verwaltungshandelns, die Zuständigkeit und das Verfahren. Amtspflichten können sich nicht nur aus nationalem Recht ergeben, sondern auch aus dem primären und sekundären Unions-

---

2 BGH NJW 2003, 1184 betr. Bayern.
3 BGH VersR 2013, 1191 Rn. 13: Hochschleudern von Steinen bei Mäharbeiten am Grünstreifen einer Bundesstraße.

recht. Die besonderen Beweislastregeln der §§ 832, 833 S. 2 und 836 sind innerhalb des § 839 anzuwenden.[4]

Die unwürdige Unterbringung eines Häftlings in einer Haftanstalt kann eine Amtspflichtverletzung bedeuten.[5] Der Geldentschädigungsanspruch des Strafgefangenen kann vom Staat weder wegen offener Kosten des Strafverfahrens gepfändet werden,[6] noch ist dagegen eine Aufrechnung zulässig;[7] die Vereitelung des Genugtuungszwecks stellt eine unzulässige Rechtsausübung (§ 242) dar.

IV. Schutzzweck und Schutzbereich der Amtspflicht

Die Amtspflicht muss einem Dritten gegenüber obliegen. Der Beamte muss also nicht nur zugunsten des Dienstherrn oder der Allgemeinheit zum Handeln verpflichtet sein. Zumindest muss auch das Interesse des Einzelnen wahrgenommen werden. So ist etwa das Streuen auf Hauptstraßen im Rahmen des Winterdienstes auch zugunsten der Radfahrer angeordnet,[8] nicht aber die Abnahme einer Seilbahn zugunsten des Betriebsunternehmers.[9] Dabei kann der Einzelne auch ein Kollege des Beamten sein, etwa ein Polizist, der beim pflichtwidrigen Entladen einer Waffe getroffen wird.[10] Bei der Aufstellung von Bebauungsplänen ist das Gebot der Beachtung von Anforderungen an gesunde Wohn- und Arbeitsverhältnisse der künftigen Nutzer des Plangebietes drittbezogen.[11] Sodann muss der von dem Einzelnen erlittene Schaden im Schutzbereich der Amtspflicht liegen. Die Amtspflicht muss also jedenfalls auch aus dem Grunde aufgestellt sein, dass dieser Schaden sich nicht ereignet. Das fehlte bei den Kontrollpflichten für die Marktorganisation »Milch« der EU, die nicht für den Milchhändler tätig werden.[12] Ist die Anklageerhebung der Staatsanwaltschaft wegen Versicherungsbetruges nicht vertretbar, ist der Vermögensschaden infolge Zurückhaltung der Versicherungssumme ersatzpflichtig.[13]

V. Verschulden

Die Verletzung einer Amtspflicht führt nur im Falle von Vorsatz oder Fahrlässigkeit des Beamten zu einem Ersatzanspruch. Dabei ist zu berücksichtigen, dass der Standard der Sorgfalt, den der Beamte einzuhalten hat, objektiv-typisiert nach dem Verhalten eines ordentlichen Beamten bemessen wird. Persönliche Besonderheiten des Beamten fallen also weder bei der Amtshaftung noch bei der Staatshaftung ins Gewicht. Auch der Rechtsirrtum kann entschuldigen.[14] Nach alter Rechtsprechung fehlt es am Verschulden, wenn ein Kollegialgericht zB ein Landgericht oder Oberlandesgericht nach sorgfältiger Prüfung das beanstandete Verhalten für rechtmäßig gehalten hat, obwohl nunmehr feststeht, dass es gegen eine Amtspflicht verstößt.[15] Davon hat der

---

4 BGH NJW 2013, 1233 Rn. 24.
5 BGH NJW-RR 2010, 1465, Revisionsentscheidung zu OLG Hamm NJW-RR 2008, 1406 in Anwendung der Grundsätze aus BVerfG NJW 2006, 1580; siehe ferner BVerfG NJW-RR 2011, 1043.
6 BGH NJW-RR 2011, 959 Rn. 8.
7 BGH VersR 2009, 1664 Rn. 10.
8 BGH NJW 1965, 100.
9 BGH NJW 1965, 200.
10 BGHZ 34, 375.
11 BGH NJW 2000, 427.
12 BGH VersR 1986, 1084.
13 BGH NJW 2000, 2672.
14 BGH VersR 2011, 796 Rn. 13.
15 BGHZ 187, 286 = NJW 2011, 1072 Rn. 36.

BGH jedoch wiederholt Ausnahmen zugelassen, so bei fehlender Vertretbarkeit des Antrags der Staatsanwaltschaft auf Erlass eines Haftbefehls.[16]

C. Ausnahmen von der Haftung

I. Subsidiarität

487 Fällt dem Beamten nur Fahrlässigkeit zur Last, so kann er nur dann in Anspruch genommen werden, wenn der Verletzte nicht auf andere Weise Ersatz zu erlangen vermag, § 839 Abs. 1 S. 2. Diese als Privilegierung des Beamten gegenüber seiner persönlichen Haftung gedachte Vorschrift findet nach ständiger Rechtsprechung auch auf die Staatshaftung Anwendung. Die Subsidiarität der Staatshaftung wird allerdings weitgehend als anstößig empfunden und war vom Staatshaftungsgesetz nicht übernommen worden.

488 Die Möglichkeit von einem Dritten Ersatz zu erlangen, muss demselben Tatsachenkreis entspringen wie die Amtshaftung.[17] Das ist der Fall, wenn ein Anspruch aus Vertragsverletzung oder Delikt gegen einen anderen besteht. So können sogar die privat liquidierenden Ärzte einer staatlichen Klinik bei Fehlern in der stationären Behandlung der Beamtenhaftung entgehen, weil der Träger des Krankenhauses aus Vertrag und unerlaubter Handlung haftet.[18] Der Wortlaut »zu erlangen vermag« bedeutet, dass Ansprüche nicht berücksichtigt werden, deren Durchsetzung, etwa wegen Vermögenslosigkeit, zweifelhaft ist. In neuerer Zeit ist die Subsidiaritätsentlastung immer enger ausgelegt worden: So findet sie wegen der Gleichbehandlung der Verkehrsteilnehmer keine Anwendung im Straßenverkehr[19] und bei der Verletzung der Straßenverkehrssicherungspflicht.[20] Nicht angerechnet wird auch ein Anspruch gegen die eigene Krankenkasse.[21]

II. Vorrang des Rechtsweges

489 Die Ersatzpflicht tritt ferner nicht ein, wenn der Verletzte es vorsätzlich oder fahrlässig unterlassen hat, den Schaden durch Gebrauch eines Rechtsmittels abzuwenden, § 839 Abs. 3. Diese Bestimmung enthält eine Sonderregelung des Mitverschuldens. Man soll nicht bei der ersten Verfügung stehen bleiben und liquidieren können, sondern zunächst alle Rechtsmittel gegen die Verletzung der Amtspflicht ausschöpfen. Rechtsmittel sind nicht nur Berufung und Revision, sondern auch Rechtsbehelfe gegen einen Verwaltungsakt, wie etwa der Widerspruch und die Klage vor dem Verwaltungsgericht.[22] Allerdings hat hier stets Verschulden gegeben zu sein. Dafür kommt es auf das Maß an Umsicht und Sorgfalt an, das man von Angehörigen des Verkehrskreises verlangen kann, dem der Verletzte angehört.[23] Auf Belehrungen und Erklärungen eines Beamten ihm gegenüber darf ein Staatsbürger grundsätzlich vertrauen, braucht also nicht klüger zu sein als der Beamte.[24] Am Verschulden fehlt es etwa, wenn ein Antrag an das Grundbuchamt fälschlicherweise den Zusatz »zurückgenommen« enthielt und

---

16 BGH VersR 2004, 332 (333).
17 BGHZ 31, 148.
18 BGH NJW 1985, 2189.
19 BGHZ 68, 217.
20 BGH VersR 1980, 282.
21 BGH DB 1981, 472.
22 BGHZ 15, 305 – Untätigkeitsklage.
23 BGHZ 113, 17, (25).
24 BGHZ 113, 17, (25).

eine Amtspflichtsverletzung nicht nahelag, welche zu einer Aufsichtsbeschwerde Anlass gegeben hätte.[25]

III. Spruchrichterprivileg

Wird eine Amtspflicht bei einem Urteil in einer Rechtssache verletzt, so setzt die Schadensersatzpflicht voraus, dass eine Straftat begangen wurde, § 839 Abs. 2 S. 1. Eine Ausnahme gilt nur für die Verweigerung oder Verzögerung,[26] § 839 Abs. 2 S. 2, wozu aber nicht die Behandlung bestrittener Behauptungen als unbestritten gehört.[27] Die Funktion dieses Privilegs liegt in der Erhaltung und Stützung der materiellen Rechtskraft. Der verlorene Prozess soll nach Erschöpfung aller Rechtsmittel nicht gegen den Richter im Wege des Ersatzverfahrens weitergeführt werden. Die hier in Betracht kommende Straftat ist in erster Linie die Rechtsbeugung, § 336 StGB. Aber auch andere Straftatbestände kommen in Betracht. Das Privileg wird nur staatlich eingesetzten Richtern, auch Laienrichtern, kraft Gesetzes gewährt. Bei Schiedsrichtern wird im Wege ergänzender Vertragsauslegung des Schiedsgerichtsvertrages ebenso verfahren.[28] Als »Urteil in einer Rechtssache« ist jede gerichtliche Äußerung anzusehen, welche ein durch Klage oder Anklage begründetes Prozessverhältnis für die Instanz zum Abschluss bringt. Es kommt dabei nicht auf den formalen Charakter der Entscheidung an, sie kann etwa auch als Beschluss ergehen, etwa eine Revisionsverwerfung gemäß § 349 Abs. 2 StPO oder eine Einstellung des Verfahrens nach § 153 StPO. Auch die Kostenentscheidung gemäß § 91a ZPO nach Erledigterklärung der Hauptsache ist Urteil in einer Rechtssache, denn das Prozessverhältnis wird für die Instanz beendet.[29] Kein Urteil ist eine vorläufige Sicherungsmaßnahme, etwa die vorläufige Entziehung der Fahrerlaubnis.[30] Außerhalb des Spruchrichterprivilegs werden richterliche und staatsanwaltschaftliche Entscheidungen ausschließlich auf ihre Unvertretbarkeit überprüft, um die Unabhängigkeit des Entscheidungsträgers nicht zu beeinträchtigen.[31]

490

IV. Haftungsbeschränkung

Beschränkt werden kann die Amtshaftung nur auf der Grundlage einer gesetzlichen Ermächtigung. Daran fehlt es regelmäßig, wenn die Kommunen im Rahmen öffentlich-rechtlicher Benutzungsverhältnisse ihre Haftung durch Satzung reduzieren wollen, etwa bei der Regelung der Abwasserkanalisation.[32]

491

D. Haftung des Staates und Eigenhaftung

I. Haftung nach Art. 34 GG

Gemäß Art. 34 GG ist die Übernahme der Haftung durch den Staat oder die Körperschaft nur gegeben, wenn jemand in Ausübung eines ihm anvertrauten öffentlichen Amtes tätig wird. Damit wird ein haftungsrechtlicher Beamtenbegriff zugrunde gelegt. Es kommt nicht darauf an, dass der Handelnde Beamter im technischen Sinne ist. Vielmehr genügt sogar die Beleihung einer Privatperson mit der selbstständigen Erle-

492

---

25 BGHZ 28, 104.
26 Dazu BGH NJW 2011, 1072 Rn. 11: Beschleunigung bei zunehmender Verfahrensdauer.
27 BGH LM § 839 [G] Nr. 5.
28 BGHZ 15, 12.
29 BGHZ 13, 142.
30 BGH JZ 1964, 771.
31 BGHZ 187, 286 Rn. 14; OLG Naumburg VersR 2013, 1263 (1264).
32 BGH VersR 2008, 119 (120): Rückstau infolge falsch verlegten Kanals.

digung hoheitlicher Aufgaben, etwa als Schiedsmann, Jagdaufseher, Fleischbeschauer, amtlich anerkannter Sachverständiger, Schülerlotse, Arzt eines zivilen Krankenhauses bei der Heilbehandlung von Soldaten im Auftrag der Bundeswehr.[33] Es muss sich entweder um eine obrigkeitlich-hoheitliche Verwaltung oder eine schlicht hoheitliche Verwaltung mit öffentlich-rechtlichen Handlungsformen handeln. Haftpflichtig ist diejenige Körperschaft, die den handelnden Funktionsträger angestellt hat. Ist ein Dienstherr nicht vorhanden, etwa bei gemischt zusammengesetzten Kollektivausschüssen, trifft die Haftung denjenigen, der dem Amtsträger die konkrete Aufgabe anvertraut hat; im Falle rechtswidriger geheimer Beschlüsse kann dann eine gesamtschuldnerische Haftung mehrerer Körperschaften bestehen.[34]

493 Für die reine Fiskalverwaltung und die schlicht hoheitliche Verwaltung in privatrechtlicher Handlungsform gilt die Staatshaftung nicht. Beeinflusst zB ein Bürgermeister den privaten Wettbewerb, indem er in dem Zwangsversteigerungsverfahren über ein örtliches Grundstück die Zuschlagserteilung an einen Ortsansässigen zum Nachteil eines konkurrierenden Bieters dadurch ermöglicht, dass er die vom Vollstreckungsgericht geforderte Sicherheitsleistung in Form einer kommunalen Bürgschaft gewährt, soll das wegen der Wahl eines privatrechtlichen Mittels als Handeln im Privatrechtsverkehr angesehen werden.[35]

494 Die ärztliche Heilbehandlung im Krankenhaus stellt in der Regel privatrechtliches Handeln dar. Eine öffentliche Aufgabe ist jedoch die Behandlung eines Patienten in der geschlossenen Abteilung eines psychiatrischen Landeskrankenhauses, selbst wenn sie nicht kraft hoheitlicher Unterbringung sondern im Einverständnis des Patienten erfolgt.[36] Hoheitlich tätig wird der Amtsarzt des öffentlichen Gesundheitsdienstes, etwa wenn er eine Prüfungsunfähigkeit bescheinigen soll.

II. Eigenhaftung des Beamten nach § 839

495 Die Eigenhaftung des Beamten kommt nur in Betracht, soweit Art. 34 GG nicht eingreift. Das ist der Fall beim Handeln im fiskalischen Bereich und bei schlicht hoheitlichem Handeln in privaten Rechtsformen. Das gleiche gilt für Beamte, die auf den Bezug von Gebühren angewiesen sind, wie Bezirksschornsteinfeger, bei Bauabnahmen und Feuerstättenschau.[37] Ebenso steht es mit dem selbst liquidierenden beamteten Arzt; ihm steht auch das Verweisungsprivileg zur Seite.[38]

E. Judikatives Unrecht bei der Anwendung von Unionsrecht

496 Wird Unionsrecht von einem letztinstanzlich entscheidenden Gericht unrichtig angewandt, kann der Mitgliedstaat dafür auf Schadensersatz haften.[39] Die Haftung für eine unionsrechtswidrige Entscheidung besteht wegen der Besonderheit der richterlichen Funktion sowie des Bedürfnisses nach Rechtssicherheit ebenfalls nur im Ausnahme-

---

33 BGH NJW 1996, 2431.
34 BGH VersR 2011, 796 Rn. 19.
35 BGH JZ 2001, 97 m. krit. Anm. *Ossenbühl.*
36 BGH VersR 2008, 778.
37 BGHZ 62, 372.
38 BGH VersR 1983, 244.
39 EuGH NJW 2003, 3539 (3541 Rn. 33, 50) – Köbler; EuGH NJW 2006, 3337 (3338 Rn. 30 f.) – Traghetti del Mediterraneo; zur Ausschöpfung zumutbaren Primärrechtsschutzes EuGH Rs. C-445/06 Rn. 60 ff. = EuZW 2009, 334 – Danske Slagterier; nachfolgend BGHZ 181, 199 Rn. 23 ff.; zur Haftung wegen wirtschaftsbeeinträchtigender Äußerungen eines Beamten anlässlich eines Interviews EuGH EuZW 2007, 480 – AGM-COS.MET.

fall, wird aber gemäß der Rechtsprechung des EuGH mittels anderer Kriterien zurückgedrängt, als sie das nationale Recht dafür festlegt.

Der Verstoß muss offenkundig sein. Die Offenkundigkeit wird bestimmt durch Gesichtspunkte des Einzelfalles wie das Maß an Klarheit und Präzision der verletzten Norm, die Vorsätzlichkeit des Verstoßes, die Entschuldbarkeit des Rechtsirrtums, gegebenenfalls die Stellungnahme eines Gemeinschaftsorgans sowie die Verletzung der Vorlagepflicht nach Art. 267 Abs. 3 AEUV.[40] Die verletzte Norm muss bezwecken, dem Einzelnen Rechte zu verleihen und es muss ein unmittelbarer Kausalzusammenhang zwischen Normverstoß und Schaden bestehen.[41]

497

Der offenkundige Verstoß kann nicht nur die Auslegung einer materiellen oder verfahrensrechtlichen Gemeinschaftsrechtsbestimmung betreffen, sondern auch die Sachverhalts- und Beweiswürdigung, nämlich die besonderen Vorschriften über die Beweislast, den Wert der Beweise, die Zulässigkeit der Beweisarten oder die Anwendung von Vorschriften, die eine rechtliche Qualifizierung des Sachverhalts erfordern.[42] Legt das nationale Recht Kriterien darüber fest, welche Natur oder welchen Grad der Verstoß des Gerichts haben muss, damit eine Staatshaftung begründet ist, etwa ein Erfordernis vorsätzlichen oder grob fehlerhaften richterlichen Verhaltens, dürfen dadurch keine strengeren Anforderungen aufgestellt werden, als sie dem Merkmal eines offenkundigen Verstoßes zu entnehmen sind.[43] Das Spruchrichterprivileg des § 839 Abs. 2 S. 1 ist daher in Gemeinschaftsrechtsfällen zu modifizieren. Zum ersatzfähigen Schaden gehört auch entgangener Gewinn.[44]

498

---

40 EuGH NJW 2003, 3539 Rn. 55; 2006, 3337 Rn. 32, 43 (jeweils noch zu Vorlagen nach Art. 234 EGV aF).
41 EuGH NJW 2003, 3539 Rn. 51.
42 EuGH NJW 2006, 3337 Rn. 39.
43 EuGH NJW 2006, 3337 Rn. 44.
44 EuGH EuZW 2007, 480 Rn. 95.

§ 23 Sachverständigenhaftung für unrichtige Gerichtsgutachten

Literatur: *Niemöller,* FS Thode, 2005, 309; *Spickhoff,* FS Heldrich, 2005, 419; *Wagner/Thole* VersR 2004, 275.

A. Entwicklung der Haftungsgrundlagen hin zu § 839a

499 Mit der Beauftragung des Sachverständigen durch das Gericht werden keine Sonderrechtsbeziehungen zwischen den Parteien und dem Gutachter begründet, sodass der Sachverständige für eventuelle Fehler bei der Begutachtung den Parteien nicht aus Vertrag oder einer vertragsähnlichen Beziehung haftet.[1] Es kommt grundsätzlich nur eine deliktische Haftung infrage.

500 Ein gerichtlich bestellter Sachverständiger übernimmt mit der Begutachtung in der Regel keine hoheitliche Aufgabe. Der Zusammenhang zwischen der Tätigkeit des Sachverständigen und der Spruchtätigkeit des Gerichts ist dafür nicht eng genug. Daher scheidet eine Amtshaftung gemäß Art. 34 GG, § 839 BGB für Fehler des gerichtlich bestellten Sachverständigen aus,[2] auch wenn die Beziehungen zwischen Gericht und Gerichtsgutachter öffentlich-rechtlicher Natur sind.[3]

501 Denkbar ist eine Haftung nach § 823 Abs. 1, wenn eines der dort aufgezählten oder rechtsfortbildend anerkannten Rechte bzw. Rechtsgüter durch den Sachverständigen verletzt wurde. Primäre Vermögensschäden, etwa der Verlust einer aufgrund des Gutachtens aberkannten Forderung, sind nicht ersetzbar. Am ehesten dürften Gesundheitsverletzungen durch Kunstfehler bei vorbereitenden ärztlichen Untersuchungen,[4] Freiheitsentziehungen infolge fehlerhafter Gutachten[5] und Persönlichkeitsrechtsverletzungen in Betracht kommen. Ein leichtfertig erstelltes unrichtiges Gutachten, das die Unterbringung des Betroffenen befürwortet, stellt eine rechtswidrige Verletzung des Persönlichkeitsrechts dar, die wegen der damit verbundenen unsicheren Situation für den Betroffenen auch dann nicht unwesentlich ist, wenn es anschließend zu keiner Unterbringung kommt[6].

502 Verletzt der Sachverständige durch das fehlerhafte Gutachten ausschließlich die Vermögensinteressen einer Partei, könnte er nach § 823 Abs. 2 in Anspruch genommen werden. Sehr streitig ist allerdings, welche Schutzgesetze die Haftung begründen können. Ist der Sachverständige vereidigt worden (§ 410 ZPO), so verstößt er durch die unrichtige Begutachtung gegen § 154 StGB (Meineid), gegen § 163 StGB (fahrlässiger Falscheid) oder gegen §§ 155 Nr. 2, 154 StGB (falsche Versicherung unter Berufung auf einen früheren Sachverständigeneid). Diese Normen sind nach hM Schutzgesetze im

---

[1] BGH LM Nr. 1 § 831 (Fc) BGB: Verwechslung der Blutproben für Blutgruppengutachten durch Laborassistentin.
[2] BGHZ 59, 310 (315 f.): Verletzung des Klägers bei einer Untersuchung zur Gutachtenvorbereitung; BGH NJW 2003, 2825 (2826).
[3] BGHZ 59, 310; BGH NJW 2003, 2825 (2826).
[4] BGHZ 59, 310 (316); 62, 54 (62).
[5] Vgl. zB OLG Nürnberg NJW-RR 1988, 791 ff.: grob fahrlässig falsches ärztliches Attest mit Anregung der sofortigen Unterbringung des Klägers durch Ordnungsamt der Gemeindeverwaltung, bei der der Kläger beschäftigt war; OLG Schleswig NJW 1995, 791 f.: vorläufige Unterbringung nach PsychKG Schl.-Holst. aufgrund ärztlicher Bescheinigung des Beklagten über akute Fremd- und Selbstgefährdung.
[6] BGH NJW 1989, 2941 (2943).

Sinne von § 823 Abs. 2 zugunsten der Prozessparteien.[7] Der vereidigte Sachverständige haftet danach bereits für leicht fahrlässig verursachte Vermögensschäden. In der Versicherung, das Gutachten nach bestem Wissen und Gewissen erstattet zu haben (vgl. § 410 Abs. 1 ZPO), in Verbindung mit dem beigefügten Stempelabdruck, der den Sachverständigen als »öffentlich bestellten und vereidigten« Sachverständigen ausweist, ist jedoch noch keine Bezugnahme auf den geleisteten Eid (§ 410 Abs. 2 ZPO) zu sehen; der Stempel weist nur auf die allgemeine Beeidigung hin.[8] Verneint worden ist der Schutzgesetzcharakter für § 410 ZPO.[9] § 411 Abs. 1 S. 2 ZPO stellt ebenfalls kein Schutzgesetz zugunsten der Parteien dar, sodass der Sachverständige von den Parteien nicht wegen verzögerter Erstattung des Gutachtens in Anspruch genommen werden kann.

Die Kommission für das Zivilprozessrecht hat 1977 die Kritik an der Rechtsprechung zur Haftung für beeidete Falschgutachten aufgegriffen und in der darin liegenden Anknüpfung eine Übersteigerung der Bedeutung des Sachverständigeneides gesehen; der Eid sei kein geeignetes Mittel, Zweifel an der Überzeugungskraft eines Gutachtens auszuräumen und sei rechtspolitisch überhaupt verzichtbar. In der Tat ist der Eid kein geeignetes Kriterium für eine Haftungsbegründung. Bei genauerem Zusehen fehlt es denn auch an der Erfüllung der Haftungsvoraussetzungen. Zu verneinen ist im Regelfall, dass der Schaden, den die durch ein unrichtiges Gutachten benachteiligte Partei erlitten hat, gerade wegen des besonderen Beweiswertes der Beeidigung entstanden ist. Rechtstatsächlich bildet die Vereidigung die Ausnahme, sodass der Geltungsbereich einer an die Eidesleistung anknüpfenden Haftung denkbar gering ist. Bejaht man ein rechtspolitisches Bedürfnis nach einer Haftbarkeit von Gerichtssachverständigen für unvorsätzliche Falschbegutachtung, so ist die nach der Rechtsprechungslösung eintretende faktische Haftungsdifferenzierung willkürlich und konzeptionslos. 503

B. Rechtspolitische Probleme: Haftungswillkür, Immunität des Sachverständigen

Die willkürliche Differenzierung der Haftungsvoraussetzungen gebot dringend eine gesetzliche Regelung der Sachverständigenhaftung. Klärungsbedürftig war auch, ob bzw. inwieweit Gerichtssachverständige für fehlerhafte Gutachten[10] von einer Haftung freizustellen sind, um durch Verminderung ihres Haftungsrisikos die Bereitschaft zur Gutachtenübernahme zu fördern sowie ihre innere Unabhängigkeit zu stärken, um das Wiederaufrollen des entschiedenen Rechtsstreits im Gewande eines Haftungsprozesses zu vermeiden und um dem Gesichtspunkt Rechnung zu tragen, dass der Sachverständige mit der Gutachtenerstattung eine staatsbürgerliche Pflicht erfüllt, deren unzureichende Ausführung nicht mit übermäßigen Sanktionen belegt werden darf.[11] Das sind überwiegend Erwägungen, die das Funktionieren der Rechtspflege und damit Belange der Allgemeinheit betreffen. Die Antworten auf die Immunitätsfrage sind de lege lata unterschiedlich ausgefallen. Sie kreisen um eine Reduktion des Verschuldensmaßstabs. Der Gesetzgeber hat mit dem Schadensersatzänderungsgesetz von 2002 in § 839a den Tatbestand der Haftung des gerichtlichen Sachverständigen geschaffen. 504

---

7 Vgl. BGHZ 42, 313 (318); 62, 54 (57).
8 OLG Oldenburg VersR 1989, 108 (109); OLG München VersR 1984, 590.
9 BGHZ 42, 313 (317); BGH NJW 1968, 787 (788) zu § 79 StPO; BGHZ 62, 54 (57) und für § 407a ZPO OLG Rostock OLG-NL 2001, 111 (112).
10 Keine Privilegierung bei sonstigen Schädigungen durch den Sachverständigen. Vgl. BGHZ 59, 310 (316).
11 Dazu BGHZ 62, 54 (59 f.); siehe ferner BGH NJW 1968, 767 (768).

Dieser Tatbestand lässt wegen seiner begrenzten Reichweite die übrigen Anspruchsgrundlagen nicht obsolet werden.

C. Beschränkung der Haftung auf Vorsatz und grobe Fahrlässigkeit

505 BGHZ 62, 54 (61) hatte die Auffassung vertreten, der gerichtlich bestellte Sachverständige könne nur für vorsätzlich falsche Begutachtung in Anspruch genommen werden; im dortigen Fall war dem Geschädigten aufgrund eines psychiatrischen Gutachtens die Freiheit entzogen worden. Das BVerfG ist dem BGH entgegengetreten: § 823 Abs. 1 stelle eine »Jedermann-Haftung« auf, die auch für Sachverständige gelte. Soweit das durch Art. 2 Abs. 2 GG verbürgte Recht des Geschädigten auf persönliche Freiheit betroffen sei, überschreite ein Haftungsausschluss für grob fahrlässiges Verhalten die Grenzen richterlicher Rechtsfortbildung.[12] Für die Bejahung einer Grundrechtsverletzung durch den vom BGH angenommenen Ausschluss der Haftung bei leichter Fahrlässigkeit hat sich keine Mehrheit im BVerfG gefunden. Zeitlich nachfolgende Rechtsprechung bejahte dementsprechend eine Haftung der Sachverständigen für jede vorsätzliche oder grob fahrlässige Verletzung der in § 823 Abs. 1 genannten Rechte und Rechtsgüter.

506 Die Rechtssicherheit nötigt nicht unbedingt zu einem Haftungsprivileg. Ein tragender Grund ist die Sicherung der inneren Unabhängigkeit des Sachverständigen. Es geht um die Ausschaltung präventiv wirkender verzerrender Einflüsse auf seine Urteilsbildung. Er soll sich nicht von der Furcht beeinflussen lassen, selbst bei gewissenhafter Begutachtung mit der jeweils unterlegenen Partei in Dauerstreitigkeiten mit Auswirkungen auf seine Reputation verwickelt zu werden, und bei der Gutachtenabfassung nicht die Sorge um seine künftige Verteidigung bereits mitbedenken. Eine Begutachtung führt im Zivilprozess stets dazu, dass eine Partei infolge des Gutachtens unterliegt, entweder weil der beweisbelasteten Partei der Beweis mittels des Sachverständigen gelingt, oder weil das Gutachten unergiebig und infolgedessen die beweisbelastete Partei den Prozess verliert. Ist das Gutachten aus der Sicht einer Partei vermeintlich fehlerhaft und die Klageschwelle niedrig, so ist der Anreiz zur Erhebung von Regressklagen hoch, nämlich entweder durch den Beweisgegner oder durch die beweisbelastete Partei. Ein weiterer tragender Grund ist die Vermeidung von Übermaßsanktionen. Dadurch wird der öffentlich-rechtliche Zwang zur Gutachtenerstattung (§ 407 ZPO) kompensiert.

D. Ausgestaltung des § 839a BGB

507 § 839a BGB begrenzt die Haftung auf Vorsatz und grobe Fahrlässigkeit. Streitig ist, ob es für die Beurteilung der Fahrlässigkeit auf eine schwere subjektive Vorwerfbarkeit ankommt, oder ob – wie generell im Zivilrecht – ein objektivierter Maßstab gilt.

508 Der Schaden muss durch eine gerichtliche Entscheidung verursacht worden sein, was eine Haftung nach § 839a BGB ausschließt, wenn das Verfahren in anderer Weise endet, etwa durch Vergleich, Erledigungserklärung oder Klagerücknahme; die Haftung kann dann den Prozessbevollmächtigten treffen, der nicht über diese Nebenfolge belehrt hat. Der Sachverständige muss die gerichtliche Entscheidung zudem durch sein Gutachten beeinflusst haben. Daran – oder jedenfalls am Zurechnungszusammenhang

---

12 BVerfGE 49, 304 (319 ff.).

– fehlt es bei Anerkenntnis- und Verzichtsurteilen.[13] Nicht ausreichend ist der Einfluss durch die Aussage als sachverständiger Zeuge. Die Haftung trifft nur den Sachverständigen persönlich, nicht auch den hinzugezogenen Mitarbeiter. Soweit Behörden als Gutachter beauftragt werden, haften sie nach § 839.

Gläubiger des Anspruchs können nur Verfahrensbeteiligte sein. Dazu zählt bei unrichtigen Verkehrswertgutachten im Zwangsvollstreckungsverfahren der Ersteigerer des Grundstücks;[14] maßgebliche Entscheidung ist der Zuschlagsbeschluss.[15] Der Begriff des Verfahrensbeteiligten ist auf das Verfahren zu begrenzen, für das das Gutachten erstattet worden ist. Das selbstständige Beweisverfahren und das zugehörige Hauptsacheverfahren, in dem die Verwertung gem. § 493 ZPO stattfindet, sind insoweit als Einheit anzusehen. Bei Verwertung des Gutachtens nach § 411a ZPO sind die Parteien des Folgeverfahrens nicht als Verfahrensbeteiligte anzusehen. **509**

Die Schadensersatzpflicht tritt nicht ein, wenn es der Geschädigte schuldhaft unterlässt, ein Rechtsmittel einzulegen, § 839a Abs. 2 iVm § 839 Abs. 3. Notwendig ist es dafür, von § 411 Abs. 4 ZPO Gebrauch zu machen und Einwendungen gegen das Gutachten und Ergänzungsfragen vorzubringen oder formelle Beweisanträge auf Einholung eines weiteren Gutachtens zu stellen.[16] **510**

---

13 Offengelassen von BGH NJW 2006, 1733 (1734).
14 BGH NJW 2006, 1733 (1734); zuvor schon für eine weite Auslegung BGH NJW 2004, 3488 (3489).
15 BGH NJW 2006, 1733 (1734).
16 BGHZ 173, 98 Rn. 8; BGH NJW-RR 2006, 1454 Rn. 11.

2. Abschnitt. Gefährdungshaftung

§ 24 Theorie der Gefährdungshaftung

Literatur: *Bartlsperger,* Die deliktsrechtliche Gefahrenverantwortung, FS Leisner, 1999, 1003; *Blaschczok,* Gefährdungshaftung und Risikozuweisung, 1993; *Bauer,* Erweiterung der Gefährdungshaftung durch Gesetzesanalogie, FS Ballerstedt, 1975, 305; *Bartlsperger,* Die deliktische Gefahrenverantwortung, FS Leisner, 1999, 1003; *Bürge,* Die Entstehung und Begründung der Gefährdungshaftung im 19. Jahrhundert und ihr Verhältnis zur Verschuldenshaftung, FS Canaris I, 2007, 59; *v. Caemmerer,* Reform der Gefährdungshaftung, 1971; *Canaris,* Die Gefährdungshaftung im Lichte der neueren Rechtsentwicklung, JBl. 1995, 2; *Deutsch,* Das neue System der Gefährdungshaftungen, NJW 1992, 73; *ders.,* Die Gefährdungshaftung und der BGH: Die Geschichte eines Abstoßungsprozesses, FS 50 Jahre BGH, 2000, I, 675; *Dunz,* Gefährdungshaftung und Adäquanz in der neueren Rechtsprechung des BGH, VersR 1984, 600; *Esser,* Grundlagen und Entwicklung der Gefährdungshaftung, 2. Aufl. 1969; *Kötz,* Haftung für besondere Gefahr, AcP 170 (1970), 1; *ders.,* Gefährdungshaftung, in: Gutachten und Vorschläge zur Überarbeitung des Schuldrechts, Bd. II, 1981, 1779; *Koziol,* Umfassende Gefährdungshaftung durch Analogie?, FS Wilburg, 1975, 173; *Küppersbusch,* Schmerzensgeld bei Gefährdungshaftung?, VersR 1982, 618; *Laufs,* Unglück und Unrecht, 1994; *Müller-Erzbach,* Gefährdungshaftung und Gefahrtragung, 1912; *Rinck,* Gefährdungshaftung, 1959; *Rother,* Der Begriff der Gefährdung im Schadensrecht, FS Michaelis, 1972, 250; *Rümelin,* Die Gründe der Schadenszurechnung und die Stellung des Deutschen BGB zur Schadensersatzpflicht, 1896; *Stoll,* Adäquanz und normative Zurechnung bei der Gefährdungshaftung, in: »25 Jahre Karlsruher Forum«, 1983, 184; *Taschner,* Begrenzung der Gefährdungshaftung durch Haftungshöchstsummen, FS v. Caemmerer, 1983, 76; *Will,* Quellen erhöhter Gefahr, 1980.

A. Entwicklung und Funktion

I. Geschichte und Namensgebung

511 Die Gefährdungshaftung, zuerst gesetzlich im preußischen Eisenbahngesetz von 1838 eingeführt, wurde bald als eigene Kategorie der Haftung für hohe Geschwindigkeiten sowie die Ansammlung und Fortleitung von Energie und das tierische Risiko, heute auch für das Bergwerk, die Umweltbelastung, das Arzneimittel und die Gentechnologie, angesehen. Der Ausdruck »Gefährdungshaftung« wurde von *Max Rümelin* im Jahre 1896 geprägt und hat alsbald Verbreitung gefunden.

II. Funktionen der Gefährdungshaftung

512 Wer eine übermäßige Gefahr für einen anderen schafft, unterhält oder ausnützt, darf dies nur tun, wenn er dem anderen den aus der Gefahrverwirklichung fließenden Schaden abnimmt. Das ist das Prinzip der Gefährdungshaftung, die ausschließlich aus Schadensabnahme durch Risikoüberwälzung besteht.

513 Die Gefährdungshaftung war notwendig geworden, als mit der Zulassung immer größerer Gefahren die Verschuldenshaftung ihre Ausgleichsaufgabe nicht mehr zu leisten vermochte. Die erforderliche Sorgfalt war nicht mehr auf die Vermeidung der Gefahr, sondern nur noch auf den angemessenen Umgang mit der Gefahr ausgerichtet. Für den Fall, dass sich das Risiko auch bei angemessenem Umgang verwirklichte, bedurfte es einer Schadensabnahme kraft Sondernorm.

514 Gefährdungshaftungen sind nicht selten zwangshaftpflichtversichert, etwa das Fahrzeughaftpflichtrisiko oder das Atomhaftpflichtrisiko, §§ 1 PflVersG, 13 f. AtomG. Auch

wenn eine Versicherungspflicht fehlt, wird regelmäßig mit einer Haftpflichtversicherung gerechnet. So dient die objektive Gefährdungshaftung auch der Schadensstreuung.

Wenn der Gefährdungshaftung auch keine echte Prävention zukommt, so entfaltet sie doch eine solche im betriebswirtschaftlichen Sinne. Das ist auch beabsichtigt. Nur derjenige soll eine Gefahr schaffen oder ausnutzen, der die schädlichen Auswirkungen der Gefahrverwirklichung zu tragen vermag. Wer nicht die Haftpflichtversicherungsprämien für ein Kraftfahrzeug aufbringen kann, soll nicht mit einem Fahrzeug fahren, das für seine Mitmenschen gefährlich ist. 515

III. Typen der Gefährdungshaftung

– Enge Gefährdungshaftung: Die klassischen Gefährdungshaftungen (Tierhaltung, Kfz-Betrieb, Energieansammlung und Energiefortleitung) folgen dem Prinzip der engen Gefährdungshaftung. Ausgangspunkt ist eine umschriebene Gefahr (die des Kfz, die der Energie, die des Tieres), an welche der Gesetzgeber die Haftung angeschlossen hat. Es handelt sich um eine eng an das Risiko angelehnte Kausalhaftung für ein vom Gesetzgeber erkanntes Risiko. Die enge Gefährdungshaftung ist dadurch gekennzeichnet, dass der Haftungsumfang an den Haftungsgrund angepasst ist. Verletzung und Schaden müssen sich als Verwirklichung der Gefahr darstellen, die Grund für die gesetzliche Einführung der Gefährdungshaftung war. Springt also ein Selbstmörder auf das Dach eines fahrenden Kraftfahrzeugs oder wird ein Hund als Wurfgeschoss verwendet oder überträgt ein Pferd Rotz auf ein anderes, so verwirklicht sich nicht die besondere Gefahr. Reduziert wird die Gewässerhaftung nach § 22 Abs. 2 WHG auf die Verwirklichung einer typischen Gefahrenlage.[1] 516
– Erweiterte Gefährdungshaftung: Neuerdings gibt es einige objektive Haftungen, etwa die Produkthaftung und die Arzneimittelhaftung, bei denen die Gründe der objektiven Haftung nur Motiv des Gesetzgebers sind. Sie sind nicht zum Zurechnungszusammenhang erhoben worden. Dementsprechend ist der Haftungsumfang bei der erweiterten Gefährdungshaftung wenig angepasst. Vorausgesetzt ist ein Kausalzusammenhang, nicht aber eine Verwirklichung der besonderen Gefahr, die zur Anordnung der Gefährdungshaftung geführt hat. Die Produzentenhaftung ergreift auch handgefertigte Waren, welche direkt an den Abnehmer verkauft werden, und die Zubereitung von Speisen in einem kleinen Lokal.[2] 517
– Kausalvermutungshaftung: In einigen neuen Gesetzen findet sich eine Kombination von Gefährdungshaftung und Ursachenvermutung. Nach § 34 GenTG wird vermutet, dass, wenn ein Schaden durch gentechnisch veränderte Organismen verursacht worden ist, dieser durch diejenigen Eigenschaften der Organismen verursacht wurde, die auf gentechnischen Arbeiten beruhen. Ebenso wird gem. § 6 UmweltHG vermutet, dass der Schaden durch eine Anlage verursacht worden ist, wenn diese nach den Gegebenheiten des Einzelfalls geeignet war, den entstandenen Schaden zu verursachen. Ähnliches gilt auch für die Bergbauhaftung, § 120 BBergG. Auch hier ist Grund der Haftung eine umschriebene Gefahr. Der Haftungsgrund reicht sogar in den Haftungsumfang hinüber, sodass ein Zurechnungszusammenhang erforderlich ist. Es muss sich also die besondere Gefahr verwirklicht haben. Jedoch wird aus besonderem Anlass vermutet, dass der Ursachenzusammenhang gegeben ist. Eine Gefährdungshaftung, verbunden mit einer Ursachenvermutung, ist die schärfste Haftung, die wir kennen. 518

---

1 BGH VersR 2002, 1555.
2 BGH NJW 1992, 1039.

B. Voraussetzungen der Gefährdungshaftung

I. Positive Voraussetzungen

519 – Gefahr: Hauptmerkmal der Gefährdungshaftung ist die Gefahr. Der Sprachgebrauch versteht unter Gefahr eine mögliche Veränderung zum Schlechten. Gefahr ist möglicherweise erwartete Kausalität. Die Gefährdungshaftung knüpft dabei an einen normalen Zustand an, aus dem sich für ein sachkundiges Urteil die naheliegende Möglichkeit einer Verletzung ergibt. Die Gefahr muss also sogar eine erhebliche oder übermäßige sein, um Anlass für eine Gefährdungshaftung zu geben. Das Übermaß gegenüber dem allgemeinen Lebensrisiko kann darin bestehen, dass die Gefahr besonders groß, besonders häufig oder besonders verletzend erscheint, also dass ein hoher, häufiger oder persönlich nahegehender Schaden zu erwarten ist.

520 – Gefahrverwirklichung: Das realisierte Risiko kennzeichnet den Eintritt der Gefährdungshaftung. Dabei ist zwischen enger und weiterer Gefährdungshaftung zu unterscheiden. Bei der engen Gefährdungshaftung muss es zur Verwirklichung des besonderen, in der Gefährdungshaftung bezeichneten Risikos gekommen sein. Bei den Tatbeständen der erweiterten Gefährdungshaftung genügt es, dass der Haftende im gefährdenden Bereich tätig geworden ist. Die Arzneimittelhaftung tritt also auch ein, wenn es sich nicht um eine Auswirkung eines chemischen Arzneimittels handelt, § 84 AMG. Auch der Handwerker ist nach dem ProdHaftG verpflichtet.

521 – Abwesenheit von höherer Gewalt: Das unabwendbare Ereignis oder die höhere Gewalt schließen bei einem erheblichen Teil der Gefährdungshaftungstatbestände die Haftung generell aus. Die höhere Gewalt, als *vis maior* im römischen Recht entstanden, als *force majeure* bzw. *Act of God* auch im Ausland anerkannt, wird nach der objektiven Formel definiert.

522 Es muss sich um ein von außen her kommendes Ereignis handeln, dessen Eintritt auch bei größter Sorgfalt nicht vorhergesehen oder nicht verhindert werden konnte.[3] Wie heißt es im französischen Recht: *cause etrangère non imputable*. Entgleist eine Straßenbahn wegen einer Flutwelle bei einer Überschwemmung, handelt es sich um Fremdverursachung, entgleist sie aber wegen eines Metallbolzens in der Schienenrille, kommt das Ereignis nicht von außen.[4] In Wirklichkeit stellen die höhere Gewalt und das unabwendbare Ereignis ein betriebsfremdes Ereignis dar, in dem sich das normale Risiko nicht verwirklicht. Auch dort, wo der Vorbehalt der höheren Gewalt nicht ausdrücklich gemacht wird, etwa bei der Tierhalterhaftung des § 833, ist regelmäßig die höhere Gewalt als Haftungsausschluss anzuerkennen. Die Tiergefahr hat sich dann nämlich nicht verwirklicht. Umgekehrt gibt es eine Reihe von Gefährdungen, die so erheblich sind, dass auch höhere Gewalt die Haftung nicht ausschließen soll, etwa beim Absturz eines Flugzeuges oder beim Herabfallen von Hochspannungsleitungen. Zwei Entscheidungen zeigen, wie eng normales Risiko und höhere Gewalt beieinanderliegen. BGHZ 7, 338: Der Draht, an dem ein Kind einen Drachen steigen ließ, berührte die Hochspannungsleitung. Zwar kam das Ereignis von außen, es war jedoch nicht außergewöhnlich und daher keine höhere Gewalt. BGH LM § 1 a HPflG Nr. 2: Ein mit Eisendraht umwundener Transparentmast hatte durch Überspringen des Stroms von einer Hochspannungsleitung Schaden verursacht. Es liegt höhere Gewalt vor, da es sich um eine außergewöhnliche und unabwendbare, gewissermaßen Elementareinwirkung von außen handelt.

---

3 BGH VersR 1986, 92.
4 BGH VersR 1963, 1050.

II. Entbehrliche Merkmale

Im Gegensatz zur Verschuldenshaftung verzichtet die Gefährdungshaftung auf eine ganze Reihe von sonstigen Haftungsmerkmalen. Nicht erforderlich, obwohl auch im Falle des Vorhandenseins nicht schädlich, sind folgende Voraussetzungen:

– Rechtswidrigkeit: Die Gefährdungshaftung ist an sich rechtswidrigkeitslos.[5] Der Betrieb, der mit der Gefährdungshaftung belegt wird, ist grundsätzlich erlaubt. Wohl aber kann die einzelne Betriebshandlung rechtswidrig sein. Dann werden Gefährdungshaftung und Verschuldenshaftung kumuliert.
– Verschulden: Die Gefährdungshaftung ist eine objektive Haftung, die kein Verschulden voraussetzt. Damit wird die Haftungsschwelle erniedrigt. Schon die Verwirklichung des Risikos, nicht erst das sorgfaltswidrige Verhalten führt zur Haftung.
– Adäquanz: Verletzung und Schaden brauchen nach der Rechtsprechung nicht adäquat kausal zu sein.[6] Vielmehr ist für die engere Gefährdungshaftung erforderlich, dass sich die besondere Gefahr, die mit der Gefährdungshaftung belegt ist, in der Verletzung und im Schaden realisiert. Die haftungsbegründende Kausalität wird also allein von der Verwirklichung der Gefahr beherrscht. Die haftungsausfüllende Kausalität wird von der Adäquanz dennoch beeinflusst, denn hier spielen auch Erwägungen allgemeiner Gefahr, wie sie der Adäquanz eigen sind, eine Rolle. Es steht wie bei der Verschuldenshaftung: die adäquate Kausalität ist überflüssig bei der haftungsbegründenden Kausalität, nicht aber bei der haftungsausfüllenden. Man denke etwa an besondere Eigenschaften des Opfers, etwa eine Allergieneigung. Hier kommt es nicht auf die besondere Gefahr, etwa die Tiergefahr, sondern die allgemeine Abgrenzung der Haftung an.
– Täterschaft und Teilnahme: Soweit es um Zurechnungen fremden Verhaltens oder Ausgleichungen unsicherer Kausalität durch subjektive Merkmale geht, ist § 830 auf die Gefährdungshaftung nicht anwendbar. Die Rechtsprechung hat jedoch die Alternativtäterschaft auch für die Gefährdungshaftung gelten lassen, § 830 Abs. 1 S. 2. Wenn also unklar ist, welcher von mehreren Pkws einen am Boden Liegenden überfahren hat oder wenn mehrere Pferde für die Beschädigung eines Kfz in Betracht kommen, so haften alle Halter als Gesamtschuldner.[7]
– Zurechnungsfähigkeit: Die Gefährdungshaftung ist objektiv bestimmt. Subjektive Haftungsausschlüsse wie die fehlende Zurechnungsfähigkeit gelten deshalb nicht. Ob jemand Halter oder Betreiber ist, kann gelegentlich vom Alter abhängen, zB bei dem einem Minderjährigen geschenkten Hund.

C. Anordnung und Typologie der Gefährdungshaftungen

I. Gesetzesvorbehalt und Analogieverbot

Nach hM hat der Gesetzgeber die Gefährdungshaftung durch Gesetz anzuordnen (BGHZ 54, 332; 55, 229). So ist der Reihe nach die Haftung für die Eisenbahn, das Flugzeug, Elektrizitäts- und Druckleitungen, das atomare Risiko, die Arzneimittelherstellung, den Bergschaden, die Produktherstellung, gentechnische Arbeiten und zuletzt das Umweltrisiko entstanden, zuerst § 1 RHpflG von 1871, zuletzt § 1 UmweltHG

---
[5] BGHZ 117, 110 verlangt Widerrechtlichkeit für die Tierhalterhaftung des Bienenzüchters, was sich wohl nur für die vermutete Verschuldenshaftung halten lässt.
[6] BGHZ 79, 259.
[7] BGHZ 32, 286; 55, 96.

von 1991. Andere mindestens ebenso gefährliche Verhaltensweisen entgehen der Gefährdungshaftung, etwa Fallschirmspringen, Rennbootbetrieb oder Schusswaffengebrauch.

529 Die Rechtsprechung hat sich auch geweigert, existente Gefährdungshaftungen analog anzuwenden. So hat man die Eisenbahnhaftung nicht auf Schlepp- oder Sessellifte übertragen.[8] Ebenso wenig hat man den Bruch einer Wasserleitung in Analogie zu Gas- und Elektrizitätsleitungen behandelt.[9] Der Grund für diese restriktive Haltung liegt darin, dass die Gefährdungshaftung auch im Industriezeitalter als Ausnahme von der generellen Verschuldenshaftung betrachtet wird. Hinzukommt, dass die Haftpflichtigen sich auf eine etwaige Haftung durch vorherigen Abschluss einer Versicherung für das relevante Risiko sollen einstellen können. Für die Gefährdungshaftung gilt also das Enumerationsprinzip.

II. Typologie der Gefahr

530 Die Gefährdungshaftung reagiert zunächst auf hohe Geschwindigkeiten, seien sie durch Eisenbahn, Auto oder Flugzeug hervorgerufen. Sodann wird die Ansammlung und Fortleitung erheblicher Energien, etwa in Atomenergieanlagen, Elektrizitätsfortleitungen oder Hochdruckrohren mit der Gefährdungshaftung belegt. Schließlich sind auch die Tierhaltung und der Wildschaden Gegenstand dieser objektiven Haftung. Das Arzneimittelrisiko führt ebenso wie gentechnische Arbeiten zur Gefährdungshaftung. Zuletzt hat der Gesetzgeber neben dem Bergschaden die industrielle Umweltbelastung der Gefährdungshaftung unterstellt.

D. Haftungsbeschränkung durch Höchstgrenzen

531 Die Gefährdungshaftung ist regelmäßig der Höhe nach beschränkt. Nur wenige Tatbestände gewähren unbeschränkten Ersatz materiellen Schadens, nämlich die Tierhalterhaftung und die Gewässerhaftung, §§ 833 BGB; 22 WHG. Vor Erlass des Schadensersatzänderungsgesetzes von 2002 war mit der Gefährdungshaftung regelmäßig kein Schmerzensgeld verbunden. Die einzige anerkannte Ausnahme bildete § 833 S. 1. Weil der gesetzgeberische Grund für die Beschränkung der Gefährdungshaftung auf den materiellen Schaden, nämlich sicherer Ausgleich wenigstens eines Teils des Schadens durch den Schadensstifter, weitgehend nicht mehr gegeben war, hat der Gesetzgeber mit der (technischen) Verschiebung der Schmerzensgeldrechtsfolge von § 847 aF in § 253 Abs. 2 eine Änderung der Rechtslage herbeigeführt. Im Sozialstaat wird dem Verletzten regelmäßig der Schaden durch den Sozialversicherungsträger, Arbeitgeber und/oder Dienstherrn abgenommen. Die Leistungen der Gefährdungshaftung kommen also im Wesentlichen dem vorleistenden Träger zugute. Daher ist es ein wesentliches Merkmal des persönlichen Schutzes geworden, durch Anspruchsgewährung Schmerzensgeld wegen Personverletzung in der Ausgleichsfunktion erlangen zu können. Wegen des früheren legislatorischen Defizits mussten viele Haftungsprozesse nicht nur unter dem Aspekt der Gefährdungshaftung, sondern auch dem der Verschuldenshaftung geführt werden, um Schmerzensgeld zu erlangen.

---

8 BGH NJW 1960, 1345.
9 BGHZ 55, 229.

E. Reform der Gefährdungshaftung

Die geltende Regelung wird als erneuerungsbedürftig angesehen. Man hat vorgeschlagen, entweder eine Generalklausel der Gefährdungshaftung oder einen analogiefähigen Allgemeintatbestand vorzusehen. Streitig ist insbesondere, ob nur eine gefährliche Anlage oder auch menschliches Tun (etwa Turmspringen) die Gefährdungshaftung auslösen sollte. Es erscheint veraltet und zu starr, die höhere Gewalt jede Haftung ausschließen zu lassen. Sie könnte wie das Mitverschulden zu einer Abwägung führen.

532

§ 25 Gefährdungshaftung wegen Tiergefahr: Tierhalter- und Jagdhaftung

A. Tierhalterhaftung

Literatur: *Abeltshauser,* Verschuldens- oder Gefährdungshaftung für Mikroorganismen, JuS 1991, 366; *Börnhövd,* Die Grenzen der Tierhalterhaftung, JR 1978, 50; *Deutsch,* Gefährdungshaftung für laborgezüchtete Mikroorganismen, NJW 1976, 1137; *ders.,* Der Reiter auf dem Pferd und der Fußgänger unter dem Pferd, NJW 1978, 1998; *Dunz,* Reiter wider Pferd, JZ 1987, 63; *Francke,* Tierhalterhaftung, 1911; *Hermann,* Die Einschränkungen der Tierhalterhaftung in der modernen Judikatur und Literatur, JR 1980, 489; *Hoff,* Die Feststellung des Tierhalters, AcP 154 (1955), 344; *Kipp,* Haftung des Tierhalters gem. § 833 S. 1 BGB trotz Selbstgefährdung des Geschädigten?, VersR 2000, 1348; *Knütel,* Tierhalterhaftung gegenüber dem Vertragspartner?, NJW 1978, 297; *Litten,* Die Ersatzpflicht des Tierhalters, 1905; *Schlund,* Zur Tierhalterhaftung des § 833 BGB, FS K. Schäfer, 1980, 224; *Seiler,* Tierhalterhaftung, Tiergefahr und Rechtswidrigkeit, FS Zeuner, 1993, 279; *Terbille,* Der Schutzbereich der Tierhalterhaftung, VersR 1994, 1151.

533 Die Haftung des Tierhalters ist die einzige im BGB geregelte Gefährdungshaftung, § 833 S. 1 (dazu schon → Rn. 467). Mit ihr hat der Gesetzgeber die obsolet gewordene objektive Haftung des gemeinen Rechts, beschränkt auf den Wert des Tieres oder das Tier selbst, in eine moderne Form übergeleitet. Die Haftung gewährt unbeschränkten Schadensersatz und ein Schmerzensgeld in der Ausgleichsfunktion. Liegt höhere Gewalt vor, wird etwa ein Tier vom Blitz getroffen, hat sich die Tiergefahr nicht verwirklicht.

I. Tier

534 Die Gefährdungshaftung trifft den Halter eines Tieres, das entweder nicht als Haustier anzusehen ist oder auch als Haustier nicht dem Beruf, der Erwerbstätigkeit oder dem Unterhalt des Tierhalters zu dienen bestimmt ist. Manche sprechen hier von sog. Luxustieren. Bei potenziell »doppelfunktionalen« Tieren kommt es auf die hauptsächliche Zweckbestimmung an.[1] Entgegen einer verbreiteten Ansicht sind auch Mikroorganismen und Viren Tiere, wenn sie gehalten werden, dh wenn sie in einem Labor gezüchtet oder am Leben erhalten werden. Auf diese Weise wird eine besonders gefährliche Art des Umgangs mit Tieren, nämlich die Schaffung und das Bewahren von Mikroorganismen, mit der notwendigen Gefährdungshaftung belegt.[2]

II. Tierhalter

535 Für die Gefährdung einzustehen hat, wer das Tier im eigenen Interesse hält. Regelmäßig ist Tierhalter der Eigentümer; jedoch ist das Eigentum nicht Bedingung der Haltereigenschaft. Erforderlich ist nur, dass eine Person die Einwirkungsmöglichkeit auf das Tier im eigenen Interesse besitzt. Das trifft auch auf einen Idealverein zu, der zur Erfüllung seiner satzungsgemäßen Aufgaben der Reittherapie von Behinderten Pferde hält.[3] Auch mehrere Personen können Tierhalter sein und haften dann als Gesamtschuldner. Eine gewisse Zeitspanne der Einflussnahme ist jedoch für die Haltereigenschaft vorausgesetzt. Kein Tierhalter ist, wer einen entlaufenen Hund vorübergehend in Verwahrung und Pflege nimmt, um ihn nach Ermittlung des Eigentümers zurück-

---
1 BGH NJW-RR 2005, 1183: Hunde auf Reiterhof.
2 AA wohl BGH NJW 1989, 2947.
3 BGH NJW 2011, 1961 Rn. 8.

zugeben,[4] ebenso nicht der pfändende Gerichtsvollzieher.[5] Wohl ist es aber derjenige, der einen zugelaufenen Hund nahezu sechs Monate lang betreut.[6] Tierhalter ist auch ein Fleischgroßhändler, dessen Kuh sich im Schlachthof losreißt, auf die Straße läuft und einen Menschen angreift.[7]

III. Tiergefahr

Die objektive Haftung des Tierhalters ist wegen der Unberechenbarkeit des Verhaltens der Tiere angeordnet. Aus diesem Grunde ist die Tiergefahr der zentrale Begriff dieser objektiven Haftung. Die Tiergefahr hängt von der Eigenart des Tieres ab. Die Tiergefahr besteht beim Hund im Anspringen oder Beißen, beim Pferd im Schlagen, beim Elefanten im großen Gewicht, beim Lama im Spucken, beim Tiger schon in der Sorge vor dem Angriff. Die Gefahr braucht nicht durch einen Angriff vom Tier selbst auszugehen, sondern kann auch etwa durch auf der Straße stehende Weidetiere oder beim Ausweichen vor einem anstürmenden Hund[8] für den Verkehr geschaffen werden. Im Allgemeinen wird verlangt, dass ein Tier nicht reflexartig, sondern »willkürlich« handeln muss. Soweit hierin eine Bezugnahme auf die Tiergefahr steckt, ist das zutreffend; jedoch ist die Vermenschlichung des Tieres nicht angebracht. Ebenso wenig ist es zutreffend, dass ein Tier, das unter menschlicher Leitung geht, nicht mehr eine Tiergefahr ausstrahlen soll. Der Mensch kann sich geradezu die Tiergefahr durch Dressur zunutze machen. Immer noch verwirklicht sich diese Gefahr, jetzt verstärkt durch die Einübung.

536

Beispiele für die typische Tiergefahr aus der jüngsten Rechtsprechung sind:

537

- Hundebiss,[9] nicht aber des vollnarkotisierten Hundes;[10]
- Decken einer Hündin durch einen Rüden,[11] jedoch ist hälftige mitwirkende Tiergefahr des Halters der Hündin anzurechnen;
- Ausbrechen des Tieres aus der Weide und Behinderung des Straßenverkehrs;[12]
- Tier wird auf der Straße getötet, Kadaver bleibt dort liegen;[13]
- Ausbrechen eines Kampfstieres aus der Bewacherkette, der auf die Autobahn lief und dort mit einem Auto kollidierte;[14]
- Sturz des Reiters vom fremden Pferde;[15]
- Sturz der Reitschülerin beim Angaloppieren;[16]
- Zusammenstoß der Brieftaube mit Turbine eines Motorflugzeug;[17]
- Umkippen einer Kutsche.[18]

---

4 LG Düsseldorf VersR 1968, 99.
5 OLG Hamm VersR 1966, 237.
6 OLG Nürnberg VersR 1978, 1045.
7 OLG Düsseldorf VersR 1983, 543.
8 OLG Oldenburg MDR 2002, 1010.
9 OLG Stuttgart VersR 1978, 1123.
10 OLG München VersR 1978, 334.
11 BGHZ 67, 129.
12 OLG Köln MDR 1973, 582.
13 OLG Celle VersR 1980, 430.
14 Cour d'appel Nimes GazPal 80 Jur. 374.
15 BGH JZ 1982, 294.
16 BGH NJW 1999, 3119.
17 OLG Hamm VersR 2004, 1014 m. krit. Anm. *Pfab* VersR 2006, 894.
18 BGH VersR 2006, 416 Rn. 7.

IV. Handeln auf eigene Gefahr

538 Gegenüber der Gefährdungshaftung ist das Handeln auf eigene Gefahr regelmäßig[19] ein absoluter Ausschlussgrund. In dieser Beziehung hat insbesondere der »Reiter auf dem Pferd« eine besondere Rolle gespielt. § 833 macht keine Ausnahme für denjenigen, der das Tier besteigt und dann von diesem abgeworfen wird. Entgegen der ständigen Rechtsprechung[20] sollte mit einer sich verbreitenden Lehre angenommen werden, dass der Reiter auf dem Pferd die Inkarnation des Handelns auf eigene Gefahr ist. Wer ein Pferd besteigt, riskiert abgeworfen zu werden. Sollte dies geschehen, ist Überraschung nicht am Platze. Mit *Larenz* ist davon auszugehen, dass insoweit die Tierhalterhaftung teleologisch reduziert, jedenfalls haftungsausschließendes Handeln auf eigene Gefahr angenommen werden sollte. Die Rechtsprechung erkennt dies freilich nur in Ausnahmefällen bei bewusster Exposition gegenüber gesteigerter Tiergefahr an, etwa wenn der Reiter das Pferd vom Tierhalter erbeten hatte, um diesem seine bessere Reitkunst zu beweisen,[21] bei Teilnahme an einem reitsportlichen Wettbewerb mit besonderen Gefahren,[22] bei Ausritt durch einen nicht unerfahrenen Reiter[23] oder wenn das Pferd vorübergehend beim Reiter untergebracht, aber vorwiegend im eigenen Interesse eigenmächtig benutzt wurde.[24] Überlässt der Halter das Pferd unentgeltlich, so kann es die Interessenlage gebieten, dem Reiter analog zum Tierhüter gemäß § 834 den Entlastungsbeweis für sein Nichtmitverschulden aufzuerlegen.[25] Wird das Pferd einem Kaufinteressenten zur wochenlangen Erprobung überlassen, kann darin ein Leihvertrag mit einer Haftungsreduzierung gemäß § 599 gesehen werden.[26]

V. Sonderregeln

539 Für die Gefährdungshaftung des Tierhalters gilt die Haftung bei alternativer Kausalität, gemäß § 830 Abs. 1 S. 2, etwa wenn Pferde von drei Kutschen vor Kindern scheuten und Schaden an einem Auto durch eine Kutsche angerichtet wurde.[27] § 840 Abs. 1 gilt beim Zusammentreffen der Gefahr mehrerer Tiere.[28] Mitverschulden ist grundsätzlich ein haftungsherabsetzender Grund[29] oder im Ausnahmefall sogar ein haftungsausschließendes Merkmal.[30] Beschränkend wirkt auch die eigene Tierhalterhaftung des Geschädigten beim Zusammentreffen zweier Tiere.[31]

VI. Auffangtatbestand für residuale Tiergefahr: Verschuldenshaftung

540 Soweit die Tiergefahr sich nicht entfaltet, greift man auf die Verschuldenshaftung der §§ 823 ff. zurück. Die Notwendigkeit des Rückgriffs hängt natürlich davon ab, wie

---

19 AA BGH NJW 2013, 2661 Rn. 11: nur in eng begrenzten Ausnahmefällen, bei bewusster Übernahme einer gesteigerten Gefahr.
20 BGH VersR 2006, 416 Rn. 11 ff.: nur § 254.
21 BGH VersR 1974, 356.
22 OLG Frankfurt VersR 1981, 935.
23 KG VersR 1986, 820.
24 OLG Celle VersR 1981, 663.
25 BGH VersR 1992, 1145.
26 OLG Düsseldorf VersR 1998, 1385.
27 BGHZ 55, 97; OLG Koblenz MDR 2013, 406: Überqueren einer Pferdeweide; OLG München VersR 2012, 1267 (1268).
28 OLG Saarbrücken NJW-RR 2006, 893: Straßenblockade der Pferde verschiedener Halter.
29 Schild »chien mechant« Cour Cassation Dal.Sir. 68, 351; OLG Schleswig NJW-RR 2004, 382: dichtes Passieren eines Pferdes; OLG Koblenz VersR 2003, 1317.
30 BGH VersR 1968, 797: Schmiedemeister behandelt Pferd falsch; OLG Düsseldorf NJW-RR 2006, 93: Verladung bockenden Pferdes; OLG München VersR 2002, 1165: unerbetenes Betreten einer Wohnung in Kenntnis anwesender Hunde.
31 OLG Rostock NJW-RR 2011, 820 (821).

weit man § 833 interpretiert. Die Rechtsprechung, welche die Begriffe »Tier« und »Tiergefahr« eng auslegt, muss häufiger auf die Schuldhaftung zurückgreifen, etwa im Falle des Tieres unter menschlicher Leitung. Aber auch sonst wird auf die Verschuldenshaftung, vor allem als verletzte Verkehrspflicht, zurückgegriffen. So haftet eine Universität für den Befall von Bienenvölkern mit Milben, die von der Universität importierte Bienen eingeschleppt hatten.[32] Ebenso schuldet ein Zahnarzt seinen Patienten Ersatz, die er mit Hepatitis B infiziert hatte.[33]

B. Wildschadenshaftung

I. Gefährdungshaftung für den Wildschaden

Früher in § 835 geregelt, hat der Jagdausübungsberechtigte heute nach dem Bundesjagdgesetz für den Wildschaden zu haften. Der Wildschaden entsteht, wenn durch Schalenwild, Wildkaninchen oder Fasane ein Grundstück mit Einschluss seiner Bestandteile, insbesondere der darauf wachsenden Pflanzen und der ungetrennten Erzeugnisse, beschädigt wird, § 29 BJagdG. Nach Landesrecht kann der ersatzpflichtige Schaden ausgedehnt werden. Im Falle der Jagdgenossenschaft trifft die Genossen der Schaden im Verhältnis zum Flächeninhalt ihrer Grundstücke. Wildschäden in befriedeten Bezirken sind ausgenommen.[34] Für die Schadensberechnung nach §§ 249 ff. kommt es darauf an, ob der Wert des Grundstücks samt seiner Bestandteile (§§ 93, 94 Abs. 1) gemindert ist, oder ob Pflanzen nur Scheinbestandteile (§ 95) sind, die dann Gegenstand eigener Rechte sind.[35] Zwecks schneller und reibungsloser Schadensfeststellung gilt nach § 34 S. 1 BJagdG eine Wochenausschlussfrist.[36]

541

II. Jagdschaden

Der Schaden, der einem Grundstück bei Ausübung der Jagd zugefügt wird, fällt nicht unter die Gefährdungshaftung. Für den aus missbräuchlicher Jagdausübung entstehenden Schaden wird nur wegen Verschuldens gehaftet, § 33 Abs. 2 BJagdG. Allerdings hat der Jagdausübungsberechtigte auch für Verschulden des Jagdaufsehers und der Jagdgäste einzustehen.

542

---

32 OLG Frankfurt NJW 1985, 2425.
33 OLG Köln NJW 1985, 1402.
34 BGH NJW 2010, 1608 Rn. 9 f.
35 BGH NJW 2011, 852 Rn. 14 f.
36 BGH NJW-RR 2010, 1398 Rn. 10.

§ 26 Gefährdungshaftung wegen Geschwindigkeit: Eisenbahn, Kraftfahrzeug, Luftfahrzeug

A. Haftung des Bahnbetriebsunternehmers

Literatur: *Filthaut*, HaftpflichtG, 8. Aufl. 2010; *ders.*, Die Gefährdungshaftung nach § 1 HPflG bei Nutzung von fremden Eisenbahninfrastrukturen, VersR 2001, 1348; *ders.*, Die neuere Rechtsprechung zur Bahnhaftung, NZV 2006, 634.

I. Schienenbahn oder Schwebebahn

543 § 1 HPflG verpflichtet den Betriebsunternehmer einer Schienenbahn oder einer Schwebebahn zum Schadensersatz nach Gefährdungshaftungsgrundsätzen. Als Schienen- oder Schwebebahn sind die Bundesbahn, Kleinbahnen, Straßenbahnen, Zahnradbahnen, Sessellifte usw. anzusehen. Schlepplifte fallen nicht darunter.

II. Betriebsgefahr

544 Der Unternehmer hat für die typischen Gefahren des Bahnbetriebs einzustehen. Diese ergeben sich aus der hohen Geschwindigkeit, dem langen Bremsweg, der Ansammlung von Menschen und deren Ungeschicklichkeit und Aufgeregtheit beim Ein- und Aussteigen. Immer aber muss es sich um bahntypische Gefahren handeln. Gleitet der Fahrgast auf dem Bahnsteig aus, stürzt er auf der Treppe oder trifft ihn ein Stück eines Fahrradschuppens, vom Sturm abgelöst, durch das Abteilfenster,[1] so hat sich die Betriebsgefahr nicht verwirklicht. Anders steht es etwa, wenn er von der auf den Zug wartenden Menschenmenge beiseite geschoben wird oder ihm auf der Treppe ein Koffer entgegen fällt. Die Eisenbahngefahr verwirklicht sich auch, wenn der Fahrgast eine Hand in der Abteiltür einklemmt,[2] wenn er bei einer Verspätung des Zuges seinen Wagen sucht, der nicht dem Wagenstandanzeiger entsprechend angekoppelt ist, und er dabei gegen einen Kofferkuli läuft,[3] oder wenn er alkoholisiert aus dem Fenster eines anfahrenden Zuges klettert.[4] Die Haftung besteht auch zugunsten eines Eisenbahnunternehmers, wenn ein Eisenbahninfrastrukturunternehmen für Gefahren der Trasse verantwortlich ist und sich zwei gleichartige Gefährdungshaftungen gegenüberstehen.[5]

III. Verletzung und Schaden

545 Die Bahn haftet für Tötung, Körper- und Gesundheitsverletzung sowie Sachbeschädigung. Der Umfang ihrer Haftung ist gemäß § 9 f. HPflG beschränkt: zB auf eine Jahresrente von EUR 36.000 für jede getötete oder verletzte Person, sowie 300.000 EUR für Sachschäden. Die Haftung ist nicht abdingbar, § 7 HPflG.

546 Für die Auswirkung der Betriebsgefahr in einem Schaden streitet eine tatsächliche Vermutung, wenn der Schaden im Gefahrenbereich des Betriebs liegt. Es handelt sich hierbei um einen Anschein, der jedoch durch einen anderstypischen Verlauf entkräftet werden kann. Liegt etwa ein Wald 100 m vom Bahnkörper entfernt und entsteht ein Waldbrand, so erscheint zwar die von einer Dampflokomotive ausgehende Brandge-

---

1 OLG Frankfurt VersR 1978, 966.
2 OLG Stuttgart VersR 1977, 383.
3 OLG Hamm VersR 1978, 64.
4 OLG Nürnberg NJW-RR 2012, 542 (544) (jedoch § 254).
5 BGH VersR 2004, 612.

fahr als typische Ursache. Wenn jedoch aus besonderen Gründen noch weitere Brandursachen in Betracht kommen, ist der Anschein erschüttert.[6]

IV. Ausschlussgründe

Bei höherer Gewalt, § 1 Abs. 2 HPflG, entfällt die Gefährdungshaftung, etwa wenn ein von außen geworfener Gegenstand einen Fahrgast am Kopf trifft[7] oder wenn ein Selbstmörder durch die Luft auf den Bahnsteig geschleudert wird.[8] Allerdings wird die Haftung nicht dadurch ausgeschlossen, dass die technischen Vorrichtungen des Zugs ordnungsgemäß funktionierten.[9] Die Beschädigung zur Aufbewahrung angenommener oder von der Bahn beförderter Sachen, die ein Fahrgast nicht bei sich trägt, führt gleichfalls nicht zu einer Ersatzpflicht, § 1 Abs. 3 HPflG.

547

B. Haftung des Kraftfahrzeughalters

Literatur: *Böhme/Biela*, Kraftverkehrs-Haftpflichtschäden, 25. Aufl. 2013; *Coester-Waltjen*, Die Haftung nach § 7 StVG, JuS 2004, 173; *Cromme*, Die Kraftfahrzeughaftpflicht in Frankreich und Deutschland. Eine rechtsvergleichende Untersuchung, 1969; *Garbe/Hagedorn*, Die zivilrechtliche Haftung beim Verkehrsunfall, JuS 2004, 287; *Greger*, Haftungsrecht des Straßenverkehrs, Großkommentar zu §§ 7–20 StVG und zum Haftpflichtgesetz, 4. Aufl. 2007; *Hentschel/König/Dauer*, Straßenverkehrsrecht, Kommentar, 42. Aufl. 2013; *Koziol*, Der Begriff »beim Betrieb eines Kfz«, FS Hämmerle, 1972, 193; *Schreiber/Strupp*, Die Haftung bei Verkehrsunfällen, Jura 2007, 594; *Steffen*, »Höhere Gewalt« statt »unabwendbares Ereignis« in § 7 Abs. 2 StVG?, DAR 1999, 135; *Wussow*, Das Unfallhaftpflichtrecht, 16. Aufl. 2014.

I. Entwicklung

Seit dem Jahre 1909 besteht die Gefährdungshaftung des Halters für das Kraftfahrzeug. Heute beruht sie auf § 7 StVG. Der Halter ist verpflichtet, eine Haftpflichtversicherung abzuschließen, § 1 PflVG. Der Verletzte hat, zurückgehend auf eine vom französischen Recht inspirierte EU-Richtlinie, einen Direktanspruch gegen den Versicherer, § 3 PflVG. Die Kfz-Halterhaftung hat eine erhebliche soziale Komponente: Als pflichtversicherte Gefährdungshaftung soll sie Verkehrsopfern eine Mindestversorgung garantieren. Wegen der Entlastung durch höhere Gewalt, der Anrechnung jedes Mitverschuldens und des Ersatzes nur im Rahmen von Höchstgrenzen vermag diese Gefährdungshaftung ihre sozialen Aufgaben jedoch nicht vollständig zu erfüllen. Sie bietet nur eine Grundversorgung, während höhere Leistungen von einem Verschulden des Kraftfahrers abhängig sind. Die EU-Richtlinie über die Kfz-Haftpflichtversicherung (zuletzt: RL 90/232/EWG v. 14.5.1990) sorgt für einen effektiven grundsätzlichen Verkehrsopferschutz, überlässt die Festlegung des Umfangs der durch eine Pflichtversicherung zu deckenden Entschädigung jedoch dem nationalen Recht (Gefährdungshaftung, Verschuldenshaftung).[10] Der Umfang darf aber im Falle der Mitverursachung des Unfalls durch den Geschädigten nicht unverhältnismäßig begrenzt werden.[11]

548

---

6 BGH VersR 1969, 637.
7 BGH VersR 1987, 781.
8 OLG Hamm NJW-RR 2005, 393.
9 OLG Frankfurt VersR 1986, 922 – Sturz aus fahrendem Zug.
10 EuGH NJW 2007, 2029 Rn. 32 f. – Farell; EuGH NJW 2011, 2633 Rn. 31 f. – Carvalho.
11 EuGH NJW 2011, 2633 Rn. 38 – Carvalho.

II. Tatbestandsmerkmal: Kraftfahrzeughalter

549 Gemäß § 7 StVG haften der Halter des Kraftfahrzeuges und der Halter eines Anhängers. Halter ist derjenige, der das Fahrzeug für eigene Rechnung in Gebrauch hat und die Verfügungsgewalt über das Fahrzeug besitzt.[12] Der Eigentümer ist regelmäßig Halter, braucht es jedoch nicht zu sein. Kurzfristige Überlassung an einen anderen ändert nichts an der Haltereigenschaft. Wird das Kraftfahrzeug jedoch durch einen Leasing-Vertrag einem anderen auf längere Zeit überlassen, so ist der Leasingnehmer während der Leasingzeit alleiniger Halter.[13] Benutzen mehrere ein Auto gemeinschaftlich, wenn auch zu unterschiedlichen Zeiten, so sind alle gleichermaßen Halter auch für die Zeit, in der sie das Fahrzeug nicht benutzen.

III. Tatbestandsmerkmal: Bei dem Betrieb eines Kraftfahrzeugs

550 Als Betriebsgefahr des Kraftfahrzeugs sind zunächst die Entfaltung von Geschwindigkeit und der notwendige Bremsweg anzusehen. Die Rechtsprechung ist jedoch angesichts der Zunahme des Kraftfahrzeugverkehrs dazu übergegangen, nicht nur das bewegte Fahrzeug, sondern auch das ruhende Fahrzeug als gefährlich anzusehen, solange es sich im Straßenverkehr selbst befindet. So kann ein auf der Autobahn liegengebliebenes Fahrzeug eine größere Gefahr bilden als ein Stadtfahrzeug in Bewegung. Auch wenn keine Berührung stattgefunden hat, kann es sich um einen Unfall beim Betrieb eines Fahrzeuges gehandelt haben, etwa wenn ein Motorradfahrer beim Überholtwerden durch einen Sattelschlepper stürzt[14] oder wenn in der engen Tiefgarage ein plötzliches Ausweichmanöver erforderlich wird.[15] Die Betriebsgefahr des Fahrzeugs des Geschädigten muss dieser sich bei Geltendmachung eigener Ansprüche anspruchskürzend zurechnen lassen.[16]

551 Nicht um den Betrieb eines Kraftfahrzeugs handelt es sich, wenn ein Pkw ohne eigene Motorkraft durch eine automatische Waschanlage gezogen wird[17] oder wenn ein Baustellenfahrzeug auf einer abgeschlossenen Baustelle fährt.[18] Verwendet ein Transportfahrzeug seinen Motor, um Heizöl einzufüllen oder Futter in ein Silo einzuspritzen, so handelt es sich nicht um den Betrieb eines Kraftfahrzeugs,[19] wohl aber wenn Streugut aus einem Streukraftfahrzeug ausgeworfen wird.[20] Wird ein geparkter Pkw von Unbekannten in Brand gesteckt und greift das Feuer auf ein anderes Fahrzeug über, fehlt es am erforderlichen Zurechnungszusammenhang, weil die Schädigung nicht eine spezifische Auswirkung der Gefahr ist, um deretwillen der Verkehr von § 7 StVG schadlos gehalten werden soll.[21] Dasselbe sollte gelten, wenn ein Unfallbeteiligter nach einem Auffahrunfall die Schäden inspizieren will und dabei auf eisglatter Fahrbahn stürzt.[22]

552 Der ruhende Verkehr als Betrieb des Kraftfahrzeugs hat sich in der Rechtsprechung durchgesetzt. So führt ein Auffahrunfall auf ein wegen Reifenschadens auf der Autobahn haltendes Fahrzeug ebenso zur Haftung des Liegengebliebenen[23] wie das Auf-

---

12 BGHZ 116, 201 (205 f.); BGH NJW 1997, 660.
13 BGH VersR 1983, 656.
14 BGH NJW 1972, 1808.
15 BGH VersR 2005, 992.
16 BGH VersR 2013, 1013 Rn. 20 (st. Rspr.).
17 KG VersR 1977, 626.
18 Öster. OGH JBl. 1972, 539.
19 BGH NJW 1978, 1582; VersR 1975, 945.
20 BGHZ 105, 65.
21 BGH VersR 2008, 656 Rn. 12.
22 AA BGH VersR 2013, 599 Rn. 16.
23 BGH VersR 1969, 668.

fahren auf eine zur Absicherung eines defekten Lkws aufgestellte Bierkiste,[24] nicht jedoch das ordnungsgemäße Abstellen auf einem Privatparkplatz.[25]

IV. Ausschlussgründe der Haftung

Der Entlastungsgrund des unabwendbaren Ereignisses ist im Jahre 2002 beseitigt worden. Seither befreit nach § 7 Abs. 2 StVG nur noch höhere Gewalt, also ein betriebsfremdes, von außen durch elementare Naturkräfte oder durch Handlungen dritter Personen herbeigeführtes Ereignis, das nach menschlicher Einsicht und Erfahrung unvorhersehbar ist, mit wirtschaftlich erträglichen Mitteln auch durch die äußerste, nach der Sachlage vernünftigerweise zu erwartende Sorgfalt, nicht verhütet oder unschädlich gemacht werden kann und auch nicht wegen seiner Häufigkeit in Kauf zu nehmen ist. Die Gefährdungshaftung ist damit vollständig von Verschuldenserwägungen unabhängig gemacht worden. 553

Gleichfalls ausgeschlossen ist die Haftung im Falle der Schwarzfahrt (§ 7 Abs. 3 StVG), also wenn jemand das Fahrzeug ohne Wissen und Willen des Fahrzeughalters benutzt. Der Halter bleibt jedoch neben dem Schwarzfahrer haftbar, wenn er die Fremdnutzung durch sein Verschulden ermöglicht hat, etwa dadurch, dass er den Schlüssel steckengelassen hat. Die Gefährdungshaftung gilt des Weiteren nicht für Fahrzeuge bis zu 20 km Höchstgeschwindigkeit und für beim Betrieb des Kraftfahrzeugs Tätige, § 8 StVG, etwa den Fahrer oder den mit Prüfarbeiten beschäftigten Werkstattmeister.[26] Sofern der Verletzte durch das Kraftfahrzeug befördert wurde, ist die Gefährdungshaftung seit 2002 auch bei unentgeltlicher Personenbeförderung anwendbar. Bei entgeltlicher geschäftsmäßiger Personenbeförderung, also beim Taxi, kann die Haftung wegen Personenschäden nicht beschränkt werden, § 8a StVG. Ein haftungsausschließendes Handeln auf eigene Gefahr liegt vor, wenn im öffentlichen Straßenverkehr ein verabredetes verbotenes Kraftfahrzeugrennen veranstaltet wird.[27] 554

V. Haftung des Fahrzeugführers

Gemäß § 18 StVG haftet der Führer des Kraftfahrzeugs ebenso wie der Halter, es sei denn, dass er nachweist, dass der Schaden nicht durch sein Verschulden verursacht wurde. Den Fahrer trifft also nur eine vermutete Verschuldenshaftung. 555

VI. Haftungsumfang und Direktanspruch

Die Kraftfahrzeughaftung ist der Höhe nach beschränkt. Gemäß § 12 StVG haftet der Halter bei Tötung und Verletzung eines Menschen bis zu einem Kapitalbetrag von 5 Mio. EUR bei entgeltlicher geschäftsmäßiger Beförderung und mehr als acht Unfallopfern erhöht sich dieser Betrag, ebenso bei Beförderung gefährlicher Güter (§ 12a StVG). Keine Grenzen gelten für Unfälle mit Panzern, § 12b StVG. 556

Eine Besonderheit bildet der Direktanspruch des Verletzten gegen den Kraftfahrzeugversicherer nach § 3 PflVG. Da der Halter und der Fahrer weiter haftbar sind, stellt der Direktanspruch einen Fall des gesetzlich angeordneten Schuldbeitritts dar. Kfz-Halter bzw. -Fahrer und Versicherer haften als Gesamtschuldner, § 3 Nr. 2 PflVG. Im Innenverhältnis hat der Versicherer regelmäßig allein zu leisten, wie es dem Vertrag entspricht, § 3 Nr. 9 PflVG. In der Praxis werden Halter, Fahrer und Versicherer regelmäßig gemeinsam verklagt. Das hat für den Verletzten den Vorteil, dass Fahrer und 557

---

24 OLG Köln VersR 1978, 771.
25 OLG Karlsruhe NJW 2005, 2318.
26 OLG Stuttgart VersR 2004, 68.
27 AA OLG Karlsruhe NJW 2012, 3447 (3448).

Halter, da Streitgenossen, nicht als Zeuge aussagen, sondern nur unter erschwerten Bedingungen als Partei vernommen werden können.

C. Haftung im Luftverkehr

Literatur: *Bollweg*, Das Montrealer Übereinkommen, ZLW 2000, 439; *Reuschle*, Montrealer Übereinkommen, 2. Aufl. 2011; *Schmidt/Müller-Rostin*, Inkrafttreten des Montrealer Übereinkommens, NJW 2003, 3516; *Schwenk/Giemulla*, Handbuch des Luftverkehrsrechts, 4. Aufl. 2013.

I. Rechtsquellen

558 Eine nationale Regelung enthält das Luftverkehrsgesetz idF vom 10.5.2007 (BGBl. I S. 698) mit nachfolgenden Änderungen und Ergänzungen durch diverse VO. Für die Beförderung im internationalen Luftverkehr gilt das Montrealer Übereinkommen (MÜ) vom 28.5.1999 (BGBl. 2004 II S. 458), das unter anderem für Deutschland und alle EU-Länder am 28.6.2004 in Kraft getreten ist. Außerhalb des Kreises seiner Ratifizierungsstaaten gilt das (ältere) Warschauer Abkommen fort. Die VO (EG) Nr. 2027/97 in der Fassung vom 13.5.2002[28] verweist auf das MÜ und erweitert dessen Geltung für die Beförderung von Fluggästen und Gepäck auf innerstaatliche Flügen in der EU sowie für Flüge von Luftfahrtunternehmen der Gemeinschaft auch außerhalb der EU.

Es ist deutlich zu unterscheiden zwischen der Gefährdungshaftung gegenüber am Luftverkehr unbeteiligten Personen und der vermuteten Verschuldenshaftung gegenüber Fluggästen usw., die der Höhe nach beschränkt ist. Für die Auslegung des MÜ als Bestandteil der Unionsrechtsordnung ist der EuGH zuständig.[29] Ansprüche des Fluggastes wegen Nichtbeförderung oder großer Verspätung richten sich nach der VO (EG) Nr. 261/2004.[30]

II. Gefährdungshaftung des Luftfahrzeughalters

559 – Luftfahrzeug: Als solche sind Flugzeuge, Hubschrauber, Luftschiffe, Segelflugzeuge, Motorsegler, Frei- und Fesselballone, Drachen, Fallschirme, Flugmodelle und Luftsportgeräte anzusehen, § 1 Abs. 2 LuftVG. Die Rechtsprechung hat darunter den Drachenflieger verstanden, der im Schlepp eines Pkw hochgezogen wird,[31] nicht aber ein Modellflugzeug mit einer Spannweite von 1 m und einem Gewicht von 250 g, das als Kinderspielzeug angesehen wurde.[32]

560 – »beim Betrieb eines Luftfahrzeugs durch Unfall«: Die Tötung, Körper- und Gesundheitsverletzung oder Sachbeschädigung beim Betrieb eines Luftfahrzeugs durch Unfall geben Anlass zur Gefährdungshaftung gegenüber Außenstehenden, § 33 LuftVG. Darunter ist nicht nur der Schaden durch Absturz oder herunterfallende Teile eines Flugzeugs zu verstehen, sondern auch die Beunruhigung eines Reittieres durch einen tief fliegenden Hubschrauber[33] oder die Lärmirritation eines Kraftfahrers bzw. der Herzinfarkt durch ein tief fliegendes Düsenflugzeug.[34]

561 – Keine höhere Gewalt: Der Luftfahrzeughalter kann sich nicht auf höhere Gewalt berufen. Angesichts der Tatsache, dass das Flugzeug den Elementen in besonderer Weise ausgesetzt ist, wird hier kein von außen her kommendes Ereignis anerkannt.

---

28 ABl. 2002 L 140, 2.
29 EuGH NJW 2010, 2113; 2013, 845.
30 Dazu EuGH NJW 2011, 3776; BGH Urt. v. 24.9.2013 – X ZR 129/12 und – X ZR 160/12.
31 OLG Koblenz VersR 1981, 988.
32 OLG Düsseldorf VersR 1973, 826.
33 LG Arnsberg VersR 1976, 395.
34 BGH NJW 1982, 1046; OLG Schleswig NJW 1989, 1937.

– Haftungsumfang: Die Haftung ist im Umfang beschränkt. Seit 2002 wird Schmerzensgeld gewährt. Gemäß § 37 Abs. 2 LuftVG ist die maximale Höchstgrenze der Haftung 600.000 EUR je Person oder jährlich 36.000 EUR. Es besteht eine Versicherungspflicht, Art. 7 VO (EG) Nr. 785/2004, hilfsweise § 43 LuftVG. Die Mindestversicherungssummen, die nach dem für den Abflug zugelassenen Höchstgewicht gestaffelt sind, legen nach § 37 Abs. 1 LuftVG die Haftungssumme fest, soweit sie die maximale Grenze des Abs. 2 nicht übersteigen. Eine weitergehende Haftung gegenüber den durch § 33 LuftVG geschützten Personen nach §§ 823 ff. oder dem ProdHaftG bleibt unberührt, § 42 LuftVG.

562

III. Innenhaftung des Halters oder Frachtführers

Für Fluggäste sowie Frachtgüter und Reisegepäck wird aus Luftbeförderungsvertrag nach dem MÜ bzw. der VO (EG) Nr. 2027/97 gehaftet, wegen des verbliebenen schmalen Anwendungsbereichs nur selten – zB für außereuropäische Beförderer auf deutschen Strecken oder für Vergnügungsfahrten im Heißluftballon oder bei Tandem-Passagier-Fallschirmsprüngen[35] – nach den §§ 44 ff. LuftVG.

563

Die Grundsätze lassen sich wie folgt umschreiben:

564

– Vermutete Verschuldenshaftung und Gefährdungshaftung: Die Ersatzpflicht besteht bei Personenschäden mit unterschiedlichen Höchstbeträgen aus Gefährdungshaftung und aus Verschuldenshaftung, wenn der Luftfrachtführer nicht beweist, dass er und seine Leute alle erforderlichen Maßnahmen zur Verhütung des Schadens getroffen haben oder dass sie diese Maßnahmen nicht treffen konnten, § 45 LuftVG. Gehaftet wird nur für körperliche Verletzungen, nicht für seelische Beeinträchtigungen aufgrund unzüchtiger Handlungen an einer schlafenden Frau durch einen Passagier auf dem Nachbarsitz, wie der englische Court of Appeal zu Art. 17 des Warschauer Abkommens entschieden hat.[36] Ein Beförderungsfall ist nicht gegeben, wenn ein »Schnupperflieger« seine Neigung zur Pilotenausbildung testet.[37] Gepäckschäden richten sich nach § 47 LuftVG.
– Haftungshöchstbetrag: Die Höchstbeträge sind auch national in Rechnungseinheiten = Sonderziehungsrechten des Internationalen Währungsfonds ausgedrückt, die der Umrechnung in EUR bedürfen (1 SZR = 1,12362 EUR am 25.10.2013).
– Schmerzensgeld seit 2002, §§ 36 S. 2 LuftVG, 253 Abs. 2 BGB.
– Beschränkung sogar der Verschuldenshaftung: Vertragliche oder deliktische Ansprüche können nur im gesetzlichen Umfang des MÜ oder der §§ 47 ff. LuftVG geltend gemacht werden.

---

35 OLG Brandenburg NJW-RR 2004, 314.
36 *Morris v. KLM Royal Dutch Airlines* [2001] 3 W.L.R. 351.
37 BGH VersR 2005, 801.

§ 27 Gefährdungshaftung wegen Energieentfaltung: Energieanlagen, Atomenergie

A. Konventionelle Energie: Elektrizität, Gas, Dampf usw.

Literatur: *Filthaut*, Haftpflichtgesetz, 8. Aufl. 2010; *Geigel*, Haftpflichtprozess, 26. Aufl. 2011; *Wussow*, Das Unfallhaftpflichtrecht, 16. Aufl. 2014.

I. Anlagenwirkungshaftung

565 Gemäß § 2 Abs. 1 S. 1 HPflG haftet der Inhaber, wenn durch die Wirkungen von Elektrizität, Gasen, Dämpfen oder Flüssigkeiten, die von einer Stromleitungs- oder Rohrleitungsanlage oder einer Anlage zur Abgabe der bezeichneten Energien oder Stoffen ausgehen, eine Verletzung bestimmter Rechtsgüter eintritt. Die Haftung tritt ein bei Tötung, Verletzung des Körpers oder der Gesundheit eines Menschen sowie bei Beschädigung einer Sache. Gemeint sind Hochspannungsleitungen, Pipelines, Wasserdruckanlagen, Fernwärmeanlagen, und zwar nicht nur diejenigen zur Weiterleitung, sondern auch diejenigen zur Abgabe der bezeichneten Stoffe. Wird eine Gasleitung außerhalb eines Gebäudes von einem Bagger erfasst und zerreißt sie dadurch innerhalb des Gebäudes, wird für den Explosionsschaden gehaftet.[1] Schwer verständlich ist es, dass für Energieerzeugungsanlagen, also etwa für das explodierende Elektrizitätswerk, nicht gehaftet wird. So wird auch nicht für Unfälle auf vereister Straße neben einem Kühlturm eines Kraftwerks Ersatz geschuldet, wenn sich dort der Wasserdampf kondensiert hat.[2] Gehaftet wird aber für die physikalische oder chemische Wirkung von Stoffen, die in einer kommunalen Abwasseranlage fließen und infolge chemischer Reaktion giftige Gase freisetzen.[3]

II. Anlagenhaftung ohne Wirkung (Zustandshaftung)

566 Eine nur vermutete Verschuldenshaftung tritt ein, wenn das Vorhandensein einer solchen Anlage zu den angegebenen Verletzungen führt, ohne auf den Wirkungen der Elektrizität, der Gase, Dämpfe oder Flüssigkeiten zu beruhen, § 2 Abs. 1 S. 2 HPflG. Dann ist nämlich die Haftung nur gegeben, wenn nicht nachgewiesen wird, dass sich die Anlage zur Zeit der Schadensverursachung in ordnungsgemäßem Zustand befand. Ordnungsgemäß ist die Anlage dann, wenn sie den anerkannten Regeln der Technik entspricht und unversehrt ist. Als Beispiele sind hier etwa der Umsturz des Hochspannungsmastes oder die Explosion des Umspannwerkes zu nennen. Gehaftet wird auch für das Fehlen eines Kanaldeckels.[4]

III. Haftungsausschlüsse

567 Die Haftung gilt nicht für Anlagen, die lediglich zur Übertragung von Zeichen oder Lauten dienen, also Telegraphen- oder Telefonanlagen, § 2 Abs. 2 HPflG. Ebenso wenig tritt sie ein, wenn der Schaden innerhalb eines Gebäudes entstanden und auf eine darin befindliche Anlage zurückzuführen oder wenn er innerhalb eines im Besitz des Inhabers der Anlage stehenden befriedeten Grundstücks entstanden ist. Rückstauschäden des an eine funktionstaugliche gemeindliche Kanalisation angeschlossenen

---

1 OLG Hamm VersR 1986, 922.
2 BGH VersR 1985, 641.
3 BGH VersR 2008, 1214 Rn. 8: Schwefelwasserstoff; BGHZ 164, 324 (326 f.).
4 OLG Celle VersR 1992, 189.

Hauseigentümers sind danach nicht zu ersetzen; auf die Aufnahme eines »Jahrhundertregens« muss die Kanalisation nicht dimensioniert sein, auch nicht unter dem konkurrierenden Gesichtspunkt einer Amtshaftung gem. § 839 BGB iVm Art. 34 GG. Nicht gehaftet wird, sofern ein Energieverbrauchsgerät oder ähnliches Gerät beschädigt wurde oder durch eine solche Einrichtung ein Schaden verursacht worden ist. Kein Ersatzanspruch besteht schließlich, wenn der Schaden durch höhere Gewalt verursacht worden ist, es sei denn, dass es sich um das Herabfallen von Leitungsdrähten handelt, § 2 Abs. 3 Nr. 3 HPflG. Darunter ist auch ein Anschlag auf einen Leitungsmast zu verstehen, der fallend die Drähte mitreißt.[5]

IV. Umfang

Die objektive Haftung des Anlagenhalters ist umfänglich in gleicher Weise beschränkt wie die Haftung des Eisenbahnunternehmers, §§ 5 ff. HPflG.

568

B. Atomenergie

Literatur: *Degenhart*, Kernenergierecht, 2. Aufl. 1982; *Fischerhof*, Dt. Atomgesetz, 2. Aufl. 1979; *Kanno*, Gefährdungshaftung und rechtliche Kanalisierung im Atomrecht, 1967; *Kühne/Brodowski*, Das neue Atomrecht, NJW 2002, 1458; *Pelzer*, Begrenzte und unbegrenzte Haftung im deutschen Atomrecht, 1982; *ders.*, Atomrechtlicher Schadensausgleich bei ausländischen Nuklearunfällen NJW 1986, 1664; *Taupitz/Krpic-Mocilar*, Deckungsvorsorge bei klinischen Prüfungen unter Anwendung radioaktiver Stoffe und ionisierender Strahlung, VersR 2003, 533.

I. Kernanlagenhaftung

Nach dem Pariser Atomhaftungs-Übereinkommen (PÜ) von 1960[6] iVm § 25 Abs. 1 AtomG hat der Inhaber einer Kernanlage verschuldensunabhängig für Schaden an Leben oder Gesundheit und Vermögensschaden einzustehen, soweit dieser durch ein nukleares Ereignis verursacht worden ist, das entweder auf Kernbrennstoffe oder auf radioaktive Erzeugnisse oder Abfälle oder auf Kernmaterialien zurückzuführen ist. Dies gilt nach § 25 Abs. 3 AtomG – über das PÜ hinausgehend – sogar bei Ereignissen wie bewaffneten Konflikten und terroristischen Angriffen, wobei dann allerdings ausnahmsweise eine summenmäßige Beschränkung auf die staatliche Freistellungsverpflichtung (derzeit 2,5 Mrd. EUR) gilt, § 31 Abs. 1 AtomG. § 25 Abs. 2 AtomG erweitert die Haftung auf die Beförderung von Kernmaterialien. Diese scharfe Haftung für ortsfeste Kernanlagen und für Transporte von Kernbrennstoffen, radioaktiven Erzeugnissen und Abfällen gilt exklusiv. Es handelt sich um eine Kanalisierung der Haftung, die das übrige Haftungsrecht, auch den Anspruch aus vorsätzlicher Verletzung, verdrängt. Ergänzt wird das PÜ durch die Haftungsvorschriften der §§ 25 ff. AtomG.

569

II. Besitzerhaftung

Was nicht unter die Haftungsvorschriften des PÜ und des § 25 AtomG fällt, wird von dem Auffangtatbestand des § 26 AtomG erfasst. Danach haftet der Besitzer des von der Kernspaltung betroffenen Stoffes, des radioaktiven Stoffes oder der Anlage zur Erzeugung ionisierender Strahlen. Eine Ausnahme besteht, wenn der Besitzer und seine Leute alle Sorgfalt beobachtet haben und der Schaden nicht auf einem Fehler in der Beschaffenheit der Schutzeinrichtungen und nicht auf einem Versagen der Vorrichtungen beruht. So haftet der Betreiber einer Wiederaufbereitungsanlage, aus dessen Be-

570

---

5 BGH VersR 1988, 1150.
6 BGBl. 1975 II S. 957, mit späteren Ergänzungen.

reich ein Mitarbeiter plutoniumhaltiges Material herausschleust und in einer Wohnung lagert, die dadurch verstrahlt wird.[7] Weitere Ausnahmen gelten für die Verwendung des Stoffes in der Heilkunde und für die Inkaufnahme der Gefahr, § 26 Abs. 4 AtomG.

III. Haftungsumfang

571 Der Haftungsumfang richtet sich nach §§ 28 ff. AtomG. Bei schuldhafter Verletzung kann Schmerzensgeld verlangt werden, § 29 Abs. 2 AtomG. Die Haftung nach § 25 Abs. 1 und 2 AtomG ist unbegrenzt. Der Haftpflichtige hat Deckungsvorsorge zu schaffen, die 2,5 Mrd. EUR beträgt, § 13 Abs. 3 AtomG. Höhere Gewalt ist kein Haftungsausschlussgrund.

---

7 Vgl. OLG Karlsruhe NJW-RR 2006, 1167, das jedoch § 25 AtomG in Erwägung zieht und § 823 Abs. 1 anwendet.

§ 28 Gefährdungshaftung wegen Wasserveränderung, Bergbau und industrieller Umweltbelastung

A. Veränderung der physiologischen Beschaffenheit des Wassers, § 22 WHG

Literatur: *Czychowski/Reinhardt*, Wasserhaushaltsgesetz, 10. Aufl. 2010; *Klingmüller*, Die rechtlichen Aspekte des Umweltschutzes, VW 1973, 851; *Larenz*, Die Schadenshaftung nach dem Wasserhaushaltsgesetz im System der zivilrechtlichen Haftungsgründe, VersR 1963, 593; *Mankowski*, Haftung nach dem Wasserhaushaltsgesetz und Haftpflichtversicherung, 1964; *Schröder*, Die wasserrechtliche Gefährdungshaftung nach § 22 WHG in ihren bürgerlich-rechtlichen Bezügen, BB 1976, 63; *Schullan*, Zum Umfang der Haftung nach § 22 Abs. 1 WHG, VersR 1970, 308; *Sieder/Zeitler/Dahme/Knopp*, WHG, Stand 2013.

I. Umweltschutz durch Gefährdungshaftung

Abweichend von anderen Umweltschutztatbeständen besteht für die Beschaffenheit des Wassers eine scharfe Gefährdungshaftung. Nach § 22 WHG haftet, wer die physikalische, chemische oder biologische Beschaffenheit des Wassers verändert, auf Schadensersatz in unbeschränkter Höhe und muss sogar den reinen Vermögensschaden ersetzen.   572

II. Handlungshaftung

Gemäß § 22 Abs. 1 WHG ist derjenige zum Ersatz des Schadens verpflichtet, der dadurch entsteht, dass er in ein Gewässer Stoffe einbringt oder einleitet oder auf ein Gewässer derart einwirkt, dass die physikalische, chemische oder biologische Beschaffenheit des Wassers verschlechtert[1] wird. Man spricht hier von Handlungshaftung. Da üblicherweise ein Handeln nur bei Verschulden schadensersatzpflichtig macht, wird dieser Tatbestand oft als Fremdkörper angesehen.   573

III. Anlagenhaftung

Der Inhaber einer Anlage, die bestimmt ist, Stoffe herzustellen, zu verarbeiten, zu lagern, abzulagern, zu befördern oder wegzuleiten, haftet nach § 22 Abs. 2 WHG, wenn derartige Stoffe in ein Gewässer gelangen und die genannte Beschaffenheit des Wassers nachteilig verändert wird. Anlage ist auch ein landwirtschaftlicher Gerätewaschplatz mit in einen Bach wegleitender Rohrleitung.[2] Ein Ausschlussgrund der Haftung ist höhere Gewalt. Daran fehlt es, wenn Hochwasser einen Misthaufen in einen Bach leitet, woran Forellen eingehen, vorausgesetzt der Bauer hat den Dung in keiner Weise gesichert.[3] Gehaftet wird auch nicht für den Missbrauch einer Anlage durch Dritte.[4]   574

IV. Fallgruppen der Wasserhaftung

– Industrieunternehmen: Durch Einleitung von Abwässern, sei es gewollt, sei es ungewollt, verwirklichen Fabriken typischerweise den Gefährdungshaftungstatbestand. Dabei spielt es keine Rolle, ob dieses Einleiten über die gemeindliche Kanali-   575

---

1 BGHZ 103, 129.
2 BGH VersR 2002, 1555.
3 BGH VersR 1986, 92.
4 BGH VersR 2002, 1555: Ableiten von Pflanzenschutzmitteln; anders bei gemeindlicher Abwasserkanalisation.

sation oder direkt in Flussläufe oder das Grundwassernetz erfolgt. Zwei typische Fälle sind entschieden worden: BGHZ 62, 351: Infolge einer undichten Pumpe gelangte eine giftige Lösung aus einer Fabrik in die Kanalisation. Sie floss weiter in einen Fluss, wo eine Forellenzuchtanstalt erheblich beeinträchtigt wurde. Aus Gefährdungshaftung wird Ersatz geschuldet. BGH NJW 1981, 2416: Grubenwasser war in die gemeindliche Kanalisation gegeben worden. Aufgrund der schädlichen Zusammensetzung prägte es den Charakter des Kanalisationsabwassers negativ. Es floss in einen Fluss und schädigte andere Unternehmen, die kein Flusswasser mehr verwenden konnten. Wiederum besteht Gefährdungshaftung. Tritt infolge eines Unfalls eine Chemikalie in einen Fluss aus, so kann eine flussabwärts gelegene Stadt den reinen Vermögensschaden, der durch notwendige Wasseranalysen entstanden ist, liquidieren.[5]

576 – Gemeinden: Gemeinden betreiben regelmäßig Abwassereinrichtungen. Sie sind verpflichtet, dabei so vorzugehen, dass die Beschaffenheit des Wassers, des Grundwassers, der Wasserläufe usw. nicht verändert wird. So haftet eine Gemeinde etwa bei Kenntnis, dass aus privaten Klärgruben häusliche Abwässer in den Kanal gelangen.[6] Haftbar macht die Einleitung geklärten, jedoch deutlich sauerstoffarmen Abwassers, das zum Ersticken von Fischen führt.[7] Auch durch Unterlassen kann die Haftung eintreten, etwa wenn die Gemeinde nicht gegen die Einleitung von Jauche in das Abwasser einschreitet.[8] An dem notwendigen zweckgerichteten Verhalten fehlt es freilich, wenn durch bloße Verursachung schädliche Stoffe in das Wasser hineingelangen. Das ist etwa der Fall, wenn Streusalz mit Oberflächenwasser versickert und in das Grundwasser gelangt.[9]

577 – Transportfahrzeuge: Tankwagen und Tankschiffe sind Anlagen nach § 22 Abs. 2 WHG.[10] Stürzt der Tankwagen um oder kollidiert das Tankschiff mit einem anderen Schiff und gelangt nunmehr Öl in das Grundwassersystem oder den Kanal, ist die Gefährdungshaftung des Halters gegeben. Das ist etwa für Tankschiffe in BGH VersR 1969, 925 ausgesprochen worden. Das gleiche gilt aber nicht für den Inhaber einer Tankerlöschbrücke, wenn das Öl beim Tankschiff austritt.[11] Der Tankwagen und der Hausöltank stellen zwei selbstständigen Anlagen dar.[12] Den Heizöllieferanten kann konkurrierend eine Verschuldenshaftung nach § 823 Abs. 1 treffen.

B. Bergschadenshaftung

I. Haftungsgrund

578 Gemäß § 114 BBergG ist Ersatz zu leisten, wenn durch bergbauliche Tätigkeit oder durch einen Bergbaubetrieb ein Mensch getötet wird oder der Körper oder die Gesundheit eines Menschen verletzt oder eine Sache beschädigt wird. Allerdings gibt es diesen Anspruch nur für den Außenschaden; er gilt nicht für im Bergbaubetrieb beschäftigte Personen oder verwendete Sachen. Ersatzpflichtig sind der Unternehmer zur Zeit der Verursachung des Bergschadens und der Bergbauberechtigte als Gesamtschuldner. Im Verhältnis zueinander haftet grundsätzlich der Unternehmer,

---

5 BGHZ 103, 129.
6 BGH VersR 1976, 43.
7 BGH VersR 2003, 254.
8 BGH NJW 1976, 291.
9 BGHZ 124, 394.
10 BGH VersR 1967, 374.
11 BGH VersR 1980, 280.
12 BGH VersR 1993, 1155.

§§ 115 f. BBergG.[13] Die Geltendmachung des Anspruchs wird durch eine Bergschadensvermutung erleichtert: Entsteht im Einwirkungsbereich der untertägigen Aufsuchung oder Gewinnung eines Bergbaubetriebes durch Senkungen, Pressungen oder Zerrungen der Oberfläche oder durch Erdrisse ein Schaden, der seiner Art nach ein Bergschaden sein kann, so wird vermutet, dass der Schaden durch diesen Bergbaubetrieb verursacht worden ist, § 120 BBergG.

II. Haftungsumfang

Der Umfang der Gefährdungshaftung ist beschränkt. Im Falle der Tötung oder Verletzung endet er bei 600.000 EUR. im Falle der Sachbeschädigung geht er nur auf den gemeinen Wert der beschädigten Sache, soweit es sich nicht um Grundstücke handelt. Seit 2002 wird auch Schmerzensgeld geschuldet, wie sich aus der Verweisung des § 117 Abs. 1 BBergG auf das BGB ergibt. 579

C. Umwelthaftung

Literatur: *Deutsch,* Umwelthaftung: Theorie und Grundsätze, JZ 1991, 1097; *Erhard-Rauch,* Gefährdungshaftung im privaten Umwelthaftungsrecht, JA 2005, 463; *Hendler* (Hrsg.), Umwelthaftung nach neuem EG-Recht, 20. Trierer Kolloquium 2005; *Kloepfer,* Umweltrecht, 3. Aufl. 2004; *Landsberg/Lülling,* Umwelthaftungsrecht, 1991; *Rehbinder,* Fortentwicklung des Umwelthaftungsrechts in der BR Deutschland, Natur + Recht 1989, 149; *Schmidt-Salzer,* Umwelthaftungsgesetz, 1992; *Wagner,* Gemeinschaftsrechtliche Umwelthaftung aus Sicht des Zivilrechts, VersR 2005, 177; *ders.,* Das neue Umweltschadensgesetz, VersR 2008, 565.

I. Rechtsgrundlagen, Abgrenzung zum öffentlichen Recht

Eine privatrechtliche Haftung wird durch das UmweltHG begründet. Komplementär dazu gilt das auf einer EU-Richtlinie beruhende Umweltschadensgesetz (USchadG) von 2007, das zum öffentlich-rechtlichen Umweltordnungsrecht gehört und gewissermaßen dessen allgemeiner Teil neben den Spezialgesetzen des Natur-, Wasser- und Bodenschutzrechts bildet. Das USchadG erfasst nicht von Privatpersonen erlittene Schäden an Individualrechtsgütern sondern ausschließlich ökologische Schäden. Die öffentliche Hand setzt erforderliche Vermeidungs-, Schadensbegrenzungs- und Sanierungsmaßnahmen ordnungsrechtlich (polizeilich) gegen die natürliche oder juristische Person durch, die den Umweltschaden im Rahmen ihrer wirtschaftlichen Tätigkeit verursacht und ihn – begrenzt durch näher umschriebene Ereignisse höherer Gewalt – zu verantworten hat. Zivilrechtlich bedeutsam ist der gesamtschuldnerische Kostenausgleich unter mehreren verantwortlichen polizeilichen Störern gem. § 9 Abs. 2 USchadG, der dem inhaltsgleichen § 24 Abs. 2 BBodSchG entspricht. 580

II. Haftungsgrund

Der Inhaber einer in der Anlage zum Gesetz aufgeführten industriellen Anlage ist ersatzpflichtig, wenn durch eine Umwelteinwirkung ein Mensch getötet, sein Körper oder seine Gesundheit verletzt oder eine Sache beschädigt wird, § 1 UmweltHG. Vorausgesetzt ist dabei, dass der Schaden durch eine Umwelteinwirkung entstanden ist, nämlich durch Stoffe, Erschütterungen, Geräusche, Druck, Strahlen, Gase, Dämpfe, Wärme oder sonstige Erscheinungen, die sich in Boden, Luft oder Wasser ausgebreitet haben. Die haftungsbegründende Kausalität ist zweigeteilt: Die Anlage muss einmal die Umwelteinwirkung hervorgerufen haben und die Umwelteinwirkung muss kausal 581

---

13 Dazu BGH VersR 2011, 1319 Rn. 12 ff.

für die Verletzung geworden sein. Gehaftet wird nicht nur für Störfälle, sondern auch für Folgen des behördlich genehmigten Normalbetriebs.

582 Das UmweltHG statuiert eine Anlagenhaftung, die ergänzend neben die Haftung nach anderen Vorschriften tritt (§ 18 UmweltHG). Anlagen sind ortsfeste Einrichtungen, etwa Betriebsstätten und Lager sowie Maschinengeräte, Fahrzeuge und Nebeneinrichtungen, die mit der Anlage in einem räumlichen oder betriebstechnischen Zusammenhang stehen. Im Anhang zum UmweltHG werden in 96 Nummern die Anlagen benannt. Sie reichen von Kraftwerken bis zur Herstellung von Holzschutzmitteln.

583 Der Bergschadenshaftung ähnlich wird der Anspruch durch eine Vermutung erleichtert: Von einer Anlage, die geeignet ist, den entstandenen Schaden zu verursachen, wird vermutet, dass sie für den Schaden ursächlich war. Die Anlage muss abstrakt zur Schädigung in der eingetretenen Art geeignet sein und es müssen konkrete Umstände (zeitlich, räumlich, Wetterbedingungen) die Schädigung als möglich erscheinen lassen.[14] Allerdings findet die Vermutung keine Anwendung, wenn die Anlage bestimmungsgemäß betrieben wurde, also die besonderen Betriebspflichten eingehalten wurden und keine Störung des Betriebs vorgekommen ist, § 6 UmweltHG.

584 Haftpflichtiger ist der Inhaber der Anlage. Wird sie nicht mehr betrieben, so ist es derjenige, der im Zeitpunkt der Einstellung des Betriebs Inhaber der Anlage war, § 2 Abs. 2 UmweltHG.

585 Die Umwelthaftung wird durch einen Auskunftsanspruch des Geschädigten gegen den Inhaber der Anlage bzw. gegen Behörden vorbereitet, §§ 8 f. UmweltHG. Voraussetzung für den Auskunftsanspruch ist allerdings, dass Tatsachen vorliegen, welche die Annahme begründen, dass eine Anlage den Schaden verursacht hat. Umgekehrt hat auch der Inhaber einer Anlage, gegen den ein Anspruch geltend gemacht wird, einen Auskunftsanspruch gegen den Geschädigten, die Inhaber anderer Anlagen und Behörden.

III. Haftungsumfang

586 Die Umwelthaftung tritt nur für Schäden aufgrund Tötung, Körper- und Gesundheitsverletzung sowie Sachbeschädigung ein. Wenn eine Anlage bestimmungsgemäß betrieben worden ist, ist die Ersatzpflicht für Sachschäden ausgeschlossen, wenn die Sache nur unwesentlich oder in einem Maße beeinträchtigt worden ist, das nach den örtlichen Verhältnissen zumutbar ist, § 5 UmweltHG. Die Haftung ist auf 85 Mio. EUR beschränkt, sofern die Schäden aus einer einheitlichen Umwelteinwirkung entstanden sind. Schmerzensgeld wird gem. § 13 S. 2 UmweltHG gewährt. Umweltschäden an Sachen müssen auch beseitigt werden, wenn sie den Wert der Sache übersteigen, § 16 Abs. 1 UmweltHG. Im Falle höherer Gewalt ist die Haftung ausgeschlossen, § 4 UmweltHG.

---

14 OLG Düsseldorf NJW-RR 2002, 26: Flugrost an Kfz, Hochofenemission im Verdacht.

§ 29 Gefährdungshaftung wegen Arzneimittelherstellung und Gentechnik

A. Arzneimittelhaftung

Literatur: *Beyer,* Grenzen der Arzneimittelhaftung, dargestellt am Beispiel des Contergan-Falles, 1989; *Bollweg,* Die Arzneimittelhaftung des AMG nach dem 2. Schadensersatzrechtsänderungsgesetz, MedR 2004, 486; *Deutsch/Spickhoff,* Medizinrecht, 7. Aufl. 2014; *Fuhrmann/Klein/Fleischfresser,* Arzneimittelrecht, 2010; *G. Hager,* Schäden infolge Unvereinbarkeit mehrerer Medikamente, VersR 1987, 1053; *Kloesel/Cyran/Feiden,* Arzneimittelgesetz, Stand: 2013; *Kügel/Müller/Hofmann,* Arzneimittelgesetz, 2012; *Meyer,* Zur Konkurrenz von Produkthaftungsgesetz und Arzneimittelgesetz, MedR 1990, 70; *Rehmann,* Arzneimittelgesetz, 4. Aufl. 2014; *Sander,* Arzneimittelrecht, Stand: 2012; *Vogeler,* Die speziellen Haftungsvoraussetzungen des § 84 S. 2 AMG, MedR 1984, 18.

I. Hintergrund der Produzentenhaftung

Der Hersteller eines Medikaments haftet, wie jeder Produzent einer Ware, für Fehler bei der Entwicklung, der Instruktion, der Herstellung und der Produktbeobachtung (→ Rn. 377 ff.). Diese Verschuldenshaftung bleibt auch gegenüber der sondergesetzlichen Arzneimittelhaftung aufrechterhalten. Das Produkthaftungsgesetz findet jedoch nicht neben dem Arzneimittelgesetz Anwendung, § 15 ProdHaftG.

II. Entwicklungsfehler und Herstellungsfehler

Wird infolge der Anwendung eines Arzneimittels ein Mensch getötet bzw. der Körper oder die Gesundheit eines Menschen nicht unerheblich verletzt, so ist der Unternehmer zum Schadensersatz verpflichtet, § 84 Nr. 1 AMG. Die Ersatzpflicht besteht einmal, wenn das Arzneimittel bei bestimmungsgemäßem Gebrauch (also nicht bei einer Überdosis) schädliche Wirkungen hat, die über ein nach den Erkenntnissen der medizinischen Wissenschaft vertretbares Maß hinausgehen und ihre Ursache im Bereich der Entwicklung oder der Herstellung haben. Es geht also um Nebenwirkungen und Wechselwirkungen mit anderen Arzneimitteln, die nach der Indikation und der Schwere der behandelten Krankheit unerträglich erscheinen. Ein Kopfschmerzmittel darf nicht zum Haarausfall führen, wohl aber ein Chemotherapeutikum gegen ein Karzinom. § 84 AMG ist die Reaktion des Gesetzgebers auf die Contergan-Katastrophe. Contergan galt seinerzeit als besonders harmloses Schlafmittel, bis seine teratogenen Wirkungen erkannt wurden.[1] Eine Überreaktion auf ein Impfmittel fällt jedoch nicht unter diese Bestimmung.[2]

Die Nichtwirkung eines Arzneimittels ist bewusst nicht mit der Gefährdungshaftung belegt worden. Angesichts der Unsicherheit mancher Indikation und der unterschiedlichen Wirkung des Medikaments bei verschiedenen Patienten ist das verständlich. Es gibt jedoch Mittel, die eine unbedingte Vorbeugungswirkung entfalten sollten, etwa Impfstoffe oder Desinfektionsstoffe. Insoweit sollte die Gefährdungshaftung auch auf die Nichtwirkung ausgedehnt werden. Ein unwirksamer Impfstoff führt heute nur bei Verschulden zur Haftung.

587

588

589

---

1 Vgl. LG Aachen JZ 1971, 507.
2 OLG Celle VersR 1983, 1143.

III. Instruktionsfehler

590 Ist der Schaden infolge einer nicht den Erkenntnissen der medizinischen Wissenschaft entsprechenden Kennzeichnung oder Gebrauchsinformation eingetreten, so wird gleichfalls Schadensersatz geschuldet, § 84 Nr. 2 AMG. Es handelt sich hier eher um eine Verschuldenshaftung als um eine Gefährdungshaftung, da es bei den Erkenntnissen der medizinischen Wissenschaft offenbar auf den Zeitpunkt des Inverkehrbringens des Medikaments ankommt. Ist dabei vom Standard der Wissenschaft abgewichen worden, so liegt regelmäßig Verschulden vor. Daher passt auch das folgende Urteil, welches aufgrund § 823 ergangen ist: BGH NJW 1972, 2217: Das Kurznarkotikum »Estil« war ausschließlich intravenös zu injizieren, wobei jede Berührung mit einer Arterie vermieden werden sollte. Das Unterlassen des Herstellers, nicht besonders deutlich darauf hingewiesen zu haben, das Präparat nicht in eine Vene zu spritzen, die in der Nähe einer Arterie verläuft, wurde als Instruktionsfehler angesehen. Die Pflicht zum deutlichen Hinweis (nicht erst in der Patienteninformation) erstarkt noch, wenn ein Medikament in dramatischer Situation verwendet wird.[3]

IV. Kausalität, Informationspflichten

591 Eine widerlegbare Ursachenvermutung soll die Feststellung erleichtern, dass ein bestimmtes Arzneimittel eine konkrete gesundheitliche Beeinträchtigung bewirkt hat. Eine wechselseitige Zuschiebung der Haftungsverantwortung bei Einnahme mehrerer schädigungsgeeigneter Medikamente wird ausgeschlossen, § 84 Abs. 2 AMG. § 84 Abs. 3 AMG weist dem pharmazeutischen Unternehmer die Darlegungs- und Beweislast dafür zu, dass die schädlichen Wirkungen des Arzneimittels ihre Ursache nicht im Bereich der Entwicklung oder Herstellung haben; das Fehlerbereichserfordernis wird damit zu einem anspruchsvernichtenden Umstand. Im Übrigen dürfen dem Arzneimittelanwender keine überhöhten Darlegungslasten auferlegt werden, die die Vorschriften über die Haftung für Arzneimittelschäden leer laufen lassen.[4] Ob ein Anscheinsbeweis eingreift, wenn der Patient ein Arzneimittel eingenommen hat, mit dem ein spezifisch erhöhtes Risiko einer Gesundheitsschädigung verbunden ist – etwa bei einem HIV-kontaminierten Blutprodukt –, hat der BGH bisher offen gelassen.[5] Einen Auskunftsanspruch gewährt § 84a AMG, der Informationen über die anspruchsbegründenden Tatschen beschaffbar macht und damit den generellen Trend zur Verbesserung der prozessualen Stellung darlegungspflichtiger Kläger aufgreift (dazu auch → Rn. 398).

V. Haftungsumfang

592 Der Umfang der Arzneimittelhaftung ist beschränkt; die Höchstgrenze beträgt 600.000 EUR für einen Schadensfall, für mehrere Schadensfälle eines Anbieters 120 Mio. EUR als Kapitalbetrag oder jährlich 7,2 Mio. EUR als Rentenbetrag, § 88 AMG. Das Gesetz sieht die Zahlung von Schmerzensgeld in § 87 S. 2 AMG vor. Unberührt bleibt eine weitergehende Haftung nach anderen Vorschriften, § 91 AMG. So wird für kontaminierte Blutprodukte nach § 823 Abs. 1 gehaftet.[6]

593 Der pharmazeutische Unternehmer hat Deckungsvorsorge bei einer Versicherung zu nehmen. Deren Umfang richtet sich nach dem Haftungshöchstbetrag, §§ 88, 94 AMG. Die Versicherungsdeckung wird durch den sog. Pharmapool gewährt, bei dem eine Reihe von Versicherungsgesellschaften das Risiko in Form einer Gesellschaft des bür-

---

3 BGHZ 106, 273: Zahl der Aerosol-Stöße bei Asthma-Anfall.
4 BGH NJW 2008, 2994: Schmerzmittel ViOXX.
5 BGH VersR 2010, 627 Rn. 17.
6 Vgl. BGHZ 163, 209: HIV-Infektion.

gerlichen Rechts als Rückversicherungsgemeinschaft abdecken. Der Haftpflichtversicherer des pharmazeutischen Herstellers hat die ersten 6 Mio. EUR Schaden selbst zu tragen. Für den Schaden zwischen dem Selbstbehalt von 6 Mio. und 120 Mio. EUR steht dann der Pharmapool ein.

Im Falle der klinischen Prüfung eines Arzneimittels muss Unfallversicherungsschutz genommen werden, der pro Proband für den Fall des Todes oder dauernder Erwerbsunfähigkeit 500.000 EUR bereithält; dessen Leistung lässt den Anspruch auf Schadensersatz im gleichen Umfang erlöschen, § 40 Abs. 3 AMG. 594

B. Gentechnikgesetz

Literatur: *Deutsch,* Haftung und Rechtsschutz im Gentechnikrecht, VersR 1990, 1044; *ders.*, Produkt- und Arzneimittelhaftung im Gentechnikrecht, FS W. Lorenz, 1991, 65; *Dolde,* Das neue Gentechnikgesetz – Neue Haftungsrisiken bei der Nutzung der grünen Gentechnik der Landwirtschaft, PHi 2005, 179; *Medicus,* Gedanken zum »Wissenschaftsrisiko«, FS Zeuner, 1994, 253; *Schumacher,* Haftung für Mikroorganismen, 1995; *Schröder/Kapoor,* Gentechnikgesetz, 2013.

I. Gesetzesentwicklung

Gentechnik löst Befürchtungen aus, denen der Gesetzgeber im Jahre 1990 mit einem ersten GenTG begegnen wollte. Dessen Übermaß an Bürokratie und Behinderung des internationalen Austauschs ist bald darauf novelliert worden. Heute gilt das GenTG in der Fassung des Gesetzes v. 17.3.2006.[7] Reguliert sind gentechnische Arbeiten in gentechnischen Anlagen und das Freisetzen sowie Inverkehrbringen gentechnisch veränderter Organismen. 595

II. Genehmigungserfordernisse

§ 7 Abs. 1 GenTG teilt gentechnische Arbeiten differenziert nach Höhe und Ausrichtung des Risikos in vier Sicherheitsstufen ein. Daran knüpfen sich gestufte öffentlich-rechtliche Sicherheitsvorkehrungen. Soweit Aktivitäten der Genehmigung des Robert-Koch-Instituts bedürfen und eine Genehmigung unanfechtbar erteilt worden ist, sind privatrechtliche Abwehransprüche ausgeschlossen, § 23 GenTG. § 36a GenTG konkretisiert nachbarschaftsrechtliche Abwehr- und Ausgleichsansprüche nach § 906 und legt fest, wann eine wesentliche Beeinträchtigung gegeben ist. 596

III. Haftung

Wird infolge von Eigenschaften eines Organismus, die auf gentechnischen Arbeiten beruhen, ein Mensch getötet, dessen Körper oder Gesundheit verletzt oder eine Sache beschädigt, müssen die Folgen aufgrund einer Gefährdungshaftung ausgeglichen werden, § 32 GenTG. Ausnahmen für höhere Gewalt sind nicht vorgesehen. Gehaftet wird auch für die Verwirklichung wissenschaftlich nicht vorhersehbarer und daher unbeherrschbarer Risiken. 597

§ 34 GenTG stellt eine Vermutung des Ursachenzusammenhangs zwischen den Eigenschaften der gentechnisch veränderten Organismen und der Rechtsgutverletzung auf, wenn die Verletzung durch derartige Organismen verursacht wurde. Zu ersetzen ist auch der immaterielle Schaden. Mehrere Handelnde sind einer besonderen Teilnehmerhaftung unterworfen, § 36a Abs. 4 GenTG.[8] Jeder Handelnde ist für seinen Anteil 598

---

7 BGBl. 2006 I S. 534.
8 Dazu BVerfGE 128, 1 Rn. 259, 274 und 286 = DVBl. 2011, 100.

an der Verletzung verantwortlich, wenn der Anteil identifizierbar ist, anderenfalls haften alle gemeinsam als Gesamtschuldner. Der Anspruch richtet sich gegen den Betreiber einer gentechnischen Anlage, der gentechnische Arbeiten durchführt, der gentechnisch veränderte Organismen freisetzt oder der Produkte mit derartigen Organismen erstmalig in Verkehr bringt.

599 Von der Gefährdungshaftung des § 32 GenTG sind Schäden infolge der Anwendung zulassungspflichtiger Arzneimittel ausgenommen, § 37 GenTG. Für sie soll es bei der Haftung nach dem AMG und dem BGB bleiben. Für andere Produkte gentechnologischer Arbeiten gilt das Produkthaftungsrecht, jedoch mit zwei Besonderheiten, die von § 1 Abs. 2 Nr. 5 und § 2 S. 2 ProdHG abweichen. Es entlastet trotz behördlicher Zulassung des Produkts nicht, dass ein Produktfehler nach dem Stand von Wissenschaft und Technik nicht erkannt werden konnte; gehaftet wird also für Entwicklungsfehler. Gehaftet wird überdies für unverarbeitete landwirtschaftliche Naturprodukte.

600 Beim Überschreiten der Haftungshöchstsumme (§ 33 GenTG) wird die parallele Haftung nach § 823 Abs. 1 BGB wegen Verkehrspflichtverletzung bedeutsam. Der Betreiber gentechnischer Arbeiten muss nach einem strengen Maßstab alle zumutbaren Maßnahmen gegen die Realisierung gentechnischer Risiken ergreifen.

3. Abschnitt. Objektive Einstandshaftung

§ 30 Ausgleich trotz rechtmäßigen Eingriffs: Zivilrechtliche Aufopferung

Literatur: *Canaris,* Notstand und Selbstaufopferung im Straßenverkehr, JZ 1963, 655; *Deutsch,* Zivilrechtliche Haftung aus Aufopferung, FS Steffen, 1995, 101; *Friedrich,* Die Selbstaufopferung für Minderjährige im Straßenverkehr und die Haftung nach dem zweiten Gesetz zur Änderung schadensersatzrechtlicher Vorschriften, NZV 2004, 227; *Horst,* Querverbindungen zwischen Aufopferungsanspruch und Gefährdungshaftung einerseits und Aufopferungsanspruch und Eingriffserwerb andererseits, 1966; *Konzen,* Aufopferung im Zivilrecht, 1969; *Kraffert,* Der Ersatzpflichtige im Falle des § 904 BGB, AcP 165 (1965), 453; *Schulze/Osterloh,* Das Prinzip der Eigentumsopferentschädigung im Zivilrecht und im öffentlichen Recht, 1980; *Spöhr,* Die Schadensersatzpflicht bei der Nothilfe gem. § 904 BGB, 1966.

A. Prinzip und aggressiver Notstand

I. Grundsatz der Aufopferung

601 Der Rechtsgüterschutz wird nicht allein durch das Verbot einer Gefährdung und den Ersatzanspruch bei einer zur Verletzung gewordenen Gefährdung gewährt. Vielmehr erlaubt das Recht nicht nur generelle Gefährdungen, die bei einem hohen Grad des Risikos mit einer Gefährdungshaftung belegt werden, sondern es gestattet auch einzelne Eingriffe auf Grundlage einer Interessenabwägung. Bei der Kollision eines höherwertigen Rechtsguts mit einem geringerwertigen hat im Falle der Unauflöslichkeit der Kollision das geringerwertige Rechtsgut zurückzutreten. Man darf den fremden Stock nehmen, um sich zu verteidigen; man darf die Tür des Heuschuppens eintreten, um sich vor einem Regenguss zu schützen. Mit dem momentanen Zurücktreten des geringerwertigen Rechtsguts soll aber nicht auch ein dauernder Schaden für den Rechtsgutträger verbunden sein. Deshalb wird das Eingriffsrecht aus Güterabwägung durch die Schadloshaltung aus Aufopferung begleitet. Sie stellt das Gütergleichgewicht wertmäßig im Ergebnis wieder her.

II. Aggressiver Notstand, § 904

602 Gemäß § 904 ist der Eigentümer einer Sache nicht berechtigt, die Einwirkung eines anderen auf die Sache zu verbieten, wenn die Einwirkung zur Abwendung einer gegenwärtigen Gefahr notwendig und der drohende Schaden gegenüber dem aus der Einwirkung dem Eigentümer entstehenden Schaden unverhältnismäßig groß ist. Jedoch kann der Eigentümer dann Ersatz des ihm entstehenden Schadens verlangen. Der Schutz des Eigentums soll gegenüber wertvolleren Rechtsgütern zurücktreten, etwa dem Leben oder der Gesundheit eines Menschen. Man darf also zur Rettung eines Unfallopfers den Wagen eines Vorbeikommenden heranziehen. Man darf den Brand eines fremden Haus mit Wasser aus einer dritten Quelle löschen. Daran schließt § 904 S. 2 als ein selbstständiger Haftungstatbestand an.

603 § 904 S. 2 sagt nicht, wer Ersatz des Schadens leisten muss, wenn der Eingreifende und der Träger des geretteten Interesses verschiedene Personen sind. Hat das Verkehrsunfallopfer die Reinigung der Polster vom Blut zu bezahlen oder derjenige, der den Wagen zur Rettung heranzieht? Nach hM schuldet der Eingreifende in erster Linie Ersatz. Nach den Regeln über die Geschäftsführung ohne Auftrag kann er dann vom Geretteten Aufwendungsersatz verlangen, §§ 683, 670. Eine Mindermeinung will den Geretteten ausschließlich zur Ersatzleistung heranziehen und den im Drittinteresse Eingreifenden freistellen. Gerecht wäre es, beide haften zu lassen, den einen aus der Aufopferungshandlung und den anderen aus dem Aufopferungserfolg. Im Innenverhältnis müsste freilich stets der Gerettete den Schaden tragen, da der Retter für ihn in Geschäftsführung ohne Auftrag handelt und als Aufwendungsersatz Freistellung verlangen kann, § 257. Keinesfalls sollte der Schaden endgültig dem Träger des geringeren Rechtsguts zur Last fallen. Ist also der Gerettete mittellos, bleibt die Schadloshaltung am Retter hängen.

604 § 904 S. 2 ist entsprechend anwendbar, sofern der Eingriff im allgemeinen Notstand erfolgt. So hat das OLG Freiburg angenommen, dass die Auslieferung von jüdischem Auswanderungsgut, in einem schweizerischen Zolllager belegen, an die Gestapo durch den deutschen Einlagerer diesen zwar nicht aus Verschulden haftbar mache. Jedoch müsse er das aufgeopferte Gut entsprechend § 904 im Rahmen der Billigkeit ersetzen. Nicht analog angewendet wird jedoch § 904 S. 2 auf die ungewollte Schadensverursachung, etwa bei Ausweichen vor einem schleudernden Fahrzeug oder vor einem unvorhersehbar auf die Fahrbahn laufenden Kind mit nicht eingeplanter Beschädigung eines anderen Fahrzeugs.[1] Sonst würde die Grenze zur objektiven Haftung überschritten.[2]

III. Rechtsfolgen

605 Die Aufopferung verpflichtet regelmäßig nicht zur vollen Schadensabnahme, sondern nur zu einem angemessenen Ausgleich des Schadens. Der angemessene Ausgleich kann je nach Fallkonstellation entweder den vollen Schadensersatz oder nur eine billige Entschädigung beinhalten. So spricht § 904 S. 2 vom Ersatz des Schadens und § 906 Abs. 2 S. 2 vom angemessenen Ausgleich. Der nachbarrechtliche Ausgleichsanspruch verjährt in unmittelbarer oder analoger Anwendung dieser Bestimmung gem. § 195 in drei Jahren.

606 Nach der Rechtsprechung wird Schmerzensgeld nicht als Aufopferungsentschädigung geschuldet.[3] Diese Ansicht geht auf den längst überholten Ansatz zurück, wonach nur Vermögensgüter, insbesondere Eigentum aufgeopfert werden können. Sofern man auch Persönlichkeitsgüter für aufopferungsfähig hält, sollte auch ein billiger Ausgleich in Geld für Schmerzen und andere immaterielle Unbill gezahlt werden.

B. Besondere gesetzliche Regelungen

607 Neben dem aggressiven Notstand findet sich verstreut, insbesondere im Sachenrecht, eine Reihe von Regeln aufopferungsrechtlichen Charakters. Es sind:
- Aufsuchung und Wegschaffung der Sache, § 867;
- Verfolgung eines Bienenschwarms, § 961 ff.;
- Überbau, § 912;
- Notweg, § 917;
- Duldung einer behördlich genehmigten, Immissionen aussendenden Anlage nach § 14 BImSchG;

---

1 LG Erfurt VersR 2002, 454.
2 BGHZ 92, 357.
3 BGHZ 92, 357.

– unzumutbar hohe Immission im Nachbarrecht, § 906 Abs. 2 S. 2. Dieser Ausgleichsanspruch umfasst kein Schmerzensgeld.[4] Die Norm wird auf Aufopferungslagen wegen Duldungspflichten im vertikalen Gemeinschaftsverhältnis mit Bergbauberechtigten analog angewandt.[5] Die analoge Anwendung auf Grobimmissionen, für die es an deliktischen Haftungsvoraussetzungen fehlt,[6] ist entgegen der Rechtsprechung abzulehnen.
– Der zwangsweise rechtmäßige Zugriff des Staates auf das Eigentum, der dem Betroffenen entgegen dem verfassungsrechtlichen Gleichheitssatz ein Sonderopfer abverlangt, muss nach den Regeln über den enteignenden Eingriff entschädigt werden.[7]

C. Prinzip oder Aufzählung

I. Einwirkungen auf Sachgüter

Trotz der einzelnen, eher verstreuten Bestimmungen über Aufopferungsentschädigungen hat sich heute die Meinung verfestigt, dass die erlaubte Verletzung durch Güterabwägung regelmäßig zu einem Schadensausgleich führen müsse. Dem ist zuzustimmen. Ebenso wie der Rechtfertigungsgrund der Güterabwägung allgemein gegenüber Sachen gilt, so hat auch die Schadloshaltung allgemeine Anwendung zu finden. Drei Fälle aus der Rechtsprechung zeigen das Ausmaß. BGHZ 58, 149: Ein Bauer klagt gegen den Eigentümer eines Damms. Bei Hochwasser wurde Erdreich des Damms auf das Gelände des Klägers gespült. Das Gericht gibt der Klage auch statt, soweit der Bauer die Anspülung zu dulden hatte, weil ihre Verhinderung wirtschaftlich unzumutbar war. Es wendet dabei den dem § 906 zugrunde liegenden allgemeinen Rechtsgedanken an. OLG Bremen VersR 1971, 277: Ein Rohr für die Fernheizung wurde unter den Gleisen der Straßenbahn hindurchgetrieben. Der Bahnkörper hob sich um 4 cm, und die Schienen bekamen einen Knick. Der Bahn wurde ein Ersatzanspruch entsprechend § 904 S. 2 zugesprochen, da sie mangels eigenen Interesses eine Einwirkung tief unter der Oberfläche des Grundstücks zu dulden hatte. BGHZ 113, 384: Lagerung von Erdaushub auf Nachbargrundstück verursachte Kaltluftsee, der Weinstöcke im Weinberg beschädigte; eine rechtsanaloge Anwendung des § 906 Abs. 2 S. 2 führt zum Ausgleichsanspruch.

608

II. Einwirkung auf die Person

Eine Aufopferungsentschädigung sollte auch geschuldet werden, soweit ein Personengut zurücktreten muss. Auf den ersten Blick scheint das nicht möglich zu sein, da offensichtlich nur Sachgüter von untergeordnetem Rang sind. In Wirklichkeit sind aber auch Personengüter gelegentlich aufopferungsfähig. Die Probandenversicherung bei der klinischen Prüfung eines Arzneimittels, welche die Versuchspersonen gegen Unfallschäden sichert, beruht auf dem Aufopferungsgedanken, § 40 AMG. Die Heranziehung von Haut, Knochen, Augen und anderen Organen zugunsten einer Bank, die bis zum Bedarfsfall speichert, oder der Aufruf in einer Fernsehsendung, bei der Fahndung nach Straftätern mitzuhelfen, welche zu erwarteten Verfolgungsmaßnahmen Privater auch gegen Unschuldige führt,[8] sind weitere Beispiele.

609

---

4 BGH VersR 2011, 892 Rn. 9.
5 BGH NJW 2009, 762 Rn. 12 ff.
6 Beispiel: Abdriftende Silvesterrakete, BGH NJW 2009, 3787.
7 Beispiel: Durchsuchung einer Mietwohnung durch ein polizeiliches Sondereinsatzkommando mit Folgen für den Vermieter, BGH NJW 2013, 1736.
8 Vgl. OLG München NJW 1970, 1745.

§ 31 Selbstopferung

Literatur: *Canaris,* Notstand und »Selbstaufopferung« im Straßenverkehr, JZ 1963, 655; *Deutsch,* Die Selbstopferung im Straßenverkehr, AcP 165 (1965), 193; *Friedrich,* Die Selbstaufopferung im Straßenverkehr für ein Kind und die Inanspruchnahme der Eltern aus Geschäftsführung ohne Auftrag, VersR 2000, 697; *ders.,* Die Selbstaufopferung für Minderjährige im Straßenverkehr und die Haftung nach dem zweiten Gesetz zur Änderung schadensersatzrechtlicher Vorschriften, NZV 2004, 227; *Gehrlein,* Ansprüche eines Nothelfers in Rettungsfällen, VersR 1998, 1330; *Hagen,* Fremdnützige Selbstgefährdung im Straßenverkehr, NJW 1966, 1893; *Hauß,* Ein strapaziertes Rechtsinstitut. Zur Eingrenzung der Geschäftsführung ohne Auftrag, FS Weitnauer, 1980, 333; *Helm,* Haftung und Versicherung bei der Selbstaufopferung des Kraftfahrers im Straßenverkehr, VersR 1968, 209; *Pass,* Die Selbstaufopferung des Kraftfahrers im Straßenverkehr, 1974; *Spiegelberger,* Fremdnützige Selbstgefährdung im Straßenverkehr, 1971.

A. Erscheinung

610 Von der Selbstopferung sprechen wir, wenn jemand sich selbst schädigt, um die Verwirklichung einer vom Recht zugelassenen Gefahr von einem anderen abzuwenden. Den klassischen Fall bildet das Kind, das einem Automobilisten so in die Fahrbahn läuft, dass er es überfahren müsste, wenn er nicht das Steuer herumreißt und sich selbst verletzt bzw. seinen Wagen beschädigt.[1] Zwei typische Fälle zeigen die Problematik. BGHZ 38, 270: Ein Auto hatte zum Überholen dreier hintereinander herfahrender Radfahrer angesetzt, als ein Radfahrer wegen Behinderung durch den Vormann plötzlich in die Fahrbahn einbog. Der Fahrer riss das Steuer herum, landete auf dem Acker und beschädigte seinen Pkw. Nach § 683 gewährt der BGH wegen Selbstopferung Ersatz der Hälfte des Schadens. OLG Oldenburg VersR 1972, 1178: Der Kfz-Fahrer war einem dreijährigen Kind ausgewichen, das plötzlich in seine Fahrbahn gelaufen war. Der Fahrer wurde verletzt, der Wagen beschädigt. Das Gericht gibt der Klage vollständig statt. Die Betriebsgefahr sei in keiner Weise anzurechnen. Als Vorteilsausgleichung müsse sich der Kfz-Fahrer nur den Verlust anrechnen lassen, den er im Falle eines Zusammenstoßes selbst hätte tragen müssen. Dieser sei hier gleich Null. Weitere Fälle betreffen den Nothelfer, der an einer Unfallstelle wohlmeinend eingreift und sich dabei – eventuell durch unvernünftiges Verhalten – selbst schädigt.

B. Haftung aus Geschäftsführung ohne Auftrag

611 Nach Rechtsprechung und hL finden die Regeln über die Geschäftsführung ohne Auftrag Anwendung, §§ 683, 670. Danach führt der Kfz-Fahrer ein Geschäft des Kindes bzw. seiner Eltern, wenn er eine ungewöhnliche und ihn selbst in hohem Maße gefährdende Rettungshandlung unternimmt.[2] Vorausgesetzt ist dabei, dass er selbst dem Kind nicht nach § 7 Abs. 1 StVG schadensersatzpflichtig wäre, wenn er es überführe. Wäre er im Kollisionsfalle dem Kind haftpflichtig, würde er in erster Linie ein eigenes Geschäft führen, nämlich die Vermeidung des Haftungseintritts. Anderenfalls rettet der Automobilist das Kind aus dessen Gefahr. Unversehrt zu bleiben, liegt im objektiv verstandenen Interesse des Kindes; auch entspricht die Rettung dem wirklichen bzw. mutmaßlichen Willen der Eltern (§ 683). Die mit der ungewöhnlichen Rettungsmaßnahme gelaufene Gefahr ist im Falle ihrer Verwirklichung eine Aufwendung: Der Schaden am Kraftfahrzeug ist also eine Aufwendung, welche das Kind auszugleichen

---

1 So in LG Erfurt VersR 2002, 454.
2 BGHZ 38, 270.

hat. Es handelt sich um eine objektive Einstandspflicht. Seit der Entlastungsgrund des unabwendbaren Ereignisses (§ 7 Abs. 2 StVG aF) im Jahre 2002 beseitigt und auf höhere Gewalt verengt wurde, greift § 7 Abs. 1 StVG in derartigen Fällen in de Regel ein. Die fehlgeleitete, unverhältnismäßig unvernünftige Hilfe ist keine erforderliche Aufwendung und entspricht nicht dem Interesse des »Geretteten«;[3] sie ist dann auch nicht dem gegebenenfalls aus Gefährdungshaftung für den Erstunfall Verantwortlichen zuzurechnen.[4]

C. Anrechnung der Gefahr

Es ist sehr streitig, ob auch der Gefahrbeitrag des Kraftfahrers anzurechnen ist. Von einem Teil der Lehre wird das verneint. Von der Rechtsprechung werden die Regeln über die Gefahrengemeinschaft herangezogen und der Aufwendungsanspruch herabgesetzt, etwa auf die Hälfte.[5] Am besten wäre es, § 254 in dieser Situation analog anzuwenden. Angerechnet wird nicht ein Verschulden oder die besondere Betriebsgefahr, sondern die allgemeine abstrakte Gefahr, welche der Kraftfahrer auch im Bereich der Aufwendungsentschädigung noch mit zu vertreten hat, da ja auch der Gerettete objektiv haftet.

612

---

3 OLG Stuttgart VersR 2003, 341.
4 Zur Abgrenzung: OLG Düsseldorf NZV 1995, 280.
5 BGHZ 38, 270.

ns vorgenommen werden. Wertungsmaßstab ist das Urteil einer
3. Teil. Rechtsfolgen der Haftung

1. Abschnitt. Ersatz des Vermögensschadens und des immateriellen Schadens

§ 32 Schadenszurechnung: haftungsausfüllende Kausalität und Schutzbereich der Ersatznorm

Literatur: *Armbrüster*, Grundfälle zum Schadensrecht, JuS 2007, 509 und 605; *Banakas*, Injuria in the new Anglo-American Law of Negligence, FS Steffen, 1995, 19; *Baur*, Entwicklung und Reform des Schadensersatzrechts, 1935; *Brinker*, Die Dogmatik zum Vermögensschadensersatz, 1982; *Fischer*, Der Schaden nach dem BGB für das dt. Reich, 1903; *Lange/Schiemann*, Schadensersatz, 3. Aufl. 2003; *Medicus*, Die psychisch vermittelte Kausalität im Zivilrecht, JuS 2005, 289; *Röckrath*, Kausalität, Wahrscheinlichkeit und Haftung, 2004; *Schiemann*, Argumente und Prinzipien bei der Fortbildung des Schadensrechts, 1981; *ders.*, Schadensersatz und Praktikabilität – Zur Dispositionsfreiheit des Geschädigten, FS Steffen, 1995, 399; *Schobel*, Hypothetische Verursachung, Aliud-Verbesserung und Schadensteilung, JBl. 2002, 771; *Wilburg*, Die Elemente des Schadensrechts, 1941.

A. Haftungsausfüllende Kausalität

I. Kausalzusammenhang im Schadensrecht

Ebenso wie das Verhalten für die Verletzung kausal sein muss (haftungsbegründender Ursachenzusammenhang), hat die Verletzung weitergehend in einem Schaden zu resultieren (haftungsausfüllender Ursachenzusammenhang). Ist überhaupt kein Schaden verursacht worden, scheidet ein Ersatzanspruch aus; es handelt sich dann um die sog. *injuria sine damno*. Kausalität heißt auch hier Bedingung des Erfolges: Die Verletzung darf nicht hinweggedacht werden können, ohne dass der Schaden entfiele. Genauer gesagt: Der Schaden muss naturgesetzlich auf die Verletzung und weiter auf das Verhalten zurückzuführen sein. 613

Die Feststellung der haftungsausfüllenden Kausalität wird durch § 287 ZPO erleichtert[1] (dazu auch → Rn. 753 f.). Sachverständige müssen als Gerichtsgutachter darüber belehrt werden, dass sie nicht die abweichenden Kausalitätsanforderungen des Sozialrechts zugrunde legen dürfen. 614

II. Adäquate Kausalität

Im Bereich der Haftungsausfüllung, also im Schadensrecht, entfaltet die adäquate Kausalität ihre eigentliche Wirkung (→ Rn. 56). Bei der Haftungsbegründung erscheint die allgemeine Zurechnung der Adäquanz überflüssig, weil die besondere Zurechnung des ohnehin zu prüfenden Verschuldens strengere Voraussetzungen stellt. Ein Kausalzusammenhang erscheint dann adäquat, wenn die Möglichkeit des Eintritts des Nachteils in nicht unerheblicher Weise gesteigert ist. Es muss also eine Wahrscheinlichkeitsbetrachtung vorgenommen werden. Wertungsmaßstab ist das Urteil einer erfahrenen Person oder eines Fachmannes. Die adäquate Kausalität ist eingeführt wor- 615

---

[1] Beispiel: BGH NJW-RR 2005, 897: Distorsion der Halswirbelsäule infolge Verkehrsunfalls eines nach früherem Überfall Querschnittsgelähmten.

den, um das strenge *versari in re illicita* aufzulockern. Nicht jeder auf eine schuldhafte oder mit einer Gefährdungshaftung belegte Verletzung zurückgehender Schaden soll unbedingt ersetzt werden. Das hieße Haftung auch für den überraschenden Zufall. Vielmehr sollen unwahrscheinliche Schadensfolgen oder absolut nicht zu erwartende Verläufe als inadäquat ausgeschieden werden. Als Mittel dient der Kausalzusammenhang, dessen naturwissenschaftlicher Ansatz damit einen Akzent der Zurechnung erhält. Unter dem Aspekt der Adäquanz wird die tatsächliche Kausalität wahrscheinlichkeitsmäßig gewertet. Liegt die Schadensfolge nicht außerhalb jeder Wahrscheinlichkeit, muss dafür gehaftet werden.

616 Ein bei wertender Betrachtung bloß äußerlicher, gleichsam »zufälliger« Kausalzusammenhang, für den ein Einstehenmüssen billigerweise nicht mehr zugemutet werden soll, kann bei völlig ungewöhnlichen und unsachgemäßen Interventionen eines Dritten in den Schadensablauf gegeben sein.[2]

B. Schutzbereich der Schadensersatznorm

I. Schutzbereich welcher Norm?

617 Wenn wir vom Schutzbereich der Norm sprechen (→ Rn. 118), wird meist nicht spezifiziert, welche der beiden Normen in Betracht kommt, nämlich die den Haftungsgrund oder die den Haftungsumfang bestimmende Norm. Es kann sich also einmal um die Tatbestandsnorm handeln, etwa um das Verbot, einen anderen körperlich zu verletzen oder eine Sache zu beschädigen. Im Schutzbereich der Körperverletzung liegen zB Arztaufwendungen, nicht aber die Kosten einer verlorenen Nebenklage.[3]

618 Aber auch die Ersatznorm selbst, also die Anordnung, Schadensersatz bzw. Schmerzensgeld zu leisten, hat einen Schutzbereich. Nur der Schaden, der von der Schadensersatznorm umfasst wird, ist Gegenstand des Ersatzanspruchs. So wird etwa für das Affektionsinteresse kein Ersatz gewährt.[4] Im Allgemeinen wird der Schutzbereich nach beiden Normen, der Tatbestandsnorm und der Rechtsfolgenorm, beurteilt.

II. Genereller Schutzumfang der Ersatznorm

619 Im Allgemeinen wird der Schutzumfang der Ersatznorm nach Wahrscheinlichkeitsgesichtspunkten, also nach der adäquaten Kausalität bestimmt. Jedoch kann die Schutznorm inadäquate Verläufe ausnahmsweise einschließen, wie es etwa für den Dieb in § 848 angeordnet worden ist. Geht die gestohlene Sache beim Dieb auf grotesk unwahrscheinliche Weise zugrunde, hat er dennoch Schadensersatz zu leisten.

620 Regelmäßig schränkt aber der Schutzbereich der Ersatznorm den Ersatzanspruch sogar gegenüber der adäquaten Kausalität weiter ein. Das gilt etwa für Vorsorgeschäden oder Folgeschäden. Soweit die Vorsorge nicht besonders gesetzlich ermächtigt oder nicht besonders auf die Verletzung bezogen ist, zB Sicherungen gegen Diebstahl allgemein, wie Alarmanlagen und TV-Kameras, wird kein Ersatz durch den Dieb geschuldet.[5] Auch weit entfernte Folgen außerhalb des eigentlichen Schadensbereichs führen nicht zum Ersatz, etwa private Verfolgungen nach einem Verkehrsunfall, die das Risiko des Verletzers im Übermaß erhöhen.[6]

---

2 BGH NJW 2000, 947: Untätigkeit eines mit der Schadensbeseitigung beauftragten Handwerkers.
3 BGHZ 24, 263.
4 BGHZ 92, 90.
5 BGHZ 75, 230.
6 BGH LM § 823 (C) Nr. 32.

§ 33 Grundzüge des gesetzlichen Schadensersatzes

Literatur: *Bartelt*, Beschränkung des Schadensersatzumfangs durch das Übermaßverbot, 2004; *F. Bydlinski*, Unerlaubte Vorteile als Schaden, FS Deutsch, 1999, 63; *Dopheide*, Der grobe Behandlungsfehler – eine Beweislastverteilung nach Kollektiven, VersR 2007, 1050 (1052) (zur Proportionalhaftung); *Fleischer*, Schadensersatz für verlorene Chancen im Vertrags- und Deliktsrecht, JZ 1999, 766; *Ehlgen*, Pobabilistische Proportionalhaftung und Haftung für den Verlust einer Chance, 2013; *Großerichter*, Hypothetischer Geschehensverlauf und Schadensfeststellung, 2001 [perte d'une chance]; *H. Honsell*, Herkunft und Kritik des Interessebegriffs im Schadensersatzrecht, JuS 1973, 69; *Huber*, Fragen der Schadensberechnung, 1993; *Jakob*, Ersatz fiktiver Kosten nach allgemeinem Schadensrecht, 1998; *Kadner Graziano*, „Alles oder nichts" oder anteilige Haftung bei Verursachungszweifeln? – Zur Haftung für *perte d'une chace/loss of a chance* und eine Alternative, ZEuP 2011, 171; *Keuk*, Vermögensschaden und Interesse, 1972; *Koziol*, Schadensersatz für den Verlust einer Chance?, FS Stoll, 2001, 233; *E. Lorenz*, Grundsatz und Grenzen der Folgenzurechnung im Schadensersatzrecht, FS Deutsch, 1999, 251; *Mäsch*, Gregg v. Scott – Much ado about nothing?, ZEuP 2006, 656; *Medicus*, Schadensersatz und Billigkeit, VersR 1981, 593; *Mertens*, Der Begriff des Vermögensschadens, 1967; *Möller*, Das Präventionsprinzip des Schadensrechts, 2006; *G. Müller*, Schadensersatz und Schadensbegrenzung in der neueren Rechtsprechung des BGH, VersR 2005, 1461; *Rümelin*, Die Gründe der Schadenszurechnung und die Stellung des deutschen BGB zur objektiven Schadensersatzpflicht, 1896; *Ruossus*, Schaden und Folgeschaden, 1992; *Sailer* Prävention im Haftungsrecht, 2006; *Spickhoff*, Folgenzurechnung im Schadensersatzrecht, Karlsruher Forum 2007, 2008, 7 ff.; *Stoll*, Begriff und Grenzen des Vermögensschadens, 1973; *ders.*, Haftungsfolgen im Bürgerlichen Recht, 1993; *Stremitzer*, Haftung bei Unsicherheit des hypothetischen Kausalverlaufs, AcP 208 (2008), 676 (zur Proportionalhaftung); *Thüsing*, Wertende Schadensberechnung, 2001; *Wagner*, Neue Perspektiven im Schadensersatzrecht, Gutachten A zum 66. DJT 2006; *Wilk*, Die Erkenntnis des Schadens und seines Ersatzes, 1983; *E. Wolf*, Grundfragen des Schadensbegriffs und der Methode der Schadenserkenntnis, FS Schiedermair, 1976, 545; *Zeuner*, Schadensbegriff und Ersatz von Vermögensschäden, AcP 163 (1964), 380.

A. Schaden

I. Schadensdefinition

Schaden ist jeder Nachteil, der an den Rechtsgütern einer Person entsteht. Der Schaden stellt sich also als ungünstige Veränderung der Rechtsgütersituation des Verletzten dar. Sein konkreter Nachteil ist auszugleichen, insoweit ist der Schadensbegriff im Ansatz subjektbezogen.[1] Als Rechtsgüter kommen sowohl Vermögensgüter als auch Persönlichkeitsgüter in Betracht; ihre Verletzung führt entweder zum Vermögensschaden oder zum sog. Nichtvermögensschaden. Ein Schaden ist also die zerstörte Sache ebenso wie die zugefügte Krankheit, die Aufwendungen zur Heilung einer Körperverletzung genauso wie der Verlust durch Kriegseinwirkung, den der seiner Freiheit Beraubte nicht vermeiden konnte.[2] Hat der Schädiger vorsätzlich getäuscht, gewährt der BGH deliktsrechtlich nur das negative Interesse.[3] Bei durch Täuschung veranlasster Auszahlung öffentlicher zweckgebundener Mittel besteht der Schaden in der Zweckverfehlung.[4]

621

---

1 BGH VersR 2005, 418 (419).
2 Vgl. BGH MDR 1951, 411.
3 BGH NJW 1998, 983.
4 BGH VersR 2005, 418.

II. Mittelbarer und unmittelbarer Schaden

622 Der Schaden kann am Rechtsgut selbst entstehen, etwa wenn bei einem Verkehrsunfall die Autokarosserie eingedrückt oder ein Bein des Fußgängers gebrochen wird. Wir sprechen dann vom unmittelbaren Schaden oder Rechtsgutschaden. Der Schaden kann sich auch von der Rechtsgutverletzung her weiterentwickeln, etwa dadurch entstehen, dass Kosten für die Krankenbehandlung oder die Reparatur aufgewendet werden. Dann handelt es sich um den mittelbaren oder weiterwirkenden Schaden.[5] Beide Formen des Schadens sind prinzipiell gleichermaßen ersatzfähig und ersatzpflichtig. Um einen mittelbaren Schaden handelt es sich auch, wenn aus der ersten Verletzung, die etwa infolge eines Verkehrsunfalls eingetreten ist, im Krankenhaus durch ärztliches Fehlverhalten eine Verschlimmerung oder eine Zweitverletzung bei der Operation eingetreten ist. Die Zweitverletzung kann dem Erstschädiger zugerechnet werden.[6] Für Fehler eines (nachbehandelnden) Arztes hat auch der erstbehandelnde Arzt einzustehen, durch dessen Fehler die Nachbehandlung erforderlich geworden ist. Die Grenze der Einstandspflicht wird erst überschritten, wenn der Fehler des zweiten Arztes außergewöhnlich groß ist oder wenn er bei der Behandlung einer Krankheit begangen wird, die mit der Erstbehandlung in keinem inneren Zusammenhang steht.[7]

III. Verletzung und Schaden

623 Grundsätzlich wird nach geltendem Recht nur der Schaden ersetzt, der dem Verletzten selbst entstanden ist. Verletzter und Geschädigter müssen dieselbe Person sein. Es hat also auf der Aktivseite des Anspruchs Personenidentität zu bestehen. Trifft der Schaden eine andere Person als den Verletzten, so kann der Geschädigte mangels einer Anspruchsgrundlage keinen Ersatz verlangen. Wird etwa der Künstler auf dem Weg zum Konzert überfahren, so kann der Veranstalter des Konzerts seinen Schaden vom Fahrer des Unfallfahrzeugs nicht ersetzt verlangen, denn er ist nicht verletzt worden: *damnum sine injuria*. Das persönliche Junktim zwischen Verletzung und Schaden wird jedoch in Ausnahmefällen durchbrochen. So können im Falle der Tötung die Erbe die Beerdigungskosten und die nahen Angehörigen den Unterhaltsschaden ersetzt verlangen, § 844. Für andere Schäden gilt das nicht: Verschlimmert sich der Alkoholismus einer Frau nach dem Unfalltod des Ehemanns, weil er nicht mehr stabilisierend auf sie einwirken kann, ist dieser Gesundheitsschaden als mittelbarer nicht ersatzfähig.[8] Nicht selten wird auch das Junktim durch einen gesetzlichen Forderungsübergang hergestellt, etwa wenn der Arbeitgeber, der Dienstherr oder der Sozialversicherer kraft übergegangenen Anspruchs den von ihm getragenen Schaden des Verletzten vom Täter ersetzt verlangen kann (→ Rn. 764 ff.).

624 Hat der Verletzte keinen Schaden erlitten, läuft sein Anspruch inhaltlich leer: *iniuria sine damno*. Nur in besonderen Situationen kann er ausnahmsweise den Schaden eines Dritten liquidieren. Das ist der Fall, wenn die rechtliche und wirtschaftliche Zuständigkeit eher zufällig getrennt erscheinen. Für das außervertragliche Haftungsrecht gilt das insbesondere für die sog. obligatorische Entlastung. Man nehme den Fall des Verkaufs unter Eigentumsvorbehalt, also eine Sache, die der Eigentümer zwar schon verkauft und übergeben, aber noch nicht übereignet hatte, bei der nach § 446 die Gefahr auf den Käufer übergegangen ist. Wird die Sache von einem Dritten beschädigt, so ist zwar der Eigentümer verletzt, hat aber wegen des Gefahrübergangs keinen Schaden. Der Käufer ist geschädigt, ist aber noch nicht Eigentümer. Wegen der obligatorischen

---

5 BGH VersR 2012, 724 Rn. 8 (mittelbarer Vermögensschaden als Personenschaden).
6 OLG Koblenz NJW 2008, 3006 m. Bespr. *Wertenbruch* NJW 2008, 2962.
7 BGH VersR 2003, 1128 (1130); 2012, 905 Rn. 15.
8 BGH VersR 1984, 439.

Entlastung kann der verletzte Eigentümer den Schaden des Käufers in dessen Interesse liquidieren, sog. Schadensliquidation im Drittinteresse. Wirtschaftlich Geschädigter ist nämlich der Dritte. Der Verletzte kann dann den Schaden des Dritten treuhänderisch geltend machen, muss ihm aber seinen Ersatzanspruch abtreten oder dem Dritten den empfangenen Schadensersatz zukommen lassen, arg. § 255.

B. Differenzhypothese

I. Vergleichung der Vermögensstände

Gemäß § 249 ist als Schadensersatz der Zustand herzustellen, der bestehen würde, wenn der zum Ersatz verpflichtende Umstand nicht eingetreten wäre. Es wird also der Rechtsgüterstand vor und nach der Verletzung miteinander verglichen. Ergibt der Vergleich einen negativen Saldo, so ist die Differenz als Schadensersatz geschuldet. Die Differenzhypothese muss als wertneutrale Rechenoperation stets einer normativen Kontrolle unterzogen werden.[9] Zur Vereinfachung wird im Allgemeinen nicht der gesamte Rechtsgüterstand herangezogen, sondern es werden nur das verletzte Rechtsgut und die Auswirkung der Verletzung vor und nach der Schadenszufügung miteinander verglichen. Kommt jedoch eine mögliche Fernwirkung des Schadens an anderer Stelle in Betracht, so ist sie mit einzubeziehen. Als solche ist auch der entgangene Gewinn anzusehen, der konkret mit Wahrscheinlichkeit zu erwarten war, § 252. Die Beweiserleichterung des § 252 S. 2 begründet die Vermutung, dass ein Unternehmer marktgängige Ware jederzeit zum Marktpreis absetzen kann und dass ein späterer Deckungsverkauf den zu ersetzenden Schaden im Regelfall nicht mindert.[10] Das Prozessrecht erleichtert die Schätzung mit § 287 ZPO, der den Wahrscheinlichkeitsgrad bei Bildung der richterlichen Überzeugung herabsetzt.

II. Sicherer Verlust oder Entgang einer Chance

Als Schaden werden die wirkliche Einbuße und der konkret wahrscheinlich entgangene Gewinn angesehen. Darüber hinaus wird im Schrifttum zT gefordert, auch die Vereitelung einer Verbesserungserwartung als Schaden anzuerkennen. Hauptfall ist die schuldhaft misslungene ärztliche Behandlung. Stürzt etwa ein Schüler vom Baum und verletzt sich an der linken Hüfte und hätte er eine 25%ige Aussicht auf Heilung, wird jedoch die Behandlung schuldhaft verzögert, sodass er ständig behindert bleibt, hätte er nach dieser Ansicht einen Anspruch auf Ersatz von 25% des Behinderungsschadens.[11] Nach der deutschen Rechtsprechung würde es auf das Alles oder Nichts herauslaufen: War die Verzögerung ein schwerer Fehler, trifft den Arzt die Beweislast, dass der Patient auch bei fehlerfreier Behandlung geschädigt wäre; der Patient bekommt dann regelmäßig vollen Ersatz, weil der Arzt diesen Beweis nicht führen kann. War die Behandlungsverzögerung jedoch nicht als schwerer Fehler anzusehen, behält der Patient die Beweislast und verliert regelmäßig den Prozess.[12] Der Ausgang des Verfahrens wäre anders, wenn auch im deutschen Recht in Parallele zum entgangenen Gewinn und zur prozentualen Festsetzung beim Mitverschulden (§§ 252, 254) der Entgang einer Chance als Schaden anerkannt würde. Der französische Kassationshof verurteilt beim Kunstfehler während einer Operation mit unsicherem Ausgang zum Ersatz der *perte d'une chance*.[13] Die damit bewirkte Proportionalhaftung würde jedoch

---
9 BGHZ 98, 212 (217) – Großer Zivilsenat; BGH VersR 2005, 418 (419).
10 BGHZ 126, 305 (309); Ausnahmefall in BGH NJW 2000, 1409.
11 Vgl. den französischen Kassationshof Rec. Dal.Sir 81, 455 und OG Zürich SJZ 89, 119.
12 BGH NJW 1968, 2291.
13 Überblick über weitere ausländische Entscheidungen bei *Kadner Graziano* ZEuP 2011, 171 ff.

wegen des Bruchs mit der differenzierten Beweismaßregelung der §§ 286, 287 ZPO eine Regelung durch den Gesetzgeber erfordern.

C. Naturalrestitution

627 Grundsätzlich hat der Schädiger den Verlust des Geschädigten dadurch auszugleichen, dass er den früheren Zustand wiederherstellt, sog. *restitutio ad integrum*, § 249 Abs. 1. Vom Gesetz wird nicht nur der Wert des Vermögens, sondern auch das einzelne Rechtsgut geschützt, das wiederhergestellt werden muss, etwa die Gesundheit oder die Unversehrtheit der Sache. Das gilt besonders für immaterielle Schäden. So ist etwa die üble Nachrede in erster Linie durch Widerruf auszugleichen.

D. Geldersatz statt Naturalrestitution

628 In einer Reihe von Fallgruppen erscheint die Wiederherstellung durch den Schädiger entweder ausgeschlossen, nicht ausreichend oder zu aufwendig. Für diese Gestaltungen hat das Gesetz, der Interessenlage entsprechend, anstelle der Naturalrestitution Geldersatz angeordnet.

I. Nicht mögliche oder nicht genügende Naturalherstellung

629 Nach § 251 Abs. 1 ist Ersatz in Geld zu leisten, wenn die Herstellung nicht möglich oder zur Entschädigung des Gläubigers nicht genügend erscheint. Die Unmöglichkeit der Naturalrestitution hat der Schädiger zu beweisen, wenn der Anspruch gegen ihn auf § 249 gestützt wird.[14] Greift eine Naturalrestitution in Rechte Dritter ein, hängt die Ausführbarkeit vom Einverständnis des Dritten ab.[15] Ist eine unvertretbare Sache zerstört, etwa ein Hund getötet worden, so ist Ersatz in Geld zu leisten. Auch kann es dem Geschädigten nach der Verkehrsauffassung nicht zuzumuten sein, Naturalersatz entgegenzunehmen, etwa für den durch eine Sylvesterrakete angebrannten Mantel ein vergleichbares gebrauchtes Stück zu erwerben. Dann kann der Geschädigte Geldersatz verlangen, muss sich jedoch einen Abzug »neu für alt« gefallen lassen, denn der neue Mantel hält länger.

II. Personenverletzung und Sachbeschädigung

630 In den beiden häufigsten Schadensersatzfällen, nämlich der Personenverletzung und der Sachbeschädigung, kann der Gläubiger statt der Herstellung den dazu erforderlichen Geldbetrag verlangen, § 249 Abs. 2 S. 1. Damit kann der Geschädigte die Wiederherstellung in die eigene Hand nehmen oder sie in die Hand einer Person seines Vertrauens legen. Er ist jedoch nicht verpflichtet, den verlangten Geldbetrag zur Wiederherstellung anzulegen; er kann ihn auch sparen oder für etwas anderes verwenden. Dann soll allerdings der Umsatzsteueranteil aus dem geschuldeten Schadensbetrag herausgerechnet werden (§ 249 Abs. 2 S. 2). Dadurch wird willkürlich ein Bestandteil der erforderlichen Kosten herausgebrochen, nicht aber – so die Gesetzesbegründung – zur konkreten Schadensberechnung zurückgekehrt. Die Rechtslage soll auch auf den wirtschaftlichen Totalschaden eines Kfz ohne Ersatzbeschaffung[16] ange-

---

14 BGH VersR 2008, 1116 Rn. 14.
15 BGH VersR 2008, 111 Rn. 19: Wiederherstellung der Standfestigkeit eines Hauses nach Vertiefung des Nachbargrundstücks.
16 BGH NJW 2004, 1943; 2004, 2086; 2005, 2220.

wandt werden.[17] Nach durchgeführter Reparatur ist der Geschädigte nicht verpflichtet, wie bei einem Vorschussanspruch die tatsächlich entstandenen Kosten abzurechnen.[18] Die Schadensbehebung gem. § 249 Abs. 2 steht als Variante der Naturalrestitution unter dem Gebot der Wirtschaftlichkeit; der Geschädigte hat im Rahmen des ihm Zumutbaren und unter Berücksichtigung seiner individuellen Lage grundsätzlich den wirtschaftlichsten Weg zu wählen[19] (dazu auch → Rn. 658). Zum Herstellungsaufwand werden die Kosten eines Sachverständigengutachtens gezählt, soweit die Begutachtung erforderlich und zweckmäßig ist.[20]

III. Unverhältnismäßige Aufwendungen

Gemäß § 251 Abs. 2 kann der Ersatzpflichtige den Gläubiger in Geld entschädigen, wenn die Herstellung nur mit unverhältnismäßigen Aufwendungen möglich ist. Die Unzumutbarkeit der Wiederherstellung wirkt hier zugunsten des Schädigers. Erfordert die Herstellung unzumutbar hohe Aufwendungen, müsste etwa, um einen versehentlich in einen Wasserlauf fallen gelassenen Ring wiederzufinden, ein See trockengelegt werden, so erscheint die Wiederherstellung überobligationsmäßig, und es braucht nur ein Geldbetrag bezahlt zu werden. Die Verhältnismäßigkeitsschwelle wird insbesondere für die Reparatur von Kraftfahrzeugen bei 130% des Wiederbeschaffungswertes gesehen (→ Rn. 658). Das lässt sich auf die Kosten tierärztlicher Behandlung nicht übertragen.[21] Rechtstechnisch gesprochen, hat der Schuldner insofern eine Ersetzungsbefugnis. Eine Sonderregelung gilt im Gentechnik- und Umweltrecht: Stellt die Verletzung der Sache auch eine Beeinträchtigung der Natur oder Landschaft dar, kann auch Wiederherstellung verlangt werden, wenn die Aufwendungen den Wert der Sache erheblich übersteigen (zB Dioxin auf Grundstück), § 16 Abs. 1 UmweltHG, § 37 Abs. 7 GenTG. 631

IV. Geldersatz nach Fristsetzung

Der Gläubiger kann dem Schädiger eine angemessene Frist setzen, innerhalb derer die Wiederherstellung vorzunehmen ist. Die Fristsetzung, verbunden mit der Androhung, die Herstellung nach Fristablauf abzulehnen, ermöglicht eine Änderung des Schuldinhalts. Nach Ablauf der Frist kann der Gläubiger ausschließlich Geldersatz verlangen, § 250. Der Naturalersatzanspruch wandelt sich dann in einen Geldersatzanspruch um. 632

E. Vorteilsausgleichung

Literatur: *Cantzler*, Die Vorteilsausgleichung beim Schadensersatzanspruch, AcP 156 (1956), 29; *Henckel*, Gläubigeranfechtung im Konkurs (Vorteilsausgleichung), FS Deutsch, 1999, 967; *Hermann Lange*, Die Vorteilsausgleichung, JuS 1978, 649; *Müller-Laube*, Auswirkungen vorteilhafter Rechtsgeschäfte des Geschädigten auf die Schadensabrechnung mit dem Schädiger, JZ 1991, 162; *Oertmann*, Die Vorteilsausgleichung beim Schadensersatzanspruch in römischem und deutschem bürgerlichen Recht, 1901; *Pauge*, Vorteilsausgleich bei Sach- und Personenschäden, VersR 2007, 569; *Selb*, Schadensbegriff und Regreßmethoden, 1963; *Wendehorst*, Anspruch und Ausgleich – Theorie einer Vorteils- und Nachteilsausgleichung im Schuldrecht, 1999; *Wilburg*, Zur Lehre von der Vorteilsausgleichung, JJ 82 (1932), 51.

---

17 Zur Steuerberechnung BGH NJW 2006, 2181.
18 BGH NJW 1997, 520.
19 BGH NJW 2000, 800.
20 BGH NJW 2005, 356; 2006, 1065 Rn. 5; 2007, 1450 Rn. 11.
21 OLG München VersR 2011, 1412.

3. Teil. Rechtsfolgen der Haftung

I. Prinzip

633 Die Vorteilsausgleichung ergibt sich aus den Grundsätzen der Differenzhypothese und des Bereicherungsverbots. Nach dem ersten Prinzip wird der gesamte Vermögensstand vor und nach der Verletzung miteinander verglichen. Dabei fallen Verbesserungen schadensmindernd ins Gewicht. Im Übrigen heißt Schadensersatz, dass nur der nachteilige Rechtsgüterstand des Verletzten ausgeglichen werden soll. Hat der Verletzte neben dem Nachteil auch einen Vorteil erlangt, so ist dieser anzurechnen. Das ist die Auswirkung des Bereicherungsverbots.

634 Die Regel des Haftungsrechts, wonach erwachsende Vorteile anzurechnen sind, lässt sich nicht schematisch durchführen. Nicht jeder von der Verletzung ausgelöste Vorteil ist anzurechnen. Ist der überfahrene Fußgänger unfallversichert, mindert sich sein Ersatz nicht um die Versicherungsleistung. Nach der Rechtsprechung ist für eine Vorteilsausgleichung erforderlich, dass die Anrechnung zumutbar ist, dem Zweck des Schadensersatzanspruchs entspricht und den Schädiger nicht unbillig entlastet.[22]

II. Nicht anzurechnende Vorteile

635 In einer Reihe von Fallgruppen werden Vorteile nicht angerechnet, obwohl sie im Zusammenhang mit dem Schadenseintritt entstanden sind. Zu ihnen gehören die freiwillige Unterstützung Dritter, etwa das Ergebnis einer Sammlung für den Geschädigten; die Zahlung einer Versicherung[23] oder freiwillige Leistung des Arbeitgebers aus Anlass eines Unfalls; Vorteile aus eigener Tätigkeit, um die Schadenswirkung abzumildern; der vorzeitige Erwerb des Kapitals einer Erbschaft oder einer Lebensversicherung.[24]

---

22 Vgl. BGHZ 30, 29.
23 BGH MDR 1978, 568: BAT-Sterbegeld der Witwe.
24 BGHZ 73, 109.

§ 34 Personenschaden

Literatur: *Busnelli,* Der Personenschaden VersR 1987, 952; *Denck,* Schadensersatzansprüche Dritter bei Tötung ihnen nahestehender Personen im französischen und deutschen Recht, 1975; *A. Diederichsen,* Ansprüche naher Angehöriger von Unfallopfern, NJW 2013, 641; *Ebel,* Schadensersatz bei Personenschäden, Jura 1985, 561; *Eckelmann,* Berechnung des Schadensersatzes bei Tötung unterhaltspflichtiger Personen, 1978; *Maier,* Schadensersatz bei Tötung oder Verletzung der im Beruf oder Geschäft des Mannes mitarbeitenden Frau, 1976; *Gerda Müller,* Spätschäden im Haftpflichtrecht, VersR 1998, 129; *Ruhkopf/Book,* Über die Haftpflichtansprüche körperlich verletzter, freiberuflich tätiger Personen und Gewerbetreibender wegen Gewinnentgangs, VersR 1970, 690 und 1972, 114; *Küppersbusch/Höher,* Ersatzansprüche bei Personenschäden, 11. Aufl. 2013.

A. Tod eines Menschen

I. Tötungsschaden

Anders als im anglo-amerikanischen Recht ist der Schaden, der durch die Tötung eines Menschen selbst entsteht, nach geltendem deutschem Recht nicht ersatzfähig. Im englischen Recht spricht man insoweit von *wrongful death*. Die Verkürzung der Lebenserwartung wird als Selbstschaden nur insoweit anerkannt, als es um Schmerzensgeld geht.[1] Auch der Erbe kann grundsätzlich den erst bei ihm eingetretenen Schaden nicht liquidieren, da er nicht Verletzter ist. Selbst die Fähigkeit des Getöteten, mit einem Betrieb Gewinn zu erzielen, ist kein Wert des Betriebs. Als Wert der Person ist er ersatzlos weggefallen.[2]

636

II. Schaden des Erben

Gemäß § 844 Abs. 1 kann der Erbe die Kosten der Bestattung vom Schädiger ersetzt verlangen. Sie müssen sich im Rahmen der Angemessenheit halten, der von den Verhältnissen des Getöteten, seiner Religionszugehörigkeit und örtlichen Gebräuchen bestimmt wird, wozu auch etwa die Bewirtung von Trauergästen gehört. Die Anlegung des Grabes und die Errichtung eines Grabsteins fallen darunter, nicht aber die Kosten der Unterhaltung der Grabstätte.

637

III. Angehörigenschaden

Die nahen Angehörigen können Ersatz für den Schaden verlangen, der ihnen wegen des entgangenen gesetzlichen Unterhalts entstanden ist, § 844 Abs. 2. Der Verletzer hat Schadensersatz in Rentenform zu leisten, und zwar in dem Umfang, in dem der Getötete während seiner mutmaßlichen Lebensdauer zum Unterhalt verpflichtet gewesen wäre. Der Richter hat eine Prognose über die mutmaßliche Entwicklung der Unterhaltsbeziehung abzugeben, bei der wegen der Abhängigkeit des Unterhalts von der Leistungsfähigkeit der Eintritt des getöteten Unterhaltsverpflichteten in den Ruhestand (derzeit) auf die Vollendung des 65. Lebensjahres abzustellen ist.[3] Anspruchsberechtigt sind nur die kraft Gesetzes Befugten, nämlich Ehegatten, eheliche und nichteheliche Kinder usw., nicht aber Verlobte[4] oder informelle Lebenspartner.[5] Dieser Anspruch deckt auch die erwarteten natürlichen Unterhaltsleistungen des Ehepart-

638

---

1 BGH NJW 1976, 1147.
2 BGH LM § 249 (Hd) Nr. 15.
3 BGH NJW-RR 2004, 821.
4 OLG Frankfurt VersR 1984, 449.
5 OLG Düsseldorf NJW-RR 2006, 1353.

ners, die aus § 845 in § 844 Abs. 2 übergegangen sind;[6] der im Haushalt tätige Ehepartner erbringt keine Dienste, sondern erfüllt seine Unterhaltspflicht gem. § 1360.[7] Auch insoweit kommt es auf die gesetzliche Verpflichtung an: Wird die zweite Ehefrau getötet, kommt die Versorgung der erstehelichen Kinder des Mannes nicht in Betracht.[8] Das gleiche gilt bei Mitarbeit der getöteten Mutter im Haushalt der Tochter.[9]

Rechtspolitisch ist der Ansatz bei der gesetzlichen Pflicht zu eng, vielmehr sollte auf die bisherige Handhabung abgestellt werden, welche eine Erwartung ausgelöst hat. Ein gutes Beispiel ist das Stiefkind, für das der Stiefvater den Unterhalt aufgebracht hat.[10] Hätte der Stiefvater weiterhin die Ausbildung des Stiefkindes bestritten, so sollte die Kosten nun der Schädiger tragen. Nur dann wäre die Tötung wieder gut gemacht.

B. Verletzung eines Menschen

I. Heilungskosten

639 Typischer mittelbarer Schaden der Verletzung des Körpers oder der Gesundheit sind die Heilungskosten, auch die Kosten einer versuchten Heilung, wenn sie nur objektiv sinnvoll sind. Dazu gehören etwa die Arzt- und Krankenhauskosten, aber auch die Kosten der Reise zu einem entfernt wohnenden Spezialisten. Einbezogen sind grundsätzlich auch psychisch bedingte Folgewirkungen.[11] Für die zwar notwendige, aber nicht versuchte Heilungsmaßnahme kann Ersatz nicht verlangt werden.[12]

II. Mehrbedarf

640 Auch der Mehrbedarf ist als Schaden ersatzpflichtig, etwa die Aufwendung für ein Fortbewegungsmittel für den Gelähmten, Spezialschuhe, Schutzkleidung usw. Dabei wird schon der Bedarf selbst als Schaden angesehen. Zu ersetzen ist also auch ein ärztlich verordnetes Stärkungsmittel, das aus Finanzmangel nicht beschafft werden konnte.[13] Der Betreuungsaufwand naher Angehöriger des Verletzten, etwa der Eltern des verletzten Kindes, ist als Mehrbedarf zu ersetzen, wenn der als Pflegekraft einspringende Angehörige selbst Verdienstausfall erlitten hat, oder wenn dessen Leistungen einen objektivierbaren Wert haben, weil sie von einer fremden Hilfskraft übernommen werden könnten; das trifft auf tröstende seelische Zuwendungen nicht zu.[14] Die Berechnung des Betreuungsaufwands richtet sich nach der Vergütung einer vergleichbaren entgeltlich eingesetzten Hilfskraft unter Berücksichtigung der seit 1995 bestehenden Rentenversicherungspflicht familiärer Pflegehelfer.[15] Mehrbedarf ist nicht, was nur die Lebensfreude erhöhen soll; dieser Schadensfaktor wird beim Schmerzensgeld berücksichtigt.[16] Zum Mehrbedarf gehören Förderungsmaßnahmen, die dazu dienen, dem geschädigten Kind einen altersentsprechenden Leistungsstand zu verschaffen.[17]

---

6 BGHZ 77, 157.
7 BGHZ 104, 114.
8 BGH VersR 1984, 189.
9 BGH VersR 1985, 290.
10 BGH NJW 1969, 2007.
11 BGHZ 132, 341 (343); BGH NJW 2000, 862.
12 BGH NJW 1986, 1538.
13 BGH LM § 249 (Gb) Nr. 2.
14 BGH NJW 1999, 2819.
15 BGHZ 140, 39 (46).
16 Vgl. BGH VersR 2004, 482: behindertengerechter Umbau eines Motorrades nach berufsbedingtem Umbau eines Pkw.
17 OLG Bamberg VersR 2005, 1593.

III. Erwerbsschaden

Erwerbsschaden iSd § 842 ist unter anderem der Verlust von Arbeitseinkommen, während der Arbeitskraft als solcher kein Vermögenswert zukommt; der Verlust der Arbeitsfähigkeit stellt keinen ersatzpflichtigen Schaden dar.[18] Gemäß § 843 ist der Erwerbsausfall durch Zahlung einer Geldrente auszugleichen. Beim Arbeitnehmer ist das der Verlust des Lohnes, auch von Prämien und Erschwerniszuschlägen. Infolge der Lohnfortzahlung und der Leistungen der Sozialversicherung hat jedoch der abhängige Arbeitnehmer regelmäßig nur einen Anspruch in Höhe des Verlustes, der die Sozialleistungen übersteigt. Verdienstentgang sozialversicherter Arbeitnehmer kann nach der modifizierten Nettolohnmethode oder der modifizierten Bruttolohnmethode berechnet werden.[19] Im Übrigen wird sein Anspruch weitgehend auf Arbeitgeber, Dienstherrn usw. übergeleitet. Ausnahmsweise werden Schäden unter dem Gesichtspunkt einer Begehrensneurose dem Schädiger nicht zugerechnet, wenn der Geschädigte einen Unfall in dem neurotischen Streben nach Versorgung lediglich zum Anlass nimmt, den Schwierigkeiten des Erwerbslebens auszuweichen.[20]

Einen erheblichen und umfassenden Ersatzanspruch hat der selbstständig Tätige. Ist die Verletzung so schwer, dass er sein Geschäft stilllegen muss, so kann er auch den daraus erwarteten Verdienst liquidieren.[21] Eine Pauschalierung ist hier sonst nicht angebracht; so kann etwa ein verletzter Fabrikant nicht den abstrakten Wert seiner Arbeitskraft, berechnet auf der Basis der Kosten einer gleichwertigen fiktiven Ersatzkraft, ersetzt verlangen.[22] Für ihn ist der Gewinnentgang maßgebend, der auch auf der tatsächlichen Einstellung von Ersatzkräften beruhen kann.[23] Anzuknüpfen ist an die Geschäftsentwicklung und die Geschäftsergebnisse in den letzten Jahren vor dem Unfall; die Prognoseschwierigkeiten zu überwinden helfen die § 252 BGB und § 287 ZPO.[24]

IV. Abhängigenschaden

Nach Durchsetzung der Gleichberechtigung gilt § 845 nur noch für Kinder, die zur Leistung von Diensten im Hauswesen oder Gewerbe verpflichtet sind. Der hinterbliebene Ehepartner kann nicht nach § 845 Ersatz wegen entgangener Dienste verlangen. Statt dessen hat er einen Anspruch wegen insoweit entgangenen Unterhalts gemäß § 844 Abs. 2, wenn ihm die Mitarbeit des Ehegatten in seinem Beruf oder Geschäft als Unterhalt geschuldet war.[25]

V. Anstößiger Erwerb

Nicht jede persönliche Erwerbserwartung ist im Falle der Personenverletzung ausgleichungsfähig. Das gilt insbesondere für den rechtswidrigen oder sittenwidrigen Erwerb. Während nach englischem Recht die Tötung eines Berufsverbrechers nicht als Schaden für seine Ehefrau angesehen wurde, da dem Verbrecher ein glückliches Leben gefehlt habe,[26] ist im deutschen Recht hauptsächlich um die Anrechnung der Verdienste einer Prostituierten gestritten worden. BGHZ 67, 119 hat im Falle der durch einen

---

18 BGH VersR 2013, 1050 Rn. 12 f.
19 BGHZ 127, 391 (394); BGH VersR 2000, 65; NJW 2001, 1640 (1642).
20 BGH NJW 2012, 2964 Rn. 10 (st. Rspr.).
21 BGH LM § 843 Nr. 1.
22 BGHZ 54, 45, 52.
23 BGH NJW 1997, 941.
24 BGH NJW 2001, 1640.
25 BGHZ 77, 157.
26 *Burns v. Edmann* [1970] 2 Q.B. 541.

Verkehrsunfall verletzten Dirne nur das Einkommen ersetzen lassen, das auch von jedem in einfachen Verhältnissen lebenden Menschen erfahrungsgemäß zu erreichen ist. Mit den Wertungen des ProstG[27] ist diese Rechtsprechung nicht mehr vereinbar, vielmehr voller Verdienstausfall geschuldet, dessen Nachweis aber trotz § 287 ZPO an ausreichenden Anhaltspunkten scheitern kann.

---

27 BGBl. 2001 I S. 3983.

§ 35 Sachschaden

Literatur: *Chr. Huber,* Aktuelle Fragen des Sachschadens (Deutschland und Österreich), ÖJZ 2005, 161; *ders.*, Eine neue Kategorie – Totalschadensersatz de luxe oder verkappte Reparaturkostenrechnung, NJW 2007, 1625; *Klimke,* Wirtschaftliche Betrachtungsweise bei der Abrechnung auf Basis eines Totalschadens, VersR 1987, 439; *Roth,* Das Integritätsinteresse des Geschädigten und das Postulat der Wirtschaftlichkeit der Schadensbehebung, JZ 1994, 1091; *Sanden/Völtz,* Sachschadenrecht des Kraftverkehrs, 9. Aufl. 2011.

A. Erscheinungsformen des Sachschadens

Anders als Leben, Körper und Gesundheit ist die Sache ein Vermögensgut. Gegenüber Persongütern sind Vermögensgüter fungibel und daher leicht zu ersetzen. Auch sind die Erscheinungsfomen der Schädigung von Sachgütern vielgestaltiger. Sie reichen von der Vernichtung bis zur Überführung in das eigene Vermögen. 645

I. Zerstörung der Sache

Voller Ersatz wird geschuldet, wenn die Sache zerstört worden ist. Sachzerstörung besteht nicht nur in der Aufhebung der Substanz (Verbrennen des Holzes), sondern auch in der völligen Unbrauchbarmachung (Autowrack). Eine Sache gilt als zerstört, wenn die Reparatur nicht mehr rentabel ist. Wird ein Modell eines Torpedobootes aus dem Standgestell genommen und fallen gelassen, sodass es am Boden zerbricht, ist es zerstört.[1] 646

II. Beschädigung der Sache

In die Sachsubstanz kann auf eine Weise eingegriffen werden, welche die Sache nicht gänzlich eliminiert, sondern nur in ihrer Gebrauchsfähigkeit und ihrem Wert herabsetzt. Staubablagerungen auf den zum Verkauf ausgestellten Fahrzeugen eines Autohauses infolge von Abbrucharbeiten sind eine Substanzbeeinträchtigung.[2] Eine Sachbeschädigung wird regelmäßig durch Reparatur beseitigt. Nicht nur bei Kfz gibt es einen sog. wirtschaftlichen Totalschaden; auch ein Haus kann so beschädigt sein, dass ein Abriss und Wiederaufbau notwendig ist.[3] Werden Bäume beschädigt, löst dies als Schädigung des Grundstücks eine Ersatzverpflichtung aus; eine Wertminderung tritt auch dann ein, wenn sich der Verkaufswert des Grundstücks nicht verändert.[4] Werden die Oberleitungsdrähte der Eisenbahn durch ein Kfz zerstört, sodass die Bahntrasse vorübergehend nicht nutzbar ist, liegt darin keine Verletzung des Eigentums an den stillliegenden Elektroloks.[5] 647

III. Entziehung der Sache

Das Eigentum ordnet die Sache dem Berechtigten zu; der Eigentümer kann vom Besitzer die Herausgabe der Sache verlangen; als Besitzer hat er den unmittelbaren Gebrauch der Sache. Die Entziehung der Sache ist deshalb ein Sachschaden, da sie den Vorteil des Sachbesitzes und der Sachbenutzung aufhebt. Die Entziehung wird im All- 648

---

1 BGHZ 92, 85.
2 AA LG Dortmund NJW-RR 2008, 471.
3 Vgl. BGH NJW 2005, 1112.
4 BGH NJW 2006, 1424 Rn. 9 und 16.
5 BGH NJW-RR 2005, 673 Rn. 674.

gemeinen durch Herausgabe, dh durch Naturalrestitution, wiedergutgemacht. Nach deliktischem Sachentzug, der auch in der Veranlassung einer Geldüberweisung bestehen kann, ist der zu ersetzende Betrag gem. §§ 849, 246 zu verzinsen, um den Verlust der Nutzbarkeit auszugleichen.[6]

IV. Entwertungsschaden

649 Das Interesse an der Sache besteht in ihrer Benutzung und in ihrem Haben. Das Haben spiegelt den Wert der Sache nach der Verkehrsanschauung wider. Wird eine Sache durch einen fremden Eingriff in dieser Anschauung herabgesetzt, etwa ein Kraftfahrzeug bei einem Unfall schwer beschädigt und dann wiederhergestellt, sodass es nunmehr als Unfallfahrzeug gilt, so liegt ein Entwertungsschaden vor. Die Herabsetzung des Wertes muss dann ausgeglichen werden. Das geschieht etwa beim Kraftfahrzeug dadurch, dass ein Abzug für den merkantilen Minderwert erfolgt.[7]

V. Ökologische Schäden

Literatur: *L. Diederichsen* Grundfragen zum neuen Umweltschadensgesetz, NJW 2007, 3377.

650 Umweltschäden sind ersatzpflichtig, wenn die beeinträchtigten Güter einem individuellen Rechtsträger zugeordnet werden können. Rechtsgrundlage des Ersatzanspruchs ist dann das Umwelthaftungsgesetz (→ Rn. 580) oder unmittelbar § 823 Abs. 1. Der nichtindividuelle Umweltschaden kann in einer Schädigung bestimmter Arten und natürlicher Lebensräume bestehen (§ 21a BNatSchG), in der Schädigung von Gewässern (§ 22a WHG) oder in der Beeinträchtigung von Bodenfunktionen (§ 2 Abs. 2 BBodSchG). Um dessen Ausgleich ist das Umweltschadensgesetz von 2007 (BGBl. I S. 666) bemüht, das auf einer EG-Richtlinie beruht.

B. Sachschaden und Interesse

651 Unter Interesse versteht man die Wertschätzung, welche ein Gut für eine Person hat. Durch den Sachschaden wird das Interesse gemindert. Die Schadensersatzleistung stellt das Interesse wieder her. Gelegentlich gibt es hier jedoch Probleme:

I. Neu für alt

652 Wird eine gebrauchte Sache beschädigt, etwa ein Fahrzeug angefahren, ein Kleidungsstück verbrannt usw., so ist beim Schadensersatz zuerst zu beurteilen, ob dem Verletzten zuzumuten ist, ein gebrauchtes Ersatzstück zu benutzen. Darüber entscheidet die Verkehrsauffassung. Bei Dingen, die nicht, wie etwa Kleidungsstücke, für den persönlichen Gebrauch bestimmt sind, wird das eher möglich sein, zB beim Automobil. Soweit eine Reparatur nicht sinnvoll oder die Anschaffung einer gebrauchten Sache nicht zumutbar ist, etwa bei Kleidung oder Schmuck, kann der Verletzte den Schaden derart liquidieren, dass er von dem Wert der anzuschaffenden neuen Sache ausgeht. Er muss sich dann aber einen Abzug »neu für alt« gefallen lassen.[8] Ohne Abzug würde er besser stehen, da die neue Sache wertvoller ist und länger hält. Ihr Erwerb ohne Ausgleich würde dem Bereicherungsverbot des Schadensrechts widersprechen.

---

6 BGH NJW 2007, 1084.
7 BGHZ 35, 396.
8 BGHZ 30, 29; 102, 322 (331); BGH NJW 2005, 1112.

II. Mehrwertsteuer

Sofern bei der Anschaffung der Ersatzsache[9] oder bei der Reparaturleistung Mehrwertsteuer tatsächlich anfällt, kann diese gleichfalls als Ersatz verlangt werden, § 249 Abs 2 S. 2. Im Übrigen gelten die steuerlichen Regeln hinsichtlich der Anrechnung und Weitergabe der Mehrwertsteuer.

653

C. Ersatz des Sachwertes

Ist die Sache zerstört oder die Reparatur nicht rentabel, so ist voller Ersatz eventuell gegen Herausgabe oder Vergütung des Wracks zu leisten. Hatte die Sache einen dauernden Gebrauchswert, wie etwa Arbeits- oder Transportmittel, so kommt es auf den Wiederbeschaffungswert, bei anderen Sachen, wie Kunstgegenständen, auf den Verkaufswert an. Wiederzubeschaffen sind grundsätzlich Sachen von gleichem Gebrauchswert, etwa dadurch, dass der Geschädigte eine Summe zur Wiederanschaffung erhält. Wird ein Modellboot zerstört, kann für den Verlust des Unikats nicht Wiederherstellung, sondern nur Wertersatz in Geld verlangt werden. Der Wert ist nicht nach dem Aufwand, sondern durch Vergleich mit ähnlichen Objekten, die einen Marktpreis haben, zu bestimmen.[10]

654

D. Reparaturkosten

Kann der Sachschaden beseitigt werden, so stellen die Reparaturkosten den Folgeschaden dar. Der Verletzte kann die Reparaturkosten verlangen und dann entscheiden, ob er die Reparatur durchführt oder sich mit der beschädigten Sache abfindet und das Geld behält oder schließlich die Reparatur selbst vornimmt. Das normale Reparaturrisiko und damit die Gefahr von Prognosefehlern hinsichtlich der Möglichkeit und Kosten der Instandsetzung trägt der Schädiger. Schlägt die Ausbesserung beim ersten Mal fehl, hat er den zweiten Anlauf zu finanzieren.

655

E. Insbesondere: Kfz-Schäden

I. Mietwagen

Literatur: *Wagner*, Unfallersatztarife, NJW 2006, 2289

Mietwagenkosten gehören zu den Kosten der Schadensbehebung iSd § 249 Abs. 2 S. 1. Erforderlich sind jedoch nur die Aufwendungen eines verständig, nämlich wirtschaftlich denkenden Geschädigten, der seine Schadensminderungspflicht im Auge behält.[11] Das Wirtschaftlichkeitsgebot greift unter anderem ein, wenn der Mietwagen nur für geringe Fahrleistungen benötigt wird, für die ein Taxi reichen würde; allerdings kann die Notwendigkeit bestehen, ein Fahrzeug ständig verfügbar zu haben.[12] Wird dem Gebot der Wirtschaftlichkeit zuwider ein Ersatzfahrzeug gemietet, darf statt des dafür aufgewendeten Betrages pauschalierter Nutzungsausfall (→ Rn. 660) ver-

656

---

9 Gegebenenfalls Begrenzung auf Umsatzsteuer aus fiktiven Reparaturkosten, BGH VersR 2013, 471 Rn. 12. Anders bei Erwerb des Ersatzwagens von Privat, BGH NJW 2009, 3713 Rn. 10.
10 BGHZ 92, 85.
11 BGH NJW 2005, 51 (52 f.); BGH NJW 2013, 1870 Rn. 15.
12 BGH VersR 2013, 515 Rn. 13 ff.

langt werden.¹³ Im Streit sind die »Unfallersatztarife« der Kfz-Vermieter, weil sie über den Tarifen der Selbstzahler liegen.

– Dem Geschädigten ist Mobilität zu garantieren.¹⁴
– Für Zusatzleistungen des Vermieters (zB Vorfinanzierung) ist der Aufschlag nach § 287 ZPO zu schätzen.¹⁵
– Ein Vollkaskozuschlag kann gerechtfertigt sein.¹⁶
– Der Geschädigte muss die Tariflage vergleichend erkunden.¹⁷
– Im Rahmen subjektbezogener Schadensbetrachtung hat der Geschädigte nur zumutbare Anstrengungen zu entfalten.¹⁸
– Den Vermieter trifft eine Pflicht zur Aufklärung über das Risiko von Abschlägen beim Schadensersatz.¹⁹
– Dem Geschädigten kann im Einzelfall eine Vorfinanzierung zur Vermeidung eines Aufschlags zumutbar sein.²⁰
– Der niedrigere Normaltarif bestimmt sich nicht nach dem Vermieterangebot, sondern aus dem gewichtigen Mittel im Postleitzahlengebiet des Geschädigten,²¹ das gegebenenfalls zu schätzen ist.²² Heranziehbar sind dafür Mietpreisspiegel (zB Schwacke-Liste).²³

II. Reparatur und Ersatzbeschaffung

Literatur: *Wellner,* Typische Fallgestaltungen bei der Abrechnung von Kfz-Schäden, NJW 2012, 7.

657 Naturalrestitution erreicht der Geschädigte auf zweierlei – untereinander austauschbarer²⁴ – Weise: Er kann die Kosten für die Reparatur oder für die Anschaffung eines gleichwertigen Ersatzfahrzeuges verlangen.²⁵ Erst ab der Grenze der Unverhältnismäßigkeit (§ 251 Abs. 2 S. 1) wird allein Kompensation durch Wertausgleich des Verlustes in der Vermögensbilanz geschuldet. Der Geschädigte muss überlegen, ob er sein noch verkehrssicher fahrfähiges Kfz ohne Reparatur weiternutzt, oder ob er es reparieren lässt und bis zu welchem Kostenbetrag, der über dem Preis einer Ersatzbeschaffung liegt, eine Reparatur gerechtfertigt ist. Dabei spielen sein Mobilitäts- und sein Integritätsinteresse eine Rolle. Zu kalkulieren ist auch die evtl. Anrechnung eines Restwertes.²⁶

658 Das Gebot der Wirtschaftlichkeit, verankert im Merkmal der Erforderlichkeit, bedeutet nicht, dass der Geschädigte zugunsten des Schädigers sparen muss; er muss sich nur zweckmäßig und wirtschaftlich vernünftig verhalten, weil er sich durch Schadensersatz nicht bereichern soll.²⁷ Die Obergrenze für eine Reparatur wird 30% über dem Wiederbeschaffungswert angesetzt.²⁸ Diese »Opfergrenze« des Schädigers oberhalb des Wiederbeschaffungswertes wird aber nur eingeräumt, damit der Geschädigte das

---

13 BGH VersR 2013, 515 Rn. 25.
14 BGH NJW 2005, 51.
15 BGH NJW 2005, 135 (137); 2007, 2916; 2013, 1870 Rn. 15.
16 BGH NJW 2005, 1041.
17 BGH NJW 2005, 1933, 1935; 2006, 360 (361); 2007, 1124 Rn. 14.
18 BGH NJW 2006, 1506 Rn. 9.
19 BGH NJW 2007, 1447 Rn. 15; NJW-RR 2009, 1101 Rn. 16.
20 BGH NJW 2007, 1676 Rn. 9; dazu auch BGH NJW 2010, 1445 Rn. 11.
21 BGH NJW 2007, 1449 Rn. 19.
22 BGH NJW 2008, 2910.
23 BGH NJW-RR 2011, 823 Rn. 7; NJW 2011, 1947 Rn. 17.
24 BGH NJW 2007, 67 Rn. 14.
25 BGH NJW 2005, 1108; VersR 2013, 471 Rn. 11.
26 Zur gutachterlichen Ermittlung des Restwertes BGH VersR 2010, 130 Rn. 9.
27 BGH VersR 2009, 1092 Rn. 14 f.; NJW 2012, 50 Rn. 6; VersR 2013, 471 Rn. 11.
28 BGH NJW 2005, 1108, 1109. Vergleich einschließlich Mehrwertsteuer BGH NJW 2009, 1340 Rn. 11.

vertraute Fahrzeug weiter nutzen kann. Sie gilt nicht, wenn der Geschädigte – an sich zulässig – die Disposition trifft, das Fahrzeug nicht instand setzen zu lassen,[29] sondern auf der Basis einer Reparaturkostenschätzung eines Sachverständigen den fiktiven Aufwand abzurechnen; dann bilden die Kosten einer Ersatzbeschaffung die Obergrenze. Eine nicht fachgerecht ausgeführte Teilreparatur erhöht die Grenze nicht.[30] Für den Ansatz von Reparaturkosten oberhalb des Wiederbeschaffungswertes ist ferner Voraussetzung, dass das Kfz mindestens sechs Monate weitergenutzt wird, nachdem es in verkehrssicheren Zustand gebracht wurde.[31] Der Anspruch wird jedoch nicht erst nach Ablauf dieses Zeitraums fällig; die Frist dient nur als Indiz für das besondere Integritätsinteresse des Geschädigten an einer Weiternutzung des beschädigten Fahrzeugs.[32] Bei Abrechnung fiktiver Reparaturkosten auf der Basis eines Sachverständigengutachtens dürfen in der Regel die Stundenverrechnungssätze einer markengebundenen Fachwerkstatt angesetzt werden.[33]

Erwirbt der Geschädigte ein Ersatzfahrzeug, ist die Umsatzsteuer nicht in Abzug zu bringen, also nicht von einem Netto-Wiederbeschaffungswert auszugehen, den ein Sachverständiger genannt hat.[34] Nutzt der Geschädigte das Fahrzeug weiter und rechnet nach fiktiven Wiederbeschaffungskosten ab, ist der Restwert des Kfz abzusetzen.[35] Abzusetzen ist bei tatsächlicher Ersatzbeschaffung in der Regel nur der tatsächlich erzielte Resterlös, etwa bei Inzahlunggabe,[36] dieser jedoch auch oberhalb des von einem Gutachter geschätzten Betrages.[37]

659

III. Nutzungsausfall

Der Eigentümer eines privat genutzten Kfz kann seinen Nutzungsausfallschaden pauschaliert liquidieren, der nach § 287 ZPO unter Heranziehung einschlägiger Tabellen zu schätzen ist.[38] Dies gilt auch für ältere Fahrzeuge sowie für gewerblich genutzte Fahrzeuge bei fühlbarer Beeinträchtigung,[39] anders aber bei einem reinen Freizeitzwecken dienenden Wohnmobil.[40] Die Zeitdauer des Ersatzes ist begrenzt.[41] Die Entschädigung für Kfz-Nutzungsausfall tritt an die Stelle der Zeitüberbrückung durch Beschaffung eines Mietwagens; faktisch bewirkt sie eine Gleichbehandlung des »kleines Mannes«, dem die Anmietung eines Fahrzeuges wegen unsicherer Beurteilung der Entschädigungslage verwehrt ist. Zum Nutzungsausfall siehe auch § 36 C.

660

IV. Merkantiler Minderwert

Ersatzfähig ist der merkantile Minderwert. Er ergibt sich aus einer Minderung des Verkaufswertes, der trotz völliger und ordnungsgemäßer Instandsetzung verbleibt, weil der Verkehr nach einer erheblichen Zerstörung verborgen gebliebene Schäden argwöhnt, die den Preis in Form eines Risikoabschlags beeinflussen.[42]

661

---

29 BGH NJW 2007 588; VersR 2010, 363 Rn. 6; NJW 2011, 669 Rn. 8; 2012, 52 Rn. 7.
30 BGH NJW 2007, 2917 Rn. 8.
31 BGH NJW 2008, 437 Rn. 9; 2008, 1941 Rn. 9; 2011, 667 Rn. 8.
32 BGH NJW 2009, 910 Rn. 13 f.
33 BGH NJW 2008, 2086; 2010, 2725 Rn. 6; 2010, 2727 Rn. 6; 2013, 2817 Rn. 8.
34 BGH NJW 2005, 2220; 2006, 285 Rn. 6.
35 BGH NJW 2007, 1674 Rn. 6.
36 BGH NJW 2005, 357.
37 BGH NJW 2010, 2724 Rn. 10.
38 BGH NJW 2005, 277.
39 BGH NJW 2008, 913 Rn. 10.
40 BGH VersR 2008, 1086 Rn. 10.
41 BGH NJW 2008, 915 Rn. 6.
42 BGH NJW 2005, 277 (279).

§ 36 Sonderformen der Schadensberechnung: Bedarf und Aufwendung, Familienplanung, Nutzungsausfall, Frustration, gemeiner Wert, Affektionsinteresse, Lizenzanalogie, Abwehrschaden

A. Bedarf und Aufwendung

Literatur: *Schulte,* Schadensersatz in Geld für Entbehrungen, 1978; *Zeuner,* Schadensbegriff und Ersatz von Vermögensschaden, AcP 163 (1964), 380.

662 Sowohl bei der Personenverletzung als auch bei der Sachbeschädigung werden Aufwendungen für Heilung oder Reparatur als Schaden behandelt. Wird Ersatz nur geschuldet, wenn die Aufwendung schon gemacht worden ist oder wenigstens unmittelbar bevorsteht, oder genügt schon der Bedarf? Wird ein Medikament oder eine Badereise verordnet, können die Kosten liquidiert werden, gleichgültig ob der Verletzte die Verordnung befolgt.[1] Nicht die Aufwendung allein ist der Schaden, sondern schon der Bedarf. Ist die Aufwendung schon gemacht worden, so spricht die Ausgabe für das Vorhandensein eines Bedarfs. Allerdings muss er bzw. die Aufwendung auf die Verletzung zurückzuführen, also adäquat kausal sein und im Schutzbereich der Norm liegen. Zudem muss der Geschädigte die Absicht haben, die Zahlung als Aufwendung einzusetzen.[2] Zum Schaden gehört auch der erhöhte Bedarf, etwa eine verstärkte Behandlungsbedürftigkeit nach einem Unfall, der ein bestehendes Leiden verschärft, auch wenn eine neurotische Fehlhaltung durch eine konstitutionelle psychische Labilität mitverursacht ist.[3]

B. Familienplanungsschaden

Literatur: *Dannemann,* Arzthaftung für die unerwünschte Geburt eines Kindes, VersR 1989, 676; *Deutsch,* Neues Verfassungszivilrecht: Rechtswidriger Abtreibungsvertrag gültig – Unterhaltspflicht aber kein Schaden, NJW 1993, 2361; *ders.,* Unterhalt oder Kind als Schaden: Der BGH unterscheidet Fallgruppen und weicht vom BVerfG ab, NJW 1994, 776; *ders.,* Berufshaftung und Menschenwürde: Akt III, NJW 1998, 510; *Deutsch/Spickhoff,* Medizinrecht, 7. Aufl. 2014, Rn. 437 ff.; *Engelhardt,* Kind als Schaden, VersR 1988, 540; *Giesen,* Schadensbegriff und Menschenwürde, JZ 1994, 286; *Grunsky,* »Kind als Schaden« Jura 1987, 82; *G. Müller,* Unterhalt für ein Kind als Schaden, NJW 2003, 697; *Schlund,* Stehen einem durch Röteln geschädigten Kind und seinen Eltern wegen nicht erfolgter Schwangerschaftsunterbrechung Schadensersatzansprüche gegenüber dem Arzt zu?, ArztRecht 82, 64; *Stürner,* Das nicht abgetriebene Wunschkind als Schaden, FamRZ 1985, 753.

Zur Entwicklung in Frankreich: *Rebhahn,* Entwicklungen zum Schadensersatz wegen unerwünschter Geburt in Frankreich, ZEuP 2004, 794; *Arnold,* »Kind als Schaden«, in Frankreich, VersR 2004, 309; *Knetsch,* Entwicklung der »Kind als Schaden«-Problematik in Frankreich, VersR 2006, 1050.

Zur Entwicklung in Österreich: *Mörsdorf-Schulte,* Geburt eines behinderten Kindes als Schaden, ZEuP 2010, 147.

---

1 BGH LM § 249 [Gb] Nr. 2.
2 BGH NJW 1986, 1538 – Narbenkorrektur.
3 OGH JBl. 1988, 649, aA BGH NJW 1986, 779 bei sog. Rentenneurose.

I. Unerwünschte Geburt (wrongful birth)

Auch die Belastung der Eltern mit einem gesetzlichen Unterhaltsanspruch kann als weiterer Bedarf Schadensqualität haben. Während zunächst noch danach gefragt wurde, ob ein Kind ein Schaden sei, setzte sich alsbald die Ansicht durch, dass nicht die Person, sondern ihr Bedarf als Schaden anzusehen sei.[4] Während dieses Urteil die missglückte Sterilisation betraf, hatte bereits das Reichsgericht die Belastung eines in einer psychiatrischen Anstalt befindlichen Geisteskranken mit der Unterhaltspflicht für ein Kind, das er mit der Pflegerin gezeugt hatte, als Schaden angesehen.[5] Allerdings hat die Rechtsprechung nach der Anerkennung der grundsätzlichen Schadensersatzpflicht wegen der Belastung mit dem Unterhalt begonnen, diese Regel im Umfang und später auch im Schutzbereich einzuschränken. Anders als im Familienrecht wird der Schadensersatz nicht an dem Lebenszuschnitt der Familie bemessen; vielmehr gelten die Sätze der RegelbedarfsVO.[6] Soweit allerdings der Fehler in der falschen Beratung während der Schwangerschaft oder bei dem Abbruch der Schwangerschaft liegt, besteht kein Ersatzanspruch, wenn der Mutter keine Indikation zum Schwangerschaftsabbruch zur Seite stand.[7] Wenn allerdings das Kind geschädigt geboren wird und der Fehler des Arztes sich auf die Schädigung des Kindes bezieht, etwa darauf, dass er die Mutter nicht auf ein genetisches Leiden hingewiesen hat, kann auch der Mehrbedarf verlangt werden.[8]

663

Besonders interessant ist die Verwendung des Schutzbereichs der Norm durch die jüngere Rechtsprechung. Der Unterhaltsaufwand für ein ungewolltes Kind liegt nur dann im Schutzbereich des verletzten Vertrages, wenn die Feststellung der Schwangerschaft Gegenstand der Behandlung war.[9] Haben die Eltern den Schwangerschaftsabbruch aus medizinischer Indikation versucht und ist er schuldhaft fehlgeschlagen, so können sie nach Ansicht des BGH jetzt nicht den Unterhaltsschaden ersetzt verlangen, denn es handelte sich nicht um eine soziale Indikation.[10] Das soll auch gelten, wenn zwar zunächst eine Notlagenindikation vorgelegen hatte, sich aber später die sozialen und wirtschaftlichen Verhältnisse der Mutter so günstig entwickelt haben, dass aus nachträglicher Sicht die Annahme einer schwerwiegenden Notlage nicht gerechtfertigt erscheint.[11] Beide Urteile erwecken Bedenken: Der für die Sterilisation oder Interruptio angegebene Grund wird in beiderseitigem Einvernehmen nicht selten vorgetäuscht. Medizinische Gründe finden eher Akzeptanz als soziale. Außerdem darf man sich auf die Sterilisation, aus welchem Grund sie auch immer erfolgt sei, verlassen. Der Vertrauensgrundsatz modifiziert den Schutzbereich. Die Betrachtung aus nachträglicher Sicht könnte höchstens den Schadensumfang herabsetzen, nicht aber den Anspruch generell ausschließen.

664

Die vorgenannten Ansprüche werden im Wesentlichen unter dem Aspekt der Vertragsverletzung gewährt, sind aber auch deliktsrechtlich begründet. Die unerwünschte und entgegen der Vereinbarung fortbestehende Schwangerschaft ist eine Körperverletzung, die auch deliktsrechtlich Bedeutung hat. Die Mutter braucht sich übrigens nicht darauf zu berufen, dass sie das Kind bei korrekter und vollständiger Unterrichtung hätte abtreiben lassen; vielmehr genügt es, wenn sie dartut, dass sie sich hinsichtlich einer möglichen Unterbrechung der Schwangerschaft in einem echten Entschei-

665

---

4 BGHZ 76, 249.
5 RGZ 108, 87.
6 BGHZ 76, 259.
7 BGHZ 89, 95.
8 BGHZ 86, 240.
9 BGH NJW 2000, 1782.
10 BGH NJW 1985, 2749.
11 BGH FamRZ 1985, 1011.

dungskonflikt befunden hätte.¹² Die rechtliche Problematik darf allerdings nicht auf Abtreibungssachverhalte verkürzt werden, wie ein Fall des österreichischen OGH zeigt. Der Mutter waren absprachewidrig drei statt zwei extrauterin befruchtete Embryonen eingesetzt worden, sodass es zur Geburt gesunder Drillinge kam; für ein Drittel des Unterhalts wurde deshalb Ersatz begehrt.¹³ Der OGH hielt an seiner Rechtsprechung fest, die zwischen der Geburt eines gesunden und der eines behinderten Kindes differenziert.

666 Der Unterhaltsaufwand für ein Kind als Schaden ist zum Gegenstand eines Streits unter den Bundesgerichten geworden. Das BVerfG hat in seiner Entscheidung über die Zulässigkeit der Abtreibung nebenbei auch ausgesprochen, dass die rechtliche Qualifikation des Daseins eines Kindes als Schadensquelle von Verfassungs wegen (Art. 1 Abs. 1 GG) nicht in Betracht kommt. Deshalb verbiete es sich, die Unterhaltspflicht für ein Kind als Schaden zu begreifen.¹⁴ Dieser Ansicht ist der BGH entgegengetreten. Er hält schon wegen der Notwendigkeit, Schadensersatz gewähren zu können, an seiner Auffassung fest, dass in Fällen einer aus ärztlichem Verschulden misslungenen Sterilisation sowie eines verhinderten oder fehlgeschlagenen rechtmäßigen Schwangerschaftsabbruchs der ärztliche Vertragspartner auf Schadensersatz wegen der Unterhaltsbelastung der Eltern durch das Kind in Anspruch genommen werden kann.¹⁵ Der an sich für Verfassungsbeschwerden gegen Arzthaftungsentscheidungen nicht zuständige Erste Senat des BVerfG ist dem BGH beigetreten. Die Rechtsprechung der Zivilgerichte zur Arzthaftung bei fehlgeschlagener Sterilisation und fehlerhafter genetischer Beratung vor Zeugung eines Kindes verstoße nicht gegen Art. 1 Abs. 1 GG.¹⁶

II. Unerwünschtes Leben (wrongful life)

667 Ebenso wie der Ausdruck *wrongful birth* aus dem amerikanischen Recht stammt, ist der Ausdruck *wrongful life* dem englischen Common Law nachgebildet, das für den Todesschaden den Begriff des *wrongful death* verwendet. Nach der heutigen Terminologie ist der Anspruch wegen unerwünschten Lebens (*wrongful life*) nur derjenige, der vom Kind gegen Arzt, Krankenhaus oder Medikamentenhersteller erhoben wird, weil es, etwa wegen verkannter Röteln-Infektion der Schwangeren, geschädigt geboren ist. BGHZ 86, 241 hat diesen Anspruch des Kindes verneint, da weder eine deliktische Anspruchsgrundlage gegeben sei, noch das Kind sich auf den Standpunkt stellen könnte, es wäre besser, nicht geboren zu sein. Beide Argumente widerlegen sich selbst: Das werdende Persönlichkeitsrecht gewährt eine Anspruchsgrundlage im Falle der Verletzung; die Behauptung, am besten nicht geboren zu sein, ist geradezu die Voraussetzung des Ersatzanspruchs. Bejaht hat der BGH den Anspruch der Eltern auf den Mehrbedarf. In den USA und in Frankreich gibt es Entscheidungen, welche dem Kind einen Anspruch auf den materiellen Schaden, nicht jedoch ein Schmerzensgeld gewähren.¹⁷

668 Die oben erwähnte erste Entscheidung des BVerfG hat sich in diesem Bereich besonders unglücklich ausgewirkt. Nach Ansicht eines Instanzgerichts ist nicht nur die Unterhaltspflicht für ein Kind kein Schaden, sondern auch der behinderungsbedingte Mehrbedarf.¹⁸

---

12 Vgl. BGH JZ 1985, 331.
13 OGH JBl. 2009, 108.
14 BVerfG NJW 1993, 1751, 1778.
15 BGHZ 124, 128; BGH VersR 2008, 1265 Rn. 12; zu Österreich: OGH JBl. 1999, 593.
16 BVerfG NJW 1998, 519.
17 *Harbeson v. Parke-Davis* 656 P.2 d 483, Washington 1983; französ. Cour de Cassation, Dalloz 2001, Jur. 332; dazu *Sonnenberger* FamRZ 2001, 1414.
18 OLG Nürnberg MedR 1994, 200.

III. Unerwünschte Zeugung (wrongful conception)

Schon eine Empfängnis kann wegen erheblichen Risikos für das Kind ein Haftungsgrund sein. So etwa in *Galagher v. Duke University* 852 F. 2 d 773: Nach der Geburt eines Kindes mit erheblichen Schäden, das alsbald gestorben war, teilte die Universität fehlerhaft mit, es hätte keine genetische Abnormität vorgelegen. Deshalb wurde bei der zweiten Schwangerschaft nicht einmal eine Fruchtwasseruntersuchung vorgenommen. Es wird ein schwer geschädigtes Kind geboren; die Universität schuldet den Eltern Ersatz. Zum gleichen Ergebnis ist BGHZ 124, 128 gekommen.

669

C. Nutzungsausfall

Literatur: *Bitter,* Wertverlust durch Nutzungsausfall, AcP 205 (2005), 744; *Jahr,* Schadensersatz wegen deliktischer Nutzungsentziehung, AcP 183 (1983), 725; *Schiemann,* Luxusvilla auf schwankendem Grund, JuS 1988, 20; *Ströfer,* Schadensersatz und Kommerzialisierung, 1982; *Weber,* Entschädigung für den entgangenen Gebrauch eines Kraftfahrzeugs, VersR 1985, 110; *Zeitz,* Schadensersatz bei Nutzungsentgang bei Gebrauchsgegenständen, 1978.

Der Sachschaden besteht nicht zuletzt im Nutzungsausfall, denn im Benutzen der Sache entfaltet sich für gewöhnlich ihr besonderer Wert. Ob jedoch der Nutzungsausfall einen solchen wirtschaftlichen Nachteil bildet, dass er ausgeglichen werden muss, richtet sich nach der Verkehrsauffassung.[19] Dabei kommt es wesentlich darauf an, ob es sich um Gegenstände des täglichen Bedarfs oder höherer Ansprüche handelt. Der Ausfall von Luxusgütern rechnet zum allgemeinen Lebensrisiko, die entbehrte Nutzung von Gebrauchsgütern allgemeiner Art ist ersatzpflichtiger Schaden. So hat der BGH ständig entschieden, dass der verletzte Eigentümer des Kraftfahrzeugs auch die Kosten für den Nutzungsausfall für die Zeit liquidieren kann, in welcher sich der Wagen in Reparatur befindet (→ Rn. 660). Dabei kommt es nicht darauf an, ob er in dieser Zeit einen Ersatzwagen genommen hat.[20] Bei anderen Verkehrsmitteln als Kraftfahrzeugen ist der BGH in der Anerkennung eines Nutzungsausfalls nach der Verkehrsanschauung nicht so großzügig gewesen. So ist der Ausfall eines privat genutzten Motorsportbootes nicht als entschädigungsfähig angesehen worden.[21] Der Große Zivilsenat hat auch den Nutzungsausfall eines durch vorübergehenden Verlust der Standsicherheit unbewohnbaren Hauses als Schaden anerkannt.[22] Das gilt jedoch nicht für reine Vermögensschäden. Hat jemand ein Luxuszweifamilienhaus errichtet und bringt das Finanzamt die wesentlich höhere Kostenmiete in Ansatz, so kann er den Ausfall nicht von der Steuerberatungsgesellschaft verlangen, die ihn nicht entsprechend belehrt hatte.[23]

670

Abgeleitet aus den Abgrenzungskriterien des Großen Senats in Zivilsachen ist der finanzielle Aufwand für die Wiedererlangung eines Gebrauchsvorteils zT als nicht entschädigungspflichtig angesehen worden, wenn die ständige Verfügbarkeit des angemieteten Ersatzgegenstandes nicht der »eigenwirtschaftlichen Lebenshaltung« dient.[24] Was für das Begehren abstrakter Nutzungsentschädigung ein richtiges Kriterium ist, darf nicht unbesehen auf die tatsächlich entstandenen Kosten übertragen werden,

671

---

19 BGHZ (GS) 98, 212 (222 f.); BGH NJW-RR 2008, 1198 Rn. 7; JZ 2013, 894 (895) m. Anm. *Spindler*; Ausfall des Internetzugangs.
20 BGHZ 40, 345; 161, 154.
21 BGH VersR 1984, 142.
22 BGHZ 98, 212.
23 BGH VersR 1994, 823.
24 So LG Hildesheim NJW-RR 2007, 1250 für die Anmietung eines Musikinstruments durch einen Hobbymusiker mit gelegentlichen Auftritten für die Dauer der Reparatur.

auch wenn der richterrechtlich gefestigte Sonderfall der Kfz-Nutzung (→ Rn. 660) nicht Ausgangspunkt beliebiger Erweiterungen sein soll. Der um die Nutzung gebrachte Sacheigentümer eines Instruments steht bei dieser Rechtsprechung schlechter als derjenige Nutzer, der sich von vornherein mit einem Mietinstrument begnügt und es beliebig austauschen kann.

D. Frustrationsschaden

Literatur: *Küppers,* Verdorbene Genüsse und vereitelte Aufwendungen im Schadensersatzrecht, 1976; *ders.,* Zauberformel Frustrationslehre, VersR 1976, 604; *Larenz,* Nutzlos gewordene Aufwendungen als erstattungsfähiger Schaden, FS Oftinger, 1969, 151; *Lipp,* Eigene Mühewaltung bei außergerichtlicher Rechtsverfolgung – ersatzfähige Einbuße oder Nachteil im eigenverantwortlichen Pflichtenkreis des Betroffenen?, NJW 1992, 1913; *Tolk,* Der Frustrierungsgedanke und die Kommerzialisierung immaterieller Schäden, 1977; *Weitemeyer,* Rentabilitätsvermutung und Ersatz frustrierter Aufwendungen unter der Geltung von § 284 BGB, AcP 205 (2005), 275.

672 Es wird oft als Ausfall und Nachteil empfunden, wenn man von Aufwendungen unfallbedingt nicht die Förderung hat, die man sich subjektiv von ihnen versprach und objektiv erwarten konnte. Man denke etwa an den schon gebuchten und bezahlten Urlaub, den man wegen einer unerlaubten Handlung nicht antreten konnte, oder an den nach Genuss von kontaminiertem Bienenstich infolge einer Salmonelleninfektion ausfallenden privaten Musik- oder Sportunterricht. Ist die Frustrierung dieser Aufwendungen als Schaden anzusehen? In der Literatur besteht keine einheitliche Meinung. Gewiss erscheint zwar, dass man den Frustrierungsschaden nicht deswegen ablehnen kann, weil zwischen Aufwendung und Verletzung der Kausalzusammenhang fehlt. Vielmehr ist es gerade die Frage, ob die fehlgegangene Aufwendung dem Schaden gleichgestellt werden soll.

673 Will man überhaupt den Frustrierungsschaden anerkennen, wofür – je nach Auslegung – die Wertung des § 284 sprechen kann, ist es stets erforderlich, dass objektive Wertmomente bestehen, welche den Schaden aus der vergeblichen Aufwendung kontrollierbar und nachvollziehbar machen. Andernfalls könnte es zu einer gefährlichen Ausuferung der Haftpflicht kommen. Daher ist ein kommerzialisierbarer Entbehrungsschaden nur anzuerkennen, wenn der Zweckbezug zum Haftungsgrund hergestellt ist.

674 So kann ein Fußgänger, der zugunsten seiner Gesundheit einen Badeurlaub macht und am Urlaubsort angefahren wird, Ersatz für vertanen Urlaub verlangen. Verletzungsobjekt sowie Aufwendungsziel sind gleich, nämlich Körper und Gesundheit. Dennoch hat BGHZ 86, 212 den Schaden abgelehnt und nur zugelassen, bei der Festsetzung des Schmerzensgeldes zu berücksichtigen, dass der Geschädigte daran gehindert worden sei, den Urlaub zu genießen. Wenn jedoch die Genussentbehrung durch die Verletzung eines anderen Rechtsguts vermittelt wird, etwa der Urlaub unterbleibt, weil eine Sache, das Auto, beschädigt ist, dann wird kein Ersatz geschuldet. Ein gutes Beispiel dafür ist BGHZ 55, 146: Ein Jagdberechtigter konnte wegen einer Unfallverletzung die Jagd für ein Jahr nicht ausüben. Seiner Klage auf Ersatz der Aufwendungen für Jagd, Pacht, Jagdsteuer, Versicherung und Revieraufsicht wurde abgewiesen. Nach der Verkehrsauffassung sei kein Schaden gegeben, denn es handele sich nur um die Unterbrechung der Nutzung eines langfristig verfügbaren Gutes. In Wirklichkeit waren Körperverletzung und Jagdausübung unverbunden. Ebenso steht es mit dem Errichter eines Luxus-Zweifamilien-Hauses, der es nicht bewohnen konnte, da das Finanzamt nicht die Marktmiete, sondern die wesentlich höhere Kostenmiete in Ansatz brachte. Er klagte gegen die Steuerberatungsgesellschaft, die ihn über die einkommensteuerliche Behandlung eines selbst genutzten sog. aufwendigen Zweifamilien-Hauses nicht belehrt hatte. Er hat es jetzt vermietet und wohnt nicht darin. Nach dem BGH kann er keine Nutzungsentschädigung wegen entgangenen Wohngenusses verlangen. Wird Freizeit für die Abwicklung eines Schadensfalles aufgewandt, wird die Mühewaltung nicht als Schaden angesehen.[25]

E. Gemeiner Wert und Affektionsinteresse

Literatur: *Störmer,* Der Ersatz des Affektionsinteresses in geschichtlicher Entwicklung, 1977.

Gemeiner Wert und Affektionsinteresse kennzeichnen zwei Eckpunkte des dehnbaren Begriffs »Schaden«. Der Begriff des gemeinen Wertes stammt aus der steuerrechtlichen Norm des § 9 BewG. Er wird dort in Abs. 2 definiert. Es handelt sich um den Preis, der im gewöhnlichen Geschäftsverkehr nach der Beschaffenheit des Wirtschaftsgutes bei einer Veräußerung zu erzielen wäre; alle preisbeeinflussenden Umstände mit Ausnahme ungewöhnlicher oder besonderer persönlicher Verhältnisse sind zu berücksichtigen. Auf den gemeinen Wert nimmt gelegentlich auch die Zivilrechtsprechung Bezug.[26] Er kann auch auf eine bestimmte Handelsstufe bezogen werden, wie dies beim gemeinen Handelswert der Fall ist.[27] Der gemeine Wert entspricht dem Verkaufswert.[28] Gegenstände, für die ein Verkauf nicht in Betracht kommt, sodass sich ein Verkehrswert mangels Marktes nicht bildet, können keinen gemeinen Wert haben. Gelegentlich hat der Deliktsrechtssenat des BGH unzutreffend und rätselhaft den »Marktpreis« von einem »objektiven gemeinen Wert des verletzten Vermögensgutes« unterschieden,[29] in einem anderen Fall den »objektiven gemeinen Verkehrswert« zugrunde gelegt.[30] Die schadensersatzrechtliche Literatur hat ihrerseits zu der Verwirrung beigetragen, weil sie sich um die Legaldefinition nicht gekümmert hat und unter dem gemeinen Wert teils den Wiederbeschaffungswert, teils den Verkaufspreis verstanden hat. Die Rechtsprechung hat der Frage nicht viel Beachtung geschenkt. Die von § 9 BewG abweichenden Vorstellungen sollen wohl nur vage zum Ausdruck bringen, dass die danach vorzunehmende Wertermittlung den subjektiven Interessen des Verletzten in Form eines »objektiven« Schadens gegenübergestellt wird und es sich um einen Mindestschaden handeln soll.[31]

675

Unter Affektionsinteresse versteht man eine individuell-subjektive Wertschätzung, welche von der Verkehrsauffassung nicht gestützt wird. Ein an sich wertloses Erinnerungsstück kann auf diese Weise erheblichen individuellen Wert gewinnen. Mangels eines gegebenen Umrechnungsfaktors kann das Affektionsinteresse nicht in Geld ersetzt verlangt werden. Soweit möglich und zulässig (vgl. § 251 Abs. 2), kann freilich Naturalrestitution gefordert werden, etwa Herbeischaffung der Sache.

676

F. Hilfsmethoden der Schadensberechnung: Lizenzanalogie, Herausgabe des Verletzergewinns

Literatur: *Mertens,* Der Begriff des Vermögensschadens im Bürgerlichen Recht, 1967; *Steindorff,* Abstrakte und konkrete Schadensberechnung, AcP 158 (1958), 431.

---
25 BGHZ 127, 351.
26 BGH VersR 1975, 753; 1981, 772.
27 Vgl. etwa BGH NJW-RR 2003, 1344.
28 BGHZ 14, 368 (376); BGH NJW 1991, 900.
29 BGH NJW 1970, 1411.
30 BGH VersR 1972, 460.
31 Vgl. auch *Lange/Schiemann* Schadenersatz, 3. Aufl. 2003, § 6 I.

677 Der Schaden kann in einer entgangenen konkreten Vermögensmehrung bestehen. Wir sprechen dann von entgangenem Gewinn, § 252. Dessen Ermittlung kann trotz § 287 ZPO außerordentliche Schwierigkeiten bereiten. Bei Verletzung von Rechten des Geistigen Eigentums hat die Rechtsprechung zwei Hilfsmethoden der Berechnung eines Mindestschadens entwickelt, die Lizenzanalogie genannte Berechnung nach einer fiktiven Schadenslizenz und die Herausgabe des rechtswidrig gezogenen Verletzergewinns. Wer unerlaubt ein Schutzrecht nutzt, soll nicht besser gestellt sein als derjenige, der die Zustimmung zur Nutzung eingeholt hat und dafür Lizenzgebühren zahlt. Der Verletzer kann sich nicht mit dem Einwand verteidigen, der an alleiniger Marktausnutzung interessierte Rechtsinhaber hätte ihm keine Lizenz erteilt. Beide Hilfsmethoden hat man zeitweilig auf andere Rechtsgrundlagen zu stellen versucht. Die Richtlinie 2004/48/EG zur Durchsetzung der Rechte des Geistigen Eigentums,[32] die durch Gesetz v. 7.7.2008[33] umgesetzt worden ist, hat den schadensersatzrechtlichen Charakter unterstrichen. Dementsprechend sehen § 139 Abs. 2 S. 2 und 3 PatG jetzt vor, dass bei der Bemessung des Schadensersatzes der vom Verletzer gezogene Gewinn berücksichtigt werden kann und dass der Schaden auch auf der Grundlage einer angemessenen Vergütung berechnet werden kann, die der Verletzer bei Einholung einer Benutzungserlaubnis hätte entrichten müssen (ebenso § 24 Abs. 2 GebrMG, § 14 Abs. 6 MarkenG, § 97 Abs. 2 UrhG, § 42 Abs. 2 GeschmMG, § 37 Abs. 2 SortSchG). Die Herausgabe des Verletzergewinns kann gleichwohl auch Inhalt eines Bereicherungsanspruchs sein.

G. Abwehrschaden

Literatur: *Canaris,* Zivilrechtliche Probleme des Warenhausdiebstahls, NJW 1974, 521; *Deutsch* und *Stoll,* Verh. des 51. DJT; *Hagmann,* Der Umfang der Ersatzpflicht des Ladendiebes, JZ 1978, 133; *Klimke,* Erstattungsfähigkeit der Schadensbearbeitungskosten von Betrieben und Behörden aus der Sicht der höchstrichterlichen Rechtsprechung, VersR 1981, 1115; *Pecher,* Die Fangprämie: Zur Schadensersatzpflicht des ertappten Ladendiebs, JuS 1981, 645.

678 Der Verletzte versucht oft, durch besondere Maßnahmen den Schadenseintritt zu verhindern oder wenigstens den Schaden zu verringern. Die GEMA richtet ein Überwachungssystem ein, um ungenehmigten musikalischen Aufführungen auf die Spur zu kommen. Ein Kaufhaus installiert eine Fernsehüberwachungsanlage, schult Verkaufspersonal als Detektive und setzt eine Fangprämie aus. Ein Transportunternehmen hält ein oder zwei Lkw vor für die Möglichkeit eines unfallbedingten Ausfalls. Der ängstliche Anwohner eines Chemiewerkes lässt sich nach einem Störfall eine gasdichte Haustür einbauen, um einem befürchteten künftigen Störfall nicht erneut zum Opfer zu fallen.[34] Die Rechtsfrage geht dahin, ob die Kosten der vorbeugenden Abwehr nachher voll oder anteilig als Schadensersatz liquidiert werden können.

679 Nach vorherrschender Ansicht kann nur die konkret auf die Abwehr eines unmittelbar bevorstehenden Angriffs gerichtete Maßnahme als Schaden betrachtet werden. Daher kann das Kaufhaus zwar die Fangprämie (50 DM ausgelobt für jeden ermittelten Ladendieb), nicht aber die Kosten der Fernsehanlage (da nicht konkret) oder der Bearbeitung des Falles (da nicht Abwehr) verlangen.[35] Die Gastür ist nicht als Schadensposten dem vorangegangenen Störfall zugeordnet worden; auch hat der BGH keinen Ersatz nach §§ 683, 670 (mangels Fremdgeschäftsführung) gewährt.[36] Dieser Fall macht das

---
32 ABl. EU 2004 L 195, 16.
33 BGBl. I S. 1191.
34 So der Fall BGH NJW 1992, 1043.
35 BGHZ 75, 230.
36 BGH NJW 1992, 1043.

Rechtsanwendungsproblem besonders deutlich: Erforderliche Maßnahmen sind von Aktivitäten infolge Fehleinschätzung einer Gefahrenlage oder infolge subjektiver Angstvorstellungen abzugrenzen. Auch lässt sich ein allgemeines Lebensrisiko oder ein Unternehmensrisiko allzu leicht auf einen Dritten abwälzen. Die Vorhaltekosten eines Fuhrunternehmens sollten heute nicht mehr als Abwehrschaden,[37] sondern anteilig bei der Berechnung des Nutzungsausfalls ersetzt werden. BGHZ 78, 812 geht jedoch formal vor und verneint einen Nutzungsausfall bei Einsatz eines Vorsorgefahrzeugs. Deshalb kann der Inhaber nach wie vor Ersatz für die Vorhaltung des Fahrzeugs verlangen, auch wenn dies nicht mit Rücksicht auf fremdverursachte Unfälle geschieht.

680 Ein Sonderproblem ist das Duplum der GEMA. Der GEMA spricht der Spezialsenat des BGH für Urheberrecht in ständiger Rechtsprechung die Erlaubnis zu, von den ermittelten unbefugten Benutzern die doppelte Gebühr zu verlangen.[38] Auf andere Rechtsverletzungen wird sie nicht übertragen.[39] Der Verletzer soll nicht mit dem Betrag davonkommen, den er bei Anmeldung der Veranstaltung hätte zahlen müssen und damit letztlich die Ausschüttungsberechtigten durch Kürzung ihrer Vergütung um die Kosten der Überwachung schädigen. Es handelt sich um eine zutreffende pauschalierte Berechnung der »angemessenen Vergütung« iSd § 97 Abs. 2 S. 2 UrhG.

---

37 BGHZ 32, 284.
38 BGHZ 59, 286.
39 BGHZ 97, 37 – Filmmusik.

§ 37 Immaterieller Schaden

Literatur: *Bydlinski*, Der Ersatz ideellen Schadens als sachliches und methodisches Problem, JBl. 65, 173, 237; *Cornides*, Immaterielle Schäden im Gemeinschaftsrecht, ÖJZ 2002, 821; *Kadner Graziano*, Angehörigenschmerzensgeld im europäischen Privatrecht – die Schere schließt sich, ZEuP 2002, 834; *Köndgen*, Haftpflichtfunktion und Immaterialschaden, 1976; *E. Lorenz*, Immaterieller Schaden und »billige Entschädigung in Geld«, 1981; *Nörr*, Zum Ersatz des immateriellen Schadens nach geltendem Recht, AcP 158 (1959/1960), 1; *Pecher*, Der Anspruch auf Genugtuung als Vermögenswert, AcP 171 (1971), 44; *Schobel*, Ersatzfähigkeit reiner Trauerschäden, RdW 2002, 206; *C. Schubert*, Die Wiedergutmachung immaterieller Schäden im Privatrecht, 2013; *Stoll*, Geldersatz für immaterielle Schäden, Verh. 45. DJT I 1; *Wiese*, Der Ersatz immateriellen Schadens, 1964.

A. Grundsatz

I. Vermögensschaden

681 Die Unterscheidung der Rechtsgüter Vermögen und Person wird im Schadensrecht fortgesetzt. Bei der Betrachtung des Schadens wird differenziert in Vermögensschaden (materieller Schaden) und Nichtvermögensschaden (immaterieller Schaden). Der Vermögensschaden ist die Einbuße an den Materialgütern einer Person, die durch Übertragbarkeit und Ersetzbarkeit gekennzeichnet sind. Hierzu gehören der Sachschaden und die Aufwendungen, um die verletzte Gesundheit oder den verletzten Körper wieder herzustellen. Der Vermögensschaden entsteht also entweder als direkter bzw. primärer Vermögensschaden am Vermögen der Person selbst, etwa als Verzugsschaden oder als Folge eines falschen finanziellen Rats. Er kann auch Folgeschaden der Verletzung eines Sach- oder Personenguts sein; das sind die Reparaturkosten für das verletzte Eigentum am Kraftfahrzeug oder der Aufwand für die Wiederherstellung der Arbeitsfähigkeit nach einer Körperverletzung.

II. Nichtvermögensschaden

682 Als Nichtvermögensschaden werden alle Einbußen verstanden, die eine Person betreffen, aber nicht über das Vermögen vermittelt werden. Hierzu gehören also alle Benachteiligungen des Verletzten, die nicht zu einer Verminderung des Vermögens geführt, keine Aufwendungen veranlasst und den wirtschaftlichen Erwerb nicht geschmälert haben. Es sind also Beeinträchtigungen der Wertinhalte des menschlichen Lebens, die sich nicht in Geld messen lassen, etwa ehrverletzende Behauptungen, Eingriffe in das Persönlichkeitsrecht und sonstige Beeinträchtigungen des Lebensgefühls. Typisch für diesen Schaden ist auch seine prinzipielle »Unersetzbarkeit« in Geld: Der Schmerz eines Beinbruchs und die Zahlung von 2.000 EUR sind nicht vergleichbar.

B. Naturalrestitution bei Nichtvermögensschaden

683 Bei einem Schaden gilt nach § 249 BGB der Grundsatz, dass der Ersatzpflichtige den Zustand wiederherzustellen hat, der bestehen würde, wenn der zum Ersatz verpflichtende Umstand nicht eingetreten wäre. Man spricht auch von Naturalrestitution. Zwischen materiellem und immateriellem Schaden wird kein Unterschied gemacht, soweit Naturalrestitution in Betracht kommt. Es ist also die beschädigte Sache zu reparieren oder reparieren zu lassen, es sind die Genesungskosten bei einer Körperverletzung zu übernehmen usw. Auch beim Nichtvermögensschaden ist die Naturalrestitution in manchen Fällen möglich. Man wird sogar sagen können, dass die Beseitigung der Personeinbuße bzw. die Wiederherstellung des früheren Zustandes bei manchen Formen des immateriellen Schadens, etwa bei Verletzungen der Persönlichkeit, sogar vorrangig in Betracht kommt: Der Widerruf einer unwahren ehrenkränkenden Behauptung, die Herausgabe und die Vernichtung unberechtigt angefertigter Fotokopien von Privatbriefen oder geheimen Tonbandaufzeichnungen einer Unterredung gehören ebenso dazu wie die kosmetische Operation zur Beseitigung entstellender Verletzungen.

Der Weg zur Naturalrestitution beim Personenschaden war mühsam. RGZ 45, 170: Die Beklagten drangen in der auf den Tod Otto v. Bismarcks folgenden Nacht in Friedrichsruh gegen den Willen der Kinder des Verstorbenen in das Zimmer ein, in welchem die Leiche ruhte, und machten bei Magnesiumlicht eine fotografische Aufnahme von der Leiche und dem sie umgebenden Teil des Zimmers. Der Anspruch auf Herausgabe und Zerstörung des Bildmaterials war nach gemeinem Recht nicht als Schadensersatz, sondern nur aus ungerechtfertigter Bereicherung begründet. Als Folge ist der Bildnisschutz der §§ 22 ff. KUG geschaffen worden. 684

C. Naturalrestitution und Geldersatz

In zwei besonders wichtigen Fallgruppen hat der Verletzte ein Wahlrecht zwischen Naturalrestitution und Geldersatz. Ist wegen Verletzung einer Person oder wegen Beschädigung einer Sache Schadensersatz zu leisten, so kann der Gläubiger statt der Herstellung den dazu erforderlichen Geldbetrag verlangen, § 249 S. 2 BGB. Der Gläubiger ist berechtigt, die Herstellungskosten zu verlangen, aber er ist nicht auf diesen Anspruch beschränkt. Er kann auch bei Körperverletzung auf der gesetzlich vorgesehenen Entschädigung durch Herstellung bestehen. Seine Wahlbefugnis beruht nicht auf einer Wahlforderung, sondern es handelt sich um eine Ersetzungsbefugnis des Gläubigers, welche Art von Wiedergutmachung er bevorzugt. 685

Wegen eines Schadens, der Nichtvermögensschaden ist, kann eine Entschädigung in Geld nur in den durch das Gesetz bestimmten Fällen gefordert werden, § 253 Abs. 1. Damit hat der Gesetzgeber das Enumerationsprinzip für Geldentschädigung bei Nichtvermögensschaden festgeschrieben. Zu den gesetzlich vorgesehenen Fällen gehört vor allem § 253 Abs. 2, das Schmerzensgeld. Nach der Rechtsprechung ist das Enumerationsprinzip des § 253 Abs. 1 verfassungskonform dahin auszulegen, dass bei besonders schweren Formen der Verletzung des allgemeinen Persönlichkeitsrechts gleichfalls eine Geldentschädigung geschuldet wird.[1] Das SchÄndG von 2002 hat diese Entschädigung für Persönlichkeitsrechtsverletzungen nicht in die allgemeine Schmerzensgeldregelung einbezogen, doch beruht dies auf einer terminologischen Differenzierung zwischen Schmerzensgeld und Geldentschädigung als Folge einer Verletzung des Persönlichkeitsrechts, nicht etwa auf einem tilgenden Regelungswillen. 686

---

1 BGHZ 35, 363; BVerfGE 34, 269.

§ 38 Schmerzensgeld: Haftungsgrund

Literatur: *v. Caemmerer*, Der privatrechtliche Persönlichkeitsschutz nach deutschem Recht, FS v. Hippel, 1967, 27; *Christiandel/Hinghofer-Szalkay*, Ersatzansprüche für immaterielle Schäden aus Tötung naher Angehörigen – eine rechtsvergleichende Untersuchung, ZfRV 2007, 44; *dies.*, Sinn und Funktion einer Erheblichkeitsschwelle im Nichtvermögensschadensrecht, JBl. 2009, 284; *Deutsch*, Schmerzensgeld und Genugtuung, JuS 1969, 197 ff.; *A. Diederichsen*, Ansprüche naher Angehöriger von Unfallopfern, NJW 2013, 641, 647; *Honsell*, Die Funktion des Schmerzensgeldes, VersR 1974, 205; *v. Gerlach*, Die prozessuale Behandlung von Schmerzensgeldansprüchen, VersR 2000, 525; *Göthel*, Funktionen des Schmerzensgelds, RabelsZ 69 (2005), 255; *Kern*, Die Genugtuungsfunktion des Schmerzensgeldes ..., AcP 191 (1991), 247; *Kadner Graziano*, Angehörigenschmerzensgeld im europäischen Privatrecht, ZEuP 2002, 834; *Kötz*, Zur Reform der Schmerzensgeldhaftung, FS v. Caemmerer, 1978, 389; *Mincke*, Der Ersatz des immateriellen Schadens bei Persönlichkeitsrechtsverletzungen, JZ 1980, 86; *Neuner*, Das Schmerzensgeld, JuS 2013, 577; *Odersky*, Schmerzensgeld bei Tötung naher Angehöriger, 1989; *Pecher*, Der Anspruch auf Genugtuung als Vermögenswert, AcP 171 (1971), 44; *Remé*, Die Aufgabe des Schmerzensgeldes im Persönlichkeitsschutz, 1962; *Sandstedt*, Entführung und Angehörigenschmerzensgeld, VersR 2004, 23; *Schobel*, Ersatzfähigkeit reiner Trauerschäden, RdW 2002, 206; *Thüsing*, Schadensersatz für Nichtvermögensschäden bei Vertragsbruch, VersR 2001, 285; *Voß*, Vererblichkeit und Übertragbarkeit des Schmerzensgeldanspruchs, VersR 1990, 821; *Wagner*, Ersatz immaterieller Schäden: Bestandsaufnahme und europäischer Perspektiven, JZ 2004, 319; *U. Walter*, Geschichte des Anspruchs auf Schmerzensgeld bis zum Inkrafttreten des bürgerlichen Gesetzbuches, 2004.

A. Herkunft und Name

687 Die Gewährung einer billigen Entschädigung in Geld für den immateriellen Schaden bei Personenverletzungen durch § 253 Abs. 2 (vor 2002: § 847) geht auf mehrere Wurzeln zurück. Schon die Art. 20 f. der Constitutio Criminalis Carolina gaben einen Anspruch wegen unzulässiger Folter, das Schmerzensgeld. Das Preußische Allgemeine Landrecht beschränkte den Anspruch auf Personen aus dem Bauern- oder gemeinen Bürgerstande. Da nach § 231 StGB eine vom Strafrichter ausgesprochene Buße auch den immateriellen Schaden einbeziehen konnte, wurde die gleiche Befugnis dem Zivilrichter in § 253 Abs. 2 gegeben.

Der Name stammt von der unzulässigen Folter her, damals schon Schmerzensgeld genannt. Im schweizerischen Recht spricht man statt dessen von Genugtuung, während in Deutschland der Ausdruck Genugtuung in einem engeren Sinne verwandt wird, nämlich zusätzlich zum Ausgleich durch das Schmerzensgeld.

B. Tatbestandserfordernisse

I. Gesetzliche Regelung

688 Gemäß § 253 Abs. 2 wird Schmerzensgeld nur im Falle der Verletzung des Körpers, der Gesundheit, der sexuellen Selbstbestimmung sowie im Falle der Freiheitsentziehung gewährt. Die sexuelle Selbstbestimmung erfasst insbesondere die in den §§ 174 ff. StGB[1] und in § 825 beschriebenen Verletzungen. Das deliktische System konkreter Haftungsgründe wegen der Verletzung von Rechtsgütern wird damit bis zu den Rechtsfolgen verlängert.

---
1 Beispiel: OLG Köln VersR 2003, 652.

Die Fassung des früheren § 847 und dessen Stellung im Abschnitt »Unerlaubte Handlungen« ergab, dass Schmerzensgeld nur aus deliktischem Haftungsgrund geschuldet wurde.[2] Seit der Schadensersatzreform von 2002 werden auch bei Ansprüchen aus Vertrag, sondergesetzlicher Gefährdungshaftung, Aufopferungshaftung oder Geschäftsführung ohne Auftrag immaterielle Schäden in Geld entgolten. Versäumt ein Strafverteidiger, einen Termin zur Hauptverhandlung gegen seinen ausländischen Mandanten im Hinblick auf dessen Hochzeit im Heimatland verlegen zu lassen und versäumt er überdies die Aufklärung über das Risiko der Verhaftung wegen Terminversäumung, schuldet er ein Schmerzensgeld für die vollstreckte Untersuchungshaft.[3] Erleidet ein Pauschalreisender im gebuchten Hotel eine Salmonellenvergiftung, kann er vom Reiseveranstalter Schmerzensgeld verlangen.[4] Im Arbeitsrecht ist an die Vertragshaftung des Arbeitgebers bei fehlender Abwehr gegen Mobbing oder sexuelle Belästigung zu denken. die Wahrnehmung ekelerregender Fremdkörper in käuflich erworbenen Speisen oder Getränken kann auszugleichen sein.[5] Die genannten Rechtsgüter Körper, Gesundheit und Freiheit sind ebenso zu verstehen wie in § 823 Abs. 1.

Das Leben ist bewusst nicht genannt; die Tötung an sich führt nicht zum Schmerzensgeldanspruch. Anders steht es etwa in einer zunehmenden Zahl europäischer Staaten, in denen den nächsten Angehörigen im Falle unmittelbarer Tötung eines nahen Angehörigen ein Schmerzensgeld für dessen Verlust zugesprochen wird (näher: unten § 39 B II). Ein Schmerzensgeldanspruch besteht jedoch auch dann, wenn der Geschädigte sogleich nach der Verletzung das Bewusstsein verliert und nach einigen Stunden stirbt, ohne das Bewusstsein wiedererlangt zu haben.[6] 689

II. Erweiterung des Tatbestandes: Allgemeines Persönlichkeitsrecht

Der Gesetzgeber an der Schwelle zum 20. Jahrhundert hat die Ehre bewusst nicht zum geschützten Rechtsgut erhoben. Unter Einfluss des Grundgesetzes hat jedoch die Rechtsprechung das allgemeine Persönlichkeitsrecht als »sonstiges Recht« iSd § 823 Abs. 1 angesehen.[7] Auch hat man in den Katalog der Rechtsgüter des § 847 aF (= § 253 Abs. 2) rechtsfortbildend die schwere Verletzung oder schwer verschuldete Verletzung des allgemeinen Persönlichkeitsrechts aufgenommen.[8] Der zwingende normative Grund bestand darin, dass eine fühlbare Sanktion für Verletzungen der Persönlichkeit ausgesprochen werden musste. Der strafrechtliche Ehrenschutz reichte gegenüber schweren Eingriffen oft nicht aus. Es ist im Lichte der Art. 1 und 2 GG als verfassungswidrig anzusehen, Verletzungen des Persönlichkeitsrechts zivilrechtlich nicht zu sanktionieren. Geringfügige Verletzungen hingegen sollen nicht zu einer Geldleistung führen. 690

Geldentschädigung für Persönlichkeitsrechtsverletzungen ist in drei berühmten Entscheidungen festgeschrieben worden; es sind der Herrenreiter-, der Ginsengwurzel- und der Soraya-Fall. 691

BGHZ 26, 349: Ein Bierbrauer beteiligte sich als Herrenreiter auf Turnieren. Sein Foto, aufgenommen auf einem Pferd sitzend, wurde in der Plakat-Werbung für »Okasa«

---

2 BGHZ 52, 115: bei Geschäftsführung ohne Auftrag kein Schmerzensgeld.
3 Vgl. KG NJW 2005, 1284, dort noch zu § 823 I wegen Freiheitsentziehung.
4 Vgl. EuGH NJW 2002, 1255 – Leitner/TUI, allerdings in fragwürdiger Auslegung der Richtlinie 90/314/EWG, dazu *Tonner/Lindner* NJW 2002, 1475 und *Cornides* ÖJZ 2002, 821.
5 Vgl. *Hagan v. Coca Cola Bottling* 804 So 2nd. 1234 (2001): *emotional distress* wegen angeblicher Entdeckung eines gebrauchten Kondoms in halbgeleerter Flasche.
6 OLG Stuttgart VersR 1994, 736.
7 Zuerst BGHZ 13, 334.
8 BGHZ 35, 363.

verwendet. Diesem Mittel wird auch die Hebung der sexuellen Potenz nachgesagt. Das OLG hatte Schadensersatz nach der Lizenzanalogie gewährt. Der BGH hält das Urteil unter dem Aspekt des Schmerzensgeldes aufrecht. BGHZ 35, 363: ein Grazer Völkerrechtler hatte aus Korea Ginseng-Wurzeln mitgebracht und war in einem populär-wissenschaftlichen Aufsatz und später in der Werbung als bekannter Ginseng-Wurzel-Forscher bezeichnet worden. Die Klage auf Geldentschädigung hatte Erfolg, da eine schwere Verletzung des Persönlichkeitsrechts vorlag. BVerfGE 34, 269: Im »Neuen Blatt« war ein frei erfundenes Exklusiv-Interview unter der Überschrift »Soraya: Der Schah schreibt mir nicht mehr« abgedruckt worden. Die ordentlichen Gerichte hatten zu einer Geldentschädigung verurteilt. Das BVerfG hält die sog. Herrenreiter-Doktrin für verfassungsgemäß. Die Rechtsfortbildung durch Gerichte sei nicht zu beanstanden. Die Pressefreiheit sei nicht übermäßig eingeschränkt worden, und der Ersatz für immateriellen Schaden sei nicht eine Strafe im verfassungsrechtlichen Sinne.

692 Die Nichterwähnung des allgemeinen Persönlichkeitsrechts in § 253 Abs. 2 beruht darauf, dass sich der Gesetzgeber des SchÄndG von 2002 nicht imstande gesehen hat, dafür eine umfassende Regelung zu treffen; die gesetzgeberische Begründung wollte aber an der Geldentschädigungspraxis festhalten.[9] Ein kleiner Ausschnitt ist in § 8 Abs. 2 BDSG enthalten, der bei einer schweren Persönlichkeitsrechtsverletzung einen angemessenen Geldersatz für Nichtvermögensschäden vorsieht. Der Unterschied der Geldentschädigung zum Schmerzensgeld wird zu Recht betont: Vorrang hat immer die Naturalbeseitigung durch Widerruf, Gegendarstellung oder auch Abgabe einer Unterlassungserklärung; der Geldanspruch wird für dadurch nicht ausgleichbare immaterielle Beeinträchtigungen gewährt. Auch sollen die zugesprochenen Summen nicht miteinander verglichen werden, was bei einer Vernachlässigung der Funktionsunterschiede, etwa des Präventionszwecks gegen verletzende Medienveröffentlichungen, zu der Wertung führen könnte, die Rechtspraxis achte körperliche Einbußen gering und begünstige die Opfer der Sensationspresse.

III. Erweiterung des persönlichen Schutzbereichs: Schockschaden

693 Erleidet jemand selbst eine Gesundheitsbeschädigung, die durch psychische Einwirkung vermittelt ist, so hat er einen Anspruch auf Schmerzensgeld. Die psychische Einwirkung kann auch darin bestehen, dass er die Verletzung einer nahestehenden Person mit ansieht oder von diesem Geschehen unvermittelt benachrichtigt wird. Statt von »Schockverletzung« wird alliterativ von Schockschaden gesprochen und dieser wird nach allgemeiner Ansicht vom Rechtsgut Gesundheitsverletzung des § 823 Abs. 1 erfasst.

694 Der Schockschaden hat auch die Funktion, den Täter einer unmittelbaren Tötung zur Zahlung einer Geldsumme an die Hinterbliebenen zu verpflichten. Das deutsche Recht gewährt aufgrund der Lebensverletzung keinen Schmerzensgeldanspruch an die nahen Angehörigen (näher dazu → Rn. 711). Die hierin liegende gelegentliche Ungerechtigkeit des Gesetzes hat die Rechtsprechung dadurch beseitigt, dass nicht mehr auf den unersetzbaren Drittschaden, sondern auf die Verletzung der Angehörigen selbst abgestellt wird. Durch die unerlaubte Handlung wird nicht nur die Tötung, sondern im weiteren Verlauf auch die Verletzung der Gesundheit des nahen Angehörigen des Getöteten verursacht.

695 Die Ursächlichkeit beim Schockschaden ist eine psychische, sie wird durch die Schocklabilität des Angehörigen vermittelt.[10] Nach ständiger Rechtsprechung ist es erforderlich, dass der nahe Angehörige durch die Todesnachricht ein über den normalen Schmerz und die zu erwartende Betroffenheit vom Verlust eines nahen Angehörigen

---

9 BT-Drs. 14/7752, 24.
10 OLG Freiburg JZ 1953, 704: Mutter sah Todeskampf des Kindes an.

hinausgehendes negatives Erlebnis erlitten hat.[11] Verlangt wird eine pathologisch fassbare Gesundheitsbeschädigung, die über den üblichen seelischen Schmerz hinausgeht.[12] Durch die Schockschadensrechtsprechung wird also nur ein relativ kleiner Teil der Bevölkerung geschützt, nämlich der, welcher infolge psychischer Besonderheit den Verlust eines Angehörigen durch die Schockverletzung besonders empfindet. Das entspricht der Haltung der Rechtsprechung, wonach der Täter das Opfer so zu nehmen hat, wie er es vorfindet. Gewünscht wird offenbar auch eine deutliche Haftungsbeschränkung auf wenige Fälle. Das wird selbst in der Verlängerung dieser Rechtsprechung auf Schäden der Leibesfrucht der Angehörigen deutlich. Auch insoweit ist erforderlich, dass das Unfallopfer ein naher Angehöriger der Schwangeren und die Schädigung der Leibesfrucht schwer und nachhaltig ist.[13] Wegen dieser Einschränkung des sachlichen Schutzbereichs ist der Ausgleich für das nicht gewährte Schmerzensgeld bei widerrechtlicher Tötung nur für einen engen Kreis gegeben. Eine Ausdehnung auf »Schockschäden« des Tierhalters nach Tötung des Hundes hat der BGH abgelehnt.[14] Zur Anrechnung einer Mitverantwortlichkeit des Getöteten (→ Rn. 709). Die österreichische Rechtsprechung hat eine Ausdehnung auf Fälle schwerster Verletzungen (bei akuter Lebensgefahr oder konkreter Gefahr dauernder Pflegebedürftigkeit) befürwortet.[15]

Posttraumatische psychische Belastungen infolge des Anblicks eines schrecklichen Unfalls oder der Unfallfolgen können auch bei dritten Personen, etwa Helfern oder Polizeibeamten, eine Gesundheitsverletzung darstellen. Anerkannt hat der BGH den Ersatz aber nur bei unmittelbar am Unfallgeschehen Beteiligten, denen die Teilnahme gewissermaßen aufgezwungen wurde, während bei später Hinzukommenden, die keine zufälligen Zeugen sind, die Zurechnung der psychischen Verletzung verneint wird.[16] 696

C. Funktionen des Schmerzensgeldes

Nach der Entscheidung des Großen Zivilsenats in BGHZ 18, 149 kommen dem Schmerzensgeld zwei Funktionen zu: Eine Ausgleichsfunktion und eine Genugtuungsfunktion.

I. Ausgleichsfunktion

Das Schmerzensgeld kann Wiederherstellungscharakter haben und schließt damit an 697
die Kompensation bei materiellen Schäden an. In der Ausgleichsfunktion soll die Zahlung des Schmerzensgeldes eine auf andere Weise nicht auszugleichende immaterielle Unbill irgendwie kompensieren, etwa Schmerzen, seelische Qual, Befürchtungen, Entstellungen oder die Verminderung der Berufs- oder Heiratsaussichten. Vor allem bei Dauerschäden oder psychischen Beeinträchtigungen ist die Ausgleichung ein wichtiger Faktor bei der Bemessung des Schmerzensgeldes. Dabei ist es unerheblich, ob das Opfer die Unbill fühlt oder ob es infolge geistiger Störung dazu nicht in der Lage ist.[17] Die Schadensersatzreform von 2002 hat den Blick auf die Ausgleichsbedürfnisse des Geschädigten dadurch verstärkt, dass auch die Gefährdungshaftungtatbestände mit der Schmerzensgeldrechtsfolge ausgestattet wurden; für diese Tatbestände können Genugtuungsüberlegungen keine Rolle spielen, soweit sie mit dem Haftungsgrund und nicht dem Schadensregulierungsverhalten verbunden werden.

---

11 BGHZ 56, 163. Zur Erfassung des Lebenspartners mit dem Begriff Angehöriger OLG Köln VersR 2011, 674 (675).
12 OLG Celle MDR 2008, 1101; OLG Naumburg NJW-RR 2005, 900.
13 BGHZ 93, 351.
14 BGH NJW 2012, 1730 Rn. 8 f.
15 OGH JBl. 2012, 593 (596).
16 BGH NJW 2007, 2764: Verbrennen von Unfallopfern eines Geisterfahrers.
17 BGHZ 120, 1.

II. Genugtuungsfunktion

698 Das Schmerzensgeld entfaltet neben dem Ausgleich auch eine Genugtuungsfunktion.[18] Das Wort »Genugtuung« stammt aus dem schweizerischen Recht, wo es für unseren Begriff »Schmerzensgeld« steht. Genugtuung heißt, dass der Verletzte eine Geldzahlung wegen der Verletzung, jedoch nicht so sehr zum Ausgleich des Schadens erhalten soll. Schon die Androhung der Genugtuung soll die Verletzung möglichst verhindern und dient der nachtatlichen Prävention und Sanktionierung der Norm. Allerdings sollen auch die negativen Gefühle besänftigt werden, die aus der flagranten Verletzung des Rechts entstehen. Wenn etwa ein Arzt sich tagelang nicht um das Ergebnis einer histologischen Untersuchung kümmert und daher die Operation einer Bauchfellentzündung und Öffnung der Naht nach einem zweiten Kaiserschnitt viel zu spät erfolgt, so ist ein erhöhtes Schmerzensgeld in der Genugtuungsfunktion angezeigt.[19]

III. Voraussetzungen der Genugtuung

699 Da die Genugtuung schadensfern und sanktionsnah ist, stellt sie besondere Voraussetzungen. Damit sich die Genugtuungsfunktion entfalten kann, wird eine rechtswidrige und – für das Zivilrecht als Ausnahme anzusehende – vorwerfbare Tat verlangt: Es muss Vorsatz vorliegen oder eine Fahrlässigkeit, die nach der subjektiv-individuellen Theorie vorwerfbar erscheint. Die Gefährdungshaftung vermag mangels Rechtswidrigkeit und Verschuldens eine Genugtuung nicht auszulösen: Genau genommen dürfte ein Schmerzensgeld in der Genugtuungsfunktion bei Persönlichkeitsverletzung durch Beleidigung auch nicht von einer Versicherung aufgefangen werden.

Die Genugtuungsfunktion kommt bei Taten aus Vorsatz und grober Fahrlässigkeit sowie bei Geldentschädigungen wegen schwerer Verletzungen des Persönlichkeitsrechts, insbesondere durch Massenmedien in Betracht; dort stellt sie sogar die typische Rechtsfolge der flagranten Verletzung des Persönlichkeitsrechts durch Presse oder Fernsehen dar. Bei vorsätzlichen Straftaten, etwa gegen die sexuelle Selbstbestimmung des Opfers, soll die strafgerichtliche Verurteilung nicht das Genugtuungsbedürfnis vermindern.[20]

IV. Untrennbarkeit der Funktionen

700 Ausgleichsfunktion und Genugtuungsfunktion werden regelmäßig in einem Schmerzensgeldanspruch ohne Unterschied wirksam: Die Rechtsprechung hat sich regelmäßig geweigert, die Funktionen aufzuschlüsseln und insbesondere getrennte Summen für Ausgleichs- und Genugtuungsfunktionen festzusetzen.[21] Es ist aber nicht zu verkennen, dass bei gewöhnlichen Verkehrsunfällen die Ausgleichsfunktion ganz im Vordergrund steht, während bei Ehrenschutzprozessen die Genugtuungsfunktion die Rechtsfolge beherrscht. Die Aufteilung der Funktionen des Schmerzensgeldes durch die Rechtsprechung wird von einem Teil der Literatur zwar kritisiert, hat aber in der Praxis grundsätzlich zu befriedigenden Ergebnissen geführt. Sie ermöglicht die Berücksichtigung des Verschuldensgrades.

D. Vererblichkeit des Schmerzensgeldanspruchs

701 Bis 1990 war der Schmerzensgeldanspruch höchstpersönlich und nur dann abtretbar und vererblich, wenn er vertraglich anerkannt oder rechtshängig war. In der Praxis

---

18 BGHZ 18, 149.
19 OLG Koblenz MedR 1994, 405.
20 BGHZ 128, 117 (122); BGH NJW 1996, 1591; str., näher → Rn. 724.
21 BGH VersR 1961, 165.

hatte die einschränkende Regelung dazu geführt, dass es bei tödlichen Verletzungen gelegentlich zu einem makaberen Wettlauf kam: Der Pfleger oder gesetzliche Vertreter reichte in aller Eile eine Schmerzensgeldklage ein und versuchte diese dem Beklagten zustellen zu lassen, bevor der Kläger verstorben war. Dann nämlich war Rechtshängigkeit gegeben und das Schmerzensgeld konnte übergehen. Mittlerweile hatte man erkannt, dass die in der Praxis im Vordergrund stehende Ausgleichsfunktion die Höchstpersönlichkeit nicht forderte. Oft ist der Schmerzensgeldanspruch der einzige oder jedenfalls wesentliche Anspruch des normalen Verletzten. Da der materielle Schaden vom Arbeitgeber, Dienstherrn und von der Sozialversicherung getragen und von diesen direkt eingefordert wird, geht die Klage des Opfers meistens nur auf einen geringen Betrag überschießenden materiellen Schadens und das Schmerzensgeld. Deshalb hat der Gesetzgeber die beschränkende Bestimmung gestrichen. Die Übertragbarkeit und Vererblichkeit des Schmerzensgeldanspruchs ist automatisch gegeben. Der Schmerzensgeldanspruch fällt in den Nachlass, ohne dass eine Willensbekundung des Verletzten zu Lebzeiten vorausgesetzt ist, Schmerzensgeld fordern zu wollen.[22]

Für ein 17-jähriges Mädchen, das durch elf Messerstiche so schwer verletzt wird, dass es noch am Tatort stirbt, entsteht ein vererblicher Anspruch.[23] Die Bemessung des Schmerzensgeldes bei der Körperverletzung, an deren Folgen der Verletzte alsbald verstirbt, erfordert eine Gesamtbetrachtung der immateriellen Beeinträchtigung, insbesondere der Art und Schwere der Verletzungen und ihrer Wahrnehmung durch den Verletzten sowie des Zeitraums zwischen Verletzung und Eintritt des Todes. Ein Anspruch auf Schmerzensgeld kann zu verneinen sein, wenn die Körperverletzung nach den Umständen des Falles gegenüber dem alsbald eintretenden Tod keine abgrenzbare immaterielle Beeinträchtigung darstellt, die aus Billigkeitsgesichtspunkten einen Ausgleich in Geld erforderlich macht.[24] 702

E. Kein Schmerzensgeld beim Arbeitsunfall

§ 106 SGB VII nimmt dem verletzten Arbeitnehmer, Schüler oder Studierenden den privatrechtlichen Anspruch gegen den Arbeitgeber, Arbeitskollegen oder Mitschüler und gewährt ihm dafür einen Anspruch aus der gesetzlichen Unfallversicherung (näher: → Rn. 772). Dieser umfasst kein Schmerzensgeld. Der Ausschluss des Schmerzensgeldanspruchs verstößt nicht gegen das GG,[25] weil die Absicherung des Arbeits- und Schulunfalls den Verletzten so stellt, dass er auf einen Schmerzensgeldanspruch verzichten kann. Nur bei schwerstem Verschulden kann er den überschießenden Schaden geltend machen, worunter auch Schmerzensgeld fällt. Die Abgrenzung zwischen versichertem Schulunfall und Schmerzensgeld gewährendem, nicht schuldbezogenen Delikt ist oft nicht einfach. In BGH VersR 1992, 854 hatte ein 15-jähriger Schüler einen anderen nach Verlassen des Schulbusses niedergeschlagen. Nach Ansicht des BGH handelte es sich nicht um die Verwirklichung schulspezifischer Gefahren und ein Anspruch auf Schmerzensgeld kam in Betracht. 703

Angesichts gestiegener Schmerzensgeldbeträge ist in Zweifel gezogen worden, ob dem Haftungsprivileg noch genügend andere Vorteile des aus der Unfallversicherung Ersatzberechtigten gegenüberstehen. Wegen der gesicherten Liquidität des Unfallversicherungsträgers und der eigenen Haftungsprivilegierung in der Gefahrengemeinschaft ist das zu bejahen. 704

---
22 BGH VersR 1995, 353.
23 Schmerzensgeldanspruch LG Heilbronn MDR 1994, 1193: 11.000 DM.
24 BGHZ 138, 388.
25 BVerfG NJW 1973, 502; 1995, 1607; BGH VersR 2009, 1265 Rn. 16.

§ 39 Schmerzensgeld: Haftungsumfang und Haftungstypen

Literatur: *v. Bar*, Schmerzensgeld und gesellschaftliche Stellung des Opfers bei Verletzungen des allgemeinen Persönlichkeitsrechts, NJW 1980, 1724; *A. Diederichsen*, Neues Schadensersatzrecht: Fragen der Bemessung des Schmerzensgeldes und seiner prozessualen Durchsetzung, VersR 2005, 433; *v. Gerlach*, Die prozessuale Behandlung von Schmerzensgeldansprüchen, VersR 2000, 525; *E. Lorenz*, Schmerzensgeld für die durch eine unerlaubte Handlung wahrnehmungs- und empfindungsunfähig gewordenen Verletzten?, FS Wiese, 1998, 261; *Gerda Müller*, Zum Ausgleich des immateriellen Schadens nach § 847 BGB, VersR 1993, 909; *Odersky*, Schmerzensgeld bei Tötung naher Angehöriger, 1989; *Pletzer*, Vorteilsausgleichung beim Schmerzensgeld?, JBl. 2007, 409; *Reme*, Die Aufgabe des Schmerzensgelds im Persönlichkeitsschutz, 1962; *Eike Schmidt*, Schockschäden Dritter und adäquate Kausalität, MDR 1971, 538.

A. Umfang des Schmerzensgeldes

I. Billigkeitserhebliche Merkmale

705 Die »billige Entschädigung in Geld« des § 253 Abs. 2 bestimmt sich nach einer Reihe unterschiedlicher Umstände. Der BGH hat von »allen in Betracht kommenden Umständen des Falles« gesprochen.[1] Zunächst wird die seelische Unbill und die Ranghöhe des verletzten Gutes berücksichtigt. Lebensgefährliche Verletzungen, langes Siechtum, Schmerzen, Entstellungen, geistige oder seelische Veränderungen bestimmen weitgehend die Höhe des Schmerzensgeldes. Zu Recht werden für Querschnittslähmungen die absolut höchsten Beträge ausgeworfen. Nach den Belastungen des Verletzten kommen die persönlichen Merkmale des Verletzers in Betracht. Hierzu zählen das Verschulden des Täters und der Verschuldensgrad. Ein vorsätzlich Handelnder sollte mehr zahlen als ein fahrlässiger. Dieser wiederum mehr als jemand, der nur aus Gefährdungshaftung einsteht. Nicht unwesentlich sind auch die wirtschaftlichen Verhältnisse beider Teile.[2] Der Wohlhabende kann eher Schmerzensgeld leisten, ein wohlhabender Geschädigter es eher entbehren. Die Haftpflichtversicherung ist mit zu berücksichtigen, da sie ein durch Prämien erkauftes Stück Vermögen ist und die wirtschaftliche Lage des Täters im besseren Licht erscheinen lässt. Wenn der Verletzte seine Wahrnehmungs- und Empfindungsfähigkeit verliert, etwa durch einen Fehler des Geburtshelfers, hat er wegen der Zerstörung der Persönlichkeit einen immateriellen Schaden erlitten, der mehr als eine symbolhafte Wiedergutmachung erfordert.[3]

706 In der gewöhnlichen Gestaltung des Unfalls wird meistens auf folgende Merkmale gesehen: Schwere der Verletzung, Dauer des Krankenhausaufenthalts, Art und Zahl der notwendigen medizinischen Eingriffe, Dauer der Behinderung, bleibende Schäden, etwa Verkürzung eines Beines oder Beschränkung der Sehfähigkeit, die Befürchtung weiterer schlechter Entwicklungen, etwa einer unfallbedingten Arthrose. Für noch nicht abzusehende zukünftige Verschlechterungen kann auch die Feststellung einer möglichen Schmerzensgeldzahlungspflicht im Urteil ausgesprochen werden.

707 Verzögertem Regulierungsverhalten des Schädigers bzw. seines Haftpflichtversicherers, unter dem das Opfer leidet, begegnet die Rechtsprechung durch Erhöhung des an

---

1 BGHZ 18, 149 (154).
2 BGHZ 18, 149 (159); LG Dresden VersR 2011, 641: Zusammenstoß zweier Radfahrer, geringe finanzielle Leistungsfähigkeit des Schädigers.
3 BGHZ 120, 1.

sich angemessenen Schmerzensgeldes.[4] Provoziert der Verletzte eine gefährliche Auseinandersetzung aus nichtigem Anlass, kann die Gewährung von Schmerzensgeld unbillig sein.[5]

II. Anrechnung eines Mitverschuldens

Auch gegenüber dem Schmerzensgeldanspruch wird das mitwirkende Verschulden des Verletzten und Geschädigten angerechnet, § 254. Den Verletzten trifft die Obliegenheit, alles Verkehrserforderliche zu tun, damit es nicht zur Verletzung kommt oder damit die eingetretene Verletzung nur einen geringeren Schaden hervorruft. § 254 ist eine Norm des Billigkeitsrechts, da sie es dem Verletzten verbietet, vollen Ersatz von einem anderen zu verlangen, wenn er selbst an der Schädigung Mitschuld hatte. Ist gegenüber einem Schmerzensgeldanspruch Mitverschulden anzurechnen, so wird für gewöhnlich im Rahmen der Billigkeitsbestimmung das Mitverschulden eingerechnet. Es erfolgt also im Allgemeinen die einheitliche Bestimmung des Schmerzensgeldes unter Anrechnung des Mitverschuldens und nicht etwa die Festsetzung eines Schmerzensgeldes, von dem dann ein Mitverschuldensanteil abgezogen wird, wenn auch dieses in der Rechtsprechung gelegentlich vorkommt. An fehlender Billigkeit kann eine Schmerzensgeldgewährung auch ohne Heranziehung des § 254 scheitern, wenn der bei einer körperlichen Auseinandersetzung Verletzte die Konfliktlage, in der er zur Notwehr berechtigt war, mit provoziert hatte.[6] Ein die Bemessung mindernder Billigkeitsgesichtspunkt ist die besondere Schadensanfälligkeit des Verletzten, auch wenn sich der Schädiger im Übrigen nicht mit der schwachen Konstitution des Opfers entlasten kann.[7]

708

III. Mitverschulden des Getöteten und Schockschaden

Es kann sein, dass der Getötete aus Verschulden oder Gefährdung mitverantwortlich war. Sofern dann sein schon entstandener Schmerzensgeldanspruch auf die Erben übergegangen ist, müssen sich diese seine Mitverantwortung anrechnen lassen. § 846 hat das auch für den Unterhaltsschaden der Angehörigen angeordnet. Freilich ist § 846 auf den Schockschaden der nahen Angehörigen weder unmittelbar noch entsprechend anwendbar.[8] Der Angehörige macht keinen ausnahmsweise zugelassenen Drittschaden, sondern den Schaden aus einer selbst erlittenen Verletzung geltend. Deshalb ist auch die für eine analoge Anwendung des § 846[9] erforderliche Rechtsähnlichkeit nicht gegeben, da § 846 wesentlich auf dem Auseinanderfallen von Verletztem und Geschädigtem basiert. Mit dem BGH ist die Anrechnung der Mitverantwortlichkeit des Getöteten hinsichtlich des Schockschadens auf § 254 selbst zu stützen. Danach wird nicht nur eigenes Mitverschulden, sondern werden auch Mitverursachungsbeiträge aus einem dem Geschädigten zugeordneten Bereich, hier aus dem Angehörigenverhältnis, berücksichtigt. So lassen sich auch mögliche Regressansprüche vermeiden, welche vom andernfalls voll haftenden Verletzten gegen den Nachlass des Getöteten geltend gemacht werden könnten, da der Getötete gleichfalls durch sein Verschulden am

709

---

4 OLG Naumburg VersR 2004, 1423; NJW-RR 2008, 693; OLG Köln NJW-RR 2002, 962; OLG Nürnberg VersR 2007, 1137; OLG Saarbrücken NJW 2011, 933 (936); OLG Naumburg VersR 2011, 1273 (1275); OLG Bremen NJW-RR 2012, 92 (93).
5 OLG Frankfurt VersR 2001, 650.
6 OLG Frankfurt/M. NJW 2000, 1424.
7 BGH NJW 1997, 455 dort: einige Zeit zuvor in die Lendenwirbelsäule eingesetztes Metallstück, innerörtlicher Verkehrsunfall mit leichter Streifkollision der Fahrzeuge; BGH NJW 2012, 2964 Rn. 8: psychische Prädisposition.
8 BGHZ 56, 168.
9 So RGZ 157, 12.

Schockschaden des Angehörigen mitursächlich gewesen ist. Das sozialrechtliche Haftungsprivileg der §§ 104 ff. SGB VII (→ Rn. 772) bei Vorliegen eines Arbeitsunfalls wird auf den Schockschaden des Angehörigen nicht erstreckt.[10]

B. Schadenstypen

I. Tötung

710 § 253 Abs. 2 nennt das Leben als Rechtsgut nicht. Die Tötung als solche soll also nach geltendem Recht keinen Schmerzensgeldanspruch entstehen lassen. Allerdings kann in den Fallgruppen, in denen der Getötete noch einen Zeitraum zwischen Verletzung und Tod gelebt hat, ein Ersatzanspruch auf den Nichtvermögensschaden entstehen.[11] Dieser geht dann auf die Erben des Verstorbenen über. Die Todesangst bzw. die Erkenntnis einer deutlich gekürzten Lebenserwartung können das Schmerzensgeld deutlich erhöhen. Insofern ist mit den Rechtsgütern Körper und Gesundheit auch das durch beide repräsentierte Leben geschützt.

711 In anderen Ländern ist die Schmerzensgeldzuweisung an die Hinterbliebenen großzügiger geregelt. In Frankreich haben die Hinterbliebenen einen eigenen Anspruch (*dommage par ricochet* für *préjudice d'affection*, auch zugunsten von Lebenspartnern); ebenso ist in den USA ein Anspruch der Hinterbliebenen (*general damages* wegen *wrongful death*) gegeben. Weitere europäische Staaten, die ein Angehörigenschmerzensgeld kennen, sind England (section A Fatal Accidents Act), Schweden und Österreich.[12] In Deutschland versucht man, dieses Ergebnis zum Teil mithilfe des Schockschadens zu erreichen (→ Rn. 693 ff.). Der BGH sieht sich an die Begrenzungen für Drittschäden gebunden. Damit wird zugleich eine Bewertung des Trauerschadens vermieden.

II. Verletzung des Körpers und der Gesundheit

712 Die Körperverletzung und die Gesundheitsverletzung sind in gleicher Weise definiert wie in § 823 Abs. 1. Die Durchbrechung der körperlichen Integrität wird als Verletzung des erstgenannten Rechtsguts angesehen. Das Schmerzensgeld ist unter anderem abhängig von der Schwere und der Dauer der Verletzung sowie der Heilungszeit und den Heilungschancen. Unter Gesundheit ist sowohl das Zusammenspiel der körperlichen als auch der geistigen Funktionen zu verstehen. Eine Vergiftung führt zu Schmerzensgeld wegen Gesundheitsverletzung ebenso wie eine Krankheitswert habende psychische Belastung, etwa im Falle des Schockschadens. Sogar die Befürchtung, sich angesteckt zu haben, etwa mit HIV oder Tollwut,[13] ein psychischer Nachteil, der ein Schmerzensgeld rechtfertigt. Das lässt sich aber nicht auf negative Stimmungslagen ausdehnen, die aus einer Befürchtung resultieren, wegen der Asbestexposition in einer Mietwohnung künftig eine asbestbedingte Erkrankung zu erleiden[14] (zur Verletzung der psychischen Gesundheit → Rn. 243). Das House of Lords (jetzt: Supreme Court) hat die Angst vor einer künftigen Erkrankung infolge Asbesteinwirkung nicht als ersatzfähigen Schaden angesehen, ob-

---

10 BGH VersR 2007, 803.
11 So in OLG Bremen NJW-RR 2012, 858: vorsätzliche gefährliche Körperverletzung, 30 Minuten des Überlebens in Todesangst.
12 OGH JBl. 2001, 660: Verlust des achtjährigen Kindes; OGH JBl. 2003, 118; 2004, 111; 2004, 176; ÖJZ 2005, 798: intensive Gefühlsgemeinschaft mit Geschwisterteil; JBl. 2008, 182. Ausdehnung auf Fälle schwerster Verletzungen: OGH JBl. 2012, 593 (596).
13 OLG Augsburg Recht 1908, Nr. 2822.
14 AA LG Dresden NJW 2011, 3106 (3107).

wohl sich bei den Klägern infolge Asbeststäuben am Arbeitsplatz bereits pleuristische Plagues in der Lunge, allerdings symptomfrei, gebildet hatten.[15] Die Bahn ist verurteilt worden, weil während einer ICE-Fahrt keine Toilette zur Verfügung stand.[16] Friseure hat es getroffen wegen abbrechender Haare nach Dauerwellenbehandlung,[17] wegen misslungener Haarfärbung[18] oder wegen Haarverlustes nach verätzender Entkrausung.[19]

III. Freiheitsverletzung, sexuelle Selbstbestimmung

§ 253 Abs. 2 gewährt einen Schmerzensgeldanspruch bei Verletzung der körperlichen Bewegungsfreiheit und bei Sexualstraftaten. Ein eineinhalbstündiger Aufenthalt auf einer Polizeidienststelle zur Personalienfeststellung und Alkoholüberprüfung führt als Bagatellbeeinträchtigung nicht zur Schmerzensgeldfestsetzung.[20] Einsperren oder übermäßige Fixierung eines psychisch Kranken verletzen dessen Freiheit. Die freie Willensbestimmung ist in diesem Bereich nicht geschützt. Vielmehr muss man hier auf die eingeschränkten Formen der schweren Verletzung des allgemeinen Persönlichkeitsrechts zurückgreifen. 713

IV. Schmerzensgeld bei ärztlicher Fehlbehandlung

– Kunstfehler: Als Behandlungsfehler oder Kunstfehler wird die Außerachtlassung des medizinischen Standards durch den behandelnden Arzt bezeichnet. Eine unerlaubte Handlung ist dann gegeben, wenn der Arzt den ihm anvertrauten Patienten körperlich oder gesundheitlich schuldhaft verletzt, § 823 Abs. 1. Das Schmerzensgeld hängt, wie auch sonst bei Verletzungen des Körpers oder der Gesundheit, von der Schwere der Schädigung und den damit verbundenen Schmerzen sowie von dem Fehler des Arztes und dem Grad seines Verschuldens ab. Bei einem schweren Behandlungsfehler kann eine Beweislastumkehr eingreifen, die es dem Patienten erleichtert, seinen Anspruch auf Schmerzensgeld durchzusetzen. Seit der Jahrtausendwende sind die zugesprochenen Scherzensgeldbeträge für sehr schwere Schädigungen mit lebenslangen Folgen drastisch erhöht worden. Nachdem sie zunächst auf ca. 500.000 DM (Eurokurs 1,95583) gestiegen waren, vereinzelt aber auch schon 1 Mio. DM erreichten (LG München VersR 2001, 1124), ist dieser Wert kein Einzelfall geblieben, wobei die Magie der kleinen Zahl nach der Euroeinführung ein unbewusster Faktor gewesen sein mag. Vorreiter sind Medizinschäden gewesen (OLG Düsseldorf VersR 2001, 1384: 300.000 DM; OLG Naumburg VersR 2002, 1295: 643.000 DM; OLG Hamm VersR 2002, 1163: 500.000 EUR; OLG Bremen NJW-RR 2003, 1255: 250.000 EUR; OLG Hamm MDR 2003, 1291: 500.000 EUR; OLG Braunschweig VersR 2004, 924: 350.000 EUR; OLG Brandenburg VersR 2004, 199: 230.000 EUR + 360 EUR monatliche Rente; OLG Koblenz VersR 2005, 1738: 200.000 EUR; OLG Düsseldorf VersR 2007, 534: 300.000 EUR + 300 EUR monatliche Rente; OLG Nürnberg VersR 2009, 71: 300.000 EUR + monatliche Rente von 600 EUR; OLG Stuttgart VersR 2009, 80 : 500.000 EUR; OLG Celle VersR 2009, 500: 500.000 EUR; OLG Jena VersR 2009, 1676: 600.000 EUR; OLG Koblenz VersR 2010, 1452: 350.000 EUR; OLG Naumburg VersR 2011, 1273: 400.000 EUR; KG NJW-RR 2012, 920: 500.000 EUR + monatliche Rente von 650 EUR. In ähnlicher Höhe sind 714

---

15 *Johnston v. NEI*, [2007] UKHL39 = [2008] 1 Law Reports, Appeal Cases, 281, m. Bespr. *Schaub* ZEuP 2009, 383 (401 ff.).
16 AG Köln NJW 2002, 2253.
17 AG Köln NJW-RR 2001, 1675.
18 LG Berlin VersR 2004, 1326.
19 OLG Bremen NJW-RR 2012, 92 (93).
20 OLG Koblenz NJW 2000, 963.

aber auch Folgen von Verkehrsunfällen bei gleichartig schweren Schäden ausgeglichen worden (OLG Hamm VersR 2002, 1164: 500.000 DM; OLG Naumburg VersR 2003, 332: 600.000 DM + 750 DM monatliche Rente; LG Kiel VersR 2002, 279: 500.000 EUR + 500 EUR monatliche Rente). Faktisch werden damit auch die ideellen Pflegebelastungen der Angehörigen ausgeglichen. Der durch die Pflege erzeugte Mehrbedarf wird daneben als Vermögensschaden ersetzt (vgl. § 843).

715 Die Genugtuungsfunktion greift nur in den Fällen schweren Verschuldens ein. Man hat das angenommen, wenn ein Arzt sich in flagranter Weise über das Recht hinwegsetzt oder bei einem ärztlich nicht indizierten Eingriff auch noch ein krasses Versagen vorliegt.[21] Kümmert sich ein Arzt tagelang nicht um das Ergebnis einer histologischen Untersuchung, welche die Schlüsseldiagnose abklären soll, und verzögert er dadurch die Verlegung der Patientin in die Universitätsklinik und die unvermeidbare Nachoperation, so liegt ein das Schmerzensgeld erhöhendes gravierendes Verschulden des Arztes vor.[22]

716 – Verletzte Aufklärungspflicht: Durch die Aufklärung soll der Patient über die Durchführung der Behandlung ebenso wie über eventuelle Risiken der Behandlung informiert werden. Die Aufklärung ist Voraussetzung der Einwilligung des Patienten in den als Verletzung der körperlichen Unversehrtheit verstandenen medizinischen Eingriff und zugleich Erfordernis seines Handelns auf eigene Gefahr hinsichtlich der Risiken der Behandlung. Fehlt es an der Aufklärung und wirksamen Einwilligung und kommt es bei der Behandlung zu einem Schaden des Patienten, so haftet der Arzt wegen verletzter Aufklärungspflicht. Eine Mindermeinung in der Lehre will hier nur eine Verletzung des Persönlichkeitsrechts annehmen, welche keinen materiellen Anspruch, sondern nur ein Schmerzensgeld, hauptsächlich in der Genugtuungsfunktion, wegen Verletzung der Dispositionsfreiheit gewährt. Aber auch bei der sog. Übermaßaufklärung, also wenn dem Patienten durch eine besondere Schwarzmalerei Angst und Schrecken eingejagt wird, kann ein Schmerzensgeld wegen Gesundheitsverletzung in Betracht kommen.

717 Im Allgemeinen werden bei schlechtem Ausgang der Behandlung und verletzter Aufklärungspflicht die gleichen Summen als Schmerzensgeld gewährt wie beim Kunstfehler. Freilich hängt hier alles von der Höhe des Verschuldens des Arztes ab. Auch der schuldhaft unterbliebene Widerruf einer schweren Diagnose führt wegen Ängstigung des Patienten zu einem Schmerzensgeldanspruch: der Patientin wurde 1957 mitgeteilt, dass sie an einem Osteosarkom litt, und erst 1980 erfolgte der Widerruf, obwohl das Gegenteil alsbald festgestellt war.[23]

V. »Schmerzensgeld« bei Persönlichkeitsverletzung

718 Da weder § 823 noch § 253 Abs. 2 die Verletzung der Ehre als Gegenstand des Schmerzensgelds nennen, ist erst unter Geltung des Grundgesetzes das allgemeine Persönlichkeitsrecht als sonstiges Recht angesehen worden. Da § 253 Abs. 2 wie zuvor § 847 aF eine begrenzte Zahl der Rechtsgüter nennt, wurde im Wege der teleologischen Reduktion der geschlossene Katalog der schmerzensgeldfähigen Güter aufgebrochen und das allgemeine Persönlichkeitsrecht in verfassungskonformer Auslegung hinzugefügt.[24] Der BGH betont heute – in Abkehr vom Gedanken einer Analogie zu § 253 Abs. 2 bzw. § 847 aF – die Rückführung dieser Rechtsfolgenerweiterung auf den Schutzauftrag der Art. 1 und 2 Abs. 1 GG sowie den Unterschied zum eigentlichen Schmerzensgeld, indem er eine terminologische Zäsur setzt und von »Geldentschädi-

---

21 OLG Düsseldorf VersR 1987, 572.
22 OLG Koblenz MedR 1994, 405.
23 OLG Karlsruhe VersR 1988, 1134.
24 BGHZ 35, 363; BVerfGE 34, 269.

gung« spricht; bei ihr steht der Gesichtspunkt der Genugtuung des Opfers im Vordergrund.[25] Zugleich wird für die Bemessung der Entschädigungshöhe gegen Medienunternehmen der Präventionsgedanke betont, um die Sanktionslosigkeit rechtswidriger rücksichtsloser Vermarktungen der Persönlichkeit zu vermeiden; einzubeziehen ist die angestrebte Gewinnsteigerung durch Erhöhung der Auflagenzahl, ohne dass der Ersatzanspruch auf eine echte Gewinnabschöpfung ausgerichtet wird.[26] Übertragen worden sind diese Wertungen auf die Gewährung einer Geldentschädigung wegen rechtswidriger Freiheitsentziehung durch polizeiliche Ingewahrsamnahme im Zuge einer Großdemonstration.[27]

Um nicht auf geringfügige Verletzungen, insbesondere solche, die keine Verbreitung in Massenmedien erfahren haben, mit Schmerzensgeld reagieren zu müssen, verlangt die Rechtsprechung, dass die Schwere der Verletzung oder des Verschuldens eine solche Genugtuung erfordere.[28] Dabei muss es sich um das Persönlichkeitsrecht eines Lebenden handeln, die Verletzung des Ansehens eines Verstorbenen reicht nicht aus.[29] Es hat also eine schwere oder schwer verschuldete Verletzung des Persönlichkeitsrechts vorzuliegen. Postmortale kommerzielle Ausbeutungen bekannter Persönlichkeiten werden demgegenüber als Verletzung der vererbbaren vermögenswerten Bestandteile des allgemeinen Persönlichkeitsrechts angesehen.[30] 719

BGHZ 35, 369 hat zugegeben, dass die Beschränkung auf die »schwere Tat« aus dem schweizerischen Recht entnommen ist. Art. 45 Schweiz. OR macht die Geldgenugtuung jedoch davon abhängig, dass »die besondere Schwere der Verletzung u n d des Verschuldens es rechtfertigt«. Im Leitsatz BGHZ 35, 363 ist daraus »die Schwere der Verletzung o d e r des Verschuldens« geworden. Die Kumulation wurde so zur Alternativität. Das BVerfG hat diese Rechtsprechung für verfassungsmäßig gehalten, allerdings ist es davon ausgegangen, dass eine »erhebliche Beeinträchtigung der Persönlichkeitssphäre und schweres Verschulden gefordert werden«.[31] Trotz der Kette von Missverständnissen ist die alternative Lösung des BGH zutreffend. Die Genugtuung im Schmerzensgeld ist geschuldet, wenn es sich entweder um eine schwere Verletzung des Persönlichkeitsrechts handelt oder die zwar leichtere persönliche Unbill auf besonders schwerem Verschulden beruht. 720

Eine schwere Verletzung des Persönlichkeitsrechts ist etwa angenommen worden, wenn irrtümlich das Foto eines Seemanns mit der Überschrift »Lebenslänglich für Doppelmörder« versehen wurde.[32] Wird im »Stern« der Präsident eines Gerichts beschuldigt, einer Angestellten in das Gesäß gekniffen zu haben, so liegt darin eine schwer verschuldete Verletzung, wenn keinerlei Recherchen angestellt wurden. Verneint wurde ein schwerwiegender Eingriff zulasten eines Geiselnehmers, Erpressers und Mörders, dem im Ermittlungsverfahren von der Polizei Folter angedroht wurde, um das Leben des Opfers zu retten.[33] 721

---

25 BGHZ 128, 1 (15) – Caroline v. Monaco; BGH NJW 1996, 984; ebenso BVerfG NJW 2000, 2187.
26 BGH NJW 1996, 984 – Caroline v. Monaco II; diese Rechtsprechung billigend BVerfG NJW 2000, 2187.
27 BVerfG VersR 2010, 820 Rn. 23.
28 BGHZ 35, 363; 161, 33 (37).
29 BGH NJW 1974, 1351.
30 BGH NJW 2000, 2195 – Marlene Dietrich; siehe auch BGH NJW 2000, 2201 – Blauer Engel.
31 BVerfGE 34, 286; erneut fehlerhaft BVerfG (Kammer) VersR 2010, 820 Rn. 21.
32 BGH LM § 823 [Ah] Nr. 16.
33 OLG Frankfurt NJW 2007, 2494 (2497).

C. Schmerzensgeld in Auffangfunktion zum materiellen Schaden

722 Bisweilen ist der materielle Schaden, insbesondere im Wege der Differenzhypothese, also der Gegenüberstellung von Vermögensständen vor und nach der Tat, nicht sicher zu ermitteln. Es kann dann dennoch sein, dass den Verletzten ein Schaden getroffen hat, der auf der Grenze zwischen materiellem und immateriellem Schaden steht. Die Rechtsprechung neigt dazu, eher den Ausgleich im Bereich des Ersatzes des Nichtvermögensschadens zu suchen. So hat man schon in der Vergangenheit die verminderten Heiratsaussichten als das Schmerzensgeld erhöhend angesehen. Heute spielt eher die verminderte Erwerbsaussicht eine Rolle, etwa wenn man den Berufswunsch als Hubschrauberpilot nicht wahrmachen kann.[34] Auch bei dem »vertanen Urlaub« als Folge einer Körperverletzung hat der BGH keinen materiellen Ersatz gewährt, da er eine Kommerzialisierung des Urlaubsgenusses fürchtete. Allerdings hat er zugelassen, dass der Ausfall des Urlaubs bei der Bemessung des Schmerzensgeldes erhöhend berücksichtigt wird.[35]

723 Dass die Rechtsprechung bei zweifelhafter Einordnung von Schäden eher den Nichtvermögensschaden wählt, liegt wohl daran, dass sie dann zum Billigkeitsrecht hinüberwechselt. Hier ist sie in der Lage, die Gesamtumstände des Falles zu berücksichtigen uU erheblich geringere Summen auszuwerfen, als der belegbare materielle Schaden ausmacht.

D. Herabsetzung der Genugtuung wegen Strafurteils oder Regressforderungen

724 Sind Prävention und Sanktion vorrangige Ziele des Schmerzensgeldes in der Genugtuungsfunktion, so kann diese von parallelen Sanktionen beeinflusst werden. Es kann sein, dass gegen den Täter eine Kriminalstrafe verhängt wird (dazu schon → Rn. 699), Disziplinarmaßnahmen ergriffen werden oder erhebliche Regressforderungen des Versicherungsträgers bevorstehen. Soweit die anderen Sanktionen übereinstimmende Funktionen aufweisen, sollten sie einander beeinflussen. Das könnte dadurch geschehen, dass die spätere Sanktion darauf Rücksicht zu nehmen hat, dass bereits die frühere ergangen ist oder jedenfalls mit Sicherheit bevorsteht. Ist wegen der gleichen Tat eine öffentliche Strafe verhängt worden, so ist die Genugtuungsfunktion nicht mehr in voller Höhe angesprochen.[36] Damit wird nicht etwa die Genugtuungsfunktion zur Strafe aufgewertet. Vielmehr darf das Gesamtmaß der Sanktionen nicht übermäßig erscheinen. Neuerdings wird die Ankoppelung der Genugtuung an eine etwaige strafrechtliche Verurteilung als »verfehlt« angesehen.[37] Als Grund wird angegeben, dass das Schmerzensgeld keine Privatstrafe darstelle, sondern auf einen Schadensausgleich gerichtet sei. Dann aber ist es wohl keine Genugtuung mehr.

725 Schwieriger zu begründen ist die Reduzierung der Genugtuung, weil ein einkommensschwacher Schädiger erheblichen Regressforderungen des Krankenversicherers des Geschädigten ausgesetzt ist.[38] Der Rückgriff des Krankenversicherers wegen aufgewendeter Kosten für die Herstellung der Gesundheit des Verletzten betrifft den ma-

---

34 OLG Köln VersR 1992, 714.
35 BGHZ 86, 212.
36 OLG Celle JZ 1970, 548.
37 BGH VersR 1995, 351.
38 OLG Köln VersR 1992, 330.

teriellen Schaden. Für einen einkommensschwachen Täter kann darin zwar eine erhebliche Belastung liegen, sie hat aber keinerlei der Genugtuung parallele Funktion. Man wird deshalb den zu erwartenden Rückgriff des Versicherungsträgers nur in Ausnahmefällen zur Herabsetzung der Genugtuung verwenden können.

E. Ersatz künftiger immaterieller Schäden

Lassen sich künftige Folgen einer Verletzung nicht sicher abschätzen, ist die feststellende Verurteilung zum Ersatz künftiger Schäden geboten. Das gilt auch für immaterielle Schädigungsfolgen. In ein Urteil über eine Schmerzensgeldleistungsklage werden voraussehbare, wenn auch nicht ganz gewisse künftige immaterielle Beeinträchtigungen in der Regel mit einbezogen.[39] Dies gilt allerdings nicht für den Eintritt objektiv nicht vorhersehbarer Spätfolgen. Wegen ihrer Wirkungen kann eine Nachliquidation erfolgen; sie wird durch die materielle Rechtskraft (§ 322 ZPO) des Ersturteils nicht ausgeschlossen.

726

---

[39] BGH NJW-RR 2006, 712 Rn. 7: Grundsatz der Einheitlichkeit des Schmerzensgeldes unter Einbeziehung absehbarer künftiger Entwicklungen.

§ 40 Schmerzensgeld: Summen und Renten

Literatur: *Hacks/Ring/Böhm*, Schmerzensgeldbeträge, 31. Aufl. 2013; *Hempfing*, Ärztliche Fehler-Schmerzensgeld-Tabellen, 1989; *Jaeger/Luckey*, Schmerzensgeld, 6. Aufl. 2011; *Jaeger*, Höchstes Schmerzensgeld – ist der Gipfel erreicht? VersR 2009, 159; *Slizyk*, Beck'sche Schmerzensgeldtabelle, 9. Aufl. 2013.

A. Summen und Renten

727 Die »billige Entschädigung in Geld« für den Nichtvermögensschaden wird für gewöhnlich als einmaliger Kapitalbetrag zugesprochen. Das »Schmerzensgeld« in Gestalt einer Summe ist die Regelform. Sie greift insbesondere ein, wenn es sich um Verletzungen ohne Dauerfolgen oder um solche mit Dauerfolgen handelt, deren künftige Auswirkung übersehbar ist. Einem in Deutschland lebenden US-Amerikaner kann keine Schmerzensgeldaufstockung gewährt werden, weil das Schmerzensgeldniveau in den USA höher liegt.[1] Lässt sich die künftige Entwicklung der immateriellen Unbill noch nicht genau bestimmen, so kann neben dem Kapitalbetrag im Urteil die Feststellung der Ersatzpflicht künftigen Nichtvermögensschadens ausgesprochen werden.

728 Das Schmerzensgeld in Gestalt einer periodischen Zahlung, nämlich als Schmerzensgeldrente, ist schon vom RG anerkannt worden. Nach der heutigen Rechtsprechung wird die Rente regelmäßig neben einem Kapitalbetrag gewährt, wenn dieser das Ausgleichsinteresse nicht befriedigen kann. Die Schmerzensgeldrente kommt hauptsächlich in Betracht bei besonders schweren Dauerschäden, etwa Querschnittslähmungen und Oberschenkelamputationen, oder wenn sich die Entwicklung der Unfallfolge in ihrer schwankenden Gestalt noch nicht übersehen lässt. Die Rente wird regelmäßig auf Lebenszeit des Geschädigten zuerkannt, kann aber auch auf einen bestimmten Zeitraum beschränkt sein, wenn sich eine endgültige Feststellung noch nicht treffen lässt. Dann ist sie im Allgemeinen mit dem richterlichen Ausspruch verbunden, dass auch für zukünftige immaterielle Unbill Schmerzensgeld zu zahlen sei. Die Zuerkennung einer Rente setzt einen entsprechenden Antrag des Klägers voraus.[2] Eine Schmerzensgeldrente kann bei wesentlicher Veränderung der Verhältnisse nach § 323 ZPO angepasst werden. Dies berechtigt zu einer Erhöhung bei einem Anstieg des Lebenshaltungskostenindex, auch wenn eine von vornherein »dynamisierte« Rente nicht zugesprochen werden darf.[3]

B. Billige Entschädigung: Vergleichung mit anderen Urteilen und Inflation

I. Schmerzensgeldtabellen

729 Damit bei Festsetzung der billigen Entschädigung in Geld nicht reine Willkür herrscht, hat sich in der Praxis herausgebildet, dass die Gerichte ihre Schmerzensgeldsummen an vergleichbare Entscheidungen anderer Gerichte anlehnen. Es wird also darauf gesehen, welche Summen andere Gerichte bei Verletzungen vergleichbarer Art und Schwere ausgeworfen haben. Dabei spielt das Problem der Inflation eine erhebliche Rolle. Die vor 20 oder 30 Jahren ausgeurteilten Schmerzensgeldbeträge sind nicht

---

1 OLG Koblenz NJW-RR 2002, 1030.
2 Vorsichtig befürwortend BGH NJW 1998, 3411.
3 BGH NJW 2007, 2475.

mehr für die heutige Zeit repräsentativ. Daher wird bei Urteilen, die älter als fünf Jahre sind, regelmäßig ein Inflationszuschlag unterschiedlicher Höhe gemacht. Man mag diese Praxis als die Inflation weiterhin fördernd kritisieren. Sie dient jedoch dem Ausgleich der erlittenen immateriellen Unbill, die sich an dem gegenwärtigen Geldwert zu orientieren hat.

Eine Durchsicht der veröffentlichten Entscheidungen und ihrer Tendenzen zeigt, dass sich das Schmerzensgeld grundsätzlich an der Art, Schwere und Dauer der Verletzung orientiert. Dabei spielt auch das Alter und der Beruf der geschädigten Person eine Rolle. Bei der Typisierung der Schmerzensgeldsummen fühlt man sich gelegentlich an die Bußkataloge mittelalterlicher Rechte erinnert, bei denen gleichfalls für ein geschädigtes Organ eine bestimmte Summe festgesetzt war. Will man jedoch die totale Willkür im Bereich des Billigkeitsrechts vermeiden (»Kadijustiz«), wird man sich der Vertypung und Vergleichung nicht entziehen können. 730

II. Bestimmter Klageantrag

Die Umsetzung von Billigkeitsüberlegungen in konkrete Geldbeträge bereitet nicht nur den Gerichten Schwierigkeiten, sondern auch den Prozessparteien: Der Kläger muss einen bestimmten Antrag stellen (§ 253 Abs. 2 Nr. 2 ZPO), was bei einem teilweisen Unterliegen zu einer Kostenbelastung nach § 92 Abs. 1 ZPO führt und bei vorsichtiger Zurückhaltung zu einer Urteilsbegrenzung gem. § 308 ZPO; der Beklagte will wissen, mit welcher Schmerzensgeldsumme er schlimmstenfalls zu rechnen hat, wogegen er also seine Verteidigung zu richten hat. Unter Berücksichtigung des § 92 Abs. 2 ZPO balanciert die Rechtsprechung die beiderseitigen Interessen dadurch aus, dass sie vom Kläger zwar keine Bezifferung seines Begehrens verlangt, wohl aber die Angabe einer Mindestsumme.[4] 731

III. Merkmale der Verletzung

In den Katalogen wird nach der Art der Verletzung unterschieden. Der Katalog reicht von Amputation, Arm, Auge bis zum Schädel und Sinnesorganen. Was die Art der Verletzung angeht, so wird unterschieden nach Blutergüssen, Infektionen, HWS-Syndromen, Prellungen, Quetschungen, Risswunden, Schnitt- und Platzwunden, Schürfwunden und Verrenkungen. Was die Entstehungsart der Verletzung angeht, so reichen die Kataloge vom ärztlichen Kunstfehler über die Fehlgeburt und Freiheitsberaubung bis zur Schussverletzung und Vergewaltigung. 732

IV. Zusammenspiel typologischer Merkmale

Entscheidend in der Praxis ist das Zusammenwirken der verschiedenen Merkmale der Schädigung. So beginnen die Kataloge mit der Verletzung, nennen die Dauer der Behandlung und der Arbeitsunfähigkeit, sprechen sich über die Person und den Beruf des Verletzten aus, sagen bisweilen auch etwas über den Dauerschaden und enden schließlich mit den besonderen Umständen. Solche Umstände sind etwa schweres Verschulden auf der Seite des Täters oder Mitverschulden auf der Seite des Opfers. Auch wird über die Besonderheiten der Tatbegehung und Einzelverläufe der Heilung berichtet. 733

---

4 BGHZ 132, 341; 140, 335.

2. Abschnitt. Abwehransprüche: Unterlassungs- und Beseitigungsklage

§ 41 Negatorische Maßnahmen: Erscheinung und Theorie

Literatur: *Henckel,* Vorbeugender Rechtsschutz im Zivilrecht, AcP 174 (1974), 97; *Hohloch,* Die negatorischen Ansprüche und ihre Beziehungen zum Schadensersatzrecht, 1976; *Jehner,* Die Bestimmung des Störers im Sinne des § 1004 I 1 BGB und die Begründung seiner Haftung, 1971; *Lettl,* Die Beeinträchtigung des Eigentums nach § 1004 I BGB, JuS 2005, 871; *Zeuner,* Gedanken zur Unterlassungs- und negativen Feststellungsklage, FS Dölle I, 1963, 295.

Rechtsvergleichend: *Kötz,* Vorbeugender Rechtsschutz im Zivilrecht. Eine rechtsvergleichende Skizze, AcP 174 (1974), 145.

A. Rechtsschutz und Rechtswidrigkeit

734 Die Pflicht zum Schadensersatz bildet den nachtatlichen Schutz; sie soll die Folgen der rechtswidrigen und schuldhaften Tat ungeschehen machen. Die Schadensersatznorm hat die gestaffelten Zwecke der Schadensabnahme und der Schadensverhinderung. Verhüten ist jedoch immer besser als vergüten. So besteht auch das vorrangige Interesse an vortatlicher Verhinderung der Verletzung und des Schadenseintritts. Der Schadensersatzanspruch stellt eine repressive Maßnahme dar; das Recht ist aufgerufen, defensive Maßnahmen zu entwickeln. Diese sind von der Rechtsprechung auf der Grundlage der §§ 12, 862 Abs. 1, 1004 als Anspruch auf Unterlassung bevorstehender und Beseitigung fortwirkender Eingriffe entwickelt worden. Beide Rechtsfolgen werden unter dem Oberbegriff der Abwehransprüche zusammengefasst. Normiert sind derartige Abwehransprüche auch im Sonderdeliktsrecht der Rechte des Geistigen Eigentums (§ 97 UrhG, § 42 Abs. 1 GeschmMG, § 139 PatG, § 24 GebrMG, §§ 14 Abs. 5, 15 Abs. 4, 128 Abs. 1 MarkenG) und des Wettbewerbsrechts (§ 8 Abs. 1 UWG, § 33 GWB). Für die Rechte des Geistigen Eigentums hat der Gemeinschaftsgesetzgeber die Richtlinie 2004/48/EG v. 29.4.2004[1] erlassen, die in Deutschland durch Gesetz vom 7.7.2008[2] umgesetzt worden ist.

735 Die Abwehransprüche knüpfen an die drohende rechtswidrige Verletzung an und setzen kein Verschulden voraus. Entweder steht die Verletzung unmittelbar bevor, oder die schon eingetretene Verletzung droht sich fortzusetzen. Da schon die unmittelbare Gefährdung des Rechtsguts oder die bevorstehende Verletzung einer Verhaltensnorm die Rechtswidrigkeit begründen, liegt es nahe, an deren Widerrechtlichkeit anzuknüpfen und Schutz derart zu gewähren, dass die Verletzung nicht eintreten bzw. nicht fortwirken kann. Die gerichtlich durchsetzbaren Abwehrmaßnahmen schützen vor der Verwirklichung einer bevorstehenden oder weiterwirkenden Verletzung. Sie sind in Parallele zum Notwehrrecht nach § 227 zu sehen, das auf Verteidigung durch tatsächliches Handeln gerichtet ist.

---

[1] ABl. EU 2004 L 196, 16.
[2] BGBl. I S. 1191.

B. Anspruch oder Klage

Noch am Beginn des 20. Jahrhunderts war streitig, ob die in § 1004 sowie §§ 12, 862 aufgeführten Abwehrmaßnahmen nur als prozessuale Behelfe in Gestalt einer Klage auf Unterlassung oder Beseitigung gewährt werden, oder ob der Erhebung dieser Klage ein Anspruch zugrunde liegt. Für das Eigentum hat sich der Gesetzgeber doppeldeutig ausgedrückt. § 1004 gewährt dem Eigentümer, dessen Eigentum in anderer Weise als durch Entziehung oder Vorenthaltung des Besitzes beeinträchtigt wird, das Recht, vom Störer die Beseitigung der Beeinträchtigung zu verlangen. Das deutet auf einen Anspruch hin. Für die vortatliche Unterlassung hingegen erlaubt § 1004 dem Eigentümer die Klage, wenn weitere Beeinträchtigungen zu besorgen sind. Nach heutigem Verständnis ist in beiden Beziehungen ein materiell-rechtlicher Anspruch und nicht nur ein prozessuales Klagerecht gegeben. 736

Ein Anspruch ist das Recht, von einem anderen ein Tun oder ein Unterlassen zu verlangen, § 194. Die Beseitigung der künftigen Verletzung ist ein Tun. Die Unterlassung verlangt in der Regel Passivität. Die aus diesen Ansprüchen fließenden Klagen dienen nur der Durchsetzung der sog. negatorischen Ansprüche. Der Anspruch kennzeichnet die materiell-rechtliche Seite, etwa was Voraussetzungen, Rechtsträgerschaft und Verjährung angeht. Die Klage dient der Durchsetzung des materiell-rechtlichen Anspruchs. Realisiert werden die Abwehransprüche auch außergerichtlich, ohne dass es zu einem gerichtlichen Klageverfahren kommt. 737

§ 42 Unterlassung und Beseitigung

A. Unterlassungsanspruch

Literatur: *Baur*, Zu der Terminologie und einigen Sachproblemen der »vorbeugenden Unterlassungsklage«, JZ 1966, 381; *Böhm*, Unterlassungsanspruch und Unterlassungsklage, 1979; *Brehm*, Nachfolge in dingliche Unterlassungspflichten, JZ 1972, 225; *Fritzsche*, Unterlassungsanspruch und Unterlassungsklage, 2000; *Lehmann*, Die Unterlassungspflicht im Bürgerlichen Recht, 1906; *Münzberg*, Bemerkungen zum Haftungsgrund der Unterlassungsklage, JZ 1967, 689; *Stoll*, Haftungsrechtlicher Schutz gegen drohendes Unrecht, FS Lange, 1991, 729; *Wessel*, Zur Frage des materiellen Anspruchs bei Unterlassungsklagen, FS v. Lübtow, 1970, 787; *Zeuner*, Gedanken zur Unterlassungs- und negativen Feststellungsklage, FS Dölle I, 1963, 295.

I. Schutzumfang, Begehungsgefahr

738 Nach den §§ 823 ff. sind Lebensgüter, absolute Rechte und von Schutzgesetzen wahrgenommene Interessen geschützt. Verlegt man den dort durch Schadensersatz gewährten nachtatlichen Schutz nach vorn, so sind alle vom Deliktsrecht wahrgenommenen Güter, Rechte und Interessen gegen widerrechtliche Gefährdung zu schützen. Droht jemandem die Einsperrung oder schickt sich der Nachbar an, einen Weg über sein Grundstück zu bahnen, oder werden geschäftliche Interessen wettbewerbswidrig bedroht, kann auf Unterlassung geklagt werden. Eher skurril ist eine Klage auf Unterlassung künftiger Körperverletzung.[1] Die Anspruchsgrundlage wird häufig in einer Analogie zu § 1004 gesehen. Während der Wortlaut des § 1004 Abs. 1 S. 2 einen Unterlassungsanspruch nur zuspricht, wenn weitere Beeinträchtigungen zu besorgen sind, ist die Rechtsprechung konsequenterweise dazu übergegangen, auch Schutz schon gegen das erstmalige Bevorstehen eines Eingriffs zu gewähren.

739 Der Unterlassungsanspruch setzt wie die Notwehr das unmittelbare Bevorstehen der Verletzung voraus. Man spricht von einer Begehungsgefahr. Der Blick in die Zukunft ist auch dem Juristen verschlossen. Daher muss eine Prognose erstellt werden, die auf Indizien gestützt wird. Hat bereits eine Verletzung stattgefunden, spricht dieser Umstand für eine bevorstehende erneute Verletzung. In dieser prognostischen Variante nennt man die Begehungsgefahr »Wiederholungsgefahr«. Trotz der Anknüpfung an ein vergangenes Geschehen wird der Unterlassungsanspruch allein um der Unterbindung zukünftiger Verletzungen willen bereitgehalten. Erfährt der Bedrohte von der Vorbereitung einer erstmaligen Verletzung, spricht man von »Erstbegehungsgefahr«. Sie muss sich bereits zu einem nahe bevorstehenden Angriff verdichtet haben; entfernte Vorbereitungen und geäußerte Intentionen reichen nicht aus. Wird ein Unterlassungsurteil ausgesprochen, werden dadurch dem beklagten Unterlassungsschuldner Handlungsmöglichkeiten abgeschnitten. Um seine Handlungsfreiheit soll er nur kämpfen müssen, wenn der Schwellenwert der Begehungsgefahr überschritten ist, nicht aber schon auf Spekulationen eines ängstlichen Gläubigers hin. In der Praxis wird zumeist nur aus einer zuvor erfolgten Verletzung die Schlussfolgerung abgeleitet, dass gleichartige weitere Eingriffe drohen; zur Erleichterung der Rechtsdurchsetzung wird dann das Vorliegen einer Wiederholungsgefahr vermutet.[2] Auch in der Erweiterung des sachlichen Anwendungsbereiches über § 1004 hinaus wird der Anspruch verschuldensunabhängig gewährt.

---

1 LG Salzburg JBl. 2000, 801.
2 BGH NJW 1998, 1391; st. Rspr. in Materien des Persönlichkeitsschutzes, des Wettbewerbsrechts und des Gewerblichen Rechtsschutzes sowie Urheberrechts.

II. Rechtsfolge

740 Das wegen Gefährdung oder sonst normwidrige Verhalten ist zu unterlassen. Der Unterlassungsanspruch richtet sich auf das Ausbleiben eines bestimmt bezeichneten Verhaltens, etwa das Überfahren eines fremden Grundstücks ohne Erlaubnis oder eine bevorstehende ehrenrührige Presseveröffentlichung. Die Unterlassung eines nur allgemein umschriebenen Verhaltens, etwa die Gefährdung eines Gutes oder Rechts, kann nicht verlangt werden; notwendig ist eine konkretisierende Beschreibung des zu unterlassenden Verhaltens. Erzwungen werden kann das Unterlassen nur indirekt, indem auf eine gegen das Unterlassungsurteil verstoßende Handlung mit der Bestrafung nach § 890 ZPO reagiert wird.

B. Beseitigungsanspruch

Literatur: *Baur*, Der Beseitigungsanspruch nach § 1004 BGB, AcP 160 (1961), 465; *Hohloch*, Die negatorischen Ansprüche und ihre Beziehungen zum Schadensersatzrecht, 1976; *Mertens*, Zum Inhalt des Beseitigungsanspruchs aus § 1004, NJW 1972, 1783; *Picker*, Der negatorische Beseitigungsanspruch, 1972; *R. Schmidt*, Der negatorische Beseitigungsanspruch, 1924; *Waas*, Zur Abgrenzung des Beseitigungsanspruchs gem. § 1004 BGB vom Anspruch auf Schadensersatz wegen unerlaubter Handlung, VersR 2002, 1205.

I. Voraussetzungen

741 Der Beseitigungsanspruch richtet sich auf nachtatliche Maßnahmen, allerdings ebenso wie beim Unterlassungsanspruch um der künftigen Wirkungen willen. Erforderlich ist, dass bereits eine Verletzung vorliegt. Die Verletzung muss widerrechtlich zugefügt, braucht aber nicht schuldhaft begangen zu sein. Wesentlich ist ferner, dass die Verletzung in die Zukunft fortwirkt. Abgeschlossene Verletzungen, die sich in einem Schaden niedergeschlagen haben, führen bei Verschulden zu einem Ersatzanspruch; Beseitigung wegen rechtswidriger Verletzung ohne Verschuldensfeststellung kommt in Bezug auf die Vergangenheit nicht in Betracht.

II. Rechtsfolge: Abgrenzung zum Schadensersatz

742 Der verschuldensunabhängige Beseitigungsanspruch und der Anspruch auf Schadensersatz verlangen beide nachtatliche Maßnahmen. Sie sind daher voneinander abzugrenzen. Auch der Ersatz des Schadens beseitigt die Folge der Verletzung, nämlich den Schaden. Für ihn ist jedoch eine schuldhaft rechtswidrige Verletzung vorausgesetzt, die sich in einem Schaden niedergeschlagen hat. Die negatorische Beseitigung wird deshalb nach hM auf die Weiterwirkung der Verletzung beschränkt. Sofern es sich um eine fortwirkende Verletzung oder eine sich ständig erneuernde Quelle von Verletzungen handelt, ist die Beseitigungsklage darauf gerichtet, künftige Verletzungen durch Ausräumung der bisherigen und fortwirkenden Verletzung zu verhindern. So kann etwa die Entfernung eines fremden Fahrzeugs vom eigenen Grundstück als Beseitigung verlangt werden. Auch kann die Tilgung eines zu Unrecht eingetragenen Namens aus der Liste unzuverlässiger Schuldner verlangt werden.[3] Geschuldet sind erforderliche Maßnahmen; die Erforderlichkeit wird vom Ziel her bestimmt, eine Störquelle für die Zukunft auszuräumen. Eine besondere Ausprägung der Beseitigung ist der Widerruf unwahrer Tatsachenbehauptungen durch den Störer, durch den der Zu-

---

[3] BGHZ 8, 142.

stand fortdauernder Rufbeeinträchtigung beendet und die rechtswidrige Störung abgestellt werden soll.[4]

III. Kosten der Beseitigung

743 Nimmt der Beseitigungsschuldner die geschuldete Maßnahme selbst vor, trägt er auch die Kosten, etwa der Beauftragung eines Handwerkers. Sind die Maßnahmen nicht höchstpersönlicher Natur, kann also eine andere Person an die Stelle des Schuldners treten, kommt eine Selbsterfüllung durch den Gläubiger oder durch von ihm beauftragte Hilfspersonen in Betracht. In diesem Falle verengt sich der Inhalt auf die Kostentragung. Liegt ein Beseitigungsurteil vor, kann sich der Titelgläubiger gem. § 887 ZPO zur Ersatzvornahme ermächtigen lassen und bekommt Kostenersatz zugesprochen. In den anderen Fällen muss bei Ersatzvornahme nach einer materiell-rechtlichen Anspruchsgrundlage gesucht werden. Die Rechtsprechung wendet ohne klar erkennbare Linie GoA (§§ 683, 670) oder ungerechtfertigte Bereicherung an. Es spricht jedoch mehr dafür, die Grundlage im Beseitigungsanspruch selbst zu sehen, der die Kostentragung mit umfasst.

IV. Sonderproblem Ehrenschutz

Literatur: *Helle,* Zivilrechtlicher Schutz von Persönlichkeit, Ehre und wirtschaftlichem Ruf, 1999; *Rötelmann,* Persönlichkeitsrechte, insbesondere der Widerruf ehrenrühriger Behauptungen, NJW 1971, 1636; *Schneider,* Der Widerruf von Werturteilen, MDR 1978, 613.

744 Der Anspruch auf Beseitigung spielt bei Verletzungen der Persönlichkeit eine besondere Rolle. Hier ist zu unterscheiden: Die Formalbeleidigung und das Werturteil sind ihrer Natur nach nicht der Beseitigung zugängig.[5] Abbitte oder Entschuldigung sind höchstpersönliche Äußerungen, welche nicht durch das Recht dem Beseitiger in den Mund gelegt werden können. Ein Werturteil mag verfehlt oder unsachlich sein; es geht jedoch nicht an, den Äußerer zu verpflichten, ein geändertes Urteil kundzutun. Hingegen ist eine Tatsachenbehauptung widerrufbar. Steht fest, dass die gemachte Behauptung unrichtig ist, so kann der Verletzer zum Widerruf verurteilt werden.[6] Wird etwa behauptet, jemand habe bei bestimmter Gelegenheit einen Diebstahl verübt und erweist sich ein anderer als der Täter, so kann der Widerruf dieser Behauptung verlangt werden. Lässt sich jedoch nur die ehrenrührige Behauptung nicht beweisen, so ist der sog. eingeschränkte Widerruf gegeben. Der Täter ist dann verpflichtet zu erklären, an seiner Behauptung nicht mehr festzuhalten.[7] Ihn zum Widerruf einer nicht als unrichtig festgestellten Behauptung zu verurteilen, würde jedoch Übermaß darstellen. Waren jedoch nur die beiden Beteiligten Zeugen eines Vorfalls, kann nicht einmal ein eingeschränkter Widerruf verlangt werden.[8] Schließlich kann auch die Rücknahme einer falschen Behauptung verlangt werden, die ein anderer berechtigterweise aufgestellt hat. Der Rechtfertigungsgrund der Wahrnehmung berechtigter Interessen ist nämlich zeitlich begrenzt. Ist berichtet worden, der Kläger sei zu einer Strafe verurteilt worden, wird er aber nun in der Berufungsinstanz freigesprochen, ist der Beseitigungsanspruch gegeben.[9] Die zuerst rechtmäßige Beeinträchtigung in Form der Berichterstattung ist zur rechtswidrigen geworden.

---

4 BGHZ 128, 1 (6); st. Rspr.
5 BGHZ 10, 104.
6 BGHZ 68, 331.
7 BGHZ 37, 187.
8 BGHZ 69, 181.
9 BGHZ 57, 325.

3. Abschnitt. Prozess und Regress

§ 43 Beweis: Darlegungs- und Beweislast, Beweismaß und Schätzung; Zwangsvollstreckung

Literatur: *Baumgärtel*, Handbuch der Beweislast im Privatrecht, Bd. 1, 3. Aufl. 2007; *Baumgärtel/ Wittmann*, Zur Beweislastverteilung im Rahmen des § 823 Abs. 1 BGB, FS Schäfer, 1980, 13; *Deutsch*, Beweis und Beweiserleichterungen des Kausalzusammenhangs im deutschen Recht, FS Lange, 1991, 433; *Greger*, Praxis und Dogmatik des Anscheinsbeweises, VersR 1980, 1091; *Hainmüller*, Der Anscheinsbeweis und die Fahrlässigkeit im deutschen Schadensersatzprozeß, 1966; *Heller*, Die gerichtliche Schadensermittlung nach § 287 ZPO, 1977; *Hofmann*, Die Umkehr der Beweislast in der Kausalfrage, 1972; *Honsell*, Beweislast- und Kompensationsprobleme bei der Gefahrerhöhung, VersR 1981, 1094; *Klauser*, Möglichkeit und Grenze richterlicher Schadensschätzung (§ 287 ZPO), JZ 1968, 167; *Maaßen*, Beweismaßprobleme im Schadensersatzprozeß, 1975; *Musielak*, Die Beweislast, JuS 1983, 198; 1983, 368; *Stoll*, Haftungsverlagerung durch beweisrechtliche Mittel, AcP 176 (1976), 145; *Wahrendorf*, Die Prinzipien der Beweislast im Haftungsrecht, 1976; *Werner*, Beweiswürdigung im Schadensersatzprozeß nach § 287 ZPO, 1970; Wieczorek/*Ahrens*, ZPO, 4. Aufl. 2011 ff., vor § 286 Teil A, § 286, § 287.

A. Darlegungs- und Beweislast

I. Anspruchsgrundlage

Die Beweislastregelung weist den Richter an, welche von den Parteien den Rechtsstreit oder bei einer Teilfrage des Prozesses den Punkt verliert, wenn eine bestrittene Behauptung nicht als zutreffend festgestellt werden kann. Mit der Beweislast stimmt regelmäßig die Darlegungslast überein, also das Erfordernis, den mit der Klage geltend gemachten Anspruch schlüssig darzulegen. Nach den allgemeinen Regeln über den Beweis gehören die anspruchsbegründenden Tatsachen zur Darlegungs- und Beweislast des Anspruchstellers. Wer etwa wegen einer Körper- oder Eigentumsverletzung Schadensersatz verlangt, hat darzutun, dass der Körper oder das Eigentum vom Anspruchsgegner verletzt worden ist und daraus der geltend gemachte Schaden entstanden ist. Für die Arzthaftung hat der Patient nachzuweisen, dass dem Arzt ein Fehler unterlaufen ist, der ihn verletzt und geschädigt hat.[1] Für den Anspruch ist also der Kläger beweisbelastet. 745

Die Beschaffung des substantiiert vorzutragenden Tatsachenstoffes kann Schwierigkeiten bereiten. Hilfe gewähren selbstständige Informationsansprüche, die für einzelne materielle Rechtsverhältnisse zuerkannt werden, etwa der vertragliche Anspruch auf Einsicht in die ärztlichen Krankenaufzeichnungen[2] oder der gesetzliche Auskunftsanspruch des Geschädigten nach § 8 Abs. 1 UmweltHG. Gleichwohl verbleibende Schwierigkeiten des Informationszugangs oder der Verarbeitung medizinischer, technischer oder wissenschaftlicher Informationen durch Laien werden mit einer Herabsetzung der Substantiierungsanforderungen[3] und mit sekundären Darlegungslasten aufgefangen. 746

II. Einwendung

Rechtshindernde Einwendungen sind Anspruchsvoraussetzungen, bei denen wegen ihres verneinenden Charakters die Darlegungs- und Beweislast umgekehrt wird: Sie 747

---
1 BGH VersR 1974, 1222.
2 BGHZ 85, 327 und 339; 106, 146.
3 So im Fall VIOXX zu § 84 Abs. 2 AMG BGH NJW 2008, 2994 Rn. 3 m. Anm. *Deutsch*.

fällt dem Anspruchsgegner zur Last. Das Gesetz kennzeichnet eine Einwendung regelmäßig dadurch, dass sie als Ausnahme von der Regel dargestellt wird. So hat etwa der Verletzer bei einem geschlossenen Tatbestand wie der Körperverletzung einen Rechtfertigungsgrund nachzuweisen, etwa dass er in Notwehr oder mit Einwilligung gehandelt hat. Dasselbe gilt für die Einwilligung in eine Eigentumsverletzung, etwa durch den Abschluss eines Werkvertrages[4] oder durch einen gestellten Verkehrsunfall.[5] Beruft sich der Verletzer darauf, dass derselbe Schaden auch bei pflichtgemäßem Handeln eingetreten wäre, etwa ein Operationsfehlschlag auch bei ausreichender Patientenaufklärung, ist er für den hypothetischen Verlauf beweispflichtig.[6] Da das Gesetz Personen, die über sieben Jahre alt sind, für im Allgemeinen – mit Ausnahme des § 828 Abs. 2 S. 1 für die Einschätzung von Gefahren des motorisierten Straßenverkehrs[7] – zurechnungsfähig hält, hat der Verletzer seine Zurechnungsunfähigkeit (§§ 827 f.) darzutun. Steht ein verkehrswidriger Zustand fest, etwa die Glätte eines Gehweges während der tageszeitlichen Dauer der Streupflicht, muss der Sicherungspflichtige beweisen, dass eine Gefahrabwendung ausnahmsweise nicht geboten war, etwa weil das Streuen wegen plötzlichen Starkregens zwecklos war.[8]

748 Gesetzliche Vermutungen eines Anspruchsgrundes verändern die Beweislast. So haben nach den §§ 831 ff. der Geschäftsherr, der Aufsichtsverpflichtete, der Tierhalter bzw. -hüter und der Besitzer eines Grundstücks darzulegen, dass sie die im Verkehr erforderliche Sorgfalt beobachtet haben oder dass der Schaden auch bei Anwendung dieser Sorgfalt entstanden wäre. Auch der Produzent einer Ware, die einen Fehler aufweist, kann sich dadurch entlasten, dass er seine mangelnde Pflichtverletzung dartut.[9] Wer sich an einer Schlägerei beteiligt, die zu einer schweren Körperverletzung führt, und der deshalb nach § 823 Abs. 2 iVm dem abstrakten Gefährdungstatbestand des § 231 StGB nF haftet, muss beweisen, dass sein Tatbeitrag den Schaden nicht herbeigeführt hat.[10]

III. Umkehr der Darlegungs- und Beweislast

749 Entgegen der grundsätzlich anwendbaren Regelung werden bisweilen die Darlegungs- und die Beweislast auf den Gegner verlagert, wenn sich die zu beweisenden Tatsachen ganz in seinem Bereich zugetragen haben oder wenn von ihm Beweismittel manipuliert worden sind. Das erste ist etwa der Fall bei den subjektiven Voraussetzungen des Verschuldens: Während der Verletzte zum Beweis der verschuldeten Verletzung eines Schutzgesetzes (§ 823 Abs. 2) die Zuwiderhandlung darzutun hat, ist es Sache des Verletzenden zu beweisen, dass er die innere Sorgfalt eingehalten hat.[11] Auch die Billigkeit kann eine Umkehr der Beweislast rechtfertigen. Unterläuft dem Arzt ein schwerer Kunstfehler, so hat er darzutun, dass der geschehene und üblicherweise vom kunstgerechten Verhalten hintangehaltene Schaden dennoch eingetreten wäre. Übersieht etwa der Frauenarzt die Gelbfärbung des Neugeborenen und denkt nicht an eine Rhesusunverträglichkeit der Eltern und versäumt deshalb den rechtzeitigen Blutaustausch, so hat er darzutun, dass der schwere Schaden des Kindes auch bei rechtzeitigem Blutaustausch eingetreten wäre.[12] Wird eine Pflicht zur Erhebung medizinischer Befunde und zu deren ordnungsgemäßer Aufbewahrung verletzt, kann daraus

---

4 BGH NJW-RR 2005, 172: Auftrag zur Rodung von Baumkulturen in einer Baumschule.
5 OLG Koblenz NJW-RR 2006, 95.
6 BGH VersR 2005, 942: Stimmbandlähmung nach Schilddrüsenoperation mit Ausdehnung über die abgesprochene Teilresektion hinaus.
7 Dazu BGH NJW 2007, 2113 Rn. 8 f.; 2008, 147 Rn. 9.
8 Vgl. BGH NJW-RR 2005, 1185.
9 BGHZ 51, 91.
10 BGH NJW 1999, 2895.
11 BGH VersR 1968, 594.
12 BGH VersR 1970, 544

auf ein positives Befundergebnis geschlossen werden, das zu Behandlungsreaktionen gezwungen hätte.[13] Als Beispiel der Einwirkung auf Beweismittel sind die Vernichtung des früher in der Operationswunde zurückgelassenen und später entfernten Tupfers[14] und wahrheitswidrige Einträge in Krankenblätter[15] angesehen worden. Die Manipulation geht zulasten des Arztes, was bis zur Umkehr der Beweislast führen kann. Bei Gesundheitsbeeinträchtigungen durch Emissionen können Beweiserleichterungen für die Feststellung der Schadstoffkausalität gewährt werden, wenn durch Verwaltungsvorschriften festgelegte Emissions- oder Immissionsgrenzwerte überschritten waren.[16]

IV. Anscheinsbeweis

Auch die Erfahrung prägt die Beweisführung. Nach der Lebensanschauung gibt es typische Geschehnisketten, bei denen vom Beginn auf die Folge und ebenso oft vom Ergebnis auf das auslösende Moment zurückgeschlossen werden kann. Die Typizität dieser Erscheinungen erleichtert die Beweisführung durch den sog. prima facie- oder Anscheinsbeweis. Mithilfe der allgemeinen Lebenserfahrung können fehlende konkrete Indizien bei der Beweiswürdigung überbrückt werden.[17] Der Verletzte hat dann nur darzutun, dass es der Lebenserfahrung entspricht, dass dieser Erfolg auf ein bestimmtes Verhalten zurückzuführen ist. So spricht etwa das Auffahren auf einen Straßenbaum prima facie für ein zu schnelles oder unvorsichtiges Fahren.[18] Auch die große Zahl erlaubt bisweilen einen Rückschluss auf die Art des Geschehens. Entwickelt eine größere Zahl von Patienten eines Zahnarztes Hepatitis B, eine Krankheit, die auch beim Zahnarzt festgestellt wird, kann prima facie auf eine Ansteckung in der Praxis geschlossen werden.[19] Des Weiteren wird aus der Verletzung einer Verhaltensnorm regelmäßig abgeleitet, dass der von der Verhaltensnorm zu vermeidende Erfolg wegen der Verletzung eingetreten ist.[20] Stürzt also jemand auf der vereisten und nicht gestreuten Straße, so wird angenommen, dass der Sturz auf die Verletzung der Streupflicht zurückzuführen ist. Schließlich muss sich die vom Schutzgesetz bekämpfte Gefahr bei dem Unfall verwirklicht haben. Fehlt normwidrig ein Handlauf, so ist der Treppensturz anscheinsmäßig darauf nicht zurückzuführen, wenn eine Menschenmenge das Geländer verdeckt hatte.[21]

750

Der Anscheinsbeweis kann dadurch erschüttert werden, dass die ernsthafte Möglichkeit eines atypischen Verlaufs dargetan wird. Sie ist dann gegeben, wenn der schädigende Erfolg auch auf andere Weise eingetreten sein kann. Entwickelt ein Patient Knochentuberkulose, nachdem er mit einem anderen, der unter offener Tbc litt, in der Klinik zusammengelegt worden war, so spricht der Anschein für eine Ansteckung im Krankenhaus. Der Anschein ist jedoch erschüttert und damit die frühere Beweissituation wiederhergestellt, wenn die Möglichkeit bestand, dass der Patient die Tbc bereits vor Aufnahme in die Klinik erworben hatte.[22] Nicht nur eine Erschütterung, sondern ein Verlust der Beweisführung durch einen Anscheinsbeweis tritt ein, wenn der Schadensbefund nicht gesichert wird (zB durch einen Havariekommissar) und dadurch ein Beweismittel endgültig verloren geht.[23]

751

---

13 BGHZ 132, 47; BGH NJW 1998, 1780; 1999, 860 und 862.
14 BGH VersR 1955, 344.
15 BGH NJW 1978, 2337.
16 BGH NJW 1997, 2748; BGHZ 92, 143 – Kupolofen.
17 BGH NJW 1998, 79.
18 BGHZ 8, 239.
19 OLG Köln NJW 1985, 1402.
20 BGH VersR 1964, 1082.
21 BGH VersR 1986, 916.
22 BGH NJW 1969, 553.
23 BGH NJW 1998, 79 (81).

3. Teil. Rechtsfolgen der Haftung

B. Regelbeweismaß

752   Nach § 286 ZPO hat das Gericht unter Berücksichtigung des gesamten Inhalts der Verhandlung und des Ergebnisses einer etwaigen Beweisaufnahme nach freier Überzeugung zu entscheiden, ob eine tatsächliche Behauptung für wahr oder nicht für wahr zu erachten ist. Der Beweis ist geführt, wenn die Behauptung nach der Überzeugung des Gerichts mit einem Maß an Gewissheit festzustellen ist, die Zweifeln Schweigen gebietet.[24] Fehlt es hieran, so ist der Beweis nicht geführt.

C. Schadensschätzung

753   Für die Entstehung und den Umfang des Schadens, nicht aber für die Verletzung gilt eine Ausnahme. Nach § 287 ZPO werden die Anforderungen an das Parteivorbringen und das Beweismaß herabgesetzt, wenn die Parteien darüber streiten, ob ein Schaden entstanden und wie hoch er ausgefallen ist. Das Gericht entscheidet dann nach freiem Ermessen. Es kann ohne Beweiserhebung entscheiden und den Schaden schätzen. Es muss aber ausreichende tatsächliche Unterlagen für eine Schadensschätzung durch Ausübung des Ermessens besitzen. Der Grund für die Gestattung der freien Schadensschätzung liegt darin, dass der genaue Beweis des Schadens und der Schadenshöhe schwierig zu führen und die Beweisaufnahme auch für das Gericht oft zeitraubend ist. Prognosen der hypothetischen beruflichen Entwicklung eines Geschädigten dürfen nicht durch überhöhte Anforderungen obsolet werden, weil es auch im Verantwortungsbereich des Schädigers liegt, dass er sein Opfer mit den Prognoseschwierigkeiten belastet.[25]

754   Für die Haftungsbegründung, die bis zum ersten negativen Betroffensein reicht, gilt das volle Beweismaß der richterlichen Überzeugung nach § 286 ZPO. Für die Haftungsausfüllung hingegen, also für den Schaden, den haftungsausfüllenden Kausalzusammenhang und den Schadensumfang genügt die Schadensschätzung aufgrund eines durch Tatsachen gestützten richterlichen Ermessens. Bei § 823 Abs. 1 gehört der Eintritt der Rechtsgutverletzung zum Haftungsgrund, Folgebeeinträchtigungen werden zum Schaden gezählt. Aufgrund des § 287 können auch Schadenspauschalierungen vorgenommen werden, etwa bestimmte Sätze für den Ausfall eines Kraftfahrzeuges oder für die Nichtausnutzung der Arbeitskraft eines Verletzten festgesetzt werden. Haftungsbegründende und haftungsausfüllende Kausalität werden bei den verschiedenen Deliktstatbeständen nicht selten verwechselt, was dann zu Fehlvorstellungen über das Beweismaß führt.[26]

D. Privilegierte Zwangsvollstreckung

755   Ansprüche aus vorsätzlicher unerlaubter Handlung werden gem. § 850f Abs. 2 ZPO in der Zwangsvollstreckung bevorzugt. Der Pfändungsschutz zugunsten des Vollstreckungsschuldners ist eingeschränkt; abweichend von § 850c ZPO ist ihm nur der notwendige Unterhalt zu belassen.[27] Die Vorsatztat muss bereits im Erkenntnisverfahren, das zu dem Vollstreckungstitel führt, festgestellt werden;[28] der unverjährbare Feststellungsanspruch kann allerdings auch nachträglich tituliert werden.[29]

---

24   BGHZ 53, 245 (256) – Anastasia; BGH NJW 2008, 1381 (1382).
25   BGH VersR 2000, 233.
26   ZB in BGH NJW 1996, 3009 (3010).
27   Dazu BGH NJW-RR 2011, 706 Rn. 9.
28   BGH VersR 2012, 195 Rn. 7.
29   BGH NJW 2011, 1133 Rn. 9 und 16.

§ 44 Verjährung und Verwirkung

Literatur: *Lepa*, Die Verjährung im Deliktsrecht, VersR 1986, 301; *Littbarski*, Verjährungsrechtliche Divergenzen im Sachmängelrecht, NJW 1981, 2331; *Peters*, Die Kenntnis vom Schaden als Verjährungsvoraussetzung bei § 852 Abs. 1 BGB, JZ 1983, 121; *Siebert*, Verwirkung und Unzulässigkeit der Rechtsausübung, 1934; *Tegtmeyer*, Der Geltungsbereich des Verwirkungsgedankens, AcP 142 (1936), 203.

A. Verjährung

Die Ansprüche aus Verschuldenshaftung, Gefährdungshaftung und Aufopferungshaftung unterliegen der Verjährung. Die Schuldrechtsreform von 2001 hat die deliktische Verjährungsnorm des § 852 aF zum Regelverjährungstatbestand erhoben und in §§ 195, 199 verankert. Der Regelverjährung von drei Jahren ab Kenntnis der anspruchsbegründenden Umstände und der Person des Schuldners können Sonderregeln vorgehen. Gehemmt wird der Lauf der Verjährungsfrist durch Klageerhebung und gleichgestellte Handlungen, § 204. Dazu gehören auch das einstweilige Verfügungsverfahren und der Antrag auf Anordnung des selbstständigen Beweisverfahrens nach §§ 485 ff. ZPO. **756**

I. Verjährung des Deliktsanspruchs

Die dreijährige Verjährungsfrist gilt für alle Ansprüche der §§ 823 ff., also auch für die Billigkeitshaftung und die Tierhalterhaftung, §§ 829, 833. Auch die quasi-negatorischen Ansprüche auf Unterlassung und Beseitigung fallen darunter. Wenn der Anspruch entstanden ist und der Gläubiger den Anspruch geltend machen kann, beginnt die Frist mit Ende des Jahres der Entstehung zu laufen und endet drei Jahre später am 31. Dezember. Nicht erforderlich ist, dass der Anspruch schon beziffert werden kann, weil die Feststellung der Ersatzpflicht dem Grunde nach für die Rechtsverfolgung ausreicht. Bei Unterlassungsansprüchen tritt an die Stelle der Entstehung die Zuwiderhandlung (§ 199 Abs. 5). Darunter ist die die Begehungsgefahr auslösende Bedrohungshandlung zu verstehen, gleich ob sie aus einer früheren Verletzung oder aus Indizien eines erstmaligen Geschehens abgeleitet wird. **757**

Die Frist beginnt zu laufen, wenn der Anspruchsberechtigte bzw. sein gesetzlicher Vertreter den Schaden und die Person des Ersatzpflichtigen kennt. Dabei genügt, dass der Geschädigte aufgrund der ihm bekannten Tatsachen gegen einen bestimmten Schädiger mit einiger Erfolgsaussicht vorgehen kann,[1] wozu dessen Name und Anschrift gehören.[2] Eine auf der Hand liegende Erkenntnismöglichkeit wahrzunehmen ist ihm dabei zuzumuten;[3] grob fahrlässige Unkenntnis setzt die Verjährungsfrist in Lauf (§ 199 Abs. 1 Nr. 2). Ist ein Sozialversicherungsträger aus übergegangenem Recht seines Mitgliedes regressbefugt, kommt es auf das Wissen der Regressabteilung, nicht der Leistungsabteilung an.[4] In Sonderfällen kann eine besonders verwickelte und zweifelhafte Rechtslage den Beginn des Fristenlaufs ausschließen (verneint für Ansprüche von Zwangsarbeitern gegen ehemalige Beschäftigungsunternehmen).[5] **758**

---

1 BGH NJW 1999, 2734.
2 BGH NJW 1998, 988.
3 BGH NJW 1999, 423; 2000, 953.
4 BGH NJW 2000, 1411; 2012, 1789 Rn. 9; 2012, 2644 Rn. 10.
5 OLG Stuttgart NJW 2000, 2680.

759 Ohne Rücksicht auf Kenntnis oder grob fahrlässige Unkenntnis verjähren Schadensersatzansprüche wegen Verletzung des Lebens, des Körpers, der Gesundheit oder der Freiheit nach dreißig Jahren, sonstige Schadensersatzansprüche nach zehn bzw. zT nach dreißig Jahren.

760 Wegen der Kürze der Verjährungsfrist wird nicht selten bedeutsam, dass Vergleichsverhandlungen schweben. Deshalb sieht § 203 S. 1 vor, dass während der Zeit der Verhandlungen über einen zu leistenden Schadensersatz die Verjährung gehemmt ist, bis der eine oder andere Teil die Fortsetzung der Verhandlungen verweigert. Das gilt etwa für Verhandlungen mit der Versicherungsgesellschaft des Schädigers[6] oder für ein Verfahren vor der Schlichtungsstelle einer Ärztekammer.[7] Ein Abbruch von Verhandlungen, die nicht »eingeschlafen« sind, muss klar und eindeutig zum Ausdruck gebracht werden.[8] Gehemmt wird die Verjährung auch nach den §§ 205 ff. Neben dieser Hemmung kommt nach wie vor eine unzulässige Rechtsausübung in Betracht. Wenn der Verletzer den Verletzten durch sein Verhalten, etwa durch die Andeutung baldiger Schadensregulierung, dazu veranlasst hat, nicht rechtzeitig Klage zu erheben, so kann der Schädiger sich nicht auf Verjährung berufen.[9]

II. Konkurrenzen

761 Der Anspruch aus unerlaubter Handlung wird nicht selten zusammen mit Ansprüchen aus anderen Rechtsverhältnissen, etwa aus Vertrag oder aus Gefährdungshaftung, geltend gemacht. Zusammentreffen kann er auch mit sonderdeliktsrechtlichen Ansprüchen aus dem UWG (dort § 11) oder den Sonderschutzrechten des Gewerblichen Rechtsschutzes und des Urheberrechts.[10] Hier gilt grundsätzlich die Selbstständigkeit aller Ansprüche. Jeder Anspruch verjährt prinzipiell nach seinen eigenen Regeln;[11] eine Angleichung kommt nur aus zwingenden Gründen in Betracht.[12] Durch die Übernahme der deliktsrechtlichen Verjährungsnorm als Regelverjährung sind viele Probleme der Vergangenheit gegenstandslos geworden. Vereinzelt noch geltende kürzere vertragliche Verjährungsfristen können nach dem Zweck des Gesetzes auf den Deliktsanspruch zu übertragen sein. Ist die kurze Verjährung des besonderen Rechtsverhältnisses angeordnet, um alsbald Klarheit und Rechtsfrieden zu schaffen, so erstreckt sie sich auch auf den Deliktsanspruch. Das gilt etwa für kurze Verjährungsfristen aus vertraglichen Beziehungen, etwa aus dem Verhältnis zwischen Vermieter und Mieter wegen Beschädigung einer Sache nach § 548. Andernfalls wäre nämlich die Abkürzung der Verjährungsfrist gegenüber dem Mieter bedeutungslos, da regelmäßig Deliktsansprüche bestehen würden.[13] Die Transportrechtsreform von 1998 hat außervertragliche und vertragliche Ansprüche in § 439 HGB (Frachtvertrag), § 463 (Speditionsvertrag) und § 475 a (Lagervertrag) einer einheitlichen Verjährung unterworfen und damit eine alte Streitfrage gesetzlich entschieden. Begeht ein Arbeitnehmer einen Wettbewerbsverstoß gegen seinen Arbeitgeber, so verjährt der Schadensersatzanspruch auch dann nach § 61 Abs. 2 HGB, wenn er nicht auf § 61 Abs. 1 HGB gestützt wird sondern auf § 826 BGB.[14]

---

6 BGH VersR 1984, 441.
7 BGH NJW 1983, 2075.
8 BGH NJW 1998, 2819.
9 BGHZ 9, 1.
10 Begrenzend BGHZ 138, 349 (351 f.) – MacDog.
11 BGH NJW 1998, 2282 (2283).
12 BGHZ 116, 297 (301).
13 BGHZ 71, 175.
14 BAG NJW 2001, 172.

B. Unzulässige Rechtsausübung

I. Sonderregelungen: §§ 852, 853

Hat der Ersatzpflichtige durch die unerlaubte Handlung auf Kosten des Verletzten etwas erlangt, so ist er auch nach der Vollendung der Verjährung zur Herausgabe nach den Vorschriften über die Herausgabe einer ungerechtfertigten Bereicherung verpflichtet, § 852. Eine betrügerisch erlangte Grundschuld ist also auch nach dem Ablauf von drei Jahren zurückzugewähren. Gemäß § 853 hat der Verletzte ein Leistungsverweigerungsrecht, wenn der Gläubiger durch eine von ihm begangene unerlaubte Handlung eine Forderung erlangt hat, auch wenn der Anspruch auf Aufhebung der Forderung verjährt ist. Eine durch Kollusion veranlasste Schuldübernahme braucht der Übernehmer auch nach dem Ablauf von drei Jahren nicht zu erfüllen. Beide Sonderregelungen sind Ausdruck des allgemeinen Grundsatzes der unzulässigen Rechtsausübung. 762

II. Verwirkung im Allgemeinen

Auch für unerlaubte Handlungen gilt der Grundsatz, dass ein Anspruch nicht wirksam geltend gemacht werden kann, wenn seine Geltendmachung gegen Treu und Glauben verstößt, § 242. Man spricht insoweit von unzulässiger Rechtsausübung. Erforderlich dafür ist, dass entweder der Anspruch durch eine rechtswidrige Tat erlangt ist oder dass die Geltendmachung wegen besonderer Umstände, insbesondere langen Zeitablaufs und mangelnder Erwartung der Geltendmachung, jetzt nicht mehr zulässig erscheint. Einen besonderen Verwirkungstatbestand gegen sonderdeliktsrechtliche Ansprüche wegen der Verletzung einer Marke, eines Unternehmenskennzeichens oder eines Werktitels (zB Film- oder Buchtitel) enthält § 21 MarkenG. 763

§ 45 Rückgriff: Privater Versicherer, öffentlicher Versicherungsträger, Arbeitgeber, Dienstherr

Literatur: *Ahrens*, Die Beschränkung des Regresses der Sozialversicherungsträger gegen deliktische Schädiger, AcP 189 (1989), 526; *ders.*, Existenzvernichtung Jugendlicher durch Deliktshaftung?, VersR 1997, 1064; *Baumann*, Der Regreß kollektiver Schadensträger im freiheitlichen Sozialstaat, 1977; *A. Diederichsen*, Rechtsprechung des BGH zum Regreß im Schadensrecht, VersR 2006, 293; *Hüffer*, Der Rückgriff gegen den deliktisch handelnden Schädiger bei Entschädigungsleistung Dritter, 1970; *v. Marschall*, Reflexschäden und Regressrechte, 1967; *ders.*, Zur Neuregelung des Haftpflichtregresses der Sozialversicherungsträger in § 116 SGB X, ZVersWiss 1983, 99; *v. Maydell/Breuer*, Zum Übergang des Schadensersatzanspruchs auf den Sozialleistungsträger gemäß § 116 SGB X, NJW 1984, 23; *Selb*, Schadensbegriff und Regreßmethoden, 1963; *Stöhr*, Haftungsprivileg bei einer gemeinsamen Betriebsstätte und bei Verkehrsunfällen, VersR 2004, 809; *Wachsmuth*, Voraussetzungen und Wirkungen der versicherungsrechtlichen Legalzession, 1978.

Rechtsvergleichend: *v. Caemmerer*, Ausgleichsprobleme im Haftpflichtrecht in rechtsvergleichender Sicht, ZfRV 1967, 81; *Hüffer*, Der Rückgriff gegen den deliktisch handelnden Schädiger bei Entschädigungsleistungen Dritter. Eine Untersuchung der Schadensverteilung im Regreßweg unter Berücksichtigung des französischen, englischen und nordamerikanischen Rechts, 1970; *A. Larenz*, Ersatzansprüche des Unternehmens bei Verletzung eines Mitarbeiters mit fortlaufenden Bezügen nach französischem und deutschem Recht, 1968.

A. Individualschaden und Sozialschaden

I. Schadensübernahme durch Arbeitgeber usw.

764 Unter Haftung verstehen wir die Übernahme des Schadensrisikos bzw. Abnahme des schon entstandenen Schadens durch einen anderen. Hauptziel der Haftung ist also die Schadensverlagerung vom Geschädigten auf den Haftenden. Die Haftung kann diese Funktion jedoch nicht entfalten, wenn der Schaden schon auf ein Kollektiv verlagert worden ist. Wir sprechen hier auch vom Sozialschaden, der dann entsteht, wenn eine größere Einheit (Dienstherr, Arbeitgeber, Sozialversicherer, Individualversicherer) die wenigstens teilweise Versorgung des Geschädigten übernimmt. Die Opfer vorsätzlicher Gewalttaten können wegen der gesundheitlichen Folgen eine Entschädigung nach dem Opferentschädigungsgesetz (OEG) von 1985 erhalten. In den Schutz sind in beschränktem Umfang auch Sekundäropfer einbezogen.[1]

765 Der Sozialschaden wirft eine Reihe von Problemen auf. Zu Beginn steht die Frage, ob die Intervention der größeren Einheit dem Verletzer zugute kommen soll. Die Antwort ist negativ: Regelmäßig geht der Anspruch des Verletzten kraft Gesetzes auf den Arbeitgeber, Versicherer usw. über. Es fragt sich weiter, ob Verletzter und sozial Geschädigter als haftungsrechtliche Einheit zu behandeln sind, also insbesondere ob und inwieweit der Schutzbereich der Norm, der Einwand des Mitverschuldens usw. mit verlagert worden sind. Der Regress kann ausgeschlossen sein, wenn eine besonders nahe Beziehung zwischen Täter und Opfer besteht. Schließlich stellt sich auch das Problem des Vorrangs, nämlich die Frage, ob bei teilweisem Übergang des Ersatzanspruchs und beschränkter Haftung, etwa wegen Mitverschuldens, die größere Einheit mit Vorrang vor dem Verletzten Regress nehmen kann oder der Verletzte vorgeht oder beide anteilig berechtigt sind.

---

1 Vgl. dazu BVerfG NJW 2003, 3691: nicht bei nichtehelicher Lebensgemeinschaft; BSG NJW 2004, 1476: Schockschaden der getrennt lebenden Ehefrau.

II. Zusammenführung von Verletzung und Schaden

Die paradoxe Situation, dass Verletzter und Geschädigter auseinanderfallen, wird infolge Übernahme des Schadens durch den Arbeitgeber usw. zur Regel. Ihre Problematik wird im Bereich des Sozialschadens regelmäßig dadurch entschärft, dass der Anspruch des Verletzten auf den Schadensabnehmenden kraft Gesetzes übergeht. Beispiele dafür sind § 6 EFZG (bis 1994: § 4 LohnfortZG), § 116 SGB X und die BeamtenG. Der gesetzliche Forderungsübergang bedingt seiner Natur nach, dass im Wege des Rückgriffs nicht mehr verlangt werden kann, als dem Verletzten selbst zustand, §§ 412, 404. Die Berufsgenossenschaft hat im Falle des Arbeitsunfalls einen selbstständigen Rückgriffsanspruch gegen den Arbeitgeber und die Arbeitskollegen, der jedoch sozial gebunden ist. Nach § 110 SGB VII kann der Träger der Sozialversicherung nur bei Vorsatz oder grober Fahrlässigkeit und auch dann nur im Rahmen des sozial Angemessenen Rückgriff nehmen.

766

B. Regress des Privatversicherers

Literatur: *Deutsch,* Versicherungsvertragsrecht, 6. Aufl. 2008; *Wandt,* Versicherungsvertragsrecht, 4. Aufl. 2009.

Steht dem Versicherungsnehmer ein Anspruch auf Ersatz des Schadens gegen einen Dritten zu, so geht der Anspruch auf den Versicherer über, soweit dieser dem Versicherungsnehmer den Schaden ersetzt, § 95 VVG. Es würde dem Bereicherungsverbot des Privatversicherungsrechts widersprechen, wenn der Versicherungsnehmer zweimal entschädigt würde, nämlich einmal vom Versicherer und sodann vom Täter. Es gilt der Grundsatz der Kongruenz: Nur soweit sich die Leistung auf den versicherten Schaden bezieht und dieser reicht, geht der Anspruch über; im Übrigen bleibt der Verletzte anspruchsberechtigt. Da der Übergang nach § 86 Abs. 1 S. 2 VVG nicht zum Nachteil des Versicherungsnehmers geltend gemacht werden kann, steht diesem das sog. Quotenvorrecht zu. Wird etwa im Falle eines Mitverschuldens des Versicherungsnehmers dessen Anspruch auf die Hälfte gekürzt und deckt die Versicherung nur die Hälfte des Schadens, so geht der Versicherungsnehmer vor und der Versicherer erhält gar nichts. § 86 Abs. 3 VVG statuiert darüber hinaus das Angehörigenprivileg: Der Ersatzanspruch gegen einen mit dem Versicherungsnehmer in häuslicher Gemeinschaft Lebenden geht nicht auf den Versicherer über, es sei denn, dass der Schaden vorsätzlich verursacht ist. Damit will das Gesetz den Zahlungskreislauf verhindern: Könnte der Versicherer gegen den Angehörigen vorgehen, der den Schaden fahrlässig verursacht hat, so müsste oft im Rahmen der Familie oder Lebenspartnerschaft der Gesamtschaden aufgefangen werden, und die Versicherungsdeckung würde ihre Funktion verlieren. Es soll also eine mittelbare Belastung des Versicherungsnehmers vermieden werden. Wegen seiner grundsätzlichen sozialen Bedeutung wird der Rechtsgedanke des § 86 Abs. 3 VVG auch in anderen Verhältnissen angewandt. Das gilt zB im Beamtenrecht. So kann der Dienstherr nicht nach § 87a BBG Rückgriff gegen einen Familienangehörigen nehmen, der den Unfall des Beamten schuldhaft verursacht hat.[2]

767

---

2 BGHZ 43, 72.

C. Regress der Sozialversicherungsträger

I. Originärer Regressanspruch der Berufsgenossenschaft

768 Arbeitsunfälle[3] und Schulunfälle werden durch die Berufsgenossenschaften versichert. Ihre Mittel werden ausschließlich von den Arbeitgebern bzw. der öffentlichen Hand aufgebracht. Neben den Regress durch Anordnung einer Legalzession (§ 116 SGB X) des deliktischen Anspruchs (dazu → Rn. 522) tritt in der gesetzlichen Unfallversicherung ein originärer Regressanspruch aus § 110 SGB VII (für Unfallereignisse vor dem 1.1.1997: § 640 RVO). Für den Fall vorsätzlicher oder grob fahrlässiger Zufügung des Schadens, also eines besonders zu missbilligenden Verhaltens, kann die Berufsgenossenschaft danach beim Verletzer Rückgriff nehmen. Es handelt sich um einen selbstständigen Rückgriff,[4] dh es findet kein gesetzlicher Übergang einer Forderung statt. Beherrscht wird diese Regelung nicht nur vom Ausgleichsgedanken, sondern auch von präventiven und erzieherischen Gründen.[5]

769 Der Regress ist gem. § 110 Abs. 2 SGB VII dadurch beschränkt, dass der Sozialversicherungsträger nach billigem Ermessen, insbesondere unter Berücksichtigung der wirtschaftlichen Verhältnisse des Schädigers, auf den Ersatzanspruch ganz oder teilweise verzichten soll. Zur Ausübung dieses Ermessens ist er verpflichtet. Ermessensfehler können auch vom Zivilgericht korrigiert werden.[6] Eine wichtige weitere Beschränkung des Rückgriffs hatte die Grundsatzentscheidung BGHZ 75, 328 gebracht: Der Rückgriff ist nur zulässig, wenn sich Vorsatz und grobe Fahrlässigkeit nicht nur auf die Verletzung, sondern (wie in § 826) auch auf die besondere Schadensfolge beziehen.[7] Zieht etwa ein Schüler einen anderen an den Haaren durch die Klasse und verursacht durch ein Kopfschwartenhämatom einen wochenlangen Krankenhausaufenthalt, so ist der Regress nur gegeben, wenn er diese schwere Folge billigend in Kauf genommen oder grob fahrlässig nicht bedacht hat. Das wird nur bei besonders brutalem Vorgehen der Fall sein.

770 Schließlich ist der Anspruch durch die Höhe des – gemäß § 104 SGB VII ausgeschlossenen – fiktiven zivilrechtlichen Schadensersatzanspruchs gedeckelt; der fiktive Schadensersatzanspruch ist nicht nach sachlicher und zeitlicher Kongruenz zu Leistungen der Berufsgenossenschaft zu berechnen, sondern schließt fiktives Schmerzensgeld ein, auf das die Berufsgenossenschaft, stünde ihr ein Regress gem. § 116 SGB X zu, keinen Anspruch hätte.[8]

II. Regress des Sozialleistungsträgers

1. Legalzession, Kongruenz

771 Der Sozialversicherungsträger und der Sozialhilfe Leistende erlangen den Anspruch des Verletzten gegen den Schädiger kraft Gesetzes, soweit eine Verpflichtung zur Leistung besteht (§ 116 SGB X). Der Schädiger soll durch die dem Geschädigten zufließenden Sozialleistungen nicht haftungsfrei werden und der Geschädigte nicht doppelt entschädigt werden.[9] Es gilt das Erfordernis zeitlicher und sachlicher Kongruenz von

---

[3] Zum Begriff: BSG NJW 2010, 1692 Rn. 13 und 16.
[4] BGHZ 154, 11 (18).
[5] BGH NJW 2006, 3563 Rn. 9.
[6] BGH VersR 1971, 1167.
[7] Ebenso BGHZ 154, 11 (13); BGH VersR 2008, 1407 Rn. 9; 2012, 724 Rn. 14.
[8] BGH NJW 2006, 2363 Rn. 16.
[9] BGHZ 155, 342 (349); BGH NJW 2012, 3639 Rn. 14.

Sozialversicherungsleistung und Schadensart.[10] Die vorherige Erbringung von Leistungen ist im Rahmen eines Sozialversicherungsverhältnisses nicht Voraussetzung des Eintritts der Legalzession.[11] Bei reduziertem Ersatzanspruch gilt eine differenzierende Regelung: Reicht der Schaden über die Haftungshöchstgrenzen hinaus (wie etwa bei der Gefährdungshaftung), so hat der Geschädigte das Quotenvorrecht, dh sein Restanspruch geht vor. Beruht dagegen die Minderung des Schadensersatzanspruchs auf einer Mitverantwortlichkeit des Geschädigten, etwa Mitverschulden, so ist der nicht gedeckte Differenzschaden zwischen Sozialleistungsträger und Geschädigtem aufzuteilen. Das ist der Standpunkt der sog. relativen Theorie. Trifft zB den Geschädigten ein Mitverschulden, das mit 40% zu bewerten ist, so ist der übergehende Anspruch um diesen Prozentsatz zu kürzen, sodass auf den Sozialleistungsträger nur 60% übergehen. Das früher von der Rechtsprechung in Analogie zu § 67 Abs. 2 VVG aF (§ 86 Abs. 3 VVG nF) entwickelte Angehörigenprivileg[12] ist jetzt in § 116 Abs. 6 SGB X verankert.[13]

2. Haftungsersetzung durch Unfallversicherungsschutz

Der Regress aufgrund Legalzession wird durch die Haftungsbeschränkung nach §§ 104 ff. SGB VII (früher: §§ 636 f. RVO) vielfach ausgeschlossen (zu den Konsequenzen für den Schmerzensgeldanspruch → Rn. 703). Der Ausschluss begünstigt nicht nur den die Beiträge zahlenden Unternehmer[14] und die Arbeitskollegen des Schädigers, sondern bei gesetzlich versicherten Unfällen von Schülern, Studierenden und Kindergartenkindern auch Schädiger aus diesem Personenkreis.[15] Der Ausschluss gilt gem. § 106 Abs. 3 SGB VII auch, wenn Versicherte mehrerer Unternehmen vorübergehend auf einer gemeinsamen Betriebsstätte tätig sind und dadurch eine Gefahrengemeinschaft bilden.[16] Ein schulbezogener Unfall kann sich außerhalb eines Schulgebäudes ereignen, wenn eine räumliche und zeitliche Nähe zum Schulbetrieb besteht.[17] Nicht ausgeschlossen werden Schmerzensgeldansprüche von Angehörigen oder Hinterbliebenen eines Versicherten aufgrund sog. Schockschäden.[18] Mobbing am Arbeitsplatz fällt nicht unter § 105 Abs. 1 SGB VII.[19] Bei Unfällen von aus dem EU-Ausland entsandten Arbeitnehmern richtet sich der Haftungsausschluss nach dem Recht des Mitgliedstaates, das die Leistungen des Sozialversicherungsträgers regelt. Ob ein Versicherungsfall der gesetzlichen Unfallversicherung gegeben ist, entscheidet gem. § 108 SGB VII mit bindender Wirkung für die Zivilgerichte die Berufsgenossenschaft bzw. die Sozialgerichtsbarkeit.[20]

772

---

10 St. Rspr., BGHZ 140, 39 (42); BGH NJW 2006, 3565 Rn. 5; NJW-RR 2009, 455 Rn. 12; NJW 2012, 3639 Rn. 8.
11 BGH NJW 2011, 2357 Rn. 8.
12 BGHZ 41, 79.
13 Dazu BVerfG NJW 2011, 1793; 2011, 3715; OLG Stuttgart NJW-RR 2011, 239 (240).
14 Zum Unternehmer BGH NJW 2008, 2916 Rn. 14.
15 OLG Celle VersR 1999, 1550.
16 Dazu BGH NJW 2008, 2116 Rn. 12; 2011, 449 Rn. 14; 2011, 3296 Rn. 7; 2011, 3298 Rn. 12; VersR 2011, 1567 Rn. 9; 2013, 460 Rn. 10; 2013, 862 Rn. 13; OLG Karlsruhe MDR 2012, 1413 (1414): Verletzung von Berufssportlern im Mannschaftsspiel.
17 BGH VersR 2008, 1407 Rn. 12 und 20; NJW 2009, 681 Rn. 21: Schneeballwurf.
18 BGH VersR 2007, 803 Rn. 8.
19 BAG VersR 2008, 1654 Rn. 85.
20 BGH VersR 2007, 1131 Rn. 15 ff.; 2008, 820 Rn. 10; NJW 2009, 3235 Rn. 11; VersR 2009, 1265 Rn. 11; 2013, 862 Rn. 9.

773 Der Dienstunfall eines Beamten lässt vergleichbare Haftungsbeschränkungen eintreten, weil der Beamte Unfallfürsorge vom Dienstherrn erhält (für den Bund: § 46 Abs. 1 S. 1 BeamtenVG).[21]

D. Rückgriff des Arbeitgebers und Dienstherrn

774 Nach § 6 EFZG (zuvor: § 4 LohnfortZG) und § 87a BBG tritt gleichfalls eine Legalzession ein. Soweit an den Arbeitnehmer oder Beamten eine Versorgung geleistet wird und diese denselben Zwecken dient wie der geschuldete Schadensersatz (sog. kongruente Deckung), geht der Anspruch des Versorgten auf Schadensersatz gegen den Dritten auf den Arbeitgeber oder Dienstherrn über. Das Quotenvorrecht steht im Falle der Beschränkung des Anspruchs durch Höchstgrenzen oder Mitverschulden dem Verletzten zu, sodass der Individualschaden dem Sozialschaden im Range vorgeht. Das Angehörigenprivileg des § 67 Abs. 2 VVG aF (= § 86 Abs. 3 VVG nF) wird von der Rechtsprechung analog angewendet.[22]

775 Keine Frage des Regresses, wohl aber der Beschränkung der Haftung aus Vertrag (§ 280) und Delikt (§ 823 Abs. 1) ist die Reduzierung des originären Schadensersatzanspruchs eines Arbeitgebers gegen den Arbeitnehmer bei betrieblich veranlasstem Handeln. Gestaffelt wird der Ersatzumfang nach Verschuldensgraden und aufgrund einer Abwägung der Gesamtumstände[23] (auch → Rn. 457).

---

21 Vgl. dazu BGH NJW-RR 2004, 234: Unfall auf vereister Treppe des Dienstgebäudes; BGH NJW 2013, 2351: Verkehrsunfall eines Bundesbeamten aufgrund Verschuldens eines Soldaten.
22 BGHZ 43, 72.
23 BAGE (GS) 78, 56 = NJW 1995, 210; BAG NJW 2011, 1096 Rn. 14 und 17 f.

Sachregister

Die Zahlen verweisen auf die Randziffern des Buches.

Abwehransprüche 734 ff.
– s. auch Beseitigungsanspruch
– s. auch Unterlassungsanspruch
actio libera in causa 152, 174
Adäquanz 21, 41 ff., 48, 51 ff.
– bei Aufsichtshaftung 463
– bei Gehilfenhaftung 448
– Beispiele 54 f.
– besondere Eigenschaften des Opfers 59
– Definition 52
– im Rahmen der haftungsausfüllenden Kausalität 615
– Kritik 53
– und Gefährdungshaftung 58
– Verhältnis zum Schutzbereich der Norm 56, 59, 122
– Verletzung eines Schutzgesetzes 57
Äquivalenztheorie 50
ärztlicher Eingriff 236
Äußerungsdelikte 403 ff.
– Beleidigung und üble Nachrede 411
– Erwerbsschädigung (§ 824) 421 ff.
– geschäftsbezogene 419 ff.
– Kollektivbeleidigung 414
– Kreditgefährdung 420
– Persönlichkeitsrecht 412
– personenbezogene 411 ff.
– Schmerzensgeld und Genugtuung 432
– Schutzgut 404
– Tatsachenbehauptungen und Werturteile 407
– Verschulden 415
– Wahrnehmung berechtigter Interessen 408, 424
– Warentest 425
– Widerruf und eingeschränkter Widerruf 428
– Zeitungsanzeige als Rechtsfolge 430
Alternativtäterschaft 192 ff.
– analoge Anwendung des § 830 Abs. 1 199
– Begriff 193
– »Beteiligung« 195
– Funktion 193
– Mitverschulden 197
– Verhältnis zur Adäquanz 198
– Verkehrsunfälle 196

– Voraussetzungen 194
Alternativverhalten, rechtmäßiges 72 ff.
– Abgrenzung zur überholenden Kausalität 74
– Beweislast 76
– Fallgruppen 73
– Nichtbeachtung von Formvorschriften 75
– Rechtsfolge 76
– Schutzbereich der Norm 75 f.
Amtshaftung
– Ausnahme von der Haftung 487 ff.
– Beamte i. S. v. § 839 481
– Beweiserleichterung bei Amtspflichtverletzung 480
– Haftung für die Verletzung einer Amtspflicht 480
– Schutzzweck und Schutzbereich der Amtspflicht 485
– Spruchrichterprivileg 490
– Subsidiarität 487
– Verhältnis zur Staatshaftung 477
– Verletzung einer Amtspflicht 482
– Verschulden 486
– Vorrang des Rechtsweges (§ 839 Abs. 3) 489
Anscheinsbeweis 298, 750 f.
– bei Haftung des Bahnbetriebsunternehmers 546
– bei Produzentenhaftung 376
– Schadenskausalität 298
– bei Verkehrspflichten 359
– s. a. Beweislast
Anstiftung 189
Anwartschaftsrecht 250
Arbeitsunfall 703 f., 766, 772
– Regress der Berufsgenossenschaft 768 ff., 772
Arzneimittelhaftung 401 ff., 587 ff.
– Entwicklungsfehler und Herstellungsfehler 588
– Gefährdungshaftung 401 f., 520
– Haftungsumfang 592 ff.
– Instruktionsfehler 590
– Nichtwirkung des Präparats 589
– Produzentenhaftung 587
Arzthaftung 626, 714 ff.
– Aufklärungspflicht s. dort

267

Sachregister

- Beweislast 745 f.
- Umkehr der Beweislast 714

Atomenergie, Haftung 569 ff.
- Anlagenhaftung 569
- Besitzerhaftung 570
- Haftungsumfang 571

Aufklärungspflicht des Arztes 236

Aufopferung, zivilrechtliche 601 ff.
- aggressiver Notstand 602 ff.
- allgemeiner Aufopferungsanspruch 601 ff.
- Einwirkung auf die Person 609
- Grundsatz 601
- Rechtsfolgen 605

Aufsichtshaftung 463 ff.
- Entlastungsbeweis 464
- Kausalität und Rechtswidrigkeit 463
- Tatbestand 463

Bahnbetriebsunternehmer, Haftung des 543 ff.
- Anscheinsbeweis 546
- Ausschlussgründe 547
- Betriebsgefahr 544
- Haftungsbegrenzung 545
- Schienenbahn und Schwebebahn 543
- Verletzung und Schaden 545 f.

Beamtenhaftung
- Beamter im haftungsrechtlichen Sinn 492
- Beamter im staatsrechtlichen Sinn 481
- Eigenhaftung des Beamten 495
- s. auch Amtshaftung

Behauptung, herabsetzende 270

Beihilfe 190
- zum Selbstmord 233

Beleidigung
- Kollektivbeleidigung 414
- s. Äußerungsdelikte

Bergschadenshaftung 578 f.

Berufs-/Standesrecht (Sittenwidrigkeit bei Verletzung) 323

Besitz 245 f., 251

Beseitigungsanspruch 741 ff.
- Abgrenzung zum Schadensersatz 742
- Beseitigungskosten 743

Betriebsgefahr, mitwirkende 209

Beweisführung 752

Beweislast
- Anscheinsbeweis 750 f.
- bei Arzthaftung 745
- bei verschuldensvermutenden Sondertatbeständen 443

- Einwendung 747
- für Anspruchsgrundlage 745
- Umkehr 749

Beweismaß 752

Bild, Recht am eigenen 264, 265, 270, 291

Bildaufnahme, heimliche 270

Billigkeitshaftung 8, 166, 175 ff.
- analoge Anwendung 180
- Anrechnung der Haftpflichtversicherung 178 f.
- Feststellungsklage 181
- Umfang der Ersatzpflicht 177
- Voraussetzungen 175

Charakterbild, Recht am 264

Darlegungs- und Beweislast 749
Differenzhypothese (vgl. auch Schaden) 625 ff.
Drittschadensliquidation 624

Ehrenschutz 101, 690, 744
Eigentum 245 f.
- Fallgruppen der Eigentumsverletzung 245
- Schutzbereich 246

Eigentumsvorbehalt 247, 624
Eingriffspflicht 98
Einstandshaftung, objektive 601 ff.
Einwilligung 103 ff.
- ärztlicher Eingriff 236
- in die Tötung 232
- vermutete 236

Einzelfahrlässigkeit 144 f.
Energieanlagen, Haftung 565 ff.
- Anlagenhaftung 566
- Anlagenwirkungshaftung 565
- Haftungsausschlüsse 567
- Haftungsumfang 568

Entgangener Gewinn 625 f.
- Lizenzanalogie 677

Entlastungsbeweis bei Gehilfenhaftung
- dezentralisierter Entlastungsbeweis 451
- Entlastung bei verschärfter Haftung 455 f.
- Sorgfalt bei Arbeitsmitteln und Leitung 452
- Sorgfalt bei Auswahl und Überwachung 450
- Unerheblichkeit sorgfaltswidrigen Verhaltens 453

268

Sachregister

Entlastungsbeweis bei Verkehrspflichtübertragung 351
exceptio doli s. Rechtsmissbrauch

Fahrlässigkeit 132 ff.
– bei Schmerzensgeld in der Genugtuungsfunktion 699
– bewusste 125
– Definition 132 f.
– einleitende 152
– Entwicklung 132
– grobe 153 ff.
– konkrete 159
– Maßstab 143 f.
– Merkmale 140 ff.
– objektive 295
Fahrlässigkeitstheorie 30
Familienangehörigenprivileg 767
Familienrechte 253
Fangprämie 49
Forderungsrechte 255
Forderungsübergang, gesetzlicher 764 ff.
Formvorschriften, Nichtbeachtung von 75
Freiheit 244
Freistellungsanspruch des Arbeitnehmers 457
Freizeichnung s. Haftungsausschluss
Frustrationsschaden 672 ff.

Gebäudehaftung 470 ff.
– Entlastungsbeweis 475 f.
– Gebäude, Werke 477
– Tatbestand 471 ff.
Gefährdungshaftung
– als Ausnahme von der Verschuldenshaftung 7
– Analogiefähigkeit 528 f.
– Arzneimittelherstellung 587 ff.
– Bergschadenshaftung 578 f.
– engere 516, 520
– Entwicklung 511
– erweiterte 517, 520
– Funktionen 512
– Gefahrbegriff 519
– Gefahrverwirklichung 520
– Gentechnik 595 ff.
  Geschichte und Namensgebung 511
– Gesetzesvorbehalt und Analogieverbot 528
– Haftungsgrenzen 531, 561

– höhere Gewalt 163, 521, 547, 559, 567, 574
– Kausalvermutungshaftung 518
– Schmerzensgeld 688
– Täterschaft und Teilnahme 526
– Typen 516
– Typologie der Gefahren 530
– Umwelthaftung 580 ff.
– unabwendbares Ereignis 163, 521, 553
– und Adäquanz 58
– Voraussetzungen 519 ff.
Gefährdungsnormen
– abstrakte 282
– konkrete 283
Gefahr, als Grundmonument der Haftung 40
Gehilfenhaftung
– adjektizische Haftung 445
– analoge Anwendung des § 831 auf Besitzdiener 461
– Aufsichtspflicht gem. § 823 459
– Ausführung der Verrichtung 447
– Entlastungsbeweis 449 ff.
– Erfüllungsgehilfe 444 f.
– Mitverschulden 460 f.
– Rechtswidrigkeit und Kausalität 448
– Schädigungen bei Gelegenheit der Verrichtung 447
– Stellung im Gesetz und Parallelen 444 f.
– Verrichtungsgehilfe 446
– Vertragliche Übernahme von Sorgfaltspflichten 458
– Weisungsgebundenheit 446
– widerrechtliche Schadenszufügung 448
Geldersatz statt Naturalrestitution 628 ff.
– Geldersatz nach Fristsetzung 632
– nicht mögliche oder nicht genügende Naturalherstellung 629
– Personenverletzung und Sachbeschädigung 630
– unverhältnismäßige Aufwendungen 631
Gemeinschaftsrecht
– falsche richterliche Anwendung 496 ff.
Gentechnikgesetz 595 ff.
Gentechnologie
– Mikroorganismen als Tiere 534
– Verkehrspflichten 332
Gerichtsgutachten
s. Sachverständigenhaftung

Sachregister

Gesamtschuldverhältnis 200 ff.
– Rückgriff 201
Gestaltungsrechte 255
Gesundheitsverletzung 241 ff.
– Begriff 241
– Fallgruppen 242 f.
Gewalt, höhere (s. a. Gefährdungshaftung) 163
Gewerbebetrieb, Rechte am eingerichteten und ausgeübten 258 ff.
– Fallgruppen 261
– Tatbestand 260
– Ursprung 258 f.
– verfassungsrechtlicher Schutz 262
– Warentest als Eingriff 425
Grünstreifenfälle 69
Grundrechte 324
Gruppenfahrlässigkeit 143 f.
– Jugendliche 168 ff.
Güterabwägung 9, 107
gutgläubiger Erwerb 110

Haftung
– gesamtschuldnerische 200 ff.
– mehrerer Personen 182 ff.
Haftungsausschluss 220 ff.
– Allgemeine Geschäftsbedingungen 222
– Anschlag 223 f.
– Aufdruck 223 f.
– Individualabrede 221
– Schild 223 f.
Haftungsbeschränkung 220 ff.
– im Arbeitsverhältnis 775
Haftungsgrund 2 ff., 5
– Aufbau 13
– Tatbestand 13
Haftungsnorm (Merkmale) 12
Haftungsumfang 19 ff.
Handeln auf eigene Gefahr 215 ff.
– Begriff 215
– Fallgruppen 218
– Rechtsfolge 219
– Schutzbereich 218
Handlung
– Abgrenzung zur Unterlassung 32, 36, 40
– automatisiertes Verhalten 3
– Definition 36
– Finalität 35
– Rechtswidrigkeit 85
– Reflexe 3
– willensgesteuertes Verhalten 3

Handlungsbegriff 34 ff.
– final-anthropologischer 34
– haftungsrechtlicher 36
Handlungshaftung 573
Herrenreiterfall 268

Immaterialgüterrechte 252
Indizierung der Rechtswidrigkeit 29
Indizierung des Verschuldens 30
informationelle Selbstbestimmung 273
iniuria sine damno 613, 624
Interesse, Wahrnehmung eines - berechtigten 101, 408
– bei Äußerungsdelikten 408, 424
Internethaftung 433 ff.
– Haftungsprivilegierung 441 f.
– Internetmediäre 437 ff.
– Internetprovider 434, 442
– spickmich.de 435
– Störerhaftung 437 ff.
Irrtum
– Rechtsirrtum 148 ff.
– Tatbestandsirrtum 129, 148
– Verbotsirrtum 130

Jagdhaftung
– Jagdschaden 542
– Wildschadenshaftung 541
Judikatives Unrecht 496 ff.

Kausalität 41 ff.
– adäquate s. Adäquanz
– addierte 62
– alternative 61, 192
– bevorstehende 49
– condicio sine qua non 42
– haftungsausfüllende 48, 613 f.
– kumulative 60
– mehrfache 60 f., 182
– psychische 43, 45, 64, 242 f., 695, 709
– Reserveursache 43
– überholende s. dort
– Unterbrechung des Kausalzusammenhangs s. dort
– Ursachenzusammenhang 41
– Ursächlichkeit der Unterlassung 44
Kegeljungenfall 112
Kollegialprivileg 135 f.
Körperverletzung 234 ff.
Kollusion zum Nachteil Dritter 312
Konkurrenzen 761
Kontrahierungszwang 319

Sachregister

Kraftfahrzeughalter/-führer, - Haftung 548 ff.
- Ausschlussgründe 553 f.
- Betriebsgefahr 550 ff.
- Haftung des Kraftfahrzeugführers 555
- Haftungsumfang und Direktanspruch 556
- Tatbestand 549 f.
- unabwendbares Ereignis 553

Kunstfehler 55, 239, 501, 714
- als Unterlassung 33

Leben 232 f.
- ungeborenes oder nicht erzeugtes 240

Lebensgeschichte, Recht an der eigenen 264

Lebensrisiko, allgemeines 162, 225 f., 519, 670, 679

Leibesfrucht, Schädigung der 695

lex Aquilia 6

Lizenzanalogie 677

Löschteichfall 74

Luftfahrzeughalter/Luftfrachtführer, Haftung 558 ff.
- Gefährdungshaftung des Luftfahrzeughalters 559 ff.
- Innenhaftung des Halters oder Frachtführers 563 f.

Merkantiler Minderwert 649, 661

Mitgliedschaftsrechte 256

Mittäterschaft 186 ff.

Mitverschulden 22, 203 ff.
- Abwägung 211
- Aufbau 207
- Begriff 203
- bei Gehilfenhaftung 460
- bei Tierhalterhaftung 539
- Bezug 205 f.
- Funktion 203
- Rechtsfolge 213
- Schutzbereich 212
- und Gefährdungshaftung 209 f.
- Verschulden gegen sich selbst 205 f.
- Versicherungsschutz 214
- § 839 Abs. 3 als Sonderregelung 489

Monopolstellung 319

Montrealer Übereinkommen
s. Luftverkehrshaftung

Naturalrestitution 627
- bei Nichtvermögensschaden 683
- und Geldersatz 685

Naturereignisse 3

Nebentäterschaft 184
- Ausgleich im Innenverhältnis 185

Negatorische Maßnahmen 734 ff.
- Anspruch oder Klage 736 f.
- Negatorische Klagen 736 f.
- Rechtsschutz und Rechtswidrigkeit 734 f.
- Unterlassung und Beseitigung s. dort

Nichtvermögensschaden 682
- Enumerationsprinzip des § 253 BGB 686
- Geldentschädigung 686

Notstand
- aggressiver (s. a. Aufopferung) 99, 602 ff.
- allgemeiner 108
- defensiver 97

Notwehr s. Aufopferung
- Definition 95
- herausgeforderte 39
- Notwehrexzess 96
- Putativnotwehr 96

Nutzungsausfall als Schaden 670

Opferentschädigung 764

Obliegenheit 205 f.

Obliegenheitsverletzung 22, 206

Organtheorie 35

Patiententestament 232

Patientenvertreter 232

Persönlichkeitsrecht, allgemeines 101 f., 265 ff.
- abgegrenzte Tatbestände 270
- Begriff 267
- Beseitigungsanspruch 744
- Fallgruppen 269
- Güter- und Interessenabwägung 268
- postmortales 271
- pränatales 272
- Schmerzensgeld 268, 718 ff.
- Tatbestand 267

Persönlichkeitsrechte, besondere 102, 264, 270

Personenschaden
- Abhängigkeitsschaden 643
- Angehörigenschaden 638
- anstößiger Erwerb 644
- Erwerbsschaden 641 ff.
- Heilungskosten 639
- Mehrbedarf bei Verletzung 640
- Schaden des Erben 637

Sachregister

- Tötungsschaden 636
- Verletzung eines Menschen 639 ff.
- wrongful death 636

Presseveröffentlichungen 269

prima facie Beweis
- s. Anscheinsbeweis
- s. Beweislast

Produkthaftungsgesetz 386 ff.
- Anspruchsberechtigter 392
- Arzneimittelhaftung 401 f.
- Enthaftungsgründe 393
- Fehler 390
- gentechnische Ereignisse 397
- Haftungsgrund 387
- Haftungsumfang 394
- Hersteller 389
- Konkurrenzen 397 ff.
- Produkt 388
- Richtlinie der EG 386
- Selbstbehalt 394
- Schmerzensgeld 394
- Zeitliche Grenzen 395

Produzentenhaftung
- Anscheinsbeweis 376
- Arzneimittelhaftung s. dort
- Beweislast 376
- Entlastungsbeweis für Verrichtungsgehilfen 455
- Entwicklungsfehler 374, 377, 588
- Fabrikationsfehler 378
- Haftung des Herstellers 371 ff.
- Haftungsgründe 363 f.
- Instruktionsfehler 376, 379
- Kausal- und Rechtswidrigkeitszusammenhang 375
- Konstruktionsfehler 377
- Name und Phänomenologie 362
- Produktbeobachtungspflicht 380
- Prozesskosten 385
- Richtlinien der EG 386
- Schutz des Käufers einer Ware 384
- Schutzbereich 375, 383 ff.
- Sicherung gegen Missbrauch oder Sabotage 382
- Stand der Technik als Haftungsgrenze 377
- Tatbestand 371 ff.
- Umkehr der Beweislast 365
- Verschulden 374
- Wirksamkeit eines Produkts 383

Prospekthaftung 335

Prozessbetrug 321
- exceptio doli 327

Quotenvorrecht 767, 771, 774

Rahmenrechte 257 ff.

Rechte
- beschränkt dingliche 249
- sonstige i. S. des § 823 Abs. 1 248 ff.

Rechtfertigung 91 ff.
- bei den Arten der Rechtswidrigkeit 92
- Beweislast 29, 93
- Güterabwägung 93, 107
- konkrete 107 ff.

Rechtsfolgenorm 11

Rechtsgeschäftslehre 35

Rechtsmissbrauch 320

Rechtswidrigkeit 77 ff.
- Arten 81 ff.
- Begriff 77
- Beweislast 90
- Bezug 14
- Definition 79
- der Handlung 86
- der Unterlassung 87
- Einordnung in den Schichtaufbau 14
- erfolgsbezogene 82
- Gegenstand 81
- Indizierung s. dort
- Inhalt 89
- Quellen 80
- Rechtfertigung s. dort
- subjektiv gefärbte 84
- Unterlassung und Beseitigung 734 ff.
- Verhältnis der Rechtswidrigkeitsarten zueinander 85
- Verhältnis zum Tatbestand 14
- Verhältnis zur Sittenwidrigkeit 300
- verhaltensbezogene 83

Rechtswidrigkeitszusammenhang 114

Regress
- der Sozialversicherungsträger 768 ff.
- des Arbeitgebers und Dienstherrn 774
- des Privatversicherers 767
- Familienangehörigenprivileg 767
- im Gesamtschuldverhältnis 201
- kongruente Deckung 774
- Mitverschulden 767, 771
- Quotenvorrecht 767

Reserveursache s. Kausalität

Sachschaden 645 ff.
- Beschädigung der Sache 647
- Entwertungsschaden 649
- Entziehung der Sache 648

272

- Ersatz des Sachwertes 654
- Erscheinungsformen 645
- Kfz-Schäden
- – Mietwagen 656
- – Ersatzbeschaffung 657 ff.
- – Nutzungsausfall 660, 670 ff.
- – merkantiler Minderwert 661
- Mehrwertsteuer 653
- merkantiler Minderwert 649
- neu für alt 652
- Reparaturkosten 655
- und Interesse 651
- Zerstörung der Sache 646

Sachverständigenhaftung
- für unrichtige Gerichtsgutachten 499 ff.
- Haftungsprivileg 504 ff.

Schaden
- als Tatbestandsmerkmal 17
- als unbestimmter Rechtsbegriff 19
- Angehörigenschaden 638
- des Erben 637
- Definition 621
- Differenzhypothese 625 f.
- entgangener Gewinn 626
- Erwerbsschaden 641
- Heilungskosten 639
- immaterieller 681 ff.
- Individualschaden und Sozialschaden 764 ff.
- mittelbarer und unmittelbarer 622
- Naturalrestitution bei Nichtvermögensschäden 683
- obligatorische Entlastung 624
- Personenschaden s. dort
- Rechtsgutschaden 622
- Sachschaden s. dort
- Schadensliquidation im Drittinteresse 624
- Schockschaden s. dort
- Schockschaden s. Kausalität; – psychische
- Unterhaltsverpflichtungen 663 ff.
- Verletzung und Schaden 623
- Vermögensschaden und Nichtvermögensschaden 621, 681 f.
- vorsätzliche Herbeiführung 308 f.

Schadensberechnung, Sonderformen 662 ff.
- Abwehrschaden 678 ff.
- Bedarf und Aufwendung 662
- Familienplanungsschaden 663 ff.
- Frustrationsschaden 672 ff.
- gemeiner Wert und Affektionsinteresse 675 f.
- Lizenzanalogie 677
- Nutzungsausfall 670 f.
- Schmerzensgeld (vgl. auch dort) 672
- unerwünschte Geburt (wrongful birth) 663 ff.
- unerwünschte Zeugung (wrongful conception) 669
- unerwünschtes Leben (wrongful »life«) 667

Schadensersatz
- Differenzhypothese 625 ff., 633
- Geldersatz s. dort
- Naturalrestitution 627
- restitutio ad integrum 627
- Schadensberechnung, Sonderformen s. dort
- Vorteilsausgleichung 633 ff.
- wegen Beleidigung und übler Nachrede 411
- wegen sittenwidriger Schädigung 326
- Widerrufsanspruch 627

schadensgeneigte/gefahrbehaftete Tätigkeit 457, 775

Schadensliquidation im Drittinteresse 624

Schadenspauschalierung 754

Schadensschätzung 753 f.

Schadenstragung 1 f.

Schadenszuständigkeit 1

Schmerzensgeld 687 ff.
- ärztliche Fehlbehandlung 714 f.
- allgemeines Persönlichkeitsrecht 690 ff.
- Arbeitsunfall 703 f.
- Auffangfunktion 722
- Ausgleichsfunktion 697, 700
- billige Entschädigung 729 f.
- billigkeitserhebliche Merkmale 705 ff.
- Freiheitsverletzung 713
- Frustrationsschaden 672
- Funktionen 697 ff., 700
- Gefährdungshaftung 688
- Genugtuungsfunktion 698 f.
- Haftungsgrund 687 ff.
- Haftungsumfang und Haftungstypen 705 ff.
- Herabsetzung der Genugtuung 724 f.
- Herkunft und Name 687
- Kunstfehler 714 f.
- Mitverschulden 708 f.
- Persönlichkeitsverletzung 718 f.

Sachregister

- psychische Kausalität 695
- Rechtsnachfolge 701
- Schadenstypen 710 ff.
- Schockschaden 693 ff., 709
- Summen und Renten 727 f.
- Tatbestandserfordernisse 688 ff.
- Tötung 709, 710
- Vergleichung mit anderen Urteilen und Inflation 729
- Verletzte Aufklärungspflicht 716 f.
- Verletzung des Körpers und der Gesundheit 712
- Verletzungskatalog 731, 732
- Vererblichkeit 701
- Vertragshaftung 688
- wegen Beleidigung und übler Nachrede 411
- wegen sittenwidriger Schädigung 326
- Zusammenspiel typologischer Merkmale 733

Schockschaden 693 ff., 709
Schuldtheorie 130
Schutzbereich der Norm 20, 111 ff.
- Anwendungsbereich 114
- Herkunft 112
- Mitverschulden 212
- persönlicher 118, 280
- sachlicher 120, 281
- Verhältnis zur Adäquanz 56, 122

Schutzbereich der Schadensersatznorm 617 ff.
- bei unerwünschter Geburt 663 f.

Schutzgesetz
- Begriff 275 ff.
- Gefährdungsnormen 282 f.
- gewerbe- und sozialversicherungsrechtliches 288
- im BGB 287
- Schutzcharakter, zivilrechtlicher 277 ff.
- Sicherheitsgesetze 284
- staatliche Organisationsnormen 278
- strafrechtliches 286
- Straßenverkehrsregeln 282, 285
- Typen 282 ff.

Schutzgesetzverletzung 275 ff.
- Beweislast 298
- Bezug des Verschuldens 292
- fahrlässige 293
- Funktionen 296 f.
- verschuldete 289
- vorsätzliche 290

Schutzzweck der Norm 111 ff.
- Anwendungsbereich 114

- Erforderlichkeit der Feststellung 115 ff.
- exklusive Sonderregelung 117
- Herkunft 112
- privater 115 f.

Selbsthilfe 100
Selbstopferung 10, 610 ff.
- Anrechnung der Gefahr 612
- Begriff 610
- Haftung aus Geschäftsführung ohne »Auftrag« 611

Sittenwidrigkeit
- Ausnutzung einer formalen Rechtsposition 321
- Ausnutzung eines Unterhaltsurteils 300
- Begriff 302
- Beihilfe zur Treuwidrigkeit 317
- Bereicherungsanspruch (§ 817) 303
- Beweislast 306
- Eingriff in persönliche Rechtsstellung 314
- Entwicklungsfunktion 301
- exceptio doli 327
- Fallgruppen 310 ff.
- Funktionen des § 826 299
- Gläubigergefährdung 313
- grob unfaire Maßnahmen im Arbeitskampf 322
- Grundrechte 303, 324
- Grundtypen 304
- Irrtum 305
- Kausalität 306
- Kollision 312
- Kontrahierungszwang 319
- Missbrauch einer Monopolstellung 319
- Nichtigkeit von Rechtsgeschäften 303
- Rechtsmissbrauch 320
- Schadenszufügung und Schutzbereich bei § 826 306
- Schmerzensgeld 326
- subjektives Merkmal 305
- Täuschung 311
- Tatbestand des § 826 302 ff.
- Treuwidrigkeit 316
- unangemessene Äußerungen 315
- Unterlassungsanspruch 326
- Vereinssachen 318
- Verhältnis zur Rechtswidrigkeit 300 f.
- Verleitung zum Vertragsbruch 317
- Verletzung von Berufs- oder Standesrecht 323
- Vorsatz 308 f.

Sachregister

Sondertatbestände, verschuldensvermutende 443 ff.
– Aufsichtshaftung der Eltern 463 ff.
– Gebäudehaftung 470 ff.
– Gehilfenhaftung 444 ff.
– Tieraufsichtshaftung 467 ff.
Sorgfalt
– äußere 30, 135 f., 293
– innere 30, 135 f., 293
– objektiv-typisierte 143
– subjektiv-individuelle 147
Sozialadäquanz 109
Sozialschaden 764 f.
Staatshaftung
– Beamter im haftungsrechtlichen Sinn 492
– nach Art. 34 GG 492
– Staatshaftungsgesetz 479
– Subsidiarität 487 f.
– Systematik und Entwicklung 477 ff.
– und Eigenhaftung 492 ff.
Sterbehilfe 232
– Sterilisation, missglückte 663
– Streik, sittenwidriger 322
Störerhaftung 437 ff.

Täuschung
– konkludente 313
– sittenwidrige 310
Tatbestände
– abgegrenzte 28, 29
– offene 18, 28, 29
Tatbestand
– als Unrechtstypisierung 23
– Bezug 25
– Einordnung in den Schichtaufbau 13
– Verhältnis zur Rechtswidrigkeit 14
– Verhaltenstatbestand 26
– Verletzungstatbestand 26
Tatbestandslehre 24
Tatbestandsmerkmale 25 ff.
– Arten 27
Tatbestandsnorm 11
Teilnahme 189 ff.
– nachtatliche 191
Telemediengesetz 442
Tieraufsichtshaftung
– Abgrenzung zur Gefährdungshaftung 467 f.
– Entlastungsbeweis 468
– Haustierhalterhaftung 467
– Luxustiere 467
– Tierhüterhaftung 469

Tierhalterhaftung 533 ff.
– Handeln auf eigene Gefahr 538
– Mitverschulden 539
– Sonderregeln und Rechtsfolgen 539
– Tierbegriff 534
– Tiergefahr 535
– Tierhalter 535
– Verschuldenshaftung als Auffangtatbestand 540
Tonbandaufnahme, heimliche 270

überholende Kausalität
– Abgrenzung zum rechtmäßigen »Alternativverhalten« 74
– Begriff 70
– Fallgruppen 70
– Lösungen 71
Übernahmeverschulden 152
üble Nachrede s. Äußerungsdelikte
Umwelthaftung 572, 580 ff.
– ökologische Schäden 580, 650
Unterbrechung des Kausalzusammenhangs 63 ff.
– Begriff 63
– bei psychischer Kausalität 64
– durch Handlung oder Unterlassung 65
– Fallgruppen 67 ff.
– Grünstreifenfälle 69
– Herausforderungsformel 66
– Verfolgungsfälle 68
Unterlassung
– Abgrenzung zur Handlung 32, 40
– Erscheinungsform 37
– Garantenstellung 38
– Kausalität 44
– Pflicht zum Handeln 38
– Rechtswidrigkeit 87 f.
Unterlassung und Beseitigung 734 ff.
– Beseitigungsanspruch 741 ff.
– Ehrenschutz 744
– eingeschränkter Widerruf 744
– Unterlassungsanspruch 738 ff.
– Widerrufsanspruch 744
Unterlassungsanspruch 738 ff.
– Begehungsgefahr 739
unzulässige Rechtsausübung 762 f.
– Ausschluss der Verjährungseinrede 757
– wegen Sittenwidrigkeit 320, 327
Urheberpersönlichkeitsrecht 264

Verein (Ausschluss, Vereinsstrafe, Nichtaufnahme) 318

275

Verfolgungsfälle 68
Verhalten
– als Tatbestandsmerkmal 31
– Einordnung als Handlung oder Unterlassung 33
– Handlung s. dort
– Unterlassung s. dort
Verhaltenshaftung 3
Verjährung 756 ff.
Verkehrspflichten
– Abwälzung und Entlastungsbeweis 351
– Anscheinsbeweis 359
– Begriff 328
– Beweislast 337
– Delegation 351
– Einordnung 360
– Eisenbahn 340
– Entlastungsbeweis 351
– Erforderlichkeit der Maßnahme 332
– Fallgruppen 338 ff.
– Gebäudesicherung 470
– Gentechnologie 332
– geschützte Interessen 335
– Haftung für Sportstätten 331
– Hinweis auf Gefahr und Haftungsausschluss 350
– Merkmal der Gefahr 331
– Missbrauch von Gegenständen 348
– öffentlich zugängliche Plätze 344
– persönlicher Schutzbereich 349
– Prospekthaftung 335
– Spielplätze 346
– Sportstätten/Sportveranstaltungen 341
– Straße 338
– Streupflichten 352 ff.
– Tatbestand und Verkehrspflichtverletzung 330
– Tieraufsichtshaftung 467
– Treppe, Haus und Garten 345
– Übernahme 351
– Unbefugte 349
– Verkehrssicherungspflichten 328
– Verletzung durch Unterlassen 334
– Verschulden 336
– Wege und Zugänge 339
– Zumutbarkeit der Maßnahme 333
Verkehrsunfall, sukzessiver 196
Vermögensschaden s. Schaden
versari in re illicita 20
Verschulden 123 ff.
– bei Äußerungsdelikten 415

– bei Amtshaftung 486
– bei der deliktischen Produzentenhaftung 374
– bei Tieraufsichtshaftung 467 ff.
– bei Verkehrspflichten 336
– bei Vertragsschluss, Prospekthaftung 335
– Bezug 15, 16, 282, 292
– Einordnung in den Schichtaufbau 15
– gemeinsames 183
– Verhältnis zum Tatbestand 16
– Verhältnis zur Rechtswidrigkeit 16
Verschuldensfähigkeit 164 ff.
Verschuldenshaftung 230 ff.
– Aufbau 13 ff., 19 ff.
– Ausnahmen vom Aufbauschema 17
– Entwicklung 6
– Rechtsgüter des § 823 Abs. 1 231 ff.
– Tatbestandsstruktur des § 823 Abs. 1 230
Verschuldensprinzip 5 f.
verschuldensvermutende Sondertatbestände
– Energieanlagenhaftung gem. § 2 Abs. 1 S. 2 HpflG 566
– Haftung des Luftfrachtführers 563
Verschuldenszusammenhang 39
– bei Tieraufsichtshaftung 467 f.
– und Entlastungsbeweis 453 f.
Verwirkung 763
– exceptio doli wegen Sittenwidrigkeit 327
vis maior 163
Vorhaltekosten 49
Vorsatz 124 ff.
– Abgrenzung bedingter Vorsatz – bewusste Fahrlässigkeit 125
– Absicht 124
– bedingter 124
– bei sittenwidriger Schädigung 308
– Bezug 127
– Definition 126
– dolus directus 124
Vorsatztheorie 130
Vorteilsausgleich (vgl. auch Schadensersatz) 633 ff.

Warentest 261, 425
– als Eingriff in den Gewerbebetrieb 261
Wasserbeschaffenheit, Gefährdungshaftung 572 ff.
– Anlagenhaftung 574
– Fallgruppen 575 ff.

- Handlungshaftung 573
- Umweltschutz durch Gefährdungshaftung 572

Widerrufsanspruch 744
Wildschadenshaftung 541
wrongful birth 663 ff.
wrongful death 636
wrongful life 272, 667 f.

Züchtigungsrecht 94, 235
Zufall 162
Zurechnung 1 ff., 31, 164 ff.
- Begriff 164 f.
- objektive 4
- subjektive 4

Zurechnungsfähigkeit 4, 8, 15, 164 ff.
- bedingte 168
- Beweislast 168, 173
- Bewusstlose 173
- Geisteskranke 172
- Jugendliche 168
- Kinder 167

Zurechnungszusammenhang 111, 121
Zustand, gefährlicher 88
Zwangsvollstreckung
- Pfändungsschutz 755

Zwölftafelgesetze 6

Schuldrecht prägnant und verständlich.

**Looschelders,
Schuldrecht · Allgemeiner Teil**
Von Prof. Dr. Dirk Looschelders.
11. Auflage. 2013. XXXIV, 469 Seiten.
Kartoniert € 25,90
ISBN 978-3-8006-4654-8

**Looschelders,
Schuldrecht · Besonderer Teil**
Von Prof. Dr. Dirk Looschelders.
8. Auflage. 2013. XLII, 568 Seiten.
Kartoniert € 25,90
ISBN 978-3-8006-4543-5

Vahlen

Pflichtlektüre vom 1. Semester bis zum Examen.

Bürgerliches Recht

Der Lehrbuch-Klassiker komprimiert das examensrelevante Wissen und ordnet es klausurgerecht nach **Anspruchsgrundlagen**. Das Werk ist Lehrbuch, Handbuch und Repetitorium zugleich und kann vielfach genutzt werden: Zur systematischen Durcharbeitung, zum gezielten Nachschlagen und zur Wiederholung vor dem Examen.

Medicus/Petersen, Bürgerliches Recht
Von Prof. Dr. Dres. h.c. Dieter Medicus und
Prof. Dr. Jens Petersen.
24. Auflage. 2013. XXXIV, 519 Seiten.
Kartoniert € 23,90
ISBN 978-3-8006-4653-1

Vahlen